제2판

부동산금융론

- 이론과 실제 -

이용만 · 임재만 공저

다산출판사

본 저서는 한성대학교 교내학술연구비 지원을 받아 출간되었음.

제2판 서문

개정판을 내는 데 6년의 시간이 걸렸다. 처음 책을 낼 때 부족하고 불만족스러워 가급적 빨리 부족하고 불만족스러운 부분을 보완하자는 생각을 해 왔었는데, 실제 이를 실천하는 데 6년이라는 세월이 걸린 것이다.

책이 절판되어 간다는 소식은 필자들에게 개정판을 만들어야 한다는 압력으로 작용하였다. 이번마저 그냥 넘어가면 또 1~2년이 지나갈 수가 있었다. 이런 압력이 없었다면 이번에도 개정판을 내는 것이 어려웠을 것이다.

6년 사이에 금융이론이 크게 바뀐 것은 없지만, 금융의 실제는 많은 부분이 바뀌었다. 그래서 개정판에는 주로 실제 부분에 초점을 맞추어 책의 내용을 수정하였다.

책의 기본적인 구조는 첫 판과 동일하다. 제1부는 금융이론의 기초 부분으로, 크게 바뀐 내용은 없다. 다만, 책의 내용을 좀 더 쉽게 이해할 수 있도록 보충설명 Box나 예제 등을 추가하고, 일부 이론들을 추가하였다. 그리고 이론이 현실에 적용되는 사례들도 추가함으로써 금융이론이 현실에서 어떻게 적용되는가를 입체적으로 설명하고자 하였다.

제2부 주택금융에서도 이론 부분은 일부 보완은 있었지만 내용이 크게 바뀌지는 않았다. 그러나 주택금융의 실제에서는 그동안 많은 변화가 있었기 때문에 이에 대한 보완이 많이 이루어졌다. 대표적인 예가 DTI 비율, DSR 비율, LTV 비율 등의 거시건전성 규제 제도의 변화이다. 또 MBS 시장에서도 적지 않은 변화가 있었다. 이런 변화들을 책에 담아내고, 나아가 책의 내용을 좀 더 쉽게 전달하기 위해 보충설명 Box, 현실 적용 사례 Box, 예제 등을 추가하였다.

제3부 상업용 부동산금융 부분에서도 실제 부분의 변화가 컸다. 그동안 다루지 못했던 신탁을 이용한 개발금융을 추가하였고, 개발금융에서 도관체 역할을 하는 기구(합자

조합과 합자회사 등) 등에 대한 내용을 추가하였다. 역시 이 부분에서도 현실에서 적용되는 사례들을 추가함으로써 상업용 부동산금융을 보다 입체적으로 파악할 수 있도록 하였다.

오랜 시간 준비 끝에 개정판을 내지만, 완성된 책이라는 생각은 아직 없다. 항상 부족하고 불만족스럽다. 첫 판을 내면서 느꼈던 마음을 유지하면서 부족하더라도 계속 보완하면서 나아가는 길밖에 없는 것 같다. 부족하더라도 이 책을 통해 부동산금융을 체계적으로 이해하고자 하는 대학생들과 대학원생들, 그리고 관련 분야에서 일하는 분들에게 도움이 되기를 희망한다.

개정판을 내는 데 많은 분들의 도움을 받았다. 부동산금융 관련 세미나나 논문발표 등을 통한 학계의 동료교수들과 연구자들과의 교류가 개정판을 내는 데 큰 힘이 되었다. 그리고 박사과정 대학원생들의 성실한 리뷰 및 코멘트가 책에 있는 오류들을 바로잡는 데 큰 도움이 되었다. 이 자리를 빌려 감사의 뜻을 전한다. 그리고 개정판을 낼 수 있도록 오랜 시간 인내하면서 기다려 준 다산출판사의 강희일 사장님과 편집부에게도 감사드린다. 첫 판에 이어 개정판을 내느라고 같이 하지 못했던 시간들을 참아준 가족들에게 다시 한 번 미안함과 함께 고마움을 전한다.

2023. 8.

저자 이용만 · 임재만

서 문

부동산은 그 본래의 특성 때문에 금융을 필요로 한다. 그러다 보니 부동산 산업은 금융을 떼어 놓고 자신의 성장을 이야기하기가 어렵다. 부동산을 개발하거나 소유하고자 할 때 금융이 수반되지 않으면, 그 사업은 한 걸음도 나가지 못한다. 최근에는 아예 '부동산의 증권화'가 진행되고 있다. 부동산 실물 자체를 사고파는 것이 아니라 부동산을 기초로 하는 증권을 사고파는 것이다.

우리나라에서 부동산 산업이 본격적으로 금융 산업과 결합되기 시작한 것은 1997년 외환위기 이후부터라고 할 수 있다. '부동산의 증권화'도 이때부터 진행되기 시작하였다. 그 이전에는 정부의 중화학공업 우선정책 때문에 부동산 분야는 자금배분 우선순위가 한참 뒤처져 있었다. 그러던 것이 외환위기 이후 금융자유화가 이루어지면서 부동산 산업 쪽으로도 자금이 흘러 들어가기 시작하였고, 외국계 투자자들이 국내 부동산 시장에 진입하면서 부동산과 금융의 결합이 빠르게 진행되었다.

지난 10여 년 동안 필자들은 대학교의 학부와 대학원에서 부동산학을 가르치면서 부동산금융의 중요성을 강조해 왔지만, 정작 부동산금융론을 가르칠 때에는 우리의 실정에 맞는 교재가 없는 것 같아서 갈증 비슷한 것을 느껴왔었다. 그동안 교재로 가장 많이 써 왔던 Brueggeman and Fisher의 *Real Estate Finance and Investment*는 이론과 실무를 잘 버무린 좋은 책이기는 하지만, 우리나라 제도와는 너무 다른 미국 제도를 주로 다루고 있어서 책의 내용을 이해하는 것도 쉽지 않았고, 이를 현실에 적용하는 것도 쉽지 않았다. 물론 우리나라 제도에 맞는 교재가 없었던 것은 아니나, 이런 교재들은 대개 실무 중심의 교재이거나 특정 분야에 초점을 맞춘 교재였다.

이런 이유 때문에 필자들은 금융이론에 근거를 두되, 우리나라의 현실에 적용할 수 있는 범용적인 교재를 만들어 보자는 생각을 갖게 되었다. 그러나 이런 생각을 현실로 옮기기는 쉽지 않았다. 지식과 능력의 부족도 있었고, 비판적 사고와는 달리 우리가 내는 이 책마저 미국 제도를 주로 소개하는 이론서의 하나가 되지 않을까, 또는 이론적 내용이 없는 실무 소개서 정도가 되지 않을까 하는 우려로 7년 가까이 준비만 해 왔었다. 그러다가 일단 첫발은 내디뎌야 온전히 걸을 수 있다는 생각에서 다소 부족한 점이 있더라도 책을 출간하기로 하였다.

이 책은 모두 3개 파트로 나누어져 있다. 제1부는 부동산금융을 이해하는 데 필요한 기초적인 금융 이론과 개념들을 소개하는 파트이다. 여기서는 화폐의 시간가치와 채권의 수익률, 위험과 옵션 등과 같이 제2부와 제3부를 이해하는 데 필요한 금융지식만을 다루고 있다.

제2부는 주택금융의 이론과 실제를 다루는 파트이다. 여기서 말하는 '주택금융'이란 소비자금융으로서 주택금융을 말한다. 주택소비자가 주택을 구입하는 데 필요한 자금을 어떻게 조달하고 금융기관은 어떻게 이 자금을 제공하는가에 초점을 맞추고, 이와 관련한 이론과 실제를 다루었다.

제3부는 상업용 부동산금융의 이론과 실제를 이해하는 파트이다. 이 파트에서는 부동산개발금융인 ADC금융과 자산유동화, 그리고 투자수단인 REITs나 펀드를 통한 자금조달 방법 등을 주로 다루었다.

필자들이 책을 서술하면서 고민하였던 것은 부동산금융론에 부동산투자 관련 내용을 포함할 것이냐 하는 점이었다. 사실 금융과 투자는 동전의 앞뒷면과 같은 존재이다. 자금을 제공해 주는 사람 입장에서 보면 자금을 제공해 주는 것은 투자에 해당하지만, 자금을 제공받는 사람 입장에서 보면 자금을 제공받는 것은 금융에 해당한다. 특히 상업용 부동산금융에서는 금융과 투자를 구별하는 것이 어렵다. 이처럼 금융과 투자를 구별하는 것이 어려움에도 불구하고 투자영역을 이 책에 끌어들이는 것은 최소화하였다. 그래서 투자와 관련된 이론은 대부분 빠져 있다.

또 하나, 이 책의 대상을 누구로 하느냐를 두고서도 필자들은 고민을 하였다. 필자들은 이 책의 주된 독자층을 부동산금융을 이해하고자 하는 학부학생 또는 부동산 업계 종사자들로 하되, 대학원의 기초과정 교재로도 사용할 수 있도록 하였다. 그래서 다소 전문적인 이론 부분이나 특수한 부동산금융상품에 대한 구체적인 소개들은 교재 중간 중간에 Box를 만들어 설명하거나, 각 장의 부록에서 별도로 설명하도록 하였다. 따라서 학부학생들이나 부동산금융의 개념들을 이해하고자 하는 직장인들은 Box나 부록을 제외하고 읽으면 되고, 좀 더 자세한 이론적 이해가 필요할 경우나 대학원생의 경우 Box나 부록도 같이 참조를 하면서 공부를 하면 되도록 하였다.

오랜 시간 준비를 하여 책을 냈지만, 그럼에도 불구하고 여전히 부족하고 불만족스러운 책이라는 생각을 떨치기 어렵다. 이것이 끝이 아니라 이론과 실제를 계속 보완해 나가면서 책을 완성해 나간다는 생각으로 책을 내게 되었다. 부족하나마 이 책을 통해 학부학생들이나 대학원생, 전문가들이 부동산금융을 체계적으로 이해할 수 있기를 희망할 뿐이다.

이 책을 내는 데 많은 사람들의 도움을 받았다. 부동산금융 관련 연구서나 논문을 같이 써 왔던 학계의 동료교수들과 연구자들, 그리고 박사과정 대학원생들이 있었기에 이 책을 준비하고 발간할 수 있었다. 초고를 읽고 오탈자를 잡아준 박사과정의 김현영 선생에게도 고마움을 전한다. 그리고 책을 발간할 수 있도록 오랜 시간을 인내하면서 기다려 준 다산출판사의 강희일 사장님과 이상호 과장님께 감사드린다. 무엇보다 그동안 이 책을 준비하느라고 같이 하지 못했던 시간들을 참아준 가족들에게 미안함과 함께 고마움을 전하면서 이 책을 바치고자 한다.

2017. 8.

저자 이용만 · 임재만

차 례

Part 1 부동산금융의 기초 이론

Part 2 주택금융의 이론과 실제

Part 3 상업용 부동산금융의 이론과 실제

Part 1

부동산금융의 기초 이론

제 1 장

부동산과 금융

이 장에서는 금융과 부동산금융의 개념을 밝히고, 자금조달의 세 가지 방식—부채방식, 지분방식, 자산방식—에 대해 설명한다. 그리고 세 가지 자금조달 방식별 자금조달 수단들을 설명한다. 이 과정을 통해 금융 관련 각종 용어에 대해 기초적인 개념과 정의를 밝힌다. 이 장은 부동산금융을 이해하는 데 필요한 가장 기초적인 개념들을 설명하는 장이다. 이 장에서 나오는 용어들이나 개념은 이후 보다 자세하게 다루게 된다.

1. 부동산금융의 개념
2. 자금조달 방식
3. 자금조달 수단들

1 부동산금융의 개념

1) 금융의 개념

금융이란?

흔히 금융(finance)이란 '자금(money)이나 신용(credit)의 조달' 을 말한다.[1] 여기서 신용(credit)이란 '어떤 자원(resources)을 한쪽에서 다른 한쪽으로 이전하되, 그 대가는 일정 기일 이후에 지급하는 것' 을 말한다. 예를 들어 어떤 물건을 외상으로 구입할 경우, 이 외상이 이른바 신용인 것이다.[2]

그러나 자금이나 신용을 조달하려면, 그 반대편에서 자금이나 신용을 제공해 주는 쪽이 있어야 한다. 이런 점에서 광의로 보자면, 금융(finance)이란 '자금이나 신용의 조달이나 제공' 또는 '자금이나 신용의 거래' 를 의미한다고 볼 수 있다.[3]

자금이나 신용을 조달하고자 하는 쪽(이하 자금수요자)은 현금흐름(cash flow)의 불일치(mismatch)를 메우기 위해 자금이나 신용을 필요로 한다. 여기서 현금흐름(cash flow)이란 '현금(cash)의 유입과 유출' 을 말한다. 일반적으로 현금흐름의 불일치는 시간별로 현금의 유출량과 유입량이 다를 때 발생한다. 예를 들어 다음의 [그림 1]에서 보다시피, 초기에 현금을 유출해야 하는데 현금의 유입은 일정 시간이 지난 뒤 들어올 경우, 시간별로 현금흐름에 불일치가 생기게 된다. 이때 차입을 통해 초기의 현금유출에 대응을 하고, 일정 시간이 지난 뒤 들어오는 현금으로 차입금을 상환하면, 현금흐름의 불일치를 메울 수가 있다.[4]

여기서 현금유출을 가져오는 요인은 여러 가지가 있을 수 있다. 생산자의 경우 재화의 생산에 필요한 원자재나 중간재 또는 설비 등을 구입하면서 현금이 유출된다. 소비자의 경

1) 파이낸싱(financing)은 '자금이나 신용을 조달하는 것' 을 의미한다.
2) '이전되는 자원' 중에는 자금(money)도 포함된다. 이전되는 자원이 자금일 경우, 신용은 그 자체가 금융을 의미하게 된다. 그래서 오늘날에는 신용을 조달한다는 말은 곧 금융을 조달한다는 말로 이해되기도 한다.
3) 영어로 finance는 '자금이나 신용의 거래와 관련된 제도나 시장 등을 연구하는 학문' 을 의미하기도 한다.
4) 차입은 자금이나 신용을 조달하는 여러 방법 중의 한 가지이다. 여기서는 설명을 용이하게 하기 위해 차입방식으로 자금을 조달한다고 보았다. 자금조달 방법에 대해서는 뒤에서 이야기할 것이다.

그림 1 현금흐름의 불일치에 따른 금융의 필요성

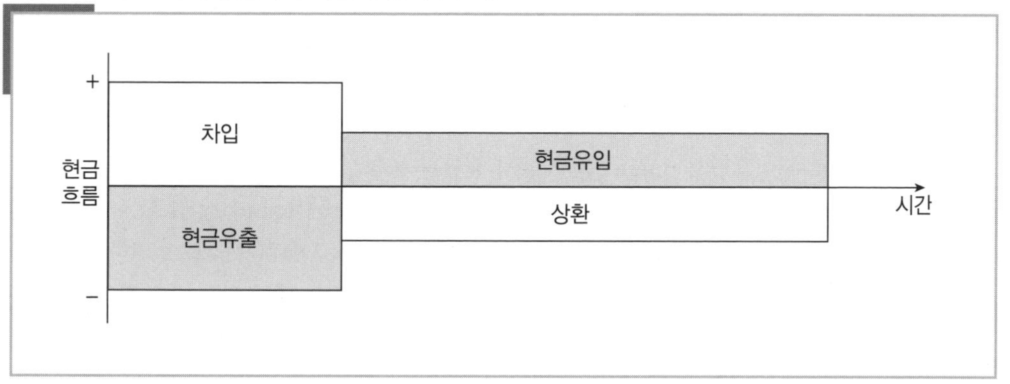

우, 소비재를 구입하면서 현금이 유출된다. 또 생산이나 소비와는 관계없지만 투자용으로 자산을 구입하면서 현금이 유출되기도 한다.[5)]

자금제공과 위험

자금이나 신용을 제공하는 쪽(이하 자금공급자)의 경우, 현금흐름이 일반적으로는 자금수요자와 정반대 상황에 있다. 초기에는 현금흐름이 순유입(현금유입 > 현금유출) 상태에 있기 때문에 이를 운용할 수단이 필요하다. 보통은 현금흐름이 순유출(현금유입 < 현금유출) 상태에 있는 쪽(자금수요자)에 여유자금을 제공하고, 일정한 시간이 지나면 해당 자금을 회수하여 미래의 현금유출에 대응한다.

자금이나 신용을 제공하는 쪽의 입장에서 보면, 제공된 자금이나 신용의 회수는 자금수요자의 미래 현금유입에 의존하게 된다. 그런데 미래에 발생할 현금유입이란 불확실한 것이기 때문에 자금공급자는 자금이나 신용 회수가 예상대로 안 될 가능성을 고려해야 한다. 이런 점에서 금융에는 본질적으로 위험(risk)이 뒤따를 수밖에 없다.

물론 그렇다고 하여 금융과 관련된 위험이 자금공급자에만 있다는 뜻은 아니다. 자금수요자도 조달한 자금을 상환하는 데 여러 위험을 안게 된다. 금융과 관련된 위험에 대해서는 뒤에서 자세하게 설명할 것이다.

---

5) 투자자는 현금흐름의 불일치가 없더라도 레버리지(leverage) 투자를 위해 외부로부터 자금이나 신용을 조달하기도 한다. 자기 자본의 투자수익률을 높이기 위해 타인 자본(부채)을 조달하여 투자하는 것을 레버리지 투자라고 부른다. 이 부분은 투자론의 영역이기 때문에 본서에서는 다루지 않을 것이다.

Finance의 어원

Finance라는 말은 라틴어의 finis에서 온 것으로 알려져 있다. 라틴어로 finis는 영토의 경계, 끝을 의미한다. 이것이 프랑스로 가서 fin이 되었다고 한다. 프랑스어로 fin은 끝, 종결 등을 의미하다. 이 의미가 확대되어 fin은 세금이나 부채의 결제, 각종 의무의 종결을 의미하게 되었다. 이 어원이 영어로 넘어오면서 finance는 자금의 조달과 이의 결제를 의미하게 되었다고 한다(Oxford Dictionary of English Etymology, Online Etymology Dictionary 참조).

일본과 한국 등에서는 서양의 finance라는 말을 금융(金融) 또는 재무(財務)로 번역하여 사용하고 있다. 금융은 자금(金)의 융(融)통을 의미한다, 즉 자금을 빌리는 데 초점을 맞춘 말이다.

그러나 뒤에서 보겠지만, 자금조달 수단에는 단순히 자금을 빌리는 것 이외에 다양한 방법이 존재한다. 그런 점에서 금융이라는 단어는 처음 번역되었던 시기보다 훨씬 다양한 의미를 갖고 있다고 볼 수 있다.

재무는 자금(財)의 조달과 운용에 관한 업무(務)를 의미하는데, 대개는 특정 집단(기업, 가계, 정부 등)의 자금 조달이나 자금 운용 업무를 지칭할 때 재무라는 용어를 사용한다.

2) 부동산금융의 개념

부동산금융이란?

부동산금융(real estate finance)이란 '부동산의 매입이나 매각, 개발 등과 관련하여 자금이나 신용을 조달하거나 제공하는 것' 으로 정의내릴 수 있다. 즉, '부동산과 관련한 자금이나 신용의 거래' 가 부동산금융이라고 말할 수 있다.

이런 점에서 부동산금융론은 자금수요자 입장에서 금융시장이나 금융제도 등을 분석하는 경우가 많다. 일반 금융론은 자금수요자뿐만 아니라 자금공급자의 행동도 분석하는 데 반해, 부동산금융론은 자금수요자의 행동을 주로 분석한다는 것이다. 왜냐하면, 부동산금융이란 부동산을 매입하거나 매각할 때, 또는 부동산을 개발할 때 필요한 자금이나 신용을 어떻게 조달할 것인가에 초점을 맞추고 있기 때문이다.[6)]

자금공급 측면에서 보면 일반 금융이나 부동산금융이나 큰 차이가 없는 데 반해 자금수요 측면에서 보면 부동산금융은 부동산이라고 하는 특정 산업에 초점을 맞추고 있다고 볼

6) 물론 그렇다고 하여 부동산금융론에서 자금공급자를 분석하지 않는다는 말은 아니다. 부동산금융론에서도 자금공급자의 행동을 분석하기는 하지만, 자금수요자의 행동을 좀 더 많이 분석한다고 보면 될 것이다.

수 있는 것이다.

부동산금융의 중요성

부동산금융은 부동산의 거래나 개발 등에서 매우 중요한 역할을 수행하는데, 이는 부동산이 갖고 있는 고유의 특성 때문이다.

잘 알려져 있다시피, 부동산은 분할거래의 어려움이라는 특징을 갖고 있다. 이런 특징 때문에 건당 거래금액이 크다는 특징을 갖고 있다. 건당 거래금액이 크다 보니 거래에 금융이 수반될 수밖에 없다. 예를 들어 부동산을 매입할 때, 초기 투자금액이 크기 때문에 자기 자금만으로는 부동산을 매입하기 어렵다. 그러다 보니 부동산을 매입할 때에는 자금이나 신용을 조달하여 매입하는 것이 일반적이다.

부동산을 매입할 때만 아니라 매각할 때에도 비슷한 상황이 발생한다. 필요한 자금을 조달하기 위해 부동산을 부분적으로 매각하는 것이 어렵고, 또 자금이 필요할 때 신속하게 부동산을 매각하는 것도 어렵기 때문에 부동산을 담보로 하여 자금을 조달하는 등의 방법을 사용하게 된다.

부동산이 갖고 있는 특성 중에 금융의 필요성과 관련된 또 다른 특성으로, 생산의 장기성이라는 특성이 있다. 여기서 생산의 장기성이란 토지 위에 건물을 짓는 데 상당한 시간이 걸린다는 의미이다. 이런 생산의 장기성은 건물을 건축하는 데 많은 시간이 필요하다는 물리적인 특성 외에 각종 인·허가를 받기 위해 많은 시간이 필요하다는 제도적인 특성 때문에 발생한다. 건물을 신축하거나 개축, 리모델링하는 데 많은 시간이 필요하다는 이야기

표 1 부동산의 특성과 금융의 필요성

부동산의 특성	특성이 갖는 의미	금융의 필요성
분할거래의 어려움	- 경제적으로 부동산은 분할거래가 어렵다. - 분할거래의 어려움 때문에 거래건당 거래금액이 크다.	- 부동산 매입 시 거래금액이 크기 때문에 금융이 필요 - 부동산 매각 시 분할거래의 어려움 때문에 담보대출 등과 같은 금융이 필요
생산의 장기성	- 부동산 개발 시 인·허가부터 완공에 이르기까지 긴 생산기간을 필요로 한다.	- 장기간 현금유출만 있기 때문에 금융이 필요

는 생산이 완료될 때까지는 현금유입이 없이 현금유출만 존재한다는 것을 의미한다. 이는 심각한 현금흐름의 불일치를 유발하기 때문에 금융의 지원이 필요할 수밖에 없는 것이다.[7]

2 자금조달 방식

1) 세 가지 자금조달 방식

부채금융과 지분금융, 그리고 자산금융

기업이 자금을 조달하는 데에는 세 가지의 자금조달 방식(또는 경로)이 존재한다. 하나는 부채방식으로 자금을 조달하는 것으로, 이를 '부채방식의 자금조달' 또는 '부채금융(debt financing)' 이라고 부른다. 또 다른 하나는 지분방식으로 자금을 조달하는 것으로, 이를 '지분방식의 자금조달' 또는 '지분금융(equity financing)' 이라고 부른다. 그리고 마지막 하나는 자산방식으로 자금을 조달하는 것으로, 이를 '자산방식의 자금조달' 또는 '자산금융(asset financing)' 이라고 부른다.[8]

부채방식의 자금조달(debt financing)은 차입을 하거나 회사채를 발행하여 자금을 조달하는 방식이다. 부채방식으로 자금을 조달한 쪽은 부채 원금에 대한 상환 의무와 함께 이자지급의 의무를 갖게 된다.

지분방식(자본방식이라고 부르기도 한다.)의 자금조달(equity financing)은 신주를 발행하여 자금을 조달하는 방식이다. 지분형식으로 자금을 조달한 쪽은 조달자금에 대한 원리금 지불 의무는 없지만, 지분비율에 따라 수익을 배당해 주어야 하고, 회사 청산 시 잔여자산에 대해서도 지분비율에 따라 배분해 주어야 한다.

7) 생산의 장기성이라는 특징을 갖고 있는 산업은, 그 산업이 어떤 산업이든 간에 금융 지원이 필수적이다. 선박산업이 이의 대표적인 예다. 선박산업이 발달된 나라에서는 선박금융 또한 발달되어 있다.

8) 앞에서 이미 언급하였다시피 '자금을 조달하는 것' 을 흔히 파이낸싱(financing)이라고 부른다. 파이낸스(finance)나 파이낸싱(financing)이나 모두 한글로는 '금융' 이다 보니, '금융' 이라는 말은 이중적인 의미를 갖는다. 즉, '자금이나 신용의 거래' 를 의미하기도 하고, '자금이나 신용을 조달하는 것' 을 의미하기도 한다.

자산방식의 자금조달(asset financing)은 기업이 보유하고 있는 자산을 매각하여 자금을 조달하는 방식이다. 이 방식의 경우, 조달자금에 대한 원리금 지급 의무도 없고, 또 수익이나 회사 잔여자산을 배당할 필요도 없지만, 해당 자산을 보유하고 있을 때 얻을 수 있는 수익을 포기해야 한다. 일종의 기회비용(opportunity cost)이 발생하는 것이다.

자금조달 방식과 대차대조표의 변화

이 세 가지 자금조달 방식은 기업의 대차대조표(balance sheet)[9]상의 자산, 부채, 자본 항목에 영향을 미친다. 어느 방식으로 자금을 조달하느냐에 따라 기업의 대차대조표에서 부채나 자본의 크기가 바뀌기도 하고, 자산의 형태가 바뀌기도 한다. 이로 인해 어떤 방식으로 자금을 조달하느냐에 따라 기업의 재무구조가 달라진다.

부채방식(debt financing)으로 자금을 조달할 경우, 기업의 부채가 늘어나면서 부채비율이 증가하며, 부채가 증가하는 것만큼 자산도 증가하게 된다. 예를 들어 다음 [그림 2]에서처럼 부채방식으로 100억 원을 조달하면, 부채비율(=부채/자본)은 기존의 200%에서 300%로 늘어나게 되고 자산은 300억 원에서 400억 원으로 늘어나게 된다.

지분방식(equity financing)으로 자금을 조달할 경우, 자본이 증가하면서 부채비율이 하락하게 되고 자본 증가분만큼 자산이 증가하게 된다. 마찬가지로 다음의 [그림 3]에서처럼 지분방식으로 100억 원을 조달하면, 부채비율은 기존의 200%에서 100%로 줄어들게 되고 자산은 300억 원에서 400억 원으로 늘어나게 된다.

마지막으로 자산방식(asset financing)으로 자금을 조달할 경우, 자본이나 부채는 변화가 없기 때문에 자산의 규모 또한 변화가 없다.[10] 예를 들어 다음 [그림 4]에서처럼 자산 중 부동산을 매각하여 현금을 조달하였을 경우, 자본과 부채는 변화가 없기 때문에 부채비율은 그대로이며 자산규모도 변화가 없이 300억 원 그대로이다. 변한 것이라고는 자산항목

---

9) 일정 시점에 기업이 보유하고 있는 자산과 부채, 그리고 자본의 크기를 보여줌으로써 기업의 재무상태를 알 수 있게 해 주는 재무보고서를 대차대조표라고 부른다. 차변(왼쪽 편)에는 자산의 종류와 가액을 표시하고, 대변(오른쪽 편)에는 자본과 부채의 잔액을 표시한다. 차변의 합계와 대변의 합계는 같아야 한다. 최근에는 재무상태표(statement of financial position)라고 부르고 있다.

10) 자산매각과정에서 자본이득이나 자본손실이 나타날 경우, 자산의 규모가 바뀔 수는 있다. 현재 대차대조표에 표기되어 있는 자산의 가치가 해당 자산의 시장가치를 정확하게 반영하고 있다면 자산을 매각하더라도 자산 규모에는 변화가 없게 된다.

그림 2 부채방식에 의한 자금조달 후 대차대조표의 변화

자금조달 전 대차대조표

차변(자산)	대변(자본+부채)
부동산 100억 원 재고 100억 원 기자재 100억 원 현금 0 원	자본 100억 원 부채 200억 원
300억 원	300억 원

⇨

부채방식 자금조달 후 대차대조표

차변(자산)	대변(자본+부채)
부동산 100억 원 재고 100억 원 기자재 100억 원 **현금 100억 원**	자본 100억 원 부채 200억 원 **+100억 원**
400억 원	**400억 원**

그림 3 지분방식에 의한 자금조달 후 대차대조표의 변화

자금조달 전 대차대조표

차변(자산)	대변(자본+부채)
부동산 100억 원 재고 100억 원 기자재 100억 원 현금 0 원	자본 100억 원 부채 200억 원
300억 원	300억 원

⇨

지분방식 자금조달 후 대차대조표

차변(자산)	대변(자본+부채)
부동산 100억 원 재고 100억 원 기자재 100억 원 **현금 100억 원**	자본 100억 원 **+100억 원** 부채 200억 원
400억 원	**400억 원**

그림 4 자산방식에 의한 자금조달 후 대차대조표의 변화

자금조달 전 대차대조표

차변(자산)	대변(자본+부채)
부동산 100억 원 재고 100억 원 기자재 100억 원 현금 0 원	자본 100억 원 부채 200억 원
300억 원	300억 원

⇨

자산방식 자금조달 후 대차대조표

차변(자산)	대변(자본+부채)
부동산 0 원 재고 100억 원 기자재 100억 원 **현금 100억 원**	자본 100억 원 부채 200억 원
300억 원	**300억 원**

중 부동산의 규모가 줄어들고 그 대신 현금의 규모가 늘어나는 것이다. 이런 점에서 이 방식은, 기업이 보유하고 있는 자산의 형태를 바꾸는 것으로 이해하면 된다.

자금조달 방식의 결합

기업들은 과거에는 주로 부채방식으로 자금을 조달해 왔었다. 그러다 보니 과거에는

'금융(financing)' 이라고 하면, 부채방식에 의한 자금조달로 이해되었다. 그러나 현대로 오면서 자금조달 방식이 다양화되고, 종종 여러 방식이 결합된 형태로 자금이 조달되기도 한다. 그래서 흔히 전자의 방식에 의한 금융을 협의의 금융이라고 부르고, 후자의 방식에 의한 금융을 광의의 금융이라고 부르기도 한다.

광의의 금융 사례를 들어 보면, 뒤에서 보게 될 자산담보부증권(ABS: asset-backed securities)은 형식적으로는 자산매각 방식으로 자금을 조달하는 것이지만, 내용상으로는 채권을 발행하거나 주식을 발행하여 자금을 조달하는 방식이다. 또 전환사채(CB: convertible bond)는 부채방식의 자금조달 방법이지만, 향후 전환사채가 주식으로 전환되면 자금조달 방식이 부채방식에서 지분방식으로 바뀌게 된다.

대규모 개발 프로젝트를 수행할 때에는 종종 부채방식과 지분방식, 그리고 자산방식을 결합하여 자금을 조달하기도 한다. 이 과정을 통해 프로젝트의 위험이 자금제공자의 성향에 맞추어 적절하게 배분되는데, 이런 방식의 금융을 흔히 구조화된 금융(structured financing)이라고도 부른다.

2) 직접금융과 간접금융

직접금융과 간접금융

금융시장은 자금을 공급하는 쪽과 자금을 공급받는 쪽, 그리고 이 둘을 연결해 주는 금융기관으로 구성되어 있다. 보통 현금흐름이 순유입인 쪽(자금여유자, 자금제공자, 자금공급자)에서 자금을 공급하고, 현금흐름이 순유출인 쪽(자금부족자, 자금조달자, 자금수요자)에서 자금을 조달받는다. 금융기관은 이 둘을 연결해 주는 역할을 한다. 즉, 금융기관은 현금흐름이 순유입인 쪽의 자금을 현금흐름이 순유출인 쪽으로 전달하는 역할을 하는 것이다.

이때 자금여유자 쪽의 자금이 직접적으로 자금부족자로 흘러 들어가는 것을 보고 직접금융(direct financing)이라고 부른다. 반면에 자금여유자 쪽의 자금이 금융기관으로 들어간 뒤, 금융기관의 자금이 다시 자금부족자 쪽으로 흘러 들어가는 것을 보고 간접금융(indirect financing)이라고 부른다.

직접금융의 대표적인 예가 채권발행 방식이다. 기업이 회사채를 발행하면, 채권투자자

그림 5 자금조달 방식에 따른 간접금융과 직접금융

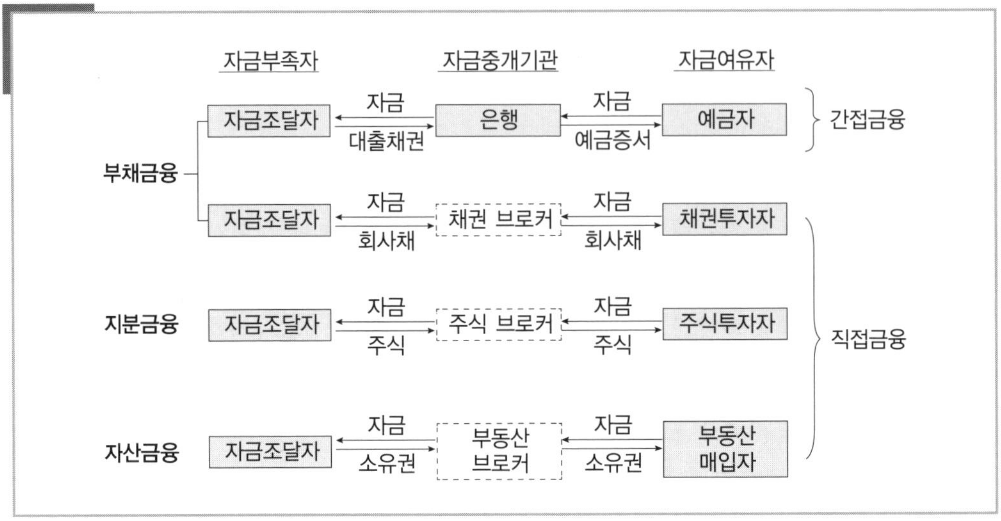

주 : 그림의 가운데 있는 자금중개기관들 중 점선으로 표시된 기관들은 자금여유자로부터 자금부족자로 자금이 흘러가도록 중개하는 역할만 한다.

들이 이를 사면서 자금이 자금여유자로부터 자금부족자로 직접 흘러 들어간다. 지분방식의 신주발행이라든가 자산방식의 자산매각에 의한 자금조달도 직접금융의 한 예이다. 이때 자금여유자와 자금부족자의 거래를 중개해 주는 업자가 존재하는데, 이를 흔히 브로커(중개업자)라고 부른다. 채권발행이나 신주발행으로 자금을 조달할 경우 증권회사들이 브로커 역할을 하며, 자산매각 방식으로 자금을 조달할 경우 금융기관뿐만 아니라 부동산 중개업자 등이 중개를 하게 된다.

간접금융의 대표적인 예는 자금부족자가 은행으로부터 자금을 차입하는 것이다. 은행은 자금여유자로부터 예금 등의 형태로 자금을 조달받고, 이렇게 조달받은 자금으로 자금부족자에게 대출 등의 형태로 자금을 제공해 주는데, 이 과정을 통해 자금여유자의 자금이 자금부족자에게 전달되는 것이다.

자금의 중개역할을 하는 금융기관은 직접금융이냐 간접금융이냐에 따라 책임의 정도가 달라진다. 직접금융에서 금융기관은 단순히 두 당사자의 거래를 중개해 줄 뿐, 거래에서 발생할 수 있는 손실에 대해 책임을 지지 않는다. 예를 들어 채권을 발행한 기업이 파산을 하더라도 채권중개기관은 채권투자자가 입을 손실에 대해 책임을 지지 않는 것이다.

반면 간접금융에서는 금융기관이 자기 책임하에 자금을 조달하고 자기 책임하에 자금을 운용하기 때문에 차입자가 파산을 할 경우, 그 피해를 스스로 감당해야 하고 예금자에게 그 피해를 전가할 수가 없다.

투자와 금융

자금제공자의 입장에서 볼 때, 여유자금을 자금부족자에게 제공하는 행위는 투자(investment)의 일종이다. 반면 자금조달자 입장에서 볼 때, 자금에 여유가 있는 쪽으로부터 자금을 조달하는 행위는 금융(financing)이라고 볼 수 있다. 이런 점에서 금융과 투자는 동전의 앞뒷면과 유사한 관계라고 할 수 있다.

그러나 자금제공자가 추구하는 것과 자금조달자가 추구하는 것은 서로 다르다. 자금제공자는 가능한 한 위험을 감수하지 않으면서 수익을 극대화하기를 원한다. 반대로 자금조달자는 가능한 한 위험을 감수하지 않으면서 조달비용을 극소화하기를 원한다.

결국 자금사용에 대한 대가(자금조달자 입장에서는 조달비용, 자금제공자 입장에서는 수익)는 시장에서 양자의 힘에 의해 결정된다. 뒤에서 언급하게 될 이자율, 수익률 등의 개념이 바로 이와 같은 양자의 힘에 의해 결정된 자금사용의 대가라고 할 수 있다.

금융기관들

자금여유자로부터 자금을 조달하여 자금부족자에게 자금을 제공하거나, 이런 과정을 중개하고 도와주는 기관을 금융기관(financial institutions) 또는 금융중개자(financial intermediaries)라고 부른다.

우리나라에서 자금여유자로부터 자금을 조달하여 자금부족자에게 자금을 제공하는 금융기관으로 예금은행과 비은행 금융기관이 있다.

예금은행은 은행법에 의해 설립된 일반은행(시중은행, 지방은행, 외국은행의 국내지점)과 특별법에 의해 설립된 특수은행(산업은행, 중소기업은행, 농협은행, 수협은행 등)을 말한다. 이들은 자기 책임하에 자금여유자로부터 예금을 받아 자금부족자에게 대출을 해 주는 역할을 하고 있다. 이들은 예금뿐만 아니라 금융채권(은행채권이라고도 한다.)을 발행하여 자금을 조달하기도 한다.

비은행 금융기관은 다시 비은행 예금취급기관과 기타 금융기관으로 나뉜다. 비은행 예금취급기관으로는 상호저축은행, 신용협동조합, 상호금융, 새마을금고, 우체국예금 등이 있다. 이들도 자기책임하에 예금 등을 받아 자금부족자에게 대출 등을 해 주고 있다. 기타 금융기관으로 보험회사, 여신전문금융기관(신용카드회사, 할부금융회사 등), 대부업 등이 있다. 이들은 주로 자신의 이름으로 어음이나 회사채를 발행하여 자금을 조달한 뒤, 자금부족자에게 대출을 해 주는 역할을 한다.

흔히 예금은행을 제1금융권이라고 부르고, 비은행 금융기관을 제2금융권이라고 부른다. 그러나 이런 분류는 법적으로 규정된 분류가 아니기 때문에 사람에 따라 자신이 생각하는 제1금융권과 제2금융권의 범위가 다를 수 있다.

주식, 채권, 부동산 등의 자산을 매입해 줌으로써 자금부족자에게 직접 자금을 공급해 주는(직접금융 방식) 투자자 중에는 개인도 있지만, 법인 투자자들도 있다. 이런 법인 투자자들을 흔히 기관투자가라고 부르는데, 연기금, 보험회사, 각종 공제회 등이 여기에 속한다. 이 밖에 개별 투자자들의 자금을 모아서 주식, 채권, 부동산 등에 투자하는 기구(vehicle)도 있는데, 이런 기구를 집합투자기구라고 부른다. 자산운용회사는 집합투자기구를 만들고(설정하고) 운용한 뒤 수익을 투자자에게 배분해 주는 역할을 한다. 증권회사는 증권(주식이나 채권 등)의 거래를 중개해 줌으로써 자금부족자와 자금여유자를 연결해 주는 역할을 한다.

증권회사나 자산운용회사 등을 금융투자업자라고 부르는데, 이들도 자금이나 신용의 거래에서 매우 중요한 역할을 하는 금융기관 중의 하나이다.

3 자금조달 수단들

1) 채권발행

채권이란?

채권(bond)발행은 부채방식으로 자금을 조달할 때, 기업이나 국가 등에서 가장 많이 사용하는 자금조달 수단이라고 할 수 있다. 채권은 발행기관이 계약에 따라 일정한 이자를 지급하고, 만기에 원금을 상환하기로 약속한 증서이다.

이때 원금을 채권의 액면가격(face value)이라고 부른다. 그리고 일정한 이자를 채권의 액면이자 또는 쿠폰(coupon)이라고 부르며, 이에 해당하는 이자율을 채권의 액면이자율(coupon rate)이라고 부른다.

채권은 투자자에게 지급되는 현금흐름(이자와 원금)이 확정되어 있기 때문에 흔히 상환확정형 증권(fixed income securities)이라고 부르기도 한다. 반면, 뒤에서 보게 될 주식(stock)은 투자자에게 지급될 현금흐름(배당금)이 확정되어 있지 않기 때문에 상환미확정형 증권(non-fixed income securities)이라고 부른다.

채권은 대개 공식적인 거래소를 통해 거래가 되는데, 거래소에 등록이 안 된 채권은 장외시장에서 거래가 된다. 채권이 거래될 때의 가격을 채권가격(bond price)이라고 부른다. 채권에 투자한 사람은 일정한 수익을 얻게 되는데, 투자액 대비 수익의 비율을 채권수익률(rate of return)이라고 부른다.

채권수익률과 액면이자율은 개념상 서로 다르며, 마찬가지로 채권가격과 액면가격은 개념상 서로 다르다.

채권가격이 액면가격보다 낮은 가격으로 거래되는 것을 보고, 채권이 할인되어 거래된다고 한다. 그리고 채권가격이 액면가격보다 높은 가격으로 거래되는 것을 보고, 채권이 할증되어 거래된다고 한다. 채권이 할인되어 거래되면 채권수익률은 액면이자율보다 높아진다. 반대로 채권이 할증되어 거래되면 채권수익률은 액면이자율보다 낮아진다.[11)]

채권의 종류

채권은 발행 주체, 액면이자의 존재 유무, 액면이자율의 변동 유무, 원리금 회수의 순위, 만기의 장·단기 여부, 옵션의 존재 여부 등에 따라 다양하게 구분된다.

먼저 채권의 발행 주체에 따른 구분을 보면, 채권 중에 일반 사기업이 발행하는 채권을 회사채(corporate bond) 또는 줄여서 사채(社債)라고 부르며, 정부나 공기업이 발행하는 채권을 국공채라고 부른다. 이 중에서 중앙정부가 발행하는 채권을 국채라고 하고, 지방정부가 발행하는 채권을 지방채, 공기업이 발행하는 채권을 공사채(公社債)라고 부른다. 또 금융기관이 발행하는 채권을 금융채라고 부른다.

액면이자가 없는 채권도 있는데, 이런 채권을 무이표채(無利票債, zero coupon bond)라고 부른다. 무이표채는 항상 할인되어 거래되기 때문에 완전 할인채(割引債)라고도 부른다. 반면 액면이자가 있는 채권을 이표채(利票債, coupon bond)라고 부른다.

---

11) 이에 대한 보다 자세한 내용은 제1부 제3장에서 다룰 것이다.

채권은 액면이자율이 고정되어 있는 고정금리채권과 일정 주기로 변동하는 변동금리채권이 있다. 변동금리채권은 금리의 변동주기에 따라, 그리고 금리의 변동기준에 따라 다양하게 구분할 수 있다. 변동주기의 경우 보통은 3개월 주기로 변동시키는데, 6개월 주기나 1년 주기로 금리를 변동시키는 채권도 있다. 또 변동금리채권은 금리를 국채수익률 등에 연동하여 변동시키는 것이 일반적이지만, 경우에 따라서는 물가지수나 주택가격지수, 주가지수 등과 같은 지수(index)에 연동하여 변동시키기도 한다.

선순위채권과 후순위채권

채권은 원리금 변제의 우선순위에 따라 선순위채권(senior bond)과 후순위채권(junior bond *or* subordinate bond)으로 구분하여 발행되기도 한다. 선순위채권은 다른 채권에 앞서서 원리금을 변제받을 수 있는 채권을 말한다. 후순위채권은 선순위채권에 대한 원리금 변제가 끝난 뒤에 원리금을 지급받을 수 있다.

이런 점에서 선순위채권은 후순위채권보다 원리금 회수에 대한 불확실성(위험)이 작다. 이 불확실성(위험)의 크기는 전체 채권발행액 중 선순위채권과 후순위채권의 발행비율에 따라 달라진다. 대부분의 채권을 선순위채권으로 발행할 경우 선순위채권이라 하더라도 원리금 회수에 대한 불확실성이 커지게 된다. 반면 선순위채권의 발행비율이 낮을 경우, 선순위채권의 안정성은 매우 높아지게 된다.

예를 들어 다음의 〈표 2〉와 같이 어떤 기업이 총 100억 원의 채권을 발행하였다고 하자(이지가 없는 채권이리고 가정). 그런데 이 기업이 청산절차에 들어가 잔여자산을 평가해 보니 총 70억 원의 자산이 남아 있다고 하자. 이 상태에서 선순위채권의 발행비율이 높을 경우(〈표 2〉에서 Case 1), 선순위채권이라고 하더라도 원금을 100% 회수하지 못할 수 있다.

표 2 선·후순위 채권 발행비율에 따른 선순위채권의 안전성

사례		채권발행액	회수가능성
Case 1	선순위채권	90억 원	일부만 회수가능(안전성 떨어짐)
	후순위채권	10억 원	전혀 회수가능성 없음
Case 2	선순위채권	50억 원	완전 회수가능(안전성 높음)
	후순위채권	50억 원	부분적으로 회수가능
총 채권발행액 100억 원, 잔여자산 70억 원			

그러나 선순위채권의 발행비율이 낮을 경우(〈표 2〉에서 Case 2), 선순위채권은 원금을 100% 회수할 수 있다.

선순위채권과 후순위채권은 흔히 채권투자자들의 투자성향에 따라 위험을 배분해 주는 수단으로 사용된다. 위험을 기피하는 투자자들에게는 선순위채권을 팔고, 상대적으로 위험을 어느 정도 감수하고자 하는 투자자들에게는 후순위채권을 파는 것이다.

기타 채권의 종류

이 밖에 채권은 만기의 장·단기에 따라 단기채권(만기가 1년 이하인 채권), 장기채권(만기가 1년 초과하는 채권), 영구채권(만기가 없는 채권) 등으로 구별하기도 한다. 금융시장은 흔히 단기채권과 같은 단기금융상품이 거래되는 단기자금시장(money market)과 장기채권과 같은 장기금융상품이 거래되는 자본시장(capital market)으로 나누어지기도 한다.

채권에는 옵션(권리)의 존재 유무에 따라 신주인수권부채권, 전환사채, 교환사채 등이 있는데, 예를 들어 신주인수권부채권(BW: bond with warrant)은 신주(新株)를 인수할 수 있는 권리가 첨부되어 있는 채권을 말한다. 그리고 전환사채(CB: convertible bond)는 채권을 신주(新株)로 전환할 수 있는 채권을 말하며, 교환사채(EB: exchangeable bond)는 채권을 다른 유가증권(예를 들어 주식)으로 교환할 수 있는 채권을 말한다.

채권발행에 의한 자금조달비용

채권발행을 통해 자금을 조달할 경우, 이자비용과 발행수수료 등의 비용이 든다. 발행수수료 중에는 증권사에 지급하는 발행대행이나 채권중개에 따른 수수료 외에 신용평가를 받는 데 따른 수수료나 변호사에게 법률자문을 받음으로써 지급하는 법률수수료 등이 있다. 채권은 매각방식에 따라 불특정 다수에게 공개적으로 매각하는 공모채권(public offering bond)과 소수의 특정 투자자에게 비공개적으로 매각하는 사모채권(private placement bond)으로 나뉘는데, 사모방식으로 채권을 매각할 경우 발행수수료가 크게 줄어든다. 그러나 사모방식으로 채권을 발행하면 대규모 자금을 조달하기가 어렵다.

2) 차입

차입과 자금조달 비용

차입(대출, loan)을 통한 자금조달은 기본적으로 채권발행에 의한 자금조달과 큰 차이가 없다. 다만, 기업의 경우 차입으로 자금을 조달할 경우 금융기관으로부터 경영상의 간섭을 받을 수가 있기 때문에 차입보다는 채권발행을 선호하는 편이다. 그러나 단기의 운영자금을 조달하거나 특정 부동산을 담보로 자금을 조달하고자 할 경우, 채권발행보다 차입을 통한 자금조달이 비용이나 시간 측면에서 유리할 수 있다. 가계의 경우 채권발행을 통한 자금조달이 안 되기 때문에 주로 차입에 의존하여 자금을 조달하게 된다.

차입을 통해 자금을 조달할 경우, 이에 따른 조달비용으로 우선 대출이자가 있으며, 이 밖에 감정평가 비용이나 대출수수료 등과 같은 수수료도 있다.

차입의 종류

차입의 경우 이자부과 방식에 따라 고정금리대출과 변동금리대출이 있다. 변동금리대출의 경우, 금리변동 주기와 금리변동 기준에 따라 대출유형이 매우 다양하게 존재할 수 있다. 차입은 상환방식에 따라서도 다양한 대출유형이 존재한다. 차입금의 상환방식에 따라 원금을 균등하게 분할 상환하는 원금균등분할대출, 원금과 이자를 균등하게 상환하는 원리금균등분할대출, 이자만 내고 원금은 만기에 일시 상환하는 만기일시상환대출, 원금과 이자 지급금액이 점진적으로 증가하는 점증상환대출 등이 있다. 원금균등분할대출이나 원리금균등분할대출 등은 거치기간을 둘 수도 있다. 거치기간이란 원금상환 없이 이자만 지급하는 기간을 말한다.

차입에도 각종 옵션(권리)부 차입이 존재한다. 전환대출은 전환사채와 마찬가지로, 대출을 신주(新株)로 전환할 수 있는 권리가 내포되어 있는 대출을 말한다. 조기상환가능대출은 차입자가 대출만기 이전에 차입금을 상환할 수 있는 대출을 말하며, 조기회수가능대출은 대출자가 대출만기 이전에 대출금을 회수할 수 있는 대출을 말한다.

수익참여대출(equity participation loan)은 수익이 발생하였을 때, 수익의 일부를 대출자에게 제공해 주는 대출로서 지분방식의 자금조달(equity financing) 성격을 부분적으로 갖고 있는 대출이다. 이와 유사한 대출로, 가계를 대상으로 한 수익공유형 모기지(SAM:

수익공유형 모기지

수익공유형 모기지(SAM)는 미국에서는 1980년대 초에, 영국에서는 1990년대 중·후반에 도입된 것으로 알려져 있다. 수익공유형 모기지에는 이자지급이 있는 상품(모기지형 SAM)과 이자지급이 없는 상품(역모기지형 SAM)이 있다. 모기지형 SAM은 정상적인 모기지보다 낮은 이자율을 적용하여 원리금을 상환해 나가되, 만기에 자본이득의 일부를 대출자에게 제공해 주는 상품을 말한다. 그리고 역모기지형 SAM은 원리금 지불 없이 만기에 가서 원금과 함께 자본이득의 일부를 이자형태로 내는 구조이다.

미국에서는 최근에 수익공유형 모기지를 지방정부의 주택정책수단으로 사용하고 있는데, 예를 들어 샌프란시스코 시에서는 주택구입을 위한 자기자금(down payment)이 부족한 저소득층을 위해 주택가격의 15%까지 무이자로 빌려주고, 만기에 원금과 자본이득의 일부를 이자조로 받는 주택구입프로그램을 운영하고 있다.

수익공유형 모기지는 차입자의 도덕적 해이(moral hazard)와 역선택(adverse selection), 감정평가 왜곡 가능성을 갖고 있는 것으로 알려져 있다. 수익공유형 모기지를 빌린 차입자는 향후 주택가격 상승 시 수익을 나누어야 하기 때문에 주택을 잘 유지 · 관리할 유인이 없다(도덕적 해이). 여기에다가 주택가격이 하락하는 지역에 거주하는 사람들이 주로 이 모기지를 구입할 가능성이 있다(역선택). 그리고 차입자는 주택매입 시에는 가능한 한 평가가격을 비싸게 만들고, 주택매각 시에는 가능한 한 평가가격을 낮게 만들고 싶어 한다(감정평가 왜곡).

수익공유형 모기지는 주택의 자본이득을 일부 포기하는 대신 저렴한 비용으로 자금을 조달할 수 있다는 점에서 차입자의 지불가능성(affordability)을 높이는 대출상품의 하나로 받아들여지고 있다.

(이용만, "지불 가능한 수익 공유형 모기지," 「CERIK 저널」, 2013년 10월 중에서)

shared appreciation mortgage)가 있다. 수익공유형 모기지는 담보로 제공된 주택의 가치가 올라가면 가치상승분의 일부를 대출자에게 제공해 주는 대출이다.

차입의 종류와 관련하여 좀 더 자세한 이야기는 제2부에서 다룰 것이다.

3) 주식발행

주식의 종류

주식은 한 기업의 소유지분을 나타내는 증권이다. 주식은 배당의 우선순위에 따라 우선주(preferred stock)와 보통주(common stock), 그리고 후배주(後配株, deferred stock)로 나뉜다.

우선주는 이익이 발생할 때 우선적으로 배당을 받고, 회사 청산 시 잔여자산에 대한 배당도 우선적으로 받을 수 있는 주식이다. 이처럼 우선주는 배당에 있어서 우선권을 갖고 있지만, 그 대신 배당률에 제한을 두고 의결권에서도 제한을 두는 것이 일반적이다.

보통주는 우선주에 대한 배당이 끝난 후, 잔여이익이나 잔여자산에 대해 배당을 받을 수 있는 주식이다. 보통은 의결권에 제한을 두지 않는다. 후배주는 배당에 있어서 보통주보다 순위가 뒤처지는 주식이다. 이 밖에 차별적 의결권을 갖는 주식도 있다. 차등의결권 주식(또는 차별의결권 주식)은 1주당 의결권이 보통주보다 2배 이상인 주식을 말한다.

주식은 발행방식에 따라 사모주식과 공모주식으로 나눌 수도 있다. 사모주식은 소수의 특정 투자자에게 신주를 인수시키는 방식이며, 공모주식은 불특정 다수의 투자자에게 신주를 인수시키는 방식이다.

신주발행에 의한 자금조달의 비용

신주(新株)발행을 통해 자금을 조달할 경우, 차입이나 채권발행을 통한 자금조달과는 달리 이자비용이 발생하지 않는다. 그러나 이익이 발생할 경우 이익을 배당해 주어야 하며, 기업의 가치가 상승할 경우 자본이득 또한 나누어 주어야 한다. 이 밖에 신주발행에 따른 수수료나 주식을 거래소에 상장 또는 등록하는 데 따른 수수료가 비용으로 추가된다.

4) 자산매각

자산매각 방식의 종류

자산매각 형식을 통해 자금을 조달할 경우, 대개는 일정한 옵션을 첨부하여 자산을 매각한다. 대표적인 예가 임차조건부매각(sale and lease back)이다. 부동산을 소유하고 있는 기업이 부동산을 매각하여 자금을 조달하고자 할 때, 해당 부동산을 임차하는 조건으로 매각하는 것이다. 이 경우 부동산을 매각하더라도 임차를 통해 해당 부동산을 계속 사용할 수 있다.

재매입조건부(buy back option) 매각도 있다. 매각자가 일정 기간이 지난 뒤 해당 자산을 재매입할 수 있는 옵션을 갖고서 자산을 매각하는 방식이다. 반대로 재매각조건부(put back option) 매입도 있다. 매입자가 일정 기간이 지난 뒤 해당 자산을 재매각할 수 있는 옵션을 갖고서 자산을 매입하는 방식이다.

뒤에서 보게 될 자산담보부증권(ABS)은 형식적으로는 자산매각에 의한 자금조달 수단이지만, 실제로 자금조달은 채권발행이나 신주발행 방식에 의한 자금조달 방법이다. 왜 그런가는 제3부에서 자세하게 설명할 것이다.

자산매각에 의한 자금조달의 비용

자산매각 방식으로 자금을 조달할 경우, 이자비용이 발생하는 것도 아니고 이익을 배당해야 하는 것도 아니다. 이런 점에서 자산매각 방식은 자금조달 비용이 안 드는 것으로 오해할 수 있지만 실상은 그렇지 않다. 자산매각을 하면 해당 자산을 계속 보유했을 때 얻을 수 있었던 수익(부동산을 예로 들자면, 임대료 수익과 자본이득)을 잃게 되기 때문에 이것(자산 보유 시 얻을 수 있는 수익)이 사실상의 자금조달 비용이라고 할 수 있다. 이 밖에 자산매각에 따른 매각수수료나 감정평가비 등이 자산매각 방식으로 자금을 조달할 때의 비용이라고 할 수 있다.

이 장의 주요 내용

- 부동산금융(real estate finance)은 '부동산의 매입이나 매각, 개발 등과 관련하여 자금이나 신용을 조달하거나 제공하는 것'을 말한다. 부동산은 '분할거래의 어려움'과 '생산의 장기성'이라는 특성을 갖고 있는데, 이런 특성으로 인해 부동산의 매입이나 매각, 개발 과정에서 흔히 현금흐름의 불일치가 발생한다. 부동산금융은 이런 현금흐름의 불일치를 메워 주는 역할을 한다.

- 자금을 조달하는 데에는 세 가지 방식이 있다. 첫째는 부채금융(debt financing)으로, 차입이나 채권발행을 통해 자금을 조달하는 방식이다. 둘째는 지분금융(equity financing)으로, 주식발행을 통해 자금을 조달하는 방식이다. 셋째는 자산금융(asset financing)으로, 자산을 매각하여 자금을 조달하는 방식이다. 어떤 방식으로 자금을 조달하느냐에 따라 기업의 재무제표의 내용이 달라진다.

- 차입이나 채권발행으로 자금을 조달할 경우, 자금조달자는 사전에 약속한 날짜에 맞추어 원금과 이자를 지불해야 한다. 주식발행으로 자금을 조달할 경우, 자금조달자는 원금과 이자를 지불할 의무가 없지만 그 대신 기업의 이윤을 나누어야 하며, 회사 청산 시 잔여자산도 배분해 주어야 한다. 자산매각으로 자금을 조달할 경우, 자금조달자는 원금과 이자를 지불할 의무도 없고, 기업의 이익이나 잔여자산을 배분해 주어야 할 의무도 없다. 하지만 자산매각 방식으로 자금을 조달한 쪽은 해당 자산의 현금흐름(운영에 따른 현금흐름과 매각에 따른 현금흐름)을 포기한 대가로 자금을 조달한 셈이 된다.

연 | 습 | 문 | 제

01 | 부동산의 거래와 개발 등에서 부동산금융이 어떤 역할을 하는지 설명하라.

02 | 부채방식으로 자금을 조달하였다. 이때 기업의 대차대조표가 어떻게 변화하는지 설명하라.

03 | 지분방식으로 자금을 조달하였다. 이때 기업의 대차대조표가 어떻게 바뀌는지 설명하라.

04 | 자산방식으로 자금을 조달하였다. 이때 기업의 대차대조표가 어떻게 바뀌는지 설명하라.

05 | 간접금융과 직접금융의 차이를 설명하라.

06 | 부채방식과 지분방식, 그리고 자산방식으로 자금을 조달하였을 때, 각각의 자금조달비용으로 어떤 것들이 있는지 설명하라.

제 2 장

이자율과 화폐의 시간가치

이 장에서는 이자율과 화폐의 시간가치 개념을 설명한다. 이자율은 부채방식으로 자금을 조달할 때 자금조달의 비용을 나타내기 때문에 자금을 조달할 것인가 말 것인가를 결정하는 데 중요한 기준이 된다. 더 나아가 지분방식이나 자산방식으로 자금을 조달할 것인지 아니면 부채방식으로 자금을 조달할 것인지를 결정하는 기준이 되기도 한다. 여기서는 이자율이 어떻게 결정되는지, 장·단기와 신용등급의 차이에 따라 이자율이 어떻게 차이나는지 등을 설명한다.

화폐의 시간가치는 이자율과 연관되어 있는 개념으로, 금융을 이해하는 데 매우 중요한 개념이다. 화폐는 동일한 금액이라 하더라도 시간에 따라 그 가치가 다르다. 이 개념을 이해하지 못하면 금융을 둘러싼 각종 분석이나 의사결정과정을 이해하기가 어려우므로, 화폐의 시간가치 개념을 정확하게 이해하고 있어야 한다.

1 이자율의 구조

1) 이자율의 개념

이자율이란?

부채방식으로 자금을 조달할 경우, 원금에 대해 이자를 지급해야 한다. 이때 '원금에 대한 이자의 비율'을 이자율(interest rate)이라고 부른다.

그런데 원금에 대한 이자의 크기는 빌리는 기간에 따라 다르다. 1개월 빌렸을 때의 이자와 1년 빌렸을 때의 이자가 다를 수밖에 없다. 이자율을 상호 비교하기 위해서는 '동일한 기간 동안의 이자'로 비교해야 한다. 그래서 이자율을 표기할 때에는 보통은 연간 이자율을 사용한다. 1개월간 빌리든, 1년간 빌리든, 2년간 빌리든 간에 이자율은 연간 이자율로 표기한다. 앞으로 특별한 언급이 없이 '이자율'이라는 표기가 나오면 이는 연간 이자율을 의미한다고 보면 된다.

부채방식으로 자금을 조달할 때, 이자율은 자금조달에 따른 비용의 크기를 나타내기 때문에 자금조달을 할 것인가 말 것인가를 결정하는 데 중요한 기준이 된다.

지분방식이나 자산방식으로 자금을 조달할 경우에는 이자를 지불하지 않아도 되지만, 이때에도 이자율은 자금조달 여부를 결정하는 데 중요한 기준이 된다. 왜냐하면 지분방식이나 자산방식으로 자금을 조달할 경우, 이자율은 자금조달의 기회비용을 나타내기 때문이다. 예를 들어 지분방식이나 자산방식으로 자금을 조달할 때의 비용이 부채방식으로 자금을 조달할 때의 비용(즉, 이자)보다 비싸다면 자금조달 방식을 바꿀 것이다.

결국 이자율은 자금을 조달할 것인가 말 것인가를 결정하는 데 기준이 될 뿐만 아니라, 부채방식으로 자금을 조달할 것인지 아니면 지분방식이나 자산방식으로 자금을 조달할 것인지 여부를 결정하는 데 기준이 되는 것이다.

이자발생의 세 가지 이유

자금을 빌려주면 왜 이자를 받아야 하는지, 그 반대로 자금을 빌리면 왜 이자를 지불해야 하는지를 생각해 보자.

우선 소비자 입장에서 생각해 보면, 소비자는 자신이 보유하고 있는 자금을 다른 사람에게 빌려줄 때 다음과 같은 세 가지 이유에서 이자를 받고자 한다.

첫째, 소비자는 현재의 소비를 포기하는 데 따른 보상이 필요하기 때문에 이자를 받고자 한다. 일반적으로 합리적인 사람은 미래의 소비보다 현재의 소비를 더 선호한다. 이를 시간선호(time preference)라고 부른다. 이런 시간선호는 나라별, 시기별, 사람별로 다르기는 하지만, 미래의 소비보다 현재의 소비를 더 선호하는 것은 동일하다. 이런 시간선호하에서 자신이 보유하고 있는 자금을 다른 사람에게 빌려주면, 자금을 빌려준 기간 동안 소비를 할 수 없기 때문에 이에 대한 보상이 필요한 것이다.

둘째, 소비자는 화폐의 구매력 하락에 따른 보상이 필요하기 때문에 이자를 받고자 한다. 일반적으로 화폐의 구매력은 물가상승 때문에 점진적으로 하락한다. 자신의 돈을 다른 사람에게 일정 기간 빌려주었는데 그 기간 동안 화폐의 구매력이 하락하였을 경우, 만기에 돌려받은 원금의 실질가치는 떨어져 있게 된다. 결국 이에 대한 보상이 있어야 돈을 빌려줄 수 있는 것이다. 바로 이런 이유에서 돈을 빌려줄 경우 이자를 받아야 하는 것이다.[1)]

셋째, 소비자는 위험에 대한 보상이 필요하기 때문에 이자를 받고자 한다. 자금을 다른 사람에게 빌려줄 경우, 돈을 빌려준 사람은 여러 가지 위험에 노출된다. 대표적인 위험이 채무불이행위험이다. 돈을 빌린 사람이 돈을 갚지 않을 수 있는 것이다. 이런 위험을 감수하는 데 따른 보상이 필요하기 때문에 이자를 받아야 하는 것이다.

한편 다른 사람으로부터 돈을 빌리는 사람의 입장에서도 동일한 이유에서 빌린 돈에 대해 이자를 지불할 의사가 있을 것이다. 빌린 돈으로 소비를 먼저 할 수 있기 때문에 이에 대한 대가로 이자를 지불할 의사가 있으며, 빌린 돈의 구매력이 미래에 상환할 원금의 구매력보다 높기 때문에 이에 대한 대가로 이자를 지불할 의사가 있는 것이다. 또 돈을 빌려준 사람이 위험을 감수하게 되면, 돈을 빌린 사람은 그만큼 위험을 지지 않는 것이 되기 때문에 이에 대한 대가로 이자를 지불할 의사가 있는 것이다.

이자가 왜 발생하는가에 대한 설명은 생산자 입장에서 그 이유를 생각해 볼 수도 있다.

---

1) 반대로 심한 디플레이션(deflation)으로 인해 화폐의 구매력이 크게 올라갈 경우, 자금을 빌려주는 사람은 이자를 받는 것이 아니라 이자를 지급해야 할 수도 있다.

생산자는 여유 자금으로 자본재를 구입하면 자본의 한계생산성(marginal productivity of capital)에 따라 생산물의 양을 늘릴 수 있다.[2] 그런데 이 자금을 다른 사람에게 빌려주면 추가적인 생산을 포기해야 한다. 따라서 생산자는 이런 추가 생산의 포기에 따른 보상으로 이자를 받고자 하는 것이다. 반대로 자금을 제공받은 사람은 자본의 한계생산성만큼 추가 생산이 가능하기 때문에 이자를 지불할 의사가 있을 것이다.

그리고 한계생산물의 화폐가치는 화폐의 구매력에 따라 달라진다. 화폐의 구매력이 하락하면(생산물의 가격이 올라가면) 그만큼 자금을 제공한 쪽에서는 이자를 더 받고자 할 것이고, 자금을 제공받은 쪽에서는 반대로 이자를 더 지급할 의사가 있을 것이다. 위험에 대한 보상 또한 마찬가지이다. 자금을 제공한 쪽에서 위험을 감수하면 그에 대한 보상을 받고자 할 것이고, 위험을 회피한 쪽에서는 반대로 보상을 해 줄 의사가 있을 것이다.

결국 자금의 대차(빌려주고 빌리는 것)에서 이자가 발생하는 이유는 일차적으로 소비자의 시간선호나 생산자의 한계생산성 때문이고,[3] 그 다음 화폐의 구매력 하락에 따른 보상이나 위험 감수에 대한 보상 때문이라고 말할 수 있다.

> 이자 = 소비자의 시간선호나 생산자의 한계생산물에 의한 손실 보상
> + 화폐의 구매력 하락에 대한 보상 + 위험 감수에 대한 보상

2) 이자율의 결정구조

이자율의 세 구성요소

이자율은 자금의 대차에 대한 가격이라고 할 수 있다. 따라서 이자율은 자금에 대한 수요와 공급에 의해 결정된다.

이렇게 자금의 수급에 의해 결정되는 이자율은 크게 세 가지 요소로 구성되어 있다. 세

2) 자본의 한계생산성이란 다른 생산요소의 투입량이 고정된 상태에서 자본을 한 단위 더 늘릴 때 추가적으로 생산되는 생산물의 양을 말한다.

3) 경제학에는 이자가 왜 발생하는가에 대해 여러 이론이 존재하는데, 그중 전자(시간선호)에 근거한 이론을 시간선호이론이라고 부르고 후자(한계생산성)에 근거한 이론을 우회생산이론이라고 부른다.

가지 구성요소는 실질이자율과 기대인플레이션율, 그리고 위험보상률이다. 이는 이자가 발생하는 원인에 따른 구분이다. 세 구성요소를 합친 것이 이자율이다. 이를 실질이자율과 구별하기 위해 명목이자율이라고 부르기도 한다.[4)]

실질이자율은 소비자의 시간선호나 생산자의 한계생산성에 따른 이자 부분을 말하며, 기대인플레이션율은 화폐의 구매력 하락에 따른 보상 부분을 말한다. 그리고 위험보상률은 자금제공자가 감수하는 위험에 대한 보상 부분을 말한다.

실질이자율과 기대인플레이션율을 합친 것을 흔히 무위험자산의 수익률(risk-free rate of return) 또는 무위험수익률이라고 부른다. 무위험자산의 수익률은 보통 단기국고채의 수익률을 말한다.

(명목)이자율 = 실질이자율 + 기대인플레이션율 + 위험보상률
= 무위험자산의 수익률 + 위험보상률

실질이자율의 결정

실질이자율의 크기는 자금에 대한 수요와 공급에 의해 결정되는데, 자금에 대한 수요와 공급은 시간선호와 실질경제성장률, 통화공급량 등에 의해 영향을 받는다. 현재의 소비에 대한 선호가 클 경우, 저축을 기피하기 때문에 자금공급이 감소하여 실질이자율은 올라가게 된다. 이런 선호는 앞에서 언급하였다시피, 나라와 시기별로 다르고 개개인에 따라 다르다. 실질경제성장률이 높으면 기업들의 투자수요가 크기 때문에 자금에 대한 수요도 높아져서 실질이자율이 올라가게 된다.

정부가 통화공급량을 늘리게 되면, 가계와 기업에 화폐가 많아져서 상대적으로 자금공급량이 늘어나게 된다. 이에 따라 실질이자율이 하락하게 된다. 그러나 정부의 통화공급량 확대는 뒤에서 보게 될 기대인플레이션율을 높일 수 있기 때문에 정부가 통화공급량을 늘렸다고 하여 실질이자율뿐만 아니라 명목이자율까지 하락하느냐 여부는 명확하지 않다.

4) 명목이자율에서 물가상승률을 제외한 것을 실질이자율이라고 부르기도 한다. 이때의 실질이자율에는 위험보상률이 포함되어 있다. 만약 위험이 없다면, 명목이자율에서 기대인플레이션율을 제외한 것이 실질이자율이다.

통화량의 공급확대가 이자율에 미치는 영향

통화량 공급확대가 이자율에 어떤 영향을 미치는가를 이해하기 위해서는 먼저 피셔(Fisher)의 교환방정식(the equation of exchange)을 이해할 필요가 있다. 피셔의 교환방정식은 다음과 같다.

$$MV = PT$$

M : 통화량, V : 유통속도, P : 물가, T : 총생산량

피셔의 교환방정식이 의미하는 것은 한 나라에서 생산된 총생산물의 화폐액은 통화량에다가 화폐의 유통속도를 곱한 것과 같다는 것이다. 보통 화폐의 유통속도는 잘 변하지 않는다. 그래서 통화량이 증가하면, 물가가 오르든지 아니면 총생산량이 증가하든지 해야 한다.

케인즈학파는 불완전고용 상태에서 통화량을 늘리면 실질이자율의 하락으로 명목이자율도 하락하면서 투자가 증가하고 이로 인해 총생산량이 증가한다고 보았다. 따라서 경기가 침체되어 있을 때에는(불완전고용 상태에서는) 통화량을 늘리는 것과 같은 적극적인 금융정책을 통해 경기를 진작시킬 수 있다고 보았다.

반면, 화폐주의자(통화주의자)들은 통화량 증가에 따른 투자확대효과는 단기에 그치고 장기에는 기대인플레이션이 증가하면서 명목이자율이 상승하기 때문에 투자확대효과가 사라진다고 보았다. 합리적 기대론자들은 여기서 더 나아가 통화량 증가에 따른 투자확대효과가 장기는 물론 단기에도 나타나지 않는다고 보았다. 통화량이 증가하면 실질이자율은 하락하겠지만 그와 동시에 기대인플레이션율이 올라가기 때문에 명목이자율은 변함이 없고, 따라서 통화량 증가에 따른 투자확대효과가 단기에도 나타나지 않는다는 것이다.

결국 세 학파는 통화량 증가에 대해 사람들이 어떻게 반응하느냐에 대한 시각 차이를 갖고 있다고 볼 수 있다. 케인즈학파는 불완전고용 상태에서는 통화량이 증가하더라도 기대인플레이션율이 그대로 있으리라고 본 반면, 화폐주의자들은 장기적으로 기대인플레이션율이 올라가리라고 보았고 합리적 기대론자들은 곧바로 기대인플레이션율이 올라갈 것으로 보았던 것이다.

오늘날 대부분의 국가들에서는 외부충격 등에 의해 경기침체가 매우 심할 때에는 통화량의 공급을 확대시키는 등 보다 적극적인 통화금융정책을 사용하되, 그렇지 않을 때에는 잠재성장률 수준으로 통화량을 일정하게 증가시키는 정책을 사용하는 것이 바람직한 것으로 보고 있다.

기대인플레이션율의 결정

기대인플레이션율은 화폐의 구매력 하락에 대한 보상률을 나타내는데, 여기서 그냥 '인플레이션율' 이라고 하지 않고 '기대인플레이션율' 이라고 쓰는 이유는 자금을 빌려줄

당시에는 미래에 화폐의 구매력이 얼마나 떨어질지 알 수 없기 때문이다. 예를 들어 우리가 제3자에게 1년간 자금을 빌려주었다고 해 보자. 이때 1년 뒤 화폐의 구매력이 얼마나 떨어질지 모르기 때문에 우리는 예측된 인플레이션율로 이자율을 산정하게 되는데, 예측된 인플레이션율이 곧 기대인플레이션율인 것이다.

사람들이 미래의 인플레이션율을 어떻게 예측하는가에 대해 두 가지 가설이 있다. 하나는 적응적 기대(adaptive expectation)가설로, 사람들은 현재와 과거의 인플레이션율을 기초로 하여 미래의 인플레이션율을 예측한다는 것이다. 예를 들어 1년 전의 인플레이션율이 3%였고 현재의 인플레이션율도 3%라면, 미래에도 인플레이션율이 3%를 유지할 것이라고 예측하는 것이다.

또 다른 가설은 합리적 기대(rational expectation)가설로, 사람들은 인플레이션율이 어떤 요인들에 의해 영향을 받는지 잘 알고 있으며, 그런 요인들의 변화에 대한 정보를 가지고 있기 때문에 이를 통해 미래에 인플레이션이 어느 수준으로 나타날지를 합리적으로 예측한다고 본다. 예를 들어 과거와 현재에 인플레이션율이 3% 수준을 유지해 왔더라도 정부가 통화량을 늘리면, 통화량 확대로 인해 미래에 인플레이션이 3% 이상 상승할 것으로 예측한다는 것이다.

사람들이 어떤 가설에 따라 행동하는가는 오늘날에도 여전히 논란으로 남아 있다. 사람들은 일반적인 상황하에서는 주어진 모든 정보를 이용하여 합리적으로 행동하지만, 경우에 따라서는 현재보다는 과거의 정보에 더 얽매이고 또 특정 정보에 지나치게 경사되어 행동하는 경우도 적지 않다. 사람들이 합리적 기대가설에 따라 행동한다고 보는 것이 타당하지만, 적응적 기대가설에 따라 행동하는 경우도 적지 않고 또 실제 분석을 해 보면 적응적 기대가설이 기대인플레이션율을 좀 더 잘 설명하는 경우도 적지 않다.

위험보상률의 결정

이자율의 구성요소 중 하나인 위험보상률의 경우, 자금제공자가 감수하게 되는 위험의 크기에 따라 결정된다. 자금제공자가 자금을 빌려줄 때 감수해야 하는 위험으로 채무불이행위험, 유동성위험, 금리위험, 조기상환위험 등 매우 다양하게 있다.

채무불이행위험(default risk)은 채무자가 원리금을 상환하지 못함으로써 손실을 입을 가능성을 말한다. 채무불이행위험을 흔히 신용위험(credit risk)이라고 부르기도 한다. 보통 가계를 대상으로 할 때에는 채무불이행위험이라는 말을 많이 쓰고, 기업을 대상으로 할 때에는 신용위험이라는 말을 많이 쓴다.

유동성위험(liquidity risk)은 자금을 빌려준 기간 동안 유동성 부족으로 손실을 입을 가능성을 말한다. 유동성위험은 흔히 '자산과 부채의 만기 불일치에 따른 위험'이라고 부르기도 한다. 자신이 갚아야 할 부채의 만기는 단기인 데 반해 자신이 갖고 있는 자산의 만기는 장기일 경우(만기 때까지 자산을 현금화할 수 없는 경우) 자산이 있음에도 불구하고 부채를 상환하지 못해 파산을 할 수가 있는데, 이런 위험을 유동성위험이라고 부르는 것이다.

금리위험(interest rate risk)은 자금을 빌려준 이후 시장이자율의 상승으로 채권이나 자산의 가치가 하락하면서 손실을 보게 되는 위험을 말한다.

조기상환위험(prepayment risk)은 금리위험과는 반대로 자금을 빌려준 이후 시장이자율이 하락하였을 때 차입자가 자금을 조기에 상환하게 되면 자금을 제공해 준 쪽에서 손실을 입게 되는데, 이런 위험을 조기상환위험이라고 부른다.

이 밖에도 자금의 제공에는 다양한 위험이 존재한다. 대표적인 예가 환위험이나 가격위험이다. 환위험(exchange risk)은 환율변동에 따른 손실가능성을 말한다. 금융기관이 외환표시로 자금을 조달하여 원화로 자금을 제공할 경우, 환위험을 안게 된다. 가격위험(price risk)은 자산의 가격 변화에 따라 손실을 입을 가능성을 말하는데, 자산가격과 연동하여 이자율을 책정할 때 이런 위험이 생기게 된다. 금리위험이나 환위험, 가격위험 등과 같이 시장에서 결정되는 각종 위험을 합쳐서 시장위험(market risk)이라고 부르기도 한다.

각 위험의 크기는 차입자의 신용상태와 담보물의 담보가치 안정성, 그리고 자금을 빌려준 기간과 금리조건, 시장상황 등에 따라 달라진다.

3) 이자율의 기간구조

이자율의 기간구조란?

이자율의 기간구조(term structure of interest rate)란 채권의 만기(또는 자금을 빌려준 기간)에 따른 수익률(또는 이자율)의 차이를 말한다.[5)]

일반적으로 신용등급이 동일한 채권이라도 채권의 만기가 길수록(자금을 빌려준 기간이 길수록) 수익률(이자율)도 높아진다. 이런 현상을 흔히 장고단저(長高短低)현상이라고 부른다. 장고단저란 '장기자금은 이자율이 높고 단기자금은 이자율이 낮다.'는 의미이다.

그런데 종종 장기자금의 이자율이 단기자금의 이자율보다 낮거나 비슷한 경우가 있다. 이런 현상을 흔히 '장고단저의 역전현상'이라고 부른다. 극심한 신용경색(credit crunch)이 있거나,[6] 향후 금리가 하락할 것으로 예상될 경우 종종 장고단저의 역전현상이 발생한다.

다음의 [그림 1]은 이자율의 기간구조를 보여주는 그림이다. 이 그림은 국고채의 만기별(x좌표) 수익률(y좌표)을 보여주고 있다. 이자율의 기간구조를 보여주는 그림을 흔히 수익률 곡선(yield curve)이라고 부른다. 일반적인 장고단저상황에서 수익률 곡선은 우상향하는 모습을 보인다. 그러나 장고단저의 역전현상이 발생할 경우, 수익률 곡선은 우하향하는 모

그림 1 국고채의 기간별 수익률

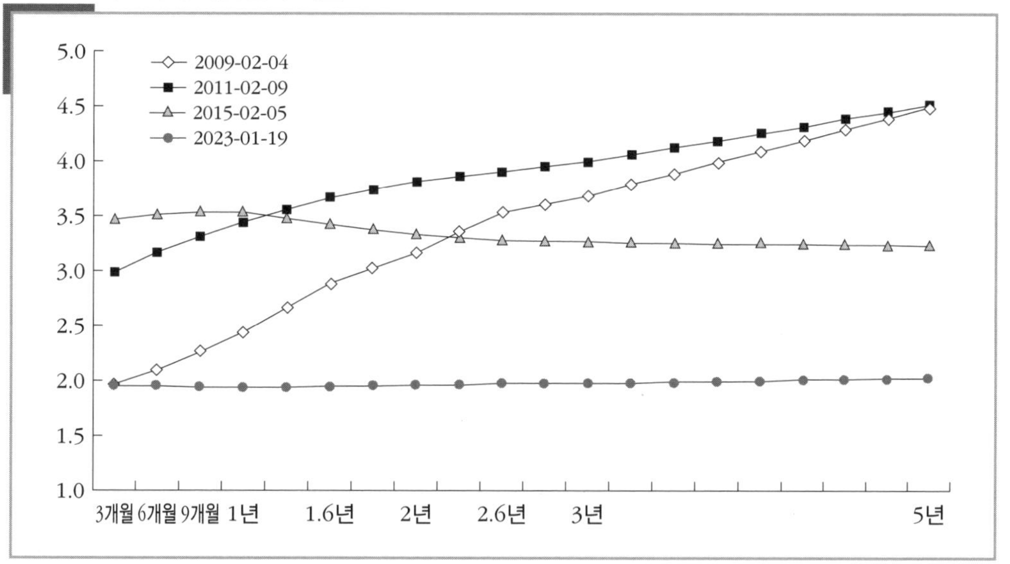

주 : x축은 채권의 만기를, y축은 채권 수익률(%)임.
자료 : 금융투자협회 채권정보센터, 채권시가평가기준수익률

5) 채권의 수익률과 이자율은 같은 개념이다. 차입할 때 이자율에 해당하는 것이 채권의 수익률이다. 채권의 수익률에 대해서는 다음 장에서 자세하게 설명할 것이다.

6) 신용경색이란 금융기관들이 자금공급을 꺼리면서 기업들이 극심한 자금부족을 겪는 상황을 말한다. 보통 시장에 대한 불확실성이 클 때, 금융기관들은 기업들에게 대출해 주기를 꺼려하게 된다. 그러면서 기업들은 극심한 자금부족을 겪게 된다.

습을 보이게 된다.[7)]

이자율 기간구조에 대한 이론

이와 같은 이자율의 기간구조를 설명하기 위한 이론으로, 크게 유동성 선호이론과 시장분할이론, 그리고 기대이론이 있다.

유동성 선호이론(liquidity premium theory)은 사람들의 유동성 선호 때문에 채권만기가 길수록 이자율이 높아진다고 본다. 사람들은 유동성이 높은 자산을 선호하는데, 채권만기가 길면 채권의 유동성이 떨어지기 때문에 투자자는 만기가 긴 채권을 사지 않으려고 한다(장기로 자금을 빌려주지 않으려고 한다.). 그래서 만기가 긴 채권일수록 수익률(이자율)이 높다는 것이다. 유동성 선호이론은 이자율의 장고단저현상을 설명할 수 있지만, 장고단저의 역전현상은 설명하지 못한다.

시장분할이론(market segmentation theory)은 단기자금시장(money market)과 장기자금시장(capital market)이 분리되어 있다는 가설을 갖고 있다. 두 시장이 분리되어 있기 때문에 단기자금시장에서 자금에 대한 수요가 늘어날 경우 단기금리가 장기금리보다 높아질 수 있다는 것이다. 이 이론은 장고단저의 역전현상을 설명할 수는 있지만, 학자들로부터 그다지 지지를 받고 있지는 못하다. 단기자금시장과 장기자금시장이 분리되어 거래가 이루어질 이유가 없기 때문이다.

그럼에도 불구하고 극심한 신용경색이 있을 때에는 기업들의 단기자금에 대한 수요가 급증하면서 단기금리가 장기금리보다 높아지는 경우가 있다. 기업들은 보통 운영자금이 부족할 때 단기자금을 조달하여 일시적인 자금부족 문제를 해결한다. 시설 설치와 같이 장기간에 걸쳐 자금이 필요한 경우에는 장기자금을 조달하여 투자를 하게 된다. 신용경색이 있게 되면, 기업들은 일시적인 자금부족 문제에 직면하면서 단기자금에 대한 수요가 급증하고 이에 따라 단기자금금리가 장기자금금리보다 높아지는 현상이 나타날 수 있다.

---

7) 수익률 곡선을 보면, 3년물 국고채 수익률이 2년 6개월물 국고채 수익률보다 낮게 나오는 경우가 많은데, 이는 유동성의 차이 때문이다. 채권시장에서는 3년물 국고채가 많이 거래되기 때문에 3년물 국고채의 유동성이 2년 6개월물 국고채의 유동성보다 좋다. 3년물 국고채의 유동성이 좋다보니 유동성위험이 적어서 2년 6개월물의 국고채보다 수익률이 낮게 나오는 경우가 많다.

기대이론(expectation theory)은 장기자금의 이자율에는 미래의 이자율에 대한 기대가 포함되어 있기 때문에 미래의 이자율에 대한 기대에 의해 장기자금의 이자율이 결정된다고 보는 이론이다. 이 이론에 따르면, 미래에 이자율이 하락할 것으로 기대되면(경기침체가 예상되거나, 물가상승률 하락이 예상되거나, 확장적 통화정책이 예상되는 경우) 현 시점에서는 장기채권에 대한 수요가 증가하면서 장기채권 가격이 상승하고, 장기채권 가격이 상승하면 장기채권의 수익률(이자율)이 하락하게 된다(다음의 Box 참조). 이렇게 되면 장기금리와 단기금리 간의 격차가 축소되고, 경우에 따라서는 장고단저의 역전현상이 일어날 수 있다. 반대로 미래에 이자율이 상승할 것으로 기대되면(경기호황이 예상되거나, 물가상승률 상승이 예상되거나, 긴축적 통화정책이 예상되는 경우), 현 시점에서는 장기채권에 대한 수요가 감소하면서 장기채권의 가격이 하락하고, 이에 따라 장기채권의 수익률(이자율)이 상승하게 된다. 이렇게 되면 장기자금과 단기자금의 금리차가 벌어지게 된다.[8)]

시장이자율과 채권가격 그리고 채권수익률의 관계

시장이자율이 하락하면, 채권가격은 상승한다. 채권가격이 상승하면, 채권수익률은 하락한다. 반대로 시장이자율이 상승하면, 채권가격은 하락한다. 채권가격이 하락하면, 채권수익률은 상승한다. 시장이자율의 변화에 따른 채권가격의 변화는 만기가 긴 채권일수록 크게 나타난다.

만약에 앞으로 시장이자율이 하락할 것으로 예상되면, 채권투자자들은 채권가격의 상승을 예상하고 장기채권을 사려고 한다. 왜냐하면 만기가 긴 채권일수록 시장이자율 하락에 따른 채권가격의 상승이 크기 때문이다. 이렇게 되면 장기채권의 가격이 상승하게 되고, 장기채권의 가격이 상승하면 장기채권의 수익률은 하락하게 된다.

반대로 향후 시장이자율이 상승할 것으로 예상되면, 채권투자자들은 채권가격의 하락을 예상하고 장기채권을 팔려고 한다. 이렇게 되면 장기채권의 가격이 하락하면서 장기채권의 수익률이 상승하게 된다.

결국 향후 시장이자율의 기대에 따라 장기채권의 수익률(장기자금의 이자율)이 변하는 것이다. 미래에 시장이자율이 하락할 것으로 기대되면, 장기채권의 수익률은 하락하고, 미래에 시장이자율이 상승할 것으로 기대되면, 장기채권의 수익률은 상승하는 것이다.

시장이자율 하락 기대 → 장기채권 가격 상승 → 장기채권 수익률(장기금리) 하락
시장이자율 상승 기대 → 장기채권 가격 하락 → 장기채권 수익률(장기금리) 상승

---

8) 이에 대한 보다 자세한 설명은 제1부 제3장의 현물이자율과 선도이자율 부분을 참조하라.

기대이론은 이자율의 장고단저현상뿐만 아니라 장고단저의 역전현상도 설명할 수 있고, 이론적인 근거도 분명하기 때문에 오늘날 이자율의 기간구조를 설명하는 이론으로 비교적 폭넓게 받아들여지고 있다.

장단기 금리차

시장의 장기금리와 단기금리 간의 차이를 흔히 '장단기 금리차' 또는 '기간 스프레드(term spread)' 라고 부르는데, 이를 통해 시장참가자들의 다수가 생각하는 미래 이자율에 대한 기대나 신용위험의 정도를 확인할 수 있다.

다음의 [그림 2]는 국고채의 3년물 수익률에서 1년물 수익률을 뺀, 기간 스프레드를 보여준다. 이 그림을 보면, 2001년 초와 2003년 중반에 장고단저 역전현상이 나타났고, 2007년 초부터 2009년 초 사이와 2011년 말부터 2013년 중반 사이, 그리고 2016년과 2019년 중반, 2023년 초에 부분적으로 장고단저 역전현상이 나타났다는 것을 확인할 수 있다.

2001년 초에는 당시 국내 4대 그룹 중의 하나였던 대우그룹이 신용위기를 겪던 시기이다. 대우그룹이 신용위기를 겪음에 따라 금융시장 전체가 신용경색 상황에 놓이면서 단기

그림 2 국고채의 기간 스프레드(국고채 3년물 수익률−국고채 1년물 수익률)

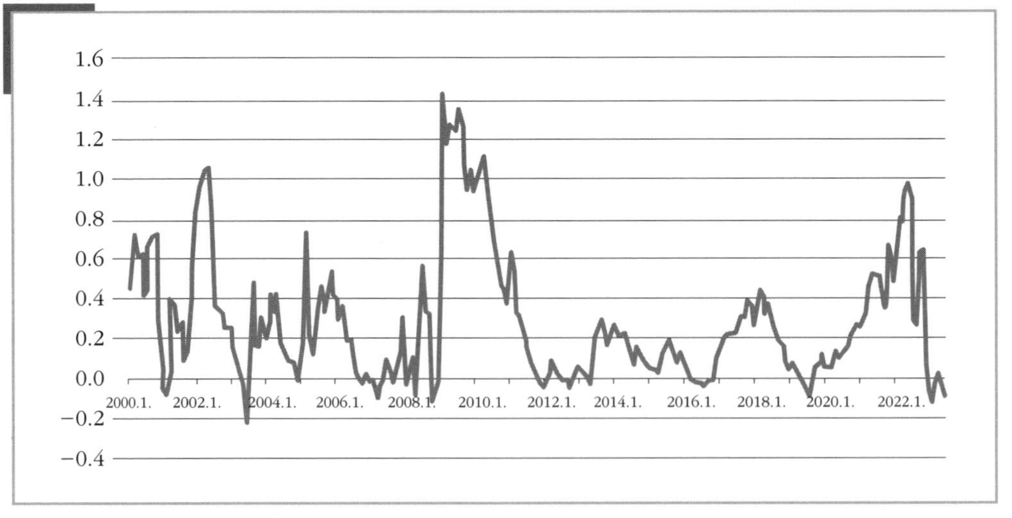

자료 : 한국은행 경제통계시스템.

금리가 급등하였다. 2003년 중반에는 대우그룹의 몰락과 닷컴신화의 붕괴, 신용카드회사들의 부실 등에 따라 통화당국이 저금리정책을 지속하리라는 기대가 커지면서 장기금리가 하락하였고, 이로 인해 장단기 금리차가 역전되었다.

2007년 초부터 2009년 초 사이에는 미국의 서브프라임 모기지 대출의 부실에 따른 세계적인 금융위기로 인해, 각국에서 저금리정책을 폄에 따라 국내에서도 저금리정책이 지속되리라는 기대가 형성되었고, 이것이 장기금리를 낮추는 요인이 되었다. 2009년 전반기 이후에는 전 세계적인 통화팽창정책이 결국은 인플레이션을 유발할 것이고, 이로 인해 명목이자율이 올라갈 것이라는 기대 때문에 장기금리가 올라갔다. 그러나 실제로는 전 세계적인 통화팽창정책에도 불구하고 세계적인 경기침체가 지속되었고 이에 따라 미국에서 극단적인 통화확대정책이 실시되면서 저금리가 지속되리라는 기대가 다시 형성되었다. 이 때문에 2011년 말부터 2013년 말까지 부분적으로 장고단저 역전현상이 나타났다. 2013년 말 이후, 미국에서 통화팽창을 부분적으로 축소하면서 장기적으로 금리가 올라갈 것이라는 기대가 형성되면서 장기금리가 올라갔다. 그러나 이런 기대에도 불구하고 경기침체에 대한 우려 때문에 저금리 체계가 지속되자 기간 스프레드는 2019년까지 축소와 확장을 반복해 왔었다.

2020년 초에는 Covid-19 팬데믹으로 세계 경제가 커다란 충격을 받았다. 이에 대응하여 각국은 확장적 통화정책(정책금리 인하, 통화공급량 확대 등)을 시행하였는데, 2021년 하반기에 들어서면서 확장적 통화정책에 의해 자산시장의 과열과 인플레이션에 대한 우려가 나오기 시작하였다. 이에 따라 우리나라는 2021년 8월부터 기준금리를 인상하기 시작하였다. 2022년 들어서서는 인플레이션에 대한 우려로 미국이 급격히 정책금리를 인상하기 시작하자, 우리나라도 기준금리를 빠르게 인상하였다. 그 결과 자산시장의 과열은 진화되었으나, 이번에는 경기침체의 우려가 퍼지기 시작하였다. 2023년에 들어서면서는 경기침체에 대한 우려가 커지면서 장단기 금리차가 역전되는 현상이 나타났다.

한국은행의 기준금리

중앙은행인 한국은행이 금융기관과 채권거래나 자금거래를 할 때 기준이 되는 정책금리를 기준금리(base rate)라고 부른다. 한국은행의 금융통화위원회에서 물가상황, 경기상황, 금융 및 자산시장 상황 등을 고려하여 1년에 8번 기준금리를 결정한다. 대개 1월과 2월, 4월과 5월, 7월과 8월, 10월과 11월에 결정하는데, 사전에 기준금리 결정일을 고지한다.

금융통화위원회는 기준금리나 공개시장조작 등의 방법으로 통화정책의 방향을 정하는데, 확장적 통화정책으로 갈 경우에는 기준금리를 내리고, 긴축적 통화정책으로 갈 경우에는 기준금리를 올린다.

기준금리는 시장의 단기금리와 장기금리에 전반적으로 영향을 미치는데, 특히 단기금리에 큰 영향을 미친다. 기준금리를 인상하면, 시장의 단기금리와 장기금리가 모두 상승하는데 특히 단기금리가 더 많이 상승한다. 반대로 기준금리를 인하하면, 시장의 단기금리와 장기금리가 하락하는데 특히 단기금리가 더 많이 하락한다.

전통적으로 각국의 통화당국은 통화공급량을 조절하여 시장 금리를 변화시키는 방법을 사용해 왔었다. 그러나 통화공급량 조절이 시장 금리에 미치는 영향의 방향이나 정도가 명확하지 않고, 각국에서 정부의 재정적자로 인해 중앙은행이 통화공급량 조절을 통해 시장 금리를 변화시키는 것이 어려워졌다. 그래서 최근에는 정책금리의 변경을 통해 시장 금리를 변화시키는 방향으로 통화당국의 주된 정책수단이 바뀌었다. 그러나 극심한 신용경색 등으로 정책금리가 제 기능을 하지 못할 때에는 중앙은행이 금융기관이나 정부에 직접 통화를 공급하기도 한다. 2008년 세계 금융위기 때나 2020년 Covid-19 팬데믹일 때 각국의 중앙은행은 정책금리 인하와 함께 금융기관 등에 직접 통화를 공급하는 정책을 시행한 바 있다.

그림 3 우리나라 기준금리 추이

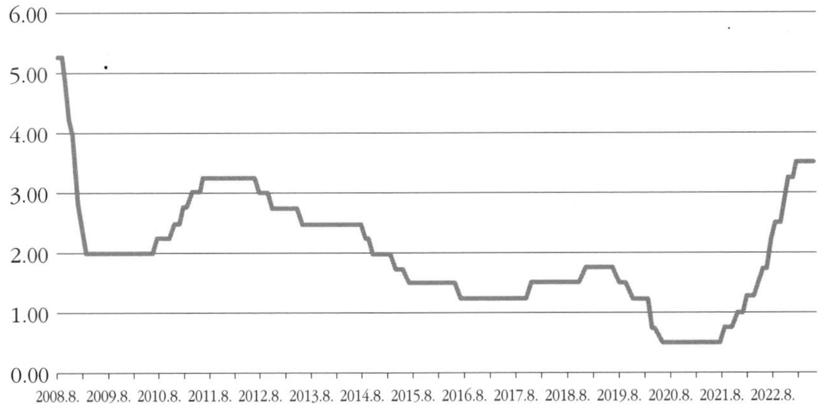

4) 이자율의 신용등급별 구조

신용등급별 이자율 구조

이자율은 자금을 빌려준 기간이 동일하다 하더라도 차입자의 신용등급에 따라 달라진다. 신용이 낮을수록 차입자가 채무를 불이행할 가능성이 높아지기 때문에 이에 대한 보상으로 이자율이 높아지는 것이다. 신용등급에 따른 이자율의 차이를 흔히 이자율의 신용등급별 구조라고 부른다.

기업이 공모방식으로 장기채권(회사채)이나 단기채권(기업어음 등)을 발행하고자 할 경우, 신용평가기관으로부터 해당 채권에 대한 신용등급을 평가받아야 한다. 신용평가기관은 채권의 원리금 지급가능성을 염두에 두고, 각 채권에 대해 신용등급을 부여한다.

신용등급을 표시하는 방법은 신용평가기관에 따라 다른데, 국제적인 신용평가기관으로 S&P(Standard and Poors)와 Moody's 그리고 Fitch Ratings가 있다. 신용등급 표시방법은 이들 세 기관에 따라 다르기는 하지만, 등급분류 기준은 큰 차이가 없다.

표 1 S&P의 신용등급 구분

<table>
<tr><th></th><th colspan="2">장기신용등급</th><th>단기신용등급</th></tr>
<tr><td rowspan="6">투자적격
(투자등급)</td><td>AAA(Extremely Strong)</td><td></td><td rowspan="2">A1+</td></tr>
<tr><td>AA(Very Strong)</td><td>AA+, AA, AA−</td></tr>
<tr><td rowspan="2">A(Strong)</td><td>A+, A</td><td>A1</td></tr>
<tr><td>A−</td><td rowspan="2">A2</td></tr>
<tr><td rowspan="2">BBB(Adequate)</td><td>BBB+</td></tr>
<tr><td>BBB, BBB−</td><td>A3</td></tr>
<tr><td rowspan="6">투자부적격
(투기등급)</td><td>BB(Vulnerable)</td><td>BB+, BB, BB−</td><td rowspan="2">B</td></tr>
<tr><td>B(More Vulnerable)</td><td>B+, B, B−</td></tr>
<tr><td>CCC(Currently Vulnerable)</td><td>CCC+, CCC, CCC−</td><td rowspan="2">C</td></tr>
<tr><td>CC(Highly Vulnerable)</td><td>CC+, CC, CC−</td></tr>
<tr><td>C(In Default with little prospect for recovery)</td><td></td><td></td></tr>
<tr><td>D(In Default)</td><td></td><td></td></tr>
</table>

일반적으로 많이 인용되는 S&P의 신용등급 분류를 보면, 장기신용등급(회사채)은 AAA, AA, A, BBB, BB, B, CCC, CC, C, D가 있다. 그리고 AA부터 CC까지는 다시 +(plus)와 0(zero), −(minus)로 세분류된다.

AAA등급은 신용상태가 가장 좋은 상태를 말하고, D등급은 채무불이행에 빠진 상태를 말한다. C등급은 회복가능성이 거의 없는, 사실상의 채무불이행상태를 말한다.

흔히 BBB등급 이상을 투자적격 등급(또는 투자등급)이라고 부르며, BB등급 이하를 투자부적격 등급(또는 투기등급)이라고 부른다. 일반적으로 금융기관들은 투자적격 등급을 받은 채권에만 투자하고, 투자부적격 등급을 받은 채권에는 투자하지 않는다.[9)]

단기채권에 부여하는 단기신용등급은 장기신용등급의 표시방법과 다소 차이가 있다. 단기신용등급에는 A1+, A1, A2, A3, B, C가 있다. 이 중 A3등급 이상이 투자적격 등급이고, B등급 이하가 투자부적격 등급이다.

신용 스프레드

신용등급이 떨어질수록 채권의 수익률(이자율)은 올라가는데, 보통 AAA등급에서 A−등급까지는 신용등급이 한 단계씩 떨어짐에 따른 채권수익률의 상승 속도가 비교적 완만하다. 그러나 A−등급 이후에는 신용등급이 한 단계씩 떨어질 때마다 추가되는 스프레드(spread)가 급격히 올라간다.

금융시장에서는 종종 3년 만기 AA−등급 회사채 수익률과 3년 만기 국고채 수익률의 차이를 가지고, 금융시장의 신용위험을 평가하기도 한다. 흔히 이 둘의 차이를 신용 스프레드(credit spread)라고 부르는데, 신용 스프레드가 커지면 기업들의 전반적인 신용상태가 악화되고 있다는 것을 의미한다.

보통 금융시장에서는 회사채의 신용등급을 가지고, 해당 기업의 신용을 평가한다. 그러나 경우에 따라서는 동일 기업에서 발행한 회사채라 하더라도 신용등급이 서로 다를 수 있다. 예를 들어 어떤 기업에서 회사채를 발행할 때, 외부기관으로부터 보증을 받으면 회사채의 신용등급이 올라갈 수 있다. 이 경우 기업의 신용은 나쁘더라도 회사채의 신용등급은 높을 수 있다. 또 어떤 기업이 회사채를 발행할 때, 원리금 상환에 우선권을 부여할 수 있다. 이 경우에도 기업의 신용과는 달리 회사채의 신용등급은 올라갈 수 있다.

---

9) 투자부적격 채권은 헤지펀드(hedge fund)와 같이 위험을 감수하면서 고수익을 노리는 자금들이 주로 투자를 한다.

그림 4　3년 만기 회사채의 신용등급별 이자율 구조

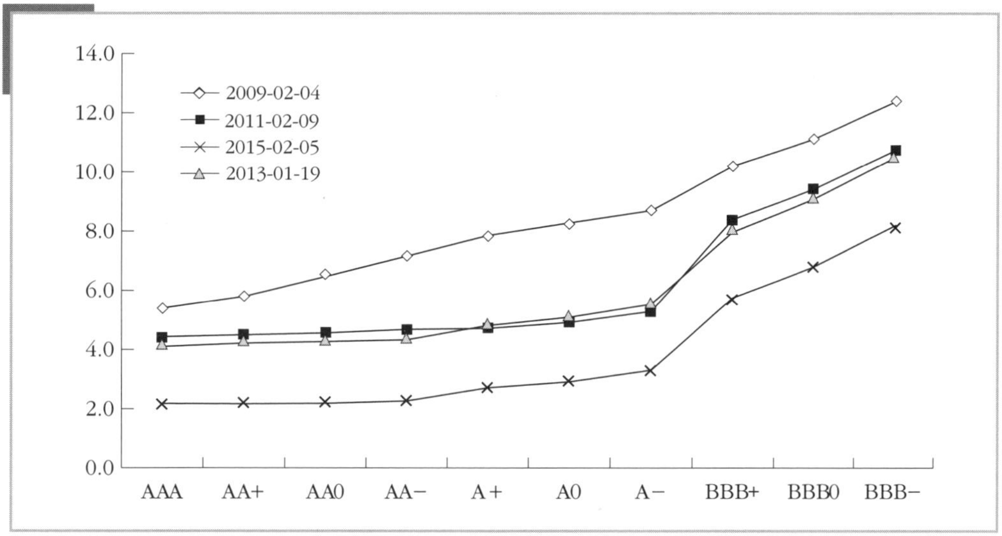

주 : x축은 신용등급을, y축은 채권 수익률(%)을 나타냄.
자료 : 금융투자협회 채권정보센터, 채권시가평가기준수익률.

그림 5　신용 스프레드(3년 만기 회사채(AA−) 수익률−3년 만기 국고채 수익률) 추이

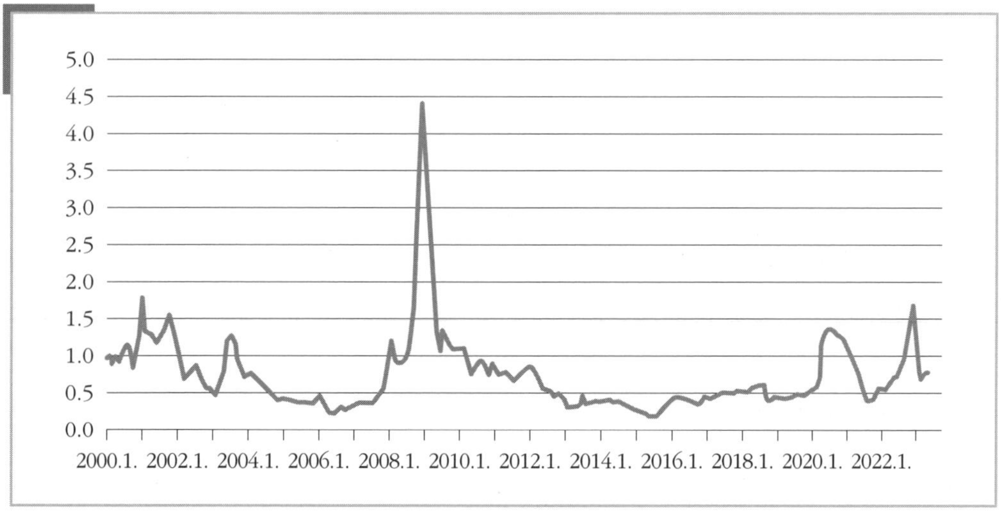

자료 : 한국은행 경제통계시스템.

2 화폐의 시간가치

1) 화폐의 시간가치 개념

화폐의 시간가치란?

화폐는 액면이 동일하다 하더라도, 현재의 화폐와 미래의 화폐는 그 가치가 다르다. 예를 들어 현재 내 주머니에 있는 100만 원의 가치와 1년 뒤 내 주머니에 있을 100만 원의 가치는 다르다. 이처럼 시간에 따라 화폐의 가치가 달라지는 것을 보고 화폐의 시간가치(time value of money)라고 부른다.

액면이 동일한 화폐라 하더라도 시간에 따라 가치가 달라지는 이유는 앞에서 본 이자발생 원리와 동일하다.

현재 내 주머니에 현금이 100만 원 있으면, 나는 '지금' 소비를 할 수 있지만 1년 뒤에 내 주머니에 들어올 100만 원으로는 지금 당장 소비를 할 수가 없다. 1년간 소비를 연기해야 하는 것이다. 또 인플레이션으로 인해 화폐의 구매력이 하락하면 1년 뒤에 100만 원으로 살 수 있는 재화나 서비스의 양이 지금 100만 원으로 살 수 있는 양보다 줄어들게 된다. 그리고 현재 내 주머니에 있는 현금 100만 원은 '확실'하지만 1년 뒤 내 주머니에 들어올 현금은 '불확실'하다.

이런 이유에서 화폐는 시간에 따라 가치가 달라지는데, 현재 시점의 현금을 미래 시점의 가치로 평가한 것을 미래가치(FV: future value)라고 부른다. 그리고 미래 시점의 현금을 현재 시점의 가치로 평가한 것을 현재가치(PV: present value)라고 부른다.

미래가치와 현재가치의 용도

금융이나 투자 이론에서 화폐의 시간가치 개념은 매우 중요한 개념이다. 화폐의 시간가치 중에서도 현재가치는 자산의 가치나 자산의 수익률 등을 계산할 때 자주 사용하는 개념이기 때문에 반드시 알고 있어야 한다.

예를 들어 자산의 가치는 해당 자산으로부터 나오는 미래의 현금을 현재가치로 할인한 것이다. 따라서 자산의 가치를 구하기 위해서는 미래의 현금을 현재가치로 환산하는 방법을 알아야 한다.

현재가치 중에서도 금융이나 투자 이론에서 자주 쓰이는 것이 연금의 현재가치이다. 연금의 현재가치를 구하는 데 사용하는 연금의 현재가치계수는 다소 복잡하게 보이더라도 반드시 이해하고 외워두어야 하며, 다양한 상황에 따라 스스로 공식을 도출할 수 있어야 한다.

2) 미래가치

미래가치란?

미래가치(FV: future value)는 현재 시점의 현금을 미래 시점의 가치로 평가한 값을 의미한다. 이를 달리 이야기하자면, 현재 시점의 A라는 현금과 동일한 가치를 갖는 미래의 현금의 크기를 미래가치라고 부른다. 미래가치를 계산하는 데에는 '이자율' 개념이 필요하다.

예를 들어, 현재 100만 원의 현금이 있다고 하자. 이 현금을 연 10%의 이자율로 운용할 수 있다면, 이 현금은 1년 뒤 원금 100만 원과 이자 10만 원을 합쳐 110만 원이 된다. 따라서 현재 100만 원은 1년 뒤 110만 원과 같은 가치를 갖는다고 볼 수 있다. 이때 110만 원을 현재 100만 원의 1년 뒤 미래가치라고 부른다. 이 110만 원은 100만 원×(1+0.1)로 계산된다.

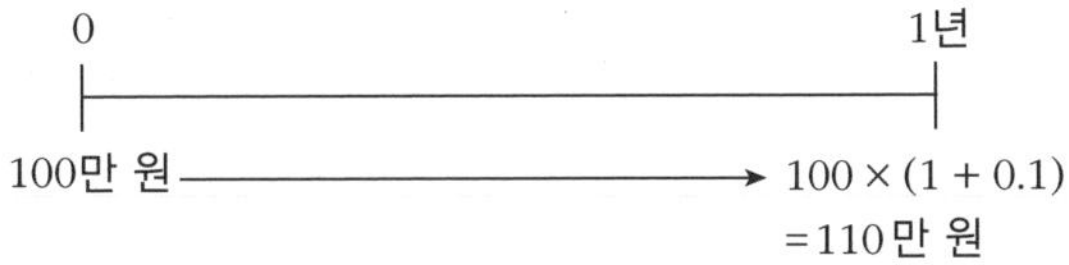

그러면 현재 100만 원의 2년 뒤 미래가치는 얼마일까? 위의 예와 마찬가지로 연 이자율은 10%라고 가정하자. 현재 100만 원은 1년 뒤 110만 원(원금 100만 원+이자 10만 원)이 된다. 1년 뒤 110만 원을 다시 1년간 10%의 이자율로 운용한다면, 2년 뒤에는 121만 원(원금 110만 원 + 이자 11만 원)이 된다. 따라서 현재 100만 원의 2년 뒤 미래가치는 121만 원이 된다. 이를 식으로 표시하면, 110만 원×(1+0.1)이다. 그런데 110만 원=100만 원×(1+0.1)이므로, 100만 원의 2년 뒤 가치는 100만 원×$(1+0.1)^2$이 된다. 이렇게 계산되는 이유는 1년 뒤에 받는 이자에 대해서도 이자가 붙기 때문이다.

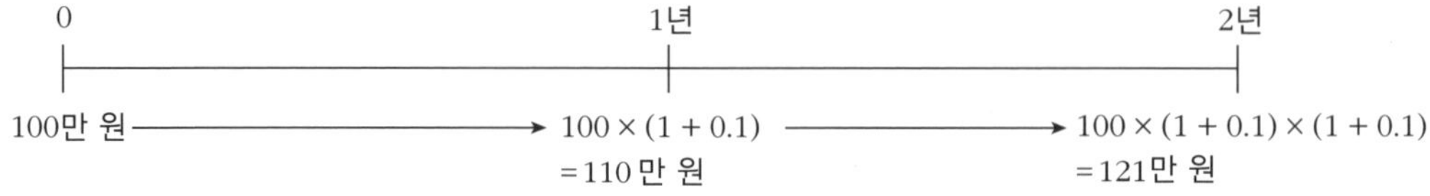

만약 n년간 이런 과정을 거치면, 현재 100만 원의 n년 뒤 미래가치는 100만 원× $(1+0.1)^n$ 이 된다. 이처럼 이자에 대하여 다시 한 번 이자를 부가하는 방식을 보고, 복리(compound interest)라고 한다. 화폐의 시간가치를 계산할 때에는 복리를 기준으로 한다. 매기 발생한 이자는 다시 동일한 이자율로 운용된다고 가정하고, 화폐의 시간가치를 구하는 것이다.

연 이자율을 r이라고 할 때, 현재 PV의 가치를 가지고 있는 현금의 n년 뒤 미래가치는 다음과 같다.

$$FV = PV \times (1+r)^n$$

여기서 $(1+r)^n$을 미래가치계수(FVF: future value factor)라고 부른다. 약칭으로 '내가계수' 라고도 한다.

이자율이 r이고 기간이 n년인 미래가치를 FV(r, n)으로 표기하고, 이에 따른 미래가치계수는 FVF(r, n)으로 표기한다.

여기서 이자율의 크기는 운용자산의 위험도에 따라 달라진다. 만약 현금을 은행에 예금하는 형태로 운용할 경우, 이자율은 은행의 예금금리 정도가 된다. 그러나 만약 현금을 주식투자 등으로 운용할 경우, 이자율은 위험을 감안하여 평균적인 주식수익률과 같아야 한다.

기간별 미래가치

만약 이자가 분기나 월별로 지급된다면, 위의 미래가치 계산식은 다소 다르게 나타난다. 예를 들어 현금 100만 원을 이자율 10%로 1년간 운용하는데, 이자가 분기별로 나오고, 매 분기 이자가 다시 동일한 이자율로 운용된다고 가정해 보자. 이때 분기 이자율은 0.1/4 = 0.025(2.5%)인데, 각 분기별 가치를 계산해 보면 다음과 같다.

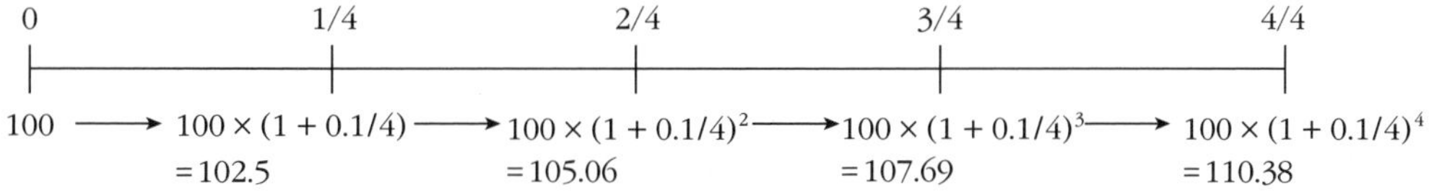

1분기 뒤 가치 : 100만 원×(1+0.1/4) = 102.5만 원

2분기 뒤 가치 : 102.5만 원×(1+0.1/4) = 100만 원×$(1+0.1/4)^2$ = 105.06만 원

3분기 뒤 가치 : 105.06만 원×(1+0.1/4) = 100만 원×$(1+0.1/4)^3$ = 107.69만 원

4분기 뒤 가치 : 107.69만 원×(1+0.1/4) = 100만 원×$(1+0.1/4)^4$ = 110.38만 원

즉, 이자율이 연 10%인데 이자가 분기별로 나오고, 분기별 이자가 1년에 4번 복리로 계산된다면 1년 뒤 가치는 100만 원×$(1+0.1/4)^{4\times1}$이 되는 것이다. 이자가 분기별로 나오고, 2년간 복리로 운용된다고 가정할 경우에는 100만 원의 2년 뒤 가치는 100만 원×$(1+0.1/4)^{4\times2}$이 된다.

이를 일반화시켜 보면, 연 이자율이 r이고, 이자가 연 m회 지급될 때 현재 PV의 n년 뒤 미래가치는 다음과 같이 계산된다.

$$FV = PV \times (1 + r/m)^{n\times m}$$

m=1일 경우 (연간 지급 : annually payment) $FV = PV \times (1 + r)^{n}$

m=2일 경우 (반기 지급 : semiannually payment) $FV = PV \times (1 + r/2)^{2\times n}$

m=4일 경우 (분기 지급 : quarterly payment) $FV = PV \times (1 + r/4)^{4\times n}$

m=12일 경우 (월간 지급 : monthly payment) $FV = PV \times (1 + r/12)^{12\times n}$

m=365일 경우 (일간 지급 : daily payment) $FV = PV \times (1 + r/365)^{365\times n}$

실효이자율

동일한 이자율이라 하더라도 미래가치는 연간 이자지급 횟수에 따라 달라진다. 연간 이자지급 횟수가 많을수록 미래가치는 커진다. 연간 이자지급 횟수가 많아지면, 먼저 지급된 이자가 많다는 의미인데, 먼저 지급된 이자는 복리로 부리되기 때문에 미래가치가 커지는 것이다.

예를 들어 이자율이 10%인데, 이자지급이 연간 4회 이루어질 경우 현금 100만 원의 1년 뒤 미래가치는 110.38만 원으로 이자지급이 1회 이루어질 때의 1년 뒤 미래가치인 110만 원보다 높다.

이자지급이 연간 4회 이루어질 때 현재 100만 원의 1년 뒤 미래가치(110.38만 원)는 '이자율이 10.38%이고 이자지급이 연간 1회 이루어질 때' 의 미래가치와 동일하다. 즉, '이자율이 10%이고 연간 4회 이자지급이 이루어질 때의 미래가치' 와 '이자율이 10.38%이고 연간 1회 이자지급이 이루어질 때의 미래가치' 가 같은 것이다.

이처럼 명목상 이자율이 동일하다 하더라도 연간 이자지급 횟수에 따라 실제 이자율이 달라지는데, 이를 실효이자율(EAY: effective annual yield)이라고 부른다. 실효이자율은 '연간 이자지급 횟수가 m회일 때의 미래가치' 와 같은 가치를 만들어 주는 '연간 이자지급 횟수가 1회인 이자율' 을 말한다.

예를 들어 연간 이자지급 횟수가 m회이고 연간 이자율이 r일 때, 현재 100만 원의 1년 뒤 미래가치는 $100 \times (1+r/m)^m$이다. 연간 이자지급 횟수가 1회이고 연간 이자율이 r_e일 때, 현재 100만 원의 1년 뒤 미래가치는 $100 \times (1+r_e)$이다. 이 둘의 가치를 같게 만들어 주는 r_e를 실효이자율이라고 한다.

$$100 \times (1+r/m)^m = 100 \times (1+r_e)$$

$$r_e = (1+r/m)^m - 1$$

$$\text{실효이자율} = (1 + r/m)^m - 1$$

실효이자율은 연간 이자지급 횟수가 많아질수록 커진다. 예를 들어 이자율이 10%일 때, 연간 이자지급 횟수가 2회이면(반기별 지급), 실효이자율은 10.25%가 된다. 연간 이자지급 횟수가 4회이면(분기별 지급) 실효이자율은 10.38%, 연간 이자지급 횟수가 12회이면(월별 지급) 실효이자율은 10.47%가 된다. 매일 이자가 지급되면, 실효이자율은 10.52%가 된다.

이자율	이자지급 횟수	현재가치	1년 뒤 미래가치	실효이자율
10%	1회	100만 원	$100 \times (1+0.1) = 110$만 원	$(1+0.1)-1=0.1000$
10%	2회	100만 원	$100 \times (1+0.1/2)^2 = 110.25$만 원	$(1+0.1/2)^2-1=0.1025$
10%	4회	100만 원	$100 \times (1+0.1/4)^4 = 110.38$만 원	$(1+0.1/4)^4-1=0.1038$
10%	12회	100만 원	$100 \times (1+0.1/12)^{12} = 110.47$만 원	$(1+0.1/12)^{12}-1=0.1047$
10%	365회	100만 원	$100 \times (1+0.1/365)^{365} = 110.52$만 원	$(1+0.1/365)^{365}-1=0.1052$

연금의 미래가치

매년 P라는 현금이 들어올 때, 일정 기간 뒤 이 현금들의 미래가치는 어떻게 될까? 매년 일정한 현금이 들어오는 것을 보고, 연금(annuity)이라고 부른다. 그리고 이 현금들의 미래가치를 합한 것을 보고 연금의 미래가치(FVA: future value of an annuity)라고 부른다.

예를 들어 현재 시점부터 매년 P라는 현금이 (n−1)년까지 들어온다고 하자. 이자율이 r이라고 할 때, (n−1)년 뒤 이 현금들의 미래가치 합계, 즉 연금의 미래가치는 다음과 같이 계산된다.

$$
\begin{aligned}
FVA &= P(1+r)^{n-1} + P(1+r)^{n-2} + \cdots + P \\
&= P\left[(1+r)^{n-1} + (1+r)^{n-2} + \cdots + 1\right] \\
&= P\left[\frac{(1+r)^n - 1}{r}\right]
\end{aligned}
$$

여기서 $\left[\frac{(1+r)^n-1}{r}\right]$을 연금의 미래가치계수(FVAF: future value of an annuity factor)라고 부른다.[10] 그리고 이자율이 r이고 기간이 n년인 연금의 미래가치계수를 FVAF(r, n)으로 표기한다.

$$FVAF = \frac{(1+r)^n - 1}{r}$$

연금의 미래가치 계산식은 다양한 형태로 변형이 가능하다. 만약 매년 P원이 현재부터 (n − 1)년간 나온다고 할 때, n년 뒤 이 연금의 미래가치는 다음과 같이 계산된다.

$$\begin{aligned} FVA &= P(1+r)^n + P(1+r)^{n-1} + \cdots + P(1+r) \\ &= P(1+r)\left[(1+r)^{n-1} + (1+r)^{n-2} + \cdots + 1\right] \\ &= P(1+r)\left[\frac{(1+r)^n - 1}{r}\right] \end{aligned}$$

10) 연금의 미래가치계수를 구하는 방법에 대해서는 다음 페이지의 Box에 있는 〈등비급수의 합〉을 참조하라.

등비급수의 합

$a^0, a^1, a^2, \cdots, a^{n-1}$과 같은 수를 등비급수(geometric series)라고 부른다. 이 등비급수의 합을 S라고 하면, S는 다음과 같다.

$$S = 1 + a + a^2 + \cdots + a^{n-1} \tag{1}$$

(1)식의 양변에 a를 곱하면 다음과 같이 된다.

$$aS = a + a^2 + a^3 + \cdots + a^n \tag{2}$$

(1)식에서 (2)식을 빼면, 등비급수의 합을 다음과 같이 구할 수 있게 된다.

$$S - aS = (1 + a + a^2 + \cdots + a^{n-1}) - (a + a^2 + a^3 + \cdots + a^n)$$

$$(1 - a)S = 1 - a^n$$

$$S = \frac{1 - a^n}{1 - a} \tag{3}$$

만약 $a = 1 + r$이라면, 위의 (1)식은 연금의 미래가치계수와 같다는 것을 알 수 있다. 즉,

$$FVAF = \left[1 + (1 + r) + (1 + r)^2 + \cdots + (1 + r)^{n-1}\right]$$

(3)식을 이용하면, 연금의 미래가치계수는 다음과 같이 구할 수 있다.

$$FVAF = \frac{1 - (1 + r)^n}{1 - (1 + r)} = \frac{1 - (1 + r)^n}{-r} = \frac{(1 + r)^n - 1}{r}$$

만약 연금이 연간으로 나오지 않고, 분기나 월간으로 나올 경우 이자율은 r/4(분기일 경우) 또는 r/12(월간일 경우)가 되고, 기간은 n×4(분기일 경우) 또는 n×12(월간일 경우)가 된다. 연간 연금지급 횟수가 m회이고, n년간 연금이 나올 경우 연금의 미래가치계수는 다음과 같이 바뀐다.

$$FVAF = \frac{(1 + r/m)^{n \times m} - 1}{r/m}$$

여기서 m은 연간 연금이 나오는 횟수이다. 일 년에 두 번(반기) 나올 경우 2이고, 분기로 나올 경우 4이다. 그리고 월간으로 나올 경우 12이다.

예제 1

현재 100만 원의 현금을 4%의 이자율로 예금하려고 한다. 이자는 분기별로 나오고, 해당 이자는 같은 이자율로 다시 예금한다(이자를 복리로 계산). 2년간 예금할 때, 2년 뒤의 미래가치는 얼마인가? 이때의 실효이자율은 얼마인가?

위의 예금을 현재부터 매 분기마다 100만 원씩 총 8번 예금할 때(적금), 2년 뒤 이 예금들(적금)의 총 미래가치는 얼마인가?

① 현재 100만 원의 2년 뒤 미래가치(이자는 분기별로 지급되고, 이를 복리로 계산)

$100 \times (1+0.04/4)^{2\times 4} = 100 \times 1.0829 = 108.29$(만 원)

② 실효이자율

$(1+0.04/4)^4 - 1 = 0.0406(4.06\%)$

③ 적금의 미래가치

$$FVA = 100(1+0.04/4)^8 + 100(1+0.04/4)^7 + \cdots + 100(1+0.04/4)$$

$$= 100(1+0.04/4)\left[\frac{(1+0.04/4)^8 - 1}{0.04/4}\right]$$

$=100 \times 1.01 \times 8.28567 = 836.85$(만 원)

3) 현재가치

현재가치란?

현재가치(PV: present value)는 미래가치와는 반대로 미래의 한 시점에 들어올 현금을 현재 시점의 가치로 평가한 값을 말한다. 미래 시점의 A라는 현금과 동일한 가치를 갖는 현재의 현금의 크기를 말한다. 현재가치를 계산하는 데에는 '할인율(discounting rate)' 개념이 필요하다.

예를 들어 1년 뒤 110만 원이라는 현금이 들어올 예정이라고 하자. 1년 뒤 110만 원의 현금은 현재의 110만 원의 현금보다 가치가 낮다. 앞에서 이야기했다시피, 1년 뒤 들어오는 현금으로는 지금 당장 소비를 할 수가 없고, 1년 사이에 화폐의 구매력이 떨어질 수 있으며, 1년 뒤 110만 원의 현금이 확실하게 들어온다는 보장도 없기 때문이다.

그렇다면 1년 뒤 110만 원의 현금은 현재 얼마만한 가치를 가질까? 만약 현재 100만 원이 1년 뒤 110만 원의 가치를 가진다면, 1년 뒤 110만 원은 현재 100만 원의 가치를 갖는다고 볼 수 있다. 이때 1년 뒤 110만 원의 현금이 현재 100만 원과 같은 가치를 갖는다고 하면, 할인되는 비율(할인율)은 10%가 된다. 여기서 할인되는 비율(할인율)이란 현재가치(100만 원) 대비 할인된 금액(10만 원)의 비율을 말한다. 이 계산은 110만 원을 (1+0.1)로 나누어 주면 된다.

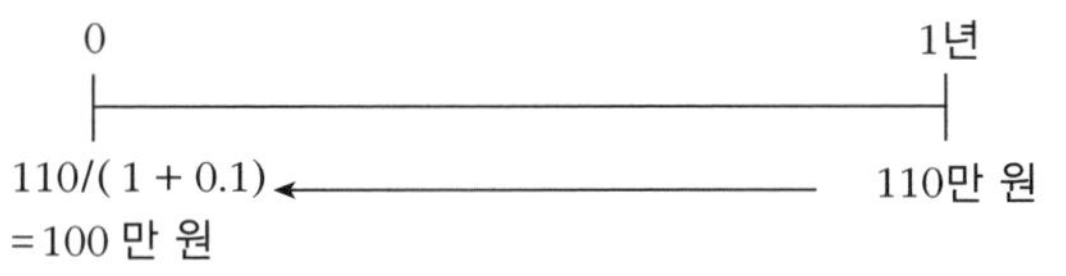

이와 같은 방식으로 미래에 들어올 현금을 현재의 가치로 환산할 수가 있다. 예를 들어 할인율이 10%라고 할 때, 2년 뒤 들어올 121만 원의 현금을 현재가치로 환산해 보자. 2년 뒤 121만 원의 1년 뒤 현재가치는 121만 원/(1+0.1)=110만 원이다. 1년 뒤 110만 원의 현재 시점 가치는 110만 원/(1+0.1)=100만 원이다. 110만 원은 121만 원/(1+0.1)이므로, 결국 2년 뒤 121만 원의 현재 시점 가치(현재가치)는 $121/(1+0.1)^2$이다.

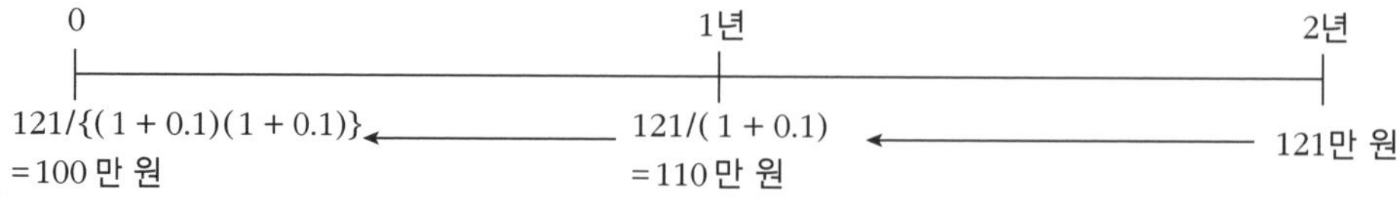

이를 일반화하면, 할인율이 r일 때, n년 뒤에 들어올 FV라는 현금의 현재가치(PV)는 다음과 같이 계산된다.

$$PV = \frac{FV}{(1+r)^n}$$

흔히 $1/(1+r)^n$을 현재가치계수(PVF: present value factor)라고 부른다. 약칭으로 '현가계수' 라고도 한다.

할인율이 r이고 기간이 n년인 현재가치를 PV(r, n)으로 표기하고, 이에 따른 현재가치계수는 PVF(r, n)으로 표기한다.

여기서 할인율의 크기는 미래에 들어올 현금의 불확실성 정도에 따라 달라진다. 미래에 현금이 확실하게 들어올 가능성이 높다면 할인율은 낮아지고, 그 가능성이 낮다면 할인율은 높아진다. 투자자가 요구하는 수익률을 요구수익률(desired rate of return)이라고 부르는데, 대개 투자자의 요구수익률을 할인율로 사용한다.

기간별 현재가치

미래에 들어올 현금을 할인할 때 할인을 분기나 월별로 한다면, 위의 현재가치 계산식은 다소 다르게 나타난다. 예를 들어 10%의 할인율을 가지고 분기별로 할인한다고 가정할 때, 할인율(분기 할인율)은 10%/4=2.5%가 되고, 1년에 4번의 할인이 이루어져서 1년 뒤 110만 원의 현재가치는 100만 원이 아니라 99.65만 원[=110만 원/$(1+0.1/4)^4$]이 된다.

3/4분기 뒤 가치 : 110만 원/(1 + 0.1/4) = 107.32만 원

2/4분기 뒤 가치 : 107.32만 원/(1 + 0.1/4) = 110만 원/$(1 + 0.1/4)^2$ = 104.70만 원

1/4분기 뒤 가치 : 104.70만 원/(1 + 0.1/4) = 110만 원/$(1 + 0.1/4)^3$ = 102.15만 원

현재가치 : 102.15만 원/(1 + 0.1/4) = 110만 원/$(1 + 0.1/4)^4$ = 99.65만 원

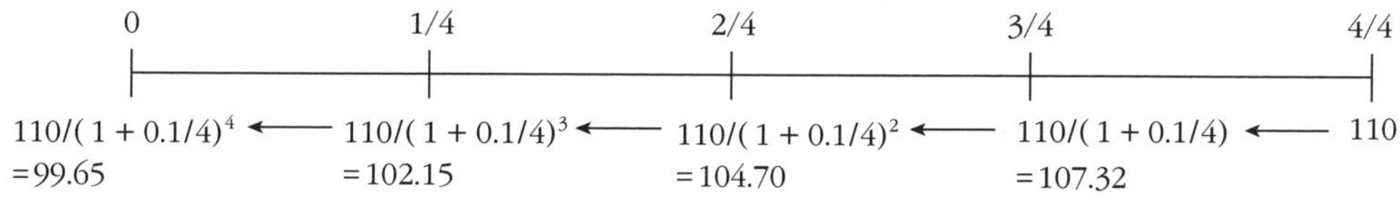

이를 일반화시켜 보면, 할인율이 연간으로 r이고 복리로 연 m회 할인이 이루어질 때, n년 뒤에 들어올 FV라는 현금의 현재가치는 다음과 같이 계산된다.

$$PV = \frac{FV}{(1 + r/m)^{n \times m}}$$

m=1일 경우 (연간 할인 : annually discounting) $PV = \frac{FV}{(1 + r)^{n}}$

m=2일 경우 (반기 할인 : semiannually discounting) $PV = \frac{FV}{(1 + r/2)^{2 \times n}}$

m=4일 경우 (분기 할인 : quarterly discounting) $PV = \frac{FV}{(1 + r/4)^{4 \times n}}$

m=12일 경우 (월간 할인 : monthly discounting) $PV = \frac{FV}{(1 + r/12)^{12 \times n}}$

m=365일 경우 (일간 할인 : daily discounting) $PV = \frac{FV}{(1 + r/365)^{365 \times n}}$

실효할인율

앞의 실효이자율과 동일한 개념으로 실효할인율(effective annual discount rate)이라는 개념을 생각해 볼 수 있다. 동일한 할인율이라도 연간 m회 할인할 때의 현재가치와 연간 1회 할인할 때의 현재가치가 다르다. 연간 할인 횟수가 많아질수록 현재가치는 작아진다. 이때 '연간 m회 할인할 때의 현재가치'와 동일한 가치를 가져다주는 할인율(연간 1회 할인할 때의 할인율)을 보고 실효할인율이라고 부른다. 실효할인율은 다음과 같이 계산된다.

$$\frac{FV}{(1 + r/m)^{m}} = \frac{FV}{(1 + r_e)}$$

$$r_e = (1+r/m)^{m} - 1$$

$$\text{실효할인율} = (1 + r/m)^m - 1$$

앞의 예를 가지고 설명하자면, 연간으로 한 번만 할인한다고 할 때, 1년 뒤 현금 110만 원이 현재 99.65만 원의 가치를 갖기 위해서는 할인율이 10.38%[$=(1+0.1/4)^4-1$]가 되어야 한다. 즉, '10%의 할인율로 연간 4회 할인하는 것' 이 '10.38%의 할인율로 연간 1회 할인하는 것' 과 동일한 가치를 갖는 것이다.

연간 할인 횟수가 많아질수록 현재가치는 작아지기 때문에 현간 할인 횟수가 많아질수록 실효할인율은 명목상의 할인율보다 커진다.

연금의 현재가치

매년 P라는 현금이 일정기간 들어올 때, 이 현금들의 현재가치 합을 연금의 현재가치(PVA: present value of an annuity)라고 부른다.

예를 들어 1년 뒤부터 매년 P라는 현금이 n년간 들어온다고 하자. 할인율이 r이라고 할 때, 이 현금들의 현재가치 합계, 즉 연금의 현재가치는 다음과 같이 계산된다.

$$\begin{aligned} PVA &= P\left(\frac{1}{1+r}\right) + P\left(\frac{1}{1+r}\right)^2 + \cdots + P\left(\frac{1}{1+r}\right)^n \\ &= P\left(\frac{1}{1+r}\right)\left[1 + \left(\frac{1}{1+r}\right) + \left(\frac{1}{1+r}\right)^2 + \cdots + \left(\frac{1}{1+r}\right)^{n-1}\right] \\ &= P\frac{\left[1 - \left(\frac{1}{1+r}\right)^n\right]}{r} = P\left[\frac{1-(1+r)^{-n}}{r}\right] \end{aligned}$$

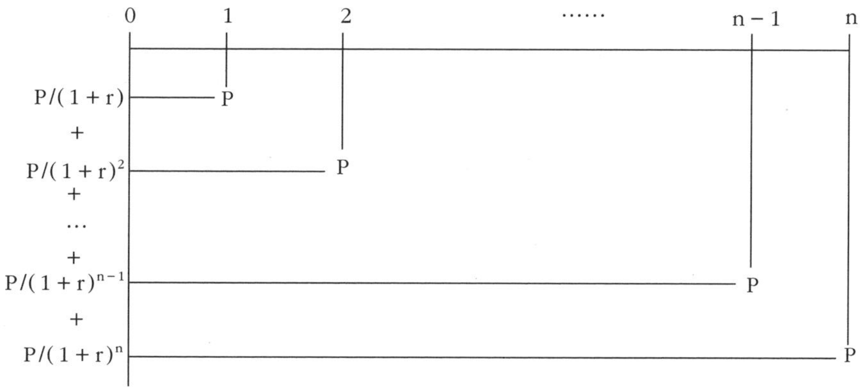

여기서 우측에 있는 $\dfrac{1-\left(\dfrac{1}{1+r}\right)^n}{r}$ 또는 $\dfrac{1-(1+r)^{-n}}{r}$을 연금의 현재가치계수(PVAF: present value of an annuity factor)라고 한다. 줄여서 연금의 현가계수라고 하기도 한다.[11)]그리고 할인율이 r이고 기간이 n년인 연금의 현재가치계수를 PVAF(r, n)으로 표기한다.

$$PVAF=\frac{1-\left(\frac{1}{1+r}\right)^n}{r}=\frac{1-(1+r)^{-n}}{r}$$

연금의 현재가치 계산식은 다양한 형태로 변형이 가능하다. 만약 현재부터 매년 P원이 (n−1)년까지 나온다고 할 때, 이 연금의 현재가치는 다음과 같이 계산된다.

---

11) PVA를 구하는 계산식에서 우측에 있는 $\left[1+\left(\frac{1}{1+r}\right)+\left(\frac{1}{1+r}\right)^2+\cdots+\left(\frac{1}{1+r}\right)^{n-1}\right]$은 앞의 Box에 나와 있는 〈등비급수의 합〉의 공식을 이용하여 다음과 같이 간략하게 정리할 수 있다.

$$\frac{\left[1-\left(\frac{1}{1+r}\right)^n\right]}{\left[1-\frac{1}{1+r}\right]}=\frac{\left[1-\left(\frac{1}{1+r}\right)^n\right]}{\frac{r}{1+r}}$$

이 식을 PVA를 구하는 식에 대입하면, 최종적으로 다음과 같은 식을 구할 수 있다.

$$PVA=P\frac{\left[1-\left(\frac{1}{1+r}\right)^n\right]}{r}$$

$$\begin{aligned} PVA &= P + P\left(\frac{1}{1+r}\right) + P\left(\frac{1}{1+r}\right)^2 + \cdots + P\left(\frac{1}{1+r}\right)^{n-1} \\ &= P\left[1 + \left(\frac{1}{1+r}\right) + \left(\frac{1}{1+r}\right)^2 + \cdots + \left(\frac{1}{1+r}\right)^{n-1}\right] \\ &= P(1+r)\left[\frac{1-(1+r)^{-n}}{r}\right] \end{aligned}$$

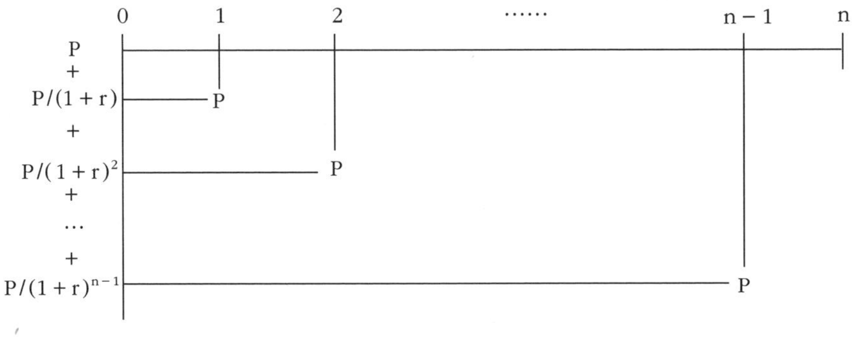

만약 연금이 연간으로 나오지 않고, 분기나 월간으로 나올 경우 연금의 현재가치계수는 다음과 같이 바뀐다.

$$PVAF = \frac{1-\left(\frac{1}{1+r/m}\right)^{n\times m}}{r/m} = \frac{1-(1+r/m)^{-n\times m}}{r/m}$$

여기서 m은 연간 연금이 나오는 횟수이다. 일 년에 두 번(반기) 나올 경우 2이고, 분기로 나올 경우 4이다. 그리고 월간으로 나올 경우 12이다.

연금의 현재가치 식은 주택금융과 상업용 부동산금융에서 빈번하게 사용되므로, 이 식의 도출과정이나 의미를 꼭 이해하고 있어야 한다.

예제 2

2년 뒤 100만 원의 현금을 주는 예금증서가 있다. 할인율이 연 4%인데, 분기별로 할인된다고 할 때, 이 예금증서의 현재가치는 얼마인가? 이때의 실효할인율은 얼마인가?

1분기 뒤부터 100만 원씩 2년간 총 8번을 주는 연금이 있을 경우, 이 연금의 현재가치는 얼마인가? 마찬가지로 할인율은 연 4%이다.

① 2년 뒤 100만 원의 현재가치(분기별로 할인)

$100/(1+0.04/4)^{2\times4}=100/1.0829=100\times0.9235=92.35$(만 원)

② 실효할인율

$(1+0.04/4)^4-1=0.0406(4.06\%)$

③ 연금의 현재가치

$$PVA=\frac{100}{(1+0.04/4)}+\frac{100}{(1+0.04/4)^2}+\cdots+\frac{100}{(1+0.04/4)^8}$$

$$=100\left[\frac{1-\frac{1}{(1+0.04/4)^8}}{0.04/4}\right]$$

$=100\times7.6517=765.17$(만 원)

예제 3

1년 뒤 10만 원을 받고, 2년 뒤 10만 원을 받으며, 3년 뒤 110만 원을 받는 예금증서가 있다. 할인율이 연 4%일 때 이 예금증서의 현재가치는 얼마인가?

$$PVA=\frac{10}{(1+0.04)}+\frac{10}{(1+0.04)^2}+\frac{110}{(1+0.04)^3}$$

$=10\times0.9615+10\times0.9246+110\times0.8890$

$=9.615+9.246+97.790=115.651$(만 원)

이 장의 주요 내용

- 이자율이란 원금에 대해 일정 기간 지급되는 이자의 비율을 말한다. 이자율은 실질이자율에다가 기대인플레이션율, 그리고 위험보상률로 구성되어 있다. 실질이자율과 기대인플레이션율을 합친 것을 무위험자산의 수익률이라고 부른다.

- 대출기간(만기)에 따라 위험보상률이 달라지기 때문에 이자율 또한 만기에 따라 달라진다. 만기에 따른 이자율의 차이를 흔히 '이자율의 기간구조'라고 부른다. 일반적으로 장기대출일수록 이자율이 올라가는데, 이런 현상을 이자율의 장고단저현상이라고 부른다. 그러나 이자율은 단기이자율이 장기이자율보다 높을 때가 있는데, 이를 보고 '장고단저의 역전현상'이라고 한다. 이자율의 기간구조를 설명하는 이론으로, 유동성 선호이론과 시장분할이론, 그리고 기대이론이 있다.

- 이자율은 차주의 신용 정도에 따라서도 달라지는데, 이를 흔히 '신용등급별 이자율 구조'라고 부른다. AAA등급이 가장 신용이 좋고, 그 다음 AA, A, BBB 순으로 신용등급이 낮아진다. 그리고 AA등급부터 각 등급은 +, 0, - 등급으로 세분화된다.

- 화폐는 액면이 동일하더라도 현재의 화폐와 미래의 화폐는 그 가치가 다르다. 이와 같이 시간에 따른 화폐의 가치 차이를 보고 '화폐의 시간가치(time value of money)'라고 부른다. 화폐의 시간가치 중 미래가치(future value)는 현재 시점의 화폐를 미래 특정 시점의 화폐가치로 평가한 것을 말한다. 그리고 현재가치(present value)는 반대로 미래 특정 시점의 화폐를 현재 시점의 가치로 환산한 것을 말한다.

연 | 습 | 문 | 제

01 | 자금의 대차에서 이자가 발생하는 이유를 설명하라.

02 | 실질이자율은 어떤 요인들에 의해 변화하는지를 설명하라.

03 | 이자율의 기간구조를 설명하는 세 가지 이론(유동성 선호이론, 시장분할이론, 기대이론)에 대해 설명하라.

04 | 현재 100만 원의 현금을 2년간 예금하고자 한다. 이자율은 연 6%이고, 이자는 분기별로 지급된다고 한다. 이 예금증서의 2년 뒤 미래가치를 구하라. 그리고 실효이자율은 얼마인가?

05 | 2년 뒤 100만 원의 현금이 들어오는 채권이 있다고 한다. 할인율은 연 6%이고, 분기별로 할인이 된다고 한다. 이 채권의 현재가치는 얼마인가? 그리고 실효할인율은 얼마인가?

06 | 매 분기 말마다 100만 원의 현금이 2년간 들어오는 투자자산이 있다고 한다. 이 투자자산의 현재가치는 얼마인가? 할인율은 연 6%라고 한다.

제 3 장

채권 수익률과 가치

이 장에서는 채권의 수익률과 채권의 가치를 구하는 방법을 설명한다. 채권수익률과 채권가치를 구하는 것은 투자영역에 해당하지만, 금융영역에서도 이는 매우 중요하다. 왜냐하면 채권수익률은 자금을 부채방식으로 조달할 것인지 아니면 지분방식이나 자산방식으로 조달할 것인지를 결정할 때 하나의 기준이 되기 때문이다. 그리고 채권가치를 구하는 것은 대출채권의 가치를 구하는 데 기초가 된다. 채권의 듀레이션도 이 장에서 배우는데, 채권의 듀레이션을 통해 이자율의 변화가 채권가치에 미치는 영향의 정도를 이해할 수 있다.

1. 채권수익률
2. 채권의 가치
3. 채권의 듀레이션
4. 채권가치와 채권가격 간의 관계

부록 현물이자율과 선도이자율

1 채권수익률

1) 채권의 만기수익률

채권의 현금흐름과 가격

채권(bond)은 채권소지자에게 일정한 금액을 만기일에 지급하고, 만기일 이전에는 일정한 이자를 지급하기로 약속한 증권(securities)을 말한다. 여기서 만기일에 지급하는 금액을 채권의 액면가(face value)라고 하며, 이 액면가에 기초하여 지급하는 이자를 채권이자(coupon)라고 부른다. 그리고 액면가 대비 이자비율을 액면이자율(coupon rate) 또는 표면이자율이라고 부른다.

채권소지자는 만기일까지 일정 금액을 이자로 지급받고, 만기일에 액면가에 해당하는 금액을 받는다. 이를 채권의 현금흐름(cash flow)이라고 부른다.

채권은 금융자산의 하나로 시장에서 상품처럼 거래가 된다. 이때 시장에서 거래되는 가격을 채권가격(bond price)이라고 부른다. 채권가격과 채권의 액면가격은 서로 다른 개념이다. 채권가격과 채권의 액면가는 우연히 같을 수는 있지만, 서로 다른 개념이므로 혼동해서는 안 된다.

채권은 금융시장에서 상품처럼 거래되기 때문에 채권에 대한 수요와 공급에 의해 가

그림 1 채권의 수요변화에 따른 채권가격의 변화

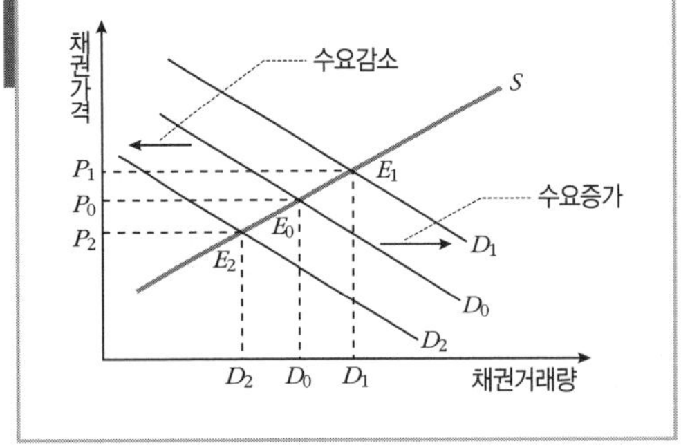

그림 2 채권의 공급변화에 따른 채권가격의 변화

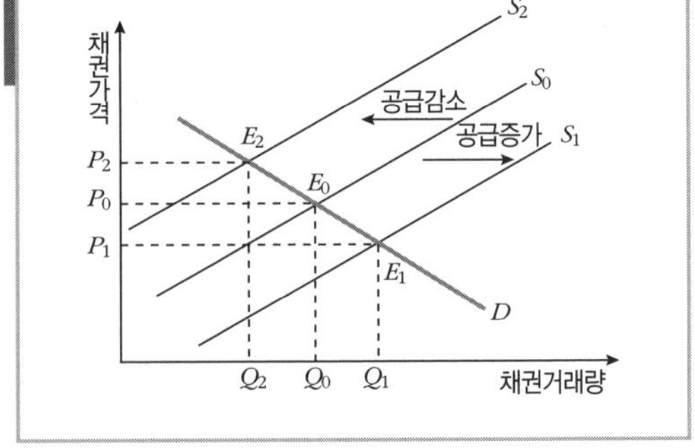

격이 결정된다. 수요가 증가하면 채권가격은 상승하고, 수요가 감소하면 채권가격은 하락한다. 그리고 공급이 증가하면 채권가격은 하락하고, 공급이 감소하면 채권가격은 상승한다.

채권의 만기수익률

채권을 매입하여 만기까지 보유하고 있을 때 얻을 수 있는 수익률을 채권의 만기수익률(YTM: yield to maturity) 또는 간단하게 채권수익률이라고 부른다.

채권의 만기수익률은 채권가격과 '채권 현금흐름의 현재가치'를 일치시켜 주는 할인율을 말한다. 채권의 현금흐름이 주어진 상태에서 채권가격을 알면, 채권의 만기수익률을 구할 수 있다.

그림 3 채권의 현금흐름과 채권가격, 그리고 채권수익률의 관계

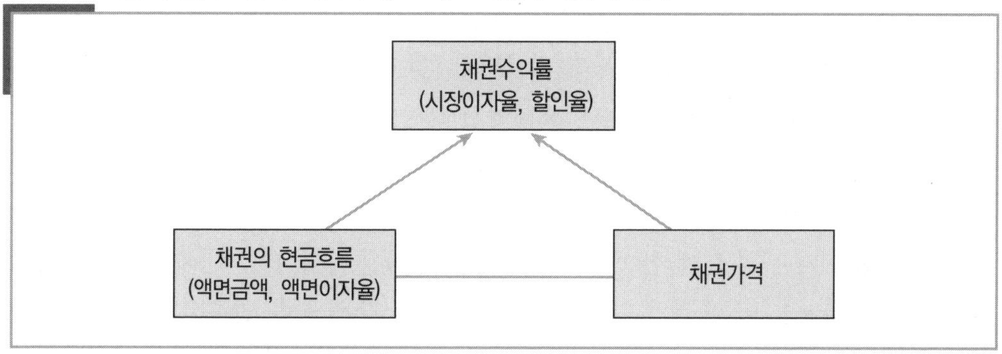

예를 들어 액면가가 100만 원이고, 만기가 1년 남았으며, 액면이자율이 0%인 채권(무이표채, 완전 할인채)이 있다고 하자. 이 채권이 95만 원에 거래되고 있다면 이 채권의 만기수익률은 5.26%가 된다.

$$95 = \frac{100}{1+r}$$

$$r = \frac{100}{95} - 1 = 0.0526$$

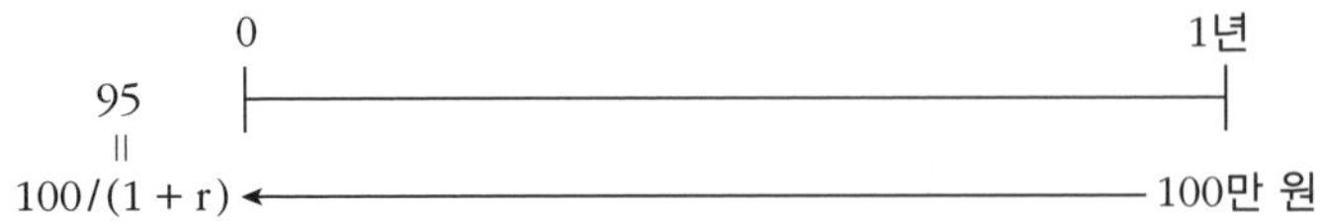

또 다른 예로, 만기가 2년 남았고 액면가가 100만 원이며, 액면이자율이 0%인 채권의 가격이 현재 90만 원이라고 하자. 이 채권의 만기수익률은 5.41%가 된다.

$$90 = \frac{100}{(1+r)^2}$$

$$r = \left(\frac{100}{90}\right)^{(1/2)} - 1 = 0.0541$$

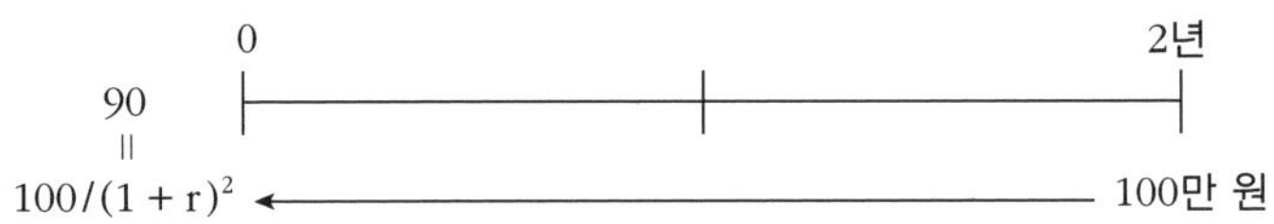

위에서는 이해를 돕기 위해 이자가 지급되지 않는 무이표채(액면이자율이 0%인 채권)를 가정하였지만, 이자가 지급되는 이표채에서도 동일한 방법으로 채권의 만기수익률을 구할 수 있다.

예를 들어, 만기가 2년 남았고 액면가가 100만 원이며, 액면이자율이 10%인 채권이 있다고 하자. 이자는 일 년에 한 번씩 후불로 지급된다고 가정하자. 이 채권의 현재가격이 108만 원이라면, 이 채권의 만기수익률은 다음과 같은 식을 만족시키는 r이 된다. 반복적인 시행착오적 방법(try and error)을 통해 r을 구해 보면,[1] 이 채권의 만기수익률은 5.66%가 됨을 알 수 있다.

$$108 = \frac{10}{(1+r)} + \frac{10+100}{(1+r)^2}$$

$$r = 0.0566$$

1) '반복적인 시행착오적 방법' 이란 r에 대해 일정한 값을 주고 식을 구해 본 뒤, 위의 식을 만족하지 않으면 다른 값을 차례로 집어넣어 가면서 위의 식을 만족하는 r의 값을 찾는 방법을 말한다.

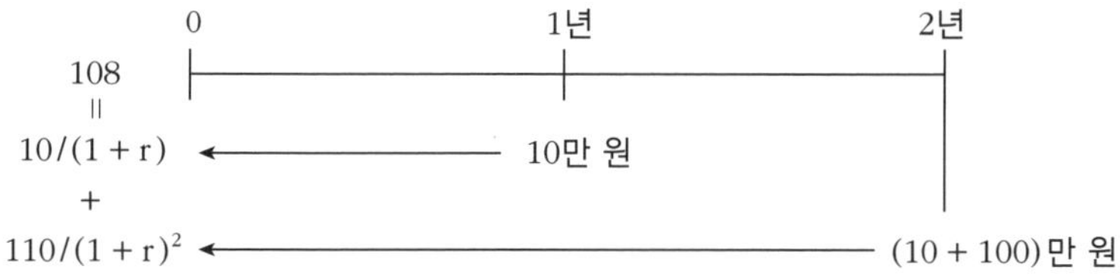

위의 식은 내부수익률(IRR: internal rate of return) 또는 투자수익률을 구하는 공식과 동일하다. 사실 채권의 만기수익률은 해당 채권에 투자했을 때의 수익률을 의미한다. 이 때문에 채권의 만기수익률이란 채권투자의 내부수익률(또는 투자수익률)과 동일한 개념이다.

물론 실제로 채권의 만기수익률을 위와 같은 시행착오적인 방법으로 일일이 구하지는 않는다. 보통은 재무계산기(financial calculator)를 이용하거나, 또는 엑셀(Excel)에 있는 IRR 명령어를 이용하여 계산을 한다.

채권의 만기수익률 계산식을 보다 일반화해 보자. 액면가가 F원이고, 액면이자율이 i이며, 만기가 n년 남아 있는 채권이 있다고 하자. 이자는 매년 한 번씩 지급한다고 가정하자. 이때 매년 지급되는 이자는 iF이다. 이 채권이 현재 P원에 거래되고 있다고 하자. 이때 다음의 식을 만족하는 r이 채권의 만기수익률이다.

$$P = \underbrace{\frac{iF}{(1+r)} + \frac{iF}{(1+r)^2} + \cdots + \frac{iF}{(1+r)^n}}_{\text{매년 이자의 현재가치 합}} + \underbrace{\frac{F}{(1+r)^n}}_{\text{액면가의 현재가치}} \tag{1}$$

이 식에서 우측 항의 $\frac{iF}{(1+r)} + \frac{iF}{(1+r)^2} + \cdots + \frac{iF}{(1+r)^n}$는 매년의 이자를 현재가치로 환산하여 더한 것이고, $\frac{F}{(1+r)^n}$은 만기에 받게 되는 액면가의 현재가치이다.

이자지급 횟수에 따른 채권의 만기수익률

위에서는 채권의 이자가 일 년에 한 번씩 지급되는 것으로 가정하였다. 그런데 일반적으로 채권이자는 분기에 한 번씩 지급된다. 이 경우 채권의 만기수익률은 다소 다르게 계산된다.

예를 들어 만기가 1년 남아 있고, 액면가가 100만 원이며, 액면이자율이 8%인 채권이 있다고 하자. 이자는 일 년에 4번 매 분기 말에 지급된다고 가정하자. 이 경우, 매 분기 말에 지급되는 이자는 2만 원(100×0.08/4)이다. 이 채권의 현재가격이 102만 원일 때, 다음과 같은 식을 만족하는 r이 이 채권의 만기수익률이다.

$$102 = \frac{2}{(1+r/4)} + \frac{2}{(1+r/4)^2} + \frac{2}{(1+r/4)^3} + \frac{2}{(1+r/4)^4} + \frac{100}{(1+r/4)^4}$$

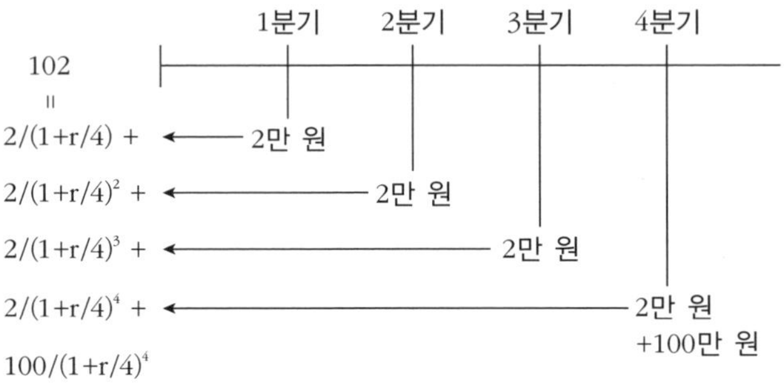

이 식을 만족하는 r을 시행착오적으로 구해 보면, 채권의 만기수익률이 5.93%라는 것을 알 수 있다.[2)] 위의 식에서 현금흐름이 분기별로 나오기 때문에 할인율은 r/4로 표기되며, 할인기간은 4×1년이 된다.

위의 식을 일반화해 보자. 만기가 n년 남았고 액면이자율이 i이며 분기별로 이자를 지급하는 채권이 있다고 하자. 이 채권의 액면가는 F원이라면 분기별로 지급되는 이자는 (i/4)F이다. 이 채권의 현재가격이 P원이라고 할 때, 다음의 식을 만족하는 r이 이 채권의 만기수익률이다.

$$P = \frac{(i/4)F}{(1+r/4)} + \frac{(i/4)F}{(1+r/4)^2} + \cdots + \frac{(i/4)F}{(1+r/4)^{4\times n}} + \frac{F}{(1+r/4)^{4\times n}} \qquad (2)$$

만약 분기가 아니라 월별로 이자가 지급될 경우, 액면이자율과 할인율은 12로 나누어 주고, 할인기간은 12×n년으로 해 주면 된다.

같은 채권이라도 연간 이자지급 횟수가 많을수록 만기수익률은 높아진다. 즉, 액면이자율과 액면가격, 그리고 채권가격이 동일하다면 연간 이자지급 횟수가 많은 채권의 만기수익률이 그렇지 않은 채권의 만기수익률보다 높다는 것이다.

2) 이것 역시 재무계산기를 이용하거나, 엑셀의 IRR 명령어를 이용하여 구할 수 있다. 다만 엑셀의 IRR 명령어로 채권의 만기수익률을 구하면, 그 결과로 나온 값은 분기 수익률(r/4)이다. 그래서 엑셀의 IRR 명령어로 구한 수익률에다가 4를 곱하여야 연율(연간 수익률)로 표시된 만기수익률이 나온다.

엑셀의 IRR 명령어를 이용한 채권의 만기수익률 계산

이자가 연간으로 지급될 경우, 채권의 만기수익률 계산

만기가 2년 남았고 액면가가 100만 원이며, 액면이자율이 10%인 채권(이자는 일 년에 한 번씩 후불로 지급)의 현재가격이 108만 원일 때, 엑셀의 IRR 명령어를 이용하여 만기수익률을 구하는 방법을 알아보자.

먼저 A컬럼에는 기간을 입력하고, B컬럼에는 각 기간별 현금흐름을 입력하도록 한다. 이때 채권가격은 현재 시점의 투자액(현금유출)이기 때문에 0시점에 108만 원을 입력하되 '–'를 붙이도록 한다. 1년 뒤에는 이자만 10만 원이 들어오고, 2년 뒤에는 이자 10만 원과 액면가 100만 원이 들어오기 때문에 각 시점별로 10만 원과 110만 원을 입력한다.

그 다음 B5 셀(cell)에 "=IRR(b2:b4)"라고 입력을 하고 엔터키를 누르면, 해당 셀에 채권의 만기수익률이 계산되어 표시된다. 여기서 (b2:b4)는 각 기간별 현금흐름을 표기한 셀(cell)의 영역이다.

예시에 따르면, 이 채권의 만기수익률은 5.66%이다.

	A	B	C
1	기간	현금흐름	
2	0	-108	
3	1	10	
4	2	110	
5			
6			
7			

	A	B	C
1	기간	현금흐름	
2	0	-108	
3	1	10	
4	2	110	
5		=IRR(B2:B4)	
6			
7			

	A	B	C
1	기간	현금흐름	
2	0	-108	
3	1	10	
4	2	110	
5		5.66%	
6			
7			

이자가 분기로 지급될 경우, 채권의 만기수익률 계산

만기가 1년 남았고 액면가가 100만 원이며, 액면이자율이 8%인 채권(이자는 일 년에 4번 매 분기 말에 지급)의 현재가격이 102만 원일 때, 엑셀의 IRR 명령어를 이용하여 만기수익률을 구하는 방법을 알아보자.

먼저 A컬럼에는 분기별 기간을 입력하고, B컬럼에는 각 분기별 현금흐름을 입력하도록 한다. 위의 사례와 마찬가지로 채권가격은 0 시점에 '–'를 붙여서 입력한다. 매 분기 이자가 2만 원(100만 원×8%/4)이기 때문에 1분기부터 3분기까지는 2만 원씩 입력하고, 4분기에는 이자와 함께 액면가만큼의 현금이 들어오므로 102만 원을 입력한다.

그 다음 B7 셀(cell)에 "=IRR(b2:b6)"라고 입력을 하고 엔터키를 누르면, 해당 셀에 채권의 만기수익률(연간 수익률이 아닌 분기 수익률임)이 계산되어 표시된다. 여기서 (b2:b6)는 각 기간별 현금흐름을 표기한 셀(cell)의 영역이다.

이와 같은 과정을 통해 나온 수익률은 연간 수익률이 아닌 분기 수익률이므로, 여기에 4를 곱하면 연간 수익률을 얻을 수 있게 된다. IRR 명령어 결과 1.48%의 수익률이 나왔으므로 연율(연간 수익률)로 표시된 채권의 만기수익률은 4×1.48%=5.93%이다(소수점 처리 때문에 5.92%가 아닌 5.93%로 계산되었다.).

	A	B	C
1	기간	현금흐름	
2	0	-102	
3	1	2	
4	2	2	
5	3	2	
6	4	102	
7			
8			

	A	B	C
1	기간	현금흐름	
2	0	-102	
3	1	2	
4	2	2	
5	3	2	
6	4	102	
7		=IRR(B2:B6)	
8			

	A	B	C
1	기간	현금흐름	
2	0	-102	
3	1	2	
4	2	2	
5	3	2	
6	4	102	
7		1.48%	
8			

예제 1

만기가 2년 남았고, 액면가가 100만 원이며, 액면이자율이 8%인 채권이 있다. 현재 이 채권의 가격이 102만 원이다. 이자가 연간으로 한 번씩만 나올 경우, 이 채권의 만기수익률을 구하라. 이자가 분기에 한 번씩 나올 경우, 이 채권의 만기수익률을 구하라.

① 이자가 연간으로 한 번씩만 나올 경우

다음의 식을 만족하는 r이 채권의 만기수익률임.

$$102 = \frac{8}{(1+r)} + \frac{8}{(1+r)^2}$$

엑셀의 IRR 명령어를 이용하여 수익률을 구해 보면, r = 0.0690(6.90%)임.

	A	B	C
1	기간	현금흐름	
2	0	-102	
3	1	8	
4	2	108	
5	연간수익률	6.90%	
6			

② 이자가 분기별로 나올 경우

다음의 식을 만족하는 r이 채권의 만기수익률임.

$$102 = \frac{2}{(1+r/4)} + \frac{2}{(1+r/4)^2} + \cdots + \frac{2}{(1+r/4)^7} + \frac{102}{(1+r/4)^8}$$

엑셀의 IRR 명령어를 이용하여 수익률을 구해 보면, r/4 = 0.0173(분기수익률 1.73%)이므로 r = 0.0173×4 = 0.0692(연간 수익률 6.92%)임.

	A	B	C
1	기간	현금흐름	
2	0	-102	
3	1	2	
4	2	2	
5	3	2	
6	4	2	
7	5	2	
8	6	2	
9	7	2	
10	8	102	
11	분기수익률	1.73%	
12	연간수익률	6.92%	

2) 채권가격과 채권수익률의 관계

역의 관계에 있는 채권가격과 채권수익률

앞에서 이야기했다시피, 채권의 현금흐름이 주어진 상태에서 채권가격이 결정되면 채권의 만기수익률을 구할 수 있다. 이때 채권가격과 채권의 만기수익률은 역의 관계에 있다. 채권가격이 올라가면 채권의 만기수익률은 하락하고, 채권가격이 내려가면 채권의 만기수익률은 올라간다.

예를 들어 보자. 만기가 2년 남았고, 액면이자율이 10%이며(연간 1회 이자지급), 액면가가 100만 원인 채권이 있다고 해 보자. 채권가격이 95만 원, 100만 원, 105만 원일 때 채권의 만기수익률을 구해 보자.

$$95 = \frac{10}{(1+r)} + \frac{110}{(1+r)^2} \qquad r = 0.13$$

$$100 = \frac{10}{(1+r)} + \frac{110}{(1+r)^2} \qquad r = 0.10$$

$$105 = \frac{10}{(1+r)} + \frac{110}{(1+r)^2} \qquad r = 0.0723$$

이 사례로부터 알 수 있다시피, 채권가격이 95만 원에서 100만 원, 105만 원으로 올라감에 따라 채권의 만기수익률이 13%에서 10%, 7.23%로 하락하는 것을 알 수 있다.

채권가격과 액면가격, 그리고 채권수익률과 액면이자율의 관계

여기서 또 하나 확인할 수 있는 것은, 채권가격과 액면가격과의 관계이다. 위의 첫 번째 사례는 채권가격이 액면가격보다 싼 경우인데, 이런 경우를 보고 '채권이 할인된다.' 고 한다. 채권이 할인되어 거래되면(채권가격 < 액면가격), 채권의 만기수익률은 액면이자율보다 높다.

위의 세 번째 사례는 채권가격이 액면가격보다 비싼 경우인데, 이런 경우를 보고 '채권이 할증된다.' 고 한다. 채권이 할증되어 거래되면(채권가격 > 액면가격), 채권의 만기수익률은 액면이자율보다 낮다. 만약 '채권가격=액면가' 이면, 채권의 만기수익률과 액면이자율은 같아진다.

채권가격 < 액면가 ⇒ 채권의 만기수익률 > 액면이자율
채권가격 > 액면가 ⇒ 채권의 만기수익률 < 액면이자율
채권가격 = 액면가 ⇒ 채권의 만기수익률 = 액면이자율

액면이자율이 높다고 하여 채권의 만기수익률이 높은 것은 아니다. 반대로 액면이자율이 낮다고 하여 채권의 만기수익률이 낮은 것은 아니다. 채권의 만기수익률은 채권가격에 의해 좌우된다. 채권가격이 비싸지면 채권의 만기수익률은 내려가고, 채권가격이 싸지면 채권의 만기수익률은 올라가게 된다.

2 채권의 가치

1) 채권의 가치

채권의 현금흐름과 할인율, 그리고 가치

채권의 현금흐름이 주어진 상태에서 적절한 할인율이 부여되면, 채권의 가치를 구할 수 있다. 채권의 가치는 채권의 매 시점별 현금흐름을 현재가치로 환산하여 모두 더한 것이다. 이 방식은 앞 장에서 본 화폐의 시간가치에서 현재가치를 구하는 방식과 동일하다.

그림 4 채권의 현금흐름과 이자율, 그리고 채권가치의 관계

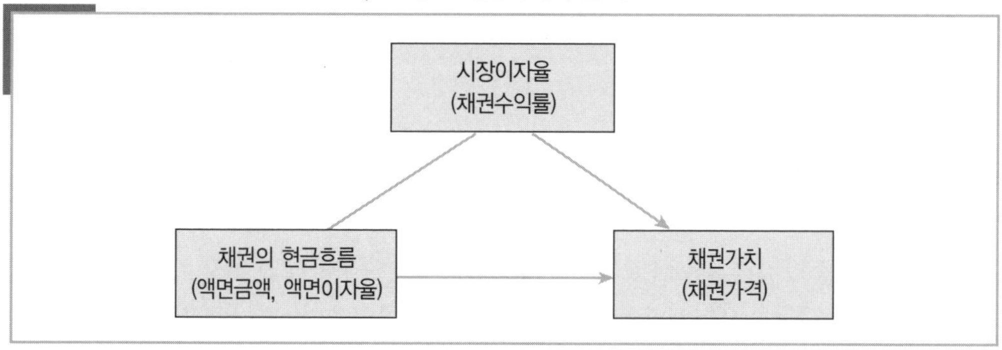

예를 들어 보자. 만기가 1년 남았고, 액면이자율이 0%이며, 액면가가 100만 원인 채권(무이표채, 완전 할인채)이 있다고 하자. 이 채권의 할인율이 5%라고 하면, 이 채권의 가치는 95.2만 원이 된다.

$$\frac{100}{(1+0.05)} = 95.2$$

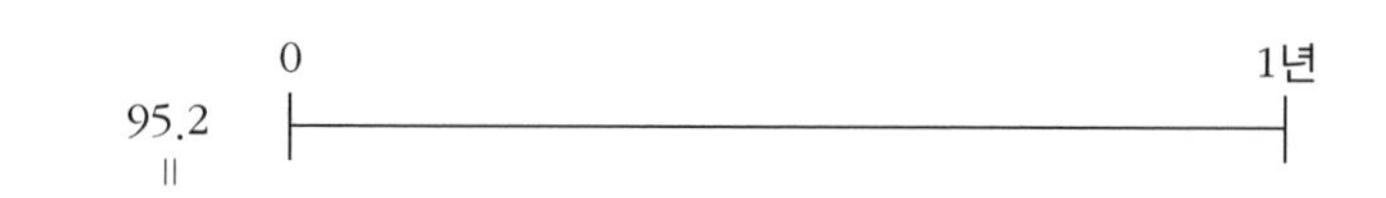

또 다른 예로, 만기가 2년 남았고, 액면이자율이 0%이며, 액면가가 100만 원인 채권이 있다고 하자. 이 채권의 할인율이 5%라고 하면, 이 채권의 가치는 90.7만 원이 된다.

$$\frac{100}{(1+0.05)^2}=90.7$$

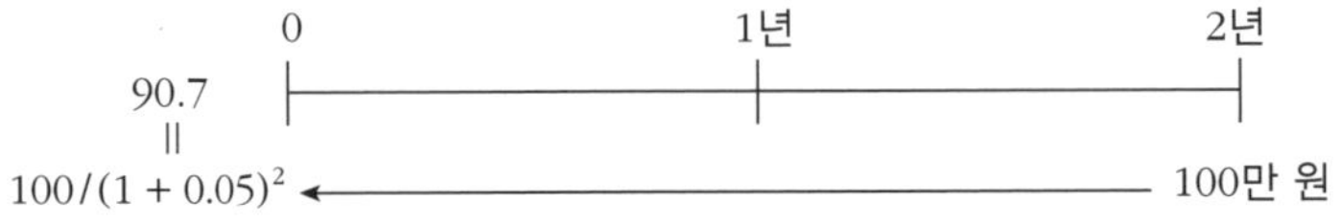

액면이자율이 0%보다 클 때도 동일한 방식으로 채권의 가치를 구할 수 있다. 예를 들어 만기가 1년 남았고 액면이자율이 10%이며, 액면가가 100만 원인 채권이 있다고 하자. 이자는 연말에 지급된다고 하고, 할인율이 5%라고 할 때, 이 채권의 가치는 104.8만 원이 된다.

$$\frac{(10+100)}{(1+0.05)}=104.8$$

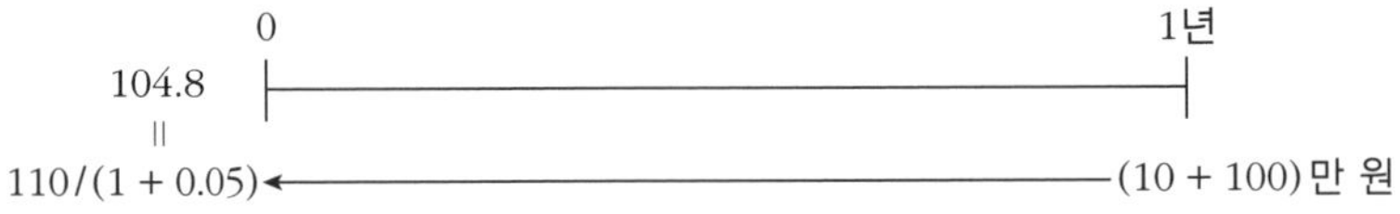

또 다른 예로 만기가 2년 남았고 액면이자율이 10%이며, 액면가가 100만 원인 채권이 있다고 하자. 이자는 매년 말에 지급된다고 하자. 할인율이 5%라고 할 때, 이 채권의 가치는 109.3만 원이다.

$$\frac{10}{(1+0.05)}+\frac{10+100}{(1+0.05)^2}=109.3$$

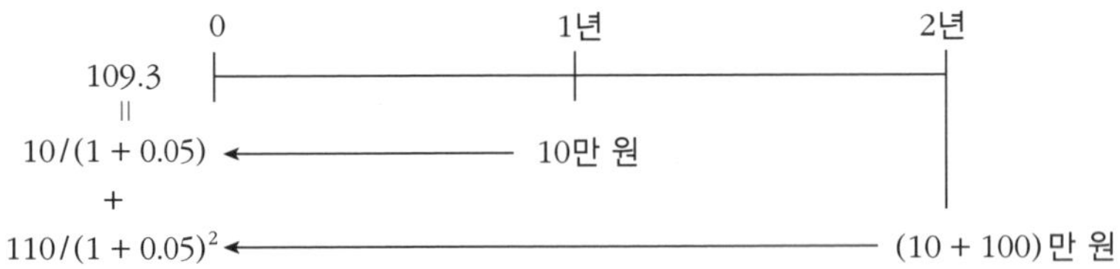

이를 일반화시켜 보면, 액면이자율이 i(이자는 매년 말 지급)이고, 액면가가 F이며, 만기가 n년인 채권이 있다고 하자. 매년 말에 iF만큼의 이자를 받고, 채권 만기일에 이자 iF와 원금(액면가) F를 지급받는다. 할인율이 r일 때 채권의 가치(V)는 다음과 같은 식을 통해 구할 수 있다.

$$\frac{iF}{(1+r)} + \frac{iF}{(1+r)^2} + \cdots + \frac{iF}{(1+r)^n} + \frac{F}{(1+r)^n} = V \qquad (3)$$

이 식은 앞에서 본 채권의 만기수익률을 구하는 (1)식과 외견상 동일해 보이지만, 구하고자 하는 변수가 다르다. 앞의 (1)식에서는 채권의 현금흐름(매기의 이자 iF와 만기 때의 액면가 F)과 채권가격(P)이 주어진 상태에서 할인율(r, 채권의 만기수익률)을 찾는 것이 목적이다. 그러나 (3)식에서는 채권의 현금흐름과 할인율(r)이 주어진 상태에서 채권의 가치(V)를 구하는 것이 목적이다.

이자지급 횟수별 채권가치

이자가 연간으로 지급되지 않고, 분기나 월간으로 지급될 경우에도 동일한 방식으로 채권의 가치를 구할 수 있다. 다만, 이 경우 할인율은 연간 할인율을 4(분기일 경우)로 나누거나 12(월간일 경우)로 나누고, 할인기간은 4×n년(분기일 경우)이나 12×n년(월간일 경우)으로 하면 된다.

예를 들어 보자. 만기가 1년 남았고 액면이자율이 10%이며, 액면가가 100만 원인 채권이 있다고 하자. 이자는 매 분기 말에 지급된다고 하자. 따라서 매 분기 말에 지급되는 이자는 2.5만 원(100×0.1/4)이 된다. 할인율이 5%라고 할 때, 이 채권의 가치는 104.9만 원이 된다.

$$\frac{2.5}{(1+0.05/4)} + \frac{2.5}{(1+0.05/4)^2} + \frac{2.5}{(1+0.05/4)^3} + \frac{2.5+100}{(1+0.05/4)^4} = 104.9$$

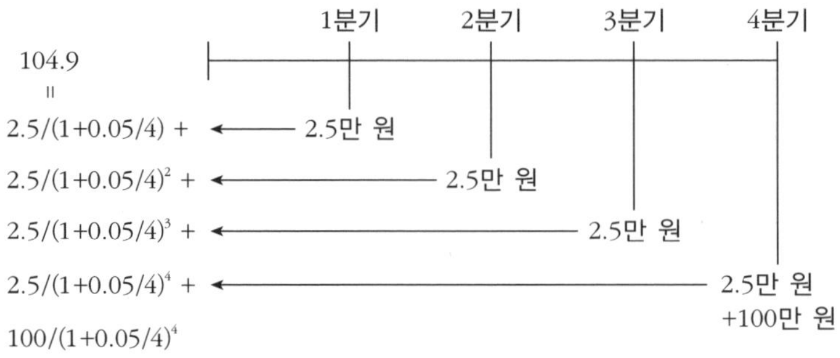

여기서 알 수 있다시피, 동일한 액면가와 동일한 액면이자율이라 하더라도 이자지급 횟수가 잦을수록(지급 빈도가 높을수록) 채권의 가치는 올라간다.

이를 일반화하면, 만기가 n년 남았고 액면이자율이 i이며 분기별로 이자를 지급하는 채권이 있다고 하자. 이 채권의 액면가는 F원이며, 할인율은 r이라고 할 때, 이 채권의 가치는 다음과 같은 식으로 계산된다.

$$\frac{(i/4)F}{(1+r/4)} + \frac{(i/4)F}{(1+r/4)^2} + \cdots + \frac{(i/4)F}{(1+r/4)^{4\times n}} + \frac{F}{(1+r/4)^{4\times n}} = V \qquad (4)$$

만약 분기가 아니라 월별로 이자가 지급될 경우, 액면이자율과 할인율은 12로 나누어 주고, 할인기간은 12×n년으로 해 주면 된다.

예제 2

만기가 2년 남았고, 액면가가 100만 원이며, 액면이자율이 8%인 채권이 있다. 이자가 연간으로 한 번씩만 나올 경우, 이 채권의 가치를 구하라. 이자가 분기에 한 번씩 나올 경우, 이 채권의 가치를 구하라. 할인율은 연 8%라고 한다.

① 이자가 연간으로 한 번씩만 나올 경우

$$\frac{8}{(1+0.08)} + \frac{108}{(1+0.08)^2} = 100$$

② 이자가 분기별로 나올 경우

$$\frac{2}{(1+0.08/4)} + \frac{2}{(1+0.08/4)^2} + \cdots + \frac{2}{(1+0.08/4)^7} + \frac{102}{(1+0.08/4)^8} = 100$$

2) 할인율과 채권가치의 관계

역의 관계에 있는 할인율과 채권가치

채권의 현금흐름이 주어진 상태에서 할인율이 결정되면, 채권의 가치도 결정된다. 할인율과 채권의 가치는 역의 관계를 갖고 있다. 할인율이 올라가면 채권의 가치는 하락하고, 할인율이 내려가면 채권의 가치는 올라간다.

예를 들어 보자. 만기가 2년 남았고, 액면이자율이 10%이며(매년 말에 이자지급), 액면가가 100만 원인 채권이 있다고 해 보자. 할인율이 7%, 10%, 13%일 때의 채권가치를 구해 보자.

$$\frac{10}{(1+0.07)}+\frac{110}{(1+0.07)^2}=105.4$$

$$\frac{10}{(1+0.1)}+\frac{110}{(1+0.1)^2}=100$$

$$\frac{10}{(1+0.13)}+\frac{110}{(1+0.13)^2}=95$$

여기서 알 수 있다시피, 할인율이 7%에서 10%, 13%로 올라감에 따라 채권가치는 105.4만 원에서 100만 원, 95만 원으로 하락함을 알 수 있다.

할인율과 액면이자율, 그리고 채권가치와 액면가격 간의 관계

우리는 이로부터 또한 할인율과 액면이자율, 그리고 채권가치와 액면가와의 관계를 알 수 있다. 위의 첫 번째 사례는 할인율이 액면이자율보다 낮은 상태인데, 이때에는 채권가치가 액면가보다 높다. 위의 두 번째 사례는 할인율이 액면이자율과 같은 상태인데, 이때에는 채권가치가 액면가와 같다. 위의 마지막 사례는 할인율이 액면이자율보다 높은 상태인데, 이때에는 채권가치가 액면가보다 낮다.

할인율 < 액면이자율 ⇒ 채권가치 > 액면가
할인율 = 액면이자율 ⇒ 채권가치 = 액면가
할인율 > 액면이자율 ⇒ 채권가치 < 액면가

3 채권의 듀레이션

1) 할인율의 변화에 따른 채권가치의 변화 정도

위에서 할인율과 채권가치는 역의 관계에 있다고 하였다. 그렇다면 채권유형(만기의 장·단기, 액면이자율의 크기, 이자지급 횟수 등)에 따라 할인율이 채권가치에 어느 정도 영향을 미치는지 알아보도록 하자.[3)]

만기가 다를 때, 할인율 변화에 따른 채권가치의 변화 정도

먼저 만기가 다를 경우, 할인율의 변화에 따른 채권가치의 변화를 살펴보도록 하자. 액면가가 100만 원이고, 액면이자율이 0%인 채권이 있다고 하자. 만기가 1년 남은 채권과 2년 남은 채권, 3년 남은 채권이 있다고 하자.

할인율이 5%에서 6%, 7%로 올라감에 따라 채권의 가치는 하락하게 되는데, 〈표 1〉에서 보다시피 만기가 긴 채권일수록 할인율 변화에 따른 채권가치 변화가 크다. 예를 들어 할인율이 5%에서 6%로 바뀔 때 1년 만기 채권은 가치가 0.94% 하락하는 데 반해, 2년 만기 채권은 가치가 1.88% 하락하고, 3년 만기 채권은 2.8% 하락한다. 할인율이 6%에서 7%로 바뀔 때에도 비슷한 양상이 나타난다.

표 1 할인율 변화에 따른 채권가치의 변화(채권 만기별)

할인율	5%	6%	7%
만기 1년인 채권의 가치 (가치 변화율)	95.2만 원	94.3만 원 (−0.94%)	93.5만 원 (−0.93%)
만기 2년인 채권의 가치 (가치 변화율)	90.7만 원	89.0만 원 (−1.88%)	87.3만 원 (−1.86%)
만기 3년인 채권의 가치 (가치 변화율)	86.4만 원	84.0만 원 (−2.80%)	81.6만 원 (−2.78%)

3) 이 부분은 채권의 유형에 따른 금리위험(뒤에서 보게 될 것이다)의 크기를 이해하는 데 매우 중요한 개념이므로, 이 부분을 잘 이해할 필요가 있다.

이로부터 우리는 채권의 만기가 길수록 할인율 변화에 따른 채권가치의 변화가 크다는 것을 알 수 있다.

액면이자율이 다를 때 할인율 변화에 따른 채권가치의 변화 정도

다음으로, 채권 만기는 동일한데 액면이자율이 서로 다른 경우 할인율이 변할 때 채권가치가 어떻게 변하는지 살펴보자. 만기가 3년이고, 액면이자율이 각각 0%, 10%, 20%인 채권이 있다고 하자. 액면가는 100만 원이고, 이자는 매년 말 지급한다고 가정하자.

이 경우 〈표 2〉에서 보다시피 액면이자율이 낮을수록 할인율 변화에 따른 채권가치의 변화가 크다. 예를 들어 액면이자율이 20%인 채권의 경우, 할인율이 5%에서 6%로 올라갈 때 채권가치는 2.43% 하락한다. 반면 액면이자율이 0%인 채권의 경우, 할인율이 5%에서 6%로 올라갈 때 채권가치는 2.80% 하락한다.

이로부터 우리가 알 수 있는 것은, 만기가 동일한 채권이라 하더라도 액면이자율이 높을수록 할인율 변화에 따른 채권가치의 변화가 작고, 액면이자율이 낮을수록 할인율 변화에 따른 채권가치의 변화가 크다는 것이다.

표 2 할인율 변화에 따른 채권가치의 변화(액면이자율별)

할인율	5%	6%	7%
액면이자율 0%인 채권의 가치 (가치 변화율)	86.4만 원	84.0만 원 (−2.80%)	81.6만 원 (−2.78%)
액면이자율 10%인 채권의 가치 (가치 변화율)	113.6만 원	110.7만 원 (−2.57%)	107.9만 원 (−2.55%)
액면이자율 20%인 채권의 가치 (가치 변화율)	140.8만 원	137.4만 원 (−2.43%)	134.1만 원 (−2.41%)

이자지급 횟수가 다를 때 할인율 변화에 따른 채권가치의 변화 정도

마지막으로, 채권 만기도 동일하고 액면이자율도 동일한데 이자지급 횟수가 다른 경우를 살펴보자. 액면가격은 100만 원이고, 액면이자율은 10%이며, 만기가 3년인 채권이 있다고 해 보자. 이 중에서 한 채권은 이자를 만기에 1회 지불하고, 다른 한 채권은 이자를 1년에 한 번씩 총 3회 지불한다고 가정해 보자.

이자를 만기에 1회 지급하는 채권의 경우, 할인율이 5%에서 6%로 변할 때 채권가치는 2.80% 하락한다. 반면 이자를 연간으로 3회 지급하는 채권의 경우, 할인율이 5%에서 6%로 변할 때 채권가치는 2.57% 하락한다.

이 사례로부터 우리는, 만기가 동일하고 액면이자율이 동일한 채권이라 하더라도 이자지급 횟수에 따라 할인율 변화에 따른 채권가치의 변화율이 다르다는 것을 알 수 있다. 이자지급 횟수가 많을수록(이자지급 주기가 짧을수록) 할인율 변화에 따른 채권가치의 변화율이 작고, 이자지급 횟수가 적을수록(이자지급 주기가 길수록) 할인율 변화에 따른 채권가치의 변화율이 크다.

표 3 할인율 변화에 따른 채권가치의 변화(이자지급 횟수별)

할인율	5%	6%	7%
만기에 이자지급하는 채권의 가치 (가치 변화율)	112.3만 원	109.2만 원 (−2.80%)	106.1만 원 (−2.78%)
연간으로 이자지급하는 채권의 가치 (가치 변화율)	113.6만 원	110.7만 원 (−2.57%)	107.9만 원 (−2.55%)

2) 채권의 듀레이션

채권의 듀레이션이란?

위에서 할인율 변화에 따른 채권가치의 변화 정도는 채권의 만기가 길수록, 액면이자율이 낮을수록, 이자지급 횟수가 적을수록 커진다고 이야기하였다. 그렇다면 '채권 만기는 길지만 이자지급 횟수가 많은 채권'과 '채권 만기가 짧지만 이자지급 횟수가 적은 채권' 중에서는 어떤 채권이 할인율 변화에 따른 채권가치의 변화가 클까? 또는 '채권 만기는 길지만 액면이자율이 높은 채권'과 '채권 만기는 짧지만 액면이자율이 낮은 채권' 중에서는 어떤 채권이 할인율 변화에 따른 채권가치의 변화가 클까? 이 세 가지 요소를 하나로 통합하여, 할인율 변화에 따른 채권가치의 변화를 측정할 수 있는 방법이 없을까? 채권의 듀레이션(duration)이라는 개념이 있는데, 이 듀레이션이 이런 질문에 답을 준다.

채권의 듀레이션(duration)은 1938년에 맥콜리(F. Macaulay)라는 학자가 할인율의 변화에 따른 채권가치의 변화를 계산하기 위해 고안해 낸 개념으로, 원리금이 지급되는 각 시점별 기간들을 평균한 값을 말한다. 이때 '총 현금흐름의 현재가치(채권가치)'에서 '각 시점별 현금흐름의 현재가치'가 차지하는 비중을 가중치로 삼아 각 시점별 기간들을 가중평균한다. 채권의 듀레이션을 흔히 가중평균만기(weighted average maturity) 또는 실질만기(effective time to maturity)라고 부르는데, 채권으로부터 나오는 현금(현재가치로 환산한 현금)의 평균적인 회수기간이라고 이해하면 된다.

채권의 듀레이션을 식으로 표현해 보자. 만기가 n년이고, 매년 말 CF_i $(i = 1, 2, \cdots, n)$라는 현금이 지급되는 채권이 있다고 해 보자. 할인율은 r이라고 하자. 이때 총 현금흐름의 현재가치, 즉 채권의 가치(v)는 다음과 같다.

$$V = \frac{CF_1}{(1+r)} + \frac{CF_2}{(1+r)^2} + \cdots + \frac{CF_n}{(1+r)^n} \tag{5}$$

여기서 i기 현금흐름의 현재가치가 총 현금흐름의 현재가치(채권가치)에서 차지하는 비중을 w_i $(i = 1, 2, \cdots, n)$라고 하자. 즉,

$$w_i = \frac{CF_i / (1+r)^i}{V}$$

이때 채권의 듀레이션(D)은 다음과 같이 표현된다.

$$\begin{aligned} D &= w_1 \times 1 + w_2 \times 2 + \cdots + w_n \times n \\ &= \frac{1}{V}\left[1 \times \frac{CF_1}{(1+r)} + 2 \times \frac{CF_2}{(1+r)^2} + \cdots + n \times \frac{CF_n}{(1+r)^n}\right] \end{aligned} \tag{6}$$

할인율 변화에 따른 채권가치의 변화율

할인율 변화에 따른 채권가치의 변화율은 채권의 듀레이션에 비례한다. 이를 확인하기 위해 위의 (5)식에서 V를 r로 미분하면 다음과 같은 식을 얻을 수 있다(다음 페이지의 Box 안에 있는 내용을 참조하라.).

$$\frac{dV}{V} = -\frac{D}{(1+r)} \times dr \qquad (7)$$

(7)식에서 좌변은 채권가치의 변화율이다. (7)식이 의미하는 것은, 할인율이 극히 작은 단위로 변할 때(dr만큼 변할 때) 채권가치의 변화율은 할인율 변화(dr)의 [−D/(1+r)]이 된다는 것이다. 여기서 부호가 '−'이기 때문에 할인율의 변화와 채권가치의 변화는 반대로 움직인다. 즉, 할인율이 올라가면 채권가치는 내려가고, 할인율이 내려가면 채권가치는 올라간다는 것을 다시 한번 보여주는 것이다.

(7)식은 할인율의 변화가 아주 미세할 때 적용되는 식이다. 할인율의 변화가 클 경우에는 (7)식에 의한 채권가치의 변화율은 다음의 (8)식과 같은 근사치가 된다.

$$\frac{\Delta V}{V} \approx -\frac{D}{(1+r)} \times \Delta r \qquad (8)$$

채권가치의 이자율 탄력성

한편 위의 (7)식을 변형시키면, 다음과 같은 '채권가치의 이자율 탄력성'(할인율이 1% 변할 때 채권가치는 몇 % 변하는가를 보여주는 지표)을 유도할 수 있다(아래의 Box 안에 있는 내용을 참조하라.).

$$\frac{dV/V}{dr/r} = -D \times \frac{r}{(1+r)} \qquad (9)$$

(9)식에서 dV/V는 채권가치의 변화율을 나타내고, dr/r은 할인율의 변화율을 나타낸다. 따라서 (9)식에서 좌변은 '이자율 변화율 대비 채권가치 변화율의 비율'을 나타내는데, 이를 채권가치의 이자율 탄력성이라고 부른다. 이 탄력성은 듀레이션에 비례한다. 부호가 '−'라는 것은 할인율 변화와 채권가치의 변화가 서로 반대 방향으로 움직인다는 것을 보여준다.

채권의 듀레이션 관련 식 유도

채권의 가치(채권으로부터 나오는 총 현금흐름의 현재가치)는 다음과 같다.

$$V = \frac{CF_1}{(1+r)} + \frac{CF_2}{(1+r)^2} + \cdots + \frac{CF_n}{(1+r)^n}$$

이 식에서 채권가치 V를 할인율로 미분하면, 다음과 같이 된다.

$$\frac{dV}{dr} = -1 \times \frac{CF_1}{(1+r)^2} - 2 \times \frac{CF_2}{(1+r)^3} - \cdots - n \times \frac{CF_n}{(1+r)^{n+1}}$$

$$= -\frac{1}{(1+r)}\left[1 \times \frac{CF_1}{(1+r)} + 2 \times \frac{CF_2}{(1+r)^2} + \cdots + n \times \frac{CF_n}{(1+r)^n}\right]$$

이 식에서 앞의 (6)식에 의해 $\left[1 \times \frac{CF_1}{(1+r)} + 2 \times \frac{CF_2}{(1+r)^2} + \cdots + n \times \frac{CF_n}{(1+r)^n}\right] = DV$이므로 위의 식은 다음과 같이 된다.

$$\frac{dV}{dr} = -\frac{DV}{(1+r)}$$

양변에 dr/V를 곱해 주면, 다음과 같은 식을 구할 수 있다.

$$\frac{dV}{V} = -D \times \frac{dr}{1+r}$$

그리고 위 식의 양변에 r/dr을 곱해 주면, 다음과 같은 '채권가치의 이자율 탄력성'을 구할 수 있다.

$$\frac{dV/V}{dr/r} = -D \times \frac{r}{(1+r)}$$

예제 3

만기가 1년 남은 채권과 3년 남은 채권이 있다. 각 채권의 액면이자율은 연 10%, 액면가는 100만원이다. 이자는 연간으로 기말에 지급된다. 현재 할인율이 연 5%라고 할 때, 각 채권의 듀레이션을 구하라. 만약 할인율이 6%로 상승할 때, 각 채권의 가치가 몇 % 하락하는지를 채권 듀레이션을 이용하여 계산하여라. 그리고 듀레이션 식을 이용하여 각 채권가치의 이자율 탄력성을 구하라.

① 할인율이 5%일 때, 각 채권의 듀레이션

– 만기 1년 채권의 듀레이션

$$D = \frac{1}{V}\left[1 \times \frac{110}{(1+0.05)}\right]$$

$V = \frac{110}{(1+0.05)} = 104.76$이므로 $D = 1$(년)

– 만기 3년 채권의 듀레이션

$$D = \frac{1}{V}\left[1 \times \frac{10}{(1+0.05)} + 2 \times \frac{10}{(1+0.05)^2} + 3 \times \frac{110}{(1+0.05)^3}\right]$$

$$V = \frac{10}{(1+0.05)} + \frac{10}{(1+0.05)^2} + \frac{110}{(1+0.05)^3} = 9.52 + 9.07 + 95.02 = 113.61$$ 이므로

$D = 2.75$(년)

② 할인율이 5%에서 6%로 상승할 경우, 각 채권가치의 변화율

– 만기 1년 채권

$$\frac{dV}{V} = -\frac{D}{(1+r)}dr = -\frac{1}{(1+0.05)} \times 0.01 = -0.0095(-0.95\%)$$

– 만기 3년 채권

$$\frac{dV}{V} = -\frac{D}{(1+r)}dr = -\frac{2.75}{(1+0.05)} \times 0.01 = -0.0262(-2.62\%)$$

위의 채권가치의 변화율은 근사치로, 할인율이 5%와 6%일 때 각 채권의 가치를 구하여 계산한 변화율과 다소 차이가 있다.

③ 할인율이 5%에서 6%로 상승할 경우, 각 채권가치의 이자율 탄력성

– 만기 1년 채권

$$\frac{dV/V}{dr/r} = -D\frac{r}{(1+r)} = -1\frac{0.05}{(1+0.05)} = -0.0476$$

– 만기 3년 채권

$$\frac{dV/V}{dr/r} = -D\frac{r}{(1+r)} = -2.75\frac{0.05}{(1+0.05)} = -0.1309$$

만기 1년 채권은 할인율이 1% 상승할 때(1%p가 아님), 채권가치는 0.0476% 하락한다. 만기 3년 채권은 할인율이 1% 상승할 때, 채권가치는 0.1309% 하락한다. 할인율이 5%에서 6% 상승하였다면, 할인율은 20% 상승한 것이다. 따라서 만기 1년 채권은 가치가 −0.0476(%)×20 = −0.95(%) 변하며, 만기 3년 채권은 가치가 −0.1309(%)×20 = −2.62(%) 변한다.

채권 만기와 액면이자율, 그리고 이자지급 횟수에 따른 채권의 듀레이션

채권의 듀레이션은 채권의 만기가 길수록, 그리고 액면이자율이 낮고 이자지급 횟수가 적을수록 길어진다. 일반적으로 채권의 듀레이션은 채권의 만기보다 짧지만, 이자를 만기에 일시 지급하는 채권이나 액면이자율이 0%인 채권(무이표채)의 듀레이션은 채권의 만기와 같다.

이를 확인하기 위해 앞에서 본 사례를 가지고 듀레이션을 구해 보고, 또 앞의 (8)식을 이용하여 채권가치의 변화율을 구해 보자.

우선 현재 할인율은 5%라고 가정하자. 이때 액면이자율이 0%이고 액면가가 100만 원인데 만기가 각각 1년, 2년, 3년인 채권의 듀레이션을 구해 보면, 이들 채권의 듀레이션은 채권 만기와 동일하게 각각 1년, 2년, 3년이 됨을 알 수 있다.

한편, 만기가 3년이고 액면이자율이 10%이며, 액면가가 100만 원이지만 만기에 이자를 일시에 지급하는 채권의 듀레이션은 채권 만기와 동일하게 3년이다. 만기에 이자를 일시에 지불하는 채권은 액면이자율에 관계없이 듀레이션이 채권 만기와 동일한 것이다.

그러나 만기가 3년이고 액면이자율이 10%이며, 액면가가 100만 원이지만 이자를 매년 지급하는 채권의 듀레이션은 2.75년으로 채권 만기인 3년보다 짧다. 그리고 만기가 3년이고 액면가가 100만 원이며, 이자도 매년 지급하지만 액면이자율이 20%인 채권의 듀레이션은 2.6년으로 액면이자율이 10%인 채권의 듀레이션보다 짧다.

표 4 채권의 만기별, 액면이자율별, 이자지급 횟수별 듀레이션

채권 종류 (할인율 5% 가정)	채권가치 (만 원)	듀레이션 (년)	할인율 변화(5%→6%)에 따른 채권가치의 변화	
			직접 계산	공식
만기 1년, 액면이자율 0%, 액면가 100만 원	95.2	1	−0.94%	−0.95%
만기 2년, 액면이자율 0%, 액면가 100만 원	90.7	2	−1.88%	−1.90%
만기 3년, 액면이자율 0%, 액면가 100만 원	86.4	3	−2.80%	−2.86%
만기 3년, 액면이자율 10%, 액면가 100만 원, 만기에 이자지급	112.3	3	−2.80%	−2.86%
만기 3년, 액면이자율 10%, 액면가 100만 원, 연 1회 이자지급	113.6	2.75	−2.57%	−2.62%
만기 3년, 액면이자율 20%, 액면가 100만 원, 연 1회 이자지급	140.8	2.60	−2.43%	−2.48%

할인율이 5%에서 6%로 올랐다고 가정할 때 채권의 가치 변화를 앞의 (8)식을 이용하여 계산해 보면, 직접 계산한 가치 변화율과 유사하다. 할인율 변화가 비교적 컸기 때문에 다소의 오차가 생기기는 했지만 듀레이션 식을 이용하면 할인율 변화에 따른 채권가치의 변화를 근사적으로 계산할 수 있다.

채권의 듀레이션은 할인율의 변화에 따른 채권가치의 변화 정도를 보여주는 지표로, 채권의 특성을 이해하는 데 매우 중요한 개념이다. 시장금리(이자율)가 상승하게 되면 할인율도 상승하게 되고, 할인율이 상승하게 되면 채권의 가치는 하락하게 된다. 이때 듀레이션이 긴 채권일수록 시장금리 변화에 따른 채권가치의 변화가 크기 때문에 금리위험이 커지게 된다.

채권의 듀레이션과 이자율의 장단기 구조

우리는 앞 장에서 이자율의 장단기 구조를 보았다. 이자율의 장단기 구조를 설명하는 이론 중 기대이론에 따르면, 시장이자율이 하락할 것으로 예상될 경우, 장기채권의 수익률이 하락하면서 장고단저 역전현상이 나타날 수 있다.

채권의 듀레이션은 '시장이자율이 하락할 것으로 예상될 경우, 왜 장기채권의 수익률이 하락하는지'를 설명해 준다. 장기채권은 듀레이션이 길다. 듀레이션이 긴 채권은 할인율 변동에 따른 가치변동이 크다. 따라서 앞으로 시장이자율이 하락할 것으로 예상되면(할인율이 하락할 것으로 예상), 사람들은 더 많은 가치상승이 예상되는 장기채권을 미리 사려고 한다(할인율이 낮아질 때, 듀레이션이 짧은 단기채권보다 듀레이션이 긴 장기채권의 가치상승률이 높다). 이에 따라 장기채권의 가격이 올라가면서 장기채권의 수익률이 하락하게 된다. 장기채권의 수익률 하락이 클 경우, 장고단저의 역전현상이 나타날 수 있다.

4 채권가치와 채권가격 간의 관계

효율적 시장에서 채권가치와 채권가격

채권가치와 채권가격은 개념적으로는 서로 다르다. 앞에서 정의 내렸다시피 채권의 가치는 해당 채권을 만기까지 보유할 때 얻을 수 있는 총 현금흐름의 현재가치를 말한다. 반면, 채권의 가격은 채권시장에서 거래되는 채권의 거래가격을 말한다.

시장이 효율적(efficient)이라면, 채권가격은 채권가치로 수렴한다. 여기서 '시장이 효율적'이라는 것은 채권의 가치에 영향을 미치는 요인들에 대한 정보가 비용 없이 신속하게 전파되고, 가격이 신속하게 조정되는 것을 말한다. 이런 시장을 보고 효율적 시장(efficient market)이라고 부른다.

시장이 효율적인 경우, 어떤 채권의 가격이 채권가치보다 낮을 때에는 시장참가자들이 해당 채권을 사고자 하면서 채권가격이 올라가게 된다. 반대로 어떤 채권의 가격이 채권가치보다 높을 때에는 시장참가자들이 해당 채권을 팔고자 하면서 채권가격이 하락하게 된다. 이런 과정을 통해 채권가격은 채권가치로 수렴하게 되는 것이다.

여기서 '수렴'한다는 말은 채권가격이 채권가치와 확률적으로 일치한다는 의미이다. 채권가격이 채권가치와 확률적으로 일치한다는 것은 채권가격이 일시적으로 채권가치보다 높거나 낮을 수 있지만 평균적으로는 채권가치와 같다는 의미이다.

채권가치와 괴리가 있을 때 채권가격 조정과정

1년 뒤 110만 원의 현금을 지급하는 채권(만기 1년, 액면이자율 10%, 액면가 100만 원, 이자는 만기에 지급)이 있다고 해 보자. 이 채권은 은행에 예금하는 것만큼 안전한 채권이라고 가정하자. 현재 은행의 1년 만기 예금금리는 10%라고 하자. 따라서 이 채권의 할인율(또는 요구수익률)은 10%라고 할 수 있다. 이 경우 채권의 가치는 100만 원(110/(1 + 0.1) = 100)이다.

그런데 현재 이 채권이 95만 원에 팔리고 있다고 해 보자. 이 경우 은행에 예금을 들던 사람들은 돈을 인출하여 이 채권을 사고자 할 것이다. 95만 원을 은행에 예치하면 1

년 뒤 104.5만 원을 받지만, 이 채권을 사면 1년 뒤 110만 원을 받을 수 있기 때문이다. 수익률로 따지자면 은행에 예금할 경우 10%의 수익률을 얻지만, 이 채권을 사면 15.8%의 수익률((110/95) − 1 = 0.158)을 얻게 된다. 이러니 모두들 이 채권을 사고자 할 것이고, 그렇게 되면 채권가격이 올라가게 될 것이다. 채권가격이 올라가면, 채권수익률은 하락하게 된다.

이제 이 채권이 105만 원에 팔리고 있다고 해 보자. 이 경우 이 채권을 갖고 있던 사람들은 이 채권을 모두 팔고자 할 것이다. 이 채권을 105만 원에 팔아서 은행에 예치하면 1년 뒤 115.5만 원을 받게 되지만, 이 채권을 그대로 보유하면 1년 뒤 110만 원만 받기 때문이다. 수익률로 보면, 채권을 보유할 경우 1년 뒤 4.8%의 수익률을 얻지만 채권 매각 후 예금을 할 경우 1년 뒤 10%의 수익률을 얻게 된다. 이러다 보니 모두들 이 채권을 매각하고자 할 것이고, 이에 따라 채권가격은 하락하게 될 것이다. 채권가격의 하락에 따라 채권수익률은 상승하게 된다.

마지막으로 이 채권이 100만 원에 팔리고 있다고 해 보자. 이 경우 위와 같은 거래는 일어날 여지가 없다. 이 채권을 사거나 팔아보았자 추가적인 수익을 얻을 기회가 없기 때문이다. 이때의 채권수익률은 10%로, 채권의 요구수익률(할인율)과 같게 된다.

결국 이런 과정을 통해 채권의 가격은 채권의 가치로 수렴하게 된다. 즉, '채권가치 > 채권가격' 일 경우 채권을 매입하고, '채권가치 < 채권가격' 일 경우 채권을 매각하는 과정을 통해 채권가격이 채권가치로 수렴하게 되는 것이다.

채권가격과 채권가치 간에 괴리가 있을 때, 채권을 사거나 파는 과정을 통해 추가적인 수익을 얻게 되는데 이런 거래를 흔히 재정거래(裁定去來, arbitrage trade) 또는 차익거래, 무위험차익거래라고 부른다.[4)]

4) 재정거래란 원래 지역별로 상품가격이 다를 때 싼 지역에서 상품을 사서 비싼 지역에 상품을 팔면서 차익을 내는 거래를 의미한다. 물론 이때에는 상품의 거래비용(운송비용이나 상품을 사거나 파는 과정에서 발생하는 비용들)을 고려해야 한다. 금융시장에서는 채권이나 외환, 선물 등의 가격이 해당 자산의 가치와 괴리가 있을 때, 이 차이를 이용하여 수익을 얻는 거래를 재정거래라고 부른다. 물론 여기에도 거래에 따른 비용을 고려해야 한다.

재정거래를 통한 채권가격의 채권가치로의 수렴

채권가치 >채권가격 (요구수익률 <채권수익률)	⇒	채권매입에 따라 채권가격 상승 (채권수익률 하락)
채권가치 <채권가격 (요구수익률 >채권수익률)	⇒	채권매각에 따라 채권가격 하락 (채권수익률 상승)
채권가치 = 채권가격 (요구수익률 = 채권수익률)	⇒	채권 매입이나 매각이 없어 채권가격이 균형상태 (채권수익률 불변)

시장이자율 변화에 따른 채권가격 조정과정

이젠 시장 변화에 의해 채권가치가 변할 때, 채권가격이 어떻게 반응을 하는지 알아보자. 위에서 예를 든 채권이 시장에서 100만 원에 거래되고 있다고 하자. 그렇다면 현재 채권가격은 채권가치로 수렴하여 균형상태에 있다고 볼 수 있다.

이 상태에서 시장이자율이 상승하여 예금이자율이 15.8%가 되었고 이에 따라 이 채권의 요구수익률(할인율)도 15.8%가 되었다고 가정해 보자. 이 경우 이 채권의 가치는 95만 원(110/(1 + 0.158) = 95)으로 하락하게 된다.

채권가치가 100만 원에서 95만 원으로 하락하게 되면, 현재의 채권가격 100만 원은 더 이상 균형가격이 아니다. '채권가치<채권가격' 이 상태가 되기 때문에 재정거래가 일어나면서 채권가격은 95만 원 수준으로 하락하게 된다.

이런 가격조정은 시장이 효율적일수록 신속하게 일어난다. 즉, 시장 변화에 의해 채권가치가 변했다는 사실이 아무런 비용 없이 신속하게 시장참가자들에게 전달되고, 채권을 사고파는 거래과정에 아무런 제약이 없을 경우 채권가격은 신속하게 채권가치로 수렴하게 되는 것이다.

기대가 서로 다를 때의 채권가격 조정과정

물론 채권가치는 관찰되지 않고, 채권의 위험에 대한 시장참가자의 판단은 서로 다를 수 있다. 예를 들자면, 위에서 예를 든 채권이 예금보다 더 위험하다고 보는 사람이 있을 수 있으며, 예금보다 더 안전하다고 보는 사람도 있을 수 있다. 전자를 'A그룹'이라고 하고, 이들은 전체 거래자의 25%를 차지하고 있으며, 이들이 생각하는 채권의 요구수익률은 15.8%라고 가정해 보자. 그리고 후자를 'C그룹'이라고 하고, 이들도 전체 거래자의 25%를 차지하고 있으며, 이들이 생각하는 채권의 요구수익률은 4.8%라고 가정해 보자. 나머지 50%는 'B그룹'으로 채권의 요구수익률을 10%로 보고 있다고 가정하자.

이 상태에서 채권가격이 105만 원이면, C그룹은 적정가격 수준이라고 보는 반면 A, B그룹은 가격이 고평가되어 있다고 생각하여 채권을 매각할 것이다. 그러면서 채권가격은 하락하게 된다. 반면 채권가격이 95만 원이면, A그룹은 적정가격 수준이라고 보는 반면 B, C그룹은 가격이 저평가되어 있다고 생각하여 채권을 매입할 것이다. 그러면서 채권가격은 상승하게 된다.

결국 시장에는 채권의 가치를 서로 다르게 평가하는 다양한 거래자가 존재하지만, 재정거래를 통해 채권가격은 시장의 다수가 생각하는 평균적인 채권가치로 수렴한다고 볼 수 있다.

부록 현물이자율과 선도이자율

1) 현물이자율

현물이자율이란?

액면이자율이 0%인 완전 할인채(무이표채, zero coupon bond)의 채권 만기수익률을 현물이자율(spot rate)이라고 부른다. 앞에서 본 이자율의 기간구조(term structure of interest rate)는 만기별로 현물이자율의 크기를 표시한 것이다.

예를 들어 보자. 만기가 1년이고 액면가가 100만 원인 완전 할인채가 현재 93.5만 원에 팔리고 있고, 만기가 2년이고 액면가가 100만 원인 완전 할인채가 현재 85.7만 원에 팔리고 있다고 하자. 두 채권의 만기수익률은 7%, 8%이다.

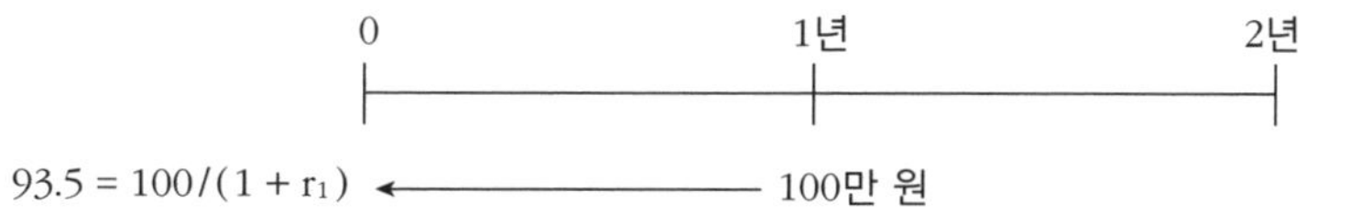

만기 1년 완전 할인채의 만기수익률 $r_1 = \frac{100}{93.5} - 1 = 0.07$

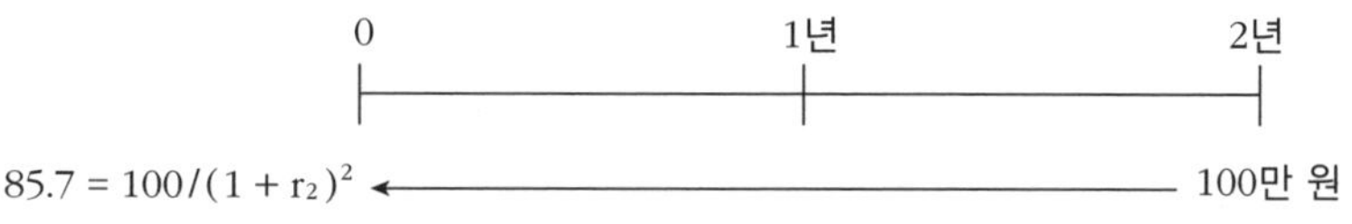

만기 2년 완전 할인채의 만기수익률 $r_2 = \left(\frac{100}{85.7}\right)^{1/2} - 1 = 0.08$

여기서 r_1과 r_2는 만기가 1년과 2년인 완전 할인채의 만기수익률이자 현물이자율이다.

이표채의 만기수익률로 현물이자율 구하기

현물이자율은 각 만기별 완전 할인채의 거래를 통해 간단하게 알 수 있지만, 현실에서는 각 만기별로 완전 할인채가 거래된다는 보장이 없기 때문에 만기별 현물이자율을 직접 구하기가 어렵다. 이럴 때에는 일반적인 이표채(coupon bond)의 만기수익률에서 현물이자율을 추출하는 작업이 필요하다.

예를 들어 위의 예에서와 같이 만기 1년 완전 할인채의 만기수익률이 7%라고 하자. 그런데 만기 2년인 채권의 액면가격은 100만 원이고 액면이자율이 10%이며, 매년 말에 이자를 지급한다고 하자. 이 채권이 현재 103.65만 원에 팔리고 있다고 하자. 이 경우, 만기 2년의 채권수익률은 7.95%이다.[5)]

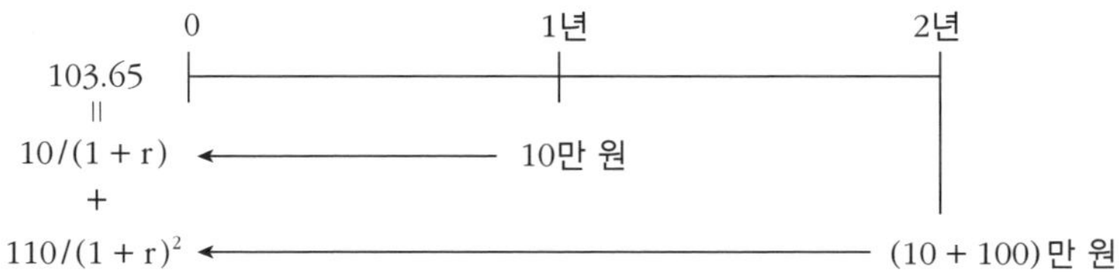

$$103.65 = \frac{10}{(1+r)} + \frac{110}{(1+r)^2}$$

$$r = 0.0795$$

그런데 이 채권의 가격은 매 시점별 현금흐름을 각각의 현물이자율로 할인한 것과 같아야 한다.

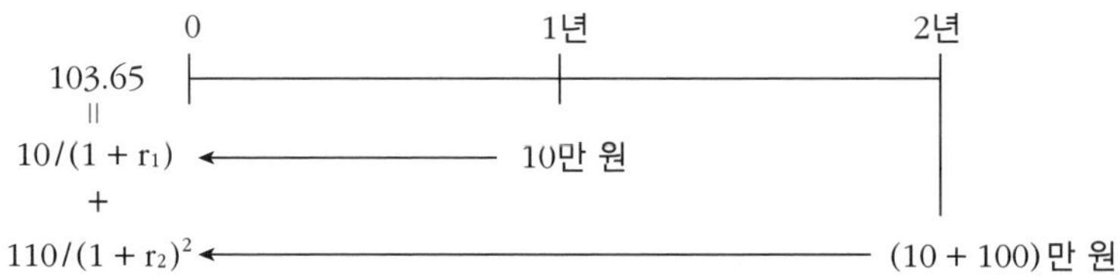

$$103.65 = \frac{10}{(1+r_1)} + \frac{110}{(1+r_2)^2}$$

1년 만기 완전 할인채의 만기수익률이 7%이므로

$$103.65 = \frac{10}{(1+0.07)} + \frac{110}{(1+r_2)^2}$$

$$103.65 = 9.35 + \frac{110}{(1+r_2)^2}$$

5) 엑셀에서 IRR 명령어를 이용하면 만기수익률을 구할 수 있다.

$$103.65 - 9.35 = \frac{110}{(1 + r_2)^2}$$

$$r_2 = \left(\frac{110}{94.31}\right)^{1/2} - 1 = 0.08$$

이와 같은 계산을 통해 2년 만기의 현물이자율은 8%로 계산된다. 3년 만기 현물이자율은 1년 만기 현물이자율과 2년 만기 현물이자율을 이용하여 계산하면 된다.

여기서 한 가지 확인할 수 있는 것은 일반적인 이표채(coupon bond)의 만기수익률은 같은 만기의 현물이자율보다 낮다는 것이다. 위의 예를 들면, 똑같은 2년 만기 채권이라 하더라도 완전 할인채의 만기수익률(현물이자율)은 8%인 데 반해, 이표채의 만기수익률(액면이자율 10%, 연간으로 이자지급)은 이보다 낮은 7.95%이다. 이는 1년차 현금흐름의 수익률이 7%로 적용되는 데 반해 2년차 현금흐름의 수익률이 8%로 적용되다 보니 이렇게 되는 것이다.[6)]

현물이자율을 이용한 채권가치 계산

현물이자율은 동일 신용등급의 채권가치를 계산하는 데 사용된다. 예를 들어, 1년 만기 현물이자율이 7%이고, 2년 만기 현물이자율이 8%이며, 3년 만기 현물이자율이 9%라고 하자. 여기에 만기 3년, 액면이자율 10%, 액면가 100만 원, 매년 이자를 지급하는 채권이 있다고 하자. 이때 이 채권의 가치는 다음과 같이 계산된다.

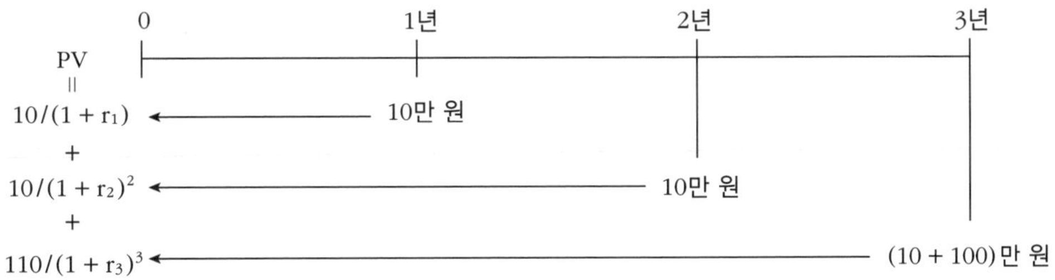

6) 2년 만기 현물이자율이 1년 만기 현물이자율보다 낮을 수 있는데(앞 장에서 이야기한 이자율의 장고단저 역전현상), 이 경우 반대현상이 나타난다. 즉, 이표채의 만기수익률은 같은 만기의 현물이자율보다 높게 나타난다.

$$PV = \frac{10}{(1+r_1)} + \frac{10}{(1+r_2)^2} + \frac{110}{(1+r_3)^3}$$
$$= \frac{10}{(1+0.07)} + \frac{10}{(1+0.08)^2} + \frac{110}{(1+0.09)^3}$$
$$= 9.35 + 8.57 + 84.94 = 102.86$$

실제로 이 채권이 시장에서 102.86만 원에 거래되고 있다면, 이 채권의 만기수익률은 8.87%가 된다.[7)]

$$102.86 = \frac{10}{(1+r)} + \frac{10}{(1+r)^2} + \frac{110}{(1+r)^3}$$
$$r = 0.0887$$

여기서도 알 수 있다시피 똑같은 만기 3년의 채권이지만, 이표채의 만기수익률이 완전 할인채의 만기수익률(현물이자율)보다 낮다는 것을 알 수 있다.

앞에서는 채권의 가치를 구할 때, 할인율이 주어지는 것으로 가정하였다. 그런데 이 할인율을 찾는 것이 쉽지가 않다. 신용등급이 같고 만기도 같으며 액면이자율이나 이자지급 방식이 동일한 채권의 거래가격을 알면 만기수익률을 알 수 있는데, 이 채권의 만기수익률을 할인율로 삼아 채권가치를 구할 수 있다. 그런데 시장에서는 이렇게 동일한 액면이자율과 동일한 이자지급 방식, 그리고 동일한 만기를 가진 채권의 거래가격을 찾기가 쉽지 않다.

그러나 각 만기별 현물이자율을 알고 있으면, 이런 수고를 할 필요가 없다. 각 시점별 현금흐름을 각 시점별 현물이자율로 할인하면 채권의 가치를 구할 수 있기 때문이다.

그래서 일반적으로 채권시장에서는 여러 종류의 채권 거래가격으로부터 만기수익률을 구하고, 이 만기수익률로부터 각 만기별 현물이자율을 구한 뒤, 이를 이용하여 채권의 가치를 구하는 절차를 취한다.

---

7) 이것 역시 엑셀의 IRR 명령어를 사용하면 쉽게 구할 수 있다.

2) 선도이자율과 기대현물이자율

(1) 선도이자율

선도이자율이란?

선도이자율(forward rate)은 ‘현재 시점으로부터 일정 기간 뒤의 채권수익률’ 을 말한다. 그러나 이렇게 정의를 내리면 선도이자율의 의미를 정확하게 파악하기 어렵다. 그래서 여기에 하나의 사례를 들어 선도이자율의 개념을 설명해 보자.

100만 원을 2년간에 걸쳐 완전 할인채에 투자하는 두 가지 전략이 있다고 해 보자.

첫 번째 전략 : 2년 만기 완전 할인채에 투자하는 전략
두 번째 전략 : 1년 만기 완전 할인채에 투자한 후, 1년 뒤 다시 한번 1년 만기 완전 할인채에 투자하는 전략

1년 만기 완전 할인채는 채권수익률(현물이자율)이 7%이고, 2년 만기 완전 할인채는 채권수익률(현물이자율)이 8%라고 하자. 이때 두 번째 전략으로 채권에 투자하였을 때의 수익률이 첫 번째 전략으로 채권에 투자하였을 때 얻을 수 있는 수익률과 같기 위해서는 1년 뒤 재투자하였을 때 몇 %의 수익률을 얻어야 할까?

첫 번째 전략으로 투자하였을 때, 2년 후 현금은 $100 \times (1 + 0.08)^2$이다. 두 번째 전략으로 투자하였을 때, 2년 후 현금은 $100 \times (1 + 0.07) \times (1 + f_2)$이다. 여기서 f_2는 1년 뒤 재투자하였을 때 얻게 되는 수익률을 의미한다.

두 번째 전략으로 투자한 결과가 첫 번째 전략으로 투자한 결과와 같기 위해서는 $f_2 = 0.09$(9%)가 되어야 한다.

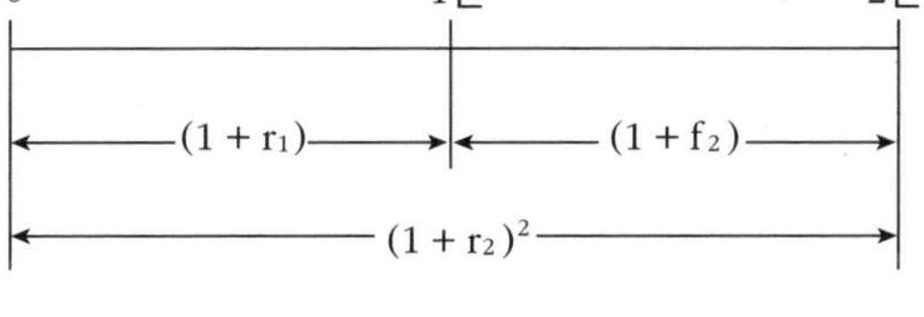

$$100 \times (1 + 0.08)^2 = 100 \times (1 + 0.07) \times (1 + f_2)$$
$$(1 + 0.08)^2 = (1 + 0.07) \times (1 + f_2)$$

$$1 + f_2 = \frac{(1 + 0.08)^2}{(1 + 0.07)}$$

여기서 f_2를 선도이자율이라고 부르는데, 2년간 장기투자를 하든 단기투자를 연속적으로 하든 간에 두 가지 방법의 투자수익률을 일치시켜 주는 '일정 시점 뒤 일정 기간의 채권수익률'을 뜻한다.

위의 예에서 선도이자율이 9%라는 것은, 연속적으로 투자를 갱신해 나간다고 할 때 첫 번째 해는 7%의 수익률을 올리지만 두 번째 해는 9%의 수익률을 올려야 2년 만기 채권에 투자하는 것과 동일한 수익률을 올린다는 것을 의미하는 것이다.

비슷한 사례를 하나 더 들어보자. 100만 원을 3년간에 걸쳐 완전 할인채에 투자하는 두 가지 전략이 있다고 해 보자.

첫 번째 전략 : 3년 만기 완전 할인채에 투자하는 전략
두 번째 전략 : 2년 만기 완전 할인채에 투자한 후, 2년 뒤 1년 만기 완전 할인채에 투자하는 전략

시장이 효율적이라면 어떤 전략을 쓰더라도 투자수익률이 동일해야 한다. 2년 만기 완전 할인채는 채권수익률(현물이자율)이 8%이고, 3년 만기 완전 할인채는 채권수익률(현물이자율)이 9%라고 하자.

첫 번째 전략을 사용할 경우 3년 뒤 현금은 $100 \times (1 + 0.09)^3$이다. 두 번째 전략을 사용할 경우 3년 뒤 현금은 $100 \times (1 + 0.08)^2 \times (1 + f_3)$이다. 어떤 전략을 쓰더라도 3년 뒤 결과가 같아야 하므로 다음과 같은 식이 성립된다.

$$(1 + 0.09)^3 = (1 + 0.08)^2 \times (1 + f_3)$$

$$1 + f_3 = \frac{(1 + 0.09)^3}{(1 + 0.08)^2}$$

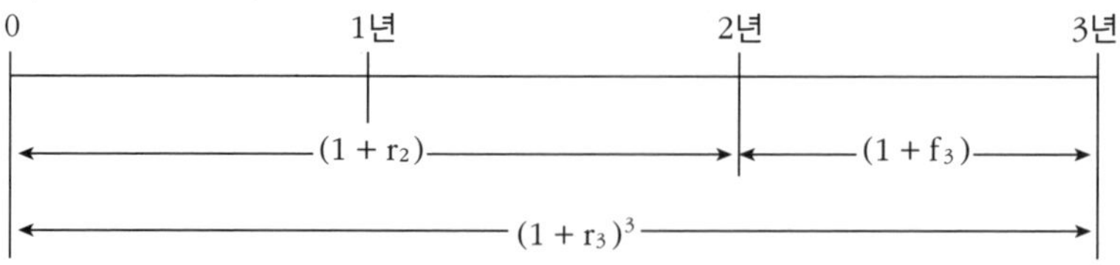

위 식을 계산하면, $f_3 = 0.1103\,(11.03\%)$이 나온다.

현물이자율로부터 선도이자율 추출과정

이와 같은 방식을 사용하면, 2년 만기 현물이자율(spot rate)은 1년 만기 현물이자율과 1년 뒤 선도이자율로 나눌 수 있고, 3년 만기 현물이자율은 2년 만기 현물이자율과 2년 뒤 선도이자율로 나눌 수 있다. 2년 만기 현물이자율은 1년 만기 현물이자율과 1년 뒤 선도이자율로 나눌 수 있으므로, 결국 3년 만기 현물이자율은 1년 만기 현물이자율과 1년 뒤 선도이자율, 2년 뒤 선도이자율로 분해할 수 있다.

이를 일반화시키면, n년 만기 현물이자율은 1년 만기 현물이자율과 1년 뒤 선도이자율, 2년 뒤 선도이자율, …, (n−1)년 뒤 선도이자율로 분해할 수 있다.

$$(1+r_2)^2 = (1+r_1)\times(1+f_2) \qquad \Rightarrow f_2 = \frac{(1+r_2)^2}{(1+r_1)} - 1$$

$$\begin{aligned}(1+r_3)^3 &= (1+r_2)^2\times(1+f_3)\\ &= (1+r_1)\times(1+f_2)\times(1+f_3)\end{aligned} \qquad \Rightarrow f_3 = \frac{(1+r_3)^3}{(1+r_2)^2} - 1$$

$$\begin{aligned}(1+r_4)^4 &= (1+r_3)^3\times(1+f_4)\\ &= (1+r_1)\times(1+f_2)\times(1+f_3)\times(1+f_4)\end{aligned} \qquad \Rightarrow f_4 = \frac{(1+r_4)^4}{(1+r_3)^3} - 1$$

$$\begin{aligned}(1+r_n)^n &= (1+r_{n-1})^{n-1}\times(1+f_n)\\ &= (1+r_1)\times(1+f_2)\times(1+f_3)\times\cdots\times(1+f_n)\end{aligned} \qquad \Rightarrow f_n = \frac{(1+r_n)^n}{(1+r_{n-1})^{n-1}} - 1$$

결국, 채권의 현금흐름과 채권가격을 알면 채권의 만기수익률을 알 수 있고, 채권의 만기수익률을 알면, 기간별 현물이자율을 알 수 있다. 기간별 현물이자율을 알면, 채권의 가치를 구할 수도 있고, 기간별 선도이자율도 구할 수 있다.

그림 5 채권의 만기수익률로부터 기간별 현물이자율과 선도이자율의 추출과정

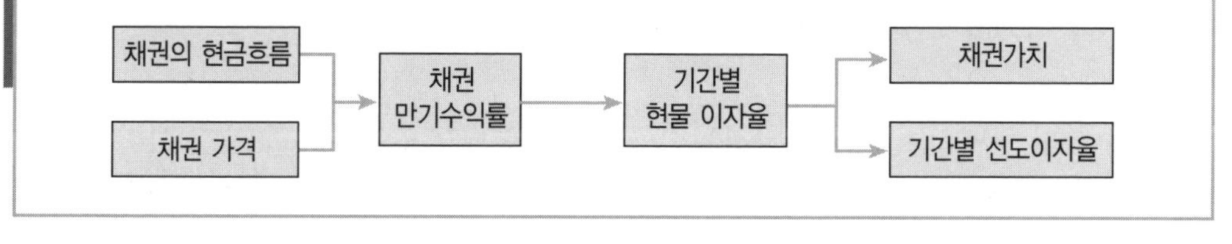

(2) 기대현물이자율

기대현물이자율이란?

선도이자율과 유사한 개념으로 '기대현물이자율(expected spot rate)'이라는 개념이 있다. 기대현물이자율은 현재 시점에서 예상된 미래의 현물이자율을 말한다. 예를 들어 1년 뒤 기대현물이자율이란, 현재 시점에서 예상한 1년 뒤의 현물이자율을 말한다.

일반적으로 선도이자율은 '기대현물이자율' 보다 높다. 왜냐하면, 선도이자율에는 미래의 현물이자율에 대한 기대치 외에 위험보상률이 포함되어 있기 때문이다.

기대현물이자율과 선도이자율의 관계

예를 들어 설명해 보자. 현재 1년 만기 현물이자율이 7%이고, 2년 만기 현물이자율이 8%라고 하자. 인플레이션율이 안정적이어서 1년 뒤의 1년 만기 현물이자율이 현재와 같은 7%일 것으로 기대된다고 하자. 즉, 1년 만기 기대현물이자율이 7%라고 하자.

앞에서와 같이 두 가지 투자 대안이 있다고 하자. 첫 번째는 2년 만기 완전 할인채에 투자하는 방법이고, 두 번째는 1년 만기 완전 할인채에 투자한 뒤 1년 뒤 다시 1년 만기 완전 할인채에 투자하는 방법이다.

두 번째 방법으로 투자할 경우 연 투자수익률은 7%에 그치게 되는 반면, 첫 번째 방법으로 투자할 경우 연 투자수익률은 8%에 이른다. 그렇다면 사람들은 모두들 첫 번째 방법으로 투자하려고 하면서 2년 만기 완전 할인채의 가격이 상승하여야 하는가? 그 결과 2년 만기 완전 할인채의 만기수익률이 7%로 떨어져야 하는가?

첫 번째 방법으로 투자하든 두 번째 방법으로 투자하든 간에 위험이 동일하다면, 사람들은 첫 번째 방법으로 투자하려고 하면서 2년 만기 완전 할인채의 가격이 상승해야 한다. 이런 가격상승은 2년 만기 완전 할인채의 만기수익률이 7%가 될 때까지 이루어져야 한다.

그러나 첫 번째 방법으로 투자하는 것과 두 번째 방법으로 투자하는 것 사이에는 위험의 크기에 차이가 있다. 첫 번째 방법이 두 번째 방법보다 위험하다. 금리변동에 따른 채권가치의 변화가 대표적인 위험이다. 예를 들어 투자기간 중에 시장금리가 올라가게 되면 첫 번째 방법으로 투자하였을 때 채권가치의 하락폭이 두 번째 방법으로 투자하였을 때의 채권가치 하락폭보다 크다.

따라서 두 번째 방법으로 투자할 경우 연 투자수익률이 7%이고, 첫 번째 방법으로 투자할 경우 연 투자수익률이 8%라고 하여, 모든 사람들이 첫 번째 방법으로 투자하려고 하지는 않는다는 것이다. 두 번째 방법보다 첫 번째 방법이 더 위험하기 때문에 첫 번째 방법의 투자수익률이 두 번째 방법의 투자수익률보다 높은 것은 당연한 것이다. 그 결과, 첫 번째 방법의 투자수익률을 정당화시키는 1년 뒤 투자수익률(선도이자율)이 1년 뒤의 기대현물이자율보다 더 높은 것이다.

1년 만기 완전 할인채를 재투자하였을 때 2년 뒤 현금흐름(A) :

$$100 \times (1 + r_1) \times (1 + r_2^e)$$

2년 만기 완전 할인채에 투자하였을 때 2년 뒤 현금흐름(B) :

$$100 \times (1 + r_2)^2 = 100 \times (1 + r_1) \times (1 + f_2)$$

여기서 r_2^e는 1년 뒤의 기대현물이자율을 의미한다. 2년 만기 완전 할인채에 투자하는 것이 1년 만기 완전 할인채에 재투자하는 것보다 위험이 크므로 B>A가 되어야 한다. 이에 따라 $f_2 > r_2^e$가 되고, 그 차이는 위험에 대한 보상률이라고 할 수 있다. 위험보상률을 π라고 할 때, $f_2 - r_2^e = \pi$ 라고 할 수 있는 것이다.

결국 선도이자율 속에는 미래의 현물이자율에 대한 기대치와 함께 위험보상률이 포함되어 있다고 보아야 한다.

(3) 선도이자율과 이자율의 기간구조에 대한 이론

선도이자율과 유동성 선호이론

앞 장에서 본 이자율의 기간구조이론에서 유동성 선호이론(liquidity preference hypothesis)은 바로 선도이자율과 기대현물이자율의 차이를 설명하는 이론이다. 인플레이션에 대한 기대가 없더라도 장기채권은 유동성이 떨어지기 때문에 투자자들이 기피를 하고, 그 결과 장기채권의 수익률은 단기채권의 수익률보다 높다는 것이다.

위의 예를 그대로 들자면, 현재 1년 만기 현물이자율이 7%이고, 1년 뒤 기대되는

1년 만기 현물이자율이 7%라고 하더라도(이자율이 현 수준을 유지한다고 하더라도), 2년 만기 현물이자율은 위험 때문에 7%보다 높은 수준에서 결정된다는 것이다.

선도이자율과 기대이론

만약에 1년 뒤 현물이자율이 하락할 것으로 기대되면 어떻게 될까? 예를 들어, 위에서 든 예와 마찬가지로 1년 만기 현물이자율이 7%, 2년 만기 현물이자율이 8%, 1년 뒤 예상되는 1년 만기 현물이자율의 기대치가 현재와 같은 7%라고 해 보자. 그러면 1년 뒤의 선도이자율은 앞에서 본 바와 같이 $f_2 = 0.09$(9%)이므로, 2년 만기 현물이자율의 위험보상률은 2%point가 된다. 즉, $f_2 = r_2^e + \pi = 0.07 + 0.02$ 이다.

이 상태에서 시장금리의 하락이 예상되어, 1년 뒤 예상되는 1년 만기 현물이자율의 기대치가 4%로 하락했다고 해 보자. 이 경우 선도이자율은 9%에서 6%로 하락하게 된다. 그러면 2년 만기 현물이자율은 6.5%가 되어야 한다.

$$(1 + r_1) \times (1 + f_2) = (1 + r_2)^2$$

$$r_2 = [(1 + r_1) \times (1 + f_2)]^{1/2} - 1 = [(1 + 0.07) \times (1 + 0.06)]^{1/2} - 1 = 0.065$$

그런데 현재 2년 만기 완전 할인채의 만기수익률이 8%이므로, 사람들은 2년 만기 할인채를 구입하고자 할 것이다. 그 결과 2년 만기 할인채의 가격이 상승하면서 만기수익률(현물이자율)은 하락할 것이다. 2년 만기 할인채의 만기수익률이 6.5% 수준에 이르기까지 가격은 계속 상승할 것이다. 만약 가격이 그 이상으로 상승하여 만기수익률이 6.5% 이하로 떨어지면 반대로 사람들은 2년 만기 할인채를 매각할 것이다.

결국 미래에 이자율이 하락할 것으로 예상되면, 사람들은 장기채권을 매입하면서 장기채권의 수익률이 하락한다. 반대로 미래에 이자율이 상승할 것으로 예상되면, 사람들은 장기채권을 매각하면서 장기채권의 수익률은 상승하게 된다. 즉, 미래의 이자율 변화에 대한 기대가 장기채권에 그대로 반영되어 장기채권의 수익률이 미래의 이자율 변화 방향으로 변동하는 것이다. 미래에 이자율이 하락할 것으로 예상되면 경우에 따라서는 장기채권의 수익률이 단기채권의 수익률보다 낮을 수 있는데(이른바 장고단저의 역전현상), 이런 현상을 설명해 주는 것이 기대이론(expectation hypothesis)이다.

이상의 내용을 정리하자면, 우리는 시장에서 거래되는 채권들의 만기수익률로부터 기간별 현물이자율을 구할 수 있다. 기간별 현물이자율을 구하면, 우리는 이를 이용하여 채권의 가치를 구할 수 있다. 물론 현물이자율의 신용도와 개별 채권의 신용도가 동일하다는 전제가 필요하기는 하다.

그리고 기간별 현물이자율을 통해 기간별 선도이자율을 구할 수 있는데, 선도이자율은 이자율의 기간구조를 설명하는 여러 이론들의 근거로 사용된다.

이 장의 주요 내용

- 채권이란 액면에 표시된 금액(채권의 액면가)을 만기일에 지급하고, 만기일 이전에는 일정한 이자(채권이자)를 지급하기로 약속한 증권을 말한다. 액면가 대비 이자비율을 액면이자율 또는 표면이자율이라고 부른다. 그리고 채권이 시장에서 거래되는 가격을 보고 채권가격이라고 부른다.

- 채권을 만기까지 보유하였을 때 얻을 수 있는 수익률을 채권의 만기수익률 또는 채권수익률이라고 부른다. 채권수익률은 채권의 현금흐름(매기의 채권이자와 만기 때 받는 액면가를 현재가치로 환산한 것)의 현재가치와 채권가격을 일치시키는 할인율을 말한다. 채권을 만기까지 보유하였을 때 얻을 수 있는 현금흐름을 할인율로 할인하여 현재가치로 환산한 가격을 보고 채권가치라고 한다.

- 채권의 듀레이션이란 채권으로부터 나오는 현금의 평균적인 회수기간을 말한다. 채권은 듀레이션이 길수록 할인율 변화에 따른 채권가치의 변화가 커진다. 채권의 듀레이션은 채권의 만기가 길수록, 액면이자율이 낮을수록, 이자지급 횟수가 적을수록 길어진다.

- 시장이 효율적이라면, 채권가격은 채권가치로 수렴하게 된다. 채권가격이 채권가치보다 클 때에는 채권매각을 통해 자본이득을 얻을 수 있다. 반대로 채권가격이 채권가치보다 작을 때에는 채권의 공매도를 통해 자본이득을 얻을 수 있다. 이와 같이 채권가치와 채권가격이 일치하지 않을 때 자본이득을 얻기 위해 하는 거래를 보고 재정거래(裁定去來)라고 한다. 재정거래를 통해 채권가격은 채권가치로 수렴하게 된다.

연 | 습 | 문 | 제

01 | 다음과 같은 채권의 만기수익률을 구하라.

1) 액면가가 100만 원이고, 만기가 3년 남았으며, 액면이자율이 0%인 채권이 있다. 이 채권이 현재 시장에서 85만 원에 거래되고 있다고 한다. 이 채권의 만기수익률을 구하라.
2) 액면가가 100만 원이고, 만기가 3년 남았으며, 액면이자율이 6%인 채권이 있다. 이자는 매년 기말에 한 번씩만 지급된다. 이 채권이 현재 시장에서 95만 원에 거래되고 있다고 한다. 이 채권의 만기수익률을 구하라.
3) 액면가가 100만 원이고, 만기가 2년 남았으며, 액면이자율이 8%인 채권이 있다. 이자는 분기별로 기말에 지급된다. 이 채권이 현재 시장에서 102만 원에 거래되고 있다고 한다.

이 채권의 만기수익률을 구하라.

02 | 다음과 같은 채권의 가치를 구하라.

1) 액면가가 100만 원이고, 만기가 3년 남았으며, 액면이자율이 0%인 채권이 있다. 할인율이 연 5%라면, 이 채권의 가치는 얼마인가?
2) 액면가가 100만 원이고, 만기가 3년 남았으며, 액면이자율이 6%인 채권이 있다. 이자는 매년 기말에 한 번씩만 지급된다. 현재 할인율은 연 5%라고 한다. 이 채권의 가치는 얼마인가?
3) 액면가가 100만 원이고, 만기가 2년 남았으며, 액면이자율이 8%인 채권이 있다. 이자는 분기별로 기말에 지급된다. 할인율이 연 5%일 때 이 채권의 가치는 얼마인가?

03 | 만기가 5년 남았고, 액면이자율이 6%, 액면가가 100만 원인 채권이 있다. 이자는 연 1회 기말에 지급된다. 할인율이 연 5%라고 한다.

1) 이 채권의 가치를 구하라.
2) 이 채권의 듀레이션을 구하라.
3) 할인율이 연 5%에서 연 5.5%로 0.5%p 상승할 때, 채권의 가치는 몇 %로 어떻게 변화하는지를 채권의 듀레이션 공식을 이용하여 계산하라. 그리고 이때 채권가치의 이자율 탄력성을 구하라.

제 4 장

위험과 옵션

위험은 미래의 불확실성으로부터 기인한다. 불확실성이 없다면 위험도 없다. 금융거래에는 여러 불확실성이 존재하기 때문에 위험이 수반된다. 이 장에서는 위험의 본질이 무엇이고, 어떻게 위험을 측정하는지, 그리고 위험이 존재할 때 사람들은 어떻게 의사결정을 하는지를 살펴본다. 그리고 위험을 회피하는 수단으로서 옵션(option)에 대해 살펴본다. 옵션에는 콜옵션(call option)과 풋옵션(put option)이 있는데, 각 옵션의 가치가 어떻게 결정되는지를 살펴보고, 부동산금융에서 옵션이 어떻게 활용되는지에 대해 소개하도록 한다.

1. 위 험
2. 옵 션

1 위 험

1) 위험의 본질

위험이란?

위험(risk)이란 기대(예상한 것)와는 다른 결과로 인해 손실을 입을 가능성을 말한다. 예를 들어 자금을 조달하는 사람의 입장에서 보면, 자금조달 비용에 대해 예상한 것이 있을 것이다. 그런데 실제 실현된 비용이 이보다 높을 수 있는데 이 경우 손실을 입게 된다. 투자자 입장에서 보면, 투자수익에 대한 예상치가 있을 것인데, 실제 실현된 수익은 이보다 낮을 수 있다. 이 경우 기대했던 것보다 낮은 수익을 얻었기 때문에 사실상 손실을 본 것이다.

위험의 본질

위험은 기본적으로 '미래에 대한 불확실성(uncertainty)'으로부터 기인한다. 우리는 투자를 결정하거나 자금조달 방법을 결정할 때, 미래에 어떤 사건이 일어날지 모르는 채 의사결정을 하게 된다. 사람들은 미래에 어떤 사건이 일어날지 모르는 상태에서 의사결정을 할 때에는 대개 자신이 갖고 있는 모든 정보에 기초하여 미래에 일어날 사건을 예측하게 된다.

예를 들어 어떤 사업에 투자하고자 하는데, 이 사업으로부터 미래에 얼마만큼의 수익이 날지 현재로서는 알 수 없다. 이때 사람들은 자신이 갖고 있는 모든 정보를 이용하여 이 사업으로부터 발생할 가능성이 가장 높은 수익을 예측하여 투자할지 여부를 결정하게 된다. 이 예측한 값을 흔히 기댓값 또는 기대치(expectation)라고 부른다.

사람들은 기대치를 가지고서 의사결정을 하는데, 실제 미래에 가서 기대치가 현실화된다는 보장이 없다. 실제 수익이 기대한 수익보다 낮을 수도 있는데, 이럴 가능성을 위험이라고 부르는 것이다.

미래에 일어날 사건이 100% 확실하다면 위험은 없다. 기대했던 것과 다른 결과가 나오지 않기 때문이다. 그러나 100% 확실한 미래는 없다. 가능성이 크든 작든 간에 미래에 일어날 사건은 기본적으로 불확실한 것이다.

불확실성이 작으면 위험도 작다. 실제 실현된 사건이 기대치로부터 벗어날 가능성이 낮고, 벗어나는 정도가 작기 때문이다. 반면 불확실성이 크면 위험도 크다. 실제 실현된 사건이 기대치로부터 벗어날 가능성이 높고, 벗어나는 정도가 크기 때문이다.

2) 기대치와 표준편차

위험의 본질에 대한 이해를 돕기 위해, 다음과 같은 동전 던지기와 주사위 던지기 게임에 대해 생각해 보자.

동전 던지기 게임의 경우, 앞면이 나오면 3,000원을 받는데 뒷면이 나오면 0원을 받는다. 또 주사위 던지기 게임의 경우, 1이 나오면 9,000원을 받고 나머지 2, 3, 4, 5, 6 중 하나가 나오면 0원을 받는다.

동전 던지기의 기대치

동전 던지기 게임에 대해 먼저 생각해 보자. 동전을 던지기 전에는 앞면이 나올지 뒷면이 나올지 모른다(불확실성). 다만 우리가 알고 있는 것은 앞면이 나올 확률과 뒷면이 나올 확률이 각각 1/2 이라는 것이다(현재 알려져 있는 정보). 이 상태에서 동전 던지기 게임을 할 때 얻을 수 있는 가장 가능성이 높은 수익은 1,500원이다. 가장 가능성이 높은 수익을 기대치라고 부른다. 이 기대치는 다음과 같이 계산된다.

동전 던지기의 기대치 : $0.5 \times 3{,}000 + 0.5 \times 0 = 1{,}500$

이 기대치의 의미는 동전 던지기 게임을 무수히 많이 실행했을 때, 한 게임당 얻을 수 있는 평균적인 수익이다. 즉, 기대치(expectation)란 '평균적으로 기대되는 값' 이라고 볼 수 있다.

기댓값이 1,500원이지만, 실제 실현되는 값은 3,000원(앞면이 나오는 경우) 아니면 0원(뒷면이 나오는 경우)이다. 만약 뒷면이 나오면 기댓값보다 낮은 0원을 얻으면서 손실을 입게 된다.

주사위 던지기의 기대치

한편 주사위 던지기 게임을 생각해 보자. 이 게임 역시 주사위를 던지기 전에는 어떤 숫자가 나올지 모른다. 다만, 1, 2, 3, 4, 5, 6의 숫자 중 하나가 나올 확률은 1/6이라는 것만 안다. 이때 주사위 던지기 게임으로 기대되는 평균적인 수익은 1,500원이다. 이 주사위 던지기 게임을 반복적으로 시행하면, 평균적으로 기대되는 수익이 1,500원이라는 것이다. 이 기대치(기대수익)는 다음과 같이 계산된다.

$$\text{주사위 던지기의 기댓값} : \frac{1}{6} \times 9{,}000 + \frac{5}{6} \times 0 = 1{,}500$$

이 게임 역시, 기대치는 1,500원이지만 실제 실현되는 값은 9,000원(1이 나오는 경우) 아니면 0원(2, 3, 4, 5, 6 중 하나가 나오는 경우)이다. 만약 주사위를 던져서 1이 나오지 않으면 손실을 입게 된다.

위험의 크기를 나타내는 분산과 표준편차

동전 던지기나 주사위 던지기 모두 기대치는 1,500원이지만, 실현된 값이 기대치에서 벗어나 손실을 입을 가능성은 직관적으로 볼 때 주사위 던지기가 더 크다. 동전 던지기는 0원을 받을 확률이 1/2이지만, 주사위 던지기는 0원을 받을 확률이 5/6이기 때문이다.

실현된 값이 기대치로부터 벗어나는 정도를 보여주는 통계 지표가 있는데, 분산과 표준편차가 그것이다. 표준편차는 분산에 스퀘어 루트를 씌운 것이기 때문에 두 지표는 사실상 같은 방향으로 움직인다. 동전 던지기와 주사위 던지기에서 수익의 분산과 표준편차는 다음과 같이 계산된다.

$$\text{동전 던지기에서 수익의 분산} : \frac{1}{2} \times (3{,}000 - 1{,}500)^2 + \frac{1}{2} \times (0 - 1{,}500)^2 = 2{,}250{,}000$$
$$\text{동전 던지기에서 수익의 표준편차} : \sqrt{2{,}250{,}000} = 1{,}500$$

$$\text{주사위 던지기에서 수익의 분산} : \frac{1}{6} \times (9{,}000 - 1{,}500)^2 + \frac{5}{6} \times (0 - 1{,}500)^2 = 11{,}250{,}000$$
$$\text{주사위 던지기에서 수익의 표준편차} : \sqrt{11{,}250{,}000} = 3{,}354.1$$

동전 던지기와 주사위 던지기 게임에서 수익의 표준편차(또는 분산)가 작은 게임은 동전 던지기 게임이다. 수익의 표준편차가 작다는 것은 실제 실현된 수익이 기대치로부터 벗어나는 정도가 작다는 의미이다. 실현된 수익이 기대치로부터 크게 벗어나지 않기 때문에 동전 던지기 게임의 위험이 주사위 던지기 게임의 위험보다 작다고 할 수 있다.

기대치와 분산의 계산

위에서 동전 던지기 게임과 주사위 던지기 게임의 기대치와 분산을 구해 보았는데, 일반적으로 불확실성하에서 기대치와 분산은 다음과 같이 계산된다.

미래에 세 가지 상황(A, B, C) 중 하나의 상황이 발생한다고 가정하자. 각 상황이 발생할 확률은 p_1, p_2, p_3라고 하자. 각 상황별 확률을 모두 더하면 1이다. 즉, $p_1+p_2+p_3=1$이다. 각 상황별 수익이 π_1, π_2, π_3라고 하자.

이때 수익의 기대치(π_e)는 각 상황별 발생 확률에다가 각 상황별 수익을 곱한 뒤, 이를 모두 더한 것이다.

$$\pi_e=p_1\times\pi_1+p_2\times\pi_2+p_3\times\pi_3=\sum p_i\pi_i$$

수익의 분산(σ_π^2)은 각 상황별로 수익의 편차(각 상황별 수익-기대수익)의 제곱에다가 각 상황별 발생 확률을 곱한 뒤, 이를 모두 더한 것이다.

$$\sigma_\pi^2=p_1\times(\pi_1-\pi_e)^2+p_2\times(\pi_2-\pi_e)^2+p_3\times(\pi_3-\pi_e)^2=\sum p_i(\pi_i-\pi_e)^2$$

수익의 표준편차는 수익의 분산에 스퀘어 루트($\sqrt{\sigma_\pi^2}$)를 한 것이다. 불확실성하에서의 수익뿐만 아니라 불확실성하에서의 비용 등도 동일한 방법으로 계산하면 된다.

상황(i)	발생 확률(p_i)	수익(π_i)	$p_i\times\pi_i$	$p_i\times(\pi_i-\pi_e)^2$
A	p_1	π_1	$p_1\times\pi_1$	$p_1\times(\pi_1-\pi_e)^2$
B	p_2	π_2	$p_2\times\pi_2$	$p_2\times(\pi_2-\pi_e)^2$
C	p_3	π_3	$p_3\times\pi_3$	$p_3\times(\pi_3-\pi_e)^2$
합계	1		$\sum p_i\times\pi_i=\pi_e$	$\sum p_i\times(\pi_i-\pi_e)^2=\sigma_\pi^2$

3) 위험에 대한 태도와 불확실성하에서 의사결정

위험기피, 위험선호, 그리고 위험중립

대개 사람들은 동일한 기대치라면 위험이 작은 대안을 선호한다. 위험에 대한 이런 선호를 위험기피적(risk averse, risk avoiding)이라고 부른다. 반면에 동일한 기대치라면 위험이 큰 쪽을 선호하는 사람도 있다. 위험에 대한 이런 선호를 위험선호적(risk loving, risk seeking)이라고 부른다. 또 동일한 기대치라면 위험의 크기에 관계가 없이 선택이 무차별한 사람도 있다. 이런 선호를 위험중립적(risk neutral)이라고 부른다.

위의 예를 들어 보자면, 동전 던지기와 주사위 던지기는 둘 다 1,500원의 기대치를 갖고 있다. 그러나 동전 던지기가 주사위 던지기보다 위험이 작다. 이 두 가지 게임 중에서 하나를 선택한다고 할 때, 동전 던지기를 선택하는 사람은 위험기피적인 사람이고, 주사위 던지기를 선택하는 사람은 위험선호적인 사람이다. 동전 던지기이든 주사위 던지기이든 간에 무차별한 사람은 위험중립적인 사람이다.

위험기피적인 사람은 동일한 기대치 아래에서 위험이 적은 동전 던지기를 선택하는데, 주사위 던지기의 기댓값이 높다면 어떻게 될까? 예를 들어, 주사위를 던져 1이 나오면 12,000원을 받는다고 해 보자. 그러면 주사위 던지기 게임의 수익기대치는 2,000원이 되고, 수익의 표준편차는 4,472.1원이 된다. 이 경우 주사위 던지기는 위험이 높지만 그 대신 수익의 기대치도 높으며, 동전 던지기는 위험이 낮지만 수익의 기대치도 낮다.

이 경우, 위험선호적인 사람은 당연히 주사위 던지기를 선택한다. 위험선호적인 사람은 수익의 기대치가 낮더라도 위험이 높으면 이를 선택할 수도 있는데, 주사위 던지기는 수익의 기대치가 높으면서도 위험도 높으니 당연히 주사위 던지기 게임을 선택하게 된다. 위험중립적인 사람도 주사위 던지기를 선택한다. 위험중립적인 사람은 위험의 크기를 고려하지 않고 수익의 기대치만 보기 때문에 수익의 기대치가 높은 주사위 던지기를 선택하는 것이다.

그렇다면 위험기피적인 사람은 어떻게 행동할까? 위험기피적인 사람이라 하더라도 위험의 기피도가 크지 않은 사람은 주사위 던지기를 선택할 수 있고, 위험기피도가 큰 사람은 여전히 동전 던지기를 선택한다. 여기서 위험기피도란 위험을 더 부담하는 대가로 얻어야만 하는 기대치의 추가분이라고 할 수 있다. 즉, 동전 던지기 게임보다 위험이 큰 주사위 던지기를 선택하는 대가로 기대치가 500원 더 높은 것이 충분하다고 보는 사람(위험기피도가 낮은 사람)은 주사위 던지기를 선택하고, 충분하지 않다고 보는 사람(위험기피도가 높은 사람)은 여전히 동전 던지기를 선택하는 것이다.

불확실성하에서 의사결정

사람들은 불확실성(uncertainty)하에서 의사결정을 할 때 수익의 기대치뿐만 아니라 위험의 크기를 고려하여 의사결정을 한다. 사람들은 불확실한 것보다는 확실한 것을 선호하기 때문에 불확실한 것을 선택하기 위해서는 이에 대한 보상(더 많은 기대수익)이 있어야 한다. 그래서 합리적인 사람은 위험기피적으로 행동한다.

금융이론이나 투자이론은 불확실성하에서의 의사결정에 관한 학문이라고 할 수 있다. 따라서 사람들이 위험기피적으로 행동하는지, 아니면 위험선호적이거나 위험중립적으로 행동하는지 여부에 따라 의사결정의 결과가 달라진다.

일단 금융이론이나 투자이론에서는 '사람은 합리적으로 행동한다.' 고 가정한다. 즉, 사람들은 위험기피적으로 행동한다고 가정하는 것이다. 자금조달자 입장에서 보면, 자금조달 비용이 불확실한 방법으로 자금을 조달할 경우 이에 대한 보상으로 자금조달의 기대비용이 싸야 한다. 어떤 자산에 투자하는 사람 입장에서 보면, 투자수익이 불확실한 자산에 투자하기 위해서는 이에 대한 보상으로 기대수익이 높아야 한다. 이것이 합리적인 것이다.

4) 기대효용이론

기대효용이론

사람들이 불확실성하에서 의사결정을 할 때 기대수익뿐만 아니라 위험도 고려하여 의사결정을 한다는 사실을 효용이론으로 설명한 것이 기대효용이론(expected utility theory)이다. 기대효용이론은 '사람들은 불확실성하에서 의사결정을 할 때, 기대수익이 큰 대안을 선택하는 것이 아니라 기대효용을 극대화하는 대안을 선택한다.' 는 것이다.

기대효용이론은 1947년 폰 노이만-모르겐스턴(von Neumann-Morgenstern)이 정립하였고, 그 뒤 애로우(Arrow), 프랫(Pratt) 등의 학자가 기대효용이론을 발전시켰다.

기대효용이론에 의하면, 사람들은 자신이 받는 화폐에 대해서도 효용을 가지는데, 일반적으로는 받는 화폐액이 커질수록 한계효용(marginal utility)이 감소한다. 화폐액에 대해서도 한계효용 체감의 법칙이 적용된다는 것이다. 예를 들어, 10만 원을 받고 있는 상태에서 20만 원 받을 때(10만 원 추가로 받음)의 효용증가분은 1,000만 원 받고 있는 상태에서 1,010만 원 받을 때(10만 원 추가로 받음)의 효용증가분보다 크다는 것을 우리는 쉽게 이해할 수 있다. 이처럼 화폐의 한계효용이 체감할 때 효용함수는 오목하다(concave)고 말한다.[1)] 효용함수가 오목한 사람은 위험회피적이다.

한편, 화폐의 한계효용이 체증할 때 효용함수는 볼록한데, 효용함수가 볼록한 사람은 위험선호적이다. 그리고 화폐의 한계효용이 일정할 때 효용함수는 선형인데, 효용함수가 선형인 사람은 위험중립적이다.

사례 : 효용함수별 기대효용

가상의 효용함수를 전제로 하여, 구체적인 예를 들어 설명해 보자. 여기에 두 가지 대안이 있다고 하자. 하나는 확실하게 1,500원을 받는 것이고, 다른 하나는 동전 던지기를 하여 앞면이 나오면 3,000원, 뒷면이 나오면 0원을 받는다고 한다. 동전 던지기는 기대수익이 1,500원이지만 불확실하다.

효용함수가 오목함수로서 $U = 10 \times R^{1/2}$(여기서 R은 수익)인 사람이 있다고 해 보자. 그리고 효용함수가 볼록함수로서 $U = \left(\frac{R}{100}\right)^2$인 사람이 있고, 효용함수가 선형함수로서 $U = 0.3 \times R$인 사람이 있다고 해 보자.

먼저 효용함수가 오목함수인 사람의 두 가지 대안별 효용을 구해 보자. 확실하게 1,500원을 받는 것을 선택하였을 경우 효용은 387($= 10 \times 1{,}500^{1/2}$)이다. 그러나 동전 던지기를 선택하였을 경우, 앞면이 나오면 효용이 548($= 10 \times 3{,}000^{1/2}$)이지만, 뒷면이 나오면 효용이 0이다. 앞면과 뒷면이 나올 확률이 각각 0.5이므로, 기대효용은 274($= 548 \times$

1) 오목함수와 볼록함수의 형태에 대해서는 Box의 설명을 참조하라.

오목함수(concave function)와 볼록함수(convex function)

함수 $f(x)$가 $f(\alpha x_1 + (1-\alpha)x_2) \geq \alpha f(x_1) + (1-\alpha) f(x_2)$이면(단 $0 < \alpha < 1$), 이 함수를 오목함수(concave function)라고 부른다. 그림으로 설명하자면, 함수 $f(x)$가 있을 때 x값으로 x_1과 x_2가 주어지면 여기에 대응하는 함수의 값 $f(x_1)$, $f(x_2)$가 존재한다. x_1과 x_2를 가중평균한 어떤 값 $\alpha x_1 + (1-\alpha)x_2$(단, $0 < \alpha < 1$)는 x_1과 x_2 사이에 존재한다. 이때 아래의 그림처럼 $\alpha x_1 + (1-\alpha)x_2$에 대응한 함수의 값 $f(\alpha x_1 + (1-\alpha)x_2)$가 $f(x_1)$과 $f(x_2)$를 가중평균한 값 $\alpha f(x_1) + (1-\alpha) f(x_2)$보다 클 때, 이 함수를 오목함수라고 한다.

그림 1 오목함수

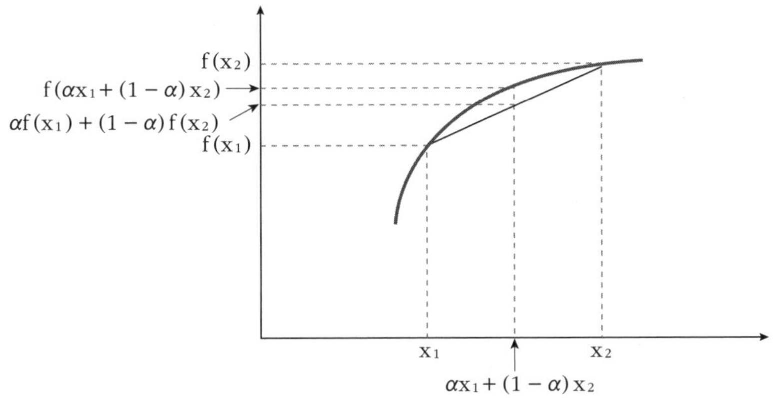

반대로 아래 그림처럼 $f(\alpha x_1 + (1-\alpha)x_2) \leq \alpha f(x_1) + (1-\alpha) f(x_2)$이면, 이 함수를 볼록함수라고 부른다.

그림 2 볼록함수

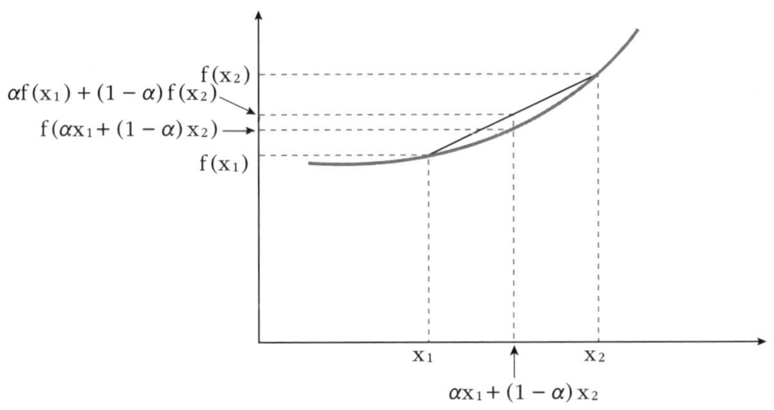

0.5 + 0 × 0.5)가 된다. 따라서 효용함수가 오목한 경우, 확실한 1,500원이 불확실한 1,500원보다 더 큰 효용을 가져다주므로 확실한 1,500원을 선택할 것이다(동일한 기댓값이라면 위험이 적은 쪽을 선택). 효용함수가 오목한 사람은 위험기피적이라는 사실을 이로부터 알 수 있는 것이다.

그렇다면, 이와 같은 효용함수를 가지고 있는 사람은 확실한 수익이 얼마가 되어야 동전 던지기를 선택할 수 있을까? 동전 던지기의 기대효용과 같은 효용을 가져다주는 확실한 수익을 찾아보면, 확실한 수익이 750원일 때 두 대안의 효용이 같아진다.

확실한 수익(R)의 효용 = 동전 던지기의 기대효용

$$10 \times R^{1/2} = 0.5 \times (10 \times 3{,}000^{1/2}) + 0.5 \times (10 \times 0^{1/2}) = 274$$

$$R = (274/10)^2 = 750$$

즉, 확실한 수익 750원과 불확실한 수익(기대수익) 1,500원이 같은 효용을 가진다고 할 수 있다. 불확실한 수익과 확실한 수익의 차이(750원=1,500원−750원)가 곧 불확실한 수익을 선택하도록 하기 위한 프리미엄이라고 할 수 있다. 이를 리스크 프리미엄(risk premium)이라고 부른다. 예를 들어 동전 던지기 외에는 다른 선택대안이 없는 상태에서, 누군가가 '500원의 비용만 내면 확실한 1,500원을 보장한다.' 라고 제안을 한다면 이 제안을 수용하는 것이 더 큰 효용을 가져다준다. 확실한 1,500원을 보장하는 비용이 750원 미만인 한, 이 제안을 수용하면 더 큰 효용을 가져다준다.

한편 효용함수가 볼록함수인 경우, 확실한 1,500원의 수익은 225(= $(1{,}500/100)^2$)의 효용을 가져다준다. 그러나 동전 던지기를 선택하면 앞면이 나올 때 900(= $(3{,}000/100)^2$)의 효용을, 뒷면이 나올 때 0의 효용을 갖게 되므로, 기대효용은 450(= 0.5 × 900 + 0.5 × 0)의 효용을 가져다준다. 따라서 효용함수가 볼록함수인 사람은 동전 던지기를 선택하게 된다. 기대수익은 동일한데 좀 더 불확실한 대안(좀 더 위험이 큰 대안)을 선택하는 것이다. 즉, 위험선호적으로 행동하는 것이다.

효용함수가 볼록함수인 사람의 경우, 동전 던지기가 더 큰 효용을 가져다주기 때문에 동전 던지기를 선택하는데, 그렇다면 확실한 수익이 얼마여야 두 선택이 무차별해지는가? 앞에서 한 방법과 같은 방법으로 동전 던지기의 기대효용과 같은 효용을 가져다주는 확실한 수익을 찾아보면, 2,121원이 나온다.

확실한 수익(R)의 효용 = 동전 던지기의 기대효용

$(R/100)^2 = 0.5 \times (3{,}000/100)^2 + 0.5 \times (0/100)^2 = 450$

$R = (450)^{1/2} \times 100 = 2{,}121$

즉, 효용함수가 볼록함수인 위험선호자는 확실한 수익이 기대수익보다 높아야 동전 던지기 대신 확실한 수익을 택하는데, 여기 예에서는 기대수익보다 612원 더 높아야 한다.

효용함수가 선형인 경우, 확실한 1,500원의 효용은 450(=0.3×1,500)이다. 동전 던지기의 경우에는 앞면일 때 900의 효용, 뒷면일 때 0의 효용을 얻게 되기 때문에 기대효용은 450이 된다. 이에 따라 효용함수가 선형형태인 사람의 경우, 확실한 1,500이나 기대수익이 1,500인 동전 던지기 어느 쪽이든 무차별하다. 기대수익이 동일하다면, 위험 크기에 관계없이 어느 대안이나 동일하므로 위험중립적인 것이다.

표 1 효용함수별 기대효용의 크기

		수익(R)	오목함수 $(U = 10 \times R^{1/2})$의 효용	볼록함수 $\left(U = \left(\frac{R}{100}\right)^2\right)$의 효용	선형함수 $(U = 0.3 \times R)$의 효용
동전 던지기	앞면	3,000	548	900	900
	뒷면	0	0	0	0
	기댓값	1,500	274	450	450
확실한 수익		1,500	387	225	450

그림 3 위험기피자의 효용함수

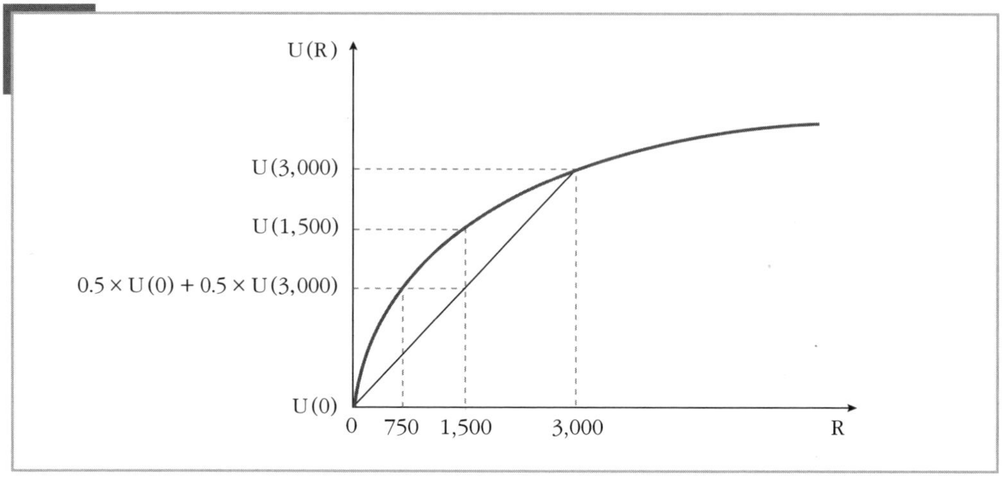

그림 4 위험선호자의 효용함수

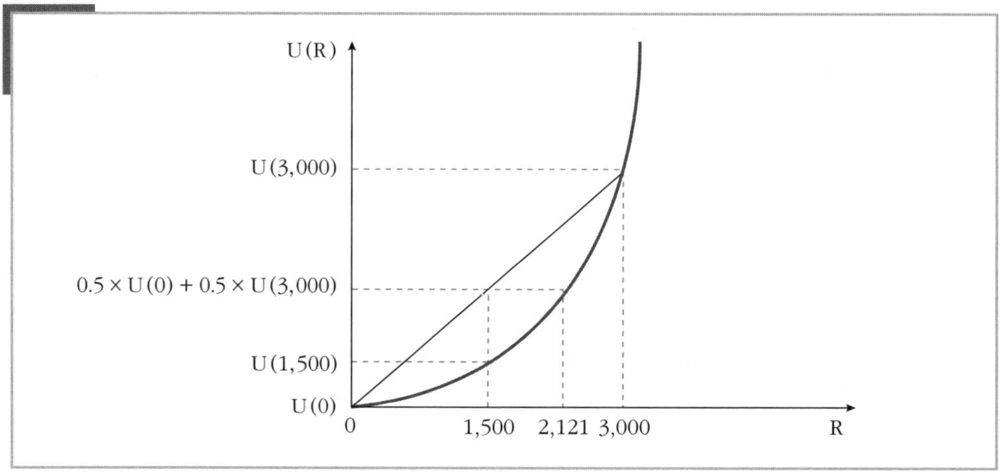

그림 5 위험중립자의 효용함수

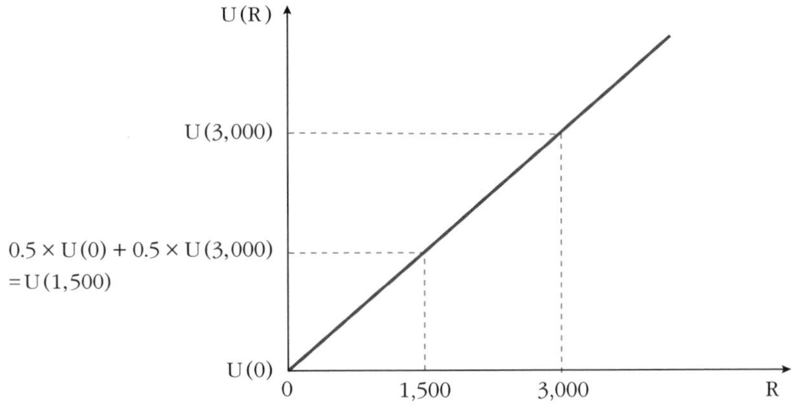

예제 1

두 가지 게임이 있다. 하나는 동전 던지기로 앞면이 나오면 25만 원, 뒷면이 나오면 0원을 받는다. 다른 하나는 주사위 던지기로 1이 나오면 81만 원, 나머지가 나오면 0원을 받는다. A는 위험회피 성향을 갖고 있어, 효용함수가 $U=10\times R^{1/2}$이다. B는 위험선호 성향을 갖고 있어, 효용함수가 $U=6\times(R/10)^2$이다. C는 위험중립 성향을 갖고 있어, 효용함수가 $U=2\times R$이다.

각 게임의 기대수익과 수익의 분산을 구하라. 그리고 A와 B, C의 기대효용을 구하고, 각자가 어떤 게임을 선택하게 되는지 설명하라.

① 각 게임의 기대치와 분산

- 동전 던지기 게임
  기대치 : $25\times0.5+0\times0.5=12.5$(만 원)
  분산 : $(25-12.5)^2\times0.5+(0-12.5)^2\times0.5=156.25$
- 주사위 던지기 게임
  기대치 : $81\times1/6+0\times5/6=13.5$
  분산 : $(81-13.5)^2\times1/6+(0-13.5)^2\times5/6=911.25$
- 주사위 던지기 게임이 동전 던지기 게임보다 기대치도 높고 위험도 높다.

② A의 기대효용

- 동전 던지기 게임의 기대효용 : $10\times(25)^{1/2}\times0.5+10\times(0)^{1/2}\times0.5=25$
- 주사위 던지기 게임의 기대효용 : $10\times(81)^{1/2}\times1/6+10\times(0)^{1/2}\times5/6=15$

– 동전 던지기 게임의 기대효용이 더 크므로 동전 던지기 게임을 선택한다.

③ B의 기대효용

– 동전 던지기 게임의 기대효용 : $6 \times (25/10)^2 \times 0.5 + 6 \times (0/10)^2 \times 0.5 = 18.75$

– 주사위 던지기 게임의 기대효용 : $6 \times (81/10)^2 \times 1/6 + 6 \times (0/10)^2 \times 5/6 = 65.61$

– 주사위 던지기 게임의 기대효용이 더 크므로 주사위 던지기 게임을 선택한다.

④ C의 기대효용

– 동전 던지기 게임의 기대효용 : $2 \times 25 \times 0.5 + 2 \times 0 \times 0.5 = 25$

– 주사위 던지기 게임의 기대효용 : $2 \times 81 \times 1/6 + 2 \times 0 \times 5/6 = 27$

– 주사위 던지기 게임의 기대효용이 더 크므로 주사위 던지기 게임을 선택한다.

	당첨		비당첨		기대치	분산	A 기대효용	B 기대효용	C 기대효용
	상금	확률	상금	확률					
동전	25	0.5	0	0.5	12.5	156.25	25	18.75	25
주사위	81	1/6	0	5/6	13.5	911.25	15	65.61	27

위험태도별 무차별곡선

앞의 예를 보면, 위험기피자의 경우 750원의 확실한 수익(기대수익 750원, 수익의 표준편차 0원)과 동전 던지기(기대수익 1,500원, 수익의 표준편차 1,500원)는 동일한 효용을 가져다준다. 이처럼 동일한 효용을 가져다주는 기대수익과 표준편차의 조합을 선으로 연결한 것을 보고 위험태도별 무차별곡선이라고 부른다.

위험기피자는 위험(표준편차)이 커짐에 따라 기대수익도 커져야 한다. 특히 위험기피도가 큰 사람은 위험 한 단위 증가에 따른 기대수익의 증가폭이 커야 한다. 그래서 기대수익(E(R))과 수익의 표준편차(σ) 간의 관계를 보면, 위험기피자의 위험에 대한 무차별곡선은 우상향의 모습을 보인다.

반면, 위험선호자는 앞의 예에서 보듯이 2,121원의 확실한 수익(기대수익 2,121원, 수익의 표준편차 0원)과 동전 던지기(기대수익 1,500원, 수익의 표준편차 1,500원)가 동일한 효용을 가져다준다. 위험이 커지면 기대수익이 낮아져야 동일한 효용을 가져온다는 것이다. 따라서 위험선호자의 위험에 대한 무차별곡선은 우하향하는 모습을 취한다.

그림 6 위험에 대한 태도별 무차별곡선

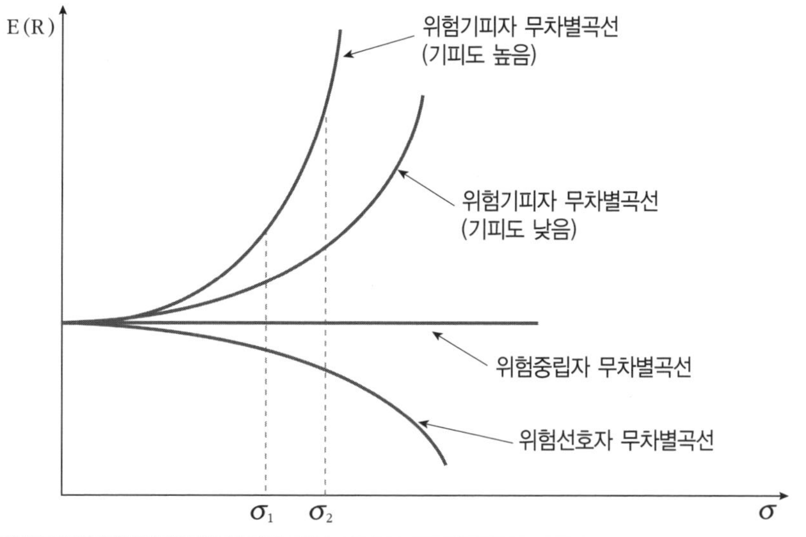

그리고 위험중립자는 위험의 크기에 관계없이 기대수익이 동일하면 동일한 효용을 가지므로, 위험에 대한 무차별곡선은 수평선의 모습을 보인다.

사람은 항상 위험기피적으로 행동하는가?

금융이론이나 투자이론은 "사람은 합리적으로 행동한다."고 가정한다. 합리적인 사람은 위험기피적인 효용함수를 갖고 있기 때문에 위험기피적으로 의사결정을 한다.

그러나 현실 세계에서는 합리적인 사람이라도 항상 위험기피적으로 행동하지 않는다. 대표적인 사례가 당첨 확률이 매우 낮지만, 당첨되면 큰돈을 얻을 수 있는 복권을 사는 것이다. 예를 들어 당첨이 되면 10억 원의 상금을 주는데 당첨확률이 0.0001%(0.000001)인 복권이 있다고 해 보자. 이 복권의 기댓값은 1,000원(=0.000001×1,000,000,000)이다. 사람들에게 "현금으로 1,000원을 받을래, 아니면 당첨되면 10억 원을 받을 수 있는 복권을 받을래?"라고 물어보면 대부분의 사람은 복권을 받겠다고 한다. 확실한 1,000원 대신 불확실한 1,000원을 선택하는 것이다.

또 다른 사례로 손실을 보는 게임에서 비합리적으로 행동하는 모습들을 볼 수 있다. 예를 들어 현재 확실하게(100%) 95만 원의 손실을 입게 된다. 그런데 95%의 확률로 100만 원의 손실을 입을 수도 있다(5% 확률로 손실 0원). 이것의 기대손실은 95만 원이다. 둘 중에 어떤 것을 선택하겠냐고 사람들에게 물으면 대부분의 사람들은 후자를 선택한다. 확실한 95만 원의 손실 대신 불확실한 95만 원의 손실을 선택하는 것이다.

행동경제학(behavioral economics)에서는 사람은 상황에 따라 위험기피적으로 행동하기도 하고 위험선호적으로 행동하기도 한다고 보고 있다. Kahneman and Tversky는 1979년에 발표한 "전망이론(Prospect Theory)"이라는 논문에서 "사람들은 손실기피(loss aversion) 성향을 갖고 있다."고 보았다. 동일한 금액이라도 이익을 볼 때의 '+ 효용' 보다 손실을 볼 때의 '– 효용'이 더 크다는 것이다. 그리고 사람들은 인지적 편의(cognitive bias) 때문에 어떤 사건이 일어날 확률을 주관적으로 인지한다고 보았다. 확률이 낮을 때에는 주관적으로 확률을 높게 평가하고, 확률이 높을 때에는 반대로 확률을 낮게 평가한다는 것이다.

이는 사람들의 행동이 이익을 보는 상황과 손실을 보는 상황에 따라 다르고, 확률에 따라 다르다는 것을 의미한다. Kahneman은 이를 네 가지 경우로 나누어 살펴보고 있다(Kahneman, 2011).

1) 높은 확률의 이익 상황 : 95%의 확률로 100만 원을 받을 수도 있고(5%의 확률로 0원), 100%의 확률로 95만 원을 받을 수 있다. → 이 경우 사람들은 대부분 후자를 선택한다. 5%의 확률로 못 받을 가능성을 높게 평가하고, 못 받을 때의 실망이 크기 때문에 확실한 것을 선택하는 것이다.
2) 낮은 확률의 이익 상황 : 0.01%의 확률로 1억 원을 받을 수 있고, 100%의 확률로 1만 원을 받을 수 있다. → 이 경우 사람들은 대부분 전자를 선택한다. 당첨확률을 높게 평가하고, 당첨되었을 때의 큰돈에 관심을 갖기 때문에 불확실한 것을 선택한다.
3) 높은 확률의 손실 상황 : 95%의 확률로 10억 원의 손실(5%의 확률로 손실 0원)을 볼 수도 있고, 100%의 확률로 9억 원의 손실을 볼 수도 있다. → 이 경우 사람들은 대부분 전자를 선택한다. 5%의 확률로 손실을 보지 않을 가능성을 높게 평가하여 불확실한 것을 선택하는 것이다.
4) 낮은 확률의 손실 상황 : 0.01%의 확률로 10억 원의 손실(사고)을 볼 수도 있고, 100%의 확률로 1만 원의 손실(보험료)을 볼 수도 있다. → 이 경우 사람들은 대부분 후자를 선택한다. 사고 확률을 높게 평가하고 사고가 났을 때의 대규모 손실을 우려하여 확실한 것을 선택하는 것이다.

높은 확률에서는 확실한 것을 더 선호하는데(예를 들어 95%에서 100%로 갈 때에는 추가되는 5%p를 높게 평가), 이를 확실성 효과(certainty effect)라고 부른다. 낮은 확률에서는 조금이라도 가능성이 있는 것을 더 선호하는데(예를 들어 0%에서 5%로 갈 때에는 추가되는 5%p를 높게 평가), 이를 가능성 효과(possibility effect)라고 부른다.

	이익	손실
높은 확률 (확실성 효과)	– 위험회피적 – 실망의 두려움 – 예 : 일반적인 투자	– 위험선호적 – 손실 회피 – 예 : 기업 파산
낮은 확률 (가능성 효과)	– 위험선호적 – 대규모의 이익 기대 – 예 : 복권, 도박	– 위험회피적 – 대규모 손실 우려 – 예 : 생명보험, 건강보험

자료 : Kahneman(2011)의 자료를 재정리.

2 옵 션

1) 옵션의 개념

옵션이란?

옵션(option)이란 일정한 자산을 약정한 기일이나 약정한 기일 내에 약정된 가격으로 사거나 팔 수 있는 권리를 말한다. 여기서 '살 수 있는 권리(right to buy)'를 콜옵션(call option)이라고 부르고, '팔 수 있는 권리(right to sell)'를 풋옵션(put option)이라고 부른다.

그리고 '일정한 자산'을 옵션의 기초자산(underlying asset)이라고 부르고, '약정된 기일'을 옵션의 만기일(expiration date)이라고 부른다. '약정된 가격'을 옵션의 행사가격(exercise price)이라고 부른다.

옵션에는 유럽형 옵션(european option)과 미국형 옵션(american option)이 있다. 유럽형 옵션은 약정한 기일에 권리를 행사할 수 있는 옵션을 말하며, 미국형 옵션은 약정한 기일 내에 권리를 행사할 수 있는 옵션을 말한다.

옵션에서 권리와 의무

옵션은 살 수 있거나 팔 수 있는 권리이기 때문에 그 반대편에는 권리를 이행해 줄 의무자(obligator)가 있다. 예를 들어 콜옵션에서 옵션소유자가 기초자산을 사고자 할 때 그 반대편에서는 기초자산을 정해진 가격으로 팔아야 하는 사람이 있는 것이다. 그리고 풋옵션에서는 옵션소유자가 기초자산을 팔고자 할 때 그 반대편에서 기초자산을 정해진 가격으로 사 주어야 하는 사람이 있는 것이다.

옵션을 가지고 있는 것, 즉 권리를 가지고 있는 것을 보고 롱 포지션(long position)이라고 부르며, 옵션에 대해 이행 의무를 갖고 있는 것(옵션을 발행하는 것)을 보고 숏 포지션(short position)이라고 부른다.

옵션보유자는 권리를 갖고 옵션발행자는 이행 의무를 갖고 있기 때문에 옵션계약은 불평등계약이다. 옵션보유자는 자신에게 유리할 때는 권리를 행사하고, 자신에게 불리할 때에는 권리를 행사하지 않으면 된다. 그래서 이런 권리를 갖기 위해서는 일정한 비용을 치러야 한다. 반대로 옵션발행자는 권리이행 의무를 지기 때문에 이에 대한 보상이 필요하다. 이런 옵션을 보유하는 데 따른 대가(옵션발행으로 이행 의무를 갖게 된 것에 대한 보상)를 보고 옵션 프리미엄(option premium) 또는 옵션가격(option price)이라고 부른다.

옵션의 가치

옵션을 보유하고 있으면, 일정한 수익을 얻을 수 있기 때문에 옵션은 가치를 가진다. 옵션의 가치는 내재가치(intrinsic value)와 시간가치(time value)로 구성되어 있다.

옵션의 가치 = 옵션의 내재가치 + 옵션의 시간가치

2) 옵션의 내재가치

콜옵션의 내재가치

옵션의 내재가치는 옵션보유자가 옵션을 행사함으로써 얻게 되는 이익을 말한다. 예를 들어 기초자산을 1,000원에 살 수 있는 콜옵션(call option)이 있다고 해 보자. 현재 기초자산 가격이 1,000원이면 옵션을 행사함으로써 얻을 수 있는 이익은 없다. 기초자산 가격이 1,000원 미만으로 내려가더라도 마찬가지이다(시장에서 1,000원 미만으로 기초자산을 살 수 있는데, 옵션을 행사하여 1,000원에 살 이유가 없다.). 그러나 기초자산 가격이 1,000원을 초과하면 옵션을 행사할 때 차액(자산가격−행사가격)만큼 이익을 얻게 된다.

이를 식으로 나타내면 다음과 같다.

콜옵션의 내재가치

$$C = \max(S - X, 0)$$

C : 콜옵션의 내재가치
S : 기초자산의 가격
X : 옵션의 행사가격

기초자산의 행사가격보다 높으면, 내재가치가 양(+)의 값을 갖는데, 이때를 내가격(in-the-money) 상태라고 한다. 그리고 기초자산의 가격이 행사가격과 같을 때를 등가격(at-the-money) 상태라고 한다. 그리고 기초자산의 가격이 행사가격보다 낮으면, 내재가치가 0인데, 이때를 외가격(out-of-the-money) 상태라고 한다.

콜옵션보유자 입장에서 볼 때, 기초자산의 가격 수준에 따른 내가격, 외가격, 등가격 상태를 그림으로 그려보면 다음 [그림 7]과 같다. 여기서 내가격 상태에서 옵션의 내재가치(옵션행사로부터 오는 수익)는 자산가격과 45도의 각도로 우상향하는 모습을 보인다.

콜옵션발행자의 수익은 콜옵션보유자와 정반대이다. 콜옵션보유자가 갖는 이익만큼 콜옵션발행자는 손실을 입게 된다. 이미 앞에서 이야기했다시피, 옵션은 옵션보유자가 자신에게 유리할 때에만 권리를 행사하기 때문에 옵션발행자는 그것만큼 손실을 보는 것이다.

그림 7 콜옵션의 내재가치

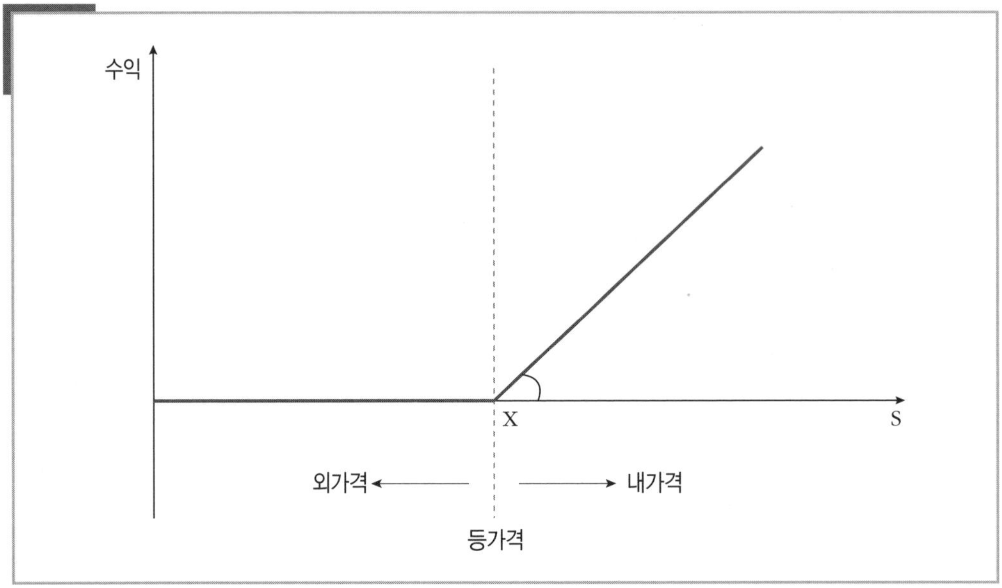

풋옵션의 내재가치

풋옵션의 내재가치는 콜옵션의 내재가치와 반대로 움직인다. 예를 들어 기초자산을 1,000원에 팔 수 있는 권리가 있다고 해 보자. 기초자산의 가격이 1,000원을 넘어서면 옵션보유자는 옵션을 행사할 이유가 없다(시장에서 1,000원 이상에 팔 수 있는데, 옵션을 행사하여 1,000원에 팔 이유가 없다.). 기초자산의 가격이 1,000원 미만으로 내려가면 옵션을 행사하여 차액(행사가격-자산가격)을 남길 수 있다.

이를 식으로 표현하면 다음과 같다.

> 풋옵션의 내재가치
>
> $$P = \max(X - S, 0)$$
>
> P : 풋옵션의 내재가치
> S : 기초자산의 가격
> X : 옵션의 행사가격

기초자산의 가격이 행사가격보다 낮으면, 내재가치가 양(+)의 값을 갖는데, 이때를 내가격(in-the-money) 상태라고 한다. 그리고 기초자산의 가격이 행사가격과 같을 때를 등가격(at-the-money) 상태라고 한다. 그리고 기초자산의 가격이 행사가격보다 높으면, 내재가치가 0인데, 이때를 외가격(out-of-the-money) 상태라고 한다.

풋옵션보유자 입장에서 볼 때, 기초자산의 가격 수준에 따른 내가격, 외가격, 등가격 상태를 그림으로 그려보면 다음과 같다. 여기서 내가격 상태에서 옵션의 내재가치(옵션행사로부터 오는 수익)는 자산가격과 45도의 각도로 좌상향하는 모습을 보인다.

풋옵션발행자의 수익은 풋옵션보유자와 정반대이다. 풋옵션보유자가 갖는 이익만큼 풋옵션발행자는 손실을 입게 된다.

그림 8 풋옵션의 내재가치

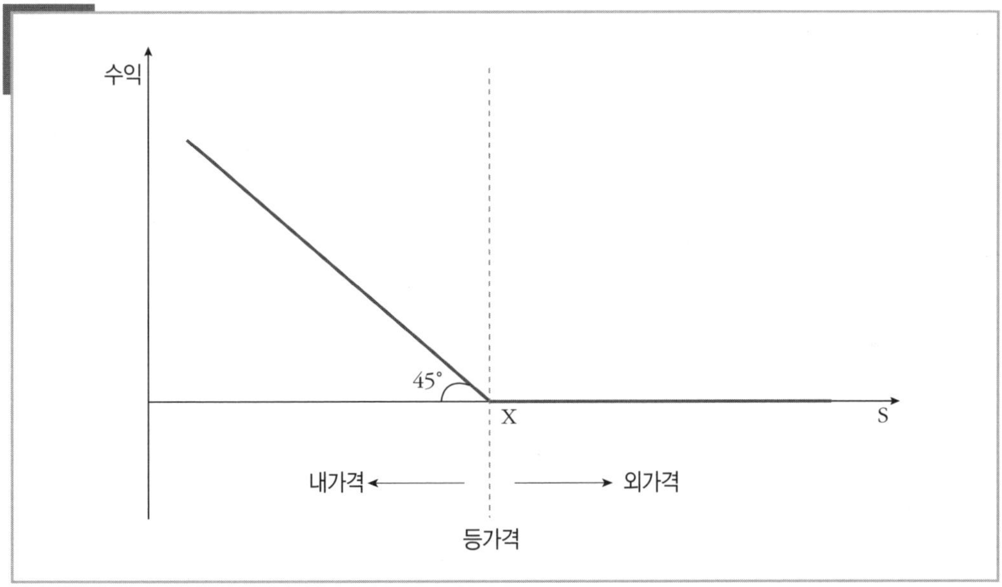

3) 옵션의 시간가치

옵션의 시간가치란?

옵션은 만기일에 기초자산의 가격이 등가격이나 외가격에 있으면 가치가 0이 된다. 옵션의 가치가 0이면 거래가격도 0이다.[2)] 그러나 만기일 이전에는 비록 기초자산의 가격이 등가격이나 외가격 상태에 있더라도 옵션은 가치를 가진다. 즉, 옵션의 거래가격이 0이 아니다. 옵션의 거래가격과 내재가치 간의 차이를 옵션의 시간가치(time value)라고 부른다.

옵션의 시간가치가 존재하는 이유는 두 가지이다. 하나는 현재 기초자산의 가격이 등가격이나 외가격 상태에 있다 하더라도 추후 내가격 상태로 바뀔 가능성이 있기 때문이다. 다른 하나는 옵션의 기초자산을 매입 또는 매각함으로써 발생하는 현금흐름의 시간가치 때문이다.

옵션의 시간가치 1

먼저 시간가치가 존재하는 첫 번째 이유를 살펴보자. 옵션만기일이 한 달 남아 있는데, 현재 기초자산의 가격이 외가격 상태에 있다고 해 보자. 이 경우 내재가치는 0원이지만, 남아 있는 기간 동안에 기초자산의 가격이 내가격 상태로 바뀔 가능성이 존재한다. 이런 가능성 때문에 옵션의 시간가치가 존재하는 것인데, 가능성이 클수록 옵션의 가치도 커진다.

만기 때까지 기초자산의 가격이 옵션보유자에게 유리한 방향으로 바뀔 가능성은 기초자산 가격의 변동성과 만기까지의 기간에 의해 결정된다.

예를 들어 보자. 기초자산을 1,000원에 살 수 있는 콜옵션이 있는데 현재 기초자산 가격이 800원이라고 해 보자. 이 자산의 가격변동성이 높다면, 미래에 자산가격이 1,000원 이상으로 올라갈 가능성이 높다. 따라서 옵션의 시간가치도 커진다. 그러나 가격변동성이 낮다면, 미래에 자산가격이 1,000원 이상으로 올라갈 가능성이 높지 않기 때문에 옵션의 시간가치도 크지 않다.

만기도 자산가격이 1,000원 이상으로 올라갈 가능성에 영향을 미친다. 예를 들어 만기가 하루밖에 남아 있지 않다면, 가격변동성이 높더라도 하루 만에 자산가격이 800원에서 1,000원 이상으로 올라갈 가능성은 그리 크지 않을 것이다. 그러나 만기가 세 달 남았다면, 그 사이에 자산가격이 1,000원 이상으로 올라갈 가능성이 커질 것이다.

따라서 가격변동성이 클수록, 그리고 만기까지의 기간이 많이 남아 있을수록 옵션

---

2) 시장이 효율적이라면 거래가격은 가치에 수렴하기 때문에 사실상 가격과 가치는 같다고 할 수 있다.

의 시간가치는 커진다.

옵션의 시간가치 중 첫 번째 부분은 현재 자산가격이 어느 수준에 있느냐의 여부에 따라서도 달라진다. 현재 기초자산의 가격이 등가격 상태에 있을 때 시간가치가 가장 크다. 현재 자산가격이 등가격 상태에 있으면, 옵션보유자는 자산가격이 상승하면 이익을 보고, 자산가격이 하락하면 현 상태와 차이가 없다. 그러나 기초자산의 가격이 현재 내가격 상태에 있으면, 옵션보유자는 자산가격이 상승하면 이익을 보지만, 자산가격이 하락하면 현재 상태에 비해 이익이 줄어든다.

옵션의 시간가치 2

옵션의 시간가치 중 두 번째 부분은 옵션발행자의 헤징 비용과 관련이 있다. 옵션발행자는 기초자산의 가격이 변동함에 따라 손실을 입을 가능성을 안고 있다. 이런 위험을 피하기 위해 헤징을 해야 하는데, 옵션보유자는 이런 위험 헤징에 따른 비용을 보상해 주어야 하고 이런 보상이 옵션가치에 반영되는 것이다.

예를 들어 콜옵션발행자의 경우, 자산가격 상승에 대비하기 위해 미리 기초자산의 일부를 사서 보유하고 있어야 손실 입을 가능성을 헤징할 수 있다. 기초자산의 일부를 사서 보유하는 데 따른 기회비용(이자비용)이 옵션의 시간가치 중 두 번째 부분이다. 이 기회비용은 이자율이 높을수록 크고, 이자율이 낮을수록 작다. 그리고 기초자산의 가격이 내가격 상태에 있을 때, 특히 깊은 내가격 상태에 있을 때, 헤징비율이 커져서 기초자산 보유비율을 높여야 한다. 이에 따라 기초자산의 일부를 사서 보유해야 하는 비용이 커진다. 반면 기초자산 가격이 외가격 상태에 있을 때에는 기초자산 보유비율이 낮아져서 비용이 낮아진다.

풋옵션은 반대로 움직인다. 풋옵션발행자는 기초자산의 가격하락에 대비하기 위해 미리 기초자산의 일부를 공매도(short selling)해 놓아야 한다. 공매도로 들어온 자금의 이자수익만큼 옵션의 가격을 적게 받아도 된다. 기초자산의 가격이 내가격, 특히 깊은 내가격 상태에 있을수록 공매도해야 하는 자산의 양이 많아지기 때문에 공매도로 들어온 자금의 이자수익은 더 커진다. 결국 두 번째 요인에 의한 옵션의 시간가치는 이자율이 높을수록 더 작고, 깊은 내가격 수준일수록 더 작다.

풋옵션은 두 번째 요인에 의한 시간가치 때문에 깊은 내가격 상태에서는 시간가치 자체가 음(-)의 값을 보일 수 있다. 깊은 내가격 상태에서는 두 번째 요인에 의한 음(-)

그림 9 콜옵션의 가치

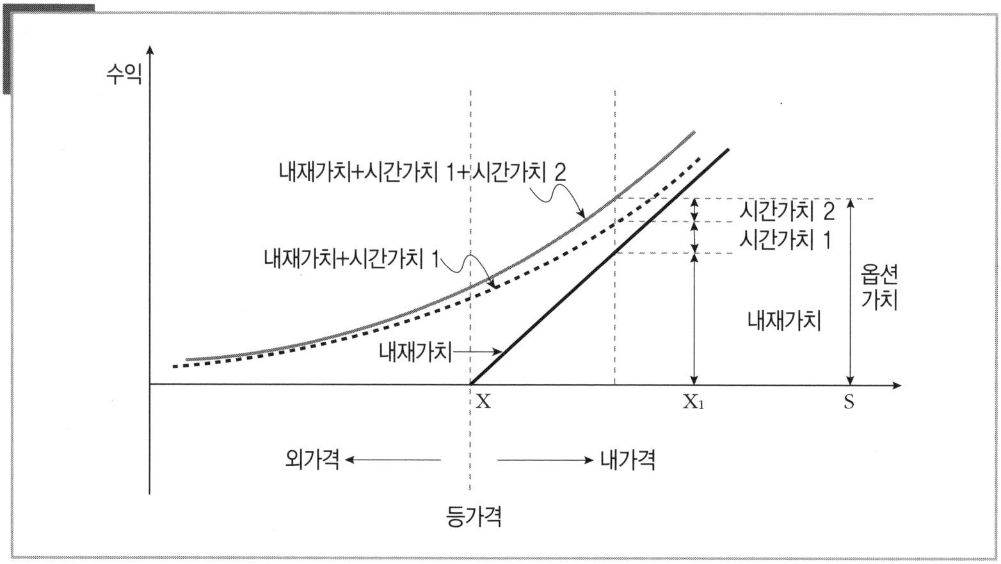

그림 10 풋옵션의 가치

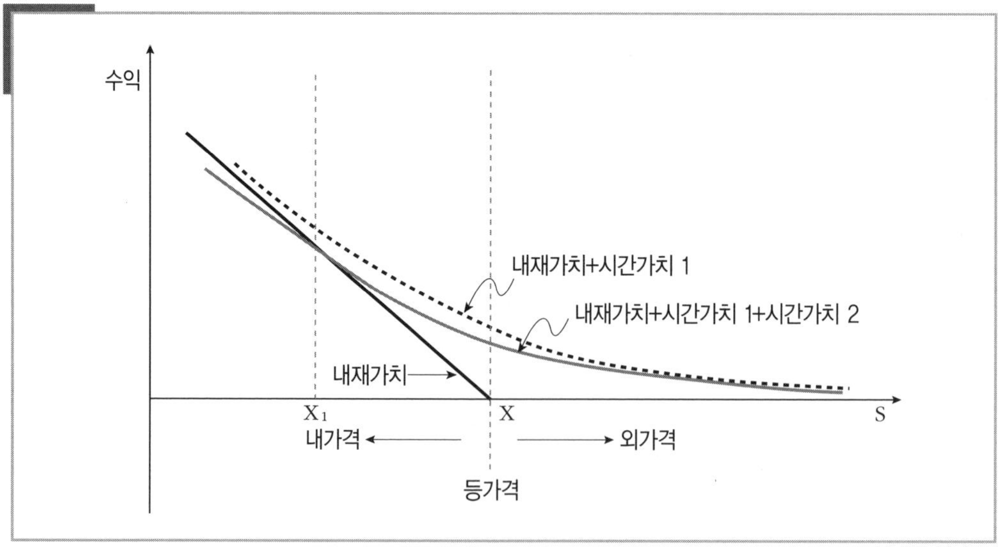

의 시간가치가 첫 번째 요인에 의한 양(+)의 시간가치를 초과할 수가 있는 것이다. 이 경우 내재가치를 포함한 옵션의 가치는 내재가치보다 낮은 수준이 된다.

미국형 옵션의 옵션행사 시기

미국형 옵션의 경우, 만기 이전에 옵션을 행사할 수 있는데 언제 옵션을 행사하느냐도 중요한 이슈 중의 하나이다. 옵션의 시간가치가 양(+)의 값을 갖는 한, 옵션만기일 이전에 옵션을 행사할 이유가 없다. 옵션을 행사하면 내재가치만 얻게 되는 데 반해, 옵션을 매각하면 내재가치에다가 시간가치를 더한 금액을 얻을 수 있기 때문이다.

그러나 옵션의 시간가치가 음(−)의 값을 갖게 되면, 이야기가 달라진다. 옵션을 행사하면 내재가치만큼의 수익을 얻게 되는 데 반해 해당 옵션을 매각하면 이보다 작은 금액을 받기 때문에 옵션을 행사하는 것이 유리한 것이다. 위의 그림을 보면, 풋옵션에서 기초자산의 가격이 X_1보다 아래에 있으면 옵션의 가치가 내재가치보다 낮게 되는데, 미국형 풋옵션은 X_1에서 옵션을 실행하게 된다.

콜옵션도 기초자산의 종류에 따라서는 시간가치가 음(−)의 값을 가질 수도 있다. 예를 들어, 기초자산을 보유할 때 기초자산으로부터 현금흐름이 발생하면 해당 금액만큼 보유비용에서 이를 빼 주어야 한다. 이 현금흐름이 크면, 깊은 내가격 상태에서 시간가치가 음(−)의 값을 가질 수 있는 것이다. 콜옵션에서 시간가치가 음(−)의 값을 갖게 되면 미국형 옵션은 만기일 전에 옵션을 행사하게 된다. 옵션을 보유하는 것보다 옵션을 행사하는 것이 더 큰 이익을 가져다주기 때문이다.

4) 위험과 옵션

위험회피 수단으로서의 옵션

앞에서 이야기하였다시피, 합리적인 사람은 위험기피적으로 행동한다. 위험을 감수할 경우(위험을 인수할 경우) 위험에 대한 보상이 필요하다. 투자자라면 위험감수에 대한 보상으로 수익이 높아야 한다. 이른바 고위험에 고수익 원칙이다(high risk, high return). 자금조달자라면 위험감수에 대한 보상으로 조달비용이 싸야 한다.

반대로 위험을 기피하려면(위험을 전가하려면), 위험기피에 대한 비용을 지불해야 한다. 투자자라면 위험기피에 대한 비용 때문에 수익이 낮을 수밖에 없다. 자금조달자라면, 위험기피에 대한 비용으로 자금조달 비용이 올라갈 수밖에 없다.

옵션은 기초자산의 가격변동 위험을 헤지하는 수단으로 기능한다. 예를 들어, 어떤 자산을 1년 뒤 매입하여야 하는데, 그 사이에 자산가격이 상승할까봐 염려스럽다면 1년 만기 콜옵션을 매입하면 이런 염려를 내려놓을 수 있다. 자산가격이 상승하더라도 콜옵션을 가지고 사전에 정한 가격으로 해당 자산을 매입할 수 있기 때문이다. 반대로 1년 뒤 어떤 자산을 매각하여야 하는데, 그 사이에 자산가격이 하락할까봐 염려스럽다면 1년 만기 풋옵션을 매입하면 된다. 자산가격이 하락하더라도 풋옵션을 가지고 사전에 정한 가격으로 해당 자산을 매각할 수 있기 때문이다.

이처럼 옵션을 매입하면 자산가격의 변동위험을 회피할 수가 있는데, 그러기 위해서는 옵션을 매입하는 데 따른 비용이 들어간다. 위험을 피하려면 비용을 지불해야 한다는 원칙이 여기서도 적용되는 것이다.

부동산 거래에서 옵션의 사용

부동산과 관련된 금융상품이나 금융거래에는 옵션이 수반되어 있는 경우가 많다. 예를 들어, 부동산을 매각하면서 매각자가 콜옵션을 갖고 매각하는 재매입조건부매각(selling with buy-back option)이 있는가 하면 매입자가 풋옵션을 갖고 매입하는 재매각조건부매입(buying with put-back option)이 있다.

예를 들어 보자. A라는 기업이 본사로 사용하는 오피스 빌딩이 있다고 하자. 이 빌딩의 가치가 1,000억 원이라고 하자. A기업은 일시적인 유동성 위기를 극복하고자 빌딩을 매각하되, 유동성 위기가 극복되고 나면 이 빌딩을 되사기를 원한다고 하자. 이 경우 임대차조건부매각(sale and lease-back)을 하되,[3] 일정 기일 뒤 빌딩을 되살 수 있는 권리(buy-back option)를 가지고 매각을 하면 된다. 이와 같은 거래의 경우, 매각자가 옵션을 보유하게 되므로, 빌딩의 매각가격은 옵션가격만큼 낮아야 한다.

3) 임대차조건부매각이란 매각자가 빌딩을 매각하면서 매입자와 임대차계약을 맺는 것을 말한다. 이 경우, 매각자는 임차인이 되어 매입자에게 임대료를 지불하면서 해당 건물을 계속 사용할 수 있다.

반대로 매입자가 일정 기일 뒤 반드시 투자를 종료해야만 하는 경우, 재매각 조건으로 빌딩을 매입하면 된다. 이와 같은 경우, 매입자가 옵션을 보유하게 되므로, 빌딩의 매각가격은 옵션가격만큼 높아져야 한다.

경우에 따라서는 매각자와 매입자 양쪽이 모두 옵션을 가지고 매매가 일어날 수도 있다. 매각자는 재매입옵션을, 매입자는 재매각옵션을 가질 수 있는 것이다. 이 경우 약정된 기일에 빌딩은 반드시 매각자가 행사가격으로 되사게 된다.[4)]

빌딩 가격이 행사가격보다 낮아질 경우 매입자가 풋옵션을 행사할 것이고, 빌딩 가격이 행사가격보다 높아질 경우 매각자가 콜옵션을 행사할 것이기 때문이다. 이 경우 콜옵션의 가치가 큰지 풋옵션의 가치가 큰지의 여부에 따라 빌딩의 거래가격은 시장가격보다 클 수도 있고 작을 수도 있다. 예를 들어 미래에 빌딩 가격이 올라갈 가능성이 높다고 판단된다면 콜옵션의 가치가 커지고, 반대로 미래에 빌딩 가격이 내려갈 가능성이 높다고 판단된다면 풋옵션의 가치가 커지게 된다.

공공임대주택 중에는 일정 기간 임대 후 임차인이 원할 경우 분양을 해 주는 주택도 있다. 이때 임차인은 해당 주택을 분양받을 수 있는 권리를 갖는다. 이 권리는 콜옵션의 일종이다. 분양가격은 옵션의 행사가격이다. 행사가격은 사전에 정해지는 경우도 있지만, 옵션 행사 시점(분양 시점)에 정해지는 경우도 있다. 예를 들어 분양 시점에 감정평가가격으로 분양한다면 행사가격은 사전에 정해진 것이 아니라 분양 시점에 결정된다고 볼 수 있다.

주택금융에서 옵션의 사용

주택금융에서도 옵션이 수반된 거래가 이루어진다. 보통 주택을 구입하고자 하는 사람들은 자기자금 일부에다가 주택저당대출을 받아 주택을 구입하게 된다. 이때 주택저당대출을 받은 사람은 대출만기일 전에 대출잔액을 상환할 수 있는데, 이를 조기상환권이라고 한다. 이 조기상환권은 미국형 콜옵션의 일종이다. 대출을 조기상환한다는 것

4) 이 거래는 일종의 선도계약(forward contract)이라고 볼 수 있다. 선도계약이란 어떤 상품을 장래의 일정 시점에 일정한 가격으로 인수도(상품 보유자는 상품을 인도하고, 선도계약자는 상품을 인수하는 것)하기로 한 계약을 말한다.

은 대출잔액으로 주택저당대출채권(mortgage)을 사온다는 의미이다. 대출잔액이 행사가격이 되고 주택저당대출채권이 기초자산이 되는 것이다. 따라서 조기상환권이 있는 대출의 경우, 차입자가 옵션을 갖는 것이기 때문에 대출금리는 조기상환권이 없는 대출보다 비싸다.[5)]

5) 이와 관련하여 보다 자세한 내용은 제2부 주택금융 부분을 참조하라.

이 장의 주요 내용

- 위험(risk)이란 기대한 것과 다른 결과로 인해 손실을 입을 가능성을 말한다. 위험은 기본적으로 미래에 대한 불확실성으로부터 기인한다. 우리는 미래를 모르는 상태에서 의사결정을 해야 한다. 이때 미래에 예상되는 기대치와 실제 실현된 값과의 차이를 가지고 위험을 평가한다. 흔히 분산이나 표준편차의 크기를 가지고 위험의 크기를 평가한다.

- 사람들은 불확실성(uncertainty)하에서 의사결정을 할 때에는 기대치와 위험의 크기를 고려하여 의사결정을 한다. 이때 위험을 대하는 태도에 따라 의사결정이 달라진다. 위험기피적(risk averse)인 사람은 기대치가 동일할 때 위험이 낮은 쪽을 선택한다. 위험선호적(risk loving)인 사람은 위험이 높은 쪽을 선택한다. 그리고 위험중립적(risk neutral)인 사람은 위험의 크기에 관계없이 기대치가 높은 쪽을 선택한다.

- 옵션(option)은 위험을 피하기 위한 수단으로 흔히 사용되는 금융상품이다. 옵션이란 일정한 자산(기초자산)을 약정한 기일(옵션의 만기)이나 약정 기일 이전에 약정된 가격(행사가격)으로 사거나 팔 수 있는 권리를 말한다. 살 수 있는 권리를 콜옵션(call option)이라고 부르며, 팔 수 있는 권리를 풋옵션(put option)이라고 부른다.

- 옵션의 가치는 내재가치(intrinsic value)와 시간가치(time value)로 구성되어 있다. 옵션의 내재가치는 옵션을 행사할 때 얻게 되는 이익을 말한다. 콜옵션에서는 (기초자산의 가격 − 옵션의 행사가격)이 0보다 클 때 내재가치를 갖게 된다. 반대로 풋옵션에서는 (옵션의 행사가격 − 기초자산의 가격)이 0보다 클 때 내재가치를 갖게 된다. 내재가치가 0보다 클 때를 보고 내가격(in-the money) 상태라고 하며, 내재가치가 0일 때를 보고 외가격(out-of-the money) 상태라고 한다.

  옵션의 시간가치는 두 가지 사유로 발생한다. 첫째는 현재 기초자산의 가격이 외가격 상태에 있더라도 향후 내가격 상태로 바뀔 가능성이 있기 때문에 시간가치가 존재한다. 둘째는 옵션발행자가 위험을 헤징하기 위해 기초자산을 일부 매입 또는 매도를 해 놓게 되는데 이때 발생하는 비용만큼 보상을 받아야 하기 때문에 시간가치가 존재한다. 전자의 크기는 기초자산의 가격변동성과 기초자산의 가격 수준에 따라 달라지며, 후자의 크기는 이자율과 기초자산의 가격 수준, 그리고 기초자산을 보유하였을 때 얻을 수 있는 수익에 따라 달라진다.

연 | 습 | 문 | 제

01 | 동전 던지기 게임과 주사위 던지기 게임이 있다. 동전 던지기 게임의 경우, 앞면이 나오면 3,000원을 받고 뒷면이 나오면 0원을 받는다. 주사위 던지기 게임의 경우, 1이 나오면 9,000원을 받고, 기타가 나오면 0원을 받는다. A의 효용함수는 $U_A = 10\sqrt{R}$이고, B의 효용함수는 $U_B = (R/100)^2$이다. 그리고 C의 효용함수는 $U_C = 0.3 \times R$이다.

1) 두 게임에 대한 A의 기대효용을 구하라. A의 기대효용에 기초해 볼 때 A는 어떤 게임을 선택할 것인가?
2) 두 게임에 대한 B의 기대효용을 구하라. B의 기대효용에 기초해 볼 때 B는 어떤 게임을 선택할 것인가?
3) 두 게임에 대한 C의 기대효용을 구하라. C의 기대효용에 기초해 볼 때 C는 어떤 게임을 선택할 것인가?

02 | 어떤 기초자산을 1,000원에 살 수 있는 콜옵션이 있다. 현재 기초자산의 가격은 1,500원이다. 이 콜옵션의 내재가치는 얼마인가?

03 | 어떤 기초자산을 1,000원에 팔 수 있는 풋옵션이 있다. 현재 기초자산의 가격은 700원이다. 이 풋옵션의 내재가치는 얼마인가?

04 | 옵션에 시간가치가 존재하는 두 가지 이유와 시간가치의 크기를 결정하는 요인에 대해 설명하라.

05 | 미국형 옵션에서 옵션의 행사시기는 어떻게 결정되는지 설명하라.

Part 2

주택금융의 이론과 실제

제 1 장

주택금융의 기초적 개념들

본 장에서는 주택금융과 관련한 기초적인 용어와 개념들을 설명한다. 먼저 주택금융의 개념을 설명하고, 주택금융시장이 어떻게 구성되어 있는지를 설명한다. 주택금융시장은 크게 주택 공급자금융시장과 주택 수요자금융시장으로 구성되어 있고, 수요자금융시장은 다시 제1차 주택저당채권시장과 제2차 주택저당채권시장으로 구성되어 있다. 제2부에서는 주택 수요자금융시장만을 대상으로 하여 개념과 이론 등을 설명하는 것으로 한다.

이 밖에 본 장에서는 주택저당대출에서 주요한 위험인 금리위험과 조기상환위험, 그리고 채무불이행위험과 유동성위험에 대해 설명한다. 그리고 금리부과방식에서 고정금리대출과 변동금리대출의 개념에 대해 설명하고, 원리금상환방식에서는 만기일시상환과 원금균등분할상환, 원리금균등분할상환, 점증상환 방법에 대해 간략하게 설명한다.

본 장에서는 기초적인 개념들만 설명하기 때문에 이와 관련한 보다 자세한 내용은 이후의 장에서 설명하도록 한다.

1. 주택금융의 개념과 주택금융시장의 구조
2. 주택금융의 금리 구조와 위험
3. 주택금융의 금리부과방식과 상환방식, 그리고 수수료 조건

1 주택금융의 개념과 주택금융시장의 구조

1) 주택금융의 개념

주택금융이란?

이미 앞에서 이야기하였다시피 금융(financing)이란 현금흐름(cash flow)의 불일치를 메우기 위해 자금(또는 신용)을 조달하는 행위라고 할 수 있다. 이런 점에서 주택금융(housing financing, residential real estate financing)이란 주택과 관련된 자금조달 행위라고 할 수 있다. 보다 구체적으로는 주택을 개발 또는 매입하기 위해 자금을 조달하거나, 주택을 이용하여 자금을 조달하는 행위를 주택금융이라고 말한다.

주택금융의 중요성

모든 부동산시장이 그렇지만 특히 주택시장에서 금융은 매우 중요한 위치를 차지하고 있다. 그 이유는 다음과 같다.

첫째, 주택은 분할거래가 어려워 거래단위가 크다. 그 결과 주택을 매입하는 데 초기 매입비용이 많이 들어간다. 주택을 분할하여 매입할 수 있다면 초기 매입비용이 많이 들지 않을 수 있겠지만, 하나의 주택을 분할하여 매입하기도 어려울 뿐만 아니라 주택을 분할하여 매입하면 주택은 주택으로서의 기능을 하지 못한다. 초기 매입비용이 많이 들어가다 보니 현금흐름의 불일치가 생길 수밖에 없고, 이에 따라 금융이 뒤따라 주어야 주택매입이 원활해진다.

둘째, 주택은 부모로부터 독립을 하고 결혼을 하는 시기인 30대 전후부터 필요한 자산이지만, 30대에는 주택구입에 필요한 자금을 모아 놓지 못한 것이 일반적이다. 주택구입에 필요한 자금을 모으기 위해서는 긴 시간이 필요하다. 이로 인해 전형적인 현금흐름의 불일치 문제가 존재하기 때문에 이런 불일치를 메워 주는 금융이 필요한 것이다.

셋째, 주택은 분할거래가 어렵다 보니 유동성이 떨어진다. 즉, 주택을 매각하여 자금을 조달하고자 할 때 분할거래의 어려움 때문에 즉시 주택매각이 이루어지지 않는 것이다. 여기서도 현금흐름의 불일치 문제가 생기기 때문에 금융이 필요한 것이다.

넷째, 주택을 건설(생산)하는 데에는 비교적 긴 시간이 필요하다. 주택건설업자(주택건설사업 시행자)는 주택건설 기간 동안 지속적으로 현금이 유출되고, 주택이 완공된 뒤 해당 주택을 팔거나 임대하여야 비로소 현금이 유입된다. 이 기간 동안 현금흐름의 불일치가 생기기 때문에 금융이 필요한 것이다.

2) 주택금융시장의 구조

공급자금융과 수요자금융

주택건설사업 시행자가 주택을 건설하고 소비자가 해당 주택에 입주하여 주거공간을 이용하기까지에는 크게 세 단계의 과정을 거치게 된다. 첫 번째 단계는 토지취득단계, 두 번째는 건설단계, 그리고 마지막 단계는 거주단계이다.

토지취득단계는 사업 시행자(시행사)가 토지를 취득하여 주택건설에 필요한 인·허가를 받는 단계이다. 그리고 건설단계는 시행자가 시공사(건설업자)를 선정하여 주택을 건설하는 단계이다. 거주단계는 소비자에게 신규 건설된 주택을 매각하거나 임대하여 소비자가 거주하는 단계이다.

흔히 토지취득단계와 건설단계에서 자금을 조달(또는 제공)하는 것을 보고 '주택 공급자금융' (줄여서 공급자금융)이라고 한다. 토지취득단계에서는 주로 지분방식(equity financing)으로 자금을 조달한다. 이 단계에서 주로 지분방식으로 자금을 조달하는 이유는 토지의 소유권이 확보되기 전까지는 금융기관들이 대출을 꺼려 하기 때문이다. 그래서 시행사는 자기자본과 투자자금을 합쳐서 토지를 취득하게 되는데, 일부 자금이 부족할 때에는 토지취득자금대출(land loan)을 받는다. 우리나라의 경우 시행사들이 토지를 취득할 때에는 자기자본이나 투자자금보다는 차입에 많이 의존하는 편이다. 이는 토지가격이 비싸기 때문이기도 하지만, 시행사들이 대체로 영세하여 막대한 토지구입자금을 자체 조달할 능력이 없기 때문이다.

건설단계에서는 차입방식으로 필요자금을 조달하는 것이 일반적이다. 이런 자금을 건설금융(construction loan, interim loan)이라고 부른다. 금융기관은 시행사의 신용을 보고 건설자금을 제공하기도 하지만, 해당 사업의 미래가 밝다고 보면 시행사의 신용을 보지 않고 토지만 담보로 잡고 건설에 필요한 자금을 제공하기도 한다. 이런 금융을 흔히 프로젝트 금융(PF: project financing)이라고 부른다.[1)]

한편 거주단계에서 필요한 자금을 조달(또는 제공)하는 것을 보고 '주택 수요자금융'(줄여서 수요자금융)이라고 한다. 수요자금융은 보통 주택을 구입하고자 하는 가계를 대상으로 한 주택저당대출(mortgage loan)을 의미한다.[2)]

공급자금융과 수요자금융의 특징

공급자금융은 단기자금이면서 위험이 크다는 특징을 갖고 있다. 토지취득 후 주택을 건설하는 동안에 필요한 자금을 제공해 주는 것이기 때문에 대개 자금제공 기간은 3년 내외이다. 공급자금융은 사업자의 신용위험(credit risk)과 함께 건설위험(construction risk), 사업위험(시장위험, market risk) 등의 위험에 노출되어 있기 때문에 대출에 따른 위험이 다른 대출에 비해 큰 편이다.[3)]

반면에 수요자금융은 장기자금이면서 위험이 상대적으로 낮다는 특징을 갖고 있다. 일반적으로 주택은 고가의 자산이기 때문에 주택수요자(가계)는 자금조달의 불일치(mismatch) 문제를 해결하기 위해 장기의 주택저당대출(mortgage loan)을 필요로 한다. 그래서 수요자금융은 장기자금의 성격을 갖고 있는 것이다. 그리고 수요자금융은 가계의 신용위험이 있기는 하지만, 주택이 담보로 잡혀 있기 때문에 공급자금융에 비해 상

1) 프로젝트 금융에 대한 보다 자세한 내용은 제3부를 참조.

2) 여기서 주택저당대출(mortgage loan)이란 주택을 담보로 한 주택구입용 대출을 말한다. 주택구입자금대출이라고 부르기도 한다. 우리나라에서는 주택담보대출이라고 부르기도 하는데, 주택담보대출 중에는 주택구입용 대출도 있지만, 자가 소유자가 사업용이나 소비용으로 주택을 담보로 하여 빌린 자금도 포함이 되어 있다. 미국에서는 전자를 모기지 론(mortgage loan), 후자를 홈 에쿼티 론(home equity loan)이라고 부른다.

3) 여기서 사업자의 신용위험이란, 주택건설사업을 주도하는 시행사가 부도를 내거나 파산을 함으로써 손실을 입을 가능성을 말한다. 한편 건설하는 과정에 시공사(주택을 건설해 주는 회사)가 부도 또는 파산을 할 수가 있고, 예상치 않은 난공사나 사고 등으로 건설이 예상대로 이루어지지 않을 수가 있다. 또 건설자재의 가격이 인상되어 건설비용이 예상외로 상승할 수가 있다. 이런 일들이 일어나면 공사기간이 늘어나고 공사비용은 올라가서 시행사는 큰 손실을 볼 수가 있다. 이 경우 건설사업의 미래를 보고 돈을 빌려준 금융기관 또한 손실을 입을 수 있는데, 이런 위험을 건설위험이라고 한다. 그리고 건설하는 기간 동안 시장상황이 악화되어 주택분양이 예상대로 안 되거나, 임차인을 못 구할 수가 있다. 이렇게 되면, 토지취득 및 주택건설 기간 동안 빌려준 돈을 못 돌려받을 수가 있는데, 이런 위험을 사업위험 또는 시장위험이라고 한다.

대적으로 대출에 따른 위험이 낮다.

주택 공급자금융은 단기대출이면서 위험이 높기 때문에 '고위험, 고수익(high risk, high return)'을 추구하는 투자은행(IB: investment bank)들이 주로 자금을 공급한다. 반면, 주택 수요자금융은 장기대출이면서 위험이 상대적으로 낮기 때문에 연기금, 보험회사 등이 주로 자금을 제공한다. 물론 이들은 대체로 소매금융을 취급하지 않기 때문에 직접 수요자금융을 제공하는 것은 아니다(일부 보험회사에서는 소매금융을 취급하기도 한다.). 일반적으로는 다음에 이야기하는 제2차 주택저당채권시장(secondary mortgage market)을 통해 주택수요자들에게 간접적으로 자금을 제공한다.

표 1 주택건설 및 거주단계별 주택금융의 종류와 특성

	주택 공급자금융		주택 수요자금융
단계	토지취득단계	건설단계	거주단계
자금조달	자기자본+ 토지취득자금대출	건설금융(주로 대출)	주택저당대출+자기자본
대출자금의 성격	단기대출, 고위험대출		장기대출, 저위험대출
자금제공자	high risk, high return을 추구하는 투자은행(IB) 등		low risk, low return을 추구하는 연기금, 보험회사 등

임대사업자가 임대사업을 위해 주택을 구입할 때 받는 대출은, 주택을 담보로 한 주택구입자금대출이기 때문에 주택 수요자금융이라고 볼 수 있다. 반면에 주택을 임대용으로 공급하는 것이기 때문에 주택 공급자금융이라고 볼 수도 있다. 그러나 건설과정을 거치는 것은 아니기 때문에 임대사업자를 위한 금융은 일반적인 공급자금융에 비해 상대적으로 대출위험이 낮다. 또 임대사업자를 위한 금융은 단기대출이라기보다는 장기대출의 성격을 갖고 있다. 임대사업자는 임대주택으로부터 나오는 임대료 수입으로 대출의 원리금을 상환해야 한다. 임대사업자가 임대사업에 필요한 대출을 단기로 조달할 경우, 대출만기 때까지 원금상환이 어려울 수 있기 때문에 임대사업자는 대개 장기대출을 원하게 된다.

주택 공급자금융은 크게 보아 상업용 부동산금융의 일종인 부동산개발금융의 한 영역이라고 할 수 있다. 그리고 임대사업자를 위한 금융 또한 상업용 부동산금융의 일종이다. 이런 이유에서 제2부에서는 가계의 주택저당대출만 다루고, 주택 공급자금융이나 임대사업자 금융에 대해서는 제3부 상업용 부동산금융에서 다루도록 한다.

제1차 주택저당채권시장과 제2차 주택저당채권시장

금융기관들은 가계가 주택을 구입하고자 할 때 주택을 담보로 하여 주택저당대출(mortgage loan)을 제공한다. 이때 금융기관들은 가계에 대출을 해 준 대가로 원금과 이자를 청구할 수 있는 권리(right to claim)를 갖게 되는데 이런 권리를 대출채권이라고 한다.[4] 주택저당대출은 주택을 담보로 한 대출이기 때문에 가계가 구입한 주택에 저당권(저당권자는 대출을 해 준 금융기관)을 설정하게 된다. 가계에 대출을 해 준 금융기관은 가계가 원리금(원금+이자)을 지급하지 않을 경우 저당권이 설정되어 있는 담보주택을 매각하여 원리금을 회수하게 된다. 이런 점에서 금융기관은 가계에 대출을 해 주면서 저당권이 첨부된 대출채권을 확보하였다고 보면 된다. 주택금융 분야에서는 저당권이 첨부된 대출채권을 흔히 '주택저당대출채권(mortgage)' 이라고 부르며, 이를 축약하여 '주택저당채권' 이라고 부르기도 한다. 또 영어 표현을 그대로 사용하여 '모기지' 라고 부르기도 한다.[5]

금융기관은 종종 가계에 주택저당대출을 해 준 후, 해당 주택저당대출채권을 투자자에게 매각하여 자금을 회수하기도 한다. 그런데 주택저당대출채권을 거래하기 위해서는 여러 가지 복잡한 법적 절차를 갖추어야 하고 표준화가 되어 있지 않기 때문에 주택저당대출채권을 직접 투자자에게 매각하기가 어렵다.[6] 그래서 보통은 '유동화 기관'

4) '대출채권' 에서 채권(債權, right to claim)이란 원리금을 청구할 수 있는 권리를 말하는 것이지, 원리금 지급 약속증서인 채권(債券, bond)을 말하는 것은 아니다.

5) 원래 '모기지(mortgage)' 는 저당권을 의미하나, 주택금융에서는 '저당권이 있는 대출채권' 을 '모기지' 라고 부르고 있다. 더 나아가 주택저당대출 자체를 모기지라 부르기도 한다.

6) 개별 주택저당대출채권들을 투자자에게 직접 매각하기 위해서는 채무자로부터 매각에 대한 동의를 얻어야 하고, 저당권자의 명의를 바꾸어야 한다. 이 과정이 매우 복잡하고 많은 비용이 수반된다. 더 나아가 주택저당대출채권을 매입한 투자자가 이를 다시 다른 투자자에게 매각하고자 할 때 동일한 과정을 반복해야 한다. 개별 주택저당대출채권들의 만기나 대출잔액, 대출이자율 등이 제각각이기 때문에 투자자의 선호에 맞는 주택저당대출채권을 찾기도 어렵고 가치평가도 어렵다. 이런 이유 때문에 주택저당대출채권을 직접 투자자에게 매각하는 것이 어렵다.

이라는 제3의 기관이 금융기관들로부터 주택저당대출채권들을 매입한 후, 이를 담보로 하여 표준화된 증권을 발행하여 투자자에게 매각하는 절차를 거치게 된다. 흔히 이런 증권(주택저당대출채권들을 담보로 하여 발행된 증권)을 MBS(mortgage-backed securities)라고 부른다. 이 MBS는 주로 연기금이나 보험회사 등과 같이 장기자금을 운용해야 하는 금융기관들이 사는데, 결과적으로 연기금이나 보험회사 등의 자금이 유동화 기관과 금융기관을 통해 가계로 전달된다고 할 수 있다.

금융기관이 가계에 주택저당대출을 해 주고 주택저당대출채권(mortgage)을 갖는 시장을 보고 제1차 주택저당채권시장(primary mortgage market)이라고 부르며, 주택저당대출채권이 유동화 기관을 통해 거래되는 시장을 보고 제2차 주택저당채권시장(secondary mortgage market)이라고 부른다.[7] 그리고 이 두 시장을 합친 것을 보고 주택저당채권시장(mortgage market)이라고 부른다. 이렇게 보았을 때, 수요자금융시장은 크게 제1차 주택저당채권시장과 제2차 주택저당채권시장으로 구분된다는 것을 알 수 있다.

그림 1 제1차 주택저당채권시장과 제2차 주택저당채권시장

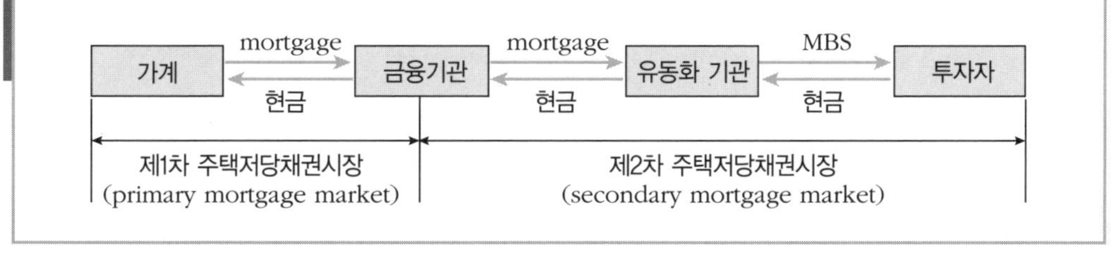

Mortgage의 어원

Mortgage는 mort와 gage가 결합된 단어이다. mort는 프랑스어로부터 온 접두어로 '죽은(dead)' 이라는 의미를 갖고 있다. 그리고 gage는 계약이나 약속을 이행하겠다는 증거로서

7) 금융시장에서는 증권이 신규로 발행되어 거래되는 시장을 보고 발행시장(primary market)이라고 부르며, 기존에 발행된 증권이 거래되는 시장을 보고 유통시장(secondary market)이라고 부른다. 이런 점에서 제1차 주택저당채권시장은 주택저당대출채권이라고 하는 채권이 발행되어 금융기관이 이를 인수하는 시장이라는 의미를 갖고 있다. 그리고 제2차 주택저당채권시장은 기존에 발행된 주택저당대출채권이 유통되는 시장이라는 의미를 갖고 있다.

제공되는 증표나 담보물(pledge), 보증금(deposit) 등을 의미한다. 어원 그 자체로 보면, mortgage는 '죽은 담보물'을 의미한다.

어원상으로는 '죽은 담보물' 정도로 해석되는 mortgage라는 말이 어떻게 만들어졌는가에 대해서는 여러 가지 설(說)이 있다. 그중 하나의 설(說)은 '죽은(mort) 담보물(gage)'이란 '이동할 수 없는(un-portable) 담보물(gage)'을 의미한다는 것이다.

Clauretie and Sirmans(2010)에 따르면,[8] 고대 로마에서는 돈을 빌리면 채권자가 담보물건을 소유하고 있다가 채무자가 원리금을 갚으면 담보물건을 채무자에게 되돌려 주는 시스템으로 자금의 대차가 이루어졌다고 한다. 이 방법은 채권자의 권리를 확실하게 보장하는 방법이기는 하나 여러모로 불편하였다. 그래서 나중에는 '채무자가 채무를 불이행할 기미가 보일 때' 담보물건의 소유권을 채권자가 가져오는 것으로 바뀌었다고 한다.

그러다가 게르만족이 서유럽을 지배하면서 게르만의 관습이 서유럽에 퍼졌다. 게르만 법(German Law)에서는 채권자가 담보물건을 점유하고 있다가 채무자가 채무를 불이행하면 채권자가 해당 담보물건을 소유하는 것으로 되어 있었다. 그런데 담보물건이 이동 가능하면 채권자가 이를 점유할 수 있지만, 부동산처럼 이동이 가능하지 않은 담보물건은 채권자가 이를 점유하기가 어려웠다. 그래서 후자의 경우 물건 자체를 점유하지 않고 물건의 소유권을 나타내는 증서들을 점유하고 있다가 채무자가 채무를 이행하지 않으면 소유권을 넘겨받았다. 전자를 '살아 있는(live) 담보물(gage)'이라고 불렀고, 후자를 '죽은(dead) 담보물(gage)'이라고 불렀다.

이런 시스템은 프랑스를 거쳐 영국으로 전파되었는데, 영국에서 '죽은(mort) 담보물(gage)'이라는 의미로 mortgage라는 단어가 만들어진 것이라고 한다.

Mortgage가 '원리금을 상환해야만 담보권이 사라진다.'는 의미를 갖고 있다는 설(說)도 있기는 하지만, Clauretie and Sirmans(2010)에 나오는 설명이 좀 더 사실에 기까운 것으로 보인다. Mortgage의 어원은 뒤에 나오는 '비소구형 주택저당대출(non-recourse mortgage loan)'의 기원하고도 연결되어 있는데, 이에 대해서는 뒤에서 다시 거론하도록 한다.

3) 우리나라의 주택금융시장 구조

우리나라의 주택금융시장 개관

앞에서 주택금융시장은 공급자금융시장과 수요자금융시장으로 구성되어 있다고 이

8) Clauretie and Sirmans(2010), pp.46–47.

야기하였다. 우리나라의 주택금융시장도 크게 공급자금융시장과 수요자금융시장으로 나누어 볼 수 있다.

공급자금융시장과 수요자금융시장은 다시 제도권 금융시장과 비제도권 금융시장으로 나누어 볼 수 있다. 여기서 제도권 금융시장이란 금융기관을 매개로 하여 자금의 조달과 제공이 이루어지는 시장을 의미한다. 그리고 비제도권 금융시장이란 금융기관을 매개로 하지 않고 개별 기업과 기업 간, 개별 가계와 가계 간, 개별 기업과 가계 간에 자금의 조달과 제공이 이루어지는 시장을 의미한다. 흔히 제도권 금융시장을 공금융(公金融)시장, 비제도권 금융시장을 사금융(私金融)시장이라고 부르기도 한다.

제도권 금융시장은 다시 자금조달원에 따라 공공금융시장(또는 공공자금시장)과 민간금융시장(민간자금시장)으로 나눌 수 있다. 공공금융시장은 정부나 정부기금 등에서 자금을 제공해 주는 시장을 말한다. 그리고 민간금융시장은 민간금융기관을 매개로 하여 자금이 조달되고 제공되는 시장을 말한다.

표 2 한국의 주택금융시장 구조

구분			자금조달 수단들	관련 금융기관
공급자 금융	제도권 금융	공공자금	주택도시기금의 사업자 대출	주택도시보증공사와 기금재위탁 은행
		민간자금	기업대출, PF, ABS, 부동산펀드, REITs	시중은행, 증권사, 저축은행, 연기금 및 보험 · 보증회사 등 주택도시보증공사(보증), 한국주택금융공사(보증)
	비제도권 금융	선분양제도	분양계약금, 분양중도금	주택도시보증공사(보증)
수요자 금융	제도권 금융	공공자금	주택도시기금의 개인대출, 한국주택금융공사의 보금자리론	주택도시보증공사와 기금재위탁 은행, 한국주택금융공사
		민간자금	주택담보대출, 전세자금 대출	시중은행, 저축은행 등 한국주택금융공사(보증), 주택도시보증공사(보증)
	비제도권 금융	전세제도	전세보증금	주택도시보증공사(보증), 한국주택금융공사(보증)

우리나라의 주택 공급자금융시장

우리나라의 주택 공급자금융시장에서 공공자금은 주로 정부기금인 주택도시기금에서 제공하고 있다. 주택도시기금은 주택 공급자를 위해 다양한 용도의 건설자금과 임대주택매입자금 등을 저리로 제공하고 있다.

예를 들어, 공공임대주택 사업자들을 위한 '공공임대주택자금대출'과 '매입임대주택자금대출'이 있다. '공공임대주택자금대출'은 공공임대주택 건설에 필요한 자금을 대출해 주며, '매입임대주택자금대출'은 공공임대주택을 매입하는 데 필요한 자금을 대출해 준다. 그리고 민간임대주택 사업자를 위한 '민간임대주택건설자금대출'과 '민간임대주택매입자금대출'이 있다. '민간임대주택건설자금대출'은 민간임대주택을 건설하는 데 필요한 자금을 대출해 주며, '민간임대주택매입자금대출'은 민간임대주택을 매입하는 데 필요한 자금을 대출해 준다.

주택도시기금은 국토교통부 소관 기금인데, 주택도시보증공사(HUG: Korea Housing and Urban Guarantee Corporation)가 국토교통부로부터 기금업무를 위탁받아 관리를 하고 있다. 그리고 시중은행들이 주택도시보증공사로부터 대출업무를 재위탁받아 대출을 해 주고 있다.

주택도시기금

주택도시기금은 '주거복지 증진과 도시재생 활성화'를 위한 사업에 필요한 자금을 공급하기 위해 설치된 정부기금(government fund)이다. 여기서 정부기금이란 특정한 공공사업을 수행하는 데 필요한 자금을 조달하기 위해 정부가 조성한 자금을 말한다.

주택도시기금은 2015년 7월 1일에 제정된 "주택도시기금법"에 의해 설치되었다. 그 이전에는 "주택법"(2003년 "주택법" 제정 이전에는 "주택건설촉진법")에 의해 설치된 국민주택기금이 있었는데, 국민주택기금이 근거법과 기금 명칭을 바꾸어 주택도시기금이 되었다.

국민주택기금은 원래 1972년 12월에 제정된 "주택건설촉진법"에 의해 한국주택은행에 설치된 국민주택자금계정이 모태였다. "주택건설촉진법"은 '주택의 건설과 공급을 촉진'하기 위해 제정된 법이다. 이 법에서는 주택의 건설과 공급을 촉진하기 위해 필요한 자금을 조달하기 위해 한국주택은행에 국민주택자금계정을 설치하도록 하였다. 국민주택자금계정은 채권 발행과 주택복권 수익금으로 자금을 조성하였다. 한국주택은행은 정부가 설립한 은행으로, 주택과 관련한 자금을 공급할 목적으로 설립되었다.

그러다가 1981년 7월에 "주택건설촉진법"이 개정되면서 국민주택기금이 설치되었다. 국민주택기금은 정부의 예탁금과 국민주택채권 발행, 주택복권 수익금 등으로 자금을 조성하여, 주택건설 사업자와 주택을 분양받은 사람들에게 융자를 해 주었다. 한국주택은행은 정부를 대신하여 기금업무를 수행하였는데, 이처럼 기금업무를 대행하는 은행을 기금수탁은행이라고 불렀다.

그 이후 1997년 한국주택은행이 민영화되고, 2001년 한국주택은행과 국민은행이 통합(통합은행 명칭은 국민은행)됨에 따라 기금수탁은행의 선정은 경쟁체제로 전환되었다. 2002년에 새로운 기금수탁은행으로 우리은행과 농협중앙회가 선정되었고, 2008년에는 5개 시중은행(우리은행, 농협중앙회, 신한은행, 하나은행, 기업은행)이 기금수탁은행으로 선정되었다. 2013년에는 5개 시중은행에다가 국민은행이 기금수탁은행으로 추가되면서 6개 시중은행이 기금업무를 대행하였다.

그러다가 2015년에 "주택도시기금법"이 제정됨에 따라 국민주택기금이 주택도시기금으로 바뀌었다. 이처럼 국민주택기금이 주택도시기금으로 바뀌게 된 것은, 절대적인 주택부족 문제가 어느 정도 해결되면서 신규주택 공급보다는 주거복지와 도시재생의 중요성이 커졌기 때문이다.

주택도시기금은 크게 주택계정과 도시계정으로 구성되어 있는데, 주택계정에서는 주택 공급자를 위한 자금과 주택 수요자를 위한 자금을 제공하고, 도시계정에서는 도시재생을 위한 기반시설 설치자금이나 도시재생사업에 필요한 자금을 제공하고 있다.

주택도시기금에 필요한 자금은 정부예탁금, 국민주택채권 발행, 복권기금 전입금, 청약저축예금 등으로 조성되고 있다.

민간자금의 경우, 민간금융기관의 자금이 기업대출이나 프로젝트 금융(PF: project financing),[9] 자산담보부증권(ABS: asset-backed securities),[10] 부동산펀드(REF: real estate fund) 또는 부동산투자회사(REITs: real estate investment trusts)[11]의 형태로 주택건설 사업자에게 제공되고 있다. 시중은행들은 주로 기업대출 형태로 주택건설 사업자

9) 프로젝트 금융(PF)이란 사업주의 신용이 아니라 프로젝트의 사업성을 담보로 한 자금조달을 말한다. 이에 대해 보다 자세한 내용은 제3부 제2장을 참조하라.

10) 자산담보부증권(ABS)이란 자산을 담보로 하여 증권을 발행한 후, 이를 매각하여 자금을 조달하는 기법을 말한다. 이에 대해 보다 자세한 내용은 제3부 제3장을 참조하라.

11) 부동산펀드(REF)란 투자자로부터 투자자금을 모집한 후, 해당 자금으로 부동산 개발이나 부동산 매입에 필요한 자금을 제공해 주는 펀드(fund)를 말한다. 그리고 부동산투자회사(REITs)란 부동산펀드와 비슷하게 투자자로부터 투자자금을 모집한 후, 해당 자금으로 부동산 개발이나 부동산 매입에 필요한 자금을 제공해 주는 투자기구(investment vehicle)를 말한다. 부동산투자회사는 회사 형태인 데 반해, 부동산펀드는 펀드 형태라는 차이가 있다. 이에 대해 보다 자세한 내용은 제3부의 제4장을 참조하라.

에게 자금을 제공하고, 증권사나 저축은행, 연기금, 보험 · 보증회사 등에서는 주로 프로젝트 금융이나 자산담보부증권, 부동산펀드, 부동산투자회사의 형태로 주택건설 사업자에게 자금을 제공한다. 한편, 주택도시보증공사나 한국주택금융공사에서는 프로젝트 금융에 대해 지급보증을 제공함으로써 민간자금이 주택건설 사업자에게 보다 원활하게 전달되도록 지원하고 있다.

비제도권 공급자금융으로는 선분양제도가 있다. 선분양제도란 주택건설 사업자가 주택건설에 나서기 전에 미리 주택을 분양하고,[12] 수분양자(분양을 미리 받은 사람)로부터 계약금과 중도금 형태로 분양대금의 일부를 미리 받는 제도이다. 주택건설 사업자는 선분양에 따른 계약금과 중도금으로 주택건설에 필요한 자금을 조달한다. 이런 점에서 선분양제도하에서 분양계약금과 중도금은 비제도권금융이라고 할 수 있다.

선분양제도하에서는 사업 시행자가 부도나 파산을 하게 되면, 수분양자들은 미리 낸 분양대금을 돌려받지 못할 수 있다. 주택도시보증공사(HUG)는 수분양자에게 '주택분양보증'을 제공함으로써 사업 시행자의 파산위험으로부터 수분양자를 보호해 주는 역할을 수행한다. 여기서 '주택분양보증'이란 사업 시행자가 부도나 파산으로 인해 주택건설을 완공하지 못할 경우(분양계약 미이행), 보증자인 주택도시보증공사가 사업 시행자를 대신하여 주택건설을 완공하거나(분양계약 이행) 또는 분양계약금과 분양중도금을 돌려줄 것(계약금 및 중도금 환급)을 보증하는 상품이다. 우리나라에서는 일반에게 30호 이상의 주택을 선분양하고자 하는 경우, 주택건설 사업자는 "주택공급에 관한 규칙"

그림 2 선분양제도하에서 분양보증 시스템

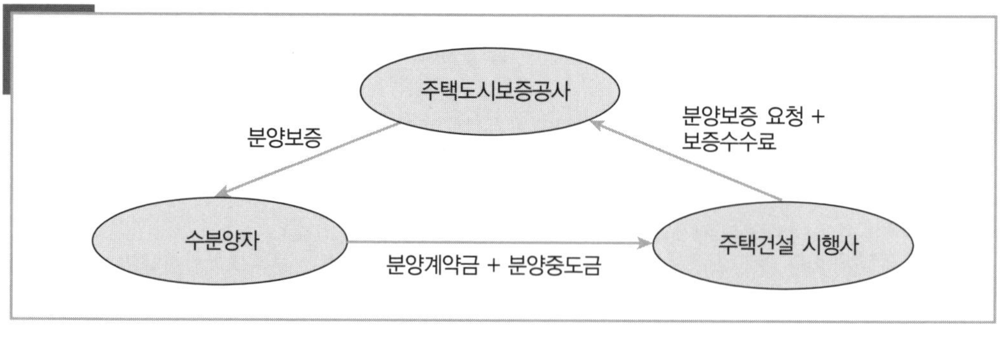

12) 주택을 미리 분양하는 것을 보고 '입주자모집을 한다.' 라고 말한다.

에 따라 주택도시보증공사의 '주택분양보증'을 받아야 한다.

주택분양보증과 주택도시보증공사

선분양제도하에서 주택건설 사업자가 부도나 파산 시 수분양자는 분양계약 당시 약속받았던 주택을 받지 못하거나, 그동안 낸 분양계약금과 분양중도금을 떼일 가능성이 있다. 선분양제도하에서 수분양자가 안게 되는 이런 위험을 제거해 주는 보증이 바로 주택분양보증이다.

주택분양보증은 "주택건설촉진법"에 의해 1993년에 설립된 주택사업공제조합이 처음 도입하였다. 주택사업공제조합은 주택건설 사업을 하는 회사들이 출자를 하여 설립된 조합으로, 조합원(주택건설 사업자)들에게 주택분양보증상품을 제공하고 건설사업에 필요한 자금의 일부도 융자해 주었다. 뿐만 아니라 주택건설 사업자들이 금융기관으로부터 대출을 받을 때 지급보증을 해 주는 대출보증상품도 있었다.

주택사업공제조합은 1997년 외환위기 기간에 위기를 겪게 되었다. 외환위기가 닥치자 주택분양이 저조해지면서 조합원들이 대거 부도를 내었고, 이로 인해 주택사업공제조합은 융자금을 상환받지 못하게 되었다. 더 나아가 부도난 사업장의 주택분양보증을 이행해야 했고, 대출보증으로 인해 조합원들의 채무까지 떠안아야 했다. 주택사업공제조합이 자본잠식 상황에 이르자 정부는 1999년에 국민주택기금의 자금으로 자본금을 확충하는 한편, 채권기관들로 하여금 채권의 일부를 출자전환하도록 하고 조합원들의 출자지분을 감자하여 주택사업공제조합을 주식회사 형태로 전환하였다. 이렇게 하여 탄생한 회사가 대한주택보증주식회사이다. 주택사업공제조합이 파산할 경우, 수분양자들이 막대한 피해를 입게 될 뿐만 아니라 주택시장의 혼란도 불가피하기 때문에 이를 막기 위한 조치로 주택사업공제조합을 대한주택보증주식회사로 전환시켰던 것이다.

이후 정부는 국민주택기금의 자금으로 대한주택보증주식회사의 자본금을 추가로 확충하였고, 2000년대 들어 주택시장이 활황을 보이면서 대한주택보증주식회사는 정상화되었다. 2003년에 "주택건설촉진법"이 폐지되고 그 대신 "주택법"이 제정되면서 대한주택보증주식회사는 "주택법"에 의해 설립 근거가 마련되었다.

2015년에는 "주택도시기금법"이 제정되면서, 이 법에 의해 대한주택보증주식회사는 주택도시보증공사(HUG: Korea Housing and Urban Guarantee Corporation)로 바뀌었다. 주택도시보증공사는 주택건설 사업자들을 위한 주택분양보증을 비롯한 각종 보증 업무를 수행할 뿐만 아니라, 전세금반환보증과 같이 전세 세입자들을 위한 보증업무도 수행하고 있다. 그리고 국토교통부로부터 주택도시기금 업무를 위탁받아 기금을 운영하고 있다.

우리나라의 주택 수요자금융시장

우리나라의 주택 수요자금융시장에서 공공자금은 주택도시기금과 한국주택금융공사(HF: Korea Housing Finance Corporation)가 주로 자금을 제공하고 있다.

주택도시기금은 주택을 구입하고자 하는 사람에게 '주택구입자금대출'을 해 주고, 전세로 임차하고자 하는 사람에게 '주택전세자금대출'을 해 주고 있다. 주택도시기금은 저리로 주택구입자금이나 주택전세자금을 대출해 주는 대신, 차주의 소득이나 주택규모 등에 제한을 두고 있다. '주택전세자금대출'의 경우, 담보 없이 차주의 신용에만 의존하여 대출을 해 주기 때문에 한국주택금융공사의 주택신용보증기금(뒤에 나오는 Box 내용 참조)에서 주택도시기금의 '주택전세자금대출'에 대해 '전세자금보증'을 해 주고 있다. 여기서 '전세자금보증'은 전세자금대출의 원리금 반환을 보증하는 상품을 말한다.

주택도시기금의 개인대출도 주택도시보증공사가 업무를 위탁받아 관리하고 있으며, 시중은행이 대출업무를 재위탁받아 대출을 해 주고 있다.

한편 한국주택금융공사에서는 '보금자리론'이라는 이름의 주택저당대출(mortgage loan)을 해 주고 있다. 한국주택금융공사는 자기자본으로 '보금자리론'을 실행한 후, 주택저당채권(mortgage)을 담보로 한 MBS를 발행하여 대출자금을 회수하고 있다.[13] 이 밖에 한국주택금융공사는 주택도시기금의 자금으로 주택저당대출을 해 주기도 한다.

한국주택금융공사가 MBS를 발행할 때, 정부의 암묵적인 신용 제공으로 인해 MBS의 채권수익률은 국고채수익률에 필적할 만큼 낮은 수준을 보이고 있다. 그 결과 '보금자리론'의 대출금리는 일반적인 시중은행의 주택저당대출금리보다 낮은 수준을 보이고 있다.

주택 수요자금융 중에서 민간자금의 경우, 시중은행이나 저축은행, 신용협동조합 등의 주택담보대출과 전세자금대출이 주를 이루고 있다. 전세자금대출의 경우, 한국주택금융공사의 주택신용보증기금에서 전세자금대출의 원리금 반환을 보증하고 있다.

---

13) MBS에 대한 보다 자세한 내용은 제2부의 제6장을 참조하라.

그림 3 주택금융신용보증기금의 보증 시스템

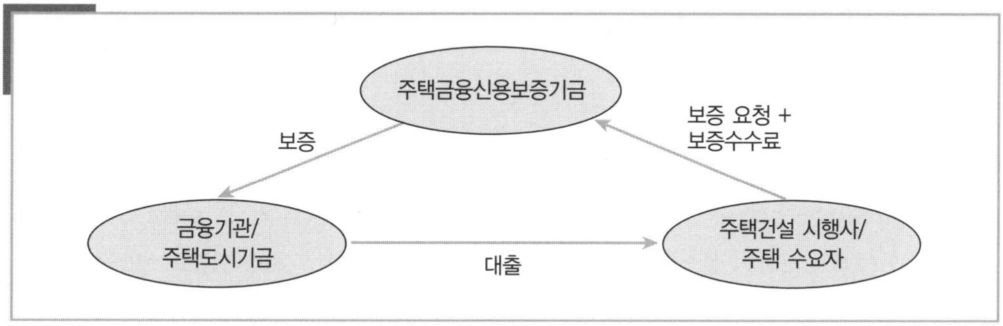

주택금융신용보증기금

주택금융신용보증기금은 1987년에 제정된 "근로자의 주거안정과 목돈 마련 지원에 관한 법률"에 의해 설치된 정부기금이다. 주택금융신용보증기금은 주택건설 사업자나 개인들이 주택자금대출을 받을 때 보증을 해 줌으로써 주택건설을 촉진하고 무주택서민들의 주거안정을 지원하기 위해 1988년 1월에 설치되었다.

기금의 주요 업무는 사업자보증과 개인보증으로 구분된다. 사업자보증은 주택건설 사업자가 주택건설에 필요한 자금을 대출받거나, 임대주택 사업자가 임대주택을 취득하는 데 필요한 자금을 대출받을 때 보증을 통해 부족한 신용을 보완해 주는 역할을 한다. 개인보증은 개인이 주택을 취득하거나 임차(전세)하거나 개량하기 위해 금융기관으로부터 자금을 대출받을 때 보증을 통해 부족한 신용을 보완해 주는 역할을 한다.

주택금융신용보증기금은 금융기관의 출연금으로 보증에 필요한 재원을 조성하고 있다. 주택자금대출을 취급하는 금융기관들은 일정한 비율로 주택금융신용보증기금에 출연을 해야 한다.

주택금융신용보증기금이 처음 설치될 당시에는 한국주택은행이 기금을 관리해 왔었는데, 한국주택은행이 민영화되면서 신용보증기금이 관리해 왔었다. 그러다가 2004년에 한국주택금융공사가 설립되면서, 주택금융신용보증기금의 관리기관이 신용보증기금에서 한국주택금융공사로 바뀌었다. 현재는 한국주택금융공사가 주택금융신용보증기금을 관리하고 있다.

주택금융신용보증기금과 주택도시보증공사(HUG)의 보증업무는 상호 유사한 면도 있지만, 둘 사이에는 근본적인 차이가 있다. 주택금융신용보증기금은 금융기관의 대출에 대한 신용보증을 주로 하는 데 반해, 주택도시보증공사는 주택분양보증이나 하자보증, 전세금반환보증 등 비대출채권에 대한 보증을 주로 한다.

또 주택금융신용보증기금과 주택도시기금은 역할에 있어서도 차이가 존재한다. 주택금융신용보증기금은 주된 업무가 신용보증업무인 데 반해, 주택도시기금은 주택 및 도시재생 부분에 대한 대출과 투자가 주된 업무이다.

한국주택금융공사와 보금자리론

한국주택금융공사는 2003년에 제정된 "한국주택금융공사법"에 의해 2004년 3월 1일에 설립된 공사이다. 한국주택금융공사는 주택저당채권을 유동화하여 주택금융을 장기적, 안정적으로 공급함으로써 국민의 복지증진과 국민경제의 발전에 이바지하는 것을 목적으로 한다.

한국주택금융공사가 설립되기 이전에는 한국주택저당채권유동화주식회사(KoMoCo)라는 회사가 주택저당채권을 유동화하는 역할을 수행하고 있었다. KoMoCo는 1999년에 정부와 금융기관 등이 출자하여 설립된 회사로, 주택저당채권을 매입한 후 이를 담보로 MBS를 발행하는 것을 전문으로 하는 회사였다.

KoMoCo는 정부가 출자한 회사이기는 하지만 공사는 아니었기 때문에 공신력이 부족하였다. 또 당시 시중은행들은 여유자금을 많이 갖고 있어서 주택저당채권을 KoMoCo에 매각할 유인이 없었다. 그러다 보니 KoMoCo의 유동화 사업은 크게 빛을 발휘하지 못하였다.

한국주택금융공사는 정부와 국민주택기금(현 주택도시기금), 그리고 한국은행이 출자를 하여 설립되었는데, 설립 당시 KoMoCo를 인수하였다. 한국주택금융공사는 정부가 100% 출자하는 공사이기 때문에 KoMoCo와는 다르게 공신력을 갖고 있었다.

그리고 자체 자금으로 개인에게 직접 주택구입자금대출(mortgage loan)을 해 주고, 그렇게 하여 생성된 주택저당채권(mortgage)을 MBS로 만들어 유동화하는 업무를 수행하였다. 물론 한국주택금융공사가 자체 자금으로 개인들에게 직접 주택구입자금대출을 해 주기는 하지만, 실제 대출업무는 시중은행에 위탁을 주었기 때문에 시중은행이 대출업무를 대행하고 있다. 한국주택금융공사는 이와 같이 자체자금으로 대출해 주는 주택구입자금대출을 보금자리론이라고 부르고 있다.

한국주택금융공사는 2012년부터 '적격대출'이라는 주택저당채권 매입 프로그램을 도입하였다. 적격대출이란 시중은행의 대출상품 중에서 한국주택금융공사가 사전에 정한 기준에 맞는 대출상품을 말하는데, 한국주택금융공사는 적격대출에 대해서는 무조건 매입을 해 준다. 한국주택금융공사는 적격대출을 매입한 후, 이를 MBS로 만들어 유동화시킨다.

한국주택금융공사는 이외에 주택금융신용보증기금을 관리하고 있으며, 2007년에는 역모기지(reverse mortgage)에 대한 보증상품인 주택연금(Home Pension)을 도입하였다. 역모기지는 고령가구에 대해 주택을 담보로 하여 생애기간 동안 매달 일정한 금액을 대출해 준 후, 대출만기 때(차입자가 사망하거나 이사를 할 때) 담보주택을 매각하여 원리금을 회수하는 대출상품이다. 한국주택금융공사는 역모기지에 대해 원리금반환보증을 해 줌으로써 시중은행들이 안심하고 역모기지대출을 할 수 있도록 하고 있다.[14)]

14) 주택연금에 대한 좀 더 자세한 내용은 제2부의 제3장을 참조하라.

수요자금융 중에서 비제도권 금융으로 전세제도가 있다. 전세제도는 주택의 임대차계약과 자금의 대차계약이 결합되어 있는 제도이다. 임차인은 임대인으로부터 주택을 임차하는 대신에 전세보증금이라는 목돈을 임대인에게 맡긴다. 임차인은 전세보증금에 대한 이자를 받지 않는 대신에 주택 임차에 따른 임대료를 지불하지 않는다. 임대차계약이 종료되면, 임차인은 주택을 비워 주는 대신 전세보증금을 돌려받는다.

임대인이 전세로 임대를 놓는 이유는, 목돈이 필요하기 때문이다. 과거 주택금융시장이 발달하지 않았을 때, 임대인은 목돈을 마련하는 방법 중의 하나로 보유 주택을 전세로 임대하였다. 특히 신규로 집을 구입하고자 하는 데 주택구입자금이 부족할 때, 전세를 안고 집을 구입하고는 하였다.[15] 이런 점에서 전세제도는 임대차를 통해 임차인이 임대인에게 자금을 제공하는 사금융(비제도권 금융)의 한 종류라고 할 수 있다. 주택금융시장이 발달한 현재에도 여전히 전세를 안고 주택을 구입하는 사람들이 존재하는데, 공금융시장에서 대출 규제 등으로 자금을 조달하기 어려울 경우 전세라는 사금융을 이용하여 주택을 구입하는 것이다.

전세로 주택을 빌린 임차인은 나중에 임대차기간이 끝나고 나면 임대인으로부터 전세보증금을 돌려받아야 하는데, 임대인이 전세보증금을 돌려주지 못하는 사태가 발생할 수 있다. 일종의 채무불이행 사태인 것이다. 이런 위험에 대비하여 주택도시보증공사나 한국주택금융공사 등에서는 전세보증금반환보증을 해 주고 있다. 임대인이 전세보증금을 반환하지 못할 경우, 보증기관에서 임차인에게 전세보증금을 대신 내주고, 여러 법적 절차를 통해 임대인에게서 전세보증금을 받아내는 것이다.

전세의 금융화

전세제도는 자금의 대차계약(자금을 빌리고 빌려주는 거래)이 포함된 주택 임대차계약이다. 임차인은 주택을 빌리고, 그 대신 전세보증금이라는 자금을 임대인에게 빌려준다. 임차인은 전세보증금의 이자를 받지 않는 대신, 주택의 임대료를 지급하지 않는다. 주택의 임대료가 전세보증금의 이자인 셈이다. 전세보증금 대비 주택임대료 비율을 '전월세전환율' 이라

15) 예를 들어 주택가격이 2억 원이고, 이 주택을 전세 놓을 때 전세보증금이 1억 4천만 원이라고 해 보자. 그리고 현재 모아둔 자금은 6천만 원밖에 없다고 가정해 보자. 주택을 구입할 때 전세를 놓으면, 자기자본 6천만 원에다가 전세보증금 1억 4천만 원을 합치면 2억 원짜리 주택을 구입할 수 있는 것이다. 단, 전세보증금에 해당하는 1억 4천만 원을 모을 때까지는 전세 임차인이 해당 주택을 점유하게 된다. 돈을 모아서 전세보증금을 내줄 수 있게 되면, 전세 임차인을 내보내고 자기가 거주할 수 있게 된다.

고 부르는데, 전세보증금의 이자율이라고 볼 수 있다.

임차인은 전세보증금을 돌려받지 못할 위험을 안고 있다. 전세보증금을 돌려받지 못하면, 제때 이사를 하지도 못한다. 이런 위험 때문에 전세보증금의 이자율이라고 할 수 있는 전월세전환율은 대개 시장이자율보다 높다. 전세보증금을 낼 정도의 목돈을 갖고 있는 임차인은 이런 위험을 안는 대가로 상대적으로 저렴한 비용으로 거주를 하게 된다. 예를 들어, 주택임대료가 연 500만 원인데, 예금이자율은 연 5%, 전월세전환율은 연 10%라고 가정해 보자. 월세로 거주하는 임차인이라면 1억 원의 자금을 은행에 예금해 놓아야 예금이자로 임대료를 지불할 수 있다. 그러나 전세로 거주하는 임차인이라면 5천만 원의 자금만 있어도 주택을 임차할 수 있다. 1억 원의 자금이 있다면 월세로 거주하는 것보다 더 넓고, 더 좋은 주택을 전세로 빌릴 수 있다.

이러다 보니 전세제도는 '주거 사다리'의 하나로 인식되어 왔다. 월세로 거주하다가 목돈이 마련되면 전세제도를 통해 더 넓고 더 좋은 주택으로 이전할 수 있었기 때문이다. 주택가격과 전세가격이 지속적으로 상승하던 시절에는 전세보증금을 돌려받지 못할 위험도 그리 크지 않았다. 그래서 사회초년생들은 대개 목돈을 마련할 때까지는 월세로 거주하다가, 어느 정도 저축을 하면 전세로 옮겨가고, 그러다가 저축액이 더 모이면 전세보증금과 추가 저축액, 대출금을 동원하여 자가를 마련하는 과정을 거쳤다. 부모의 도움을 받을 수 있는 청년이라면 곧 바로 전세로 거주할 수 있었는데, 여기에서 삶의 질에 차이가 생겼다.

출발점에서부터 목돈이 있고 없음에 따라 삶의 질에 차이가 있자, 정부는 주거복지 차원에서 주택도시기금의 자금으로 저소득계층에게 저리로 전세자금을 대출해 주기 시작하였다. 처음에는 매우 제한적으로 전세자금을 대출해 주었으나, 정권이 바뀔 때마다 대출 대상이 확대되고, 대출액 한도도 확대되었다. 일반 시중은행에서는 무주택자들을 대상으로 전세자금을 대출해 주고, 주택신용보증기금이 전세대출에 대해 보증을 해 주기 시작하였다. 더 나아가 임차인이 전세보증금을 못 받는 위험을 제거하기 위해 주택도시보증공사와 한국주택금융공사에서 전세보증금반환보증까지 해 주기 시작하였다.

이런 과정을 통해 현재는 대출규제나 신용도 때문에 금융기관으로부터 자금을 조달하기 어려운 임대인들이 전세제도를 이용하여 임차인으로부터 자금을 조달하고, 임차인들은 목돈이 없더라도 저리의 전세자금대출을 통해 상대적으로 저렴하게 거주할 수 있는 전세를 선택하고 있다. 결국 금융기관의 자금이 임차인을 통해 임대인에게 전달되는 구조를 보이고 있는 것이다.

주택금융이 발달되어 있지 않던 시절, 금융기관으로부터 자금을 조달하기가 어려웠던 임대인은 전세제도를 이용하여 임차인으로부터 자금을 조달하였고, 목돈이 있는 임차인은 전세보증금을 반환받지 못할 위험을 감수하는 대신에 상대적으로 저렴하게 거주할 수 있는 전세를 선택하였다. 그러나 현재는 전세가 금융화되어 목돈이 없는 임차인도 금융을 통해 전세를 선택하고 있다.

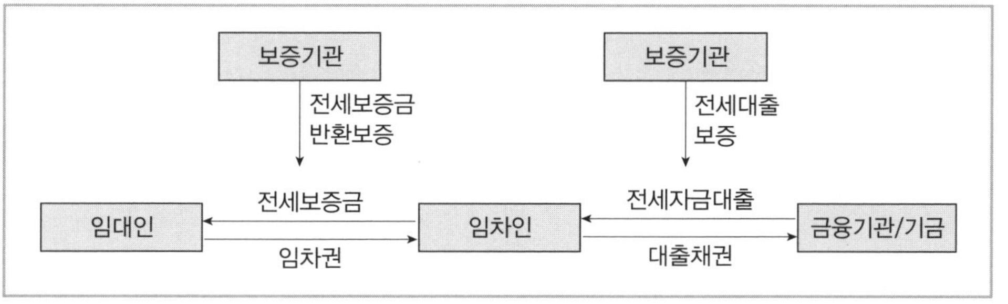

2 주택금융의 금리 구조와 위험

1) 주택금융의 이자율 구조

이자 지급의 이유

주택금융에서 이자율이 결정되는 구조는 제1부의 제2장에서 본 부동산금융의 이자율 구조와 동일하다. 제1부의 제2장에서 이미 이야기하였듯이, 이자는 '소비 연기에 대한 대가(소비자 입장)' 또는 '생산 포기에 대한 대가(생산자 입장)' 라고 할 수 있다.

소비자 입장에서 보면, 일반적으로 사람들은 미래의 소비보다는 현재의 소비에 더 높은 가치를 부여한다. 만약 여유자금으로 저축을 하거나 투자를 하게 되면 현재 소비할 수 있는 기회를 잃게 된다. 따라서 저축을 하거나 투자를 할 경우에는 소비 연기에 대한 대가가 필요한 것이다. 이 대가가 바로 이자이다.

생산자 입장에서 보면, 자본의 한계생산력 때문에 자본을 추가로 투입하면 추가적인 생산물이 발생한다. 만약 생산자금을 생산에 투입하지 않고 다른 사람에게 빌려준다면, 추가 생산물이 발생하는 것을 포기하는 것이 된다. 이에 대한 보상이 없다면 생산자는 자금을 빌려주지 않을 것이다. 이 보상이 바로 이자인 것이다.

그러나 이자는 소비 연기의 대가 내지는 생산 포기의 대가를 보상하는 것만으로는 충분하지 않다. 인플레이션으로 인해 화폐의 가치가 하락할 수가 있기 때문에 이에 대한 보상이 필요하다. 문제는 미래에 인플레이션으로 인해 화폐가치가 어느 정도 떨어질지 알 수 없다는 점이다. 그래서 보통은 미래에 예상되는 평균적인 인플레이션율(이를 '기대인플레이션율' 이라고 부른다.)만큼 화폐가치가 하락한다는 전제하에 이에 대한 보상을 이자로 받는 것이다.

한편 저축한 돈을 다른 사람에게 빌려주거나 어떤 사업에 투자할 경우, 이 사람은 대출원금이나 투자원금을 회수하지 못할 수도 있다. 또 기대인플레이션율이 3%일 것이라고 예상하고, 이에 해당하는 이자를 요구하였는데, 실제 인플레이션율이 5%였다면 마찬가지로 손실을 입게 된다. 이와 같이 자금을 빌려줄 때에는 예상과는 달리 손실을 입을 가능성이 있는데 이에 대한 보상이 필요하다. 이를 흔히 위험보상(risk premium)이라고 부른다.

주택금융의 이자율 구조

이상의 논의에서 알 수 있다시피, 이자는 크게 세 가지 부분으로 구성되는데 하나는 소비 연기 내지는 생산 포기에 대한 대가이며, 또 다른 하나는 물가상승에 따른 화폐가치 하락에 대한 보상이다. 그리고 마지막으로는 위험부담에 따른 보상이다. 흔히 소비 연기 내지는 생산 포기에 대한 대가 부분을 실질이자율이라고 부른다.

따라서 이자율은 다음과 같이 크게 세 부분으로 구성되어 있다. 여기서 이자율이란 원금 대비 이자비율을 말한다. 대개 이자는 연간을 기준으로 계산하기 때문에 특별한 언급이 없는 한, 이자율이란 연간 이자율을 의미한다.

이자율 = 실질이자율 + 기대인플레이션율 + 위험보상률

여기서 실질이자율과 기대인플레이션율을 합친 것을 무위험자산의 수익률이라고 부른다. 위험보상률은 대출 대상, 대출 기간 등에 따라 달라진다.

2) 주택금융과 관련된 위험

주택금융과 관련된 주요 위험

앞의 제1부 제4장에서 밝혔다시피, 자금제공자 입장에서 위험이란 '실제 실현된 수익이 기대된 수익보다 낮음으로써 손실을 입을 가능성' 을 말한다. 자금조달자 입장에서 위험이란 '실제 실현된 자금조달 비용이 기대된 자금조달 비용보다 높음으로써 손실을 입을 가능성' 을 말한다.

모든 위험은 미래의 불확실성으로부터 나온다. 확실성의 세계에서는 위험이란 존재하지 않는다. 불확실성의 세계에서만 위험이 존재하고, 이 불확실성은 주로 미래에 대한 예측에서 나온다. 우리는 미래의 상황을 사전에 알 수가 없기 때문에 예측을 통해 의사결정을 한다. 그런데 미래의 상황이 예측과는 다르게 전개되면서 손실을 입을 가능성이 있는데, 이런 손실가능성을 보고 위험이라고 부른다.

주택금융에서 이자율은 실질이자율과 기대인플레이션율 외에 위험보상률에 의해 좌우되는데, 이때의 위험보상률이란 대주(貸主, 돈을 빌려주는 사람)가 안게 되는 위험에 대한 보상률을 의미한다.

본 장에서는 주택 수요자금융, 즉 주택저당대출에 한정하여 위험을 평가해 보고자 한다. 주택저당대출에서 빌려주는 사람이 안게 되는 위험으로 중요한 것은 금리위험과 조기상환위험, 채무불이행위험, 유동성위험이 있다.[16]

금리위험

금리위험(interest risk)이란 금리가 상승함으로써 손실을 입을 가능성을 말한다. 금리가 상승하면 기존 대출채권의 가치는 하락하게 된다. 그로 인해 대출채권을 보유하고 있는 금융기관(또는 개인 투자자)은 손실을 입게 된다. 이런 위험을 금리위험이라고 부른다.

금리위험은 대주의 자금조달 비용과 자금운용 수익 간의 차이로 설명할 수도 있다. 금리가 상승하면, 대주의 자금조달 비용이 상승하게 된다. 대주의 자금조달 비용이 상승하는 것만큼 자금운용 수익이 상승하면 대주는 손실을 입지 않겠지만 그렇지 않을 경

16) 여기서는 이들 위험에 대해 간략하게 살펴보고, 좀 더 자세한 것은 제2부의 제2장과 제3장, 그리고 제4장에서 살펴보도록 한다.

우 손실을 입게 된다. 이런 손실가능성도 금리위험이라고 부른다.

금리가 상승하는 것은 실질금리가 상승하거나 기대인플레이션이 예상과는 달리 높아졌기 때문이다. 개인들의 시간선호는 쉽게 변하지 않기 때문에 실질금리의 변화는 주로 정부의 통화정책이나 경제성장률의 변화에 의해 유발된다.

금리위험의 크기는 금리조건과 대출기간에 따라 달라진다. 뒤에서 자세하게 보겠지만, 고정금리로 대출을 해 주면 금리위험이 크고, 변동금리로 대출을 해 주면 금리위험이 작아진다. 이 때문에 고정금리대출은 변동금리대출에 비해 이자율이 높다.

또 장기로 대출을 해 주게 되면, 금리가 상승할 때 대출채권의 가치하락폭이 커지게 된다. 반대로 단기로 대출을 해 주게 되면, 금리가 상승하더라도 대출채권의 가치하락폭은 그다지 크지 않다.[17] 따라서 똑같은 고정금리대출이라 하더라도, 장기대출의 금리위험은 단기대출의 금리위험보다 크게 된다. 이런 위험을 특히 듀레이션위험이라고 부르기도 한다.

조기상환위험

조기상환(prepayment)이란 대출원금의 상환기일이 도래하지 않았는데도 불구하고 차입자(借主)가 대출원금을 변제하는 것을 말한다. 주택저당대출은 대체로 차입자에게 조기상환권리를 준다. 즉, 차입자가 원하면 언제든지 대출원금을 상환할 수 있도록 되어 있다.

금리가 하락하면, 차입자는 기존의 고정금리대출을 조기상환할 동인이 생긴다. 예를 들어 기존 대출금의 대출금리(고정금리 조건)가 6%라고 해 보자. 시장금리가 하락하여 지금 새롭게 대출을 받으면 대출금리(고정금리 조건)가 5%라고 해 보자. 이 경우 기존 대출금을 조기상환하고, 신규로 대출을 받으면 1%p의 이자율을 절감할 수 있다. 이런 상황에서 조기상환이 들어오면 대출자는 손실을 입게 된다. 대출자는 조기상환받은 자금으로 다시 대출을 해 줄 때 낮은 금리로 대출을 해 주어야 하기 때문이다. 이런 것을 보고 조기상환위험(prepayment risk)이라고 부른다.

---

17) 장기대출은 대출채권의 듀레이션이 길다. 듀레이션이 길면, 금리 변화에 따른 가치 변화의 폭이 크다. 이에 대해서는 제1부의 제3장 듀레이션과 채권가치의 변화 부분을 참조하라.

조기상환위험은 이자율이 하락할 때 발생한다. 차입자가 대출금을 조기상환하는 이유는 조기상환에 따른 이익이 조기상환에 따른 비용보다 크기 때문이다. 조기상환에 따른 이익은 대출금리의 하락폭과 잔존 대출만기에 의해 결정된다. 금리의 하락폭이 클수록, 그리고 잔존 대출만기가 길수록 조기상환에 따른 이익이 크기 때문에 조기상환의 가능성은 커지고, 이에 따라 조기상환위험도 커진다.

차입자에게 조기상환권리를 부여하지 않으면 대출자는 조기상환위험이 없어지기 때문에 대출금리가 낮아지게 된다. 반대로 조기상환권리를 차입자에게 부여하면 조기상환위험 때문에 대출금리가 높아지게 된다.

금융기관들은 차입자에게 조기상환권리를 부여하더라도 가능한 한 차입자가 조기상환권리를 행사하지 않도록 다양한 방법을 강구하는데, 그중 하나가 조기상환수수료를 부과하는 것이다. 조기상환할 경우 조기상환하는 대출원금의 일정 비율을 수수료로 부과하는 것이다. 이렇게 되면 조기상환에 따른 이익이 줄어들기 때문에 차입자는 조기상환을 망설이게 되고, 이로 인해 대출자는 조기상환위험을 부분적으로 회피할 수 있다.

채무불이행위험

채무불이행위험(default risk)을 흔히 신용위험(credit risk)이라고도 부르는데, 차입자가 대출원리금을 갚지 않아 손실을 볼 가능성을 말한다.

채무불이행위험은 채무자의 채무상환능력이 감소하거나 담보가치가 하락할 때 커진다. 채무자의 채무상환능력 감소는 주로 실직이나 질병, 상해, 가족관계의 변화 등이 생길 때 발생하는데, 이런 상황은 사전에 인지할 수가 없다. 또 담보가치의 하락은 주택가격이 하락할 때 발생하는데, 이 또한 사전에 알기가 어렵다.

주택저당대출에서 채무자의 채무상환능력은 흔히 '소득 대비 원리금지급비율(PTI: payment to income ratio)'이나 '총부채상환비율(DTI: debt to income ratio)'로 측정한다.[18] 미국에서는 이 비율이 대략 28% 내지 33% 수준을 넘어서면 채무불이행위험이 올라가는 것으로 본다. 담보가치의 하락 여부는 '주택가격 대비 대출금비율(LTV: loan to value ratio)'로 측정한다. 미국의 경우, 이 비율이 대략 80%를 넘어서면 채무불이행

18) PTI나 DTI는 용어의 차이만 있을 뿐 실질적으로는 동일한 개념으로 사용되고 있다.

위험이 올라가는 것으로 보고 있다.

채무불이행위험의 크기는 금리조건에 따라 달라질 수 있다. 변동금리로 대출을 해 주게 되면, 금리가 급등할 때 지급이자가 급격히 늘어나면서 채무자는 채무를 불이행할 수 있다. 변동금리 조정기간이 짧으면 짧을수록 이런 가능성은 커지게 된다. 금리조정 주기가 길면 금리가 올라가더라도 채무자는 이에 대비할 수 있고 금리 인상기를 피할 수 있는 데 반해, 금리조정 주기가 짧으면 지급이자가 늘어나는 것에 대해 대비할 여유가 없고 금리 인상기를 피할 수도 없기 때문이다.

유동성위험

유동성위험(liquidity risk)이란 대출자산을 현금으로 바꾸지 못해 손실을 입을 가능성을 말한다. 일반적으로 은행은 예금을 받아 이를 대출로 운용함으로써 이익을 낸다. 보통 예금기간은 단기이다. 이렇게 단기로 조달한 자금으로 장기대출을 해 주게 되면 '자산(대출)과 부채(예금)의 만기가 불일치' 하게 된다. 이런 상황에서 어느 날 갑자기 예금자들이 은행으로 몰려와 예금을 내놓으라고 하면, 은행은 자산(대출채권)이 있음에도 불구하고 현금이 없어서 예금을 내줄 수 없게 된다. 그렇게 되면 은행은 파산할 수밖에 없다. 이런 위험을 보고 유동성위험이라고 한다. 다른 말로는 '자산과 부채의 만기불일치 위험' 이라고 부르기도 한다.

이런 유동성위험 때문에 금융기관들은 장기대출을 꺼려한다. 그래서 금융기관들은 유동성위험을 피하기 위해 단기로 대출을 해 주고, 해당 대출의 만기가 도래하면 이를 연장해 주는 방법을 사용한다. 유사시 만기가 도래한 대출의 상환기일을 연장해 주지 않으면 되기 때문이다.

그런데 만약 주택저당대출채권(mortgage)을 거래하는 시장이 존재할 경우 금융기관들은 장기로 대출을 해 주더라도 '자산과 부채의 만기불일치 문제' 를 그다지 걱정하지 않아도 된다. 필요하다면 보유하고 있는 대출채권을 매각하면 되기 때문이다. 따라서 주택저당대출채권을 거래하는 시장이 존재할 경우, 금융기관들은 장기로 주택저당대출을 해 주고, 유사시 주택저당대출채권을 매각하여 유동성위험을 회피하게 된다. 그래서 주택저당대출채권을 거래하는 시장이 존재하면, 유동성위험이 줄어들면서 주택저당대출의 대출금리는 낮아지게 된다.

3 주택금융의 금리부과방식과 상환방식, 그리고 수수료 조건

1) 주택금융의 금리부과방식

고정금리대출과 변동금리대출

금리조건에 따라 대출은 고정금리대출(fixed rate mortgage)과 변동금리대출(adjustable rate mortgage)로 나눌 수 있다. 고정금리대출은 대출 당시에 결정한 금리를 만기까지 유지하는 대출을 말하며, 변동금리대출은 일정 기간마다 금리를 조정하는 대출을 말한다.[19]

변동금리로 대출을 해 줄 경우, 금리변동의 기준이 필요하다. 보통은 '기준금리+가산금리'로 금리를 정하는데, 기준금리가 바뀌면 대출금리도 바뀌게 된다. 일반적으로 CD(certificate of deposit, 양도성 예금증서)유통수익률이나 COFIX(cost of funds index),[20] 국고채수익률 등을 기준금리로 사용한다.

또 변동금리로 대출해 줄 경우 금리조정 기간을 정하여야 한다. 보통은 3개월, 6개월, 1년 중 하나를 금리조정 기간으로 정한다. 예를 들어 3개월 변동금리 조건으로 대출을 해 주게 되면, 대출 후 3개월마다 대출금리를 기준금리의 변화에 맞추어 재조정하게 된다. 물론 드물기는 하지만, 2년이나 3년에 한 번씩 금리를 바꾸는 변동금리도 있을 수 있다.

고정금리대출과 변동금리대출을 결합한 하이브리드형 변동금리대출(hybrid adjustable rate mortgage)도 있다. 일정기간 동안은 고정금리로 대출을 해 주고, 일정기간이 지나면 변동금리로 바뀌는 대출이 하이브리드형 변동금리대출이다. 그 반대도 가능하다. 즉, 일정기간 동안은 변동금리로 대출을 해 주고, 일정기간이 지나면 고정금리로 바뀌는 대출도 가능한 것이다.

---

19) 금리조건별 대출의 특징과 그에 따른 위험에 대해서는 제2부 제2장과 제3장에서 좀 더 자세하게 살펴보도록 한다.

20) COFIX는 은행권의 자금조달 비용지수를 의미한다. 달리 말하자면, 은행권의 평균적인 조달금리를 의미한다고 보면 된다.

금리조건 중에는 유인금리(teaser rate)체계도 있다. 유인금리체계는 대출초기에는 낮은 금리를 부과하다가 일정 기일이 지나면 금리를 높이는 방식이다. 중간에 금리가 바뀐다는 점에서 유인금리체계도 일종의 하이브리드형 변동금리대출이라고 볼 수도 있다.

금리부과방식과 위험

고정금리로 대출을 해 주면 대출자(대주)는 금리위험에 노출된다. 시장금리가 상승하면, 자금조달 비용이 상승하는 데 반해 자금운용금리는 고정되어 있기 때문에 손실이 발생하게 되는 것이다. 반면에 변동금리로 대출을 해 주면 대출자는 금리위험을 부분적으로 회피할 수 있다. 시장금리가 상승하면, 자금조달 비용이 상승하겠지만 자금운용금리도 따라서 올라가기 때문에 손실을 피할 수 있는 것이다.

변동금리로 대출을 해 줄 때, 금리위험을 피할 수 있는 정도는 금리조정 주기에 따라 달라진다. 금리조정 주기가 짧으면 짧을수록 대출자의 금리위험은 줄어든다. 예를 들어 대출금리를 매일매일 조정한다면 대출자는 금리위험에서 완전히 자유롭게 된다. 금리상승으로 인해 자금조달 비용이 상승하더라도 곧바로 자금운용금리도 상승하기 때문에 손실을 입지 않게 되는 것이다.

고정금리로 대출을 해 주면 대출자의 금리위험이 커지기 때문에 변동금리로 대출해 주는 것보다 대출금리가 높게 된다. 반대로 변동금리로 대출을 해 주면 대출자의 위험이 줄어들기 때문에 고정금리로 대출해 주는 것보다 대출금리가 낮게 된다.

2) 주택금융의 상환방식

만기일시상환, 원금균등분할상환, 원리금균등분할상환, 점증상환

주택저당대출(mortgage loan)의 원리금을 상환하는 방법 중에는 만기일시상환방법과 원금균등분할상환방법, 원리금균등분할상환방법, 그리고 점증상환방법 등이 있다. 그리고 원금균등분할상환방법과 원리금균등분할상환방법의 경우 거치기간(interest only period, 이자만 지급하는 기간)을 둘 수도 있다.[21)]

21) 상환방식별 대출의 특징과 그에 따른 위험에 대해서는 제2부 제2장과 제3장에서 좀 더 자세하게 살펴보도록 한다.

① 만기일시상환

만기일시상환(bullet mortgage)방식은 대출만기까지 이자만 지급하다가 대출만기에 대출원금을 일시에 상환하는 방식이다. 만기일시상환방식은 대출만기 때까지는 원금상환이 전혀 이루어지지 않기 때문에 매월 내는 이자가 만기 때까지 동일하다.

만기일시상환방식은 주로 단기대출에 많이 사용한다. 대출만기가 돌아오면, 만기를 조금씩 연장하는 방식으로 만기를 늘려가기도 한다. 만기를 연장할 때, 대개는 대출금의 일부만 상환하고 나머지를 연장하는 방식을 취한다. 만기에 대출총액을 일시에 상환하는 것이 힘들기 때문에 부분상환만 하고 나머지 잔액의 상환은 뒤로 미루는 것이다. 이런 대출상환방식을 벌룬 모기지(balloon mortgage)라고도 부른다.[22)]

② 원금균등분할상환

원금균등분할상환(constant amortization mortgage)이란 대출원금을 만기까지 균등하게 상환하는 방법을 말한다. 원금균등분할상환방식에서는 매기 일정 금액의 원금이 상환되기 때문에 대출잔액은 선형으로 감소한다. 대출잔액의 감소에 따라 대출이자도 선형으로 줄어든다. 이에 따라 원금상환액과 이자액을 합한 원리금지급액도 시간이 흐름에 따라 점차 감소하게 된다.

이 방식의 경우 대출 초기에 대출원리금의 지급액이 가장 크기 때문에 차입자의 원리금지급 부담은 대출 초기에 가장 크다. 그리고 시간이 지남에 따라 원리금지급액이 줄어들기 때문에 차입자의 부담은 점차 감소하게 된다.

③ 원리금균등분할상환

원리금균등분할상환(constant payment mortgage)이란 대출원리금 지급액이 매기 일정한 상환방식을 말한다. 매기의 대출원리금이 동일하기 때문에 대출 초기에는 대체로 원금상환 부분이 적고 이자지급 부분이 크다. 시간이 지남에 따라 원금상환액이 늘어나면서 점차 대출이자 부분은 줄어들게 된다. 이자지급 부분이 줄어들게 되면, 원금상환 부분이 커지기 때문에 시간이 지남에 따라 원금상환 속도가 빨라지고, 그 대신 이자지급 부분은 빠르게 줄어든다.

---

22) 대출만기에 대출원금의 상당 부분을 상환하는 방식을 보고 벌룬 모기지라고 한다. 따라서 벌룬 모기지는 아래에서 볼 원금균등분할상환이나 원리금균등분할상환에서도 사용할 수 있다. 만기에 대출잔액이 일부 남도록 원리금상환 스케줄을 짠 뒤, 대출만기 때 남아 있는 대출잔액을 전액 상환하는 방법도 가능한 것이다.

원리금균등분할상환방식은 매기 내는 차입자의 원리금지급액이 일정하기 때문에 주택저당채권의 현금흐름을 계산하기 용이하다.

④ 점증상환

점증상환(graduated payment mortgage)방식은 매기 납입하는 원리금이 점진적으로 증가하는 상환방식이다. 이 방식의 경우 초기에는 아예 대출이자의 일부만 내고, 나머지 미지급이자는 대출원금에 가산되는 '부(負)의 상환(negative amortization)'이 일어날 수도 있다. 부(負)의 상환이 일어나게 되면, 대출원금은 오히려 증가하게 된다.

시간이 지남에 따라 원리금지급액이 늘어나면 원금상환이 가능하게 된다. 일단 원금이 상환되기 시작하면, 점차 이자지급액이 줄어들고, 이자지급액이 줄어들면 원금상환액이 더욱 커지면서 빠르게 대출잔액이 줄어들게 된다.

점증상환방식은 원리금지급액의 증가 속도를 어떻게 책정하느냐에 따라 상환방식이 다양하게 나타날 수 있다. 또 원리금지급액이 계단식으로 증가하도록 만들 수도 있다. 즉, 1년 동안은 원리금지급액을 일정하게 만들고, 그 다음 1년 동안은 원리금지급액을 조금 높여서 지급하도록 하는 방식으로 원리금상환 스케줄을 만들 수 있는 것이다.

거치기간

거치기간(interest only period)은 이자만 지급하는 기간을 말한다. 원금균등분할상환방식이나 원리금균등분할상환방식 등에서 거치기간을 설정할 수도 있다. 거치기간을 설정하면, 그 기간 동안 차입자는 이자만 지급하고 원금은 상환하지 않는다. 거치기간이 끝나면, 그때 비로소 원금상환을 시작하게 된다. 극단적으로 거치기간을 대출만기 때까지로 설정하게 되면, 이 대출은 만기일시상환대출이 된다.

주택금융 상환방법과 위험

만기일시상환방식의 경우 대출기간 동안에는 이자만 지급하기 때문에 차입자가 채무불이행할 가능성은 낮다. 그러나 만기에 가서는 일시에 원금을 내야 하기 때문에 차입자가 채무불이행을 할 가능성이 높다. 즉, 만기일시상환방식은 채무불이행위험이 대출만기에 집중되는 경향을 보이는 것이다. 이런 문제 때문에 소액인 경우를 제외하고는 만기일시상환방식은 대출자 입장에서 볼 때 상당히 위험한 대출로 인식되고 있다.

원금균등분할상환방식은 원금이 일정한 비율로 상환되기 때문에 초기의 원리금지급 부담이 가장 높다. 그 뒤로는 원리금지급액이 감소하기 때문에 채무불이행위험은 점차 감소한다. 초기에도 대출 당시의 소득을 갖고서 PTI 비율이나 DTI 비율을 검토하기 때문에 채무불이행 가능성은 크지 않다. 대출자의 입장에서 볼 때, 이 방식은 채무불이행 위험을 줄이는 방법이지만, 그 대신 대출가능금액은 그리 크지 않다. 차입자의 소득이 지속적으로 증가한다든가 주택가격이 지속적으로 상승하는 경우, 이 방식은 너무 보수적인 대출상환방식이 된다. 대출경쟁이 치열할 때에는 이 방식이 그다지 유용하지 않다.

원리금균등분할상환방식은 매기의 원리금지급액이 동일하기 때문에 차입자의 소득이 하락하지 않는 한 PTI 비율이 올라가지는 않는다. 그리고 원금균등분할상환방식에 비해 초기 부담이 작기 때문에 좀 더 많은 대출을 해 줄 수 있다. 대출경쟁이 치열할 때에는 이 방식을 사용하면 특별한 위험부담 없이 보다 많은 대출을 해 줄 수 있다.

점증상환방식은 초기의 원리금지급액이 작고 점차 원리금지급액이 커지므로 현재의 소득수준이 그대로 유지된다면 시간이 지남에 따라 채무불이행 가능성이 높아진다. 따라서 이 방법을 사용하려면 차입자의 소득이 지속적으로 증가할 것이라는 낙관적 견해가 뒷받침되어야 한다. 그리고 대출잔액도 초기에는 증가하기 때문에 담보주택의 가격이 하락할 경우 채무불이행 가능성이 커진다. 따라서 점증상환방식은 차입자의 소득이 증가하고, 주택가격이 상승한다는 전제하에서 사용해야 한다. 인플레이션이 심한 경우 점증상환방식은 보다 많은 대출을 해 주면서도 위험을 그다지 부담하지 않는 방식이 된다.

3) 주택금융에서 수수료 조건

금융기관에서 주택저당대출을 실행하는 데에는 여러 가지 고정비용이 들어간다. 담보주택의 가치를 평가하는 데에도 비용이 들어가고, 주택저당대출을 실행하기 위한 서류작업을 하는 데에도 비용이 들어간다.

이런 고정비용을 회수하기 위해 금융기관은 두 가지 방법 중 한 가지 방법으로 차입자에게 비용을 부과한다.

대출수수료 방식과 가산금리 방식

첫 번째 방법은 대출을 실행할 때 수수료를 받는 방법이다. 이런 수수료를 대출수수료라고 부른다. 대출을 실행할 때 비용을 모두 받는다는 의미에서 선취수수료(up-front fee)라고도 부른다. 대출수수료를 부과하면, 차입자의 조기상환을 억제하는 효과가 생긴다. 미리 지급한 대출수수료 때문에 차입자가 대출금을 조기상환하면 할수록 실제 차입자가 지불하는 이자율은 올라가게 된다.

두 번째 방법은 대출이자율에 가산금리를 덧붙여 여러 기간에 걸쳐 비용을 회수하는 방법이다. 이 방법으로 대출비용을 회수할 경우, 차입자가 조기상환을 하면 대출비용을 미처 다 회수하지 못할 수 있다. 그래서 이 경우에는 조기상환수수료를 부과하여 미처 다 회수하지 못한 대출비용을 회수하기도 한다. 조기상환수수료도 차입자의 조기상환을 억제하는 효과를 가진다.

첫 번째 방법은 대출이자율에 가산금리가 적게 부과되기 때문에 두 번째 방법에 비해 대출이자율이 낮아 보이는 효과가 있다. 그 대신 대출실행 당시에 차입자는 추가적인 비용을 내야 하기 때문에 대출에 대해 부담을 느낄 수 있다. 반대로 두 번째 방법은 대출실행 당시에 추가적인 비용을 내지 않아도 되지만, 대출이자율이 첫 번째 방법보다 조금 높아지기 때문에 첫 번째 방법에 비해 금리 경쟁력이 떨어지는 것처럼 보일 수 있다.

미국의 경우, 주택저당대출을 해 주는 금융기관들은 대개 선취로 대출수수료를 징구하는 전략을 취하고 있다. 반면에 우리나라의 경우, 제1금융권(은행권)에서는 대출수수료를 징구하지 않는 대신 대출이자율에 가산금리를 덧붙이는 전략을 취하고 있고, 제2금융권에서는 대출이자율을 낮추는 대신 대출수수료를 징구하는 전략을 취하고 있다.

이 장의 주요 내용

- 주택금융시장은 크게 공급자금융시장과 수요자금융시장으로 구분할 수 있다. 공급자금융은 토지취득단계에서부터 건설단계에 이르기까지의 과정에서 주택공급자를 대상으로 하는 금융을 말한다. 그리고 수요자금융은 거주단계에서 주택수요자(자가 거주자나 임차 거주자)를 대상으로 하는 금융을 말한다. 수요자금융시장은 다시 크게 제1차 주택저당채권시장과 제2차 주택저당채권시장으로 나누어진다. 제1차 주택저당채권시장은 주택저당대출이 일어나는 시장을 말하며, 제2차 주택저당채권시장은 주택저당대출채권이 유동화되는 시장을 말한다.

- 우리나라에서 공급자금융은 크게 제도권금융과 비제도권금융으로 나눌 수 있다. 제도권금융에는 공공자금인 주택도시기금의 사업자대출이 있고, 민간자금인 기업대출이나 PF대출, 부동산펀드 자금, REITs 자금 등이 있다. 비제도권금융에서는 선분양제도가 분양 계약금이나 중도금 형태로 사업자에게 자금을 공급하는 역할을 하고 있다.

  수요자금융도 크게 제도권금융과 비제도권금융으로 나눌 수 있다. 제도권금융에는 공공자금인 주택도시기금의 개인대출이나 한국주택금융공사의 보금자리론이 있고, 민간자금인 시중은행의 주택담보대출이나 전세자금대출이 있다. 그리고 비제도권금융으로 전세제도가 보증금 형태로 임대인에게 자금을 제공하고 있다.

- 주택금융 중 주택저당대출의 경우, 대출자는 금리위험(interest risk), 조기상환위험(prepayment risk), 채무불이행위험(default risk), 유동성위험(liquidity risk)을 안게 된다. 주택저당대출은 금리조건에 따라 고정금리대출과 변동금리대출로 나눌 수 있다. 주택저당대출에서 상환방법은 크게 만기일시상환(bullet mortgage)방식과 원금균등분할상환방식, 그리고 원리금균등분할상환방식, 점증상환방식으로 나눌 수 있다.

연 | 습 | 문 | 제

01 | 우리나라에서 주택 공급자금융의 일환으로 운영되고 있는 선분양제도를 설명하고, 선분양제도에서 주택분양보증의 역할에 대하여 설명하라.

02 | 한국주택금융공사의 보금자리론과 적격대출의 차이를 설명하라.

03 | 주택저당대출에 내재되어 있는 금리위험에 대하여 설명하라.

04 | 주택저당대출에 내재되어 있는 조기상환위험에 대하여 설명하라.

05 | 주택저당대출에서 만기일시상환과 원금균등분할상환, 원리금균등분할상환의 차이를 설명하라.

06 | 대출비용을 징구하는 두 가지 방식에 대해 설명하라.

제 2 장

고정금리 주택저당대출

본 장에서는 고정금리 주택저당대출의 원리금상환구조와 실효이자율의 개념에 대해 살펴본다. 원리금상환구조는 원리금상환방식에 따라 달라진다. 가장 일반적인 상환방식은 원리금균등분할상환이다. 본 장에서는 원리금균등분할상환방식에서 원리금상환구조를 살펴보고, 그 밖에 원금균등분할상환, 점증상환, 만기일시상환 방식의 원리금상환구조를 살펴본다.

대출수수료와 조기상환수수료는 대출의 실질적인 이자율(실효이자율)을 높인다. 본 장에서는 대출수수료와 조기상환수수료가 존재할 때, 대출의 실질적인 이자율이 어떻게 바뀌는지도 살펴본다.

1. 원리금균등분할상환대출의 원리금상환구조
2. 기타 상환방법별 대출의 원리금상환구조
3. 대출 관련 수수료와 실효이자율

1 원리금균등분할상환대출의 원리금상환구조

1) 원리금균등분할상환대출의 원리금지불액

고정금리대출(FRM: fixed rate mortgage)은 대출원리금의 상환방식에 따라 원리금균등분할상환대출(CPM: constant payment mortgage), 원금균등분할상환대출(CAM: constant amortization mortgage), 점증상환대출(GPM: graduated payment mortgage), 만기일시상환대출(bullet mortgage) 등으로 나눌 수 있다.[1)]

이 중에서 원리금균등분할상환대출은 주택금융을 분석할 때 가장 기초가 되는 원리금상환방식이다. 원리금균등분할상환대출은 대출만기까지 매기 일정한 금액을 원리금(원금과 이자)으로 갚아나가는 대출을 말한다. 원리금균등분할상환대출은 대출만기 때까지 일정한 현금흐름을 발생시키기 때문에 대출채권의 가치평가가 상대적으로 용이하고, 제2차 주택저당채권시장에서도 선호하는 대출상환방식이다.

원리금지불액

원리금균등분할상환대출은 차입자가 매기 지불하는 원리금이 일정하다. 원리금균등분할상환대출에서 차입자가 매기 지불하는 원리금은 다음과 같이 계산된다.

$$\text{매기 원리금지불액} = \frac{\text{대출액}}{\text{연금현가계수}(r, n)}$$

여기서 r은 대출이자율이고, n은 대출만기이다.

연금현가계수(PVIFA: present value interest factor of annuity)는 다음과 같이 계산된다.[2)]

---

1) 뒤에서 볼 변동금리대출에서도 원리금상환방식으로 원리금균등분할상환대출이나 원금균등분할상환대출, 점증상환대출, 만기일시상환대출 등이 있을 수 있다.

2) 연금현가계수 식은 교과서에 따라 $\frac{(1+r)^n-1}{r(1+r)^n}$로 표현하기도 하고, $\frac{1-(1+r)^{-n}}{r}$으로 표현하기도 한다.

$$연금현가계수(r, n) = \frac{1 - \frac{1}{(1+r)^n}}{r}$$

연금현가계수의 역수를 흔히 저당상수(MC: mortgage constant)라고도 부르는데, 이 경우 매기 원리금지급액은 대출액에다가 저당상수를 곱한 것이 된다.

$$저당상수(MC) = \frac{1}{연금현가계수(r, n)}$$

$$매기\ 원리금지불액 = 대출액 \times 저당상수(r, n)$$

원리금지불액 산출식의 유도

대출액이 M원이고, 대출이자율이 r, 만기가 n인 고정금리부 원리금균등분할상환대출이 있다고 하자. 매기 내는 원리금지급액이 P원이라고 하자. 이때 매기 내는 원리금지급액 P원을 대출이자율로 할인하여 모두 합하였을 때, 이 값은 대출액과 같아야 한다.

왜냐하면, 대출기관 입장에서 볼 때 'M원을 대출하여 매기 P원의 원리금을 받는 것'은 'M원을 투자하여 매기 P원의 수익(return)을 얻는 것'과 같다. M원을 투자하여 매기 P원의 수익(return)을 얻을 때, 매기 P원의 현재가치 합과 투자액 M원을 일치시켜 주는 할인율이 바로 투자수익률이다. 대출이자율은 대출기관 입장에서는 투자수익률에 해당하므로, M원을 대출하여 매기 P원의 원리금을 받을 때, 매기 얻는 P원을 대출이자율로 할인하여 합한 것은 대출액과 같아야 하는 것이다. 따라서 다음 식이 성립한다.

$$M = \frac{P}{(1+r)} + \frac{P}{(1+r)^2} + \cdots + \frac{P}{(1+r)^{n-1}} + \frac{P}{(1+r)^n}$$

이 식을 정리하면, 다음과 같이 된다.

모두 같은 식이니 혼동 없기를 바란다. 연금현가계수에 대한 영문 약칭도 교과서에 따라 PVAIF(present value annuity interest factor), PVFA(present value factor of annuity), PVAF(present value annuity factor) 등으로 표현되기도 하니 이 역시 혼동 없기를 바란다. 연금현가계수 식의 도출과정은 제1부 제2장을 참조하라.

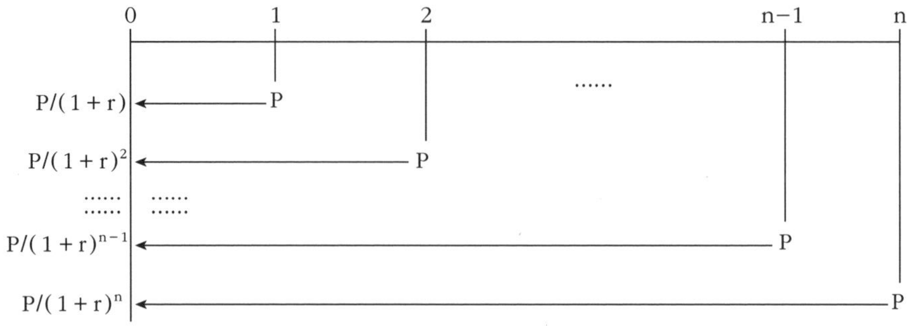

$$M = \frac{P}{(1+r)}\left[1 + \frac{1}{(1+r)} + \cdots + \frac{1}{(1+r)^{n-2}} + \frac{1}{(1+r)^{n-1}}\right]$$

$$= \frac{P}{(1+r)}\left[\frac{1 - \frac{1}{(1+r)^n}}{1 - \frac{1}{1+r}}\right]$$

$$= P\left[\frac{1 - \frac{1}{(1+r)^n}}{r}\right]$$

이 식에서 우측 괄호 안에 있는 식이 연금현가계수 식이다.

$$\text{연금현가계수}(r, n) = \frac{1 - \frac{1}{(1+r)^n}}{r}$$

따라서 다음과 같은 식이 성립한다.

대출액 = 매기 원리금지불액 × 연금현가계수(r, n)

이 식에 따라, 매기 내야 하는 원리금지급액은 다음과 같이 계산된다.

$$\text{매기 원리금지불액} = \frac{\text{대출액}}{\text{연금현가계수}(r, n)}$$

월 기준 원리금지불액

주택담보대출(mortgage)에서는 보통 월별로 원리금을 지불하는데, 대출이자율과 만기는 연간으로 설정한다. 그래서 월별 원리금지급액을 계산하기 위해 연금현가계수를 구할 때, 연간 기준 대출이자율을 월간 기준 대출이자율로 바꾸어야 하고, 만기도 연

(年) 대신 월(月)로 바꾸어야 한다.

월 기준 연금현가계수는 다음과 같이 계산된다.

$$\text{월 기준 연금현가계수}(r,\ n) = \text{연금현가계수}(r/12,\ n \times 12) = \frac{1 - \dfrac{1}{(1 + r/12)^{n \times 12}}}{(r/12)}$$

월 기준 연금현가계수는 연간 기준 대출이자율(r)을 12로 나누고, 연간 기준 만기(n)는 12를 곱하여 계산한다.[3] 월 기준 연금현가계수가 구해지면, 월별 원리금지불액은 다음과 같이 대출액을 월 기준 연금현가계수로 나눔으로써 구해진다.

$$\text{월별 원리금지불액} = \frac{\text{대출액}}{\text{연금현가계수}(r/12, n \times 12)}$$

연금현가계수나 원리금지급액은 엑셀(Excel)과 같은 계산 프로그램에서 계산할 수도 있고, 재무계산기(financial calculator)라고 하는 금융전문계산기를 가지고 계산할 수도 있다.[4] 여기서는 엑셀 프로그램을 이용하여 예제를 풀도록 하겠다.

3) 금융기관에 따라서는 일수에 따라 월별 원리금지급액을 달리 정하기도 한다. 예를 들어 2월은 일수가 28일이므로, 연금현가계수를 계산할 때 월 할인율은 $r/12$ 대신 $r \times (28/365)$를 사용하고, 개월 수는 $n \times 12$ 대신 $n \times (365/28)$을 사용한다. 4월, 6월, 9월, 11월은 일수가 30일이므로, 월 할인율은 $r \times (30/365)$을, 개월 수는 $n \times (365/30)$를 사용한다. 1월, 3월, 5월, 7월, 8월, 10월, 12월은 일수가 31일이므로, 월 할인율은 $r \times (31/365)$을, 개월 수는 $n \times (365/31)$를 사용한다. 본 교재에서는 일수에 따른 월별 원리금지급액은 고려하지 않도록 한다.

4) 재무계산기에는 연금현가계수나 원리금지급액 등의 계산식이 프로그래밍되어 있어서 대출이자율이나 대출만기 등과 같은 대출조건만 입력하면 자동적으로 원하는 값을 구할 수 있도록 되어 있다. 대표적인 재무계산기로 Texas Instrument의 재무계산기나 HP의 재무계산기가 있다. 그러나 최근에는 재무계산 앱(App)들이 많이 나오면서 스마트폰이나 스마트 패드 등이 재무계산기 역할을 하기도 한다. 재무계산기에 따라, 또 재무계산 앱(App)에 따라 명령어 입력방식이 조금씩 다르기 때문에 여기서는 재무계산기나 재무계산 앱(App)으로 계산하는 방법은 별도로 소개하지 않도록 한다.

예제 1

고정금리부 원리금균등분할상환조건으로 주택저당대출을 받았다. 대출액은 7,000만 원이고, 만기는 30년이다. 대출이자율은 연 5%이다. 원리금은 매월 지급한다. 매월 내야 하는 원리금은 얼마인가?

$$연금현가계수(5\%/12, 30 \times 12) = \frac{1 - \frac{1}{(1+0.05/12)^{30\times12}}}{0.05/12} = 186.28$$

$$월별\ 원리금지불액 = \frac{7,000}{186.28} = 37.58(만\ 원)$$

엑셀의 재무계산 수식 명령어 PMT를 이용하여 계산할 수도 있다. 명령어 창에 '=PMT(5%/12, 360, −70,000,000)' 이라고 입력을 하면 월 원리금지급액이 계산되어 나온다. PMT 명령어의 괄호 속에 월간 이자율(5%/12), 만기까지의 개월 수(360), 대출액(대출액에는 –를 붙임. 즉, −70,000,000)의 순으로 입력을 하면 된다.

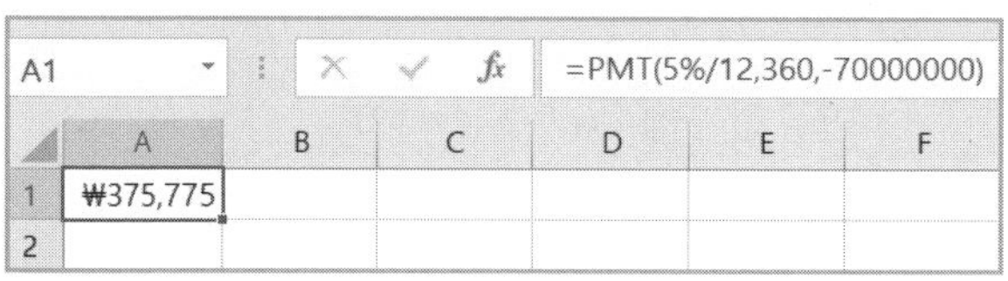

2) 원리금상환 스케줄과 대출잔액 스케줄

원리금상환 스케줄

원리금균등분할상환대출은 차입자가 이자와 원금 상환으로 매기 일정한 금액을 지급하는 대출이다. 매기 일정한 금액이 지급되면, 이 중에서 먼저 이자가 공제되고 나머지 부분은 원금상환으로 처리된다. 대출 초기에는 원리금의 대부분이 이자로 공제되기 때문에 원금상환액은 매우 적다. 그러나 원금상환액이 점차 누적되다 보면, 대출잔액이 줄어들기 때문에 이자 부분은 점차 줄어들게 된다. 이자가 줄어들게 되면서 원금상환액은 점차 확대된다. 대출이 만기에 가까워지면 원리금 중 이자로 나가는 부분은 매우 적어지고, 원금상환액은 점차 커진다. 즉, 원리금지급액 중에서 이자 부분은 시간이 지남에 따라 점차 줄어들게 되고, 반대로 원금상환 부분은 시간이 지남에 따라 점차 커지게 된다.

이와 같은 상환 스케줄에 따라, 대출잔액도 대출 초기에는 서서히 감소하다가 만기

■ 표 1 고정금리부 원리금균등분할상환대출의 원리금지급 스케줄 (단위 : 만 원)

월	원리금지급액	이자지급액	원금상환액	기말 대출잔액
0				7,000.00
1	37.58	29.17	8.41	6,991.59
2	37.58	29.13	8.45	6,983.14
3	37.58	29.10	8.48	6,974.66
4	37.58	29.06	8.52	6,966.15
5	37.58	29.03	8.55	6,957.59
6	37.58	28.99	8.59	6,949.01
…	…	…	…	…
355	37.58	0.93	36.65	185.56
356	37.58	0.77	36.80	148.76
357	37.58	0.62	36.96	111.80
358	37.58	0.47	37.11	74.69
359	37.58	0.31	37.27	37.42
360	37.58	0.16	37.42	0.00

주 : 대출액 7천만 원, 대출금리 연 5%(고정금리), 만기 30년 가정.

가 다가오면 빠르게 감소하는 형태를 취한다.

위의 〈표 1〉은 앞의 [예제 1]에 따라 7,000만 원을 만기 30년, 연 5% 고정금리, 원리금균등분할상환조건으로 대출받았을 때, 매월 내는 원리금과 이자지불액, 원금상환액, 그리고 기말의 대출잔액을 보여주고 있다. 이 표에서 보다시피, 원리금지급액은 만기 때까지 매달 37.58만 원으로 일정하다. 이 중에서 이자로 지급되는 금액은 대출 초기에는 월 29만 원 정도이나 만기가 다가오면서 월 1만 원 수준으로 떨어진다. 이자지급액과는 달리 원금상환액은 초기에는 월 8만 원 정도이지만 시간이 지남에 따라 점점 커져, 만기 때에는 월 37만 원 정도가 원금상환으로 처리된다. 또 이 표를 통해 대출잔액이 초기에는 서서히 감소하지만, 뒤로 갈수록 빠르게 감소하는 것을 확인할 수 있다.

다음의 [그림 1]은 〈표 1〉에 나와 있는 원리금지급 스케줄과 대출잔액 스케줄을 그림으로 그린 것이다. 이 그림을 통해 보다 명확하게 원리금지급 스케줄과 대출잔액 스

그림 1 원리금균등분할상환대출의 원리금지급과 대출잔액 스케줄 (단위 : 만 원)

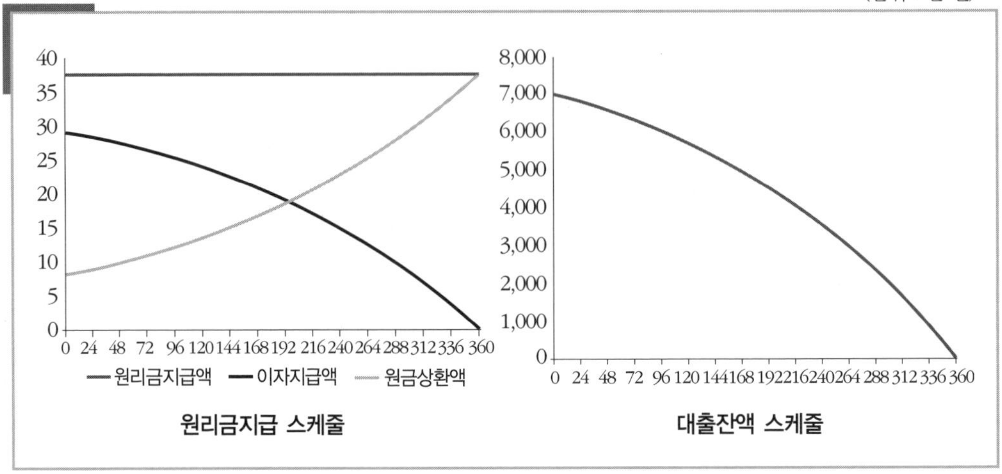

케줄의 특징을 확인할 수 있을 것이다.

대출잔액의 계산

대출을 받은 뒤, 만기 전에 대출잔액 전체를 상환하는 것을 보고 조기상환(prepayment) 또는 중도상환이라고 부른다. 조기상환을 하기 위해서는 대출액이 얼마나 남아 있는지 알아야 한다.

고정금리부 원리금균등분할상환대출에서 일정 기일 후의 대출잔액은 앞의 〈표 1〉과 같은 원리금지급 스케줄을 보고서 알아낼 수도 있지만, 다음과 같은 계산식을 통해 간단하게 구할 수도 있다.

$$\text{대출잔액} = \text{원리금지급액} \times \text{연금현가계수}(r, n-k)$$

여기서 k는 대출 후 경과 연수이다. 따라서 n−k는 만기까지 남은 기간이 된다. 물론 원리금지급액이 월별로 지불되는 것이라면, 연금현가계수는 월간 연금현가계수를 사용하여야 한다.

위의 식이 의미하는 것은, 매기 원리금지급액을 현재가치로 환산하여 합한 것이 대출잔액이라는 것이다. 이때 할인율은 대출이자율을 사용하고, 기간은 만기까지 남은 기간을 사용한다.

이 개념은 앞에서 본 대출액 산정식과 일맥상통한다. 대출금은 만기까지의 원리금 지급액을 현재가치로 환산하여 합한 금액(대출이자율로 할인)과 일치하는데, 마찬가지 논리로 일정 시점 뒤의 대출잔액은 남아 있는 기간 동안의 원리금지급액을 현재가치로 환산하여 합한 금액과 같다.

다음의 [그림 2]와 [그림 3]을 보면, 이 개념을 보다 명확하게 이해할 수 있으리라고 본다. [그림 2]에서 대출기관은 차입자에게 M원을 대출해 주고(현금유출), 매기 P원(원리금지급액)을 n년 동안 지급받는다(현금유입). n년 동안의 원리금지급액([그림 2]에서 회색 음영 부분)을 현재가치로 환산하면, 이 금액은 대출액과 같게 된다. 이때 할인율은 대출이자율을 사용하게 된다. 이를 식으로 표현하면 다음과 같다.

대출액(M) = 만기까지의 원리금지급액(P)의 현재가치 합
= 원리금지급액(P) × 연금현가계수(r, n)

그림 2 고정금리부 원리금균등분할상환대출의 현금흐름

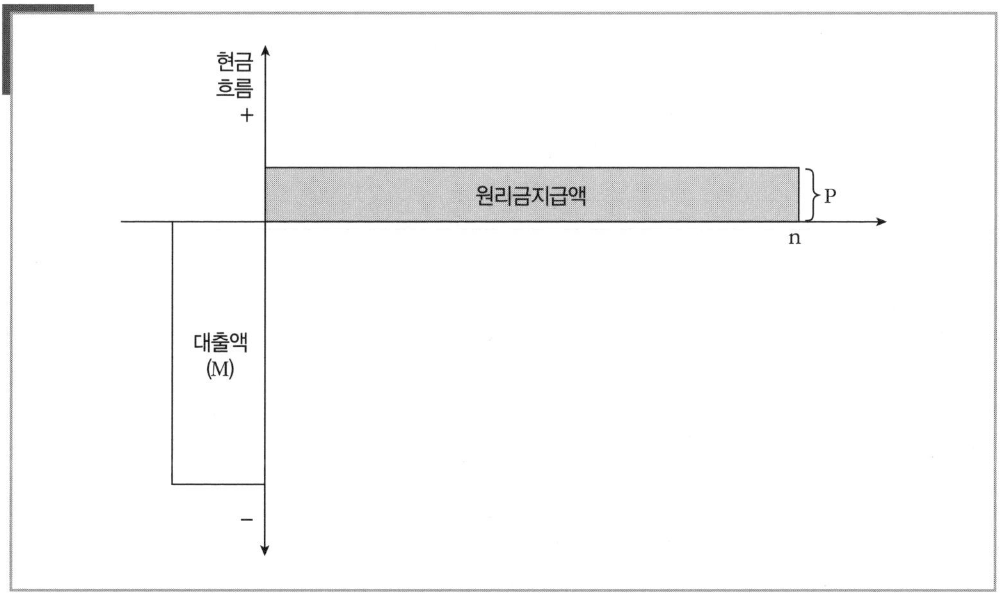

이 대출이 대출실행 후 k년이 흘렀다고 해 보자. 이제는 (n − k)년 동안의 원리금지급액이 남아 있다. 이렇게 남아 있는 원리금지급액([그림 3]에서 회색 음영 부분)을 k 시점의 현재가치로 환산하면(대출이자율로 할인),[5] 그 금액이 k 시점의 대출잔액과 같다. 이를 식으로 표현하면 다음과 같은데, 이 식은 앞의 대출액 계산식과 같다.

대출잔액 = 만기까지 남아 있는 원리금지급액(P)의 현재가치 합 = 원리금지급액(P) × 연금현가계수(r, n − k)

그림 3 **고정금리부 원리금균등분할상환대출에서 일정 기간 경과 후의 현금흐름**

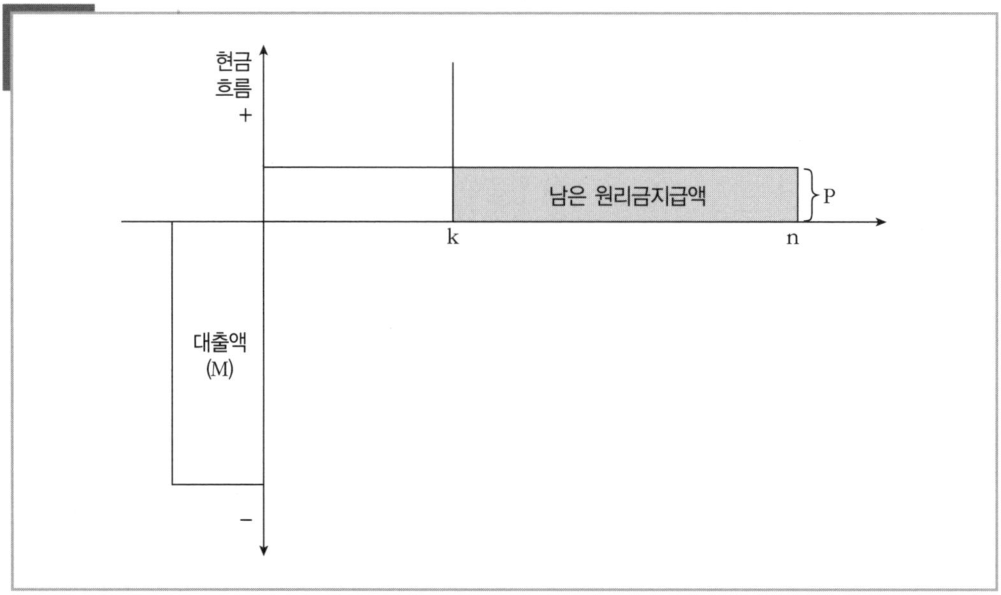

예제 2

고정금리부 원리금균등분할상환조건으로 주택저당대출을 받았다. 대출액은 7,000만 원이고, 만기는 30년이다. 대출이자율은 연 5%이다. 원리금은 매월 지급한다. 대출 후 5년이 지난 시점에 남아 있는 대출잔액은 얼마인가?

5) 매기 일정 금액(P)이 들어올 때, 이 현금흐름의 현재가치 합은 매기 들어오는 일정 금액(P)에다가 연금현가계수를 곱하여 구한다는 점을 기억하고 있어야 한다.

$$월별\ 원리금지급액 = \frac{7,000}{186.28} = 37.58(만\ 원)$$

대출 후 5년이 지났으므로 대출만기까지 남은 기간은 25년이다. 할인율을 5%로 하여 25년짜리 연금현가계수를 구하면, 다음과 같다.

$$연금현가계수(5\%/12,\ 25년\times12) = \frac{1 - \dfrac{1}{(1+0.05/12)^{25\times12}}}{0.05/12} = 171.06$$

$$\begin{aligned} 5년\ 뒤\ 대출잔액 &= 원리금지급액\times연금현가계수(5\%/12,\ 25년\times12) \\ &= 37.58\times171.06 = 6,428(만\ 원) \end{aligned}$$

2 기타 상환방법별 대출의 원리금상환구조

1) 원금균등분할상환대출의 원리금상환구조

원금균등분할상환대출은 대출원금을 대출만기까지 균등하게 상환하는 대출을 말한다. 매기 대출원금을 일정하게 상환하기 때문에 대출잔액은 매기 일정 금액씩 줄어든다. 대출잔액이 일정하게 줄어들면서 대출이자로 지급되는 금액은 점차 줄어들게 된다.

원리금지급액(원금상환액+이자지급액)은 대출 초기에 가장 높고, 시간이 지남에 따라 점차 감소하여 대출 만기에 가장 낮게 된다. 차입자 입장에서 볼 때, 대출 초기에 원리금지급 부담이 가장 크고, 시간이 지남에 따라 점차 원리금지급 부담이 감소하는 특징을 보인다고 할 수 있다.

앞의 예제를 가지고 원금균등분할상환대출의 원리금상환구조를 보도록 하자. 대출액이 7,000만 원이고, 대출금리는 연 5%로 고정금리, 대출만기는 30년이라고 하자. 원금균등분할상환방식으로 원리금을 상환한다고 할 때, 매달 내야 하는 원금상환액은 19.44만 원(=7,000만 원/360개월)이다. 대출을 받은 후 첫 번째 달에는 대출원금 7,000만 원에 대한 월 이자 29.17만 원(=7,000만 원×0.05/12)을 내야 하기 때문에 총 원리금지급

표 2 원금균등분할상환대출에서 원리금상환 스케줄 (단위 : 만 원)

개월	원금상환액	이자지급액	원리금지급액	기말 대출잔액
0				7,000.00
1	19.44	29.17	48.61	6,980.56
2	19.44	29.09	48.53	6,961.11
3	19.44	29.00	48.45	6,941.67
4	19.44	28.92	48.37	6,922.22
5	19.44	28.84	48.29	6,902.78
6	19.44	28.76	48.21	6,883.33
…	…	…	…	…
355	19.44	0.49	19.93	97.24
356	19.44	0.41	19.85	77.79
357	19.44	0.32	19.77	58.35
358	19.44	0.24	19.69	38.90
359	19.44	0.16	19.61	19.46
360	19.44	0.08	19.53	0.00

주 : 대출액 7천만 원, 대출금리 연 5%(고정금리), 대출만기 30년 가정.

그림 4 원금균등분할상환에서 원리금상환 및 대출잔액 스케줄 (단위 : 만 원)

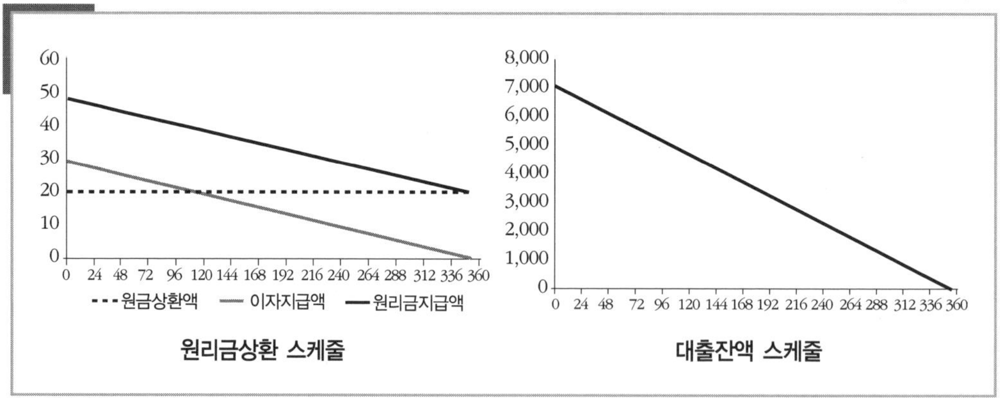

액은 48.61만 원이 된다. 그러나 두 번째 달에는 대출잔액이 줄어들었기 때문에 이자지급액도 줄어들게 된다. 시간이 지남에 따라 대출잔액은 계속 줄어들고, 이에 따라 이자

지급액도 점차 줄어들게 된다. 대출만기가 다가오면 이자지급액은 거의 무시해도 좋을 정도로 줄어들게 된다.

2) 점증상환대출의 원리금상환구조

점증상환대출이란 원리금지급액이 대출 초기에는 낮고, 시간이 지남에 따라 점차 증가하는 대출을 말한다. 점증상환대출은 대출 초기에 원리금이 이자지급액에 못 미칠 수도 있다. 이 경우, 지급 못한 이자 부분(미상환 이자)이 원금에 가산된다. 이를 보고 흔히 부(負)의 상환(negative amortization)이라고 부른다. 그러나 원리금지급액이 점차 늘어남에 따라 미상환 이자가 줄어들게 되고, 나중에는 원리금지급액이 이자지급액을 넘어서게 되면 그때부터는 원금상환이 시작된다. 원금상환이 시작되면 이자지급액은 점차 줄어들게 되고, 원금상환액은 점차 늘어나게 된다.

점증상환대출에서 부(負)의 상환이 일어나게 되면, 원금에 미상환 이자가 가산되기 때문에 대출잔액은 대출원금보다 커지게 된다. 그러다가 원리금지급액이 점차 늘어나서 이자지급액을 넘어서게 되면 그때부터 대출잔액은 줄어들게 된다.

점증상환대출은 원리금지급액의 증가 속도에 따라 최초 내는 원리금 수준(initial payment)이 달라진다. 원리금 증가 속도를 빠르게 하면, 최초 내는 원리금 수준은 낮아진다. 반대로 원리금 증가 속도를 느리게 하면, 최초 내는 원리금 수준은 올라가게 된다.

또 점증상환대출은 몇 년까지 원리금지급액을 증가시킬 것이냐에 따라 최초 내는 원리금 수준이 달라진다. 예를 들어 5년 동안은 원리금지급액을 증가시키고, 그 뒤부터는 일반적인 원리금균등분할상환방식으로 갈 수 있다. 또는 10년 동안은 원리금지급액을 증가시키고, 그 뒤부터는 일반적인 원리금균등분할상환방식으로 갈 수 있다. 최초 내는 원리금 수준은 전자보다 후자가 낮다. 물론 만기 때까지 원리금지급액을 증가시켜 나갈 수도 있는데, 이 경우 최초 내는 원리금 수준이 가장 낮아진다.

이처럼 점증상환대출은 원리금지급액의 증가 속도와 원리금지급액 증가 시간을 어떻게 설정하느냐에 따라 다양한 상품이 만들어질 수 있다.

그림 5 점증상환대출의 원리금상환 및 대출잔액 스케줄

(단위 : 만 원)

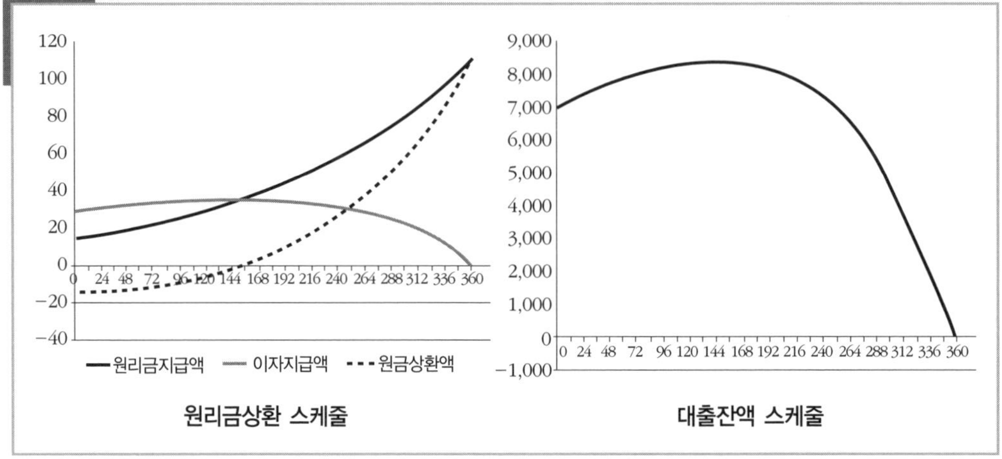

위의 [그림 5]는 원리금지급액이 만기까지 계속 증가하는 대출을 가정하였을 때의 원리금지급 스케줄과 대출잔액 스케줄을 보여주고 있다. 대출액이 7천만 원이고, 대출이자율이 연 5%(고정금리), 만기가 30년, 최초 원리금지급액은 15만 원, 원리금지급액 증가율을 연 6.7%(월 0.558%)로 가정하였다. [그림 5]에서 보다시피 대략 156개월(13년)까지는 원리금지급액이 이자지급액에 못 미쳐 부(負)의 상환이 일어난다. 이에 따라 대출잔액은 증가하고, 지급해야 할 이자도 증가한다. 그러나 이 시기를 지나면, 원리금지급액이 이자지급액을 넘어서게 되고, 이때부터 원금상환이 이루어지면서 대출잔액도 줄고 지급해야 할 이자도 줄어들게 된다.

점증상환대출은 위와 같이 매월 원리금지급액을 증가시키면 차입자가 불편해 할 수가 있다. 다음 달에 얼마를 더 내야 하는지 매번 계산해야 하기 때문이다. 그래서 대개는 1년 단위로 원리금지급액을 증가시켜 나가는 것이 일반적이다. 이 경우 원리금지급액은 1년에 한 번씩 바뀌면서 계단식으로 증가하게 된다.

점증상환대출은 미국에서 인플레이션 시기에 원리금지급액의 실질가치가 하락함을 고려하여 만든 상품이다. 원리금균등분할상환대출을 받았는데, 인플레이션이 일어나게 되면 차입자가 매달 내는 원리금지급액은 명목상(nominal term)으로 일정하지만 실질상(real term)으로는 하락하게 된다. 그러나 인플레이션 상황하에서 점증상환대출을 받을 경우, 차입자가 매달 내는 명목상의 원리금지급액은 늘어나겠지만, 인플레이션으로 인해 실질적으로 내는 원리금지급액은 일정하게 유지될 수 있다. 예를 들어 위의 예처럼 원리금지급액이 연 6.7%씩 상승하더라도 물가가 연 6.7%씩 오른다면, 실질적인 원리금지급액은 일정하게 되는 것이다.[6)]

점증상환대출에서 최초 원리금지급액 계산

점증상환대출에서 매기 원리금이 g의 비율로 증가한다고 하자. 이때 매기 원리금지급액을 현재가치로 환산하여 합한 값은 대출액과 같아야 한다. 단, 할인율은 대출이자율을 사용해야 한다. 이를 식으로 표현하면 다음과 같다.

$$M = \frac{P_1}{(1+r)} + \frac{P_1(1+g)}{(1+r)^2} + \frac{P_1(1+g)^2}{(1+r)^3} + \cdots + \frac{P_1(1+g)^{n-1}}{(1+r)^n}$$

이를 정리하면,

$$M = \frac{P_1}{(1+r)}\left[1 + \frac{(1+g)}{(1+r)} + \frac{(1+g)^2}{(1+r)^2} + \cdots + \frac{(1+g)^{n-1}}{(1+r)^{n-1}}\right]$$

$$= \frac{P_1}{(1+r)}\left[\frac{1-\left(\frac{1+g}{1+r}\right)^n}{1-\left(\frac{1+g}{1+r}\right)}\right]$$

$$= P_1\left[\frac{1-\left(\frac{1+g}{1+r}\right)^n}{r-g}\right]$$

따라서 최초 원리금지급액 P_1은 다음과 같이 계산된다.

$$P_1 = M \div \left[\frac{1-\left(\frac{1+g}{1+r}\right)^n}{r-g}\right]$$

3) 만기일시상환대출의 원리금상환구조

만기일시상환대출(bullet mortgage)은 대출기간 동안 이자만 지급하고, 만기에 원금

6) 이 부분에 대해서는 뒷장에서 다시 이야기할 것이다.

을 일시에 상환하는 대출이다. 대출기간 동안 이자만 지급하기 때문에 원리금상환구조가 매우 간단하고, 만기 때까지 원금상환이 없기 때문에 대출잔액도 최초 대출액 수준에서 고정되어 있다.

만기일시상환대출은 대출기간 동안 이자만 지급하기 때문에 차입자 입장에서 보면 만기 때까지 원리금지급 부담이 작다. 그러나 만기에 가서는 원금을 일시에 상환해야 하기 때문에 원리금지급 부담이 갑자기 커지게 된다. 가계자산에서 주택이 차지하는 비중이 크다 보니 주택을 매각하지 않는 한 한꺼번에 큰돈을 갚기가 어려운 것이다.

그래서 대개 만기일시상환대출은 대출만기를 3년 내지 5년 정도로 짧게 하고, 대출만기 시 원금의 일부를 상환하게 한 뒤 대출만기를 연장해 주는 방법을 주로 쓴다. 또 만기가 돌아오면 남아 있는 원금의 일부를 또 상환하고, 다시 대출만기를 연장하는 식이다. 흔히 이런 대출을 벌룬 모기지(ballon mortgage)라고도 부른다.[7)]

4) 거치기간

거치기간(interest-only period)은 대출을 받고 난 뒤 원금상환 없이 이자만 지급하는 기간을 말한다. 보통 원리금균등분할상환대출이나 원금균등분할상환대출에서 거치기간을 두기도 하고, 거치기간 없이 곧바로 원금상환을 하기도 한다.[8)]

원리금균등분할상환대출에서 거치기간을 둘 경우, 거치기간 동안에는 이자만 지급하다가 거치기간이 끝나면 남은 기간 동안 원리금균등분할상환을 하게 된다. 예를 들어 30년 만기에 거치기간이 3년인 원리금균등분할상환대출이 있다면, 첫 3년 동안은 이자만 지급하다가 4년차부터는 27년간 원리금균등분할상환방식으로 원리금을 지급하게 된다.

원금균등분할상환대출에서도 거치기간을 둘 경우, 마찬가지로 거치기간 동안에는 이자만 지급하고 거치기간이 끝나면 남은 기간 동안 원금균등분할상환을 하게 된다.

---

7) 벌룬 모기지(balloon mortgage)는, 원래 만기가 3~7년 정도이고 원리금균등분할상환방식으로 원리금을 지급하되, 30년 만기를 가정할 때의 원리금 수준으로 원리금을 상환하는 대출을 말한다. 만기가 돌아오면 남아 있는 대출잔액(만기에 남아 있는 대출잔액을 balloon payment라고 부른다)만큼을 한꺼번에 상환해야 하는데 보통은 재차입(refinancing)형식으로 만기를 연장한다. 앞에서 살펴보았다시피 원리금균등분할상환대출은 대출 초기에 내는 원리금이 대부분 이자 부분으로 충당되기 때문에 사실상 원금상환이 거의 이루어지지 않은 상태에서 대출연장이 이루어진다고 보면 된다.

8) 미국에서는 거치기간이 있는 대출을 흔히 interest-only mortgage라고 부른다.

거치기간을 두면, 거치기간 동안에는 이자만 지급하기 때문에 차입자의 부담이 크지 않다. 그러나 거치기간이 끝나면 차입자는 이자와 함께 원금을 상환해야 하기 때문에 갑자기 부담이 커져서 원리금을 지급하지 못할 수가 있다.

5) 상환방식별 원리금지급 총액의 차이와 듀레이션

상환방식별 원리금지급 총액의 차이

원리금균등분할상환대출, 원금균등분할상환대출, 점증상환대출, 그리고 만기일시상환대출의 원리금지급총액(화폐의 시간가치를 고려하지 않은 지급 총액)을 상호 비교해 보면, 원금균등분할상환대출의 원리금지급 총액이 가장 적고, 그 다음 원리금균등분할상환대출, 그리고 점증상환대출, 만기일시상환대출 순으로 원리금지급총액이 커진다. 원금상환액은 모두 동일할 것이므로, 결국 이자지급 총액은 '원금균등분할상환대출 < 원리금균등분할상환대출 < 점증상환대출 < 만기일시상환대출' 순으로 크다고 할 수 있다.

앞의 예(대출액이 7,000만 원, 연 5% 고정금리, 만기 30년을 가정)에 따른 상환방식별 원리금지급 총액을 비교해 보면, 원금균등분할상환대출의 원리금지급 총액이 12,264.6만 원(이자지급 총액 5,264.6만 원+원금상환 총액 7,000만 원)인 데 반해, 원리금균등분할상환대출의 원리금지급 총액은 13,527.9만 원(이자지급 총액 6,527.9만 원+원금상환 총액 7,000만 원)이다. 그리고 점증상환대출의 원리금지급 총액은 17,250.3만 원(이자지급 총액 10,250.3만 원+원금상환 총액 7,000만 원)이고, 만기일시상환대출의 원리금지급 총액은 17,500만 원(이자지급 총액 10,500만 원+원금상환 총액 7,000만 원)이다.

이처럼 원금균등분할상환대출의 원리금지급 총액이 가장 적은 것은 대출 초기부터 일정 금액씩 원금상환이 이루어지기 때문이다. 대출 초기부터 대출잔액이 일정 금액씩 줄어들면서 지급하는 이자도 줄어들다 보니 원리금지급 총액이 다른 상환방식에 비해 작은 것이다. 반면 만기일시상환에서는 만기 때까지 원금상환이 이루어지지 않다 보니 이자지급 총액이 많아져서 전체 원리금지급 총액이 가장 크게 나타나는 것이다.

원리금균등분할상환대출이나 원금균등분할상환대출에서 거치기간을 둘 경우, 이자지급 총액이 증가하면서 원리금지급 총액도 증가하게 된다.

상환방식별 대출채권의 듀레이션

한편, 원리금상환방식별로 대출채권의 듀레이션(duration)을 살펴보면, 원금균등분할상환대출이 가장 짧고, 원리금균등분할상환대출, 만기일시상환대출 순으로 듀레이션이 길어진다. 점증상환대출은 상환 조건에 따라 듀레이션이 만기일시상환대출보다 길 수도 있고, 짧을 수도 있다.

앞의 예에 따라 구체적으로 원리금상환방법별로 대출채권의 듀레이션을 구해 보자. 제1부의 제3장에서 이야기하였다시피, 듀레이션은 '현금의 평균적인 회수기간'이라고 할 수가 있는데, 다음과 같이 계산된다.[9)]

$$D = \sum_{i=1}^{n} \frac{CF_i \times i}{(1+r)^i} \bigg/ \sum_{i=1}^{n} \frac{CF_i}{(1+r)^i}$$

대출액 7,000만 원, 연 5% 고정금리, 만기 30년을 가정할 때, 원금균등분할상환대출의 듀레이션은 약 9.7년이고, 원리금균등분할상환대출의 듀레이션은 11.4년이다. 그리고 만기일시상환대출의 듀레이션은 15.6년이다. 이 순서는 원리금지급 총액의 크기 순서와 동일하다. 점증상환대출은 원리금지급 총액이 만기일시상환대출의 그것보다 작지만, 듀레이션은 만기일시상환대출의 듀레이션보다 길다. 이는 점증상환대출의 경우 대출 초기의 현금흐름이 만기일시상환대출의 대출 초기 현금흐름보다 작을 수 있기 때문이다. 점증상환대출의 상환 조건에 따라 듀레이션의 크기는 다소 차이가 있을 수

표 3 원리금상환방법별 원리금지급 총액과 듀레이션 (단위 : 만 원)

	이자지급 총액	원금상환 총액	원리금지급 총액	듀레이션
원리금균등분할상환	6,527.9	7,000	13,527.9	137.2개월(11.4년)
원금균등분할상환	5,264.6	7,000	12,264.6	116.3개월(9.7년)
점증상환	10,250.3	7,000	17,250.3	195.7개월(16.3년)
만기일시상환	10,500.0	7,000	17,500.0	187.1개월(15.6년)

9) 대출채권의 듀레이션은 대출 초기에 현금흐름이 많을수록 짧아지고, 대출만기에 현금흐름이 많을수록 길어진다.

있다.

원리금균등분할상환대출이나 원금균등분할상환대출에서 거치기간을 둘 경우, 듀레이션이 길어진다.

대출채권의 듀레이션이 길면 길수록, 금리 변화에 따른 채권가치의 변화가 심하다. 따라서 점증상환대출이나 만기일시상환대출은 금리변동에 따른 대출채권의 가치 변화가 원금균등분할상환대출이나 원리금균등분할상환대출에 비해 크다는 것을 의미한다. 달리 이야기하자면, 대출조건이 동일한 고정금리대출이라 하더라도 원리금상환방법에 따라 금리위험이 다르다는 것이다.

상환방식별 원리금지급 총액의 현재가치

원리금상환방식에 따라 원리금지급 총액(화폐의 현재가치를 고려하지 않은 지급 총액)이 달라지지만, 화폐의 현재가치를 고려할 경우 어떤 원리금상환방식을 택하더라도 원리금지급액의 현재가치 총액은 모두 동일하다. 단, 이때 할인율은 대출금리를 사용하여야 한다.

원금균등분할상환대출은 원리금지급 총액이 가장 적지만, 화폐가치가 높게 평가되는 대출 초기에 원리금지급액이 많다. 반면에 점증상환대출이나 만기일시상환대출은 원리금지급 총액이 가장 많지만, 화폐가치가 낮게 평가되는 대출 후기에 원리금지급액이 많다.

3 대출 관련 수수료와 실효이자율

1) 대출수수료와 실효이자율

대출수수료

금융기관 중에는 주택담보대출을 해 줄 때, 대출수수료를 징구하는 기관이 있다. 대출수수료를 징구하는 금융기관들은 대출취급과정에 들어간 비용을 징구하기 위해 대출수수료를 받는다고 한다. 우리나라에서는 제2금융권(예금은행을 제외한 금융기관)이 주로 대출수수료를 징구하고 있다. 제1금융권(예금은행)에서는 대출수수료를 별도로 징구하고 있지 않다.

대출수수료는 대출취급 당시에 한 번만 내는 수수료이다. 이런 수수료를 선취수수료(up-front fee)라고 부른다.

대출수수료는 대출취급과정에 들어간 비용을 회수하기 위해 차입자에게 부과되지만, 종종 차입자의 조기상환(prepayment)을 억제하는 수단으로도 사용된다. 대출수수료가 부과될 경우, 차입자가 대출을 빨리 상환하면 할수록 대출기간 동안 실질적인 이자율은 높아지게 된다. 차입자 입장에서는 대출을 빨리 상환하면 할수록 높은 이자를 부담하는 셈이 되니까 조기상환을 꺼리게 되는 것이다. 대출자 입장에서는 차입자가 조기상환하면 조기상환받은 자금을 다시 대출해야 하는 부담이 생기지만, 그 대신 높은 이자를 받은 셈이니까 나쁠 것이 없게 된다.

또 대출수수료는 낮은 대출금리로 금융소비자를 유인하는 수단으로도 사용된다. 대출금리를 낮추어 주는 대신에 대출수수료를 높게 부과함으로써 금융소비자들이 낮은 금리로 대출받았다고 착각하게 만드는 것이다. 특히 금융기관들 간에 대출경쟁이 치열할 때 금융기관들은 금리경쟁을 하게 되는데, 이때 대출수수료를 높게 받는 대신 대출금리를 낮추는 전략을 사용할 수 있는 것이다.

대출수수료가 있을 때의 실효이자율

계약상의 대출금리(contract rate) 외에 각종 대출수수료를 포함한 실질적인 대출금리를 흔히 실효이자율(effective rate)이라고 부른다. 대출수수료가 없으면, 실효이자율은 계약상의 대출금리와 같다. 대출수수료가 있게 되면, 실효이자율은 계약상의 대출금리보다 높게 된다. 그리고 실효이자율은 대출금을 빨리 상환할수록 높아진다.

미국에서는 대출이 만기까지 유지된다는 가정하에 계산된 실효이자율을 APR (annual percentage rate)이라고 부른다.[10] 미국의 소비자 신용 보호법(Consumer Credit

10) APR은 '연간 실질적인 이자율' 정도로 해석될 수 있는데, 대출금리에다가 대출수수료 등을 연간 이자율로 환산한 실질적인 이자율이라는 의미를 갖고 있다. 제1부 제2장에서도 '실효이자율'이라는 개념이 나

Protection Act)에 의해 금융기관들은 계약상의 대출금리(contract rate)와 함께 APR을 의무적으로 공시해야 한다. 금융기관들이 대출금리를 낮추는 대신 대출수수료를 높임으로써 마치 싸게 대출을 해 주는 것처럼 소비자를 현혹할 수가 있는데, APR을 공개하도록 함으로써 소비자가 현혹되지 않도록 하겠다는 것이다.

실효이자율은 '대출을 통해 금융기간이 얻게 되는 현금흐름들을 모두 현재가치로 환산하여 더한 것'과 대출금액을 일치시켜 주는 할인율을 찾으면 된다. 예를 들어 원리금균등분할상환대출에서 대출액이 M원이고, 대출만기가 n, 원리금지급액이 P원, 대출수수료가 대출액의 x%일 때, 다음과 같은 식을 만족하는 r이 실효이자율 또는 APR이 된다.

$$\text{대출액}(M) = \text{대출수수료}(M \times x\%) + \text{원리금지급액}(P) \times \text{연금현가계수}(r, n)$$

[그림 6]을 보면, 이 식을 좀 더 용이하게 이해할 수 있다. [그림 6]은 대출기관 입장

그림 6 고정금리부 원리금균등분할상환대출에서 대출수수료가 있을 때의 현금흐름

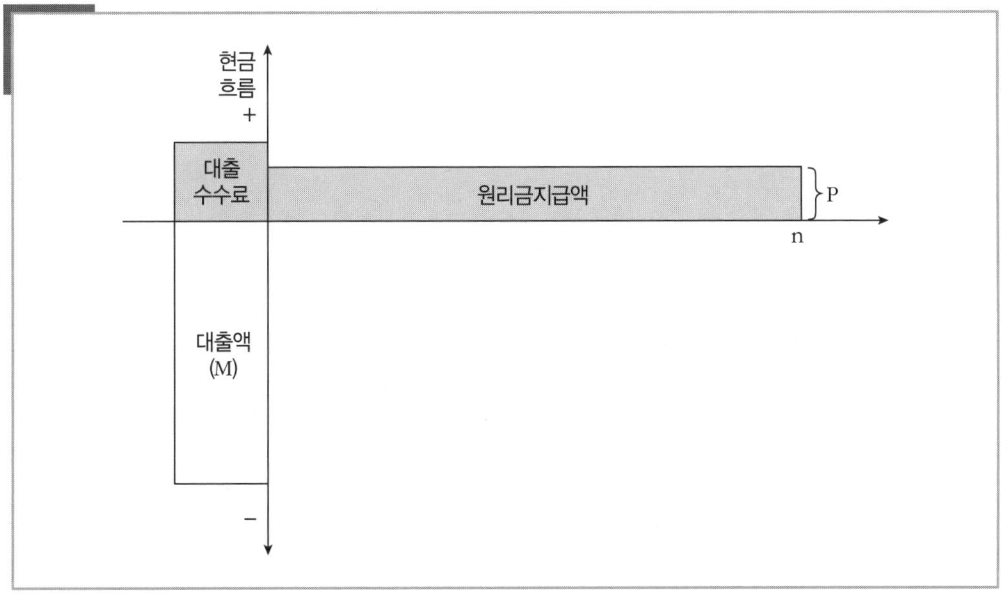

오는데, 제1부 제2장에 나오는 '실효이자율'은 이자지급 횟수에 따른 실질적인 이자율을 말한다. 개념은 다르지만 둘 다 '실질적인 이자율'이라는 의미에서 동일한 용어를 사용하고 있다.

에서 고정금리부 원리금균등분할상환대출의 현금흐름을 보여주고 있다. 여기서 '+' 현금흐름의 현재가치 합과 '−' 현금흐름의 현재가치 합을 같게 만들어 주는 할인율을 찾으면, 그 할인율이 바로 대출수수료가 있을 때의 실효이자율이 된다.

위의 식에서 우측 항은 '+' 현금흐름의 현재가치 합을 표현한 것이다. '+' 현금흐름은 대출수수료와 원리금지급액으로 구성되어 있다. 대출수수료는 대출시점에 지불하는 것이라서 현재가치로 할인할 필요가 없다. 원리금지급액은 1기부터 n기까지 발생하므로 이를 모두 현재가치로 할인하여 합한 것이 '원리금지급액×연금현가계수(r, n)' 이다.

위의 식에서 좌측 항은 '−' 현금흐름의 현재가치를 표현한 것인데, '−' 현금흐름은 '대출액(M)' 밖에 없기 때문에 좌측 항에는 대출액만 놓으면 된다.[11)]

예제 3

고정금리부 원리금균등분할상환조건으로 주택저당대출을 받았다. 대출액은 7,000만 원이고, 만기는 30년이다. 대출이자율은 연 5%이다. 원리금은 매월 지급한다. 대출수수료는 3%로 대출 시 지급해야 한다. 이 대출의 APR은 얼마인가?

$$\text{월별 원리금지급액} = \frac{\text{대출액}}{\text{연금현가계수}(5\%/12,\ 30\times 12)} = \frac{7{,}000}{186.28} = 37.58(\text{만 원})$$

$$\text{대출수수료} = 7{,}000\times 0.03 = 210(\text{만 원})$$

다음 식을 만족하는 r이 APR이다.

$$7{,}000 = 210 + 37.58\times \text{연금현가계수}(r/12,\ 30\times 12)$$

$$\text{또는 } 6{,}790 = 37.58\times \text{연금현가계수}(r/12,\ 30\times 12)$$

$$\text{또는 } \frac{6{,}790}{37.58} = 180.68 = \text{연금현가계수}(r/12,\ 30\times 12)$$

위의 식의 해는 엑셀상에서 시행착오(try and error)과정을 거쳐 구하면 된다.[12)] 할인율 r의 값을 적당하게 준 뒤에 위의 식을 만족하는지 여부를 확인하는 것이다. 실제로 엑셀을 이용하여 할인율의 값을 다르게 집어넣어 가다 보면, 할인율이 0.0527(5.27%)일 때, 위의 식이 근사적으로 성립함을 알 수 있다.[13)]

11) 대출할 당시를 기준으로 하고 있기 때문에 대출액은 현재가치로 할인할 필요가 없다.

12) 재무계산기에서는 대출액과 대출수수료, 만기, 대출금리 등을 입력하면 계산기 내에 내재되어 있는 프로그램에 의해 자동적으로 실효이자율이 계산된다.

13) 할인율을 5.27%로 하였을 때 연금현가계수(5.27%/12, 360)의 값은 180.69로, 우리가 구하고자 하는

따라서 명목상의 대출금리는 5%이지만, 대출수수료가 있기 때문에 APR은 5.27%가 된다.

할인율(r)	연금현가계수(r/12, 360) = A	37.58×A
0.0500	186.28	7,000
0.0501	186.07	6,993
…	…	…
0.0526	180.89	6,798
0.0527	180.69	6,790
0.0528	180.48	6,783
…	…	…

APR은 엑셀의 IRR 명령어를 사용하여 계산할 수도 있다. 엑셀에서 다음과 같은 현금흐름표를 만든다. 대출시점(0)에 순대출액(=대출액-대출수수료) -6,790(순대출액에는 -를 표시)을 입력하고, 1개월 뒤부터 360개월까지 원리금지급액 37.58을 입력한다. 그 다음 IRR 명령어를 사용하면 월 기준 APR이 0.00439로 계산된다. 여기에 12로 곱하면 연간 기준 APR 0.0527(5.27%)이 계산된다.

	A	B	C
1	개월	현금흐름	
2	0	-6,790	
3	1	37.58	
4	2	37.58	
…	…	…	
361	359	37.58	
362	360	37.58	
363		=irr(b2:b362)	

조기상환에 따른 실효이자율의 변화

대출수수료가 부과되었을 때, 대출을 조기상환하면 할수록 실효이자율은 올라가게 된다. 위의 예를 그대로 가정하여 조기상환 시의 실효이자율을 계산해 보자(원리금균등

'연금현가계수 값 180.68' 에 가장 근사한 값이 된다. 또 이때 37.58×연금현가계수(5.27%/12, 360)의 값은 6,790.22로, 우리가 구하고자 하는 '37.58×연금현가계수=6,790' 에 가장 근사한 값이 된다. 할인율의 소수점 단위를 세 번째 단위까지로 내려가서 계산을 하면 좀 더 정확한 할인율을 구할 수 있다.

분할상환대출에서 대출액이 M원이고, 대출만기가 n, 원리금지불액이 p원, 대출수수료가 대출액의 x%). 대출 후 k기에 대출잔액을 모두 조기상환하였다면, 다음의 식을 만족하는 r이 실효이자율이 된다.

대출액(M) = 대출수수료(M×x%)+원리금지급액(P)×
연금현가계수(r, k)+조기상환액×현가계수(r, k)

여기서 현가계수(PVIF: present value interest factor)는 다음과 같다.[14)]

$$현가계수(r, k) = \frac{1}{(1+r)^k}$$

[그림 7]을 보면, 이 식을 좀 더 쉽게 이해할 수 있다. 앞에서 본 그림과 마찬가지로 [그림 7]은 대출기관 입장에서 고정금리부 원리금균등분할상환대출의 현금흐름을 보여주고 있다. 여기서 '+' 현금흐름의 현재가치 합과 '−' 현금흐름의 현재가치 합을 같게

그림 7　대출수수료가 있을 때, 고정금리부 원리금균등분할상환대출에서 조기상환 시의 현금흐름

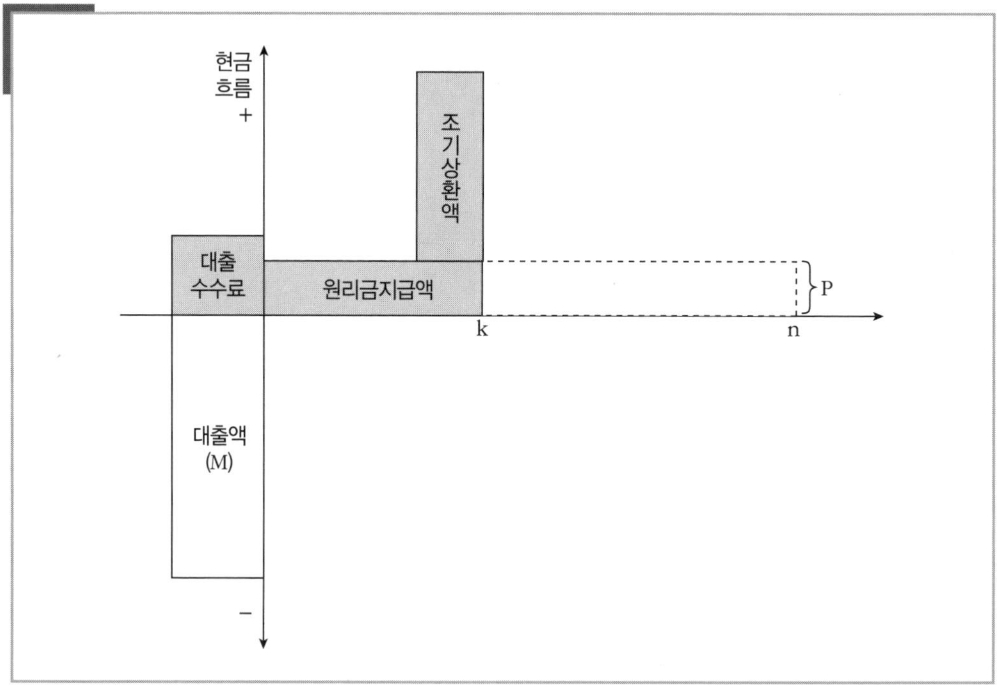

14) 현가계수를 월 기준으로 계산할 때 현가계수는, 현가계수$(r/12, k\times12) = 1/(1+r/12)^{k\times12}$ 이다.

만들어 주는 할인율을 찾으면, 그 할인율이 바로 실효이자율이 된다.

위의 식에서 우측 항은 '+' 현금흐름을 현재가치로 환산하여 합한 것이다. '+' 현금흐름은 대출수수료와 원리금지급액, 그리고 조기상환액(k 시점에서의 대출잔액)으로 구성되어 있다. 대출수수료는 대출시점에 지불하는 것이라서 현재가치로 할인할 필요가 없다. 1기부터 k기까지 원리금지급액의 현재가치 합은 '원리금지급액×연금현가계수(r, k)' 이다. 조기상환액은 k 시점에 발생한 것이므로, 이것을 현재가치로 할인하면 되는데 이것이 바로 '조기상환액×현재가치계수(r, k)' 이다.

그리고 위의 식에서 좌측 항은 '–' 현금흐름의 현재가치를 표현한 것이다. '–' 현금흐름은 대출액(M)밖에 없기 때문에 좌측 항에는 대출액만 표시되어 있다.

예제 4

고정금리부 원리금균등분할상환조건으로 주택저당대출을 받았다. 대출액은 7,000만 원이고, 만기는 30년이다. 대출이자율은 연 5%이다. 원리금은 매월 지급한다. 대출수수료는 3%로 대출 시 지급해야 한다. 이 대출을 5년 만에 조기상환하였다. 이 대출의 실효이자율은 얼마인가?

$$\text{월별 원리금지급액} = \frac{\text{대출액}}{\text{연금현가계수}(5\%/12,\ 30\times 12)} = \frac{7{,}000}{186.28} = 37.58(\text{만 원})$$

$$\text{대출수수료} = 7{,}000\times 0.03 = 210(\text{만 원})$$

$$\text{5년 뒤 대출잔액} = \text{원리금지급액}\times\text{연금현가계수}(5\%/12,\ 25\times 12)$$

$$= 37.58\times 171.06 = 6{,}428.44(\text{만 원})$$

다음 식을 만족하는 r이 대출 후 5년 만에 조기상환할 때의 실효이자율이다.

$$7{,}000 = 210 + 37.58\times\text{연금현가계수}(r/12,\ 5\times 12) + 6{,}428.44\times\text{현가계수}(r/12,\ 5\times 12)$$

$$\text{또는 } 6{,}790 = 37.58\times\text{연금현가계수}(r/12,\ 5\times 12) + 6{,}428.44\times\text{현가계수}(r/12,\ 5\times 12)$$

여기서 주의할 점은 원리금지급이 월 단위로 이루어지기 때문에, 5년 뒤 조기상환액을 현재가치로 할인할 때에도 월 기준 현가계수를 써야 한다는 점이다.

위의 식의 해는 엑셀상에서 시행착오(try and error)과정을 거쳐 구하게 된다. 엑셀을 이용하여 할인율의 값을 적당하게 부여해 나가다 보면 할인율이 0.0572(5.72%)일 때 위의 식이 근사적으로 성립함을 알 수 있다. 이로부터 조기상환을 하게 되면 실효이자율이 올라간다는 것을 알 수 있다.

할인율(r)	연금현가계수(r/12, 60) = A	현가계수(r/12, 60) = B	37.58×A+6,428.44×B
0.0500	52.99	0.7792	7,000
0.0501	52.98	0.7788	6,997
…	…	…	…
0.0571	52.09	0.7521	6,793
0.0572	52.08	0.7518	6,790
0.0573	52.06	0.7514	6,787
…	…	…	…

엑셀의 IRR 명령어를 사용하여 실효이자율을 계산할 수도 있다. 엑셀에서 다음과 같은 현금흐름표를 만든다. 대출시점(0)에는 순대출액(=대출액-대출수수료) -6,790을 입력하고(순대출액에는 - 표기), 1개월 뒤부터 59개월까지는 원리금지급액 37.58을 입력한다. 60개월에는 원리금지급액 37.58과 중도상환액 6,428을 합친 6,466.02를 입력한다. 그 다음에 다음과 같은 IRR 명령어를 입력하면, 월간 실효이자율 0.00477로 계산된다. 여기에 12로 곱하면 연간 기준 실효이자율 0.0572(5.72%)가 계산된다.

	A	B	C
1	개월	현금흐름	
2	0	-6,790	
3	1	37.58	
4	2	37.58	
…	…	…	
61	59	37.58	
62	60	6,466.02	
63		=irr(b2:b62)	

대출수수료가 부과될 때, 차입자가 조기상환을 빨리 하면 할수록 실효이자율은 올라가게 된다. 위의 예제에 따르면, 대출 후 5년 만에 조기상환하면 실효이자율이 5.72%가 되지만, 4년 만에 조기상환하면 5.87%, 3년 만에 조기상환하면 6.12%, 2년 만에 조기상환하면 6.63%, 1년 만에 조기상환하면 8.16%로 실효이자율이 올라간다.[15)]

15) 조기상환 시점이 빨라질 때의 실효이자율 계산은 여기서 생략하도록 한다. 독자들이 직접 계산을 해 보기 바란다.

그림 8 대출수수료가 있는 고정금리부 원리금균등분할상환대출에서 대출기간에 따른 실효이자율의 변화

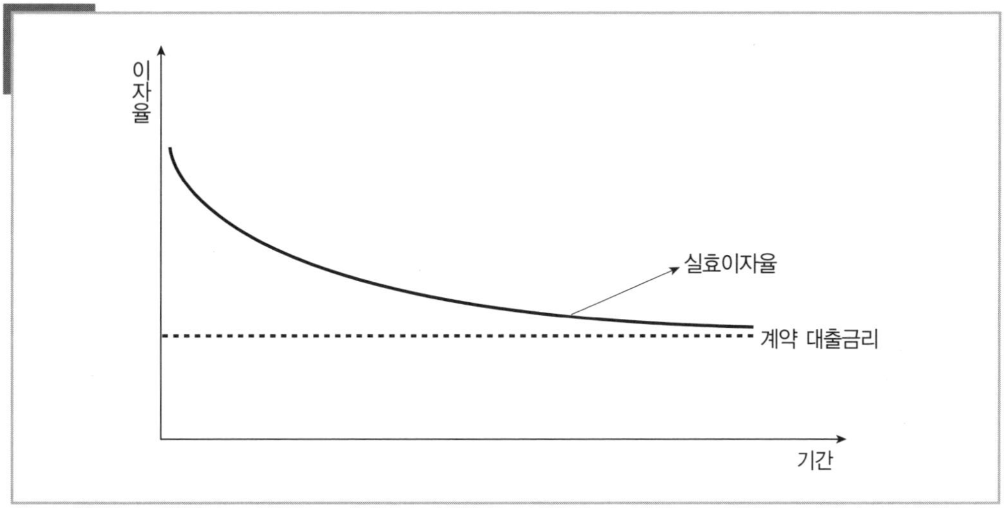

2) 조기상환수수료와 실효이자율

조기상환수수료

조기상환수수료(prepayment penalty)는 차입자가 대출금을 조기상환할 때 지불하는 벌칙 성격의 수수료이다. 차입자의 조기상환은 주로 대출금리가 하락할 때 발생한다. 차입자가 대출금을 조기상환하면, 대출기관은 조기상환받은 자금을 낮은 금리로 다시 대출을 해야 하기 때문에 손실이 발생한다. 대출기관은 이런 손실에 대한 보상조로 조기상환수수료를 받는다. 그런데 대출기관이 차입자의 조기상환에 대해 수수료를 부과하는 근본적인 목적은 차입자의 조기상환을 억제하는 데 있다.

차입자의 조기상환에 대해 수수료가 부과되면, 차입자는 조기상환에 따른 비용 때문에 조기상환을 쉽게 하지 못한다. 이렇게 되면 대출자가 안게 되는 조기상환위험이 줄어들기 때문에 대출금리가 하락하게 된다. 그러나 조기상환수수료가 부과되지 않으면 반대로 조기상환위험이 커지기 때문에 대출금리는 상승하게 된다.

조기상환수수료가 있을 때의 실효이자율

차입자의 조기상환에 대해 수수료가 부과되면, 조기상환 시 차입자가 실제로 지불한 이자율, 즉 실효이자율은 올라가게 된다. 위의 예를 그대로 가정하여 조기상환 시 실효이자율을 계산해 보자. 원리금균등분할상환대출에서 대출액이 M원이고, 대출만기가 n, 원리금지불액이 P원, 대출수수료가 대출액의 x%라고 가정하자. 그리고 대출 후 k기에 대출잔액을 모두 조기상환하였는데, 조기상환수수료는 상환금액의 y%라고 하자. 이 경우 다음의 식을 만족하는 r이 실효이자율이 된다.

대출액(M) = 대출수수료+원리금지급액(P)×연금현가계수(r, k)
+조기상환액×현가계수(r, k)+조기상환수수료×현가계수(r, k)

앞에서 설명한 방식과 마찬가지로, 주택담보대출의 현금흐름을 보면 위의 식을 이해하기가 용이하다. [그림 9]는 대출기관 입장에서 본 고정금리부 원리금균등분할상환

그림 9 대출수수료와 조기상환수수료가 있을 때, 고정금리부 원리금균등분할상환대출의 조기상환에 따른 현금흐름

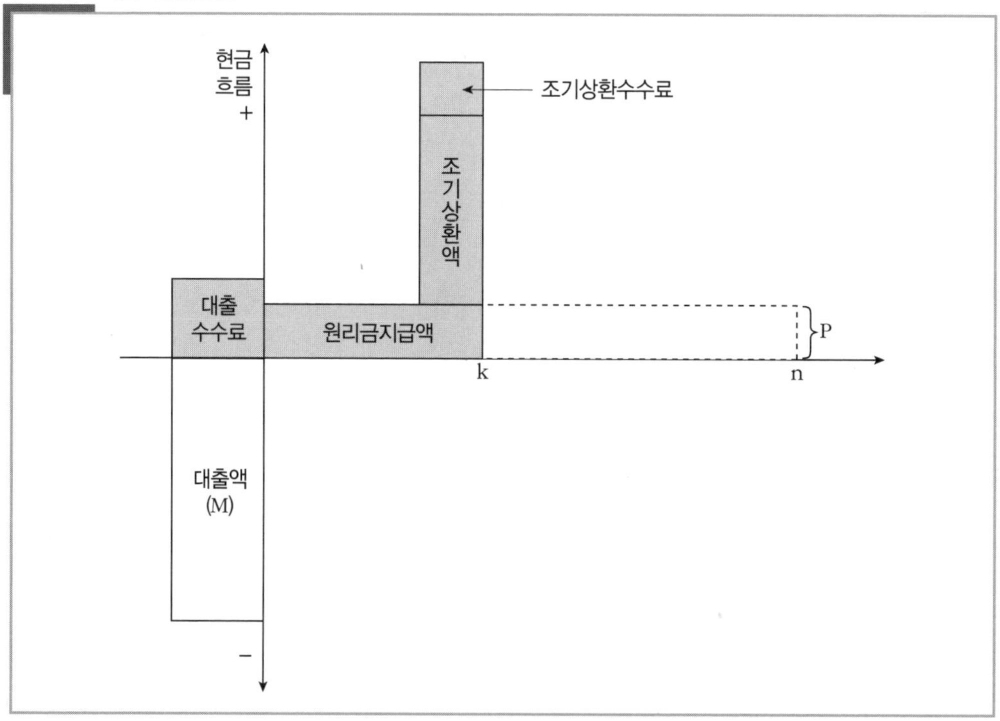

대출의 현금흐름을 보여준다. 여기서 '+' 현금흐름의 현재가치 합과 '−' 현금흐름의 현재가치 합을 같게 만들어 주는 할인율을 찾으면, 그 할인율이 바로 실효이자율이다.

위의 식에서 우측 항은 '+' 현금흐름을 현재가치로 할인하여 합한 것이다. '+' 현금흐름은 대출수수료와 원리금지급액, 그리고 조기상환액과 조기상환수수료로 구성되어 있다. 위의 식에서 우측 항의 첫 번째 요소는 대출수수료, 두 번째 요소는 1기부터 k기까지 원리금지급액의 현재가치 합이다. 그리고 세 번째 요소는 조기상환액의 현재가치이다. 마지막으로 네 번째 요소는 조기상환수수료(조기상환액의 y%)를 현재가치로 할인한 것이다.

위의 식에서 좌측 항은 '−' 현금흐름의 현재가치를 표현한 것이다. '−' 현금흐름은 대출액(M)밖에 없기 때문에 좌측 항에는 대출액만 표시하면 된다.

예제 5

고정금리부 원리금균등분할상환조건으로 주택저당대출을 받았다. 대출액은 7,000만 원이고, 만기는 30년이다. 대출이자율은 연 5%이다. 원리금은 매월 지급한다. 대출수수료는 3%로 대출 시 지급해야 한다. 이 대출을 5년 만에 조기상환하였다. 조기상환수수료는 2%이다. 이 대출의 실효이자율은 얼마인가?

$$\text{월별 원리금지급액} = \frac{\text{대출액}}{\text{연금현가계수}(5\%/12,\ 30\times 12)} = \frac{7,000}{186.28} = 37.58(\text{만 원})$$

$$\text{대출수수료} = 7,000\times 0.03 = 210(\text{만 원})$$

$$\text{5년 뒤 대출잔액} = \text{원리금지급액}\times \text{연금현가계수}(5\%/12,\ 25\times 12)$$
$$= 37.58\times 171.06 = 6,428.44(\text{만 원})$$

$$\text{조기상환수수료} = \text{조기상환액}\times 0.02 = 6,428.44\times 0.02 = 128.57(\text{만 원})$$

다음 식을 만족하는 r 이 대출 후 5년 만에 조기상환하면서 조기상환수수료를 낼 때의 실효이자율이다.

$$7,000 = 210 + 37.58\times \text{연금현가계수}(r/12,\ 5\times 12)$$
$$+ (6,428.44 + 128.57)\times \text{현가계수}(r/12,\ 5\times 12)$$

$$\text{또는 } 6,790 = 37.58\times \text{연금현가계수}(r/12,\ 5\times 12) + 6,557.01\times \text{현가계수}(r/12,\ 5\times 12)$$

위의 식의 해는 엑셀상에서 시행착오(try and error)과정을 거쳐 구하게 된다. 엑셀을 이용하여 할인율의 값을 적당하게 부여해 나가다 보면 할인율이 0.0605(6.05%)일 때 위의 식이 근사적으로 성립함을 알 수 있다.[16)]

이로부터 조기상환을 할 때 조기상환수수료가 부과되면 실효이자율이 더욱 올라간다는 것을 알 수 있다.

엑셀의 IRR 명령어를 사용하여 실효이자율을 계산할 수도 있다. 엑셀에서 다음과 같은 현금흐름표를 만든다. 대출시점(0)에는 순대출액(=대출액−대출수수료) −6,790을 입력하고(순대출액에는 − 표기), 1개월 뒤부터 59개월까지는 원리금지급액 37.58을 입력한다. 60개월에는 원리금지급액 37.58과 조기상환액 6,428, 조기상환수수료 128.57을 합친 6,594.54를 입력한다. 그 다음에 다음과 같은 IRR 명령어를 입력하면, 월간 실효이자율 0.00504로 계산된다. 여기에 12로 곱하면 연간 기준 실효이자율 0.0605(6.05%)가 계산된다.

	A	B	C
1	개월	현금흐름	
2	0	−6,790	
3	1	37.58	
4	2	37.58	
…	…	…	
61	59	37.58	
62	60	6,594.54	
63		=irr(b2:b62)	

16) 엑셀상에서 해를 구하는 과정은 앞의 [예제 3]과 동일하기 때문에 여기서는 엑셀 표는 생략하도록 한다. 독자들이 직접 엑셀 프로그램을 가지고 해를 구해 보기 바란다.

이 장의 주요 내용

- 주택저당대출은 장기대출의 성격을 갖고 있기 때문에 고정금리부 원리금균등분할상환방식으로 대출이 이루어지는 것이 일반적이다. 고정금리부 원리금균등분할상환방식에서 매기 원리금지급액은 '대출액/연금현가계수(r, n)'로 계산된다. 여기서 r은 대출이자율이고, n은 대출만기이다. 일정 기일 후 대출잔액은 '원리금지급액×연금현가계수(r, n−k)'로 계산된다. 여기서 n−k는 대출만기까지 남은 기간을 의미한다.

- 고정금리부 주택저당대출의 상환방식에는 원리금균등분할상환방식 이외에 원금균등분할상환방식, 점증상환방식, 그리고 만기일시상환방식이 있다. 원금과 이자지급 총액은 '원금균등분할상환방식<원리금균등분할상환방식<점증상환방식<만기일시상환방식' 순으로 크다. 대출채권의 듀레이션도 원금균등분할상환방식이 가장 짧고, 원리금균등분할상환방식이 그 다음 짧다. 점증상환방식이나 만기일시상환방식은 듀레이션이 상대적으로 길다. 그러나 원리금지급액을 모두 현재가치로 환산할 경우, 상환방식에 따른 원리금지급액의 현재가치 총액에는 차이가 없다.

- 대출실행 당시에 대출수수료가 징구되면, 대출의 실질적인 이자율은 계약이자율보다 올라가게 된다. 조기상환을 하게 되면 대출의 실질적인 이자율은 더욱 올라가게 된다. 만약 조기상환수수료까지 징구된다면, 조기상환에 따른 실질적인 이자율은 더욱더 올라가게 된다.

연 | 습 | 문 | 제

01 | 고정금리부 원리금균등분할상환방식으로 주택저당대출을 받았다. 대출액은 1억 원이고, 만기는 30년이다. 대출이자율은 연 6%이며, 대출수수료는 3%(대출실행 시 지급)이다.

1) 매월 지급해야 하는 원리금지급액은 얼마인가?
2) 만기까지 이 대출을 유지한다고 할 때, 실질적인 이자율(실효이자율)은 얼마인가?

02 | 고정금리부 원리금균등분할상환방식으로 주택저당대출을 받았다. 대출액은 1억 원이고, 만기는 25년, 대출이자율은 연 5%이다. 대출수수료는 대출액의 3%로 대출실행 시 지급해야 한다. 조기상환수수료는 2%이다.

1) 매월 지급해야 하는 원리금지급액을 구하라.
2) 5년 뒤 대출잔액을 구하라.

3) 5년 뒤 대출잔액을 전액 조기상환하였을 때, 차입자가 그동안 지불한 실질적인 이자율(실효이자율)은 얼마인가?

03 | 고정금리부 점증상환방식으로 주택저당대출을 받았다. 대출액은 1억 원이고, 만기는 30년, 대출이자율은 연 6%이다. 매기 원리금을 연 2% 비율로 증가시키려고 한다. 최초 첫 달에 지급해야 하는 원리금지급액은 얼마인가? 원리금은 매월 지급한다.

제 3 장

변동금리 주택저당대출과 기타 주택저당대출

변동금리대출은 주기적으로 대출금리가 변동되는 대출이다. 변동금리대출은 고정금리대출에 비해 금리위험이 낮아서 대출이자율도 낮다. 이런 이유 때문에 변동금리대출을 찾는 사람이 많지만, 금리가 상승하면 지급해야 할 이자가 늘어나면서 채무를 불이행할 가능성도 커진다. 물가수준조정 모기지는 인플레이션에 따른 경사효과를 줄일 수 있는 모기지상품이다. 그리고 수익공유형 모기지는 차입자의 지불가능성을 높이고 주택시장의 안정성을 높일 수 있는 모기지이다. 역모기지는 고령자의 주택을 담보로 생애기간 동안 대출을 받아 생계를 유지할 수 있도록 고안된 모기지이다. 본 장에서는 이와 같이 변동금리대출과 기타 주택저당대출들의 특징들을 살펴본다.

1. 변동금리 주택저당대출
2. 물가수준조정 모기지
3. 수익공유형 모기지
4. 역모기지
5. 모기지 관련 기타 상품

1 변동금리 주택저당대출

1) 변동금리 주택저당대출의 개념

변동금리 주택저당대출이란?

변동금리 주택저당대출(ARM: adjustable rate mortgage)은 일정 시점마다 대출금리가 변동되는 주택저당대출을 말한다.

변동금리대출은 금리조정의 주기와 기준이 필요하다. 금리조정 주기는 3개월이 일반적인데, 6개월이나 1년에 한 번씩 조정하는 조건으로 대출을 해 줄 수도 있다. 경우에 따라서는 한 달에 한 번씩 금리를 조정하는 조건으로 대출을 해 줄 수도 있다.

금리조정의 기준은 대개 시장에서 거래되는 단기채권의 수익률을 기준으로 삼는다. 예를 들어 국고채수익률이라든가 CD(Certificate of Deposit, 양도성 예금증서) 금리, 코픽스(COFIX) 등을 금리조정의 기준으로 삼는다. 이 밖에 물가상승률이라든가 주가상승률, 주택가격상승률 등과 같은 지표(index)를 금리조정의 기준으로 삼을 수도 있다. 금리조정의 기준이 무엇이든 간에 해당 기준은 누구나 확인할 수 있어야 하고, 이해당사자들에 의해 그 값이 좌우되지 않아야 한다.[1)]

변동금리대출과 금리위험

변동금리로 대출을 해 주면, 대출자는 금리위험을 회피할 수 있다. 금융기관은 보통 단기로 자금을 조달받아 장기로 대출을 해 준다.[2)] 이런 상황에서 장기대출금리가 고정

1) 우리나라에서는 변동금리대출의 경우 CD 금리에 연동되는 대출이 대부분이었다. CD(양도성 예금증서)는 대개 3개월만기로 예금은행들이 발행하는데, 예금은행들이 발행물량을 대폭 늘리거나 대폭 줄이면 CD 금리도 올라가거나 내려갈 수가 있다. 금융감독기관에서는 CD 금리가 왜곡되게 결정될 수도 있다고 보고, 코픽스(COFIX) 금리라는 것을 만들어 변동금리대출이 코픽스 금리에 연동하도록 유도하고 있다. 코픽스(COFIX) 금리는 시중 은행들의 평균적인 자금조달 금리를 말한다.

2) 금융기관들 중에서 특히 예금은행들(예금수신기능이 있는 금융기관들)은 대개 예금을 받아서 이를 주택담보대출 등의 재원으로 사용한다. 예금은 예금자가 요구하면 언제든지 내주어야 할 자금이기 때문에 단기자금의 성격을 갖고 있다. 비예금은행(예금수신기능이 없는 금융기관)들은 주로 자본시장에서 자금을 조달하지만, 이들 역시 단기로 자금을 조달하는 것이 싸다 보니 보통은 단기로 자금을 조달한다.

되어 있으면, 금리가 상승할 때 손실을 입게 된다. 금리가 상승하면 단기로 조달받은 자금의 금리도 올라가게 되는 반면, 장기대출은 금리가 고정되어 있기 때문에 역마진이 생길 수 있는 것이다. 그런데 장기대출을 변동금리로 하면, 금리상승으로 인해 조달 금리가 상승하더라도 대출금리 역시 상승하기 때문에 금리상승으로 인한 손실을 회피할 수 있는 것이다.

그림 1 변동금리의 금리위험 회피

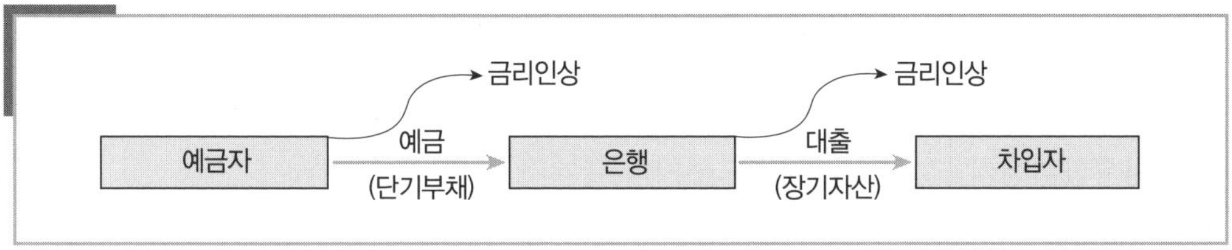

변동금리로 대출을 해 주면 대출자는 금리위험을 회피할 수 있기 때문에 고정금리대출에 비해 대출금리가 낮다. 변동금리대출이 고정금리대출보다 대출금리가 낮다 보니, 차입자는 낮은 금리를 보고 변동금리로 대출을 받고자 한다. 그러나 미래에 금리가 상승하면, 고정금리대출의 금리보다 더 높은 금리를 부담해야 할지도 모른다. 미래의 원리금지급액에 불확실성이 존재하는 것이다.

변동금리대출과 채무불이행위험, 그리고 조기상환위험

변동금리로 대출받은 차입자는 금리가 갑자기 큰 폭으로 상승하면, 높은 금리 때문에 원리금지급을 못 할 수가 있다. 이런 것을 보고, '원리금지급 충격(payment shock)'이라고 부른다. 이 때문에 변동금리대출은 같은 조건의 고정금리대출에 비해 채무불이행위험이 크다.

그러나 변동금리로 대출을 해 주면, 조기상환위험이 감소한다. 조기상환위험이란 대출금리가 하락하면, 차입자가 대출을 조기에 상환함으로써 대출자가 입게 되는 손실 가능성을 말한다. 대출금리가 하락하면, 차입자는 상대적으로 비싸진 기존 차입금을 상환하고, 신규로 대출을 받고자 한다. 이렇게 금리가 하락하였을 때 차입자가 기존 대출금을 조기상환하면, 대출자는 상환받은 대출금으로 다시 대출을 해 주어야 하는데 신규 대출금리가 하락한 상태이기 때문에 손실을 보게 되는 것이다.

그런데 변동금리로 대출을 해 주면, 대출금리가 하락할 때 기존 대출의 금리도 같이 하락하기 때문에 차입자가 굳이 조기상환할 이유가 없는 것이다. 이렇기 때문에 변동금리로 대출을 해 주면 조기상환위험이 감소하는 것이다.

2) 금리변동 주기에 따른 금리위험과 채무불이행위험

변동금리 주기에 따른 금리위험과 채무불이행위험의 차이

변동금리로 대출을 해 줄 때, 대출자가 안게 되는 금리위험과 채무불이행위험, 그리고 조기상환위험의 크기는 금리변동 주기와 관계가 있다.

우선 대출자의 금리위험은 금리조정 주기가 짧으면 짧을수록 그 크기가 작아진다. 금리조정 주기가 극단적으로 1일일 경우, 시장금리가 상승하면 곧바로 대출금리를 올릴 수 있기 때문에 대출자의 금리위험은 사실상 없어진다. 반면 금리조정 주기가 길어지면 시장금리가 상승하더라도 다음 금리조정 시기가 돌아올 때까지 대출금리를 올릴 수 없기 때문에 금리위험이 커지게 된다.

금리조정 주기가 짧으면 짧을수록 대출자의 금리위험은 줄어들지만, 차입자가 채무불이행할 가능성은 반대로 커진다. 금리조정 주기가 짧게 되면 시장금리가 올라갈 때 곧바로 대출금리가 올라가서 원리금지급액이 커지기 때문에 차입자가 이를 감당하지 못하여 채무불이행을 선언할 가능성이 커진다. 그러나 금리조정 주기가 길면, 시장금리가 올라가더라도 대출금리는 곧바로 올라가지 않기 때문에 차입자는 대출금리 상승에 대응할 시간적 여유를 가질 수 있다. 또 경우에 따라서는 다음 금리조정 시기가 오기 이전에 시장금리가 다시 내려갈 수도 있다. 따라서 금리조정 주기가 길면, 차입자가 채무를 불이행할 가능성이 상대적으로 낮아진다.

차입자의 채무불이행 가능성이 곧 대출자가 안게 될 채무불이행위험의 크기를 좌우하므로, 금리조정 주기가 짧으면 짧을수록 대출자가 안게 되는 채무불이행위험이 커지고, 반대로 금리조정 주기가 길면 길수록 대출자가 안게 되는 채무불이행위험이 작아진다.

그림 2 금리조정 주기에 따른 변동금리대출의 금리위험과 채무불이행위험

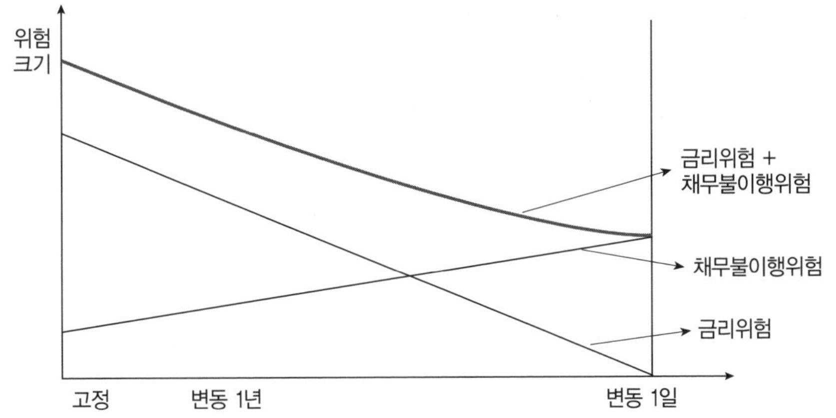

금리조정 주기에 따른 조기상환위험의 차이

한편, 금리조정 주기가 짧으면 짧을수록 조기상환위험은 작아진다. 조기상환위험이란 대출금리가 내려갈 때 기존 차입자가 (금리가 비싼 기존의) 대출금을 조기상환함으로써 대출자가 입게 되는 손실을 말하는데, 변동금리에서는 시장금리가 내려가면 기존 대출금의 대출금리도 내려가기 때문에 차입자가 대출금을 조기상환할 이유가 없다. 금리조정 주기가 짧으면 짧을수록 시장금리 하락에 따른 대출금리의 하락이 빨리 일어나기 때문에 그만큼 조기상환의 이익이 없어진다. 그러나 금리조정 주기가 길면, 시장금리가 하락하더라도 대출금리는 즉각적으로 하락하지 않기 때문에 조기상환이 일어날 수 있다.

그럼에도 불구하고 금리조정 주기에 따른 조기상환위험의 차이는, 위에서 본 금리위험이나 채무불이행위험의 차이와 비교해 볼 때, 그렇게 크지는 않다. 예를 들어 3개월 금리조정 변동금리대출과 1년 금리조정 변동금리대출이 있다고 해 보자. 시장금리가 하락하였을 때, 1년 금리조정 변동금리대출을 조기상환하였을 경우 3개월 금리조정 변동금리대출에 비해 최대 9개월 정도의 이자절감효과를 가질 수 있다. 조기상환의 경우 조기상환에 따른 비용이 존재하기 때문에 이 정도의 이자절감효과로는 조기상환을 실행하기가 쉽지 않다. 이런 이유에서 금리조정 주기에 따른 조기상환위험의 차이는 그

■ 표 1 고정금리대출과 변동금리대출의 금리위험, 채무불이행위험, 조기상환위험

		대출자의 금리위험	대출자의 채무불이행위험	대출자의 조기상환위험
고정금리		큼	작음	큼
변동금리	1년 주기	조금 큼	조금 작음	조금 큼
	6개월 주기	조금 작음	중간	중간
	3개월 주기	작음	조금 큼	조금 작음
	1일 주기	없음	큼	작음

렇게 크지 않은 것이다.

변동금리대출에 따른 채무불이행위험 감소 전략 : 금리 캡

금융기관들은 변동금리로 대출을 해 줄 때, 채무불이행위험을 줄이기 위해 여러 가지 조치를 취하게 된다. 이런 조치 중의 하나가 '금리 캡(cap) 조건'으로 대출을 해 주는 것이다. 여기서 금리 캡이란 대출금리가 올라갈 수 있는 한도를 정하는 것을 말한다.

금리 캡은 1회 금리인상한도(periodic adjustment rate cap)와 총 금리인상한도(life-of-loan rate cap)로 나누어 설정할 수 있다. 또 1회 금리인상한도는 최초 금리인상한도(initial reset cap)와 그 이후의 주기적인 금리인상한도(periodic cap)로 나누어 설정할 수도 있다. 최초 금리인상한도는 대출 이후 최초로 금리를 조정할 때, 조정할 수 있는 금리인상한도를 말한다. 그리고 주기적인 금리인상한도는 최초 금리조정 이후 두 번째 금리조정부터 적용되는 금리인상한도를 말한다.

예를 들어 변동금리 조건으로 대출을 받았는데, 1회 금리인상한도를 1%point로 하고, 총 금리인상한도를 3%point로 설정하였다고 해 보자. 변동금리의 기준은 국고채수익률이라고 하고, 대출금리는 국고채수익률에다가 1%point 더 얹은 것이라고 해 보자. 대출 당시 국고채수익률이 4%라면, 최초 대출 시의 대출금리는 5%가 된다. 이후 국고채수익률이 6%로 올랐다고 해 보자. 금리인상한도가 없을 경우, 다음 금리조정시점에 대출금리는 7%로 인상되어야 한다. 그러나 금리인상한도 때문에 대출금리는 6%(=5%+1%)밖에 못 올린다. 그 다음 금리조정시점에 가서야 대출금리는 7%(=6%+1%)가 된다. 만약 국고채수익률이 8%까지 올랐다면, 그 다음 금리조정시점에 대출금리는

8%(=7%+1%)가 되는데, 이 이후로는 더 이상의 대출금리 인상은 없다. 왜냐하면 총 금리인상한도(3% point)에 이미 도달하였기 때문이다.

금리인상한도를 정하게 되면, 대출자 입장에서는 '원리금지급 충격(payment shock)' 에 따른 차입자의 채무불이행 가능성을 낮추지만, 그 대신 금리위험이 커지게 된다. 그래서 대출자는 종종 금리인상한도 때문에 이자를 다 받지 못할 때를 대비하여 '부(負)의 상환(negative amortization)' 조건을 부과할 수도 있다. '부(負)의 상환' 조건이란 금리인상한도 때문에 못 받게 된 이자를 원금에 가산하는 조건을 말한다. 위의 예를 들자면, 국고채수익률이 8%까지 올라가서 대출금리가 9%(=8%+1%)가 되어야 하지만 총 금리인상한도 때문에 대출금리를 8%까지밖에 못 받으면, 나머지 1%point에 해당하는 이자를 원금에 가산하는 것이다.

변동금리대출에 따른 채무불이행위험 감소 전략 : 기타 수단들

변동금리로 대출을 해 줄 때, 채무불이행위험을 줄이기 위한 또 다른 조치로 최대대출가능 DTI(debt to income, 소득 대비 부채지급액) 비율을 낮추는 방법이 있다. 예를 들어 고정금리 원리금균등분할상환조건에서 최대대출가능 DTI 비율이 33%라면, 변동금리대출에서는 이 비율을 30%로 낮추는 식이다. 급격한 금리인상이 있을 경우, 변동금리대출을 받은 사람의 원리금지급액이 상승하기 때문에 DTI 비율에 어느 정도의 버퍼를 만들어 놓으면, 금리인상이 있더라도 원리금지급을 이행할 수 있는 것이다.

이 밖에, 변동금리대출에 따른 채무불이행위험을 줄이기 위한 방법으로 옵션부 변동금리대출(Option ARM)이 있다. 이 방식은 '최소지불액(minimum payment)' 을 미리 설정해 놓고, 차입자가 지불액을 선택하도록 하는 것이다. 차입자는 최소지불액 이상만 지불하면 된다. 따라서 대출금리가 급격히 올라가더라도 차입자는 최소지불액 이상만 지불하면 되기 때문에 '원리금지급 충격' 에 따른 차입자의 채무불이행 가능성이 줄어드는 것이다.

여기에도 '부(負)의 상환(negative amortization)' 조건이 따라온다. '부(負)의 상환 조건' 하에서는 대출금리의 급격한 상승으로 인해 이자지급액이 최소지불액 수준을 넘을 경우, 못 받은 이자부족액은 원금에 가산된다.

3) 변동금리대출과 원리금상환방식

변동금리 원리금균등분할상환

변동금리대출도 고정금리대출과 마찬가지로 원리금균등분할상환이 가능하고, 원금균등분할상환이나 만기일시상환, 점증상환 방식으로 상환할 수도 있다.

변동금리대출에서 원리금균등분할상환의 경우, 대출금리가 주기적으로 바뀌기 때문에 원리금지급액도 주기적으로 바뀐다. 예를 들어 변동금리 원리금균등분할상환방식으로 1억 원의 주택저당대출을 받았다고 해 보자. 대출 당시의 금리가 5%였고, 금리조정주기는 1년이며, 만기는 30년이라고 해 보자. 그러면 첫 1년 동안의 월 원리금지급액은 53.68만 원(=1억 원/연금현가계수(5%/12, 30년×12))이 된다. 그리고 1년 뒤 대출잔액은 9,852.46만 원(=53.68만 원×연금현가계수(5%/12, 29년×12))이 된다. 1년 뒤 대출금리가 6%로 올랐다면, 그 다음 1년 동안의 월 원리금지급액은 59.80만 원(=9,852.46만 원/연금현가계수(6%/12, 29년×12))이 된다.

예제 1

대출금액 1억 원, 만기 30년, 1년 주기 변동금리 원리금균등분할상환, 대출 당시 대출금리 5%, 1년 뒤 대출금리 6% 가정할 때, 첫 1년간 월 원리금지급액과 1년 뒤 월 원리금지급액을 구하라.

$$\text{처음 월 원리금지급액} = 10{,}000\text{만 원} / \text{월 기준 연금현가계수}(5\%, 30\text{년})$$
$$= 10{,}000\text{만 원} \div \frac{1 - 1/(1 + 0.05/12)^{360}}{0.05/12}$$
$$= 10{,}000\text{만 원} / 186.28 = 53.68\text{만 원}$$

$$\text{1년 뒤 대출잔액} = 53.68\text{만 원} \times \text{월 기준 연금현가계수}(5\%, 29\text{년})$$
$$= 53.68\text{만 원} \times \frac{1 - 1\,(1 + 0.05/12)^{348}}{0.05/12}$$
$$= 53.68\text{만 원} \times 183.53 = 9{,}852.46\text{만 원}$$

$$\text{1년 뒤 월 원리금지급액} = 9{,}852.46\text{만 원} / \text{월 기준 연금현가계수}(6\%, 29\text{년})$$
$$= 9{,}852.46\text{만 원} \div \frac{1 - 1/(1 + 0.06/12)^{348}}{0.06/12}$$
$$= 9{,}852.46\text{만 원} / 164.74 = 59.80\text{만 원}$$

변동금리 조건의 원금균등분할상환과 점증상환

변동금리 원금균등분할상환대출의 경우, 고정금리대출과 마찬가지로 원금은 균등하게 상환하고, 남은 대출잔액에 대해 변동금리로 이자를 지불하는 방식이다. 변동금리 만기일시상환대출의 경우, 고정금리대출과 마찬가지로 원금상환 없이 이자만 지급하는데, 고정금리와는 다르게 변동금리로 이자를 지급한다는 차이만 있다.

변동금리대출에서도 점증상환방식으로 원리금을 상환할 수 있다. 즉, 매기 일정 비율로 원리금지급액이 증가하도록 상환방식을 결정할 수가 있다. 그러나 변동금리대출에서 대출금리가 급등할 경우, 점증방식에 의한 원리금지급액의 증가에다가 금리상승에 의한 원리금지급액의 증가가 겹칠 경우 차입자가 원리금지급에 상당한 어려움을 겪을 수 있다. 그래서 변동금리대출에서는 점증상환방식보다는 위에서 언급한 옵션부 변동금리대출(최소지불액 설정방식)을 사용하기도 한다.

2 물가수준조정 모기지

1) 인플레이션과 경사효과

미래에 인플레이션이 기대될 경우, 대출이자율은 이를 반영하여 상승하게 된다. 대출이자율은 실질금리에다가 기대인플레이션율을 더하여 결정되므로, 기대인플레이션율이 높을수록 대출이자율도 높아질 수밖에 없다. 대출이자율이 올라가면, 원리금지급액이 증가한다. 그런데 DTI 비율(=원리금지급액/소득)을 계산할 때, 차입자의 소득은 현재의 소득을 기준으로 한다. 미래에 인플레이션이 일어나면, 명목소득도 올라갈 것인데도 불구하고, DTI 비율을 계산할 때 원리금지급액은 미래의 인플레이션을 고려하는 반면, 소득은 이를 고려하지 않는 것이다. 그 결과 대출가능금액은 인플레이션이 없을 때에 비해 줄어들게 된다.

인플레이션에 의해 차입자의 명목소득이 지속적으로 상승한다면, DTI 비율은 시간이 지남에 따라 지속적으로 하락하게 된다. 미래에 인플레이션이 일어나면, 주택가격도 하락하지 않고 상승할 것이다. 이에 따라 LTV 비율(=대출잔액/주택가격)은 시간이 지남에 따라 하락하는데, 인플레이션이 없을 때의 LTV 비율 하락속도보다 훨씬 빠르게 하락한다.[3)]

이런 현상을 보고 인플레이션에 의한 경사효과(tilting effect)라고 한다.

인플레이션에 의한 경사효과(tilting effect)

인플레이션에 의한 경사효과란 인플레이션이 진행될 때, '대출가능액이 줄어들고 대출해준 후 DTI 비율이 점차 하락하며 LTV 비율의 하락속도도 빨라지는 현상'을 말한다. 인플레이션이 심하면 대출이자율은 미래의 인플레이션을 고려하여 올라가게 된다. DTI를 계산할 때, 원리금지급액은 미래의 인플레이션을 고려한 대출이자율의 상승 때문에 늘어나게 된다. 반면 차입자의 소득은 인플레이션에 의한 미래의 명목소득 상승을 고려하지 않고 현재의 소득만을 고려하게 된다. 이 때문에 인플레이션이 심할 경우, 대출가능액이 줄어들게 된다. 시간이 지나면 인플레이션에 의해 차입자의 명목소득이 오르기 때문에 DTI 비율은 점차 감소하게 된다. 또 대출 이후 인플레이션에 의해 주택가격이 오르면서 LTV 비율의 하락속도가 빨라지게 된다(Clauretie and Sirmans(2010), pp.71-73 참조).

미국에서는 1970년대 인플레이션을 겪으면서, 대출가능액이 줄어드는 문제를 해결하기 위한 대안적인 대출상품들이 하나둘씩 나왔다.[4)] 그런 상품 중의 하나가 앞에서 본 점증상환 모기지(GPM)이고, 또 다른 하나가 물가수준조정 모기지(PLAM: price level adjusted mortgage)이며, 다음에 볼 수익공유형 모기지(SAM: shared appreciation mortgage)도 인플레이션에 대응하여 나온 상품 중의 하나이다.

3) 원리금균등분할상환대출의 경우, 매기 원금이 부분적으로 상환되기 때문에 인플레이션이 없더라도(주택가격이 현재 수준을 유지하더라도) LTV 비율은 시간이 지남에 따라 점차 하락한다. 만약 인플레이션으로 인해 주택가격이 상승한다면, LTV 비율은 시간이 지남에 따라 더 빠르게 하락한다.

4) Clauretie and Sirmans(2010), p.72 참조.

2) 물가수준조정 모기지

물가수준조정 모기지란?

물가수준조정 모기지(PLAM)는 대출이자를 실질이자율(=명목이자율−기대인플레이션율) 기준으로 지급하되, 일정 기간마다 인플레이션율에 따라 대출잔액을 조정하는 대출을 말한다.

예를 들어, 현재 실질이자율은 3%이고 기대인플레이션율은 4%라고 해 보자. 이 경우 현재 명목이자율은 7%가 된다. 1년 뒤 실제 물가상승률이 4%였다고 해 보자. 1년마다 대출잔액을 조정하는 물가수준조정 모기지(PLAM)의 경우, 첫 1년 동안은 대출이자율을 3%로 하여 원리금을 지급한다. 그리고 1년 뒤 대출잔액을 4% 인상하고, 원리금지급액은 물가수준에 따라 조정된 대출잔액을 기준으로 다시 계산된다. 대출잔액이 4% 인상되었기 때문에 원리금지급액도 4% 인상된다.

이런 과정이 매년 되풀이되면서 새롭게 원리금지급액이 계산되고, 새롭게 계산된 원리금지급액을 기준으로 원리금납부가 이루어지게 된다.

예제 2

1억 원을 물가수준조정 모기지(PLAM)로 대출받았다. 실질이자율은 3%이고, 매년 물가가 4%씩 오른다고 한다. 대출만기가 30년이고 원리금균등분할상환 조건이다. 물가수준조정 모기지의 매월 원리금납입 스케줄을 구하라.

1) 첫 1년간은 매월 421.6천 원씩 원리금을 분할상환한다.

첫 1년간 원리금지급액 = 100,000천 원/월 기준 연금현가계수(3%, 30년)
= 100,000천 원/237.1894 = 421.6천 원

2) 1년 뒤 대출잔액은 99,591.3천 원인데, 물가가 4% 올랐으므로, 물가조정 후 대출잔액은 101,828.7천 원(= 99,591.3천 원×1.04)이 된다.

3) 2년차에는 물가조정 후 대출잔액인 101,828.7천 원을 기준으로 원리금지급액이 다시 계산되는데, 2년차의 원리금지급액은 438.5천 원이 된다.

2년차 원리금지급액 = 101,828.7천 원/월 기준 연금현가계수(3%, 29년)

= 101,828.7천 원/232.2373 = 438.5천 원

4) 이런 과정을 매년 되풀이하면서 대출잔액을 조정하고, 조정된 대출잔액을 기준으로 원리금 지급액이 새롭게 계산된다.

표 2 물가수준조정 모기지의 원리금지급 스케줄 (단위 : 천 원)

기간 (월)	기초 대출잔액	원리금지급액	이자지급액	원금상환액	기말 대출잔액	물가조정 후 기말 대출잔액
1	100,000	421.6	250.0	171.6	99,828.4	
2	99,828.4	421.6	249.6	172.0	99,656.4	
…	…	…	…	…	…	
12	98,088.6	421.6	245.2	176.4	97,912.2	101,828.7
13	101,828.7	438.5	254.6	183.9	101,644.8	
14	101,644.8	438.5	254.1	184.4	101,460.4	
…	…	…	…	…	…	
24	99,780.4	438.5	249.5	189.0	99,591.3	103,575.0
25	103,575.0	456.0	258.9	197.1	103,377.9	
26	103,377.9	456.0	258.4	197.6	103,180.4	
…	…	…	…	…	…	
348	16,151.4	1,264.3	40.4	1,223.9	14,927.5	15,524.6
349	15,524.6	1,314.8	38.8	1,276.0	14,248.6	
…	…	…	…	…	…	
359	2,619.8	1,314.8	6.5	1,308.3	1,311.6	
360	1,311.6	1,314.8	3.3	1,311.6	0.0	

주 : 대출액 1억 원, 실질이자율 3%, 매년 물가상승률 4%, 30년 만기 원리금균등분할상환 가정.

물가수준조정 모기지와 변동금리대출 및 점증상환 모기지의 유사성

물가수준조정 모기지(PLAM)는 매년 원리금지급액이 바뀐다는 점에서 변동금리대출(ARM)의 변형이라고 볼 수 있다.

그리고 물가수준조정 모기지는 매년 원리금지급액이 늘어난다는 점에서 점증상환 모기지(GPM)와 유사하다. 다만, 점증상환 모기지는 원리금지급액 증가속도가 사전에 정해져 있는 반면, 물가수준조정 모기지는 물가상승률에 따라 원리금지급액의 증가속

도가 달라진다.

물가상승률만큼 차입자의 소득도 상승한다면, 물가수준조정 모기지는 원리금지급액이 올라가더라도 DTI 비율이 올라가지는 않는다. 반면 점증상환 모기지는 원리금지급액의 증가속도가 물가상승률과 직접적으로 연결되어 있지 않기 때문에 원리금지급액은 증가하는데 차입자의 소득은 증가하지 않는 일이 발생할 수 있다. 이런 점에서 물가수준조정 모기지는 점증상환 모기지보다 차입자의 채무불이행 가능성이 낮다.

그러나 물가수준조정 모기지(PLAM)는 차입자 입장에서 볼 때 원금을 상환하고 있는데도 불구하고 대출잔액이 좀처럼 줄지 않고 경우에 따라서는 대출잔액이 오히려 늘어나다 보니 불만이 생길 수밖에 없다.

대출기관 입장에서 보더라도, 물가수준조정 모기지(PLAM)는 금리위험을 완전히 회피하지 못한다. 예를 들어 대출 당시의 기대인플레이션율이 4%였는데, 실제 물가상승률은 3%였다면, 손실을 보게 된다.

이런 이유에서 물가수준조정 모기지(PLAM)는 인플레이션 시기에 대출기관들이 금리위험에 대처하기 위해, 그리고 차입자의 대출가능액 축소에 대응하기 위해 도입되었지만, 큰 호응은 받지 못하였다.

3 수익공유형 모기지

1) 수익공유형 모기지의 개념

수익공유형 모기지란?

수익공유형 모기지(SAM: shared appreciation mortgage)는 대출이자율을 낮추어 주는 대신, 주택가격이 상승할 경우 가격상승분의 일부를 대출자에게 지불하는 것을 조건으로 하는 대출을 말한다.

수익공유형 모기지는 부채금융(debt financing)이지만, 자본이득이 생기면 대출자와 나누어 갖는다는 점에서 지분금융(equity financing)의 성격도 갖고 있다. 그래서 수익공유형 모기지를 흔히 지분형태의 대출(equity-type loan) 또는 지분형 모기지(equity-type mortgage)라고도 부른다.

수익공유형 모기지는 주택가격의 변동위험을 금융기관과 차입자가 나누어 갖는 대출상품이라고 할 수 있다. 대출자(금융기관) 입장에서 보면, 수익공유형 모기지로 대출을 해 줄 때에는 금리위험이나 조기상환위험, 채무불이행위험 등에 더하여 주택가격의 변동위험까지도 고려해야 한다. 예를 들어 주택가격이 기대했던 것만큼 상승하지 않게 되면 금융기관은 손실을 입게 된다.

수익공유형 모기지는 미국에서 1980년에 Advance Mortgage Corporation이라고 하는 모기지 회사에서 처음 도입한 것으로 알려져 있다.[5] 영국에서는 1990년대 중반 Barclays Bank와 Bank of Scotland에서 SAM을 상품화하였다.

미국에서 SAM을 도입한 이유는, 1970년대 인플레이션에 의해 대출이자율이 높았던 시절, 인플레이션에 의한 경사효과(tilting effect)를 완화하기 위한 수단이 필요하였기 때문이다. 즉, 인플레이션으로 인해 대출이자율이 올라가자, 대출이자율을 낮추어 주는 대신 인플레이션으로 인한 주택가격 상승분의 일부를 나중에 지불받는 조건으로 대출을 해 주었던 것이 바로 SAM의 시초인 것이다.

반면 영국에서는 투자상품의 하나로 SAM을 이용하였다. 영국에서는 1990년대 주택가격이 빠르게 상승하였는데, 금융기관에서 저리로 대출을 해 주는 대신 주택가격 상승분을 나누어 갖는 조건으로 대출을 해 주었던 것이다.

수익공유형 모기지의 종류

수익공유형 모기지에서 대출이자율과 수익공유비율(주택가격 상승분 중 대출자가 가져가는 비율)은 반비례한다. 대출이자율을 낮추어 주면 줄수록 수익공유비율은 올라간다. 극단적으로 대출이자율이 0%일 수 있다. 이 경우 이자지급은 없으며, 대출만기 시에 대출원금을 상환받고, 그동안의 주택가격 상승분의 일부를 지급받게 된다.

이렇게 대출이자율이 0%인 SAM을 역모기지형 SAM(reverse-mortgage-type SAM)이

---

5) Clauretie and Sirmans(2010), p.111.

라고 부르기도 하고, 제로이자율 SAM(zero rate SAM)이라고도 부른다.

SAM 중에는 주택가격이 상승할 때 상승분의 일부를 나누어 가질 뿐만 아니라 주택가격이 하락할 때에도 손실을 나누어 가지는 대출상품도 있다. 이런 대출상품을 손익공유형 모기지(SAADM: shared appreciation and depreciation mortgage)라고 부른다.

수익공유형 모기지의 경우, 대출만기에 주택가격 상승분을 계산하고 공유비율에 따라 상승분의 일부를 대출자에게 지급해야 한다. 이렇게 하기 위해서는 주택을 매각해야 하는데, 차입자가 자가거주용으로 주택을 구입한 것이라면 주택을 매각하는 것이 쉽지 않다. 그래서 대부분의 경우 대출만기 시에는 주택가치를 평가한 후, 주택가격 상승분의 일부에 해당하는 금액만큼을 재차입하는 것으로 처리한다.

수익공유형 모기지의 실제이자율

수익공유형 모기지의 실제이자율(APR: annual percentage rate)은[6] ① 매월 지급하는 원리금지급액의 현재가치와 ② 대출만기 시 지급해야 하는 수익공유액의 현재가치를 대출총액과 같게 만들어 주는 할인율을 말한다. 즉, 대출만기가 n년이라고 할 때 다음의 식을 만족하는 할인율 r이 바로 수익공유형 모기지의 실제이자율 또는 대출자의 수익률이 된다.

$$\text{대출액} = \text{원리금지급액의 현재가치} + \text{수익공유액의 현재가치}$$

$$\text{대출액} = \text{매월 원리금} \times \text{연금현가계수}(r, n) + \text{수익공유액} \times \text{현가계수}(r, n)$$

$$\text{대출액} = \text{매월 원리금} \times \frac{1 - 1/(1 + r/12)^{12n}}{r/12} + \text{수익공유액} \times \frac{1}{(1 + r/12)^{12n}}$$

여기서 매월 원리금지급액의 크기는 대출이자율에 의해 좌우되고, 수익공유액의 크기는 주택가격 상승분과 수익공유비율(profit sharing rate)에 의해 좌우된다. 수익공유액의 크기는 주택가격 상승률이 높을수록, 그리고 수익공유비율이 높을수록 커진다.

6) 실제이자율은 차입자 입장에서는 실제로 지불하는 차입비용을 의미하며, 대출자 입장에서는 대출금에 대한 수익률을 의미한다.

그림 3 수익공유형 모기지의 현금흐름

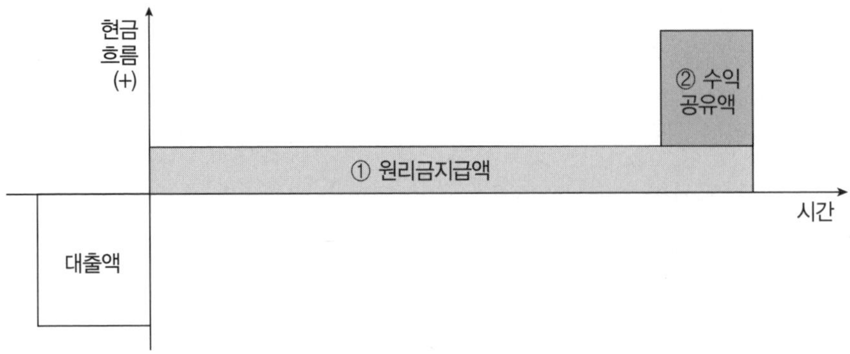

예제 3

주택가격이 1억 원이다. 수익공유형 모기지로 7천만 원(LTV 70%)을 대출받았다. 대출조건은 20년 만기, 연 이자율 1.5%, 원리금균등분할상환방식이며, 수익(주택가격 상승분)의 50%를 공유하는 조건이다.

주택가격이 연평균 2%씩 상승한다고 할 때, 수익공유형 모기지의 실제이자율은 얼마인가?

1) 매월 원리금지급액

$$\text{매월 원리금지급액} = \frac{7{,}000}{\text{연금현가계수}(1.5\%,\ 20\text{년})} = \frac{7{,}000}{207.2344} = 33.78(\text{만 원})$$

※ 연금현가계수는 월 기준으로 계산

2) 수익공유액

20년 뒤 주택가격 $= 10{,}000 \times (1 + 0.02)^{20} = 14{,}859$(만 원)

주택가격 상승분 $= 14{,}859 - 10{,}000 = 4{,}859$(만 원)

수익공유액 $= 4{,}859/2 = 2{,}429.5$(만 원)

3) 실제이자율

다음 식을 만족하는 r이 실제이자율이다.

$$7{,}000 = 33.78 \times \frac{1 - 1/(1 + r/12)^{240}}{r/12} + 2{,}429.5 \times \frac{1}{(1 + r/12)^{240}}$$

시행착오적으로 계산을 해 보면, $r = 0.0354\,(3.54\%)$일 때 위의 식을 만족한다. 따라서 실제이자율은 3.54%이다.

대출이자율과 수익공유비율의 관계

일반적으로 수익공유비율은 액면상의 대출이자율과 반비례 관계에 있다. 액면상의 대출이자율이 낮으면, 수익공유비율은 높아져야 한다. 반대로 액면상의 대출이자율이 높으면, 수익공유비율은 낮아져도 된다.

수익공유비율은 주택가격 상승률과도 반비례 관계에 있다. 주택가격 상승률이 낮다면, 수익공유비율은 높아야 한다. 반대로 주택가격 상승률이 높다면, 수익공유비율은 낮아도 된다.

수익공유형 모기지의 실제이자율을 계산할 때, 미래에 주택가격이 어떻게 변할 것인가는 예측일 뿐, 실제 미래에 가서 주택가격이 어떻게 되어 있을지는 알 수가 없다. 만약 주택가격의 변동성이 크다면, 예측과는 다르게 주택가격이 변화할 가능성이 높아진다.

따라서 주택가격의 변동성이 클 경우에는, 대출기관은 위험에 대한 보상으로 더 높은 기대수익률(즉, 더 높은 실제이자율)을 요구할 것이고, 더 높은 기대수익률을 얻기 위해서는 대출이자율을 더 높이거나 수익공유비율을 더 높이고자 할 것이다. 다시 말하자면, 수익공유형 모기지에서 주택가격의 변동성은 대출이자율의 크기나 수익공유비율의 크기에 영향을 미친다.

2) 수익공유형 모기지의 장단점

수익공유형 모기지의 장점

차입자 입장에서 보면, 수익공유형 모기지는 자본이득의 일부를 포기하는 대신 낮은 이자율을 적용받기 때문에 원리금지급에 부담이 적게 된다. 미래의 불확실한 자본이득을 일부 나누는 대신, 낮은 비용으로 자금을 조달할 수 있는 것이다.

이 때문에 수익공유형 모기지는 차입자의 지불가능성(affordability)을 높이는 금융상품으로 평가되고 있다.[7] 일반적으로 저소득층이 자가주택을 구입하는 데에는 소득 부

7) Caplin, Cunningham, Engler and Pollock(2008) 참조.

족 문제(원리금지급에 어려움을 겪는 문제)와 자기자본 부족 문제(대출금을 제외한 나머지 부분을 조달하지 못하는 문제)를 겪는다. 그런데 수익공유형 모기지는 대출이자율이 낮기 때문에 소득이 낮은 사람이라도 주택담보대출을 얻어서 자가주택을 구입할 수 있다는 것이다.

역모기지형 수익공유형 모기지(제로금리 수익공유형 모기지)를 활용하면, 자기자본 부족 문제도 해결할 수 있다. 주택구입에 필요한 자금 중 일부를 역모기지형 수익공유형 모기지로 조달하면 자기자본이 부족하더라도 주택을 구입할 수 있는 것이다.[8)]

수익공유형 모기지는 또 주택가격의 변동을 안정(stability)시키는 효과를 갖고 있다.[9)] 일반적으로 주택가격이 상승할 때에는 대출을 받아 주택을 구입하려고 한다. 대출이 늘어나게 되면, 주택시장에 유동성공급이 늘어나면서 주택가격이 더욱 올라가게 된다. 반대로 주택가격이 하락할 때에는 주택을 구입하려고 하지 않는다. 이 때문에 주택담보대출이 줄어들고, 이로 인해 주택시장에 유동성공급이 줄면서 주택가격이 더욱 내려가게 된다.

그런데 수익공유형 모기지는 주택가격의 움직임과 반대로 움직이는 특성이 있다. 차입자들은 주택가격이 하락할 것으로 예상될 때 수익공유형 모기지를 찾는다. 반대로 주택가격이 상승할 것이라고 예상되면 수익공유형 모기지를 찾지 않는다. 이처럼 수익공유형 모기지에 대한 수요는 주택가격의 변동과 반대로 움직이기 때문에 주택가격을 안정시키는 효과가 있는 것이다.

수익공유형 모기지의 단점

반면에 수익공유형 모기지(SAM)는 차입자의 도덕적 해이(moral hazard)와 역선택(adverse selection), 감정평가 왜곡가능성과 같은 문제를 안고 있는 것으로 알려져 있다.[10)]

8) 실제로 미국의 일부 도시에서는 지방정부가 연방자금을 받아서 저소득층에게 주택구입자금의 5~15%에 해당하는 자금을 제로금리 수익공유형 모기지로 제공하고 있다. 이자율이 0%이기 때문에 차입자는 대출만기 때 원금과 주택으로부터 생긴 자본이득의 일부만 대출자에게 제공하면 된다.

9) Cho and Lee(2015) 참조.

10) Sanders and Slawson(2005) 참조. 이용만(2013)에서 재인용.

수익공유형 모기지를 빌린 차입자는, 주택을 잘 관리하여 주택의 가치를 높이면 그 이익을 채권자와 나누어 가져야 하기 때문에 주택을 잘 관리할 동인이 줄어든다. 그래서 주택관리에 소홀하게 된다(도덕적 해이 문제).

그리고 주택가격이 오를 것으로 예상되는 지역에서는 수익공유형 모기지를 빌리지 않고 주택가격이 하락할 것으로 예상되는 지역에서는 수익공유형 모기지를 빌리려고 한다. 그러다 보면, 주택가격이 하락할 것으로 예상되는 지역에서만 수익공유형 모기지 대출이 이루어지므로 대출자의 입장에서는 손실가능성이 커지게 된다(역선택 문제).

수익공유형 모기지를 빌리는 차입자는, 대출 당시의 주택가격은 가능한 한 높게 평가하고 대출만기 시의 주택가격은 가능한 한 낮게 평가하고자 하는 동인이 있다. 그렇게 해야 자본차익(=대출만기 시의 주택가격 - 대출 당시의 주택가격)의 평가액이 줄어들게 된다. 자본차익의 평가액이 줄어들면, 대출만기 시 대출자에게 지불해야 할 금액(수익공유액)이 줄어들게 된다.

이 밖에 대출 이후 주택가격이 지나치게 많이 상승하면, 대출만기에 지불해야 할 수익공유액이 급격히 늘어나게 되어 차입자가 이를 지불하기 어려운 상황에 빠질 수 있다. 실제로 영국에서는 1990년 초에 팔린 수익공유형 모기지(대개 만기가 10년이었음)가 만기에 도달하였을 때, 차입자가 지불해야 할 수익공유액이 지나치게 커져서 수익공유형 모기지가 사회적 이슈로 떠오른 적이 있었다.[11]

3) 한국의 수익공유형 모기지

두 가지 유형의 공유형 모기지 도입

한국에서는 국토교통부가 관리하는 국민주택기금(현재는 주택도시기금)이 2013년 10

11) 영국에서는 1990년대 초부터 2000년대 초까지 주택가격이 빠르게 상승하였다. 어떤 지역에서는 주택가격이 2~3배 오르기도 하였다. 이런 지역에서 수익공유형 모기지, 특히 역모기지형(제로금리)으로 대출받은 사람들은 대출만기에 막대한 수익공유액을 지불해야 하는 부담에 처하였다. 예를 들어 5천만 원을 역모기지형태의 수익공유형 모기지로 대출받아 1억 원짜리 주택을 구입하였다고 해 보자(5천만 원은 자기자본). 10년 뒤 이 주택가격이 3억 원이 되면, 2억 원의 자본이득 중 70% 가량을 대출자에게 지불해야 한다(역모기지형 SAM은 이자가 0%인 대신 수익공유비율이 매우 높음). 이렇게 되면 수익 공유액 1.4억 원에다가 대출원금 0.5억 원을 합쳐서 총 1.9억 원을 대출만기에 갚아야 한다. 차입자는 무려 주택가격의 2/3를 갚아야만 하는 부담을 안게 된 것이다.

월에 수익공유형 모기지를 생애최초주택구입자금대출 상품의 하나로 도입하였다. 국토교통부는 2013년 10월에 두 가지 종류의 공유형 모기지를 도입하였다. 하나는 주택으로부터 발생하는 자본이득을 공유하는 수익공유형 모기지(SAM)이고, 다른 하나는 주택으로부터 발생하는 자본이득뿐만 아니라 자본손실도 공유하는 손익공유형 모기지(SAADM 또는 shared equity mortgage)이다.[12)]

이 두 가지 공유형 모기지의 액면이자율은 생애최초주택구입자금 기본형 대출의 이자율보다 낮다. 공유형 모기지로 주택을 구입한 차입자의 경우, 매월의 원리금지급 부담이 줄어들기 때문에 주택구입의 지불가능성(affordability)이 높아진다. 그 대가로 자본이득이 발생하면 이를 대출자와 나누어야 한다. 더 나아가 손익공유형 모기지의 경우, 주택의 가격하락위험을 대출자에게 부분적으로 넘길 수 있다.

공유형 모기지의 대출조건

수익공유형 모기지는 만기가 20년이며, 고정금리부로 연간 이자율이 1.5%이다. 원리금균등분할상환(constant payment mortgage)방식으로 원금을 상환하는데, 1년에서 3년 사이 거치기간(원금상환이 없고 이자만 지급하는 기간)을 두는 것이 가능하다. 손익공유형 모기지는 만기가 20년이며, 고정금리부로 처음 5년간은 연간 이자율이 1%이며, 이후 2%로 고정된다. 대출기간 동안 이자만 지급하며, 원금은 만기에 일시 상환한다.

수익공유형 모기지의 LTV는 70%로 한정된다. 반면 손익공유형 모기지의 LTV는 40%로 한정된다(금융기관 모기지 포함하여 70% 이내). 그리고 대출액은 부부합산 소득의 4.5배를 넘어설 수 없으며, 2억 원을 초과할 수 없다. 대출액이 부부합산 소득의 4.5배를 넘어설 수 없기 때문에, 부부합산 소득 기준으로 DTI 비율은 26%를 넘지 않는다.[13)]

부부합산하여 연간 소득이 6천만 원 이하인 가구로서, 생애 최초로 주택을 구입하거나 5년 이상 무주택 상태인 가구만이 공유형 모기지를 받을 수 있다. 구입하고자 하는 주택도 제한을 받는다. 주택가격이 6억 원 이하여야 하며, 주택규모는 전용면적으로 85m² 이하인 아파트여야 한다. 지역도 또한 제한을 받는데, 수도권 지역이거나 5대 광

12) 한국에서는 수익공유형 모기지(SAM)와 손익공유형 모기지(SAADM, SEM)를 합쳐서 그냥 '수익공유형 모기지' 라고 통칭하기도 한다. 따라서 '수익공유형 모기지' 는 두 가지 의미를 갖고 있다.

13) 부부합산 소득이 1,000만 원이라면, 최대로 대출받을 수 있는 금액은 4,500만 원이다. 4,500만 원을 대출받을 경우, 매월 원리금지급액은 21.7만 원이다. 따라서 최대 DTI 비율은 26.05%이다. DTI=(21.7×12)/1,000 = 0.2605(26.05%)

역시, 또는 인구 50만 이상 도시나 세종특별자치시에 있는 아파트로 제한된다.

공유형 모기지에서 대출자(국민주택기금, 현재는 주택도시기금)는 대출이 종결되었을 때, 대출실행 당시의 주택가격 대비 평균대출잔액(대출평잔)[14]비율에 따라 수익을 배분받는다. 수익공유형 모기지의 경우, 원리금균등분할상환방식으로 원금상환이 이루어지기 때문에 시간이 지날수록 대출평잔이 줄어든다. 예를 들어 대출금이 주택가격의 70%였다면(LTV 70%), 대출 초기의 주택가격 대비 평균대출잔액비율은 70%에 가깝지만, 만기가 되면 이 비율이 38.47%로 떨어진다. 그러나 손익공유형 모기지의 경우, 만기일시

표 3 주택도시기금의 공유형 모기지(2023년 6월 말 기준)

		수익공유형	손익공유형
만기		20년	20년
금리		FRM 1.5%	첫 5년간 FRM 1% 그 이후 FRM 2%
상환방식		원리금균등분할상환	만기일시상환
대출액 한도 =min(A, B, C)	LTV(A)	70%	40%, 금융기관 모기지 포함 70%
	ability of payment(B)	연소득의 4.5배	연소득의 4.5배
	대출한도(C)	2억 원	2억 원
차입자 제한		부부합산 소득 연 6천만 원 이하인 가구로 생애 최초 주택구입 또는 5년 이상 무주택가구	부부합산 소득 연 6천만 원 이하인 가구로 생애 최초 주택구입 또는 5년 이상 무주택가구
구입주택 제한		6억 원 이하, 85㎡ 이하 아파트	6억 원 이하, 85㎡ 이하 아파트
지역 제한		수도권, 5대 광역시, 인구 50만 이상 도시, 세종시	수도권, 5대 광역시, 인구 50만 이상 도시, 세종시
수익 및 손실 배분비율		가격상승분×대출평잔비율	가격상승분×대출평잔비율
수익배분한도		최대수익률 연 5% 이내	-

주 : 대출평잔비율 = 대출평잔 / 대출 당시 주택가격
자료 : 주택도시기금 홈페이지(www.nhuf.go.kr)

14) 대출평잔이란 일정기간 동안의 평균적인 대출잔액을 말한다. 예를 들어 1월의 대출잔액이 1억 원인데, 매달 1천만 원씩 원금상환이 이루어진다면, 2월의 대출잔액은 9천만 원, 3월의 대출잔액은 8천만 원이 된다. 이때 1/4분기의 대출평잔은 9천만 원(=[1억 원+9천만 원+8천만 원]/3)이 된다.

상환방식으로 원금이 상환되기 때문에 만기 때까지 평균대출잔액은 동일하다. 그래서 실행 당시의 주택가격 대비 평균대출잔액비율은 만기 때까지 40%로 일정하다.

수익공유형 모기지의 경우, 대출자가 배분받을 수 있는 수익에 한도를 두고 있다. 대출자(주택도시기금)가 최대로 얻을 수 있는 수익률을 연 5%로 제한하고 있다. 그러나 손익공유형 모기지의 경우, 대출자가 받을 수 있는 수익에 한도가 없으며, 대출자가 부담해야 하는 손실에도 한도가 없다.

예제 4

주택가격이 1억 원이며, 수익공유형 모기지로 7천만 원(LTV 70%)을 대출받았다. 대출조건은 20년 만기, 연 이자율 1.5%, 원리금균등분할상환방식이며, 수익(주택가격 상승분)의 50%를 공유하는 조건이다. 대출자의 최대수익률은 연평균 5%를 넘지 못한다. 최대로 받을 수 있는 수익공유액은 얼마이고, 이것을 가능하게 하는 주택가격 상승률은 연평균 몇 %인가?

1) 매월 원리금지급액

$$\text{매월 원리금지급액} = \frac{7{,}000}{\text{연금현가계수}(1.5\%, 20\text{년})} = \frac{7{,}000}{207.2344} = 33.78(\text{만 원})$$

※ 연금현가계수는 월 기준으로 계산

2) 최대수익률을 가능하게 하는 수익공유액

수익률은 연평균 5%를 넘을 수 없으므로 최대수익률은 5%이다. 이는 실제이자율이 5%를 넘을 수 없다는 이야기이다. 실제이자율이 5%에 이르기 위해서는 다음 식을 만족해야 한다.

$$7{,}000 = 33.78 \times \frac{1 - 1/(1 + 0.05/12)^{240}}{0.05/12} + \text{최대수익공유액} \times \frac{1}{(1 + 0.05/12)^{240}}$$

이 식에서 최대수익공유액을 계산해 보면,

$$7{,}000 = 33.78 \times 151.5253 + \text{최대수익공유액} \times 0.3686$$

$$1{,}881.48 = \text{최대수익공유액} \times 0.3686$$

$$\text{최대수익공유액} = 5{,}103.77(\text{만 원})$$

3) 최대수익공유액을 가능하게 하는 주택가격 상승률

20년 뒤 주택가격이 20,207.53만 원(=10,000만 원+5,103.77만 원×2)이 되어야 5,103.77만 원의 수익을 공유할 수 있다.

20년 뒤 주택가격이 20,207.53만 원이 되기 위해서는, 주택가격은 다음과 같은 식을 만족하는 가격상승률로 매년 상승해야 한다.

$$10,000 \times (1 + s)^{20} = 20,207.53$$

위 식을 만족하는 s를 구해 보면, s = 0.0358(3.58%)이다. 즉, 매년 3.58%씩 주택가격이 상승하면, 20년 뒤 주택가격은 20,207.53만 원이 된다. 이때의 자본차익은 10,207.53만 원이고, 대출자가 받는 수익공유액은 5,103.77만 원(=10,207.53/2)이다. 수익공유액이 5,103.77만 원일 때 실제이자율(대출자의 수익률)은 5%가 된다.

우리나라 공유형 모기지의 특징과 성격

우리나라의 공유형 모기지는 수익공유형 모기지의 단점들을 상당 부분 회피할 수 있는 구조로 만들어졌다. 대상주택을 아파트로 한정하여 도덕적 해이 문제를 최소화하였고(아파트는 공동으로 관리하기 때문에 관리소홀 문제가 없다.), 감정평가 왜곡 문제도 없도록 하였다(아파트는 시세를 쉽게 파악할 수 있다.) 그리고 대상지역을 수도권과 5대 광역시 등으로 한정함으로써 역선택 문제를 최소화하였다(수도권과 5대 광역시는 아파트가격이 장기적으로 상승 추세이다.). 또한 대출자가 얻을 수 있는 수익률은 최대 5%로 제한함으로써 차입자의 부담이 과도하게 커지지 않도록 하였다.

공유형 모기지는 2013년 10월부터 시범적으로 3,000건을 판매하였는데, 비교적 빠른 속도로 매진되었다. 그리고 공유형 모기지 중에서 손익공유형 모기지보다는 수익공유형 모기지의 인기가 높았다. 이런 현상은, 아마도 주택가격의 하락에 대한 위험보다는 모기지 원리금의 지불가능성을 좀 더 높이 평가하였기 때문인 것으로 보인다. 또는 공유형 모기지의 pricing(액면이자율과 자본이득 또는 자본손실의 배분비율)이 차입자에게 유리한 방향으로 책정되었기 때문일 수도 있다.

국토교통부는 공유형 모기지의 시범 판매가 성공적으로 이루어지자 2014년부터 공유형 모기지를 본격적으로 판매하였다. 그러나 그 이후 주택가격이 빠르게 상승하면서 공유형 모기지의 인기는 시들해졌다. 2018년까지 이어지던 저금리 추세에도 불구하고, 상품 출시 이후 금리조건이 한 번도 바뀌지 않았던 것도 인기가 시들해진 원인 중의 하나였다.

4 역모기지

1) 역모기지의 개념

역모기지란?

역모기지(또는 역저당대출)는 매달 일정 금액씩 대출을 받고 대출만기 때 그동안의 대출 원금과 이자를 일시에 상환하는 주택담보대출을 말한다. 이런 유형의 모기지를 '역모기지(reverse mortgage)' 라고 부르는 것은, 모기지의 현금흐름이 전통적인 모기지와 반대로 되어 있기 때문이다. 전통적인 모기지는 일시에 목돈을 대출받은 뒤 대출만기 때까지 매달 일정 금액씩을 상환하는 방식이다. 역모기지를 RAM(reverse annuity mortgage)이라고 부르기도 한다.

전통적인 모기지는 대출만기 때까지 원금상환이 이루어지기 때문에 시간이 지남에 따라 대출잔액은 줄어들고 자기지분은 늘어나는(falling debt, rising equity) 구조이다. 그러나 역모기지는 대출금이 누적되고 이자까지 누적되기 때문에 시간이 지남에 따라 대출잔액은 늘어나고 자기지분은 줄어드는(rising debt, falling equity) 구조이다.[15]

그림 4 역모기지의 현금흐름구조

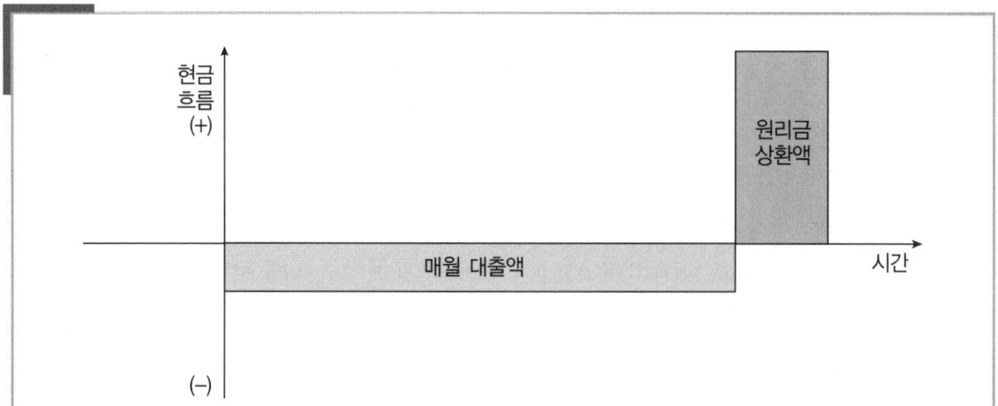

15) Clauretie and Sirmans(2010), p.113.

역모기지는 주택이라는 자산을 보유하고는 있지만, 소득이 없는 가구들을 대출 대상으로 삼고 있다. 은퇴가구들이 주로 이런 상황에 놓여 있는데, 은퇴가구들은 주택을 매각하여 매각대금으로 노후생활을 할 수도 있지만, 이 경우 살던 집을 매각하고 이사를 가야만 한다. 반면 역모기지는 주택을 담보로 하여 매월 대출을 받는 것이기 때문에 계속 자기주택에 거주할 수가 있다. 이런 점에서 역모기지는 주택을 매각하지 않은 채 주택의 자기지분을 유동화하는 방법(주택의 자기지분을 현금화하는 방법)이라고 할 수 있다.

역모기지의 특징

역모기지는 대출만기 등에 따라 다양한 상품구성이 가능하다. 일반적으로 차입자가 사망할 때까지 대출을 해 주는 종신형(tenure type) 역모기지가 있고, 일정 기간 동안만 대출을 해 주는 기간확정형(term type) 역모기지가 있다.

어느 방법이든 간에 차입자가 사망할 때까지는 원리금상환을 요구하지 않는 것이 일반적이다. 차입자가 사망하기 전에 원리금상환을 요구할 경우, 차입자는 담보주택을 매각하여 원리금을 상환해야 하는데, 그 경우 차입자는 거주할 곳을 잃게 된다. 차입자는 이런 위험을 감수하려고 하지 않을뿐더러, 이런 상황이 발생하면 채권자는 사회적으로 많은 비난을 받기 때문에 채권자 역시 이런 상황을 원치 않는 것이다.

이런 점 때문에 일반적으로 역모기지는 비소구대출(non-recourse loan)이라는 특징을 갖고 있다. 차입자가 사망한 뒤에는 차입자에게 변제 책임을 물을 수가 없기 때문에 차입자의 변제 책임을 담보주택으로 한정하는 것이다. 그래서 대출종료 시 원리금으로 지급해야 할 금액이 주택가치를 넘어서더라도 차입자는 그 차액에 대해 책임을 지지 않는다.

표 4 역모기지의 특징

구분	내용
주택의 자기지분을 현금화	주택의 자기지분(equity)을 현금화하여 생활자금으로 사용가능
주택에 계속 거주가능	주택을 매각하는 것이 아니기 때문에 계속 자기주택에 거주가능
비소구대출	대출원리금의 지급 책임을 주택으로 한정. 차입자가 무한책임을 지지 않음.

결론적으로 말하자면, 역모기지는 주택소유자가 주택에 계속 거주하면서 주택의 자기지분을 현금화하여 생활자금 등으로 사용할 수 있는 비소구대출이라고 할 수 있다.

역모기지의 위험

역모기지 대출자는 대출종료 시 상환받아야 할 원리금 총액이 주택가치를 넘어서면 원리금을 모두 상환받지 못하게 된다. 대출종료 시 원리금지급액이 주택가치를 넘어서는 경우는 다음과 같은 상황이 발생할 때 일어난다.

첫째는 차입자가 예상보다 오래 생존하는 경우이다. 차입자가 예상보다 오래 생존할 경우, 대출액이 늘어날 뿐만 아니라 지급받아야 할 이자도 늘어난다. 이런 위험을 장수위험 또는 생존위험이라고 부른다.

둘째는 주택가격이 예상만큼 상승하지 않는 경우이다. 주택가격이 예상보다 낮게 상승하거나 아예 하락할 경우, 주택매각대금으로 원리금지급이 어려워진다. 이런 위험을 주택가격위험이라고 부른다.

셋째는 금리가 예상보다 높게 올라가는 경우이다. 금리가 예상보다 높게 올라갈 경우, 대출이자가 늘어나기 때문에 대출종료 시 원리금지급액이 주택가치를 넘어설 수 있다. 이런 위험을 금리위험이라고 한다.

대출자는 장기에 걸쳐 나타날 수 있는 이런 위험을 감당하기가 어렵기 때문에 일반적으로 모기지 보험(MI: mortgage insurancc)에 가입할 것을 차입자에게 요구한다. 차입자가 모기지 보험에 가입하면, 차입자는 모기지 보험료를 내고, 모기지 보험회사는 대출원리금이 주택가치보다 높을 때 그 차액을 대출자에게 지불하게 된다.

역모기지에 대한 보험은 민간보험회사에서 취급할 수도 있다. 그러나 역모기지는 정보의 비대칭에 따른 역선택(adverse selection) 문제가 있기 때문에 민간보험회사는 이를 취급하기가 어렵다. 즉, 역모기지는 비교적 건강하여 오래 살 수 있다고 자신하는 사람들이 주로 대출을 받게 된다. 오래 살수록 차입자에게 유리하기 때문이다. 또 역모기지는 주택가격이 하락할 것으로 예상되는 지역에서 주로 대출을 받게 된다. 그런데 보험회사는 이런 사실을 잘 모르기 때문에 보험료를 차등적으로 부과하기가 어렵다. 따라서 보험료를 낮게 매기면 역선택 때문에 보험회사가 손실을 보게 되고, 보험료를 높게 매기면 건강이 나쁜 사람이나 주택가격이 오를 것으로 예상되는 지역의 사람들은 가입하지 않게 된다.

여기다가 역모기지는 차입자가 주택관리를 소홀히 할 수 있는 도덕적 해이(moral hazard) 문제가 있다. 비소구대출이다 보니 주택관리를 제대로 하여 주택가치를 유지할 동인이 떨어지는 것이다.

이런 문제(역모기지에 내재된 위험, 역선택, 도덕적 해이 문제) 때문에 역모기지에 대한 보험은 사회보장제도의 일환으로 공적 영역에서 제공하는 경우가 많다.

주택자산의 연금화

대부분의 선진국들은 인구의 고령화 현상을 겪고 있다. 우리나라도 여기서 예외는 아니다. 인구의 고령화는 공적 연금의 파탄을 가져온다. 그래서 각국에서는 공적 연금의 개혁을 추진하고 있다. 공적 연금의 개혁은 대개 연금 개시 연령 연장, 연금 수령액 조정, 연금 보험료 증액을 수반하기 때문에 공적 연금에 의한 노후생활 보장이 점차 어려워지고 있다.

그래서 노령가구가 보유하고 있는 주택자산을 연금화하는 방안이 주목을 받고 있다. 노령가구는 대부분 자가에 거주하고 있으므로, 보유주택을 연금화하자는 것이다.

노령가구가 보유하고 있는 주택자산을 연금화하는 가장 간단한 방법은 보유주택을 매각하고 임차로 거주하는 것이다. 주택의 다운사이징(작은 규모의 주택으로 옮겨가는 것)도 하나의 방법이다. 이렇게 하여 남는 자금으로 연금상품을 구입하면 된다. 그러나 이런 방법은 거주 공간을 이동해야 한다. 노령가구는 자신이 거주하는 주택에 계속 거주하는 것(ageing in place)을 원한다. 그래서 'ageing in place' 라는 전제 조건하에 보유주택을 연금화하는 전략이 필요하다.

자기 집에 계속 거주하면서 보유주택을 연금화 또는 현금화하는 방법으로 크게 모기지 대출 방법과 지분 매각 방법이 있다. 전자를 RAM(reverse annuity mortgage) type이라고 부

주택자산의 연금화 방법
(Home Equity Monetizing Schemes)

모기지 방식(Reverse Annuity Mortgage type)
- 정부 보증에 의한 모기지 방식 : 미국의 HECM, 한국의 주택연금, 홍콩의 RMP
- 정부 보증 없는 모기지 방식 : 영국의 Lifetime Mortgage, 캐나다의 CHIP Reverse Mortgage 등

지분 매각 방식(Home Equity Release type)
- 정부 매입 방식 : 싱가포르의 LBS
- 민간 투자자 매입 방식 : 호주의 Home Reversion Schemes, 프랑스의 Viager, 뉴질랜드의 Home Equity Reversion Product 등

르고, 후자를 HER(home equity release) type이라고 부른다(Kim, Lee, and Cho, 2022).

RAM type은 역모기지 대출을 말한다. 주택을 담보로 하여 매월 일정 금액을 대출받고, 사망 후 담보주택을 매각하여 대출 원리금을 상환하는 방식이다. 역모기지 대출에는 정부가 보증을 제공하는 방식도 있고, 정부의 보증 없이 민간 금융기관이 자체적으로 역모기지 대출을 제공하는 방식도 있다. 전자의 대표적인 예로 미국의 HECM(Home Equity Conversion Mortgage), 우리나라의 주택연금, 홍콩의 RMP(Reverse Mortgage Program)이 있다. 후자의 예로 영국의 Lifetime Mortgage, 캐나다의 CHIP Reverse Mortgage 등이 있다.

HER type도 주택지분을 정부가 매입하는 방식이 있고, 민간투자자가 주택지분을 매입하는 방식이 있다. 전자의 대표적인 예로 싱가포르의 LBS(Lease Buyback Scheme)가 있고, 후자의 대표적인 예로 호주의 Home Reversion Schemes, 프랑스의 Viager, 뉴질랜드의 Home Equity Reversion Product 등이 있다(Kim, Lee, and Cho, 2022).

HER type은 주택지분의 매각 방식에 따라 Sale and mortgage 방식과 Sale and leaseback 방식으로 구분할 수도 있다(이용만, 2022).

Sale and mortgage 방식은 주택보유자의 사망예상시점의 주택가격을 현재가치화하여 주택소유권을 사들이는 방식이다. 이의 대표적인 예로 싱가포르의 LBS가 있다. 싱가포르는 모든 토지가 국유화되어 있다. 그래서 싱가포르에서는 정부로부터 토지를 99년간 임차하여 주택을 짓는다. 때문에 주택의 유효기간은 토지 임차 후 99년이다. 즉, 주택소유자는 99년간 임차권(leasehold)을 갖는다. LBS는 주택보유자의 사망예상시점에 남아 있는 leasehold의 가치를 현재가치화하여 정부가 leasehold를 매입하는 방식이다. 주택지분의 매각대금은 퇴직연금계좌에 입금하여 연금으로만 인출할 수 있도록 되어 있다. 주택보유자가 사망한 후에는 주택의 소유권이 완전히 정부로 넘어간다. 이는 마치 역모기지의 현금흐름과 유사하여 Sale and mortgage 방식이라고 부른다.

Sale and leaseback 방식은 현재 시점에서 주택을 매각하되, 주택보유자의 사망예상시점까지 주택을 임차하여 계속 거주할 수 있도록 하는 방식이다. 주택지분매입자는 주택보유자의 사망예상시점까지의 임대료를 현재가치로 환산하여 이를 공제하고 매각대금을 지불한다. 주택보유자는 이렇게 지분을 매각하여 얻은 매각대금으로 연금 상품을 구입하면 생존하는 동안 자기 주택에 계속 거주하면서 연금을 받을 수 있다. 영국, 호주, 뉴질랜드 등에서 민간투자자들이 이런 방식으로 주택지분을 매입해 줌으로써 주택자산을 연금화하고 있다.

2) 미국의 역모기지

미국의 역모기지 : HECM

미국에서 역모기지상품이 나온 것은 1961년인 것으로 알려져 있다.[16] 처음에는 주로 기간확정형이었는데, 1984년에 처음으로 종신형 역모기지가 출시되었다고 한다. 그러나 역모기지는 복잡한 위험구조 때문에 금융기관들이 선호하는 상품은 아니었다.

1987년에 정부기관이 보험을 제공하는 HECM(Home Equity Conversion Mortgage) 프로그램이 시범적으로 실시되었고 1998년에 본 사업이 실시되었다. HECM 프로그램은 민간금융기관에서 역모기지를 제공할 때, 미국 정부기관인 FHA(Federal Housing Administration)에서 모기지 보험을 제공해 주는 프로그램이다. 보험료는 HECM 가입자(역모기지 차입자)가 내는데, 보험료도 대출을 받아서 낸다.

HECM에는 종신형(tenure)과 기간확정형(term), 그리고 신용한도형(line of credit)과 일시인출형(lump sum)이 있고, 이들을 조합한 혼합형(hybrid)이 있다.

종신형은 차입자(또는 그의 배우자)가 생존하면서 주택에 계속 거주하는 한, 매월 대출을 해 주는 상품이다. 기간확정형은 사전에 정한 기간 동안에만 매월 대출을 해 주는 상품이다. 신용한도형은 사전에 대출한도를 정해 놓고, 해당 한도 내에서 차입자가 필요할 때마다 대출을 받을 수 있는 상품이다. 일시인출형은 대출한도를 일시에 인출할 수 있는 상품이다.

혼합형은 여러 유형을 혼합한 상품인데, 대표적인 예로 종신형과 신용한도형을 결합한 상품이 있다. 총 대출가능액 중의 일부는 신용한도로 설정하여 차입자가 필요할 때마다 인출할 수 있도록 하고, 나머지 대출가능액은 종신형으로 지급하는 상품이다.

HECM의 대출 조건들

차입자는 만 62세 이상이어야 하고, 담보로 잡히는 주택은 자신이 거주하는 곳이어야 한다. 대출가능 총액은 차입자의 나이(또는 배우자의 나이)에 따라 그리고 현재 이자율에 따라 달라지는데, 주택가격의 51%에서 77% 사이에서 대출가능 총액이 결정된다.

---

16) Consumer Financial Protection Bureau(2012), p.17.

표 5 미국의 HECM(2022년 12월 말 기준)

조건	내용
차입자 조건	만 62세 이상
대출가능 주택	모든 주택이 가능하나, 일정 금액 이상의 주택은 대출가능 금액 상한이 주어짐.
상품종류	종신형, 기간확정형, 신용한도형, 일시인출형, 혼합형
모기지 보험	선취보험료 : 주택가격의 2.0%(최대대출한도를 넘는 가격은 최대대출한도의 2%) 연간 보험료 : 대출원리금 총액의 0.5%

자료 : 미국 HUD 홈페이지 자료를 정리.

모기지 보험의 보험료는 선취보험료(initial mortgage insurance premium)가 2%, 연간 보험료(ongoing mortgage insurance premium)가 0.5%이다. 선취보험료는 담보주택의 평가가격을 기준으로 하지만, 최대대출한도가 있어서 평가가격이 최대대출한도액을 넘어서면 최대대출한도액을 기준으로 한다. 최대대출한도액은 연도별로 조금씩 다른데, 2023년 기준으로는 약 109만 달러이다. 연간 보험료는 대출잔액을 기준으로 한다.

대출종료는 차입자(또는 배우자가 있을 경우 차입자와 배우자 모두)가 사망하거나, 이사를 하거나, 기타 FHA가 요구하는 의무(예를 들어 주택관리를 성실히 해야 하는 의무가 있음)를 이행하지 않을 때 일어난다. 물론 차입자가 조기상환을 할 수도 있기 때문에 차입자가 조기상환할 때도 대출은 종료된다.

금융기관들은 금리위험을 피하기 위해 주로 변동금리로 대출을 해 준다. 고정금리로 대출을 해 주는 HECM도 있기는 하나, 상품종류가 매우 제한적이다. 변동금리의 경우 보통 금리인상한도를 정한다.

HECM에 가입하기 위해서는(역모기지를 대출받기 위해서는) 의무적으로 사전에 카운슬링을 받아야 한다.

3) 한국의 역모기지

한국의 역모기지 : 주택연금

한국에서도 미국의 HECM과 유사한 정부보증 역모기지상품이 존재하는데, 이를 주택연금이라고 부른다. 한국에서 주택연금제도는 2007년에 도입되었다. 한국의 주택연금은 미국의 HECM을 벤치마크로 하여 설계되었기 때문에 미국의 HECM 프로그램과 매우 유사한다.

주택연금에 가입하고자 하는 사람(역모기지 대출을 받고자 하는 사람)은 부부 중 1인이 만 55세 이상인 주택소유자로서, 주택가격이 공시가격 기준으로 12억 원 이하(다주택 소유자의 경우 주택합산 공시가격이 12억 원 이하)여야 하며 해당 주택에 실제 거주하고 있어야 한다. 주택 이외에 노인복지주택, 주거목적 오피스텔에 거주하는 가구도 가입할 수 있다.

주택연금에 가입하게 되면(역모기지 대출이 승인되면), 금융기관에서 매달 일정 금액(주택연금)을 대출해 주는데, 한국주택금융공사가 대출금의 원리금지급을 보증해 준다.[17] 그 대신 한국주택금융공사는 가입자 소유 주택을 담보로 잡아 저당권을 설정하거나 신탁등기를 하고, 일정한 보증료를 받는다. 가입자는 대출금의 이자를 매달 지불하지 않고 대출만기에 대출원금과 함께 지불하기 때문에 대출금의 이자는 복리로 가산된다. 가입자는 보증료도 대출을 받아서 내는데, 보증료 대출금의 이자도 복리로 가산된다.

주택연금은 부부 모두 사망하면 종료된다. 가입자가 주택소유권을 상실하거나 장기 미거주하는 경우에도 대출은 종료된다. 물론 가입자가 주택연금계약을 중도에 해지할 경우에도 대출은 종료된다.

한국주택금융공사는 대출종료 시 대출원리금을 금융기관에 대지급해 주고, 그 대신 저당 잡혀 있는 주택을 매각하여 대지급금을 회수한다. 한국주택금융공사는 담보로 잡혀 있는 주택에 대해서만 구상권을 행사한다. 한국주택금융공사는 대출종료 시, '대출원리금>주택가격' 일 경우 그 차액을 차입자에게 책임을 묻지 않고, '대출원리금<주택가격' 일 경우 그 차액을 차입자(또는 상속인)에게 돌려준다. 이런 점에서 우리나라의 주택연금도 비소구금융(non-recourse financing)이라고 할 수 있다.

주택연금의 대출조건

주택연금은 변동금리로 대출된다. 변동금리 조건은 CD금리+1.1%이거나 COFIX+

17) 보다 정확하게는 한국주택금융공사가 관리 · 운용하는 주택금융신용보증기금의 주택담보노후연금보증계정에서 주택연금의 대출원리금 지급을 보증한다.

0.85%인데, 가입자가 선택을 할 수 있다.

보증료의 경우 2015년 이전에는 선취보증료가 2%이고 연 보증료가 0.5%였다. 그러나 2015년부터는 선취보증료가 1.5%로 낮추어지고, 그 대신 연 보증료는 0.75%로 올랐다. 선취보증료는 주택가격을 기준으로 하며, 연 보증료는 대출액(대출원금 + 보증료)과 대출이자를 합친 금액을 기준으로 산출된다. 보증료는 가입자가 직접 납입하는 것이 아니고 대출을 해 주는 금융기관이 가입자를 대신하여 한국주택금융공사에 대납을 해 준다.

한국주택금융공사의 주택연금에는 종신형과 기간확정형이 있다. 종신형은 매달 일정한 금액(월지급금)을 종신까지 지급받을 수 있다. 배우자가 있을 경우에는 가입자가 사망하더라도 배우자가 사망할 때까지 계속 지급한다. 기간확정형은 사전에 정한 기간까지만 월지급금이 지급된다. 기간은 10년, 15년, 20년, 25년, 30년 중에서 하나를 정할 수 있다. 가입자의 나이에 따라 확정할 수 있는 기간이 제한된다. 기간확정형이라 하더라도 가입자가 사망할 때까지(부부가 가입한 경우 부부가 모두 사망할 때까지) 대출 계약은 유지된다.

또 목돈 인출한도를 설정할 수 있다. 총 대출가능액 중에서 일정 비율만큼을 목돈 인출한도로 설정하면, 인출한도 내에서 의료비나 주택수선비 등으로 목돈이 필요할 때 수시로 인출할 수 있다.

종신형에는 월지급금의 고정 여부에 따라 정액형과 초기증액형, 정기증액형이 있다. 정액형은 종신까지 월지급금이 고정되는 형태이고, 초기증액형은 일정 기일까지는 정

표 6 한국의 주택연금(2023년 8월 말 기준)

조건	내용
가입자 조건	부부 중 1인이 만 55세 이상
대출가능 주택	공시가격 12억 원 이하 주택(노인복지주택, 주거목적 오피스텔 포함) 다주택자일 경우 공시가격 합산액이 12억 원 이하이면 가입 가능
상품 종류	종신형, 기간확정형 수시 인출한도를 정할 수 있으며, 종신형은 월지급금에 변화를 줄 수 있음.
보증료	선취 보증료 : 주택가격의 1.5% 연간 보증료 : 대출원리금 총액의 0.75%

자료 : 한국주택금융공사 홈페이지 자료를 정리.

액형보다 많이 받고, 그 이후에는 정액형보다 적게 받는 방식이다. 정기증액형은 월지급금이 일정 기일마다 일정 비율로 증가하는 방식이다.

주택연금으로 대출받는 월지급금은 가입자와 배우자의 나이, 담보주택의 가격, 종신형 여부 등에 따라 달라진다. 가입자와 배우자의 나이가 많을수록, 담보주택의 가격이 높을수록 월지급금은 커진다. 그러나 총 대출가능액에 상한이 있기 때문에 담보주택의 가격이 일정 수준 이상이 되면 더 이상 월지급액이 증가하지는 않는다.

5 모기지 관련 기타 상품

1) 승계가능대출

주택을 담보로 대출을 받은 사람이 해당 주택을 매각할 때에는 일반적으로 기존 대출을 상환해야 한다. 그런데 기존 대출을 상환하지 않고 해당 주택매입자가 대출 원리금 상환을 부담하는 것을 보고 대출승계라고 부른다. 이렇게 승계할 수 있는 조건의 대출을 보고 승계가능대출(assumable loan)이라고 부른다.

승계가능대출 중에 대출금리가 현재 대출금리보다 낮은 대출은 승계권 자체가 가치를 가진다. 예를 들어 내가 4%로 대출을 받았는데, 이 대출을 다른 사람에게 승계시킬 수 있다고 해 보자. 그런데 현재 대출금리가 6%라면, 이 대출을 승계받은 사람은 2% point의 이자를 절감할 수 있다. 따라서 낮은 금리의 승계가능대출이 담보되어 있을 경우, 이 주택을 매입하고자 하는 사람은 주택의 실제 가격보다도 더 비싼 가격으로 주택을 매입하고자 할 것이다.

우리나라 주택담보대출 약정을 보면, 기본적으로 대출승계는 가능하도록 되어 있다. 그러나 실제 대출을 승계할 때에는 대출을 승계받는 사람의 신용도 등을 고려하여 다시금 대출계약을 맺도록 되어 있다. 그리고 이렇게 다시 대출계약을 맺을 때 대출금리를 현재의 금리에 따라 결정하고 있다. 따라서 이 경우 과거에 싼 이자로 받은 대출이라 하더라도 현재로서는 승계권의 가치가 없다고 할 수 있다.

예제 5

주택을 매입하고자 한다. 해당 주택에 주택저당대출이 존재한다. 기존 주택저당대출은 현재 대출잔액이 1억 원이고, 만기가 20년 남았으며, 대출금리가 4%인 고정금리대출이다. 원리금균등분할상환 조건이다. 지금 새로 만기 20년짜리 고정금리대출을 받을 경우 대출금리는 6%이다. 기존 대출이 승계가능할 때, 이 승계권의 가치는 얼마나 되나?

1) 기존 대출의 월 원리금지급액은 60.60만 원
   10,000만 원/월 기준 연금현가계수(4%, 20년) = 10,000만 원/165.02 = 60.60만 원

2) 신규로 대출받을 때 월 원리금지급액은 71.64만 원
   10,000만 원/월 기준 연금현가계수(6%, 20년) = 10,000만 원/139.58 = 71.64만 원

3) 기존 대출을 승계하였을 때 월 원리금절약액은 11.04만 원
   71.64만 원 − 60.60만 원 = 11.04만 원

4) 월 원리금절약액의 현재가치(승계권의 가치)는 1,541.7만 원
   11.04만 원×월 기준 연금현가계수(6%, 20년) = 11.04만 원×139.58 = 1,541.7만 원

2) 랩어라운드 론

기존 대출에다가 신규로 추가대출을 합쳐서 하나의 대출로 만드는 것을 보고 랩어라운드 론(wrap-around loan)이라고 부른다. 주택소유자가 기존 대출 외에 추가대출이 필요하여 2순위 주택저당대출을 받을 때 기존 대출과 합체하여 하나의 대출로 만들 수 있고, 주택매입자가 기존 대출을 승계하면서 부족한 자금을 추가로 받을 때에도 랩어라운드 론을 사용할 수 있다.

금융기관은 기존 대출(1순위)과 신규 대출(2순위)로 되어 있는 2종의 대출을 묶어서 하나의 새로운 대출(1순위)로 만드는 것을 선호하는데, 이는 새로운 대출(1순위)이 일정한 조건을 만족할 경우(LTV와 DTI 비율 등이 일정 수준 이내에 있을 경우) 해당 대출 전체를 유동화할 수 있기 때문이다. 그러나 만약 기존 대출(1순위)과 신규 대출(2순위)로 나누어져 있을 경우, 신규 대출은 2순위 대출이기 때문에 유동화가 어려워진다.

이 장의 주요 내용

- 변동금리 주택저당대출은 일정 시점마다 대출금리가 변동하는 주택저당대출을 말한다. 변동금리대출은 금리조정 주기와 금리조정 기준이 필요하다. 변동금리로 대출을 해 주면, 대출자는 금리위험을 피할 수 있기 때문에 고정금리대출보다 이자율을 낮추어 줄 수 있다. 차입자는 미래에 금리가 올라갈 수 있음에도 불구하고 당장의 싼 금리 때문에 변동금리대출을 선택하기도 한다.

  변동금리로 대출을 해 주면, 대출자는 금리위험을 피할 수 있지만 그 대신 차입자의 채무불이행 가능성이 올라간다. 이를 통제하기 위해 대출자는 금리인상한도를 사전에 정하거나, 최대대출가능 DTI 비율을 낮춤으로써 미래의 금리인상 충격에 대비를 한다.

- 인플레이션이 심하게 일어날 때에는 대출이자율이 이를 반영하여 올라가게 된다. 그러나 DTI 비율이나 LTV 비율을 산정할 때에는 인플레이션으로 인한 임금상승이나 주택가격상승을 고려하지 않는다. 그러다 보니 대출해 줄 수 있는 금액이 줄어들게 된다. 이를 인플레이션에 의한 경사효과(tilting effect)라고 한다. 이 문제를 해결하기 위해 나온 상품이 점증상환 모기지와 물가수준조정 모기지, 그리고 수익공유형 모기지이다.

- 수익공유형 모기지는 대출이자율을 낮추어 주는 대신, 주택가격이 상승할 경우 가격상승분의 일부를 대출자에게 지불하는 조건의 대출을 말한다. 수익공유형 모기지는 차입자의 원리금 지불가능성을 높이고 주택가격 변동을 안정시키는 효과를 갖고 있다. 반면에 차입자의 도덕적 해이와 역선택, 그리고 감정평가 왜곡가능성 등의 문제가 있는 것으로 알려져 있으나, 이런 문제를 최소화하는 방향으로 상품을 설계할 수도 있다.

- 역모기지는 매달 일정 금액을 대출받고, 대출만기 때 그동안의 대출 원금과 이자를 일시에 상환하는 주택저당대출을 말한다. 역모기지는 주택이라는 자산을 보유하고는 있지만 소득이 없는 은퇴 노령가구를 대출 대상으로 삼고 있다. 역모기지는 주택의 자기지분을 현금화하는 역할을 한다. 차입자는 대출만기 때까지 자기주택에 계속 거주할 수가 있고, 대출원리금 총액이 주택가격을 넘어서더라도 추가적인 책임을 지지 않는다. 미국에서는 HECM이라고 하는 역모기지 보증상품이 있다. 우리나라에서도 이와 유사하게 주택연금이라고 하는 역모기지 보증상품이 있다.

연 | 습 | 문 | 제

01 | 변동금리대출과 금리위험 및 채무불이행위험의 관계를 설명하라.

02 | 인플레이션에 의한 경사효과를 설명하라.

03 | 우리나라 주택연금의 대출조건과 대출구조에 대해 설명하라.

04 | 주택가격이 1억 5천만 원이며, 수익공유형 모기지로 1억 원을 대출받았다. 대출조건은 20년 만기, 연 이자율은 1.5%, 원리금균등분할상환방식이다. 만기 때 주택가격 상승분의 40%를 대출자에게 제공해야 한다. 대출자의 최대수익률은 연평균 5%를 넘지 못한다.

1) 만기 때까지 주택가격이 연평균 2%씩 상승하였다고 한다. 이 수익공유형 모기지의 실질이자율은 얼마인가?
2) 만기 때 최대로 받을 수 있는 수익공유액은 얼마이고, 이것을 가능하게 하는 주택가격 상승률은 연평균 얼마인가?

05 | 주택을 매입하고자 한다. 해당 주택을 담보로 하는 주택저당대출이 존재한다. 기존 주택저당대출의 대출액은 1억 원이며, 만기는 25년, 대출금리는 4%로 고정금리 조건이다. 대출일로부터 현재 5년이 경과하였다. 현재 20년 만기로 고정금리부 원리금균등분할상환방식의 대출을 받으려고 하면, 대출금리는 연 6%가 된다. 이 대출은 다른 사람에게 승계가능하다. 이 승계권의 가치는 얼마인가?

06 | 주택가격이 2억 원이다. 해당 주택에 1순위 저당권이 설정되어 있는 주택저당대출의 대출잔액이 1억 원 남아 있다. 기존 주택저당대출의 만기는 20년 남아 있으며, 대출금리는 고정금리 기준으로 5%이다. 현재 4천만 원을 추가로 대출받고자 한다. 2순위로 저당권을 설정하고 만기를 20년으로 하여 추가대출을 받을 경우, 대출이자율은 8%가 된다. 이때 은행에서 기존 대출을 상환하고, 신규로 1억 4천만 원을 대출받으라고 권고한다. 기존 대출을 상환하고 신규로 1억 4천만 원을 대출받을 경우, 만기 20년 고정금리 기준으로 6.5%에 빌릴 수 있다고 한다. 이 제안을 받아들이는 것이 좋은가? 아니면 2순위로 4천만 원을 추가대출받는 것이 좋은가?

제 4 장

주택저당대출의 채무불이행위험과 조기상환위험

주택저당대출에 관련된 위험으로 금리위험과 유동성위험이 있지만, 이런 위험들은 다른 채권에도 존재하는 위험들이다. 그런데 채무불이행위험과 조기상환위험은 주택저당대출의 특징적인 위험이라고 할 수 있다. 본 장에서는 채무불이행위험이 어떻게 정의 내려지고 어떻게 측정되며, 상환방식에 따라 어떻게 달라지는가를 살펴본다. 또한 채무불이행을 설명하는 두 가지 이론에 대해 살펴본다. 그리고 조기상환위험에서는 조기상환이 어떠한 상황에서 발생하는지, 그로 인해 금융기관이 어떤 손실을 입게 되는지를 살펴본다. 부록에서는 채무불이행위험과 관련하여 부도확률과 부도손실률, 그리고 기대손실의 개념과 측정방법에 대해 살펴본다.

1 주택저당대출의 채무불이행위험

1) 연체와 채무불이행

채무불이행의 정의

채무불이행은 채무자가 원리금지급을 이행하지 않는 것을 말하는데 부도(default)라고 부르기도 한다. 그리고 채무불이행위험이란 채무자가 원리금지급을 이행하지 않을 위험을 의미하는데, 부도위험이라고 부르기도 한다.[1] 주택저당대출과 관련하여 대출기관이 가장 중요하게 여기는 위험 중의 하나가 채무불이행위험(default risk)이다.

채무자가 원리금지급을 이행하지 않을 경우, 대출기관은 미회수 원리금을 돌려받기 위해 복잡한 법적 조치에 나서게 된다. 채무자가 채무를 불이행하게 되면, 우선 대출기관은 담보로 저당 잡힌 주택을 매각하여 원리금을 돌려받고자 한다. 그리고 주택매각대금으로 원리금을 다 돌려받지 못할 경우, 대출기관은 채무자의 여타 자산이나 급여 등을 압류하여 부족분을 받아내려고 한다.

이처럼 채권기관은 미회수 원리금을 돌려받기 위해 복잡한 법적 조치를 취하지만, 그럼에도 불구하고 원리금을 모두 회수하지 못할 수 있다. 이 때문에 대출기관은 채무자가 채무를 불이행할 가능성(채무불이행위험)에 관심을 집중하는 것이다.

연체와 채무불이행의 차이

채무자가 원리금지급을 지체하는 것을 보고 연체(delinquency, arrear)라고 한다. 연체와 채무불이행(부도)은 표면상 구별이 어렵다. 어떤 채무자가 원리금을 지급하고 있지 않다면, 이것이 단순히 원리금지급을 지체하고 있는 것인지(연체), 아니면 원리금지급을 아예 안 할 생각인지(채무불이행) 사전에 알 수가 없다. 그래서 대개는 원리금지급이 지연되고 있는 기간을 기준으로 연체와 채무불이행을 구별한다.[2]

1) 주택저당대출과 같은 가계대출에 대해서는 채무불이행위험이라고 부르지만, 기업대출에 대해서는 신용위험(credit risk)이라는 용어를 더 많이 사용한다.

2) 어떤 채무자가 일시적으로 현금이 부족하여 원리금지급을 지체하고 있다고 해 보자. 개념적으로 볼 때,

나라에 따라 또 금융기관에 따라 기준이 다르지만, 대개 원리금지급이 3개월(90일) 이상 지체되고 있으면, 이를 채무불이행으로 본다. 국제결제은행(BIS: bank for international settlements)에서도 90일 이상 연체를 부도(default)로 보고 있다.[3)]

우리나라는 금융감독원의 은행업감독규정에 '자산건전성 분류' 기준이 있다. 이 기준에 따르면 원리금지급이 지연되고 있는 기간이 3개월(90일) 이상인 대출을 '고정이하대출'이라고 부르는데, 금융감독원에서는 '고정이하대출'을 부실채권(부도가 난 채권)으로 보고 있다.

우리나라의 은행권 자산건전성 분류 기준

우리나라에서 각 금융기관은 금융감독원의 감독규정에 따라 자신이 보유하고 있는 자산의 건전성을 분류해야 한다. 은행권의 경우, 금융감독원의 은행업감독규정에 자산건전성 분류 기준이 제시되어 있다.

은행업감독규정의 자산건전성 분류 기준에 따르면, 원리금지급이 1개월 미만 지체된 대출은 정상대출로 본다. 원리금지급이 연체되더라도 연체 기간이 1개월 미만이면 '정상'으로 보는 것이다.

연체가 1개월 이상 3개월 미만이면, '요주의'라고 부르는데, 요주의 주택담보대출에 대해서는 대출잔액의 10% 이상을 대손충당금으로 적립해야 한다.[4)]

연체가 3개월 이상 12개월 미만인 대출 중에서 회수예상가액을 초과하는 부분을 '회수의

이 채무자는 채무불이행이 아니라 연체를 하고 있다. 그러나 채무불이행 의사가 없는 사람이더라도 현금부족이 장기화되면 자신의 의지와는 관계없이 채무를 불이행할 수가 있다. 또 다른 채무자는 아예 처음부터 채무를 불이행할 생각으로 원리금지급을 안 하고 있다고 해 보자. 개념적으로 볼 때, 이 채무자는 연체가 아니라 채무불이행을 하고 있다. 이 채무자는 아예 처음부터 채무를 이행할 의사가 없기 때문에 연체가 장기화될 수밖에 없다. 따라서 어떤 채무자가 원리금지급을 안 하고 있다면, 이것이 연체에 해당하는 것인지 아니면 채무불이행에 해당하는 것인지 사전에 알 수가 없다. 사후적으로 원리금지급 지체가 단기에 끝난다면 이는 연체에 해당하고, 원리금지급이 장기간 이루어지지 않는다면 이는 채무불이행에 해당하는 것이다. 그래서 대개 원리금지급의 지체 기간에 따라 연체와 채무불이행을 구분하는 것이다.

3) 국제결제은행(BIS)은 국제금융시장의 안정을 도모하기 위해 주요국들의 공동출자로 설립된 국제금융기구이다. 국제결제은행에서는 금융기관의 재무건전성을 측정하기 위해 자기자본비율 기준을 정하였는데, 흔히 이 비율을 BIS 자기자본비율이라고 부른다. 국제결제은행(BIS)의 부도 기준에 대해서는 http://www.bis.org/bcbs/qis/qis3qa_f.htm를 참조하라.

4) 대손충당금이란 채권 중에서 회수가 불가능할 것으로 예상되는 부분을 미리 손실로 처리하는 회계계정을 말한다. 대손충당금을 적립하게 되면, 결산 시에 해당 금액만큼이 손실로 처리되기 때문에 금융기관의 재무건전성이 악화되는 것으로 나타난다. 대손충당금 비율은 대출 종류에 따라 다른데, 여기서 이야기하는 대손충당금 비율은 가계대출에 적용되는 비율이다.

문' 이라고 부르는데, 회수의문 주택담보대출에 대해서는 회수예상가액 초과 부분의 55% 이상을 대손충당금으로 적립해야 한다. 그리고 연체가 12개월 이상인 대출 중에서 회수예상가액을 초과하는 부분을 '추정손실' 이라고 부르며, 추정손실 주택담보대출에 대해서는 회수예상가액 초과 부분을 100% 대손충당금으로 적립해야 한다.

연체가 3개월 이상인 대출 중에서 회수예상가액 부분은 '고정' 이라고 부른다. 고정으로 분류된 주택담보대출에 대해서는 회수예상가액의 20% 이상을 대손충당금으로 적립해야 한다.

예를 들어, 대출잔액이 1억 원인 주택담보대출이 있는데 차입자가 3개월째 원리금지급을 하지 않고 있다고 해 보자. 담보주택의 매각 등을 통해 8,000만 원을 회수할 수 있을 것으로 예상된다고 해 보자. 이 경우, 회수예상가액인 8,000만 원은 고정자산이 되어 이의 20%인 1,600만 원 이상을 대손충당금으로 적립해야 한다. 그리고 회수예상가액을 초과하는 2,000만 원은 회수의문자산이 되어 이의 55%인 1,100만 원 이상을 대손충당금으로 적립해야 한다.[5)]

금융감독원의 자산건전성 분류 기준에는 은행에 적용되는 기준 외에 상호저축은행이나 여신전문금융업 등에 적용되는 별도의 분류 기준이 있다.

표 1 은행권의 자산건전성 분류 및 대손충당금 적립 기준

분류단계	정의	가계대출 기준 대손충당금
정상	정상거래 중인 대출	대출잔액의 1% 이상
요주의	1개월 이상~3개월 미만 연체 중인 대출	대출잔액의 10% 이상
고정	3개월 이상 연체 중인 대출 중 회수예상가액	회수예상가액의 20% 이상
회수의문	3개월 이상~12개월 미만 연체 중인 대출 중 회수예상가액 초과 부분	회수예상가액 초과 부분의 55% 이상
추정손실	12개월 이상 연체 중인 대출 중 회수예상가액 초과 부분	회수예상가액 초과 부분의 100%

자료 : 금융감독원, 은행업감독규정, 2023.6. 기준.

2) 채무불이행이론

주택저당대출을 받은 가계가 왜 채무를 불이행하는가에 대해 두 가지 가설적인 이론

5) 우리나라 은행권에서는 금융감독원의 은행업감독규정에 나와 있는 대손충당금 기준보다 훨씬 더 많은 대손충당금을 쌓고 있다. 예를 들어 요주의 자산에 대해서는 대출잔액의 19% 내외를 대손충당금으로 쌓고, 회수의문자산에 대해서는 대출잔액의 90% 내외를 대손충당금으로 쌓고 있다.

이 있다. 하나는 지불능력이론(ability-to-pay theory)이고 다른 하나는 주택지분이론(equity theory)이다.

(1) 지불능력이론

지불능력이론이란?

지불능력이론은 채무자의 지불능력이 없어졌을 때 채무불이행이 발생한다고 보는 이론이다. 채무자의 지불능력(ability-to-pay)은 '채무자의 소득으로 가계생존을 위해 필요한 지출과 부채의 원리금지급을 충당할 수 있느냐' 여부로 평가된다. 채무자의 소득이 가계 생계비와 부채의 원리금지급액을 초과하면, 지불능력이 있는 것으로 평가하고, 그 반대이면 채무자의 지불능력이 없는 것으로 평가하는 것이다.

소득>(부채의 원리금지급액 + 가계 생계비) ⇒ 채무자의 지불능력 존재, 정상 유지
소득<(부채의 원리금지급액 + 가계 생계비) ⇒ 채무자의 지불능력 상실, 채무불이행

지불능력 상실의 원인

채무자의 지불능력 상실은 세 가지 측면에서 발생할 수 있다.

첫째는, 채무자의 소득이 예상 외로 감소하거나 없어지는 것이다. 채무자가 피고용인인 경우 실직이나 비자발적 휴직 등이 원인이 될 수 있다. 자영업자인 경우 경기침체나 사업상의 실패 등으로 인한 수입감소가 원인일 수 있다. 채무자가 질병이나 사고 등으로 일을 하지 못하게 될 때에도 소득감소로 채무불이행이 발생할 수 있다. 질병이나 사고 등으로 채무자가 사망하였을 경우에는 소득이 아예 발생하지 않는다. 이때도 채무불이행이 발생할 수 있다.

둘째는 채무자나 채무자 가족에게 예상외의 지출이 발생하는 것이다. 채무자 본인이나 가족의 질병, 사고 등으로 인한 치료비 지출, 자녀에 대한 교육비 지출, 자녀의 결혼이나 분가에 따른 지출, 자녀 출생으로 인한 지출 등이 원인으로 작용할 수 있다.

셋째는 부채의 원리금지급액이 증가하는 것이다. 변동금리부로 대출을 받았는데 시장금리가 상승할 경우, 매월 내야 하는 원리금지급액이 증가할 수 있다. 또 점증상환방법으로 대출을 받은 경우, 원리금지급액이 점차 커지게 된다. 거치기간이 있는 대출의 경우, 거치기간이 끝나면 원리금지급액이 갑자기 커지게 된다.

물론 채무자의 소득감소나 지출증가, 또는 원리금지급액 증가로 인해, 채무자의 소득이 가계 생계비와 부채 원리금지급액을 완전히 충당하지 못한다고 하여 당장 채무불이행이 발생하는 것은 아니다. 채무자의 소득이 가계 생계비와 부채 원리금지급액을 완전히 충당하지 못할 경우, 채무자는 보통 가계 지출액을 줄인다. 허리띠를 졸라매는 것이다. 그리고 자산이 있으면 이를 매각하기도 하고 친인척이나 친구, 금융기관 등으로부터 돈을 빌리기도 하면서 부족한 소득을 메꾸려고 한다.

채무이행 의지와 채무불이행 비용

이때 채무자가 채무불이행을 하느냐 마느냐를 결정하는 데 있어서 중요한 것은 채무자가 부채의 원리금을 지급하고자 하는 의지(willing to pay)이다. 원리금을 지급하고자 하는 의지가 강한 채무자는 가계 지출액을 최저 생계비 수준으로 줄여서라도 부채의 원리금을 지불하고자 할 것이다.

또 하나 중요한 것은 채무불이행을 하였을 때 채무자가 지불해야 하는 명시적, 묵시적 비용이다. 채무불이행을 하였을 경우, 채무자는 신용불량자가 되어 각종 금융거래와 경제활동에 제약이 따르게 된다. 심지어 직장을 잃을 수도 있다. 이런 것들이 채무불이행에 따른 명시적 비용이라고 할 수 있다. 그리고 신용불량자가 되면 채무를 불이행한 사람이라는 사회적 비난이 뒤따르면서 사회적으로 고립될 수 있다. 이런 비용은 눈에 보이지 않는 묵시적 비용이라고 할 수 있다. 채무불이행에 따른 명시적, 묵시적 비용이 크면 클수록 채무자는, 소득이 가계 생계비와 부채 원리금지급액을 충당하지 못하더라도 어떻게 해서라도 원리금을 지급하고자 할 것이다.

지불능력이론에 따른 채무불이행 가능성을 좌우하는 요인들

지불능력이론에 따르면 채무자의 채무불이행 가능성은 소득 대비 원리금지불액 비율의 크기, 소득의 안정성 여부와 소득의 증가 여부, 가계가 보유하고 있는 순자산의 규모, 가구 구성, 채무자의 나이와 건강상태, 채무자의 채무상환 의지, 채무불이행이 발생하였을 때 채무자가 지불해야 할 명시적 및 묵시적 비용 등에 따라 달라진다.

변동금리대출이나 점증상환대출, 거치기간이 있는 상환 방식 등의 경우, 미래에 원리금지급액이 올라갈 수 있다는 것을 채무자는 대출받을 당시에 이미 알고 있다. 그렇기 때문에 채무자가 합리적이라면, 이런 가능성에 미리 대응을 할 것이다. 하지만 사람은 그다지 합리적이지 못하여 미래에 원리금지급액의 상승이 뻔히 예상되더라도 이에 미리 대응을 하지 못하는 것이 일반적이다. 그래서 대출조건(변동금리 여부, 점증상환대출 여부, 거치기간 존재 여부 등)에 따라서도 채무자의 채무불이행 가능성이 달라질 수 있다.

채무자의 지불능력에 영향을 미치는 여러 요인들 중에서도 특히 금융기관들이 중요하게 여기는 요인은 소득 대비 원리금지불액비율이다. 이 비율은 흔히 PTI 비율(원리금상환비율, payment to income ratio)이나 DTI 비율(총부채상환비율, debt to income ratio), DSR 비율(총부채원리금상환비율, debt service ratio) 등의 지표를 사용하여 측정한다.

그리고 신용점수(credit scoring)라고 하는 지표를 통해 채무자의 지불능력을 평가하기도 한다. 신용점수는 채무자의 원리금상환비율뿐만 아니라 채무자의 과거 신용이력을 추적하여 채무상환 의지도 평가한다.[6)]

이 밖에 각 금융기관들은 자체적인 대출심사규정에 따라 채무자의 지불능력을 평가하고 있다.

(2) 주택지분이론

주택지분이론이란?

주택지분이론(equity theory)은 차입자의 지불능력과는 관계없이 주택가격이 대출 잔액보다 낮을 때 채무불이행이 발생한다고 보는 이론이다.[7)]

이 이론에 따르면, 채무자가 원리금지불능력이 없더라도 주택가격이 대출잔액보다 높은 한 채무불이행은 발생하지 않는다. 왜냐하면, 원리금지불능력이 없더라도 주택을

6) 소득 대비 원리금지급액비율을 나타내는 지표들이나 신용점수에 대해서는 뒤에서 좀 더 자세하게 설명하도록 한다.

7) 주택지분이론을 자기자본이론이라고 부르기도 한다.

매각하여 대출잔액을 상환하면 되기 때문이다. 또한 이 이론에 따르면, 채무자가 원리금지불능력이 있더라도 주택가격이 대출잔액보다 낮으면, 채무불이행이 발생한다. 주택가격이 대출잔액을 밑돌 경우, 채무불이행하는 것이 원리금을 계속 지불하는 것보다 유리하기 때문이다. 주택가격이 대출잔액보다 낮은 상태에서 채무불이행을 하면, 담보로 잡힌 주택은 잃겠지만 대출잔액은 상환하지 않아도 되므로 그 차액만큼 이득을 얻을 수 있는 것이다.[8)]

주택저당대출은 주택을 담보로 한 부채이다. 따라서 주택가격에서 대출잔액을 뺀 것이 주택소유자의 지분(자기자본, equity)이다. 만약 주택가격이 대출잔액보다 높다면, 양(+)의 지분(positive equity)이 존재하는 것이다. 반대로 주택가격이 대출잔액보다 낮다면, 음(−)의 지분(negative equity)이 존재하게 된다. 주택지분이론은 주택소유자의 지분이 음의 값을 가질 때 채무불이행이 발생한다는 것이다.

주택가격 > 대출잔액 ⇒ 양(+)의 지분, 정상유지 또는 조기상환
주택가격 < 대출잔액 ⇒ 음(−)의 지분, 채무불이행

옵션이론에 기반한 주택지분이론

주택지분이론은 흔히 옵션기반이론(option-based theory)이라고 부르기도 한다. 주택가격이 대출잔액을 밑돌 때 채무불이행을 하게 되면, 채무자는 주택을 잃게 되지만 남아 있는 대출잔액은 상환하지 않아도 된다. 이는, 대출잔액을 행사가격(exercise price)으로 하는 풋옵션(put option)을 채무자가 보유하고 있는 것과 같은 상황이다.

'주택가격(자산가격) > 대출잔액(행사가격)' 일 때에는 주택가격이 외가격(out-of-the money) 상태에 있기 때문에 채무자는 풋옵션을 행사하지 않게 된다.

그러나 '주택가격(자산가격) < 대출잔액(행사가격)' 일 때에는 주택가격이 내가격(in-the-money) 상태에 있기 때문에 채무자는 풋옵션(행사가격으로 주택을 매각)을 행사하게 된다. 여기서 풋옵션을 행사한다는 것은 대출잔액을 상환하지 않고 주택을 포기하는 것과 같은 것이다. 이런 점에서 채무자는 '채무불이행' 이라는 풋옵션(put option)을 가지

8) 원리금지급능력이 있음에도 불구하고 '주택가격 < 대출잔액' 일 때 일부러 채무를 불이행하는 것을 보고, 전략적 부도(strategic default)라고 부른다.

고 있다고 할 수 있다.

채무불이행 비용과 채무불이행

주택가격이 음(-)의 지분(negative equity)상태에 있다고 하여[9] 곧바로 채무불이행이 나타나는 것은 아니다.

주택가격이 음(-)의 지분상태에 있을 때, 채무자가 채무불이행을 할 것인가 여부를 결정하는 데 있어서 보다 중요한 요소는 채무불이행 비용이다. 채무자가 채무불이행을 감행하면 그에 따른 비용을 지불해야 한다. 채무불이행에 따라 채무자가 치러야 할 비용은 해당 대출이 소구대출(遡求貸出, recourse loan)이냐 비소구대출(非遡求貸出, non-recourse loan)이냐에 따라 달라진다.[10]

소구대출에서는 '주택가격<대출잔액'인 상태라 하더라도 채무불이행은 일어나기 어렵다. 대출기관은 채무자의 여타 자산이나 소득을 압류하여 미회수 채권을 상환받고자 하기 때문이다. 반면 비소구대출에서는 '주택가격<대출잔액'인 상태일 때 채무불이행을 실행하면 채무자는 담보주택을 포기하는 것으로 채무가 종결되기 때문에 채무자는 쉽게 채무불이행 옵션을 행사하게 된다.

물론 비소구대출에서도 채무자가 채무를 불이행하는 데 몇 가지 비용이 들어간다. 앞에서 이야기했다시피, 채무를 불이행하면 채무자는 여러 가지 금융거래나 경제활동에 제약을 받게 된다. 가장 먼저 생각해 볼 수 있는 비용으로 신용등급의 하락을 들 수 있다. 또 사회적으로도 신용불량자라는 나쁜 평판을 얻게 된다. 그리고 채무를 불이행하면 담보주택을 매각해야 하기 때문에 어쩔 수 없이 이사를 해야 한다. 새롭게 이사하는 데 따른 비용도 채무불이행 비용이라고 할 수 있다.

9) 음(-)의 지분상태를 흔히 침수상태(underwater)라고 부르기도 한다.

10) 채무자가 채무불이행을 하였을 때 채권자는 담보주택을 매각하여 채권을 회수하게 된다. 이때 주택매각대금으로 채권을 모두 회수하지 못하면, 미회수 잔여채권이 남게 된다. 소구대출은 채무자의 여타 자산이나 소득을 압류하여 미회수 잔여채권을 변제받을 수 있는 대출을 말한다. 반면 비소구대출은 미회수 잔여채권이 있더라도 변제받을 수 없는 대출을 말한다. 비소구대출은 채권에 대한 변제 책임이 담보주택에 한정되는 대출이라고 할 수 있다. 소구대출과 비소구대출에 대해서는 다음 장에서 보다 자세하게 설명할 것이다.

주택지분이론에 따라 채무불이행 가능성을 좌우하는 요인들

결국 이렇게 볼 때, 주택지분이론에 따른 채무불이행 가능성은 주택가격 대비 대출잔액비율, 비소구대출 여부, 채무불이행에 따라 채무자가 짊어져야 할 명시적 · 묵시적 비용뿐만 아니라, 주택가격의 변동성이나 대출이자율의 변동성 등에 의해서도 결정된다.

이 중에서 특히 주택지분이론에서 중요시하는 요인은 주택가격 대비 대출잔액비율이다. 이 비율은 흔히 LTV 비율(담보인정비율, loan to value ratio)로 측정된다. LTV 비율이 높으면 높을수록 미래에 음(-)의 지분상태에 있을 가능성이 높아지므로, 그만큼 채무불이행 가능성이 높아진다고 볼 수 있다.[11)]

채무불이행이론에 대한 연구들[12]

Quercia and Stegman(1992)은 주택담보대출(주거용 모기지)의 채무불이행위험에 대한 선행연구들을 1980년대 이전과 이후로 나누었다. 1980년대 이전 연구들은 뚜렷한 이론적 기반 없이 채무불이행위험을 분석한 데 반해, 1980년대 이후 연구들은 차입자의 의사결정과정을 이론화함으로써 채무불이행위험에 대한 이론들을 체계화시켰다고 한다. Quercia and Stegman(1992)은 전자를 1세대 연구라고 불렀고, 후자를 2세대 연구라고 불렀다.

2세대 연구의 문을 연 사람은 Jackson and Kaserman(1980)인 것으로 알려져 있다. Jackson and Kaserman(1980)은 '원리금지급액>(소득–생계비)' 이거나 '대출잔액>주택가격' 일 때 채무불이행이 일어난다고 보고, LTV 비율이나 이자율, 대출만기 등이 채무불이행에 어떤 영향을 미치는가를 보았다.

Vandell and Thibodeau(1985), Foster and Van Order(1985) 등은 주택지분이론을 옵션기반이론으로 설명하고자 하였다. 옵션기반이론에 따르면, 주택담보대출의 채무불이행은 주택가격이 대출잔액보다 작을 뿐만 아니라 대출잔액의 현재가치보다 작을 때 발생한다. 그리고 채무불이행은 채무자의 특성이나 주택의 특성과는 관계없이 금리나 주택가격의 변동성으로부터 영향을 받는다.

그러나 이런 이론적 귀결에도 불구하고, Vandell and Thibodeau(1985), Foster and Van Order(1985) 등은 실제 채무불이행의 가능성이 채무자의 특성이나 주택의 특성에 따라 달라지고, 주택가격이 내가격(in the money) 상태에 있어도 금방 채무불이행이 발생하지 않는다

11) LTV 비율에 대한 보다 자세한 내용은 뒤에서 보다 자세하게 이야기하도록 하겠다.
12) 여기에 나오는 내용은 김문년 · 이용만(2015)을 참고하였다.

는 것을 발견하였다. 이후 많은 연구자들은 현실이 이론적 귀결과 다른 이유를 찾기 위해 여러 가설들을 내세웠다.

그런 가설 중의 하나가 채무불이행에 따른 거래비용(transaction cost)이론이다. 이 가설에 따르면, 채무불이행이라는 옵션을 행사하는 데 들어가는 비용(채무불이행에 따라 채무자가 치러야 할 비용) 때문에 이론적 귀결과는 다르게 주택가격이 내가격(in the money) 상태에 있어도 금방 채무불이행이 발생하지 않는다. 그리고 채무자의 특성이나 주택 특성에 따라 채무불이행 비용이 다르기 때문에, 채무자 특성이나 주택 특성에 따라 채무불이행 가능성이 달라진다는 것이다.

또 다른 하나의 가설은 촉발요인(trigger event)가설이다. 주택가격이 내가격(in the money) 상태에 있다 하더라도 실직이나 이혼, 사망과 같은 사건이 있어야 비로소 채무불이행이라는 사건이 발생한다는 것이다. 여기서 실직이나 이혼, 사망과 같은 사건은 채무자의 원리금지불능력을 떨어뜨리는 사건이다. 즉, 촉발요인가설은 지불능력이론과 주택지분이론이 결합된 것이라고 할 수 있다.

Vandell(1995)은 채무자의 지불능력과 주택의 자기자본상황에 따라 정상거래와 연체, 그리고 채무불이행이 결정되는 과정을 보여주었다.

Vandell(1995)에 따르면, 채무자가 지불능력이 있고, 주택가격이 외가격(out of money) 상태에 있으면(①의 경우), 주택담보대출에 대한 원리금지급은 정상적으로 이루어진다. 만약 채무자가 지불능력을 갖고 있지는 않지만 주택가격이 외가격(out of money) 상태에 있으면(②의 경우), 일단 연체가 시작된다. 채무자는 채무불이행을 하기보다 주택을 매각하여 대출잔액을 상환하는 것이 유리하므로, 주택을 매각하여 대출잔액을 상환하면 연체는 종결된다.

표 2 지불능력과 주택지분에 따른 채무자의 의사결정

		주택가격의 내가격(in the money) 여부	
		M, MV ≤ V	M, MV > V
채무자의 지불능력 존재 여부	P ≤ I	① 정상 거래	③ 채무불이행 가능성 (거래비용에 따라 채무불이행 여부 결정)
	P > I	② 연체 (주택을 매각하여 대출잔액을 상환하면, 연체 후 정상거래로 종결)	④ 채무불이행 (촉발요인에 따라 채무불이행의 시기 결정)

주 : M은 대출잔액, V는 주택가격, MV는 대출잔액의 시장가치를 나타낸다.
이 표는 Vandell(1995)과 김문년 · 이용만(2015)에 나오는 표를 재정리한 것이다.

만약 채무자가 지불능력을 갖고 있기는 하지만 주택가격이 내가격(in the money) 상태에 있으면(③의 경우), 이른바 전략적 부도가 발생할 가능성이 높아진다. 전략적 부도가 발생할 가능성은 채무불이행의 거래비용에 따라 달라진다. 그리고 채무자가 지불능력도 갖고 있지 않고 주택가격도 내가격(in the money) 상태에 있을 경우(④의 경우), 원리금을 지불할 수 없을 뿐만 아니라 주택매각으로 대출잔액을 상환할 수 없기 때문에 채무불행이 나타날 수밖에 없다.

3) 채무불이행 가능성을 측정하기 위한 지표들

대출기관들은 채무자의 채무불이행 가능성을 줄이기 위해, 총부채상환비율(DTI 비율)이나 총부채원리금상환비율(DSR 비율), 담보인정비율(LTV 비율)을 일정한 수준 이하로 제한한다. 그리고 차입자의 신용평점(credit score)이 일정 점수 이상인 사람에게만 대출을 해 준다. DTI 비율 규제나 DSR 비율 규제는 채무자의 원리금지불능력을 일정 수준 이상으로 유지하기 위한 것이고, LTV 비율 규제는 주택에 대한 채무자의 지분을 일정 수준 이상으로 유지하기 위한 것이다. 그리고 신용평점은 차입자의 지불능력뿐만 아니라 지불의지까지 판단하기 위한 것이다.

(1) DTI 비율과 DSR 비율, 그리고 LTV 비율

소득 대비 원리금지급액 비율은 보통 PTI(payment to income) 비율이나 DTI(debt to income) 비율을 사용한다. PTI 비율이나 DTI 비율은 국가나 금융기관에 따라 조금씩 다르게 정의 내리지만, 두 비율은 사실상 동일한 개념의 비율이다.[13)]

주택가격 대비 대출액비율은 LTV(loan to value) 비율을 사용한다. LTV 비율을 계산하는 방법 역시 국가나 금융기관에 따라 조금씩 다를 수 있다.

13) 원래 DTI 비율은 소득 대비 부채 비율을 나타내는데, 최근에는 PTI 비율과 동일하게 소득 대비 원리금 지급액 비율로 사용되고 있다. 따라서 PTI 비율이나 DTI 비율은 사실상 같은 비율이라고 할 수 있다. 그동안 학계에서는 PTI 비율이라는 용어를 주로 써 왔고, 실무에서는 DTI 비율이라는 용어를 주로 써 왔다. 지금은 DTI 비율을 주로 사용하고 있다.

미국의 DTI 비율과 LTV 비율 가이드라인

미국의 경우 DTI 비율은 월 소득 대비 월 주택 관련 지출, 또는 월 소득 대비 월 총 지출 비율로 계산한다. 전자를 전단 DTI 비율(front-end DTI ratio)이라고 부르고, 후자를 후단 DTI 비율(back-end DTI ratio)이라고 부른다.

$$\text{미국의 front-end DTI ratio} = \frac{\text{월 주택 관련 지출}}{\text{월 소득}} \times 100$$

$$\text{미국의 back-end DTI ratio} = \frac{(\text{월 주택 관련 지출} + \text{월 기타 지출})}{\text{월 소득}} \times 100$$

전단 DTI 비율을 계산할 때, '월 주택 관련 지출'에는 주택저당대출의 원리금지급액과 재산세, 그리고 주택재해(화재)보험료가 포함된다. 모기지 보험(mortgage insurance)을 든 경우 모기지 보험료도 포함된다. 그리고 후단 DTI 비율을 계산할 때, '월 기타 지출'에는 지방정부 관련 세금과 각종 할부금, 신용카드대금, 자녀 양육비, 다른 부채의 원리금지급액 등이 포함된다.

대출승인을 받을 수 있는 DTI 비율이나 LTV 비율의 기준은 일반 금융기관의 적격 주택저당대출(conforming conventional mortgage)[14]과 정부기관인 FHA(연방주택청, Federal Housing Administration)나 VA(보훈부, Veterans Administration)가 보증하는 주택저당대출 등에 따라 다소의 차이가 있다.

적격 주택저당대출에서는 후단 DTI 비율이 보통은 36% 이하이나, 신용점수가 좋거나 LTV 비율이 낮다면 45% 이하도 허용이 된다.[15] 그리고 LTV 비율은 일반적으로 80% 이하여야 하나, 모기지 보험을 들고 신용점수가 좋으면 95%까지 가능하다. 반대로 신용점수가 안 좋고 DTI 비율이 높다면 LTV 허용 비율은 80% 아래로 내려갈 수 있다.

---

14) 적격 주택저당대출이란 Fannie Mae(페니 매)나 Freddie Mac(프레딕 맥)과 같은 주택저당채권 유동화기관에서 제시한 조건에 맞는 주택저당대출을 말한다. Fannie Mae(페니 매)나 Freddie Mac(프레딕 맥)과 같은 주택저당채권 유동화기관에서는 적격 주택저당대출을 주로 매입하여 이를 담보로 한 MBS를 발행한다.

15) 여기서의 기준은 Fannie Mae의 적격대출 인수기준이다. 적격대출 인수기관에 따라 가이드라인이 다소 다르다. 적격대출의 인수기준으로 이전에는 front-end DTI 비율도 보았는데, 최근에는 back-end DTI 비율만 보는 방향으로 바뀌었다.

FHA 보험대출은 전단 DTI 비율이 보통은 31% 이하, 후단 DTI 비율이 보통은 43% 이하이나, 신용점수가 좋으면 그 이상도 허용되며 대출기관에 따라 다소 차이가 있다. LTV 비율은 96.5%까지 가능하다.[16] 그리고 VA 보험대출은 후단 DTI 비율이 41% 이하여야 한다.[17] LTV 비율은 100%까지 가능하다.

이런 기준은 하나의 가이드라인(guideline)이며, 시기에 따라 다르다. 보통은 신용점수, DTI 비율, LTV 비율을 종합적으로 보고 대출 여부나 보증 여부가 결정된다. 또한 다른 신용보강 조치가 있으면 후단 DTI 비율을 50% 내외까지 허용하기도 한다.

표 3 미국의 DTI 비율 및 LTV 비율 기준

	적격 주택저당대출	FHA 보험대출	VA 보험대출
front–end DTI		31% 이하	
back–end DTI	36~45% 이하	43% 이하	41% 이하
LTV	일반적으로 80% 내외(모기지 보험이 있고, 신용점수 등이 좋을 경우 95%까지 허용)	96.5%까지 허용 (신용점수 등에 따라 다름)	100%까지 허용

자료 : Fannie Mae의 Selling Guide, HUD의 FHA Loan Guideline, VA의 Loan Guideline 참조(2023년 기준). 각 기관의 Guideline은 각 기관의 홈페이지 참조.

우리나라의 DTI 비율 및 DSR 비율과 LTV 비율 규제

우리나라의 경우 DTI 비율 및 DSR 비율과 LTV 비율 계산이 미국과 다소 차이가 있다. 먼저 DTI 비율의 경우, 우리나라에서는 총부채상환비율이라고 부르는데, 연소득 대비 연 원리금지급액의 비율로 계산된다. 이때 원리금지급액에는 해당 주택담보대출의 원리금지급액뿐만 아니라 기타 부채의 연간 이자상환액도 포함된다. 연소득은 세전 소득을 기준으로 한다.

16) FHA 보험대출의 경우, 정책적인 목적에 따라 LTV 비율 기준이 시기에 따라 바뀔 수도 있다.

17) VA 보험대출의 경우, DTI 비율 대신 잔여소득법(residual method)이라는 방법으로 채무자의 지불능력을 평가하기도 한다.

$$\text{한국의 DTI 비율} = \frac{\text{해당 주택담보대출의 연 원리금지급액+기타 부채의 연 이자지급액}}{\text{연소득}} \times 100$$

그리고 주택담보대출의 원리금상환방식에 따라 연 원리금지급액 계산방법이 조금씩 다르다. 원금균등분할상환 및 원리금균등분할상환의 경우 연간 원리금지급액을 기준으로 하되, 거치기간이 있을 경우 거치기간이 지난 후의 원리금지급액을 기준으로 한다. 원금일시상환방식의 경우 연간 이자지급액에다가 원금균등분할을 가정하고 원금상환액을 계산하여 이를 원리금지급액에 포함한다. 원금일부분할상환방식(ballon mortgage)의 경우, 거치기간 이후의 연간 원리금상환액에다가 만기상환액을 대출기간 동안 나눈 값을 포함하여 원리금지급액을 계산한다.

DSR 비율은 우리나라에서는 총부채원리금상환비율이라고 부르는데, 연소득 대비 총부채의 원리금상환액비율로 계산된다. DTI 비율에서는 기타 부채의 이자지급액만 원리금상환액에 포함되지만, DSR 비율에서는 기타 부채의 원금상환액도 포함된다. 기타 부채에서 원금을 만기에 일시 상환하는 부채의 경우, 만기까지 원금을 균등분할상환하는 것으로 가정을 하고 원리금을 계산한다.

$$\text{한국의 DSR 비율} = \frac{\text{주택담보대출의 연 원리금지급액+기타 부채의 연 원리금지급액}}{\text{연소득}} \times 100$$

우리나라에서 LTV 비율은 담보인정비율이라고 부르는데, 해당 주택담보대출의 대출액에다가 선순위채권 및 소액임차보증금 등을 더한 값을 주택가격으로 나누어서 계산한다.

$$\text{한국의 LTV 비율} = \frac{\text{주택담보대출금액+선순위채권+임차보증금 및 소액임차보증금}}{\text{주택가격}} \times 100$$

선순위채권은 주택에 저당권이 먼저 설정되어 있는 채권을 말하는데, 선순위 저당권 설정액을 기준으로 계산한다.[18] 임차보증금은 대항요건을 갖춘 선순위 임차인의 임차보증금을 말한다. 소액임차보증금은 주택임대차보호법상 최우선적으로 변제해야 하는 임차보증금으로, 방의 개수에다가 지역별 최우선변제 소액임차보증금을 곱하여 산

18) 단, 당해 은행의 선순위채권에 대해서는 저당권 설정액 대신 실제 대출금액을 사용할 수 있다.

출한다.[19] 소액임차보증금에 대한 지급보증이 있을 경우, LTV 계산 시 소액임차보증금을 제외하고 계산할 수 있다.

우리나라에서는 LTV 비율과 DTI 비율을 채무자의 채무불이행 가능성을 통제하기 위한 수단이라기보다는 주택시장의 과열이나 침체를 조정하기 위한 수단으로 쓰다 보니 시기에 따라 자주 기준이 바뀌고 있다. 2023년 6월 말 기준으로, LTV 비율 한도는 70%이나 규제지역에서는 50%이다. 몇 가지 예외가 있는데, 생애최초주택구입자는 LTV 비율 한도가 80%이다. 그리고 규제지역이더라도 무주택 서민 · 실수요자는 LTV 비율 한도가 70%이다. 주택보유자가 추가로 주택구입을 할 경우에는 LTV 비율 한도가 비규제지역은 60%, 규제지역은 30%이다. 단, 1주택 보유자로서 기존 주택 매각 등의 조건을 갖추는 경우에는 제외된다.

DTI 비율 한도는 60%이나, 조정대상지역에서는 50%, 투기지역 및 투기과열지구에서는 40%이다. 비수도권 지역은 DTI 비율 규제를 받지 않는다.

표 4 한국의 주택담보대출에서 LTV 비율과 DTI 비율 규제 (2023년 6월 말 기준)

	규제지역		비규제지역	
	투기지역/투기과열지구	조정대상지역	수도권	비수도권
LTV	50%	50%	70%	70%
DTI	40%	50%	60%	-

- 생애최초주택구입자는 지역에 관계없이 LTV 80%
- 무주택 서민 · 실수요자는 규제지역의 LTV 70%
- 주택보유자가 추가 주택구입을 할 경우 LTV는 비규제지역 60%, 규제지역 30% 적용
  (단, 1주택 보유자로서, 기존 주택 매각 등의 조건을 갖추는 경우는 제외)
- 주택임대업자 및 주택매매업자의 경우, LTV는 비규제지역 60%, 규제지역 30% 적용

자료 : 금융감독원, 은행업감독규정, 2023년 6월 말 기준.

19) 2023년 6월 말 현재 최우선변제 소액임차보증금은 서울시가 5,500만 원, 수도권 과밀억제권역과 세종시, 용인시, 화성시, 김포시가 4,800만 원, 광역시(군지역 제외)와 안산시, 광주시, 파주시, 이천시, 평택시가 2,800만 원, 기타 지역이 2,500만 원이다. 최우선변제 소액임차보증금의 합계가 주택가격의 50%를 넘을 경우, 최우선변제액은 50%까지만 인정된다. 보통은 단독주택일 경우 총 방수에서 1을 뺀 값으로 최우선변제 소액임차보증금을 계산하나, 공동주택의 경우 방 1개만으로 최우선변제 소액임차보증금을 계산한다.

DSR 비율은 총부채가 1억 원 이상인 가구에게만 적용되는데, 비율 한도는 40%이다. 그러나 일정 조건의 사람에게는 DSR 비율이 적용되지 않고, DTI 비율만 적용되기도 한다.

(2) 신용평점

신용평점이란?

신용평점(신용점수, credit scoring)방식은 채무자의 과거 신용이력(credit history) 등을 통해 채무자의 채무불이행 가능성의 정도를 평가하는 방법을 말한다. 개인들의 신용이력들을 수집하여 신용점수를 부여하는 기관을 개인신용평가기관, 또는 개인신용정보기관(consumer reporting agency)이라고 부르는데, 흔히 크레딧 뷰로(CB: credit bureau)라고도 한다.

국제적으로는 Experian, Equifax, TransUnion 등의 회사가 있고, 국내에는 KCB(코리아크레딧뷰로), NICE평가정보, 서울신용평가정보(SCI) 등의 회사가 있다.

개인에 대한 신용평가점수 부여는 FICO(Fair Isaac Corporation)라는 회사에서 처음 개발한 것으로 알려져 있다. FICO의 신용평가 영역은 모두 5개로 되어 있는데, 상환이력정보(payment history)가 35%, 현재 부채수준(outstanding debt)이 30%, 신용거래기간(length of credit)이 15%, 신용거래형태(type of credit used, credit mix)가 10%, 최근의 신용활동(recent credit history)이 10%를 차지하고 있다.

FICO의 신용점수는 300점에서 900점 사이에 있는데, 680점 이상을 프라임(Prime)이라고 부르고, 620점 이상 680점 미만을 알트-에이(Alt-A: alternative A-Paper)라고 부른다. 그리고 620점 미만을 서브-프라임(Sub-prime)이라고 부른다.

개인신용평가기관들은 대개 FICO 방식을 사용하나, 가중치라든가 구체적으로 각 영역별 평가요소들은 나라나 각 기관에 따라 차이가 있다.

우리나라의 신용평점 기준

우리나라에서 평가영역별 가중치는 회사별로 차이를 보이고 있다. NICE평가정보는 상환이력에 대한 가중치가 높은 반면, KCB는 신용거래 형태에 대한 가중치가 상대적으로 높다. 최근 신용거래 형태에 대한 가중치는 우리나라에서는 0%이다.[20)]

그리고 우리나라에서는 평가기관에 따라 다소 차이는 있지만, 평가점수는 1점부터 1,000점 사이에서 부여되고, 신용등급은 대개 10등급으로 나눈다.

각 등급별 특징을 보면, ① 1~2등급은 부실화 가능성이 매우 낮은 개인들에게 매겨지는 신용등급이며, ② 3~4등급은 상위등급으로 진입할 가능성이 있는 개인들에게 매겨지는 신용등급이다. ③ 5~6등급은 대부업과 같은 저신용업체와 거래가 있는 개인으로, 일반적인 수준으로 주의가 필요한 등급이다. ④ 7~8등급은 저신용업체와의 거래가 많거나 단기연체 경험이 있는 개인으로, 단기적인 신용도의 하락이 예상되며 주의가 요구되는 등급이다. ⑤ 마지막으로 9~10등급은 부실화가능성이 매우 높아 관리가 필요한 등급이다.[21)]

표 5 개인신용평가 영역과 가중치

평가영역	평가내용	가중치		
		KCB	NICE	FICO
상환이력	채무의 적시상환 여부(연체정보 등)	21%	28.4%	35%
현재 부채 수준	현재 부채 수준 (대출, 보증, 신용카드, 할부금 등)	24%	24.5%	30%
신용거래 기간	신용거래 기간 (최초, 최근 신용거래 개설로부터 기간 등)	9%	12.3%	15%
신용거래 형태	신용거래 종류 및 형태 (상품별 건수, 활용비중 등)	38%	27.5%	10%
최근 신용거래 활동	신규 신용거래를 위한 활동정보(조회건수 등)	0%	0%	10%
비금융/마이데이터	비금융 신용 정보 개인이 제공한 데이터 정보	8%	7.3%	

자료 : KCB, NICE는 각 회사의 홈페이지를 참조(2023년 6월 기준), FICO는 Clauretie and Sirmans(2010), p.272와 FICO Score 홈페이지(www.myfico.com) 참조(2023년 6월 기준).

20) 최근 신용거래 형태에 대한 평가요소들 중에는 제2금융권 등에 대출가능 여부를 문의하는 것이 포함되어 있었는데, 대출가능 여부에 대한 조회가 많을수록 신용점수가 떨어지게 된다. 이런 평가방식이 금융소비자의 권리를 제약한다는 사회적 비판이 제기되면서 해당 영역에 대한 가중치가 0%로 바뀌었다.

21) 금융위원회 홈페이지에서 발췌하였다.

4) 원리금상환방식과 채무불이행위험

원리금상환방식은 채무불이행위험과 연관되어 있다. 차입자의 신용등급이 동일하고, DTI 및 LTV 비율도 동일하다 하더라도 어떤 원리금상환방식을 택하느냐에 따라 채무불이행위험의 크기가 달라질 수 있다. 왜냐하면, 원리금상환방식에 따라 원리금지급스케줄이 달라지기 때문에 대출 이후의 DTI 비율도 달라지게 된다. 또 원리금상환방식에 따라 대출잔액의 스케줄이 달라지기 때문에 대출 이후의 LTV 비율도 달라진다. 이 때문에 어떤 원리금상환방식을 택하느냐에 따라 채무불이행위험의 크기가 달라질 수 있는 것이다.

(1) 원리금상환방식과 DTI 비율의 관계

원리금상환방식별 원리금지급액의 변화와 DTI 비율

원금균등분할상환의 경우, 원리금지급액이 점차 감소한다. 따라서 소득이 대출 당시의 소득을 유지하는 한, DTI 비율은 시간이 지남에 따라 감소한다. 소득이 상승할 경우, DTI 비율의 하락속도는 더욱 빨라진다. 원금균등분할상환에서는 소득이 감소하더

그림 1 원리금상환방식별 원리금지급액과 DTI 비율(소득이 일정하다고 가정)

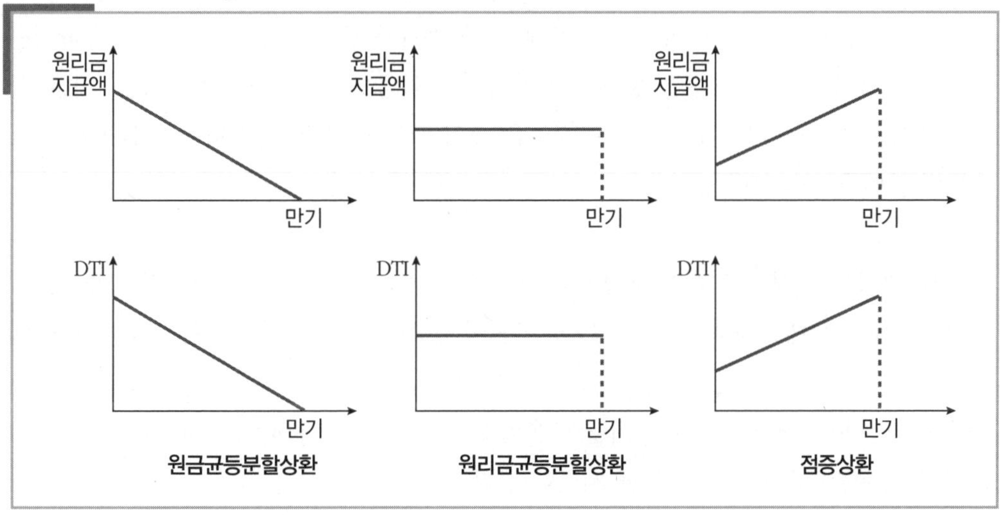

라도 소득의 감소속도가 원리금지급액의 감소속도보다 느리다면 DTI 비율은 계속 감소하게 된다.

원리금균등분할상환의 경우, 원리금지급액이 대출만기 때까지 동일하다. 따라서 소득이 대출 당시의 소득을 유지하는 한, DTI 비율은 일정하게 유지된다. 소득이 증가할 경우 DTI 비율은 감소하게 된다. 그러나 소득이 감소할 경우 DTI 비율은 상승하여 차입자의 채무불이행 가능성이 높아지게 된다.

점증상환방식의 경우, 원리금지급액이 점차 증가한다. 따라서 소득이 대출 당시의 수준을 유지한다면, 시간이 지남에 따라 DTI 비율은 상승하게 된다. 소득이 하락한다면 DTI 비율의 상승속도는 더욱 빨라지게 된다. 소득이 최소한 원리금지급액의 상승속도만큼 올라가야 DTI 비율은 대출 당시의 수준을 유지할 수 있다.

시간에 따른 소득의 변화와 DTI 비율

시간에 따른 소득의 변화는 인플레이션(물가상승)과 관련이 있다. 인플레이션이 심할 경우, 전반적으로 명목상의 소득은 증가하게 된다. 인플레이션이 안정적일 경우, 대개 명목상의 소득도 안정적이다. 디플레이션이 일어날 경우, 명목상의 소득은 감소하게 된다.

또 시간에 따른 소득의 변화는 직업에 따라 달라질 수 있다. 연공서열식 임금구조를 가지고 있는 직업의 경우, 나이가 들어감에 따라 임금이 점차 올라간다. 성과에 따라 임금을 받는 직업의 경우, 나이가 들어감에 따라 성과가 올라가면서 임금이 상승하지만 나이가 일정 수준을 넘어서면 성과가 떨어지면서 임금도 하락하게 된다. 한편 프로 선수나 연예인 등과 같은 사람의 경우, 젊었을 때의 소득이 가장 높고 나이가 들면서 점차 소득이 줄어들 가능성이 높다.

인플레이션이 심한 경우에나 연공서열식 임금구조를 갖고 있는 차입자일 경우, 점증상환방식으로 대출을 해 주어도 DTI 비율이 올라가지 않을 수 있다. 그러나 인플레이션이 심하지 않거나 연공서열식 임금구조가 아닌데도 불구하고 점증상환방식으로 대출을 해 줄 경우, 대출 이후 DTI비율이 올라갈 수 있으므로 대출 당시의 DTI 비율이 낮은 수준을 유지하도록 대출규모를 제한해야 한다.

디플레이션 상황이거나 차입자의 소득이 점진적으로 하락할 것으로 예상된다면, 원금균등분할상환방식으로 원리금을 상환하도록 해야 한다. 만약 이런 상황인데도 불구하고 원리금균등분할상환이나 점증상환방식으로 대출을 해 줄 경우 DTI 비율이 올라가서 채무자가 채무불이행을 일으킬 수 있다. 이런 경우, 대출 당시의 DTI 비율이 낮은 수준을 유지하도록 대출규모를 제한해야 한다.

(2) 원리금상환방식과 LTV 비율

원리금상환방식별 대출잔액의 변화와 LTV 비율

원금균등분할상환의 경우, 대출잔액이 일정한 비율로 계속 감소하기 때문에 주택가격이 대출 당시의 수준을 유지하는 한, LTV 비율은 하락하게 된다. 설령 주택가격이 하락하더라도, 주택가격 하락속도가 대출잔액의 감소속도보다 느리다면 LTV 비율은 올라가지 않는다.

원리금균등분할상환의 경우, 대출잔액이 초기에는 거의 감소하지 않다가 일정 시간이 지나면 감소하기 시작한다. 따라서 대출 초기에 주택가격이 하락하지 않는 한, LTV 비율은 올라가지 않는다.

점증상환방식의 경우, 대출 초기에 대출잔액이 늘어날 수도 있다. 그렇기 때문에 대출 초기에 주택가격이 현상을 유지하거나 하락할 경우, LTV 비율이 올라가게 된다.

그림 2 원리금상환방식별 대출잔액과 LTV 비율(주택가격이 일정하다고 가정)

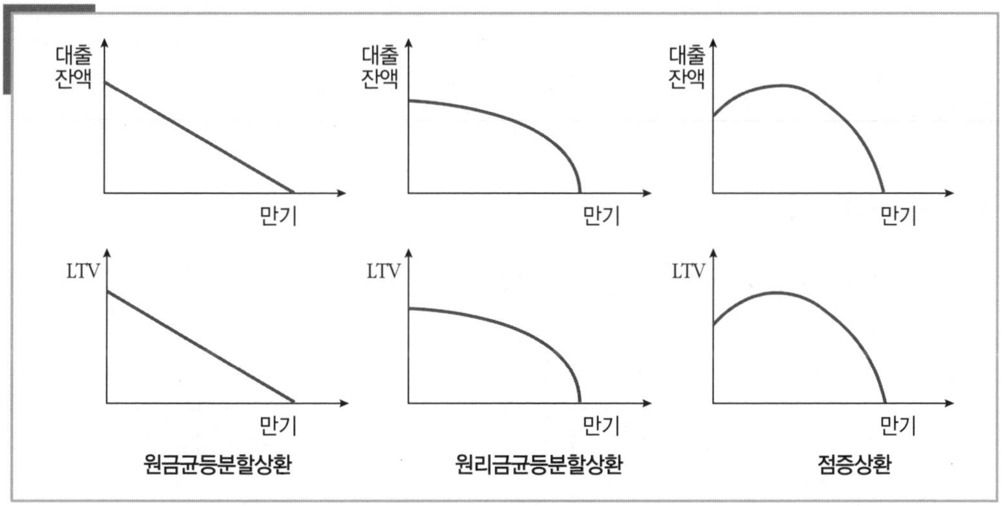

주택가격의 변화와 LTV 비율

주택가격은 인플레이션 상황이냐 디플레이션 상황이냐에 따라 그 움직임이 달라진다. 그리고 해당 지역의 주택수급상황에 따라 지역별, 주택유형별로 주택가격의 움직임이 달라질 수 있다. 또 주택의 생애주기(life-cycle)에 따라 가격 움직임이 달라질 수 있다. 일반적으로 주택의 건축연령이 많아질수록 감가상각 때문에 주택가격이 하락하지만, 주택유형에 따라 주택가격의 하락 정도는 다르게 나타난다.[22)]

따라서 원리금상환방식을 결정할 때에는 주택가격의 움직임에 대한 예상하에 상환방식을 선택해야 한다.

예를 들어 주택가격이 올라갈 가능성이 없는데도 불구하고 점증상환방식을 택할 경우, 대출규모를 줄여서 LTV 비율이 적정 수준 이하가 되도록 해야 한다.

또 주택가격이 하락할 가능성이 있다면, 원금균등분할상환방식을 선택하도록 하고, 만약 원리금균등상환방식을 택하고자 한다면 대출규모를 줄여서 LTV 비율을 낮추어야 한다. 주택가격이 하락할 것으로 예상됨에도 불구하고 점증상환방식을 택한다면, 대출규모를 더욱 줄여서 대출 당시의 LTV 비율을 대폭 낮추지 않으면 대출 이후 LTV 비율이 적정 수준을 넘어섬으로써 채무불이행 사태가 벌어질 수도 있다.

2 주택저당대출의 조기상환위험

1) 조기상환권과 조기상환위험

조기상환과 조기상환권

조기상환(prepayment)이란 대출만기 이전에 대출잔액의 일부나 전체를 상환하는 것

22) 주택유형별로 생애주기별 가격 움직임을 보면, 일반적으로 아파트보다는 단독주택이 감가상각에 따른 건물가치의 하락이 커서 건축연령이 높아질수록 상대적으로 가격하락 가능성이 높아진다. 아파트의 경우, 건축연령이 어느 정도 높아지면 서서히 가격이 하락하지만, 재건축 가능성이 있을 경우 오히려 가격이 상승할 수도 있다.

을 말한다. 흔히 중도상환이라고 부르기도 한다. 대출잔액의 일부만을 상환하는 것을 부분조기상환이라고 부른다.

주택저당대출은 대개 채무자의 조기상환을 허용하고 있다. 조기상환이 명시적으로 금지되어 있지 않는 한, 채무자는 자신이 원할 때 대출잔액을 조기에 상환할 수 있다. 채무자에게 주어진 '조기상환할 수 있는 권리'를 흔히 조기상환권이라고 부른다. 채무자에게 조기상환권이 부여되면, 채무자는 자신이 원할 때 대출잔액을 조기상환할 수 있다.

조기상환권은 콜옵션(call option)의 일종이다. 남아 있는 대출잔액을 모두 조기상환한다는 것은, 마치 대출기관에 대출잔액을 지불하고 대출채권(자신의 채무)을 사오는 것과 같다.

조기상환이 발생하는 이유

조기상환은 여러 이유에서 발생한다. 가장 흔한 것은 주택을 매각하는 것이다. 직장변경이나 자녀 교육 등으로 인해 주거지를 이동할 수밖에 없는 상황이 발생하면, 주택을 매각하게 되는데 이때 주택매각과 함께 주택저당대출도 상환되면서 조기상환이 일어나게 되는 것이다.[23)]

특별히 빚지는 것 자체를 싫어하는 사람도 있다. 이런 성향의 사람은 목돈이 생기면 곧바로 부채를 상환하고자 하기 때문에 조기상환이 일어나게 된다.

이처럼 조기상환은 채무자가 처해 있는 상황이나 성격 때문에 일어날 수 있다. 그러나 채무자의 상황이나 성격에 관계없이 대출금리의 변동에 따라 조기상환이 일어날 수 있다.

일반적으로 대출금리가 내려가면 조기상환이 늘어난다. 대출금리가 내려가면, 채무자는 기존 대출을 조기상환하고 신규로 대출받고자 한다. 대출금리 하락으로 인해, 신규로 대출받을 때의 금리가 기존 대출금리보다 낮기 때문이다.

23) 물론 주택을 매입하는 쪽에서 주택저당대출을 인수할 경우, 조기상환은 일어나지 않는다.

조기상환위험이란?

대출금리가 하락한 상태에서 조기상환이 일어나면, 대출기관은 조기상환받은 자금으로 다시 대출을 해야 하는데, 이때 낮은 금리로 대출을 해 줄 수밖에 없다. 높은 이자를 받던 대출은 상환되고, 신규로 빌려준 대출은 이자가 낮으니 대출기관 입장에서는 손해가 나는 것이다. 이런 위험을 조기상환위험이라고 한다.[24)]

달리 이야기하자면, 조기상환위험이란 차입자가 대출을 조기상환함으로써 입을 수 있는 손실가능성을 말한다. 이때 손실은 대출금리가 하락할 때 발생한다. 대출금리가 상승하였을 때 조기상환이 일어나면, 대출기관 입장에서는 이익이 발생한다. 조기상환받은 자금으로 보다 비싼 금리의 대출을 해 줄 수 있기 때문이다.

2) 조기상환위험을 좌우하는 요소들

조기상환위험의 크기는 차입자의 조기상환 가능성의 크기에 따라 좌우된다. 차입자의 조기상환 가능성은 조기상환에 따른 이익과 비용에 따라 달라진다. 차입자가 조기상환할 때 얻을 수 있는 이익이 그에 따른 비용보다 크다면, 차입자는 기존 대출을 조기상환할 것이다. 그 반대일 경우 차입자는 기존 대출을 그대로 유지하게 된다.

따라서 차입자가 조기상환하였을 때 얻을 수 있는 이익이 크면 클수록 조기상환 가능성이 높아지고, 차입자가 조기상환하였을 때 치러야 할 비용이 크면 클수록 조기상환 가능성은 낮아진다.

조기상환에 따른 차입자의 이익

차입자가 조기상환하였을 때 얻을 수 있는 이익은 조기상환 시 얻을 수 있는 월 원리

24) 좀 더 정확하게 이야기하자면, 시장이자율이 하락할 때 금융기관은 조달금리가 그대로인데 조기상환에 의해 운용금리(대출금리)가 내려가면서 손실을 입게 된다. 이런 손실 가능성을 조기상환위험이라고 부른다. 예를 들어 5%로 자금을 조달하여 6%로 대출을 해 주었는데, 시장이자율의 하락으로 대출금리가 4%로 내려갔다고 해 보자. 이때 조기상환이 들어오면 이를 다시 대출해 줄 때 4%로 대출해 주어야 하므로 손실이 발생하게 된다. 일부에서는 이를 재투자위험으로 부르기도 한다. 조기상환받은 자금으로 재투자(다시 대출)해야 하는데, 이때 손실이 발생할 수가 있기 때문에 조기상환위험을 재투자위험이라고 부르는 것이다.

금지급액의 절약분을 모두 현재가치로 환산하여 합한 금액이다.

이때 월 원리금지급액의 절약분은 최초 대출금리와 현재 대출금리의 차이에 의해 좌우된다. 그리고 월 원리금지급액의 절약분을 모두 현재가치로 환산하여 합할 때 대출만기가 많이 남아 있으면 그 금액이 커지게 된다.

따라서 차입자가 기존 대출을 조기상환하고 신규로 대출받을 때 얻을 수 있는 이익은 기존 대출금리와 신규 대출금리 간의 차이가 클수록, 그리고 대출만기가 많이 남아 있을수록 커진다.

최초 대출금리와 현재 대출금리 간의 차이가 크더라도 대출만기가 그리 많이 남아 있지 않으면, 조기상환에 따라 차입자가 얻게 되는 이익은 그리 크지 않다. 또한 대출만기가 많이 남아 있더라도 최초 대출금리와 현재 대출금리 간의 차이가 크지 않다면, 조기상환에 따른 차입자의 이익은 그리 크지 않다.

> 조기상환 시 차입자의 이익
> = (기존 대출의 원리금지급액 − 신규 대출의 원리금지급액)의 현재가치 합
> = 월 원리금지급액의 절약분×연금의 현가계수

위 식에서 연금의 현가계수는 현재의 대출금리를 기준으로 하고, 기간은 잔존대출기간으로 하여야 한다.

조기상환에 따른 차입자의 비용

차입자가 조기상환하였을 때 치러야 할 비용으로는 조기상환수수료(prepayment penalty)가 있다. 일반적으로 대출기관에서는 차입자에게 조기상환권리를 주는 대신 조기상환 시 위약금 명목의 수수료를 부과하고 있다. 이를 조기상환수수료라고 하는데, 조기상환수수료가 크면 차입자는 쉽게 조기상환을 하지 못한다.

앞의 제2부 제2장에서 이야기한 바 있는 대출수수료도 차입자가 조기상환하였을 때 치러야 할 비용 중의 하나이다. 대출을 받을 때 대출수수료와 같은 선취수수료(upfront fee)를 내야 할 경우, 기존 대출을 조기상환하고 신규로 대출을 받게 되면 다시 한 번 대

출수수료를 내야 하기 때문에 조기상환에 따른 비용이 늘어나게 된다. 그래서 대출수수료가 존재할 때에는 조기상환이 상대적으로 일어나기 어렵게 된다.

물론 기존의 대출기관에서는 대출수수료를 징구하고, 신규 대출기관에서는 대출수수료를 징구하지 않을 경우에는 이야기가 다소 다르다. 기존 대출의 대출수수료는 기존 대출의 조기상환 여부에 영향을 미치지 않는다. 과거에 이미 지출한 대출수수료는 매몰비용(sink cost)이기 때문에 현재 시점에서 대출을 조기상환할 것이냐 여부에는 영향을 미치지 않는다. 따라서 신규 대출에 대해 대출수수료가 없다면, 기존 대출의 대출수수료 지급 여부는 조기상환에 영향을 미치지 않는다. 그럼에도 불구하고, 사람들은 그다지 합리적이지 않아서 의사결정을 할 때 종종 매몰비용을 고려하여 의사결정을 한다. 예를 들어 기존 대출에 대해 대출수수료를 지급하였다면, 차입자는 미리 낸 돈이 아까워서 조기상환을 꺼리게 되는 것이다.

매몰비용과 매몰비용의 오류

매몰비용(sunk cost)이란 과거에 이미 지출한 비용으로서 복구할 수 없는 비용을 말한다. 매몰비용은 한계비용(어떤 선택을 할 때, 추가적으로 들어가는 비용)에 영향을 미치지 않는다.

합리적인 사람은 한계비용과 한계편익(어떤 선택을 할 때, 추가적으로 얻게 되는 편익)을 보고 의사결정을 한다. 따라서 합리적인 사람이라면 매몰비용을 고려하지 않고 의사결정을 해야 한다. 그러나 많은 사람들은 이미 지출한 비용이 아까워 잘못된 선택을 유지하는 경향을 보인다. 이를 보고 매몰비용의 오류(sunk cost fallacy)라고 부른다.

예를 들어 회원 가입비를 50만 원 내고 회원에 가입하고 난 뒤에 매달 1만 원의 회비를 내면 매달 영화를 4편 볼 수 있는 프로그램이 있다고 해 보자. 이때 회원 가입비는 일종의 매몰비용이다. 내가 다음 달에도 1만 원을 내고 회원자격을 유지할지 말지를 결정할 때에는 한계비용(1만 원)과 한계편익(영화 4편 관람의 편익)을 비교하여 결정하는 것이 합리적이다. 볼만한 영화가 없어서 1만 원을 내는 것이 아깝다면, 회원에서 탈퇴하는 것이 합리적이다. 그러나 대부분의 사람은 내가 낸 가입비가 아까워서 볼 만한 영화가 없음에도 불구하고 매달 1만 원을 내면서 회원자격을 유지한다. 이것이 매몰비용의 오류이다.

이 밖에 차입자가 기존 대출을 조기상환하고 신규로 대출을 받을 때 담보주택의 감정평가 수수료나 저당권의 해지 및 신규 설정에 따른 비용이 들 수가 있다(물론 이런 비용을 금융기관이 부담한다면 관계가 없다.).

그뿐만 아니라 차입자가 기존 대출을 조기상환하고 새롭게 신규 대출을 받고자 할 경우, 대출기관에 나가서 담당직원과 상담을 해야 하고 새롭게 대출을 해 줄 대출기관을 찾아야 하는 등 여러 가지 불편이 따르거나 시간이 걸리는 일을 해야 한다. 이런 불편함이나 시간도 차입자가 대출을 조기상환할 때 치러야 할 비용의 하나라고 할 수 있다.

예제 1

고정금리부 원리금균등분할상환조건으로 5년 전에 주택저당대출을 받았다. 대출액은 7,000만 원이었고, 만기는 30년이었다. 대출이자율은 연 6%였으며, 원리금은 매월 지급하는 조건이었다. 이 대출을 현재 조기상환하려면 조기상환수수료로 3%를 지급해야 한다. 그리고 현재 25년 만기의 고정금리부 원리금균등분할상환조건으로 신규 대출을 받을 경우 연 5%로 대출이 가능하다. 대출수수료는 2%이다(여기에 제시된 조건 이외에 나머지 조건은 기존 대출이나 신규 대출이나 모두 동일하다고 가정).

현재 남아 있는 대출잔액은 얼마인가? 현재 남아 있는 대출을 조기상환하고 신규로 그만큼을 대출받을 때 차입자가 얻게 되는 이익과 비용은 얼마인가? 그리고 이런 계산에 기초하여 차입자가 조기상환하는 것이 좋은지 아닌지 여부를 판단해 보아라.

① 현재 남아 있는 대출잔액

기존 대출의 월별 원리금지급액

$$= \frac{\text{대출액}}{\text{연금현가계수}(6\%/12,\ 30 \times 12)} = \frac{7{,}000}{166.79} = 41.97(\text{만 원})$$

$$\text{현재 대출잔액} = \text{원리금지급액} \times \text{연금현가계수}(6\%/12,\ 25 \times 12)$$

$$= 41.97 \times 155.21 = 6{,}513.81(\text{만 원})$$

② 조기상환에 따른 차입자의 이익

신규 대출 시 월별 원리금지급액

$$= \frac{\text{신규 대출액}}{\text{연금현가계수}(5\%/12,\ 25 \times 12)} = \frac{6{,}513.81}{171.06} = 38.08(\text{만 원})$$

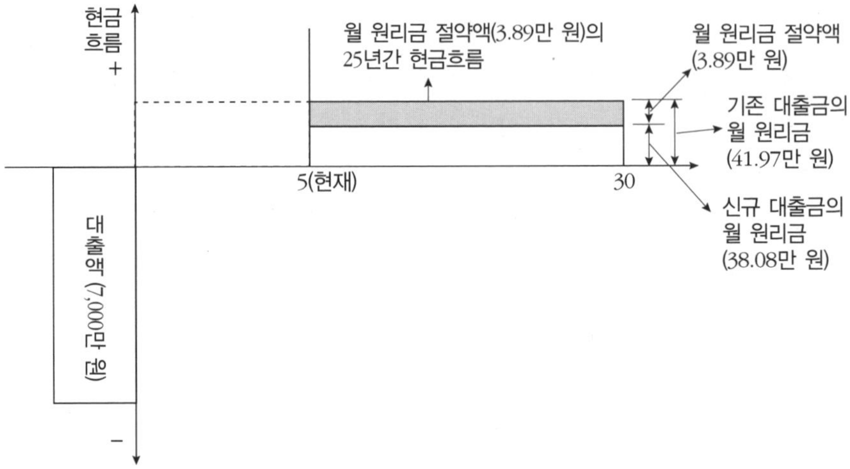

조기상환에 따른 차입자의 이익
= 기존 대출 조기상환 후 신규 대출 시 월별 원리금지급액 절약분의 현재가치 합
= (41.97−38.08) × 연금현가계수(5%/12, 25 × 12) = 3.89 × 171.06 = 665.33(만 원)

③ 조기상환에 따른 차입자의 비용
조기상환수수료 = 조기상환액 × 0.03 = 6,513.81 × 0.03 = 195.41(만 원)
신규대출수수료 = 신규대출액 × 0.02 = 6,513.81 × 0.02 = 130.28(만 원)
조기상환에 따른 차입자 비용 = 195.41+130.28 = 325.69(만 원)

④ 결론
조기상환에 따라 차입자가 얻는 이익이 비용보다 크기 때문에 차입자는 조기상환할 것이다.

왜 제2금융권은 대출수수료를 받고, 제1금융권은 대출수수료를 받지 않는가?

우리나라에서는 은행을 제1금융권이라고 부르고, 비은행 금융기관을 제2금융권이라고 부른다. 상호저축은행이나 신용협동조합, 새마을금고, 신용카드회사, 벤처캐피탈 등이 제2금융권에 속하는 금융기관들이다.

제2금융권의 대출금리는 제1금융권보다 비싸다. 그 대신 신용이 낮은 사람들에게도 대출을 해 주며 대출절차도 간편하다. 신용카드를 발급받자마자 곧바로 사용할 수 있는 신용카드 대출을 생각해 보면 쉽게 이해할 수 있을 것이다.

그래서 주로 저신용자(신용등급이 낮은 사람)들이 제2금융권으로부터 대출을 받는다. 또는 신용이 좋은 사람이라도, 제1금융권으로부터 대출을 어느 정도 받아서 추가적으로 받기 어려울 때나 긴급히 자금이 필요할 때에 제2금융권으로부터 대출을 받는다.

우리나라의 제1금융권에서는 대개 대출수수료를 받지 않는다. 제1금융권에서는 대부분 대출실행에 들어가는 고정비용을 대출금리에 가산하여 회수한다. 반면, 제2금융권에서는 대출해 줄 때 선취수수료로 대출수수료를 받는 경우가 많다. 대출실행에 들어가는 고정비용을 대출실행 시 곧바로 받는 방식을 많이 사용하는 것이다.

이처럼 대출실행에 들어가는 고정비용을 제1금융권은 가산금리형식으로 회수하고, 제2금융권은 대출수수료형식으로 회수하는 이유는 무엇 때문일까? 여러 가지 이유가 있겠지만, 제1금융권과 제2금융권 간 조기상환위험의 차이가 하나의 이유인 것으로 보인다. 제2금융권은 제1금융권보다 대출금리가 높기 때문에 제2금융권 대출은 조기상환위험이 큰 편이다. 제2금융권에서 대출받은 사람들은 대출금리의 하락 여부에 관계없이 항상 제2금융권에서 제1금융권으로 대출을 갈아타려고 한다. 그리고 여유자금이 생기면 생기는 대로 제2금융권 대출부터 빨리 상환하려고 한다.

그래서 제2금융권에서는 조기상환을 억제하려는 목적에서 대출수수료를 선취하는 것으로 보인다. 물론 이미 지불한 대출수수료는 매몰비용에 해당하기 때문에 현재의 조기상환 여부를 결정하는 데 영향을 미치지 않는다. 그렇지만 사람들은 그다지 합리적이지 않다보니, 미리 낸 대출수수료가 아까워서 조기상환하는 것을 주저하게 된다. 조기상환을 일찍 하면 할수록 실효이자율이 올라가기 때문에 조기상환을 못하게 되는 것이다.

조기상환위험과 채무불이행위험의 경합

조기상환권에 대한 옵션기반이론의 해석

조기상환권은 콜옵션(call option)의 일종이라고 하였다. 차입자가 조기상환을 한다는 것은 대출잔액을 행사가격으로 하여 대출채권을 매입하는 것과 같다. 앞의 [예제 1]을 가지고 설명해 보자면, 차입자가 조기상환을 하면 대출잔액 6,513.81만 원을 대출기관에 지급하고 대출채권을 사 오는 것과 같다. 이때 대출채권의 가치는 25년 동안의 월 원리금지급액(41.97만 원)을 모두 현재가치로 합산하여 합한 것과 같다.

현재 대출잔액 = 41.97 × 연금현가계수(6%/12, 25 × 12) = 41.97 × 155.21 = 6,513.81(만 원)
대출채권 가치 = 41.97 × 연금현가계수(5%/12, 25 × 12) = 41.97 × 171.06 = 7,179.14(만 원)

동일한 현금흐름(월 41.97만 원씩 25년)을 기존의 대출금리로 현재가치화한 것이 대출잔액이고, 현재의 대출금리로 현재가치화한 것이 대출채권의 가치이다. 이 둘의 차이를 구해 보면, 665.33(만 원)이 되는데, 이것이 바로 차입자가 얻게 되는 조기상환의 이익이다. 결국 기존 대출을 조기상환한다는 것은 6,513.81만 원을 지불하고 7,179.14만 원의 가치를 가지고 있는 대출채권을 사오는 것과 같다. 이것이 바로 조기상환을 옵션으로 해석하는 방법이다.

조기상환과 채무불이행의 경쟁

조기상환과 채무불이행은 경합관계에 있다. 주택저당대출을 빌린 채무자는 두 개의 옵션을 가지게 되는데, 하나는 조기상환을 할 수 있는 옵션이고 다른 하나는 채무불이행을 할 수 있는 옵션이다. 만약 하나의 옵션을 실행하면 다른 옵션을 잃게 된다. 그래서 조기상환할 때나 채무불이행을 할 때에는 반대편 옵션의 가치도 같이 고려하여야 한다. 하나의 옵션을 실행하게 되면, 다른 옵션을 잃게 되기 때문에 이 옵션의 가치가 반대편 옵션의 실행비용으로 작용한다는 것이다.

예를 들어 조기상환을 하려고 하는데, 채무불이행 옵션의 가치가 크다면, 조기상환에 따른 비용이 커져서 쉽게 조기상환을 하지 못하게 된다. 반대로 채무불이행을 하려고 하는데, 조기상환 옵션의 가치가 크다면, 채무불이행에 따른 비용이 커지기 때문에 채무불이행을 쉽게 하지 못하게 되는 것이다.

이와 같이 조기상환위험과 채무불이행위험이 상호 경쟁관계에 있다고 보는 이론을 흔히 '채무불이행과 조기상환의 경쟁이론(contest theory)' 이라고 부른다. 많은 실증분석 연구에 따르면, 실제 채무불이행 확률이나 조기상환 확률은 이론적으로 생각한 것보다 그리 크지 않다고 한다. 많은 연구자들은 그 이유를 두고 이런 저런 가설을 내세우고 있는데, '채무불이행과 조기상환의 경쟁이론' 도 실제 채무불이행 확률이나 조기상환 확률이 이론적으로 예측된 것보다 낮은 이유를 설명하는 하나의 가설로 제기되고 있다.

부록 부도확률, 부도손실률, 기대손실

1) 기대손실의 구성요소들

주택저당대출 중 어느 하나의 대출이 채무불이행(부도) 상태에 놓였다고 하여 해당 대출 전체가 대출기관의 손실로 귀결되는 것은 아니다. 채무자가 채무를 불이행할 경우, 담보로 잡혀 있는 주택을 매각하여 미회수 대출원리금과 담보처리비용을 회수할 수 있다. 소구대출(recourse loan)일 경우, 채무자의 여타 자산이나 급여 등을 압류하여 담보주택 매각 후 미회수된 대출채권을 받아낼 수도 있다.

따라서 실제 채무불이행이 일어났을 때 기대되는 손실률(Expected Loss in %)은 부도확률(PD: probability of default)에다가 채권 미회수확률을 곱하여 계산된다. 채권 미회수확률을 흔히 부도손실률(LGD: loss given default)이라고 부른다. 그리고 손실예상액은 기대되는 손실률에다가 부도난 대출채권금액(EAD: exposure at default)을 곱하여 산출된다. 손실예상액을 흔히 기대손실(EL: expected loss)이라고 부른다.[25)]

EL in %(기대손실률) = PD(부도확률) × LGD(부도손실률)

EL(기대손실) = PD(부도확률) × LGD(부도손실률) × EAD(부도 대출채권 금액)

2) 부도확률

부도확률이란?

채무불이행위험의 크기는 흔히 부도확률(어떤 대출채권이 부도날 확률)의 크기로 평가한다. 부도확률이 높을수록 채무불이행위험이 크다고 보는 것이다.

앞에서 보았다시피 차입자의 채무불이행(부도)은 차입자의 채무상환능력이 떨어질 때, 또는 주택가격이 음(-)의 지분(negative equity)상태에 있을 때 발생한다. 차입자의

25) 부도확률, 부도손실률, 기대손실 등의 개념은 주택저당대출에서만 적용되는 것이 아니라 일반적인 대출(기업대출, 신용대출 등)과 회사채 등에 모두 적용되는 개념이다. 이하의 내용은 이용만 외(2015)를 참조하였다.

채무상환능력이나 주택지분의 크기는 대출상품의 특성이나 주택의 특성, 그리고 차입자의 특성, 거시경제 환경 등에 따라 달라진다. 따라서 부도확률도 대출상품 특성, 주택 특성, 차입자 특성, 거시경제 상황 등에 따라 달라진다.

대출상품 특성의 경우 고정금리 여부, 원리금상환방법, DTI 비율과 LTV 비율의 크기 등이 부도확률에 영향을 미친다. 주택 특성의 경우 주택 유형에 따라, 그리고 지역과 건축연령 등에 따라 주택가격의 움직임이 다르기 때문에 이런 특성들이 부도확률에 영향을 미친다. 차입자 특성의 경우 차입자의 직업과 소득의 종류, 나이와 가구원수 등이 영향을 미친다. 그리고 이자율이나 실업률, 경제성장률 등과 같은 거시변수의 움직임도 부도확률에 영향을 미칠 수 있다. 이 밖에 소구대출(recourse loan) 여부에 따라 부도확률이 달라진다.

특히 부도확률은 대출 후 시간이 흐름에 따라 증가하다가 어느 정도 시간이 지나고 나면 다시 감소하는 경향을 보인다. 대출을 받자마자 채무자가 부도를 내는 경우는 드물다. 대출을 받은 후 어느 정도 시간이 지나야 그때부터 부도가 발생하게 되는데, 이는 시간이 지남에 따라 소득이 감소하는 사건(event)이 발생하거나(예를 들어 실직이나 휴직 등의 사건이 발생), 주택가격이 크게 하락하는 일이 생길 수 있기 때문이다. 그러다가 원금상환이 어느 정도 이루어져 LTV가 상당히 낮아지면 추가적으로 부도가 나는 일이 줄어들게 된다.

미시자료나 거시자료를 이용한 부도확률의 계산

대출상품의 특성이나 차입자의 특성 등에 따른 부도확률은 보통 이항선택모형(binary choice model)이라고 하는 계량모형으로 추정을 한다. 이항선택모형을 추정하기 위해서는 개별 대출 건별로 상품 특성이나 차입자 특성, 그리고 원리금지급 이력 등에 대한 자료가 필요하다. 이런 자료를 미시자료(micro data)라고 부른다.

대출 건별 미시자료를 구하기 어려울 때에는 시계열자료를 쓴다. 매 시점별 부도율 자료를 가지고, 부도율분포를 구한 뒤 부도확률을 예측하는 것이다. 이때 부도율은 '잔존대출 건수 대비 부도대출 건수' 의 비율로 계산된다. 또는 건수 대신 금액으로 계산하기도 한다. 이런 시계열자료를 흔히 거시자료(macro data)라고 부르기도 한다. 시계열자료를 이용하여 부도확률을 예측할 때에는 흔히 시계열모형(time series model)이라는 계량모형을 사용한다.

그림 3　국내은행 주택담보대출의 분기별 부실채권비율

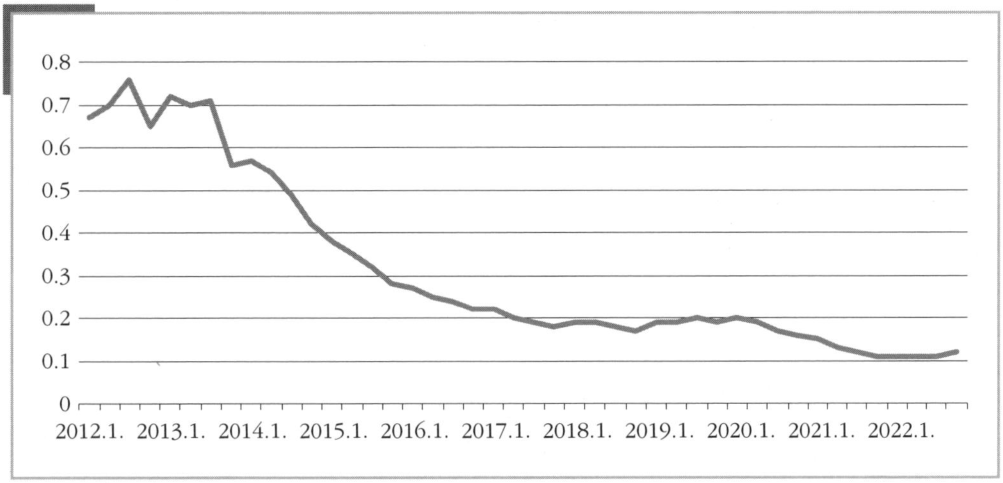

주 : 부실채권비율은 여신 대비 고정이하대출비율임.
자료 : 금융감독원, 각 분기별 국내은행 부실채권 현황.

우리나라에서는 금융기관들이 갖고 있는 주택담보대출(주택저당대출) 중에서 90일 이상 연체 중인 대출비율을 부실채권비율이라고 부르는데, 이 비율이 일종의 부도율이라고 할 수 있다.

대출 코호트별 사망률을 통한 부도확률 계산

부도율 시계열자료를 가지고 부도확률을 예측할 때, 이 부도율은 실제 개별 대출들이 부도날 확률보다 과소평가되어 있다. 그 이유는 매 시점별로 이미 부도처리된 대출은 비율 계산 시 제외되기 때문이다. 또 부도율 계산 때 신규 대출이 분모에 추가되기 때문에 전반적으로 부도율이 낮게 평가된다.

이를 설명하기 위해 먼저 대출 코호트(cohort)별 사망률(mortality rate)이라는 개념을 이해할 필요가 있다. 특정 시점에 일어난 대출들을 '대출 코호트(cohort)' 라고 부르는데, 동일 대출 코호트 중에서 시간의 흐름에 따라 부도가 나는 비율을 대출 코호트별 사망률이라고 부른다. 대출 코호트별 사망률에는 한계사망률과 누적사망률이 있다. 한계사망률(MMR: marginal mortality rate)은 대출 후 특정 시점에서의 사망률을 말하며, 누적사망률(CMR: cumulative mortality rate)은 대출 후 특정 시점까지의 사망률을 말한다.

T시점까지의 누적사망률은 다음과 같이 계산된다.[26)]

$$CMR_T = 1 - \prod_{i=1}^{T}(1 - MMR_t)$$

가상적인 예를 들어 대출 코호트별 한계사망률과 누적사망률을 구해 보자. 2010년에 1,000건의 대출이 일어났다고 하자. 그리고 매년 20건씩 부도가 난다고 가정해 보자. 이 경우, 한계사망률은 다음의 표에서 보는 바와 같이 매년 2% 내외가 되지만, 누적사망률은 2%, 4%, 6%로 상승하게 된다.

표 6 대출 코호트별 한계사망률과 누적사망률

	2010	2011	2012	2013	…
대출 잔존 건수	1,000	1,000	980	960	…
정상 건수	1,000	980	960	940	…
부도 건수	0	20	20	20	…
MMR		2.00%	2.04%	2.08%	…
CMR		2.00%	4.00%	6.00%	…

이제는 매년 1,000건씩 대출이 일어난다고 가정해 보자. 그리고 위와 마찬가지로 대출 후 1년이 지나면서 각 대출 코호트별로 매년 20건씩 부도가 나며, 대출만기는 4년이라고 가정해 보자. 이 경우, 2010년 대출 코호트가 완전히 소멸되는 2013년부터는 부도율이 안정적으로 나타나는데, 이때의 부도율은 위에서 본 대출 코호트별 한계사망률보다 낮다는 것을 알 수 있다.

물론 여기서 이런 결론이 나오는 이유는 부도난 대출이 그 다음 해에는 대출 잔존 건수에서 제외되는 것으로 가정하고 있기 때문이다. 부도난 대출이라도 2~3년간 잔존 대출 건수에 포함이 되어 있으면, 부도율은 아래의 예보다 높게 나타날 수 있다.

우리가 부도확률(어떤 대출이 부도날 확률)을 구하고자 할 경우, 어떤 시점에서 부도날 확률이 아니라 일정 기간 내에 부도날 확률을 이야기한다. 그런 점에서 대출 코호트별 누적사망률이 부도확률에 좀 더 가까운 개념이라고 할 수 있다. 우리가 부도확률을 분석할 때 종종 사용하는 부도율이라는 시계열자료는 우리가 생각하는 부도확률보다는

26) Saunders and Allen(2010), pp.121-123.

■ 표 7 부도율 시계열자료 계산 예

연도		2010	2011	2012	2013	2014	2015
대출 코호트별 대출 잔존 건수	2010년	1,000	1,000	980	960		
	2011년		1,000	1,000	980	960	
	2012년			1,000	1,000	980	960
	2013년				1,000	1,000	980
	2014년					1,000	1,000
	2015년						1,000
	합계(A)	1,000	2,000	2,980	3,940	3,940	3,940
대출 코호트별 부도 건수	2010년	0	20	20	20		
	2011년		0	20	20	20	
	2012년			0	20	20	20
	2013년				0	20	20
	2014년					0	20
	2015년						0
	합계(B)	0	20	40	60	60	60
부도율	B/A		1.00%	1.34%	1.52%	1.52%	1.52%

그 수준이 낮다고 볼 수 있다. 그럼에도 불구하고 우리는 부도율이라는 시계열자료를 통해 주택담보대출의 부도확률이 올라가고 있는지 아니면 내려가고 있는지 여부를 확인할 수 있다.

3) 부도손실률

부도손실률(LGD)은 채무자가 부도를 낼 때 대출기관이 해당 대출로부터 입을 수 있는 손실확률을 말한다. 부도손실률과 반대되는 용어로 부도회수율이라는 용어가 있다. 부도회수율은 채무자가 부도를 낼 때 대출기관의 대출채권 회수확률을 말한다.

부도손실률은 흔히 다음과 같이 계산된다.

$$부도손실률(LGD) = 1 - 부도회수율(RR) = \frac{부도액 - 회수액}{부도액}$$

부도손실률의 크기는 부도 당시의 LTV 비율에 좌우된다. 부도 당시의 LTV 비율이 높으면 부도손실률도 높을 수밖에 없다. 부도 당시의 LTV 비율은 대출 당시의 LTV 비율과 담보주택의 가치 변화에 따라 달라진다.

대출 당시의 LTV 비율이 높으면 부도 당시의 LTV 비율도 높을 것이다. 물론 원금상환이 어느 정도 이루어지느냐에 따라 부도 당시의 LTV 비율이 얼마나 높을지 여부가 결정되기는 한다. 따라서 대출 당시의 LTV 비율이 높으면 부도손실률도 높을 것으로 예상해 볼 수 있다.

또 담보주택의 가치가 하락하게 되면 부도손실률이 올라가게 된다. 담보주택의 가치는 시장이자율이나 주택시장 상황에 따라 달라진다. 시장이자율이 상승하게 되면, 일반적으로 주택가치는 하락하게 된다. 또 주택시장이 침체기에 있으면 주택가치가 하락하게 된다. 주택가치가 하락하면 주택가격도 하락하게 된다.

부도손실률은 부도확률과 양(+)의 상관관계를 갖고 있는 것으로 알려져 있다.[27] 부도가 많이 일어나면 담보주택의 처분이 많이 일어나고, 이것이 담보주택 가격하락으로 연결되어 부도손실률이 올라가는 것이다. 따라서 기대손실률은 단순히 부도확률에다가 부도손실률을 곱한 것 이상으로 클 수가 있다.

27) Saunders and Allen(2010).

이 장의 주요 내용

- 채무자가 원리금지급을 이행하지 않을 위험을 채무불이행위험 또는 부도위험이라고 부른다. 나라에 따라 또 금융기관에 따라 다르지만, 대개 채무자가 원리금지급을 3개월 이상 지체하고 있으면, 이를 채무불이행으로 보고 있다. 채무자가 왜 채무를 불이행하는가에 대해 두 가지 가설적인 이론이 있다. 하나는 지불능력이론(ability-to-pay theory)이고, 다른 하나는 주택지분이론(equity theory)이다.

- 지불능력이론은 채무자의 지불능력이 없어졌을 때 채무불이행이 발생한다고 보는 이론이다. 채무자의 지불능력 상실은 소득의 감소나 예상외 지출의 발생 또는 원리금지급액의 증가에 의해 일어난다.

  주택지분이론은 주택가격이 대출잔액보다 낮을 때 채무불이행이 발생한다고 보는 이론이다. 주택지분이론을 흔히 옵션기반이론(option-based theory)이라고 부르기도 한다. 채무를 불이행한다는 것은 '대출잔액을 행사가격으로 하는 풋옵션'을 실행한 것과 같다고 하여 이렇게 부르고 있다.

- 채무불이행위험의 정도를 평가하기 위한 지표로 DTI(debt to income) 비율과 LTV(loan to value) 비율, 그리고 신용평점(credit score)이 있다. DTI 비율은 채무자의 지불능력을 평가하기 위한 지표이다. LTV 비율은 채무자의 주택지분 크기를 평가하기 위한 지표이다. 신용평점은 채무자의 지불능력뿐만 아니라 지불의지까지 평가하기 위한 지표이다.

  원리금상환방법에 따라 DTI 비율과 LTV 비율의 변화가 다르다. 이 때문에 채무불이행위험은 원리금상환방법에 의해 영향을 입게 된다.

- 대출금리가 하락한 상태에서 조기상환이 일어나면, 금융기관은 조기상환받은 자금을 다시 대출해 주어야 한다. 이 과정에서 금융기관은 손실을 입게 되는데, 이런 위험을 조기상환위험 또는 재투자위험이라고 부른다. 조기상환위험은 조기상환에 따른 차입자의 이익과 비용에 의해 좌우된다.

연 | 습 | 문 | 제

01 | 주택저당대출을 받은 가계가 왜 채무를 불이행하는가에 대한 두 가지 가설적인 이론에 대해 설명하라.

02 | 우리나라 은행권의 자산건전성 분류 기준과 대손충당금 적립 기준에 대해 설명하라.

03 | 미국에서 사용하는 DTI 비율의 계산방법과 우리나라에서 사용하는 DTI 비율의 계산방법에 대해 설명하라.

04 | 우리나라 은행권에서 사용하는 LTV 비율 계산방법에 대해 설명하라.

05 | 고정금리부 원리금균등분할상환방식으로 1억 원의 주택저당대출을 받았다. 만기는 30년이고, 대출이자율은 연 5%이며, 원리금은 매달 지급하는 조건이다. 5년이 경과한 현재, 이 대출을 조기상환할 경우 조기상환수수료 3%를 내야 한다. 현재 고정금리부 원리금균등분할상환방식으로 만기 25년의 주택저당대출을 신규로 받을 경우 대출이자율은 연 4%이다. 대출수수료는 2%이다.

1) 현재 남아 있는 대출잔액은 얼마인가?
2) 현재 남아 있는 대출잔액을 모두 조기상환하고, 해당 금액만큼 신규로 대출받을 때 차입자가 얻게 되는 조기상환 이익의 현재가치는 모두 얼마인가?
3) 현재 남아 있는 대출잔액을 모두 조기상환하고, 해당 금액만큼 신규로 대출받을 때 차입자가 지불해야 하는 조기상환 비용의 현재가치는 모두 얼마인가?
4) 위의 사실에 기초해 볼 때, 기존 대출을 조기상환하는 것이 좋은가 아니면 조기상환하지 않는 것이 좋은가?

제 **5** 장

채권회수과정과 모기지보험

주택저당대출을 받은 사람이 채무를 불이행하게 되면, 채권자인 금융기관은 담보주택을 매각하여 원리금을 회수하게 된다. 이런 과정을 미국에서는 'foreclosure'라고 부르며, 우리나라에서는 '담보주택의 처분'이라고 부른다. 담보주택을 매각하더라도 원리금 회수가 다 안 될 경우, 부족분을 차입자에게 청구할 수 있느냐 여부에 따라 주택저당대출은 소구대출과 비소구대출로 나뉘어지는데, 소구대출이냐 아니냐에 따라 손실의 규모가 달라질 수 있다. 차입자가 채무를 불이행함으로써 발생하는 위험을 회피하기 위한 보험이 모기지보험이다. 그리고 권원의 하자로 인해 손실을 입을 가능성을 회피하는 보험도 있다. 이런 보험을 권원보험이라고 부른다.

본 장에서는 채무자가 채무를 불이행할 때 담보주택의 처분절차와 소구대출의 특성, 그리고 모기지보험과 권원보험의 구조와 특징에 대해서 살펴본다.

1. 채무불이행과 채권회수과정
2. 소구대출과 비소구대출
3. 모기지보험
4. 권원보험

1 채무불이행과 채권회수과정

채무자가 채무를 불이행하면, 대출기관은 담보주택을 처분하여 미회수 원리금을 환수한다. 그리고 소구대출(recourse loan)의 경우, 담보주택 처분 후에도 다 회수하지 못한 채권이 남아 있으면 채무자의 여타 자산이나 급여 등을 압류하여 남은 채권을 회수하게 된다. 이 과정은 국가나 금융기관에 따라 다소의 차이가 있다.

1) 우리나라의 채권회수절차

우리나라에서는 채무자가 원리금지급을 1개월 이상 지체하면 대출기관은 해당 대출을 연체대출로 분류하고, 원리금지급을 촉구하는 문서를 발송하거나 대출담당자가 전화나 방문 등을 통해 연체 해소를 촉구한다.

원리금지급이 2개월 내지 3개월이 지체되면(대출종류에 따라 차이가 있다.), 대출기관은 채무자에게 '기한의 이익 상실'을 문서로 통보하면서 일정 기일 내(대개 10일 내지 14일)에 채권 전액(대출잔액과 대출이자 및 연체이자)을 상환하지 않으면 법적 절차에 들어간다는 점을 통지한다.

임의경매에 의한 담보주택 처분

대출기관은 '기한의 이익 상실' 통보 이후 일정 기일 내 채무자가 채권 전액을 상환하지 않으면, 담보주택을 처분하는 절차에 들어간다. 대출기관은 법원에 담보주택의 매각을 신청하게 되는데, 대출기관의 신청이 받아들여지면 법원은 민사집행법에 따라 담보주택을 경매로 매각하게 된다.

채권자의 신청에 의해 담보주택이 법원경매로 매각되는 것을 보고, '임의경매'라고 부른다. 임의경매는 법원에 소송을 제기할 필요 없이 채권자의 신청만으로 이루어지기 때문에 담보주택 처분이 비교적 용이하다. 채무자는 담보주택 매각이 완전히 종결되기 전에 채권(미상환 대출원리금과 비용 등)을 상환하면 경매절차를 중지시킬 수 있다.

담보주택을 법원경매로 매각할 때, 담보주택의 감정평가가격을 시작가격으로 하여 경매가 진행된다. 감정평가가격 이상으로 가격을 제시한 참가자가 없으면, 경매가 유찰(流札)되었다고 한다(경매방법에는 호가입찰방법도 있으나 부동산 경매에서는 이 방법을 잘 쓰지 않는다.).

경매가 유찰되면(1차 유찰), 보통은 1차 경매의 시작가격보다 20% 낮은 금액을 시작가격으로 하여 2차 경매가 시작된다(법원에 따라 감액 비율이 다소 다르나 대개 20%를 감액한다.). 여기서도 경매 시작가격보다 높은 가격을 제시한 참가자가 없으면 2차 경매도 유찰된다. 3차 경매에서는 2차 경매의 시작가격보다 20% 낮은 가격을 시작가격으로 하여 경매가 진행된다. 이런 과정을 통해 담보주택이 매각될 때까지 경매가 계속된다.

경매에서 낙찰을 받은 사람이 낙찰대금을 완납하면, 담보주택의 소유권은 낙찰자에게 넘어간다. 담보주택의 소유권이 낙찰자에게로 넘어가면, 담보주택에 거주하고 있는 사람들은 주택을 비워 주어야 한다.

그런데 만약 담보주택에 거주하고 있는 사람들이 주택을 비워 주지 않으면, 낙찰자는 법원에 명도소송을 제기해야 한다. 명도소송을 제기하게 되면 많은 시간과 비용이 들어간다. 명도소송과 명도집행과정에 들어가는 비용은 낙찰자가 부담해야 한다. 그래서 대부분의 경우, 낙찰자는 담보주택에 거주하고 있는 사람들과 협상을 벌여 이사비용을 일부 지원하는 대신 자진 퇴거하도록 유도하고 있다.

미반환 채권과 강제경매

임의경매로 담보주택을 매각하였음에도 불구하고 상환받지 못한 채권이 남아 있을 경우, 대출기관은 채무자의 다른 자산이나 급여 등을 가압류한 후, 대여금반환청구소송을 법원에 제기하게 된다.

법원으로부터 승소 판결문을 받으면, 이를 근거로 하여 가압류된 채무자의 자산과 급여 등을 압류한 후, 자산을 법원경매를 통해 매각하게 된다. 이렇게 이루어진 법원경매를 강제경매라고 부른다. 즉, 강제경매란 법원의 판결문에 의해 채무자의 압류자산을 경매에 넘기는 것을 말한다.

기한의 이익 상실

대출기관은 대출만기까지 사전에 약속한 방법대로 원리금을 상환받을 수 있다. 그러나 만기 이전에는 대출금 전액의 상환을 요구할 수가 없다. 이런 점에서 채무자는 일정한 기한(대출만기)까지 대출금 전액을 상환하지 않아도 되는 이익을 받고 있는데, 이를 '기한의 이익' 이라고 한다. 즉, 기한(대출만기)의 존재로 인해 채무자가 받는 이익을 '기한의 이익' 이라고 부르는 것이다.

그런데 대출기관은 일정한 사유가 발생하면 대출만기 이전이라도 채무자에게 대출금 전액을 상환하도록 요구할 수가 있는데 이를 '기한의 이익 상실' 이라고 부른다. 즉, '기한의 이익 상실' 이란, 일정한 사유가 발생하면 채무자가 갖고 있는 '기한의 이익' 이 상실된다는 의미인 것이다.

채무자가 기한의 이익을 상실하게 되면, 대출금 전체를 즉시 상환해야 하고, 대출금에 대해 약정이자가 아닌 연체이자를 부담해야 한다. 또 신용관리대상자로 등록되어 금융거래에 상당한 제약이 뒤따르게 된다.

우리나라에서는 각 금융기관별로 표준적인 대출약관에 따라 '기한의 이익 상실' 사유가 대출계약서에 제시되어 있다. 예를 들어 은행권에서 사용하는 가계용 여신거래기본약관을 보면, 다음과 같은 '기한의 이익 상실' 사유를 제시하고 있다.

- 이자지급을 1개월(주택담보대출은 2개월) 이상 지체한 때, 또는 분할상환 원리금지급을 2회(주택담보대출은 3회) 이상 지체한 때
- 대출기간이 경과되었거나 기한의 이익이 상실된 대출금을 한 개라도 갚지 않은 경우
- 차입자의 제 예치금 등에 대하여 가압류 · 압류명령이 발송되었을 때
- 차입자의 담보재산에 압류명령이 발송되거나 강제집행개시가 있는 때
- 차입자가 파산신청을 하거나 채무불이행자 명단에 등재 신청되었을 때
- 차입자가 허위, 위·변조 또는 고의로 부실자료를 제출하였을 때

위에서 적시한 사유가 발생하면, 대출기관에서는 차입자에게 '기한의 이익 상실' 사실을 통보하면서 남아 있는 대출금을 모두 즉시 상환할 것을 요구하게 된다. 대개는 대출잔액을 즉시 상환하는 것이 어렵기 때문에 대출기관은 담보주택을 처분하는 절차에 들어가게 된다.

'기한의 이익 상실' 조건은 채무자의 '교차 채무불이행(cross default)' 을 가져오는 요인이 된다. 여기서 '교차 채무불이행' 이란, 어떤 채무자가 한 대출기관에서 채무불이행을 하게 되면 나머지 대출기관에서도 채무불이행을 하게 되는 것을 말한다. 예를 들어 어떤 사람이 A은행과 B은행에서 대출을 받았다고 해 보자. 이 채무자가 B은행의 대출원리금은 상환계획에 맞추어 착실하게 상환하고 있지만 A은행의 대출원리금에 대해서는 일정기간 연체하였다고 가정해 보자. 이렇게 되면 A은행에서는 채무자의 자산과 급여 등을 (가)압류하게 된다. 그러

면 B은행에서는 채무자가 대출원리금을 착실하게 상환하고 있음에도 불구하고 '기한의 이익 상실' 조항에 따라 대출잔액을 즉시 상환하도록 요구하게 된다. 이렇게 되면 채무자는 B은행에 대해서도 채무를 불이행할 수밖에 없게 된다. 결국 채무자가 한 금융기관에 대해 채무불이행을 하게 되면, '기한의 이익 상실' 조건 때문에 다른 금융기관에 대해서도 채무불이행을 할 수밖에 없는 것이다.

2) 미국의 Foreclosure 과정

Foreclosure의 개념과 유형

미국에서 foreclosure란 담보물건을 강제로 처분하여 원리금을 변제받는 과정을 말한다.[1] 미국의 foreclosure(담보물건의 압류처분) 방식에는 크게 세 가지가 있는데, 주(state)에 따라 사용하는 방식이 조금씩 다르다.

여기서 세 가지 foreclosure 방식이란, '법원판결에 의한 압류처분(judicial foreclosure)' 방식과 '임의적인 압류처분(power-of-sale foreclosure)' 방식, 그리고 '엄격한 압류처분(strict foreclosure)' 방식을 말한다.[2]

① 법원판결에 의한 압류처분

법원판결에 의한 압류처분(judicial foreclosure)방식이란, 법원의 판결을 받아서 담보주택을 경매에 넘기는 방식을 말한다.

채무자가 일정 기일(대개 30일) 이상 원리금지급을 지연하면, 대출기관은 법원에 채무자를 대상으로 원리금지급 소송을 제기하게 된다. 대출기관이 소송에서 이기게 되면, 법원에서는 채무자에게 일정 기일(대개 30일) 내에 원리금을 지급하라는 명령을 내린다. 그럼에도 불구하고 채무자가 일정 기일 내에 원리금지급을 하지 않으면, 법원이나 법 집행관(sheriff) 사무실에서 담보주택을 경매에 붙인다.

경매를 통해 주택이 매각되면, 기존 소유주는 주택을 비워 주어야 한다. 기존 소유주가 주택을 비워 주지 않으면, 새로운 주택소유자가 법원에 명도(eviction) 소송을 내어

1) 우리나라에서는 foreclosure를 압류, 차압, 유질 등으로 번역하고 있는데, 이들 용어가 법률상으로 정확하게 일치하는 것은 아니다. 여기서는 foreclosure를 '압류처분'이라고 부르도록 한다.
2) HUD(Department of Housing and Urban Development) 홈페이지.

법원명령에 의해 강제로 기존 소유주를 내보내게 된다. 법원의 명도명령에 따라 기존 소유자가 집을 비워 주어야 할 경우, 일반적으로 기존 소유자가 명도소송에 들어간 비용을 부담해야 한다. 그래서 담보주택이 매각되면 대개 기존 소유자는 자발적으로 집을 비우게 된다.

법원판결에 의한 압류처분(judicial foreclosure)방식은 미국의 모든 주(state)에서 허용되고 있는 방식이다. 그러나 이 방식의 경우, 시간이 많이 걸리고 비용도 많이 들기 때문에 대출기관에서는 가급적 다른 방식으로 압류처분하려고 한다.

② 임의적인 압류처분

임의적인 압류처분(power-of-sale foreclosure)방식은 법원의 판결 없이 대출기관이 담보주택을 경매에 넘기는 방식을 말한다.

채무자가 일정 기일 이상 원리금지급을 지연하면, 대출기관은 채무자에게 "일정 기일 내에 원리금을 상환하지 않으면 담보주택을 압류처분(foreclosure)하겠다."라는 통지문을 보낸다. 그리고 채무자가 일정 기일 이내에 원리금을 상환하지 않으면, 대출기관은 담보주택을 경매에 넘긴다. 물론 이 경매는 사적인 경매(private auction)가 아니라 법원의 승인하에 이루어지는 공적인 경매(public auction)이다. 이런 점에서 임의적인 압류처분은 우리나라의 임의경매와 유사한 방식이다.

임의적인 압류처분(power-of-sale foreclosure)방식은 미국의 여러 주(state)에서 압류처분방식의 하나로 허용하고 있다. 임의적인 압류처분이 가능할 경우, 대출기관은 대부분 법원판결에 의한 압류처분(judicial forcclosurc) 대신 임의적인 압류처분방식으로 담보주택을 처분하려고 한다. 임의적인 압류처분방식이 시간도 덜 걸리고 비용도 싸기 때문이다. 그러나 일부 주(state)에서는 임의적인 압류처분방식으로 담보주택을 처분할 경우, 부족금 청구소송(deficiency judgment)을 금지하기도 한다.[3] 또 일부 주(state)에서는 담보신탁방식으로 주택을 담보 잡았을 때에만 임의적인 압류처분을 허용하기도 한다.[4]

3) 부족금 청구소송(deficiency judgment)이란, 담보주택 매각 후에도 상환받지 못한 채권이 있을 경우 대출기관은 채무자를 대상으로 미상환 채권을 지급하라는 소송을 법원에 제기하게 되는데, 이런 소송을 부족금 청구소송이라고 부른다.

4) 대출기관이 주택을 담보신탁 맡길 경우, 신탁회사가 대출기관 대신 담보주택을 경매로 처분하게 된다.

③ 엄격한 압류처분

엄격한 압류처분(strict foreclosure)방식은 법원판결에 의한 압류처분(judicial foreclosure)방식과 유사한데, 담보주택을 매각하는 과정 없이 담보주택의 소유권을 대출기관에 넘기는 점에서 법원판결에 의한 압류처분방식과 차이가 난다.

채무자가 일정 기일 이상 원리금지급을 지연하면, 대출기관은 법원에 채무자를 대상으로 원리금지급 소송을 제기하게 된다. 대출기관이 소송에서 이기게 되면, 법원에서는 채무자에게 일정 기일 내에 원리금을 지급하라는 명령을 내린다. 그럼에도 불구하고 채무자가 일정 기일 내에 원리금지급을 하지 않으면, 담보주택의 소유권이 대출기관으로 넘어가게 된다. 이렇게 되면, 주택소유자는 집을 비워 주어야 한다.

엄격한 압류처분(strict foreclosure)방식은 과거 여러 주(state)에서 압류처분방식의 하나로 허용되었는데, 최근에는 극히 일부 주(state)에서만 허용되고 있다. 엄격한 압류처분방식은 보통 주택가격이 채권잔액보다 낮을 때(즉, 이른바 'underwater' 상태일 때) 주로 사용된다. 주(state)에 따라 차이가 있기는 하지만, 담보주택의 소유권이 대출기관으로 넘어갔다고 하여 반드시 부족금이 면제되는 것은 아니다.

압류처분과 채무자의 재매입 권리, 그리고 REO

미국에서는 주(state)에 따라 다르기는 하지만, 채무자에게 담보주택의 재매입 권리(redemption right)를 주기도 한다. 채무자에게 이런 권리를 줄 경우, 제3자가 경매를 통해 담보주택을 매입하였더라도 채무자가 일정 기일 내에 대출채권을 상환하면 해당 주택을 되찾을 수 있다. 압류처분(foreclosure)이 진행되는 과정에 채무자가 대출채권을 상환할 경우에는 압류처분과정은 중단된다.[5)]

담보주택을 압류처분하기 위해 경매에 넘길 때(이를 foreclosure sale이라고 부른다.), 대출기관이 경매에 참가하기도 한다. 대개 채권액에다가 소송비용 등을 더한 가격으로 경매에 참여하는데, 이 가격보다 높은 가격을 제시한 경매참가자가 없을 경우 담보주택은 대출기관의 소유가 된다. 이렇게 압류처분과정에서 소유하게 된 주택을 보고 REO(real estate owned)라고 부른다. 대출기관이 담보주택을 소유하게 되면, 기존 소유자(채무자)를 내보내고 정상적인 거래절차에 따라 담보주택을 매각하게 된다. 주(state)

5) 전자를 statutory redemption right라고 부르고, 후자를 equitable redemption right라고 부른다. Clauretie and Sirmans(2010), Ghent(2012) 참조. 이용만 외(2015)에서 재인용.

에 따라서는, 대출기관이 경매에 참가할 때 지나치게 낮은 가격을 제시하지 못하도록 하거나 아예 부족금 청구소송(deficiency judgment)을 못하도록 제한하기도 한다.

숏세일과 소유권 양도[6)]

미국의 경우, 채권자(금융기관)가 담보주택을 압류처분(foreclosure)에 나서더라도 채무자에게 일정 기간 동안 재매입 권리(redemption right)를 주어야 하고, 압류처분(foreclosure) 기간 동안 주택을 관리해야 하기 때문에 압류처분(foreclosure)에 따른 시간과 비용이 많이 든다. 압류처분(foreclosure) 이후, 부족분(deficiency)에 대해 법원에 반환소송을 내더라도 소송에 따른 시간과 비용이 많이 들어 소송에서 승리한다고 하더라도 그 실익이 그다지 크지 않다.

이 때문에 채권자(금융기관)들은 담보주택을 압류처분(foreclosure)하기보다는 숏세일(short sale)이나 소유권 양도(deed-in-lieu of foreclosure)를 통해 대출원리금을 상환받는 방식도 사용한다.

숏세일(short-sale)이란 채권자의 동의하에 담보주택을 대출잔액보다 낮은 가격으로 매각하여 대출금을 상환하는 것을 말한다. 담보주택이 대출잔액보다 낮은 가격으로 판매되면 담보주택 매각으로 채권변제가 완결되지 않기 때문에 채권자의 동의가 필수적이다. 대개는 담보주택을 대출잔액보다 높은 가격으로 내놓았는데도 불구하고 일정 기일 동안 팔리지 않을 경우, 채무자는 채권자에게 숏세일에 동의해 줄 것을 요청하게 된다. 채권자는 채무자가 원리금을 지불할 능력이 안 되고, 담보주택이 대출잔액보다 낮은 가격으로 매각될 수밖에 없는 상황일 때 숏세일에 동의하게 된다.

숏세일을 하게 되면, 채권변제가 완결되지 않아 부족분(deficiency)이 생기게 되는데, 채무자와 채권자의 협상에 따라 부족분이 면제되기도 하고 면제되지 않기도 한다. 또 채권자가 숏세일 사실을 신용정보기관에 알리게 되면 채무자의 신용평점이 나빠지게 된다.

소유권 양도(deed-in-lieu of foreclosure)는 채권자의 동의하에 담보주택의 소유권을

---

6) Clauretie and Sirmans(2010), Ghent(2012) 참조. 이용만 외(2015)에서 재인용.

표 1 미국의 숏세일과 소유권 양도

구분	담보주택 매각 여부	부족분 면제 여부	채무자 신용훼손 여부
숏세일 (short-sale)	담보주택을 매각하여 원리금상환	부족분이 반드시 면제되는 것은 아님(채권자와 협상)	채무자의 신용이 훼손될 수 있음
소유권 양도 (deed-in-lieu of foreclosure)	담보주택의 소유권을 채권자에게 넘김	부족분 면제	채무자의 신용이 훼손되지 않음

채권자에게 넘기고, 그 대신 채무를 면제받는 것을 말한다. 이 경우 담보주택의 가치가 대출잔액에 못 미쳐서 부족분이 생기더라도 면제가 되며, 채무자의 신용손상도 없다.

2 소구대출과 비소구대출

1) 소구대출과 비소구대출의 개념

소구대출과 비소구대출

소구대출(무한책임대출, recourse loan)이란 원리금지급 책임이 담보물건뿐만 아니라 채무자가 갖고 있는 여타의 자산과 채무자의 현재 및 미래 소득에까지 미치는 대출을 말한다. 흔히 이런 채무를 인적 채무(personal liability)라고 부른다.

소구대출에서는 채무자가 원리금지급을 이행하지 않을 경우, 채권자는 먼저 담보물건을 매각하여 원리금을 회수하고, 채무가 남아 있을 경우 채무자에게 소송 등을 통해 잔존 채무의 상환을 요구하게 된다.

비소구대출(유한책임대출, non-recourse loan)은 소구대출과는 반대로, 원리금지급 책임이 담보물건으로 한정되는 대출을 일컫는다. 비소구대출에서 채무자가 원리금지급을 이행하지 않을 경우, 채권자는 담보물건을 매각하여 원리금을 회수하는데, 담보물건 매각을 통해 원리금을 다 회수하지 못하더라도 채무자에게 잔존 채무의 상환을 요구하지 못한다.

소구대출과 비소구대출의 장단점

주택저당대출에서 소구대출은 채무자의 전략적 부도(strategic default)[7] 문제가 없다는 장점이 있지만, 그 대신 채무자 보호가 약하고, 금융기관의 책임성도 약하다는 단점이 있다.

소구대출에서는 채무자가 실직이나 질병, 사고 등과 같은 우발적인 사건으로 인해 채무불이행에 빠지게 되면, 채권자는 담보주택을 매각하는 것은 물론이고, 경우에 따라서는 채무자의 다른 자산과 소득까지 압류한다. 이렇게 되면 채무자는 집을 잃는 것은 물론이고 다른 자산과 소득까지 압류당하면서 정상적인 사회생활을 영위하기 어렵게 된다. 그뿐만 아니라 소구대출에서는 담보물건뿐만 아니라 채무자의 모든 자산과 소득이 사실상 담보가 되기 때문에 금융기관은 리스크 관리에 소홀하게 된다.

반대로 비소구대출은 금융소비자를 보호하고 금융기관의 책임성을 강화한다는 긍정적 측면이 있지만, 채무자의 도덕적 해이(moral hazard)에 따른 전략적 부도와 같은 부작용이 생길 수 있다.

예를 들어 주택가격이 대출잔액 이하로 떨어지면, 원리금지급 능력이 있는 사람이라도 의도적으로 체무불이행을 할 수기 있다. 즉, 전략적으로 부도를 내는 것이다. 그뿐만 아니라 비소구대출에서는 채무자가 과다하게 대출을 받을 수 있다. 비소구대출에서는 주택가격의 변동위험을 채무자가 지지 않다보니(주택가격이 하락하면 전략적 부도를 내면 되기 때문) 자신의 지불능력을 무시한 채 과다하게 대출을 받아 집을 살 수가 있다는 것이다.

그러나 비소구대출에서 '주택가격<대출잔액' 인 상태라 하더라도 채무불이행에 따른 비용 때문에 전략적 부도를 내기 어렵다는 반론도 있다. 채무불이행을 하게 되면 자신의 신용이 나빠지고 정든 집을 내놓고 이사를 가야 하는 부담이 있기 때문에 '주택가격<대출잔액' 인 상태라 하더라도 곧바로 전략적 부도를 내기 어렵다는 것이다.

7) 전략적 부도란 주택가격의 하락으로 담보주택의 가치가 대출채권의 가치보다 낮을 때 채무자가 일부러 부도를 내는 것을 말한다.

표 2 소구대출과 비소구대출의 장점과 단점

	소구대출(무한책임대출)	비소구대출(유한책임대출)
장점	- 채무자의 전략적 부도 가능성이 크지 않다. - 채무자의 과도한 대출 가능성이 크지 않다.	- 채무자 보호가 강하다. - 금융기관의 책임성이 강하다.
단점	- 채무자 보호가 약하다. - 금융기관의 책임성이 약하다.	- 채무자의 전략적 부도 가능성이 있다. - 채무자가 과도한 대출을 받을 수 있다.

또한 비소구대출에서는 금융기관이 대출심사를 엄격하게 하기 때문에 채무자가 과도하게 돈을 빌리고 싶어도 그렇게 할 수가 없다는 반론도 있다.

2) 미국과 우리나라의 주택저당대출

미국은 비소구대출

미국의 모기지대출(mortgage loan)은 비소구대출인 것으로 인식되고 있다. 일부 주(state)에서 부족분 청구소송(deficiency judgement)을 금지하고 있다.[8] 부족분 청구소송을 허용하는 주(소구 주, recourse states)라 하더라도 소송비용 때문에 부족분 청구소송을 하지 않거나, 비소구와 유사한 숏세일(short sale) 또는 소유권 양도(deed in lieu of foreclosure)방식으로 원리금을 회수하고 있다. 그리고 정부기관(FHA, VA)이 보증하는 모기지나 정부 지원 금융기관(Fannie Mae, Freddie Mac 등)이 매입한 모기지는 각 주(state)의 부족분 청구소송 금지 여부에 관계없이 공식, 비공식적으로 비소구하고 있다.

이런 이유 때문에 미국의 모기지대출은 소구 주(states)냐 비소구 주(states)냐에 관계없이 사실상 비소구대출인 것으로 알려져 있다.

8) 부족분 청구소송(deficiency judgement)이란, 채권자가 담보주택 매각으로도 채권을 다 회수하지 못할 경우 잔존채권(부족분)을 받아내기 위해 채무자를 상대로 제기하는 소송을 말한다. 일부 주(state)에서는 이런 소송을 허용하지 않고 있는데, 부족분 청구소송이 금지되면 실질적으로 소구(recourse)가 가능하지 않기 때문에 이런 주(state)를 보고 비소구 주(non-recourse states)라고 부른다.

우리나라는 소구대출

우리나라의 경우, 민법(사법)상의 원칙은 "부채는 인적 책임(personal liability)으로 채무자가 무한책임을 져야 한다."는 것이다. 그러나 이러한 민법상의 원칙에도 불구하고 주식회사에 대해서는 무한책임을 요구하지 않는다. 주식회사의 주인인 주주는 자신의 투자지분 한도 내에서 유한책임을 지기 때문에 기업이 돈을 못 갚아도 추가적인 부담을 지지 않는다.

최근에 우리나라에서도 채무자 보호와 금융기관의 책임 강화를 위해 비소구대출을 부분적으로 도입하고 있다. 주택도시기금에서는 2015년부터 개인에 대해 비소구대출을 일부 제공하고 있다. 한국주택금융공사에서도 2017년부터 비소구대출을 부분적으로 제공하고 있다. 그리고 주택연금에서 제공하는 역모기지도 일종의 비소구대출이다. 주택연금 가입자가 사망함으로써 역모기지 대출이 종료될 때, 담보주택의 가치가 주택연금의 원금과 이자 합계액에 못 미치더라도 채권자는 상속인에게 부족분을 청구하지 않는다.

미국의 비소구대출 진화과정[9)]

비소구대출의 기원은 중세 영국의 관습법(common law)에 있는 것으로 알려져 있다.[10)] 16세기 초까지 영국에서는 이자를 받는 조건으로 돈을 빌려주는 것이 금지되어 있었다. 이런 규제를 피하기 위해, 채권자는 채무자의 담보 부동산을 소유하면서 이자 대신 임대료를 수취하였다. 그러다가 채무자가 빌린 돈을 갚으면 담보 부동산을 돌려주었다. 만기 때까지 채무자가 돈을 갚지 않으면, 담보 부동산은 완전히 채권자의 소유가 되었다.[11)]

이런 관습에 따라 title-theory(담보물은 채권자의 소유라는 이론)와 redemption right(채무자의 재매입 권리 : 만기가 지나도 채무자가 일정 기간 내에 채권자에게 돈을 돌려주면 채권자의 소유로 되어 있는 담보물을 되찾을 수 있는 권리)가 형성되었다.

16세기 이후 이자가 허용되면서 이런 관습은 사라졌지만, title-theory와 재매입 권리(redemption right)의 관습은 그대로 남아 있었으며, 영국의 식민지였던 미국에도 title-

9) 이용만 외(2015), pp. 11-12에서 재인용.

10) Shaviro(1989) 참조. 중세 영국에서는 채권자와 채무자가 인적 책임(personal liability)에 대해 합의하지 않는 한, 채무에 대한 책임을 담보물로 한정하였다고 한다.

11) Ghent(2012) 참조.

theory와 재매입 권리(redemption right)가 그대로 적용되었다.[12)]

다만, 미국의 일부 주에서는 title-theory 대신 lien-theory(담보물은 채무자의 소유라는 이론)를 채택하고 있었다. 미국에서 주에 따라 title-theory를 택하는 주와 lien-theory를 택하는 주가 있지만, 서류상의 차이만 있을 뿐 실질적인 내용상의 차이는 없었다.

세계 대공황 이전까지만 하더라도 (title-theory나 lien-theory에 관계없이) 채권자는 저당권(mortgage)과 채무자의 약속어음(note)에 근거하여 대출의 원리금을 회수하였다. 압류처분(foreclosure)으로도 회수하지 못한 미변제 채권(부족분, deficiency)이 있을 경우, 약속어음에 근거하여 소송을 통해 회수하기도 하였고, 담보주택을 압류처분(foreclosure)하는 것과 동시에 소송을 진행하기도 하였다.

다만, 캘리포니아 주와 콜로라도 주는 '압류처분을 통한 원리금 회수'와 '소송을 통한 원리금 회수' 중 하나만 선택할 수 있도록 하였다. 이를 흔히 one action rule이라고 부른다.

1930년대 대공황(The Great Depression) 당시 가계건전성 악화 및 대량의 모기지 부도 사태가 발생하였다(단기 변동금리 모기지에 대해 대출기관이 차환(rollover)을 거부하면서 대규모 부도 발생). 금융기관의 전략적 채권추심 행태(주택을 일시적으로 형성된 침체가격(distressed value)으로 조속히 처분하거나 채권자가 사들이고, 소구권에 근거하여 2차적인 채권회수절차를 병행)로 인해 수많은 가구가 길거리로 내몰리고 동시에 부족분 청구소송으로 신용파산자가 대규모로 발생하였다.

이의 사회적 · 경제적 파급효과를 우려하여 일부 주에서 부족분 청구소송을 불허하는 법(anti-deficiency legislation)을 통과시켰다. 부족분 청구소송을 불허하게 되면, 결국 부족분에 대한 소구(recourse)가 불가능하게 된다.

부족분 청구소송을 허용하는 주(state)라 하더라도 부족분을 계산할 때 주택가격을 공정시장가격(fair market value)이나 평가가격에 기초하여 계산하도록 제한하였고, 또한 법원판결을 통한 압류처분일 때에만 부족분 청구소송이 가능하도록 제한하였다.

1999년과 2009년에 일부 주들이 추가적으로 부족분 청구소송을 불허하는 법(anti-deficiency legislation)을 통과시켰다. 1999년 하와이 주, 2009년 네바다 주에서 부족분 청구소송 금지법이 도입되었다.

---

12) Ghent(2012) 참조.

3 모기지보험

1) 모기지보험의 구조

모기지보험이란?

모기지보험(MI: mortgage insurance)이란 주택저당대출의 차입자가 채무불이행(default)을 하였을 때, 채권자인 금융기관이 입게 되는 손실을 보상해 주는 보험을 말한다. 그래서 모기지보험을 모기지 채무불이행보험(mortgage default insurance)이라고 부르기도 한다.

일반적으로 금융기관은 LTV(loan to value) 비율이 높은 대출에 대해서, 차입자로 하여금 모기지보험에 가입할 것을 요구한다. 모기지보험의 가입을 의무화하는 LTV 비율은 나라에 따라 다른데, 70% 초과가 될 수도 있고 80% 초과가 될 수도 있다.

모기지보험은 '보험'이기 때문에 채무불이행위험을 회피하고자 하는 채권자가 보험료를 내야 하지만, 일반적으로 보험료는 차입자에게 부과된다.

만약 차입자가 모기지보험 가입에 동의하지 않으면, 채권자는 대출 자체를 안 해 주거나, 대출을 해 주더라도 채무불이행위험에 따른 가산금리를 붙이기 때문에 대출이자율이 올라가게 된다. 따라서 차입자 입장에서 보면, 모기지보험료를 내고 싼 이자율로 대출을 받을 것인지, 아니면 모기지보험료를 내지 않고 비싼 가산금리를 부담할 것인지 여부를 판단해야 한다.

일반적으로는 보험원리에 따라 전자가 후자보다 유리하기 때문에 차입자도 모기지보험 가입에 동의하고, 그에 따른 보험료를 내게 된다.[13)]

모기지보험과 유사하게 모기지 보증보험(mortgage guarantee insurance)이라는 상품도 있다. 모기지보증보험은 차입자가 채무불이행을 하였을 때 보증회사가 채권자에게 차입자를 대신하여 채무를 이행할 것을 보증해 주는 보험상품이다. 모기지보증보험은

13) 보험회사는 위험 인수를 통해 수익을 내는 기관으로, 기본적으로 리스크 기피도가 낮다. 그래서 금융기관이 직접 위험을 부담하는 것보다 보험을 통해 위험을 회피하는 것이 효율적이다.

차입자가 보증회사에 보증을 요청하고, 보증회사는 채권자에게 채무이행을 보증하는 형태를 취한다. 모기지보증보험에서는 차입자가 보증보험에 가입하므로, 차입자가 보증수수료를 지불한다. 따라서 모기지보험이나 모기지보증보험이나 결과는 동일하다.

나라에 따라서는 모기지보험을 보험 형태로 운영하기도 하고, 보증보험 형태로 운영하기도 하기 때문에 모기지보험이라고 하면 모기지보증보험을 포함하는 것으로 본다. 즉, 모기지보증보험은 모기지보험의 한 유형이라고 볼 수 있다.

모기지보험과 소구대출

모기지보험에 가입한 상태에서 차입자가 채무를 불이행하면, 먼저 금융기관은 담보주택을 매각하여 원리금을 회수한다. 그 다음 미회수 채권(부족금)이 남아 있으면, 소구대출(recourse loan)의 경우 채무자에게 미회수 채권의 상환을 청구하게 된다. 미회수 채권의 상환을 채무자에게 청구하였음에도 불구하고 채무자의 상환능력 부족으로 여전히 미회수 채권이 남아 있게 되면, 이것이 손실로 확정되어 보험회사에 손실 부분에 대한 보상을 청구하게 된다. 그러나 비소구대출(non-recourse loan)의 경우, 채무자에게 잔존 채무의 상환을 요구하는 절차 없이 곧바로 미회수 채권이 손실로 확정되어 보험회사에 손실 보상을 청구하게 된다.

물론 소구대출이라 하더라도, 보험회사와의 계약에 의해 소구 범위를 담보주택에 한정할 수도 있다. 이 경우 사실상 비소구대출이 된다.

모기지보증보험도 비슷한 방식으로 손실을 확정하고, 확정된 손실에 대한 보상을 보증회사가 해 주게 된다. 이때 보증회사는 채무자에게 (채무자 대신 내준 돈을 돌려달라고 하는) 구상권을 갖게 되는데, 구상권의 범위를 담보주택으로 한정할 것이냐 아니면 채무자의 전체 자산으로 확대할 것이냐 하는 것은 보증보험계약에 따라 달라진다.

손실 보상의 범위

이때 모기지보험은 손실 전체를 보상해 주느냐 아니면 손실의 일부만 보상해 주느냐에 따라, 전액보상(full coverage)방식과 부분보상(partial coverage)방식으로 나누어진다. 그리고 부분보상과 유사한 공동보험(co-insurance)방식도 있다.[14)]

14) Clauretie and Sirmans(2010) 참조.

전액보상방식은 손실액 전액을 보상해 주는 방식이다. 예를 들어 잔존채무(미상환 원금과 연체이자 등)가 1억 원인데, 담보주택을 매각하여 7천만 원밖에 회수를 못했다고 하면, 보험회사가 그 나머지 전액을 보상해 주는 것이다.

부분보상방식은 손실액의 일정 금액까지만 보상해 주는 방식이다. 예를 들어 보상비율(coverage rate)이 20%라면, 금융기관이 청구하는 잔존채무의 20%에 해당하는 손실까지만 보상을 해 주게 된다. 보상비율이 20%인 상태에서 잔존채무가 1억 원인데, 담보주택을 매각하였더니 7천만 원밖에 회수하지 못하였다고 해 보자. 그러면 손실액 3천만 원 중에서 2천만 원(잔존채무의 20%에 해당하는 금액)까지는 보험회사가 보상을 하게 된다. 물론 담보주택을 매각하여 9천만 원을 회수하였다면, 손실액 1천만 원은 보험회사가 모두 보상하게 된다.

그리고 공동보험방식은 손실액의 일정 금액까지는 모기지보험회사가 부담하고, 이를 초과하는 손실에 대해서는 채권자와 공동으로 손실을 분담하는 방식이다. 예를 들어 잔존채무가 1억 원인데, 보상비율이 20%인 공동보험방식이라고 해 보자. 그리고 담보주택을 매각하여 7천만 원을 회수하였다고 해 보자. 그러면 보험회사는 먼저 2천만 원을 한도로 부분보상을 해 주고, 그 나머지 손실액(1천만 원) 중 일부를 또 보상을 받게 된다.

물론 위에서 예를 든 부분보상방식이나 공동보험방식은 하나의 예에 불과하다. 부분보상액의 한도를 잔존채무를 기준으로 할 수도 있고 최초 대출금을 기준으로 할 수도 있다. 또 일정 기준의 LTV를 넘어서는 부분만 손실 보상할 수도 있다. 또 공동보험방식도 손실액을 분담하는 비율을 다양하게 정할 수 있다.

전액보상방식의 경우, 채권자의 도덕적 해이(moral hazard) 문제가 발생할 수 있다. 채권자가 모기지보험을 믿고서 방만하게 주택저당대출을 해 줄 가능성이 있는 것이다. 그래서 전액보상방식으로 모기지보험을 판매할 때에는 대개 모기지보험회사에서 차입자의 채무상환능력이나 대출액 등을 강력하게 통제하거나 관찰을 한다.

대부분의 모기지보험은 채권자의 도덕적 해이(moral hazard)를 방지하기 위해 부분보상방식을 택한다. 부분보상방식을 택하더라도, 부분보상의 정도에 따라 채권자의 도덕적 해이 정도가 달라지기 때문에 모기지보험 전문가들은 채권자의 도덕적 해이를 최소화하면서 채권자의 채무불이행위험을 최소화할 수 있는 방법들을 찾아내려고 한다.

공적 모기지보험과 사적 모기지보험

모기지보험은 정부나 정부의 지원을 받는 공기업이 제공하는 공적 모기지보험(government-sponsored mortgage insurance)과 민간 금융기관이 제공하는 사적 모기지보험(PMI: private mortgage insurance)이 있다.

공적 모기지보험시장은 정부가 자가거주를 촉진할 목적에서 저렴하게 보험을 제공하는 것이 일반적이다. 그 대신 주택가격이나 대출액, 또는 차입대상자 등에 제한을 두는 것이 일반적이다. 반면 사적 모기지보험시장은 공적 모기지보험이 없거나, 공적 모기지보험이 있더라도 공적 모기지보험이 커버하지 못하는 부분들을 대상으로 보험을 제공한다.

모기지보험은 여러 나라에서 존재하지만 미국, 캐나다, 호주, 홍콩, 네덜란드, 프랑스 등에서만 활발하게 사용되고 있고, 그 나머지 국가들에서는 그다지 활발하지는 않다.[15] 그리고 이들 나라들은 대부분 정부가 모기지보험을 제공하고 있으며, 정부 제공 모기지보험이 시장의 지배적인 위치에 있다.

주택저당대출은 주택을 담보로 하는 대출이다 보니, LTV 비율이 낮으면 채무자가 채무불이행 상태에 빠지더라도 채권자가 채권원리금을 회수하는 데 문제가 되지 않는다. 그래서 LTV 비율을 낮게 규제하는 나라에서는 모기지보험의 필요성이 크지 않다. 반면에 LTV 비율이 높은 나라에서는 모기지보험의 필요성이 높기 때문에, 많은 나라에서는 LTV 비율이 높은 대출에 대해 강제적으로 모기지보험을 들게 하고 있다.

2) 미국과 우리나라의 모기지보험

(1) 미국의 모기지보험

미국의 모기지보험에는 공적 모기지보험과 사적 모기지보험이 있다. 공적 모기지보험에는 FHA 모기지보험과 VA 모기지보험이 있다.

VA(Veterans Adminstration) 모기지보험은 제대군인들의 자가소유를 지원하기 위해

---

15) Bank for International Settlements(2013) 참조.

1944년에 도입된 보험이다. VA 모기지보험은 제대군인이라고 하는 특수계층을 대상으로 하는 보험인 반면에, FHA(Federal Housing Administration) 모기지보험은 일반 가계를 대상으로 하는 보험이다. 그래서 여기서는 FHA 모기지보험에 대해서 설명하도록 한다.

FHA 모기지보험

FHA 모기지보험은 세계 대공황 직후인 1934년에 도입되었다. 세계 대공황 당시, 주택저당대출을 받은 가계들이 대거 파산을 하고, 그 결과 금융기관들까지 파산을 하였다. 그래서 연방정부에서 금융기관들을 보호하고, 그 결과로 가계에 대한 주택저당대출이 확대되도록 하기 위해 FHA 모기지보험을 도입하였다.

FHA 모기지보험은 연방주택청(FHA)에서 민간금융기관의 모기지에 대해 보험을 제공하는데, 이런 대출을 FHA 보험대출(FHA loan, FHA insured loan)이라고 부른다. FHA 모기지보험은 전액보상(full coverage)방식을 취하고 있다.

FHA 보험대출(FHA가 모기지보험을 제공하는 대출)은 최대 LTV 비율이 96.5%와 90%이다. FICO 신용점수가 580점 이상인 차입자는 최대 96.5%까지 대출을 받을 수 있다. 신용점수가 높은 사람은 최소한 집값의 3.5%만 갖고 있으면 집을 살 수가 있다는 것이다(minium down payment 3.5%). 그러나 FICO 신용점수가 500점에서 580점 미만인 차입자는 최대 90%까지 대출을 받을 수 있다. 신용점수가 나쁜 사람은 최소한 집값의 10%를 갖고 있어야 집을 살 수가 있다.그리고 DTI 비율의 경우, front-end DTI 비율은 31%가 한도이며, back-end DTI 비율은 43%가 한도이나, 신용점수와 LTV 비율, 신용보완 등에 따라 DTI 비율이 달라질 수 있다.[16)]

모기지보험의 보험료(MIP: mortgage insurance premium)는 선취보험료(up-front MIP)와 연 보험료(annual MIP)로 구성되어 있다. 선취보험료는 대출액의 1.75%이다. 연 보험료는 대출액과 LTV 비율, 그리고 대출만기에 따라 달라진다. 만기가 15년 넘는 대출은 연 보험료가 0.5~0.75% 정도이고, 만기가 15년 이하인 대출은 연 보험료가 0.15~0.65% 정도이다. 물론 보험료는 연간이지만, 월별로 나누어 납부한다.[17)]

---

16) FHA 보험대출의 최대 LTV와 최대 DTI 비율은 시기에 따라 다를 수 있다. 현재 이 기준은 2023년 기준이다.

17) FHA 모기지보험의 연 보험료는 2023년 이전에 만기 15년 이하가 0.45~0.95%, 만기 15년 초과가 0.80~

표 3 미국 FHA 모기지보험의 연 보험료

대출액	LTV 비율	대출만기별 연 MIP	
		만기 15년 이하	만기 15년 초과
726,000달러 이하	90% 이하	15bp(0.15%)	50bp(0.50%)
	90% 초과~95% 이하	40bp(0.40%)	50bp(0.50%)
	95% 초과	40bp(0.40%)	55bp(0.55%)
726,000달러 초과	78% 이하	15bp(0.15%)	70bp(0.70%)
	78% 초과~90% 이하	40bp(0.40%)	70bp(0.70%)
	90% 초과~95% 이하	65bp(0.65%)	70bp(0.70%)
	95% 초과	65bp(0.65%)	75bp(0.75%)

자료 : 미국 HUD(www.hud.gov), 2023년 2월 기준.

모기지 대출은 원리금균등분할상환을 전제로 하기 때문에 시간이 지나면 원금상환으로 인해 LTV 비율이 하락한다. 과거에는 LTV 비율이 78% 수준으로 내려가면 연간 보험료를 내지 않았는데, 2013년 이후부터는 LTV 비율이 90% 이하인 경우 11년 동안 연간 보험료를 내는 것으로 바뀌었다.

FHA 보험대출은 저신용자도 받을 수 있고,[18] 최소 자기자본(minimum down payment)도 매우 낮으며, 금융기관의 손실에 대해 전액 보상을 하므로 채무자의 채무불이행위험에 많이 노출이 된다. 그래서 대출총액에 제한이 있다. 대출총액한도는 지역에 따라 다르다. 대략적으로 볼 때, 각 지역별 중위 주택가격보다 조금 낮은 수준으로 대출한도를 설정하는데 주택가격이 높은 지역과 주택가격이 낮은 지역에 따라 차이가 있다. 그리고 주택종류(단독주택, Duplex, Tri-plex, Four-plex 등)에 따라 다르다.

앞에서 언급하였다시피, FHA 대출이나 VA 대출은 소구대출이든 비소구대출이든 간에 차입자의 원리금상환의무를 담보주택으로 한정하는 정책을 지속하고 있다.

민간 모기지보험

FHA 모기지보험은 신용등급에 관계없이 연간 보험료가 결정되고, 대출금액에 한도

1.05%였는데, 2023년 2월에 크게 낮추어졌다. 이런 조건들은 모두 시기에 따라 바뀔 수 있다는 점을 명심할 필요가 있다.

18) FICO 신용점수 기준으로 680점이 넘어야 신용이 우량하다고 본다(prime 등급).

가 있으며, LTV 비율에 따른 연간 보험료의 차이가 90% 내지 95%를 기준으로 달라지고 있다. 그러다 보니 신용등급이 높고, 자기부담금(down payment)을 많이 낼 능력이 있는 사람의 입장에서 보면, FHA 모기지보험의 보험료는 비싸다. 민간 모기지보험은 이런 사람들을 대상으로 한다.[19)]

미국에서 민간 모기지보험은 원래 1900년대 초부터 존재하여 왔었다. 그러다가 세계 대공황 당시 대거 파산을 하면서 민간 보험회사들은 모기지보험시장에서 손을 떼었다. 그 대신 FHA와 VA가 모기지보험을 제공하였다. 그러다가 1950년대 들어 민간 모기지보험시장이 다시 열렸다.[20)]

민간 모기지보험은 주로 주택가격이 비싸고(그래서 대출금액이 FHA 대출의 한도를 초과하고), 우량한 신용등급을 갖고 있으며, 자기부담금(down payment)을 많이 낼 수 있는 사람들이 이용하고 있다. 미국에서 Fannie Mae나 Freddie Mac과 같은 정부 지원 모기지 유동화 회사(GSE: Government Sponsored Enterprise)들은 민간 금융기관들로부터 모기지를 매입할 때, LTV 비율이 80%를 넘는 모기지대출에 대해서는 모기지보험 가입을 의무화하고 있다. 그러다 보니 LTV 비율이 80%가 넘는 대출에 대해서는 민간 모기지보험회사의 보험이 부보된다. 최대 LTV는 대개 95% 이하를 기준으로 한다.

민간 모기지보험은 주로 부분보상(partial coverage)방식을 취한다. 손실의 부분보상 비율을 보상률(coverage rate)이라고 부른다. 보상률은 잔존채무의 최대보상비율을 말한

표 4 Freddie Mac의 모기지보험 보상률

LTV 비율	만기 20년 이하 고정금리대출	만기 20년 초과 고정금리대출, 변동금리대출
80% 초과~85% 이하	6%	12%
85% 초과~90% 이하	12%	25%
90% 초과~95% 이하	25%	30%
95% 초과~97% 이하	35%	35%

자료 : Freddie Mac 홈페이지(www.freddiemac.com), 2022년 12월 1일 기준.

19) 신용등급이 낮고, 자기부담금을 많이 낼 능력이 안 되는 사람들은 주로 FHA 모기지보험을 이용하고, 신용등급이 높고 자기부담금을 많이 낼 능력이 있는 사람들은 주로 민간 모기지보험을 이용하는 것이다.

20) Clauretie and Sirmans(2010) 참조.

다. LTV 비율이 높으면, 차입자의 채무불이행 시 손실액이 커질 가능성이 있으므로 보상률이 커져야 하고, 그 반대이면 보상률이 낮아도 된다.

민간 모기지보험회사는 채무자가 채무를 불이행할 경우, 두 가지 옵션 중 하나를 선택하게 된다. 채권자가 신청한 보험금 청구를 그대로 받아들이고 끝낼 것인지, 아니면 채권자가 못 받은 원리금과 각종 비용을 모두 지불해 주고 그 대신 담보주택의 소유권을 확보할 것인지를 결정하게 된다. 예를 들어 채무자가 채무를 불이행했는데, 잔존 채무는 1억 원이며, 모기지보험의 보상률이 20%라고 해 보자. 이때 보험회사는 채권자에게 2천만 원을 보상할 것인지, 아니면 1억 원을 보상해 주고 담보주택의 소유권을 확보할 것인지를 결정하게 된다. 만약 담보주택을 8천만 원 이상으로 팔 수 있다고 생각하면 후자를 선택할 것이고, 그렇지 않다고 판단되면 전자를 선택하게 될 것이다.

민간 모기지보험은 FHA 모기지보험과 마찬가지로 초기의 선취보험료와 매년 내는 연간 보험료가 있다. 그리고 민간 모기지보험에서도 대출 후 LTV 비율이 일정 비율 이하로 떨어지면 연간 보험료를 내지 않는다. 이 과정에서 역선택(adverse selection) 문제가 존재한다. 주택시장이 호황이어서 주택가격이 계속 올라가면 빨리 모기지보험에서 탈퇴를 하게 되고, 반대로 주택시장이 불황이어서 주택가격이 계속 내려가면 장기간 모기지보험에 가입한 상태가 된다. 이로 인해 모기지보험 회사는 LTV 비율이 높은 보험만을 갖게 되어 손실을 입을 가능성이 높아지는 것이다.

(2) 우리나라의 모기지보험

우리나라의 경우 LTV 비율이 높지 않기 때문에 모기지보험의 필요성이 그리 크지 않아 모기지보험이 발달해 있지 않은 상태이다.

한국주택금융공사에서는 구입자금보증이라는 모기지신용보증(MCG: mortgage credit guarantee) 상품을 판매하고 있다. 이 상품은 LTV 계산 시 소액임차보증금을 공제하지 않도록 함으로써 대출가능액을 늘려주는 대신 그에 따른 손실을 보상해 주는 보증보험 상품이다. 우리나라에서는 LTV 비율이 70%로 제한되어 있고(생애최초주택구입자에게는 LTV 비율을 80%까지 허용), LTV 비율을 계산할 때 최대 주택담보대출 가능액에서 소액임차보증금을 차감해야 한다.[21] 그런데 이 모기지신용보증 상품을 구입하면, 소

21) 소액임차보증금이란 담보주택을 임의경매나 강제경매로 매각할 때, 가장 우선하여 배당해 주는 임차보증

액임차보증금을 차감하지 않아도 되기 때문에 대출가능액이 늘어나게 된다.

$$\text{LTV 비율} = \frac{\text{주택담보대출금액+선순위채권+임차보증금 및 소액임차보증금}}{\text{주택가격}} \times 100$$

예를 들어 주택가격이 3억 원이라고 해 보자. 이때 최대 대출가능금액은 2억 1천만 원이 된다(3억 원×0.7). 여기에서 소액임차보증금(지역에 따라 다르다.)을 공제하여야 실제로 받을 수 있는 최대 대출가능금액이 나온다. 예를 들어 소액임차보증금으로 1억 원을 공제하게 된다면[22)]대출가능액은 1억 1천만 원이 된다. 그런데 모기지신용보증 상품을 구입하게 되면 최대 2억 1천만 원을 대출받을 수 있다.

이 밖에 한국주택금융공사에는 생애최초주택구입자에게 LTV 80%까지 대출이 가능하도록 해 주는 특례구입자금보증이라는 모기지신용보증 상품도 있다. 이 상품은 LTV 70% 초과 부분과 최우선변제 소액임차보증금을 보증함으로써 주택가격의 80%까지 대출이 가능하도록 해 준다.

서울보증주식회사에서는 유사하게 모기지신용보험(MCI: mortgage credit insurance)이라는 상품을 판매하고 있다. 내용은 한국주택금융공사의 모기지신용보증과 동일하다. 서울보증주식회사에서는 또 모기지보험을 판매하고 있다. 모기지보험의 경우, LTV 비율 80%까지 대출이 가능하도록 보증을 해 준다. 서울보증주식회사의 모기지보험은 채무자가 채무를 불이행하였을 때, LTV 비율을 70% 초과함으로써 발생한 손실의 일부를 보상해 준다.

금을 말한다. 소액임차보증금은 다른 채권에 우선하기 때문에 저당권을 설정한 이후에 임차 들어온 사람이라도 우선적으로 배당받을 수 있다. 이 때문에 금융기관에서는 LTV를 계산할 때, 소액임차보증금이 있는 것처럼 가정하고 LTV를 계산하고 있다. 소액임차보증금은 지역에 따라 다르고, 시기에 따라 다르다.

22) 지역에 따라 최우선 변제 소액임차보증금이 다르고, 시기에 따라 다르다. 최우선 변제 소액임차보증금은 주택가격의 50%를 넘지 못한다. 이에 대한 자세한 내용은 제2부 제4장을 참고하라.

4 권원보험

1) 권원과 권원보험

권원보험(title insurance)이란 매매, 임대차, 대출 등과 같은 부동산 거래에서 권원(權原, title)의 하자로 인해 발생한 손실을 보상해 주는 보험을 말한다. 여기서 권원이란 부동산 물권(物權, 부동산에 대한 소유권이나 저당권, 지상권, 전세권 등과 같은 권리)을 말한다. 그리고 '권원의 하자'란 부동산의 물권을 기록한 서류상의 물권과 실제 물권이 일치하지 않는 상황을 말한다. 예를 들어 문서위조 등으로 서류상의 소유권자와 실제 소유권자가 다르거나, 전세권자가 존재하는데 서류에는 전세권이 표시되어 있지 않거나 하는 경우를 말한다.

권원보험은 권원의 하자로 인해 피보험자가 손실을 입을 경우 이를 보상해 준다. 예를 들어 등기부상에 소유자로 표시된 사람에게 주택담보대출을 해 주었는데, 차입자가 채무를 불이행하여 저당권을 실행하려고 보니(담보주택을 경매처분하려다 보니) 등기서류가 위조된 것을 알았다고 해 보자. 이 경우 주택의 실제 소유자는 다른 사람이기 때문에 대출기관의 저당권은 무효가 되고, 이에 따라 대출기관은 손실을 입게 된다. 권원보험은 바로 이런 상황이 벌어지면, 대출기관의 손실을 보상해 준다.

원래 권원보험은 권원레코딩제도(title recording system)를 택하고 있는 나라에서 권원에 하자가 있을 경우 이에 따른 손실을 보상해 주기 위해 도입된 보험상품이다. 그러나 최근에는 등기제도(registration system)를 택하고 있는 나라에서도 권원 하자에 대한 손실보상목적으로 권원보험이 사용되고 있다. 여기서 권원레코딩제도와 등기제도는 부동산의 권원을 기록, 표기하는 제도의 하나이다.

2) 등기제도와 레코딩제도

권원의 변동을 기록하고 표기하는 방법에는 크게 등기제도와 레코딩제도가 있다.

나라마다 권원의 변동을 표기하는 방법이 다른데, 어떤 방법을 택하느냐에 따라 권원보험의 필요성이 달라진다.

등기제도

등기제도(registration system)는 부동산 거래에 따른 권원의 변화를 정부기관에 등록하고 이를 공부(公簿)에 표시하는 시스템을 말한다. 여기서 공부란 우리나라의 등기부와 같이 공적인 기록문서를 말한다.

등기제도는 일반적으로 '물권 법정주의'를 택하는 나라에서 사용되고 있다. 물권 법정주의란 물권(物權)의 종류와 내용을 법으로 정하고, 법에 의해 정해진 물권 이외에는 물권을 인정하지 않는 제도를 말한다. 따라서 등기제도는 법에 의해 인정된 물권에 변동이 생길 경우 이를 정부기관에 등록하도록 하고, 이를 공부(등기부)에 표시하는 시스템이라고 할 수 있다.

등기제도에는 등기의 공시력만 인정하는 '형식적 심사주의' 제도와 등기의 공시력과 공신력을 인정하는 '실질적 심사주의' 제도가 있다.[23] 공시력만 인정되는 형식적 심사주의제도는 일정한 요건을 갖춘 서류가 정부기관에 제시되면, 이 서류의 진실 여부에 대한 심사 없이 물권의 변동을 등록해 주고 이를 등기부에 표시해 주는 제도이다. 이 등기제도에서는 정부가 해당 거래의 진실성까지 보장해 주지는 않는다. 그래서 이 방식을 '형식적' 심사주의라고 부르는 것이다.

공시력과 공신력을 갖는 실질적 심사주의 제도는 일정한 요건을 갖춘 서류가 정부기관에 제시되면, 정부기관이 해당 서류의 진실 여부를 확인한 후, 해당 서류가 진실하면 등기부에 물권 변동을 표시해 주는 방식이다. 실질적 심사주의하에서는 만약 권원에 하자가 있어서 부동산 거래에서 손실을 입을 경우, 정부가 손실을 보상해 주는 것이 일반적이다.

23) 공시력(公示力, public disclosure)이란 부동산 권리를 누가 가지고 있는지를 공식적으로 알려주는 것을 말한다. 공신력(公信力, public confidence)이란 부동산 권리를 누가 가지고 있다는 것을 공식적으로 인정해 주는 것을 말한다.

권원레코딩제도

권원레코딩제도(title recording system)는 부동산 거래 서류를 연대기적으로 편철하는 제도를 말한다. 일반적으로 물권에 대해 계약자유의 원칙이 우선되는 나라에서 사용하고 있다. 계약자유의 원칙이 우선되는 나라에서는 물권의 종류와 내용이 계약에 따라 다양하게 존재하기 때문에 물권의 변동을 공부(등기부)에 표시하는 것이 어렵다. 그래서 부동산 거래 서류를 연대기적으로 편철하는 방식을 사용하는 것이다.

권원레코딩제도에는 크게 권리증서등록방식(deeds registration)과 토렌스방식(Torrens system)이 존재한다.[24)]

권리증서등록방식(deeds registration)은 공적인 기관(등록기관)에서 권리증서와 기타 권리관계 서류들을 연대기적으로 편철하여 보관하는 방식이다. 부동산 매매거래가 있었거나 저당권 설정 등과 같은 거래가 생기면, 거래당사자들이 해당 거래 서류들을 등록기관에 보내게 된다. 그러면 등록기관은 이를 연대기적으로 편철하여 보관하게 된다.

권리증서등록방식의 경우, 권원 관련 서류들이 연대기적으로 편철되어 등록기관에 보관되어 있기 때문에 이를 요약, 정리하는 작업이 필요하다. 권원조사자가 이런 일을 수행하는데, 권원조사자는 의뢰인의 요청에 따라 등록기관에 보관되어 있는 권리 서류들을 조사하여 권리관계를 요약 정리한 보고서(권원보고서)를 만들어 의뢰인에게 제공한다. 보통은 법에 의해 일정한 자격을 갖추고 허가를 받은 사람만이 권원조사를 할 수가 있는데, 이들이 작성한 권원보고서는 일종의 공식적인 권원증서(권리관계를 요약 정리한 증서)로 인정받는다. 사람들은 이 보고서에 근거하여 부동산 거래(매매거래, 임대차거래, 대출거래 등)를 하게 되는데, 권원조사자의 조사가 잘못되었을 경우(권원의 변화를 빠뜨리거나 잘못 이해하는 경우) 거래당사자 중 일부가 손실을 입을 수 있다. 권원보험은 이런 손실을 보상해 주기 위해 만들어진 보험상품이다.

토렌스제도(Torrens system)는 권리관계 서류들을 등록기관에 보내 이를 연대기적으로 편철한다는 점에서는 권리증서등록방식과 동일한데, 다만 공적인 등록기관에서 직접 권원을 조사하여 부동산 소유자에게 권원증서(권리관계를 요약 정리한 증서)를 발행한

24) 이용만 외(2015) 참조.

표 5 등기제도와 권원레코딩제도

구분		법적 체계	등기부, 권원증서(보고서)		비고
			공시력	공신력	
등기제도	형식적 심사주의	물권 법정주의 우선	○	×	
	실질적 심사주의	물권 법정주의 우선	○	○	
권원레코딩제도	권리증서등록방식	계약의 자유 우선	○	×	권원보험 발달
	토렌스방식	계약의 자유 우선	○	○	

다는 점에서 차이가 있다. 만약에 권원의 하자로 인해 거래당사자 중 일부가 손실을 입을 경우 해당 등록기관에서 손실을 보상해 준다.

권원레코딩제도에는 권리증서등록방식과 토렌스방식 외에 사적 양도방식(private conveyancing)도 있다. 이 방식은 부동산 소유주가 연대기적으로 편철된 권리증서와 기타 권리관계 서류들을 갖고 있다가 부동산이 거래되면 해당 서류들을 거래상대방에게 넘겨주는 방식이다. 사적으로 권리관계 서류들을 보관하다 보니 서류의 유실이나 변조 등이 있을 수 있기 때문에 아무래도 권원의 진실성에 대해 믿음을 가지기 어렵다. 현재는 이 방식을 사용하는 나라는 거의 없다.

3) 각국의 권리등록방법과 권원보험

영미법 체계와 권원레코딩제도

관습법(common law)을 우선하는 영·미법 체계하에서는 일반적으로 계약자유의 원칙이 우선된다. 그러다 보니 영·미법 체계를 갖고 있는 나라들은 대개 권원레코딩제도를 사용하고 있다.

예를 들어 미국의 경우, 주(state)에 따라 다르기는 하지만 대개 권리증서등록방식(deeds registration system)을 사용하고 있다. 미국은 물권 법정주의를 채택하지 않고 있기 때문에 권리 그 자체에 대한 등기가 불가능하다. 그래서 미국은 부동산 거래 서류를 공적 기관에서 연대기적으로 편철하는 레코딩 시스템을 채택하고 있다. 레코딩 시스템하에서는 부동산 거래의 안전을 보장받을 수 없기 때문에 권원조사제도를 시행했으나,

권원조사에 흠결이 있더라도 과실이 없는 한 권원조사자는 손해배상책임이 없다. 이에 따라 권원 하자로 인해 손실이 발생했을 때 이를 보상해 주는 권원보험이 1968년 펜실베니아에서 처음 도입되었고, 이후 미국 전역에서 일반화되었다. 일부 주에서는 토렌스 제도(Torrens system)를 시행하고 있지만, 여타 주로 확산되고 있지는 않다. 미국에는 권원보험회사들의 협회인 미국토지권원협회(ALTA: American Land Title Association)가 있다.

영국, 호주, 뉴질랜드, 캐나다 등에서는 토렌스제도를 사용하고 있다. 부동산 물권에 변동이 생기면 거래 서류를 등록기관에 등록하고, 등록기관에서는 이러한 거래를 심사하여 권원증서를 발급해 준다. 권원증서의 하자로 인해 손실을 볼 경우, 보통은 등록기관에서 보상을 해 주거나 정부보증기금 등에서 보상을 해 준다.

대륙법 체계와 등기제도

영·미법 체계를 따르는 나라들과는 반대로 대륙법 체계를 따르는 나라에서는 대개 물권 법정주의를 우선하기 때문에 등기제도를 통해 부동산의 권원을 보장하거나 표시해 준다. 유럽이 대표적이며, 일본이나 우리나라도 물권 법정주의를 택하고 있기 때문에 등기제도를 운영하고 있다.

나라에 따라 형식적 심사주의를 택하거나 실질적 심사주의를 택하고 있는데, 우리나라는 형식적 심사주의를 택하고 있다.

우리나라에서는 등기의 공시력은 인정하지만 공신력은 인정하지 않는다. 그래서 등기부를 믿고 거래한 선의의 피해자가 발생할 여지가 있다. 예를 들어 누군가가 서류를 위조하여 등기부에 기록된 소유자를 변경하였다고 해 보자. 제3자가 등기부를 믿고서 가짜 소유자와 거래를 하였는데, 이것이 뒤늦게 밝혀져 제3자가 손해를 볼 수가 있다. 그럼에도 불구하고 등기기관(우리나라에서는 법원)은 이에 대해 책임을 지지 않는다.

이처럼 우리나라는 형식적 심사주의를 택하고 있지만, 그럼에도 불구하고 사람들은 등기부가 공신력을 갖고 있는 것으로 생각한다.

우리나라에서는 등기부에 권리관계의 변경을 등록하려면 '인감'이라는 법적으로 등록된 인장(도장)으로 거래를 해야 하고, 해당 인장이 법적으로 등록된 인장이라는 증명서(인감증명서)를 정부기관으로부터 발급받아야 하기 때문에 서류 위조로 등기부의 권리관계를 바꾸기가 쉽지 않다. 그러다 보니 사람들은 등기부에 표시된 권리관계가 잘못되지 않았을 것이라는 믿음을 갖고 있는 것이다.

권원보험의 확산

권원보험은 권리증서등록제도(deeds registration system)를 택하고 있는 나라(대표적인 나라가 미국)에서 주로 도입되어 발달해 왔다. 권원보고서의 공신력이 인정되지 않기 때문에 거래의 안전성을 높이기 위해 권원보험이 필요한 것이다. 권원증서의 공시력과 공신력이 인정되는 토렌스제도를 택하고 있는 나라나, 등기부의 공시력과 공신력이 인정되는 실질적 등기 심사주의를 택하고 있는 나라에서는 권원보험의 필요성이 사실상 없다. 형식적 등기 심사주의를 택하고 있는 나라라 하더라도 우리나라처럼 권리관계의 변동을 허위로 등기하는 것이 어려운 나라에서는 권원보험의 필요성을 그다지 느끼지 못한다.

그럼에도 불구하고, 미국식 금융시스템이 전 세계로 퍼져나가면서 토렌스제도를 택하고 있는 나라나 등기제도를 택하고 있는 나라에서도 부동산 거래의 안전성을 좀 더 높이기 위한 방법으로 권원보험이 종종 사용되고 있다. 예를 들어, 계약시점과 등기시점 사이에 부동산 소유자가 이중계약을 맺음으로써 피해자가 생길 수 있는데, 권원보험이 이런 위험을 회피하기 위한 수단으로 사용되기도 한다.

우리나라에서도 1997년 외환위기 이후 부동산 시장이 대외에 개방되면서 외국의 부동산투자업체를 유인하기 위한 방안으로서 권원보험이 도입되었다.

권원보험을 파는 손해보험회사들이 다수 존재하며, 보험회사를 위해 권리분석을 해주는 기업들도 영업 중에 있다. 주로 제2금융권 등에서 권리관계가 복잡한 부동산을 담보로 하여 대출을 해 줄 때나 외국계(특히 미국계) 금융회사들이 국내 부동산을 담보로 하여 대출을 해 주거나 부동산 매입을 할 때 거래의 안전성을 높이기 위해 권원보험을 구입하고 있다.

이 장의 주요 내용

- 우리나라에서는 원리금지급이 2–3개월 연체되면, 대출기관이 채무자에게 '기한의 이익 상실'을 문서로 통보하면서 법적 절차에 들어간다. 대출기관이 법원에 담보주택의 매각을 신청하면, 법원은 담보주택을 경매로 매각하게 된다. 이런 경매를 '임의경매'라고 부른다. 담보주택 매각으로도 회수하지 못한 채권이 남아 있을 경우, 대출기관은 법원에 대여금반환청구소송을 제기하고 법원의 판결에 의해 채무자의 여타 자산을 경매에 넘기게 된다. 이런 경매를 강제경매라고 부른다. 미국의 경우, 대출기관은 압류처분(foreclosure)에 의해 담보주택을 매각하여 원리금을 회수한다. 압류처분 방식에는 '법원판결에 의한 압류처분' 방식과 '임의적인 압류처분' 방식, 그리고 '엄격한 압류처분' 방식이 있다. 압류처분에도 불구하고 회수하지 못한 채권이 남아 있을 경우 대출기관은 법원에 '부족금 청구소송(deficiency judgment)'을 제기하여 미회수 금액을 상환받고자 한다. 그러나 미국의 일부 주에서는 '부족금 청구소송'을 아예 금지하기도 한다. 이런 주를 '비소구 주(non-recourse states)'라고 부른다.

- 원리금지급의 책임이 담보물건뿐만 아니라 채무자가 갖고 있는 여타의 자산과 소득에까지 미치는 대출을 소구대출(recourse loan)이라고 부른다. 반면, 원리금지급 책임이 담보물건에 한정되는 대출을 비소구대출이라고 한다. 소구대출과 비소구대출은 서로 다른 장단점을 갖고 있다.

- 모기지보험(mortgage insurance)은 주택저당대출의 차입자가 채무불이행을 하였을 때, 채권자인 금융기관이 입게 되는 손실을 보상해 주는 보험을 말한다. 모기지보험은 손실 보상 범위와 관련하여 전액보상방식과 부분보상방식, 그리고 공동보험방식이 있다. 그리고 모기지보험은 정부나 공기업이 제공하는 공적 모기지보험과 민간 금융기관이 제공하는 사적 모기지보험이 있다.

- 권원보험(title insurance)은 부동산 거래에서 권원(title)의 하자로 인해 발생한 손실을 보상해 주는 보험을 말한다. 권원보험은 권원레코딩제도(title recording system)를 택하고 있는 나라에서 권원조사가 잘못되어 손실이 발생되면 이를 보상해 주기 위해 도입된 보험상품이다. 그러나 최근에는 등기제도(registration system)를 택하고 있는 나라에서도 권원 하자에 대한 손실보상목적으로 권원보험이 사용되고 있다.

연 | 습 | 문 | 제

01 | 우리나라에서 차입자가 채무를 불이행할 때 채권회수절차에 대해 설명하라.

02 | '기한의 이익 상실' 이란 무엇인지 설명하라.

03 | 미국의 압류처분(foreclosure) 중에서 법원판결에 의한 압류처분과 임의적인 압류처분의 차이를 설명하라.

04 | 미국의 숏세일(short-sale)과 소유권 양도(deed-in-lieu of foreclosure)의 차이를 설명하라.

06 | 비소구대출의 장단점을 설명하라.

06 | 모기지보험에서 부분보상방식과 전액보상방식의 차이를 설명하라.

제 6 장

주택저당채권의 유동화 : MBS

금융기관들은 단기로 자금을 조달하여 장기로 주택저당대출을 해 주기 때문에 항상 유동성위험에 노출되어 있다. 이런 유동성위험을 회피하기 위해 도입된 제도가 바로 주택저당채권의 유동화제도이다. 주택저당채권의 유동화란, 주택저당채권 풀(mortgage pool)을 담보로 하여 증권(MBS)을 발행하고, 이 증권을 매각하여 현금을 확보하는 것을 말한다. 주택저당채권을 유동화하면 주택금융의 자금조달원이 확대되고 대출금리가 내려가면서 주택금융시장과 주택시장에 커다란 변혁을 가져오게 된다. 본 장에서는 주택저당채권 유동화제도의 의의와 구조, 그리고 우리나라의 MBS 제도에 대해 살펴보도록 한다.

1. 주택저당채권 유동화의 기본 구조와 효과
2. MBS의 종류
3. MBS의 가치 평가
4. 한국의 MBS 시장

1 주택저당채권 유동화의 기본 구조와 효과

1) 주택저당채권 유동화의 기본 구조

주택저당채권의 유동화

앞의 제2부 제1장에서 보았다시피 금융기관들(보통은 시중은행들)은 예금을 받아 이를 재원으로 하여 주택저당대출(주택담보대출)을 해 준다. 금융기관 입장에서 보면, 예금은 단기부채이기 때문에 장기로 주택저당대출을 해 주면 유동성 위기에 빠질 수 있다. 그래서 필요할 경우 주택저당대출채권(債權)[1]을 매각하여 현금화할 수 있어야 한다.

주택저당대출채권(債權)을 줄여서 주택저당채권(mortgage)이라고 부르는데, 주택저당채권의 유동화란 주택저당대출이라는 채권을 매각하여 현금화하는 것을 말한다. 금융기관들은 가계에 주택저당대출을 해 주고 난 뒤 유동성 확보를 위해 주택저당채권을 매각하게 되는데, 하나하나의 개별 대출채권은 규모가 작고 표준적이지 않을 뿐만 아니라 거래비용이 비싸서 잘 유통되지 않는다. 또 주택저당채권을 매입하고자 하는 투자자는 개별 대출채권의 위험을 잘 모르기 때문에 개별 주택저당채권을 매입하기를 꺼려한다.

그래서 어느 한 기관에서 각 금융기관이 매각하고자 하는 개별 대출채권들을 모두 사들인 뒤(pooling), 해당 모기지 풀(mortgage pool)을 담보로 한 표준화된 증권을 발행하여 매각함으로써 주택저당채권을 현금화하는데, 이를 주택저당채권의 증권화(securitization) 또는 MBS(mortgage-backed securities) 제도라고 부른다.[2] 그리고 주택저

1) 주택저당대출은 금융기관 입장에서 보면 일종의 채권(債權, receivables)으로 자산에 해당한다. 그래서 이를 주택저당대출채권이라고 부른다.

2) 주택저당채권의 증권화는 주택저당채권을 유동화하는 수단 중의 하나이다. 그러나 주택저당채권을 유동화하는 데에는 증권화 방법이 가장 많이 사용되기 때문에 일반적으로 주택저당채권의 유동화와 증권화를 동일어로 사용한다. 여기서도 같은 의미로 사용하도록 한다. 그리고 주택저당채권을 증권화하는 방법도 MBS 방법 외에 커버드 본드(covered bond) 방법 등이 있는데, 일반적으로는 MBS 방법을 많이 쓴다. 그래서 여기서는 주택저당채권의 증권화와 MBS 제도를 같은 의미로 사용하도록 한다. 커버드 본드에 대해서는 뒤에서 설명하도록 한다.

당채권을 담보로 하여 MBS를 발행하는 시장을 보고, 제2차 모기지시장(secondary mortgage market) 또는 MBS 시장이라고 한다.

여기서 MBS(mortgage-backed securities)란 주택저당채권(mortgage) 풀(pool)을 담보로 한 증권(채권이나 주식 또는 수익증권 등)을 말하는데, '주택저당채권 담보부증권' 또는 줄여서 '주택저당증권' 이라고 부른다.

주택저당채권 유동화의 기본 구조

MBS의 일반적인 발행절차를 보면, 먼저 금융기관은 보유하고 있는 주택저당채권을 유동화기관에 양도한다. 여기서 유동화기관이란 주택저당채권을 매입한 후 이를 담보로 하여 MBS를 발행하는 기관을 말한다.

유동화기관은 매입한 주택저당채권을 담보로 MBS를 발행하기에 앞서 신용평가기관으로부터 신용평가를 받고, 필요한 경우 신용보완기관으로부터 신용보완도 받는다. 그리고 또 필요한 경우 MBS 발행을 대행할 업무수탁자(trustee)도 고르고 주택저당채권을 관리할 자산관리자도 선임한다. 이런 절차가 다 끝나면 MBS를 발행하여 투자자에게 매각한 후, 그 매각대금으로 주택저당채권의 매각대금을 지불하고 각종 수수료도 지불한다.[3)]

그림 1 주택저당채권 유동화의 기본 구조

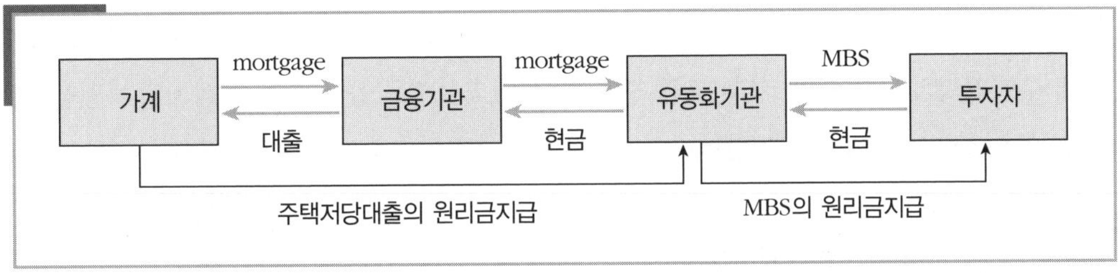

MBS에 대한 원리금지급은 주택저당대출을 받은 차입자가 내는 원리금지급액으로 지급된다. 즉, 차입자가 주택저당대출에 대한 원리금을 지급하면, 해당 원리금은 유동화기관으로 모이고, 유동화기관은 이렇게 모인 원리금지급액으로 MBS의 원리금을 지급하는 것이다.

3) 물론 유동화기관이 보유하고 있는 현금으로 주택저당채권 매입대금이나 수수료를 먼저 지불하기도 한다.

뒤에서 자세하게 설명하겠지만, 주택저당대출의 원리금지급액이 MBS 투자자에게 전달되는 방식에 따라, 그리고 모기지 풀(mortgage pool)의 소유권이 누구에게 있느냐에 따라 MBS의 종류가 나누어진다.[4)]

우리나라의 주택저당채권 유동화제도

우리나라의 경우 2004년 3월 이전까지만 하더라도 KoMoCo(한국주택저당채권유동화주식회사)가 유동화기관 역할을 하였다. KoMoCo는 페이퍼 컴퍼니가 아닌 실제적인 기업으로 정부가 대주주로 있었다. 스스로 업무수탁자와 신용보완기관으로서의 역할도 하였다. KoMoCo는 자신의 산하에 신탁계정을 개설하고 이 신탁계정의 이름으로 MBS를 발행하면서 자신이 그 발행업무를 대행하고, MBS의 원리금을 지급하겠다는 보증까지 해 주었다.

그러나 KoMoCo는 정부가 대주주이기는 하지만 정부기관이 아니다 보니, 초기 MBS 시장을 활성화시키는 데 한계가 있었다. 자본금에 한계가 있었고, 정부의 신용 보완이라는 뒷받침을 받기도 어려웠다.

이런 문제 때문에 정부는 2003년 12월에 한국주택금융공사법을 제정하였으며, 동법에 의해 설립된 한국주택금융공사가 2004년 3월부터 KoMoCo의 역할을 대신하게 되었다(기존의 KoMoCo는 한국주택금융공사에 합병되었다.).

한국주택금융공사는 자신이 직접 대출을 해 주고(금융기관이 대출대행), 이로부터 획득한 주택저당채권을 담보로 MBS를 발행하고 있다. 또 금융기관의 주택저당채권을 매입한 후 이를 담보로 MBS를 발행하기도 한다.

미국의 주택저당채권 유동화제도

미국의 경우 유동화기관 역할을 하는 곳으로 Fannie Mae(FNMA: Federal National Mortgage Association)와 Freddie Mac(FHLMC: Federal Home Loan Mortgage Corporation)이 있다. 이들은 원래 정부기관으로 출범하였다가 민영화되었으나, 2008년 금융위기 때 다시 정부기관으로 바뀐 기관으로, 우리나라의 한국주택금융공사와 유사

4) Pass-through securities, Pay-through bond, MBB 등으로 나누어진다.

한 일을 수행하고 있다.

원래 Fannie Mae는 정부가 지급보증하는 주택저당채권을 주로 유동화시켜 왔는데, 지금은 일반저당대출도 매입하여 유동화시키며, 원리금지급보증 역할도 한다. Freddie Mac은 원래 정부의 지급보증이 없는 주택저당채권을 주로 유동화시켜 왔는데, 지금은 Fannie Mae와 경쟁적인 관계에 놓여 있다. Fannie Mae와 Freddie Mac은 2007년 미국의 서브 프라임 금융위기 때 부실이 심화되어 미국 정부는 2008년 두 기관을 다시 국유화하여 FHFA(연방주택금융청, Federal Housing Financial Agency)의 관리하에 두고 있다.

미국에는 이 두 기관 외에 정부기관인 Ginnie Mae(GNMA: Government National Mortgage Association)가 있다. Ginnie Mae는 직접 주택저당채권을 매입하여 MBS를 발행하는 역할은 하지 않고, 금융기관이 주택저당채권을 담보로 MBS를 발행할 때 원리금 지급보증을 해 주는 역할만 하고 있다.

2) MBS 제도의 효과

MBS 제도의 이점

금융기관이 MBS를 발행하는 데에는 다음과 같은 이점이 있기 때문에 MBS 제도를 이용한다.

첫째, 신용도가 낮은 금융기관이 보유 중인 주택저당채권을 담보로 MBS를 발행하면 낮은 금리로 자금을 조달할 수 있다. MBS는 주택저당채권의 풀(pool)을 담보로 하여 발행된 증권이기 때문에 상대적으로 위험이 낮다. 그래서 대체로 MBS는 국고채수익률에 버금가는 낮은 금리로 자금을 조달할 수 있게 해 준다. 신용도가 낮은 금융기관이 자금을 직접 자신의 이름으로 조달할 경우 조달금리가 비싸지만, MBS를 통해 자금을 조달하면 조달금리를 낮출 수 있는 것이다.

둘째, 금융기관의 BIS 비율을 높일 수 있다. 금융기관은 BIS 자기자본비율 규제를 받는다. 그런데 주택저당대출은 위험가중치가 대략 50% 내외이다(DSR 비율, LTV 비율 등에 따라 위험가중치가 다르다.). 그러나 MBS는 위험가중치가 20% 정도이고(신용등급에 따라 다르다.) 정부보증이 있을 경우 0%이기 때문에 상대적으로 BIS 비율을 높이는 데 주택저당채권보다 유리하다. 따라서 금융기관은 보유 중인 주택저당채권을 매각하고 그 대신 MBS를 보유하면 BIS 비율 규제를 회피할 수 있다.

셋째, 금융기관의 유동성위험을 감소시킬 수 있다. MBS 제도가 원래 생겨난 것 자체가 금융기관의 유동성위험을 피하기 위해서이다. 금융기관은 유동성위험이 닥치면 보유하고 있는 주택저당채권을 MBS 방식으로 매각할 수가 있다. 이 경우 금융기관은 유동성을 확보하게 되므로 파산위험으로부터 벗어날 수 있는 것이다.

MBS 제도가 주택금융시장과 주택시장에 미치는 영향

MBS 제도는 주택금융시장과 주택시장에도 상당한 변화를 가져온다. 먼저 주택금융이 장기화되고 공급이 확대된다. 주택금융이 장기화되는 것은 MBS 제도로 인해 금융기관의 유동성위험이 감소하기 때문이다.

또 MBS 제도로 인해 기관투자자들이 주택금융시장에 참여하게 되기 때문에 주택금융의 공급이 확대되는 효과가 있다. 그리고 주택금융의 대출이자율이 하락하게 된다. 이는 주택금융의 공급이 확대되기 때문이기도 하고 금융기관의 유동성위험이 줄어들기 때문이기도 하다.

MBS 제도가 주택금융시장에 영향을 미치면 주택금융시장의 변화로 인해 주택시장도 변하게 된다. MBS 제도로 인해 주택금융이 활성화되면 전세제도가 쇠퇴하게 된다. 원래 전세제도는 공금융시장에서 주택금융이 충분히 공급되지 않다 보니 사적인 임대차계약을 통해 자금의 대차가 이루어지는 일종의 사금융제도이다. 그런데 공금융이 활성화되면 자연히 사금융은 축소되기 마련이다.

전세제도의 축소와 함께 자가 거주는 점차 증가하게 된다. 이는 자금부족으로 주택구입을 못하고 있던 무주택자들이 주택금융을 통해 적은 자금으로도 주택구입이 가능해지기 때문이다.

2 MBS의 종류

MBS는 모기지 풀(mortgage pool)의 소유권이 누구에게 있느냐, 그리고 모기지 차입자로부터 나오는 현금흐름이 MBS 투자자에게 그대로 전달되느냐 여부에 따라 세 가지 종류로 나누어진다.

그 세 가지 종류의 MBS란 주택저당채권 자동이체증권(MPTS: mortgage pass-through securities), 주택저당채권 담보부채권(MBB: mortgage-backed bonds), 주택저당채권 원리금이체채권(MPTB: mortgage pay-through bonds)이다.[5] 이 밖에 만기가 다양한 채권이나 증권을 발행하는 방법인 다계층증권(CMO: collateralized mortgage obligations)이 있다.[6]

1) 주택저당채권 자동이체증권(MPTS)

주택저당채권 자동이체증권이란?

주택저당채권 자동이체증권(mortgage pass-through securities)은 지분(equity) 성격의 MBS이다. '증권(securities)'은 모기지 풀(mortgage pool)에 대한 지분(equity)을 나타낸다. 따라서 이 증권을 소유하고 있는 사람이 모기지 풀의 소유자이다. 보통은 유동화기관에서 모기지 풀을 신탁계정에 보관하고, 신탁계정에서 수익증권을 발행하는 방식으로 주택저당채권 자동이체증권을 발행한다. 즉, 신탁계정의 수익증권이 주택저당채권 자동이체증권인 것이다.

주택저당채권 자동이체증권(이하에서는 '자동이체증권' 또는 pass-through MBS, MPTS 등으로 줄여 쓰도록 한다.)은 지분을 나타내는 증권이다 보니, 유동화기관의 부채로 표기되지 않는다. 신탁계정의 수익증권 형태로 자동이체증권이 발행되면, 유동화기관의 대

5) mortgage pass-through securities를 주택저당채권 이체증권이라고도 한다. 또 mortgage pay-through bond를 주택저당채권 이체채권이라고도 한다. 한만희 · 조만(2010)에서는 이를 각각 자동이체증권, 원리금이체채권이라고 부르고 있는데, 이런 번역이 좀 더 의미를 잘 전달한다고 보여 이 번역을 따르도록 한다.

6) Clauretie and Sirmans(2010), p.200.

그림 2 pass-through MBS의 발행 전후 B/S 변화

〈MBS 발행 전 유동화기관의 B/S〉

자산	자본 + 부채
주택저당채권 100억 원	자본금 100억 원
100억 원	100억 원

⇨

〈MBS 발행 후 유동화기관의 B/S〉

자산	자본 + 부채
현금 100억 원	자본금 100억 원
100억 원	100억 원

차대조표에서는 아예 지분증권 자체가 표기되지 않는다. 이렇게 실질적인 자금조달 기관의 대차대조표에 부채나 자본이 표시되지 않는 자금조달 방법을 가지고, 부외금융(off balance sheet financing)이라고 부른다.[7)]

자동이체증권의 현금흐름과 위험

'자동이체(pass-through)'는 주택저당대출 차입자로부터 들어오는 모든 원리금지급액이 그대로 증권소유자에게 전달(자동적으로 이체)된다는 의미이다. 주택저당대출을 받은 차입자들이 원리금을 지급하면, 해당 원리금은 모기지 풀(mortgage pool)을 보관하고 있는 신탁계정으로 들어온다. 그러면 신탁계정에서 지분비율에 따라 자동이체증권 소유자들에게 해당 원리금이 배분된다.

자동이체증권은 모기지 풀에 대한 소유권을 나타낼 뿐만 아니라, 차입자로부터 들어오는 현금흐름이 그대로 증권 소유자에게 전달되기 때문에 금융기관이 안고 있던 주택저당대출의 위험(채무불이행위험, 조기상환위험, 금리위험)을 그대로 증권소유자가 안게 된다.

예를 들어 채무불이행이 발생하여 차입자의 원리금지불이 중단되면, 모기지 풀을 소유하고 있는 자동이체증권 소유자에게도 원리금지급이 중단된다. 또 차입자가 조기상환을 하면, 조기상환 금액이 그대로 자동이체증권 소유자에게 전달된다. 특히 금리가 하락할 때 차입자의 조기상환이 늘어나는데, 그 결과 자동이체증권 소유자는 갑자기 늘어난 조기상환액을 재투자해야 하는 부담을 안게 된다. 금리가 하락한 상황에서 재투자

7) 대차대조표를 balance sheet(B/S)라고 부른다. 그래서 대차대조표에 표기되지 않는 자금조달을 off balance sheet financing이라고 부른다.

를 해야 한다면 재투자수익률은 떨어질 수밖에 없다.

만약 모기지보험에 의해 채무불이행위험이 커버된다면, 자동이체증권 소유자는 채무불이행위험을 감당하지 않게 된다.

모기지보험에 의해 채무불이행위험이 커버되지 않을 경우, 보통은 선순위 및 후순위 증권구조를 통해 채무불이행위험이 자동이체증권 소유자에게 전달되지 않도록 하기도 한다. 여기서 선순위 및 후순위 구조(senior and subordinated structure)란, 증권을 선순위증권과 후순위증권으로 나누어 발행한 뒤 선순위증권은 증권투자자에게 매각하고 후순위증권은 유동화기관이 소유함으로써 채무불이행위험이 증권투자자에게 전달되지 않도록 하는 방법이다.

모기지보험에 의해 채무불이행위험이 커버되더라도 원리금지급은 적시에 이루어지지 않는다. 예를 들어 어느 한 차입자가 채무를 불이행하게 되면, 담보주택을 매각하여 원리금을 상환하고, 부족분이 있을 때에는 모기지보험이 이를 메꾸어 준다. 그러나 이런 절차가 진행되는 동안에는 원리금지급이 이루어지지 않는다.

그래서 유동화기관이나 제3의 기관이 원리금의 적시 지급(timely payment)을 보증하기도 한다. 유동화기관이나 제3의 기관이 원리금의 적시 지급을 보증하게 되면, 차입자의 일부가 연체를 하거나 채무를 불이행하더라도 원리금 적시 지급을 보증한 기관에서 원리금을 대신 지급하게 된다. 물론 보증기관에서는 차입자의 담보주택을 매각하여 그동안 대신 내준 원리금을 회수하게 된다.

그러나 이런 원리금 적시 지급보증이 있다고 하더라도, 조기상환이 발생하면 조기상환액은 그대로 증권투자자에게 전달된다.

자동이체증권(pass-through securities)은 증권투자자 입장에서 보면, 현금흐름의 불확실성이 너무 크다. 그러다 보니 자동이체증권으로 자금을 조달하면 조달금리가 높게 된다(증권의 가치가 낮다.).

증권투자자들 중 일부는 안정적으로 현금흐름을 제공하는 채권이나 채권 형태의 증권(bond-type securities)을 찾게 되었다. 이것이 뒤에 볼 MBB나 CMO가 나오게 된 배경이다.

표 1 MBS의 종류

MBS 종류	모기지 풀의 소유자	현금흐름의 배분	MBS 소유자의 위험
pass-through(MPTS)	MBS 소유자	차입자의 원리금지급이 그대로 MBS 소유자에게 전달	채무불이행위험 조기상환위험 금리위험
pay-through(MPTB)	유동화기관	차입자의 원리금지급이 그대로 MBS 소유자에게 전달	조기상환위험 금리위험
MBB	유동화기관	차입자의 원리금지급은 유동화기관에만 전달 유동화기관은 MBS 소유자에게 원리금 적시 지급	금리위험

2) 주택저당채권 담보부채권(MBB)

주택저당채권 담보부채권이란?

주택저당채권 담보부채권(MBB: mortgage-backed bond)은 유동화기관이 모기지 풀(mortgage pool)을 담보로 하여 발행한 채권(債券, bond)을 말한다. 모기지 풀은 유동화기관의 소유로 되어 있다. 유동화기관이 채권(유동화기관이 회사 형태일 경우 회사채가 된다.)을 발행한 것이기 때문에 유동화기관의 대차대조표에는 부채가 표시된다.

주택저당채권 담보부채권은 일반적인 채권(bond)과 마찬가지로 일정 기간마다 이자를 지급하고 만기에 원금을 상환하는 방식으로 발행되며, 이와 같은 채권의 원리금지급 의무는 일차적으로 발행자가 지게 된다.

유동화기관이 MBB를 발행하게 되면, 모기지 풀(mortgage pool)에서 나오는 현금흐름으로 MBB에 대한 원리금을 지급하는데, 만약 주택저당대출 차입자가 채무불이행으로 원리금지급이 안 되더라도 MBB에 대한 원리금은 발행자가 지급해야 한다. 또 주택저당대출 차입자가 조기상환을 하더라도, 조기상환액을 MBB 투자자에게 지급하지 않고 유동화기관이 가지고 있어야 한다. 결국 조기상환에 따른 재투자위험을 유동화기관이 지는 것이다.

일반적으로 유동화기관은 별도의 독립된 펀드를 만들어 모기지 풀(mortgage pool)로부터 나오는 현금흐름으로 MBB의 이자를 지급하고, 남는 자금은 재투자하여 만기 시 원금상환에 대비하게 된다. 채무불이행위험과 조기상환위험에 대비하기 위해 보통은 초과담보를 제공한다. 즉, 모기지 풀의 가치가 MBB 발행액보다 크도록 하는 것이다.

이런 점에서 MBB 투자자는 주택저당대출의 채무불이행위험과 조기상환위험을 지지 않는다. 투자자 입장에서 보면, 현금흐름이 안정적이기 때문에 자동이체증권보다 금리가 낮더라도 투자할 여지가 있다.

이중청구권으로서 MBB

주택저당채권 담보부채권(MBB)은 담보로 잡혀 있는 모기지 풀(mortgage pool)에서 나오는 현금흐름으로 채권의 원리금이 지급되고, 만약 모기지 풀의 현금흐름으로 채권의 원리금지급이 안 될 경우 발행기관(유동화기관)이 원리금을 지급한다는 점에서 흔히 이중청구권(dual recourse)채권이라고 부른다.

유럽에서는 이런 이중청구권채권을 커버드 본드(covered bond)라고 부르는데, 그래서 커버드 본드와 MBB는 같은 것으로 보고 혼용하여 사용하기도 한다. 그러나 다른 한편에서 커버드 본드는 대출기관이 발행하는 담보부채권을, MBB는 유동화기관이 발행하는 담보부채권으로 분리하여 사용하기도 한다.

커버드 본드(covered bond)

유럽에서 금융기관들이 주택저당대출채권을 유동화하는 수단으로 많이 사용하는 커버드 본드는, 별도로 분리계정된 모기지 풀(mortgage pool)을 담보로 한 채권(bond)이다. 커버드 본드를 흔히 이중청구권(dual recourse)채권이라고 부르는데, 채권발행기관이 채권의 원리금지급을 책임진다. 만약 채권발행기관이 파산할 경우 담보로 제공된 모기지 풀(mortgage pool)로부터 우선적으로 원리금을 청구할 수 있으며, 모기지 풀로부터 원리금지급이 완제되지 않으면, 채권발행기관의 여타 자산에 대해 잔여 원리금을 청구할 수 있다. 그래서 커버드 본드를 이중청구권을 가진 채권이라고 부르는 것이다. 커버드 본드는 금융기관(채권발행기관)의 신용에다가 모기지 풀을 담보로 하기 때문에 무담보 금융채권(금융기관의 신용에만 의존하는 채권)에 비해 신용도가 높아 채권금리가 낮다.

유동화기관이 금융기관들로부터 주택저당채권(mortgage)들을 매입하여 이를 담보로 발행하는 MBB(mortgage-backed bond)도 이중청구권(유동화기관과 모기지 풀로부터 원리금 청구가 가능)채권이라는 점에서 커버드 본드라고 할 수 있다. 다만, 유럽에서 많이 사용하는 커버드 본드는 주택저당대출을 해 준 금융기관들이 직접 발행한다는 점에서 MBB와 차이가 있다.

2007년 미국에서 서브 프라임(sub-prime) 모기지 부실로 세계적인 금융위기가 발생하였을 때, 유럽의 커버드 본드가 미국 중심의 MBS 대안으로 거론되었다. 미국의 MBS는 주로 자동이체방식(pass-through)인데, 미국의 금융기관(더 나아가 유동화기관)들은 주택저당채권이 갖고 있는 위험을 투자자에게 떠넘기기 때문에 주택저당채권의 관리에 최선을 다하지 않았다는 것이다. 일종의 도덕적 해이(moral hazard) 문제가 있었다는 것이다. 그러다 보니 서브 프라임 대출과 같이 위험이 높은 대출을 방만하게 취급하고, 이를 투자자에게 떠넘기는 행태를 보였다는 것이다.

반면에 유럽의 커버드 본드는, 모기지 풀로부터 채권의 원리금이 완제되지 않을 경우 금융기관이 나머지를 책임지기 때문에 대출채권의 관리에 적극적이고, 위험이 높은 대출도 신중하게 취급하는 태도를 보였다는 것이다.

커버드 본드는, 커버드 본드를 발행할 수 있는 근거 법률이 있을 경우 이 법률에 의해 발행하는 법정 커버드 본드와 법률이 없을 경우 구조화된 형태로 발행하는 구조화 커버드 본드로 구분된다.

법정 커버드 본드의 발행구조를 보면, 금융기관은 별도로 계리되는 계정에다가 주택저당채권을 집어넣고(mortgage pool), 이를 담보로 하여 커버드 본드를 발행한다. 법률에 의해 투자자에게는 모기지 풀에 대한 우선적인 상환청구권이 부여된다. 가계가 대출원리금을 지급하면, 이 원리금으로 커버드 본드에 대한 원리금이 지급된다. 모기지 풀의 담보력을 높이기 위해 보통은 초과담보를 제공한다(예를 들어 커버드 본드 발행액이 100억 원이면 모기지 풀에는 110억 원의 가치를 가지는 모기지를 집어넣는다.).

그림 3 법정 커버드 본드 발행구조

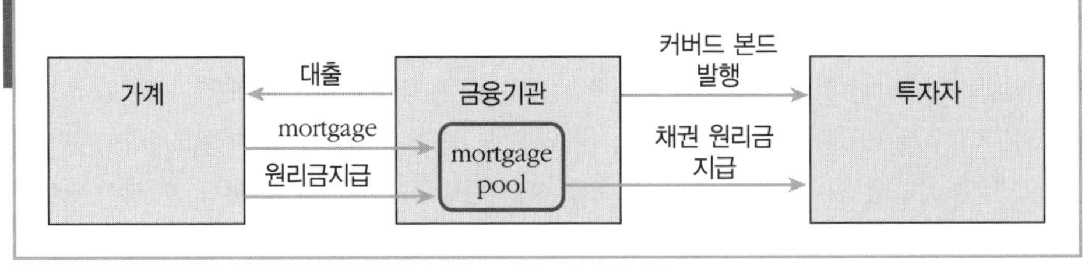

구조화된 커버드 본드 발행구조는 조금 복잡하다. 먼저 금융기관은 별도로 설립된 특수목적회사(SPC: special purpose company)나 신탁계정에 주택저당채권(mortgage)을 양도한다. 그러면 SPC나 신탁계정은 모기지를 양도받은 대가로 양도대금을 지불해야 하는데, 이를 지불할 돈이 없기 때문에 금융기관으로부터 후순위대출을 받아 모기지 양도대금을 지불한다. 그 다음 금융기관은 커버드 본드를 발행하는데, SPC나 신탁계정은 커버드 본드에 대해 원리금지급보증을 서게 된다. 마찬가지로 모기지 풀의 담보력을 높이기 위해 보통은 초과담보 형태를 취하게 된다.

가계가 대출에 대한 원리금을 지급하면, 이 원리금은 모기지 풀을 보관하고 있는 SPC나 신탁계정에 들어가게 된다. SPC나 신탁계정은 이 원리금으로 후순위대출에 대한 원리금을 지급하고, 금융기관은 이것으로 커버드 본드의 원리금을 지급하게 된다.

그림 4 구조화된 커버드 본드 발행구조

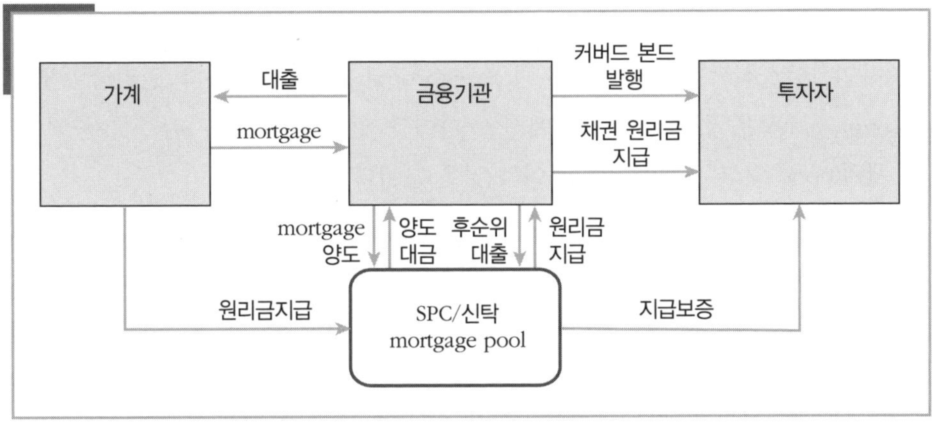

우리나라에서는 2013년 12월에 "이중상환청구권부 채권발행에 관한 법률"이 제정되어 2014년부터 법정 커버드 본드를 발행할 수 있게 되었다. 이 밖에 한국주택금융공사는 "한국주택금융공사법"에 따라 모기지 풀을 담보로 하는 채권(MBB)을 발행할 수 있도록 되어 있다.

3) 주택저당채권 원리금이체채권(MPTB)

주택저당채권 원리금이체채권(MPTB: mortgage pay-through bond)은 자동이체증권(pass-through securities)과 주택저당채권 담보부채권(MBB)의 중간쯤에 해당하는 '채권(bond)' 이다.

주택저당채권 원리금이체채권(이하에서는 원리금이체채권으로 줄여서 말하도록 한다.)은 '채권' 이기 때문에 유동화기관의 대차대조표에는 부채로 표시된다. 그 대신 모기지 풀

(mortgage pool)의 소유권은 유동화기관이 갖는다.

원리금이체채권은 채권이기 때문에 채권의 원리금지급 책임을 발행기관인 유동화기관이 진다. 따라서 주택저당대출 차입자가 채무불이행 하더라도 그 책임은 유동화기관이 진다. 그리고 원리금이체채권은 채권이지만 모기지 풀에서 나오는 현금흐름이 그대로 채권투자자에게 전달된다는 점에서 MBB와 구별된다. 즉, 조기상환이 일어나면, 자동이체증권처럼 조기상환액이 그대로 채권투자자에게 전달된다.

자동이체증권(pass-through securities)에서 차입자의 원리금 적시 지급을 유동화기관이 보증하면, 실질적으로 자동이체증권(pass-through securities)이나 원리금이체채권(pay-through bond)은 현금흐름 차원에서는 차이가 없게 된다. 전자는 지분증권이고, 후자는 채권(bond)이라는 점에서만 차이가 있을 뿐이다.

그림 5 pay-through MBS와 MBB의 발행 전후 B/S 변화

〈MBS 발행 전 유동화기관의 B/S〉

자산	자본 + 부채
주택저당채권 100억 원	자본금 100억 원
100억 원	100억 원

⇨

〈MBS 발행 후 유동화기관의 B/S〉

자산	자본 + 부채
주택저당대출 100억 원 현금 100억 원	자본금 100억 원 부채 100억 원
200억 원	200억 원

4) 다계층증권(CMO)

다계층증권이란?

다계층증권(CMO: collateralized mortgage obligation)은 자동이체형증권(pass-through securities)의 단점을 보완하기 위해 도입되었다. 자동이체형증권은 앞에서 보았다시피 조기상환위험이 투자자에게 그대로 전달된다. 특히 시장금리가 하락할 때에는 차입자의 조기상환이 빨라지면서 투자자들은 조기상환된 자금을 낮은 금리로 재투자해야 하는 위험에 노출된다.[8]

8) 물론 자동이체형증권에 투자한 투자자는 채무불이행위험에도 노출되는데, 정부기관이 모기지보험을 제공

다계층증권은 이런 문제를 개선하기 위해, 원금과 조기상환대금을 받아갈 수 있는 순서를 정한 증권을 여러 개 발행하여 증권별로 만기가 달라지도록 만든 자동이체형증권이라고 보면 된다.

CMO에서 개별 증권들을 트랜치(또는 트랑쉐, tranche)라고 부른다. 예를 들어 네 개 등급의 증권을 발행하였다면, 원금과 조기상환대금을 먼저 받아가는 순서대로 A트랜치, B트랜치, C트랜치 등으로 부른다. 그리고 원리금을 가장 마지막에 받는 증권을 Z트랜치라고 부른다.

트랜치별 원리금지급 순서

차입자들이 원리금을 지급하면, 유동화기관을 통해 각 트랜치로 이 원리금이 배분된다. 먼저 차입자의 원리금지급액 중 이자 부분은 A, B, C 각 트랜치에 지급된다. 그리고 차입자의 원리금지급액 중 원금상환 부분은 A트랜치의 원금상환에 사용된다. 그리고 Z트랜치에 지급되어야 할 이자는 실제로 지급하지 않고 A트랜치의 원금상환에 사용된다. 또 조기상환이 있을 경우 조기상환액은 모두 A트랜치의 원금상환에 사용된다. Z트랜치에는 원금에다가 미지급받은 이자가 가산되어 원금이 누적된다.

이렇게 되면 A트랜치는 매우 빠르게 원금이 상환된다. A트랜치의 원금이 얼마냐에 따라 달라지겠지만 대개 5년 내외이면 원금상환이 끝나게 된다. A트랜치의 원금상환이 끝날 때까지 B, C트랜치에는 이자만 지급된다.

A트랜치의 원금상환이 끝나면, 이번에는 B트랜치에 대한 원금상환이 시작된다. 차입자의 원리금지급액 중 원금상환 부분은 모두 B트랜치의 원금상환에 사용된다. 그리고 Z트랜치에 지급되어야 할 이자도 B트랜치의 원금상환에 사용되고, 조기상환이 일어나면, 조기상환액도 B트랜치의 원금상환에 사용된다. 이와 같이 B트랜치는 A트랜치가 완전히 상환되고 난 후부터 원금상환에 들어가기 때문에 대략 10년 내외를 보내면 B트랜치의 원금상환도 끝난다.

B트랜치가 원금상환을 끝내면, 그 다음 C트랜치의 원금상환이 이루어진다. C트랜치가 원금상환을 끝낼 때까지는 대략 15년 내외가 걸린다.

C트랜치의 원금상환이 끝나면, 그때서야 Z트랜치에 대한 이자와 원금상환이 이루

하고 유동화기관이 모기지의 원리금 적시 지급을 보증한다면 이런 위험은 고려하지 않아도 된다.

그림 6 CMO의 일반적인 원리금지급구조

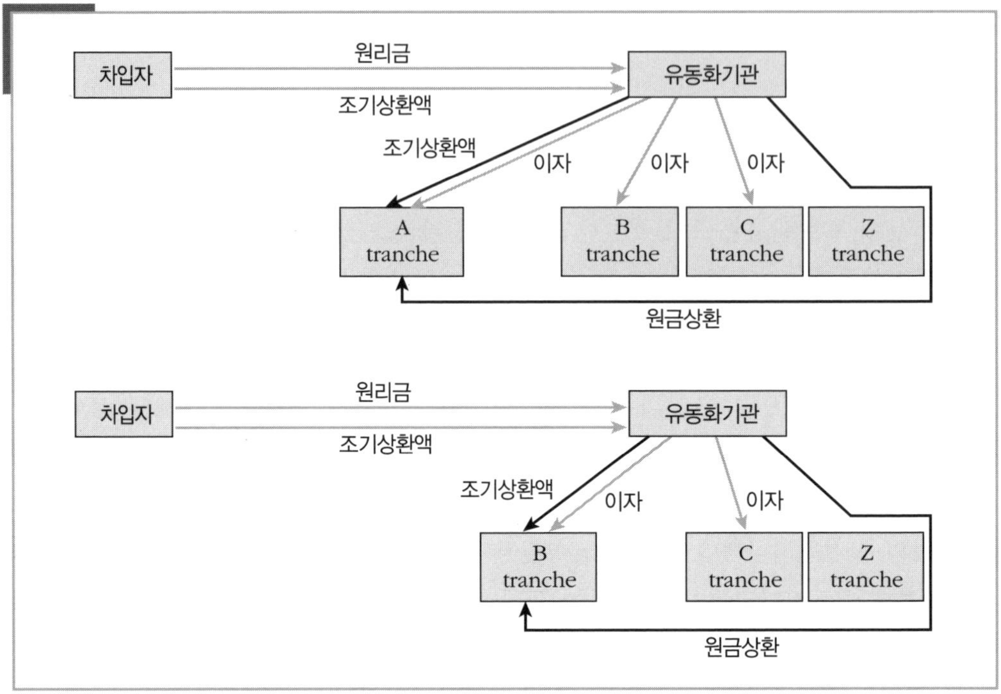

어진다. 그래서 Z트랜치는 제일 마지막에 가서야 원금상환이 이루어진다.

이런 구조로 되어 있는 트랜치의 집합을 다계층증권(CMO)이라고 한다. 이런 방식으로 증권을 발행하면, 단기투자를 원하는 투자자는 A트랜치에, 중기투자를 원하는 투자자는 B트랜치에, 장기투자를 원하는 투자자는 C트랜치에 투자하면 된다. 단일 트랜치로 MBS를 발행하면, 조기상환의 정도에 따라 만기가 달라지고 각 시점별 현금흐름이 달라지는데, CMO는 이런 문제를 어느 정도 해결할 수 있는 것이다.

MPTB나 MBB에서의 다계층증권

다계층증권(CMO)은 처음에는 자동이체형 MBS(pass-through MBS)의 단점을 보완하기 위해 도입되었는데, 최근에는 원리금이체형 MBS(pay-through MBS)나 MBB에서도 다계층증권(CMO)구조로 채권을 발행하고 있다. 원리금이체형 MBS에서는 투자자가 조기상환위험을 그대로 안게 되는데, 이런 문제를 해결하기 위해 다계층증권(CMO)구조를 이용하고 있으며, MBB에서는 유동화기관이 조기상환위험을 안게 되기 때문에 자신의 위험을 회피하기 위해 다계층증권(CMO)구조를 이용하는 것이다.

예를 들어 MBB에서는 만기가 서로 다른 채권(예를 들어 만기가 1년인 채권, 3년인 채권, 5년인 채권 등등)들을 발행하는데, 각 채권에 콜옵션(call option)을 부과하여 차입자가 조기상환을 하면, 유동화기관에서도 콜옵션을 행사하여 채권을 조기상환하는 형식을 취한다. 이렇게 되면, 차입자가 조기상환을 하더라도 유동화기관은 이를 재투자해야 하는 위험에서 벗어날 수 있다. 다만, 이 경우 채권발행기관이 콜옵션을 갖고 있기 때문에 채권가격은 콜옵션이 없을 때보다 낮다(즉, 채권의 조달금리가 높다).

3 MBS의 가치 평가

1) 조기상환가능채권의 가치

콜옵션으로서의 조기상환권

MBS의 가치는 일반적인 채권과 마찬가지로 MBS로부터 발생하는 현금흐름을 현재가치로 환산하여 더한 것이다. 그런데 일반적인 채권과는 달리 MBS는 조기상환에 의해 현금흐름이 달라지고, 이것이 MBS의 가치에 영향을 미친다는 차이점을 갖고 있다.

조기상환이 가능하다는 것은 채권에 콜옵션(call option)이 붙어 있다는 것과 같은 의미이다. 콜옵션이 첨부된 채권의 경우, 시장이자율이 액면이자율 이하로 내려갈 때 조기상환이 일어난다. 이런 채권을 보고 조기상환가능채권(callable bond)이라고 부른다.

일반적인 채권은 시장이자율이 하락하면 채권가치는 올라간다. '시장이자율 = 액면이자율' 일 때 채권의 가치는 액면가와 같게 된다. '시장이자율 < 액면이자율' 일 때 채권의 가치는 액면가보다 높고(가격할증), 그 반대로 '시장이자율 > 액면이자율' 일 때 채권의 가치는 액면가보다 낮다(가격할인). 시장이자율과 채권의 가치 간의 관계를 보면, 원점을 향해 볼록(convex)한 형태이다([그림 7] 참조).

그림 7　조기상환가능채권과 조기상환불가능채권의 가치

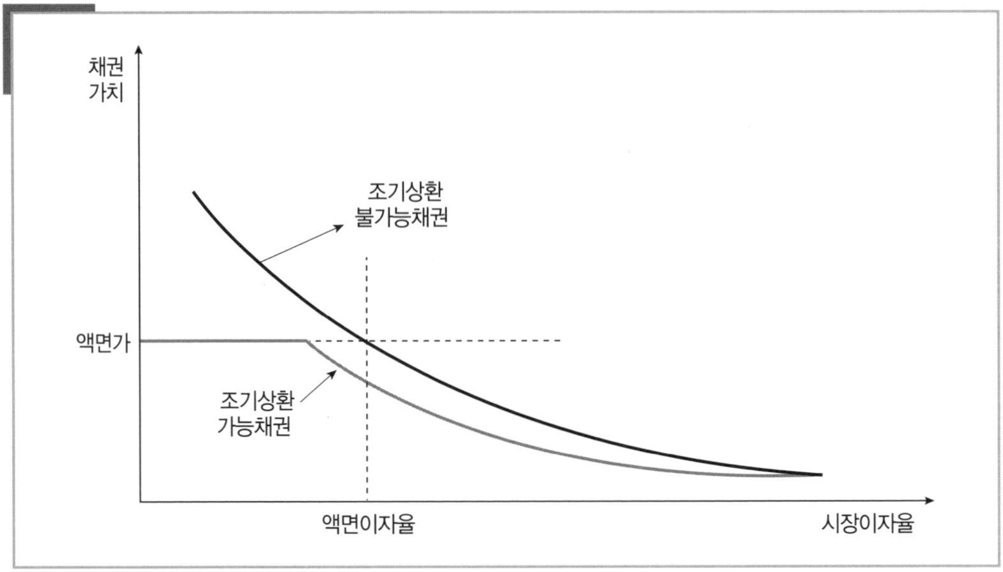

조기상환가능채권의 가치

그러나 콜옵션이 붙은 채권의 경우, 시장이자율이 액면이자율보다 일정 수준 이상 낮을 경우, 액면가로 조기상환이 일어나기 때문에 채권의 가치는 액면가와 같게 된다.[9) 그리고 '시장이자율 = 액면이자율'이라도 채권의 가치는 액면가보다 낮다. 미래에 조기상환이 일어날 가능성이 존재하기 때문에 이를 반영하여 채권의 가치가 액면가보다 낮게 형성되는 것이다.

'시장이자율 > 액면이자율' 일 때에는 조기상환이 일어나지 않지만, 미래에 조기상환이 일어날 가능성 때문에 채권의 액면가보다 좀 더 할인되어 거래된다. 그러나 시장이자율이 액면이자율보다 매우 높을 때에는 미래에 조기상환이 일어날 가능성이 적어지기 때문에 일반적인 채권의 가치와 비슷한 수준이 된다.

MBS의 가치는 주택저당채권(mortgage)의 가치에 의해 좌우되는데, 주택저당채권의 가치는 조기상환가능채권(callable bond)의 가치와 비슷하게 결정된다. 미래에 조기상환 가능성이 존재하기 때문에 MBS의 가치는 동일한 신용등급의 조기상환불가능 채권의

9) 시장이자율이 액면이자율보다 어느 정도 낮아야 조기상환이 일어나는가는 조기상환비용(조기상환수수료 등)과 채권의 잔존만기에 따라 다르다.

가치보다 낮게 형성된다.

2) 조기상환과 MBS의 가치

조기상환율

주택저당대출 차입자의 조기상환은 여러 가지 이유에서 발생한다. 항상 발생하는 조기상환 요인은 이사이다. 직장이 바뀌거나 자녀교육 문제 때문에 이사해야 하는 경우, 주택을 팔아야 한다. 주택을 팔면 대출도 상환해야 한다. 이때 조기상환이 일어나는 것이다. 특히 주택을 매각할 때 잔존대출금도 상환해야 하는 조건이 붙어 있을 경우(이런 조건을 due-on-sale 조건이라고 부른다.), 이사 등으로 주택을 매각하면 조기상환이 일어나게 된다.

이사 등으로 주택을 매각하더라도 잔존대출금을 매입자가 승계할 수 있으면, 조기상환이 일어나지 않을 수 있지만 매입자가 잔존대출금을 승계할지 여부는 대출금리와 현재의 이자율 수준에 따라 다르다. 이사 등에 따른 조기상환은 대개 대출 초기부터 일어나는 것은 아니다. 시간이 지남에 따라 서서히 조기상환이 늘어나다가 일정 시간이 지나면 조기상환은 큰 변화 없이 일정하게 일어난다.

주택저당대출이 처음 일어나고 난 뒤 시간이 지남에 따라 조기상환이 어느 정도 일어나는가를 측정하는 지표로 월간 조기상환율(SMM: single monthly mortality)과 연간 조기상환율(CPR: constant prepayment rate)이 있다. 월간 조기상환율은 다음과 같이 계산된다.

$$\text{SMM} = \frac{\text{예정된 월말 원금잔액} - \text{실제 월말 원금잔액}}{\text{예정된 월말 원금잔액}} = \frac{\text{조기상환액}}{\text{예정된 월말 원금잔액}}$$

그리고 연간 조기상환율은 다음과 같이 계산된다.

$$\text{CPR} = 1 - (1 - \text{SMM})^{12}$$

따라서 CPR을 알고 있으면, SMM은 다음과 같이 계산된다.

$$\text{SMM} = 1 - (1 - \text{CPR})^{1/12}$$

미국 증권협회의 조기상환율

미국에서는 연방주택청(FHA)보험대출의 오랜 경험을 바탕으로 증권협회(PSA: Public Securities Association)에서 표준화된 조기상환율을 제시하였는데, 현재 미국에서는 주택저당채권의 현금흐름을 계산할 때 이 표준 조기상환율이 일반적으로 사용되고 있다.

미국 증권협회의 조기상환율은, 대출 후 첫 번째 달에는 CPR이 0.2%이고, 그 뒤 매달 0.2%포인트씩 조기상환율이 올라가다가 30개월 이후부터는 CPR이 6%로 되어 있다. 이를 '100% PSA 조기상환율(100% PSA prepayment rate)'이라고 부른다. 200% PSA 조기상환율은 100% PSA 조기상환율의 2배이고, 50% PSA 조기상환율은 100% PSA 조기상환율의 1/2 배이다.

그림 8 PSA 조기상환율

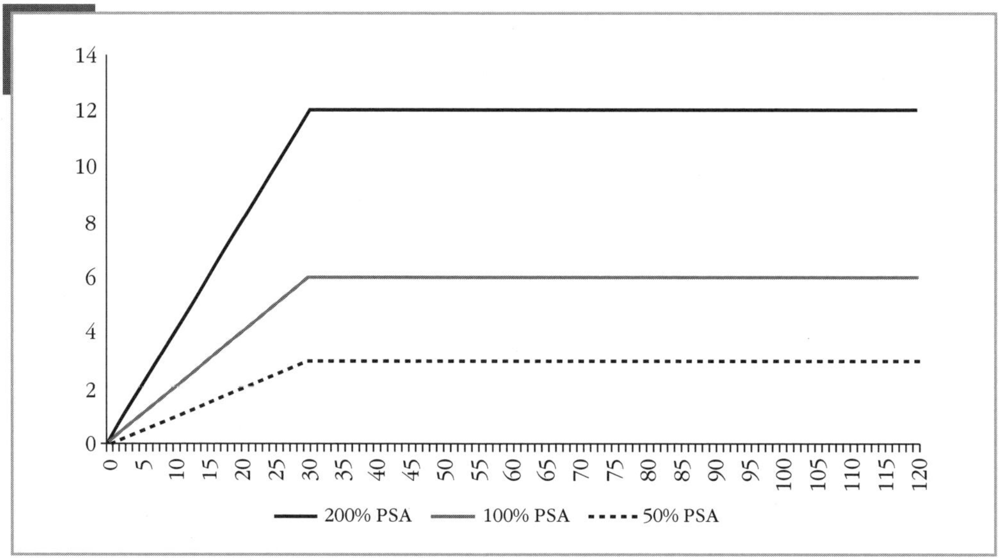

이자율의 변화와 조기상환율

조기상환은 이사 등에 따라 일어나기도 하지만, 시장이자율과 대출 당시의 이자율 간의 차이에 의해 일어나기도 한다. 시장이자율이 기존 대출의 액면이자율 이하로 하락하면, 기존 대출을 상환하고 싼 금리로 다시 대출을 받으면 되기 때문에 조기상환이 일어나게 된다.

그림 9 시장이자율과 조기상환율

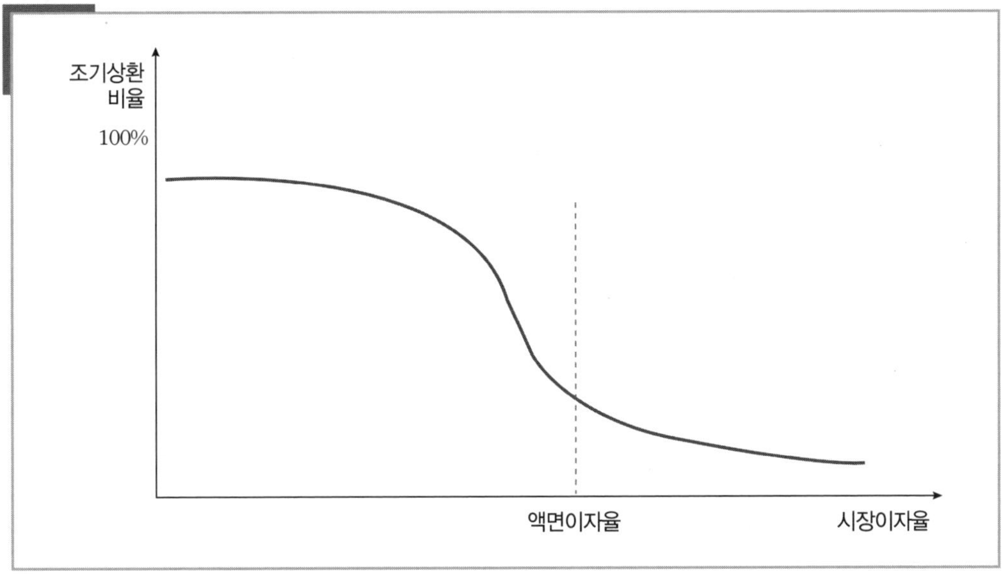

자료 : Clauretie and Sirmans(2010), p.240.

시장이자율이 기존 대출의 액면이자율 이하로 내려가면, 조기상환율은 빠르게 증가하는데, 어느 수준을 넘어가면 더 이상 조기상환율의 상승은 없고 일정 수준을 유지한다. 반대로 시장이자율이 기존 대출의 액면이자율 이상으로 올라가면, 조기상환율은 완만하게 하락한다.[10)]

조기상환에 따른 모기지 풀의 현금흐름 변화

조기상환이 일어난다는 것은 주택저당채권의 듀레이션이 일반적인 채권(조기상환권이 없는 채권, 콜옵션이 없는 채권)보다 짧다는 것을 의미한다. 듀레이션이 짧으면, 이자율 변동에 따른 채권의 가치변화가 크지 않다는 것을 의미한다.

조기상환의 정도에 따라 주택저당채권의 현금흐름이 달라지고, 이에 따라 주택저당채권의 가치가 달라진다. 이 때문에 조기상환이 어느 정도 발생하는지를 예측하는 것은 MBS의 가치 평가에 매우 중요한 역할을 한다.

10) Clauretie and Sirmans(2010), p.240 참조.

예를 들어 대출액이 6천만 원, 대출 당시의 이자율이 12%로 고정금리이고, 30년 만기 원리금균등분할상환방식이라고 가정해 보자. 유동화기관의 원리금 적시 지급 보증에 따라 채무불이행위험은 없다고 가정해 보자. 만약 조기상환이 전혀 없다면(0% PSA 조기상환율), 차입자는 매월 617,168원(=6,000만 원/월 기준 연금현가계수[12%, 30년]=6,000만 원/97.2183)을 360개월간 내기 때문에 현금흐름이 일정하다.

그러나 50% PSA 조기상환율로 조기상환이 이루어지면, 대출 후 30개월이 되었을 때 현금흐름이 최고점을 기록하고, 그 이후 점차 현금흐름이 감소하게 된다. 100% PSA 조기상환율이나 200% PSA 조기상환율로 조기상환될 때에는 현금흐름은 30개월째에 최고점을 기록하고, 그 이후 현금흐름이 감소하는데 50% PSA 조기상환율을 가정할 때보다 더 빨리 현금흐름이 감소한다.

그림 10 조기상환율의 차이에 따른 현금흐름의 차이

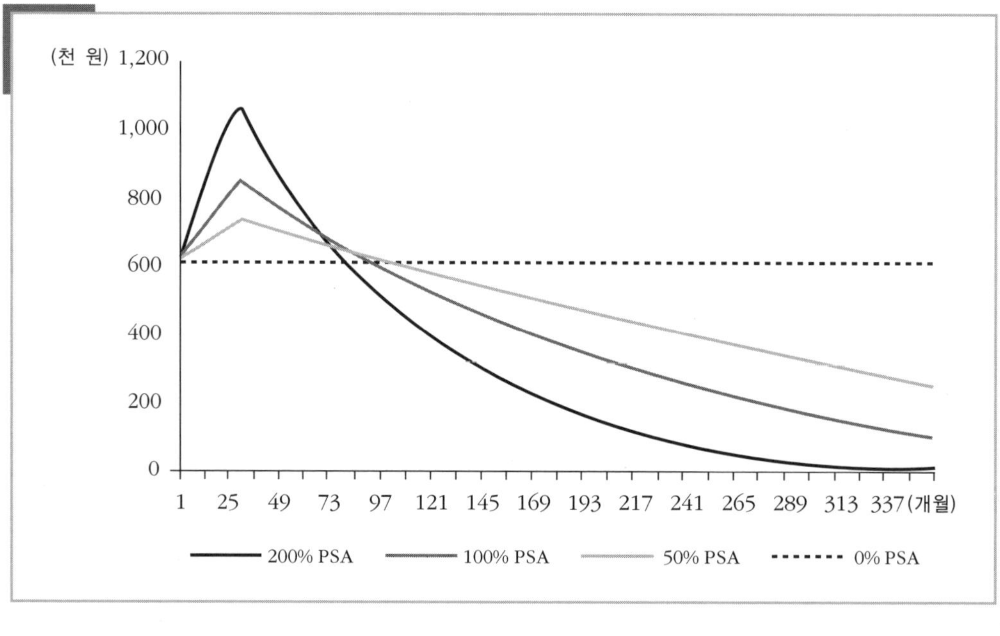

조기상환과 MBS의 가치

그렇다면, 일정한 조기상환을 가정한 상태에서 실제로 조기상환이 더 들어오거나 덜 들어오면 MBS의 가치는 어떻게 변할까? 그것은 현재의 시장이자율과 대출채권의

액면이자율에 따라 달라진다.

먼저 현재의 시장이자율이 대출채권의 액면이자율보다 높은 상태(시장이자율>액면이자율)를 가정해 보자. 이 경우 MBS는 할인되어 거래된다. 이 상태에서 예상보다 조기상환이 더 많이 이루어지면, MBS의 가치는 올라간다(조기상환받은 자금으로 액면이자율보다 높은 금리로 재투자하기 때문). 반면 예상보다 조기상환이 덜 들어오면, MBS의 가치는 하락한다.

한편, 현재의 시장이자율이 대출채권의 액면이자율보다 낮은 상태(시장이자율<액면이자율)를 가정해 보자. 이 경우 MBS는 할증되어 거래된다. 이 상태에서 예상보다 조기상환이 더 많이 이루어지면, MBS의 가치는 하락한다(조기상환받은 자금으로 액면이자율보다 낮은 금리로 재투자해야 하기 때문).

조기상환과 다계층증권(CMO)

조기상환위험은 투자자나 유동화기관 모두 현금흐름의 불확실성 때문에 기피한다. 다계층증권(CMO)은 이에 대응하여 나온, 만기가 다양한 트랜치의 집합이라고 할 수 있다. 아래 그림은 조기상환이 있을 때의 현금흐름과 이에 대응한 트랜치 발행구조를 그

그림 11 조기상환에 따른 현금흐름과 CMO 발행 예시

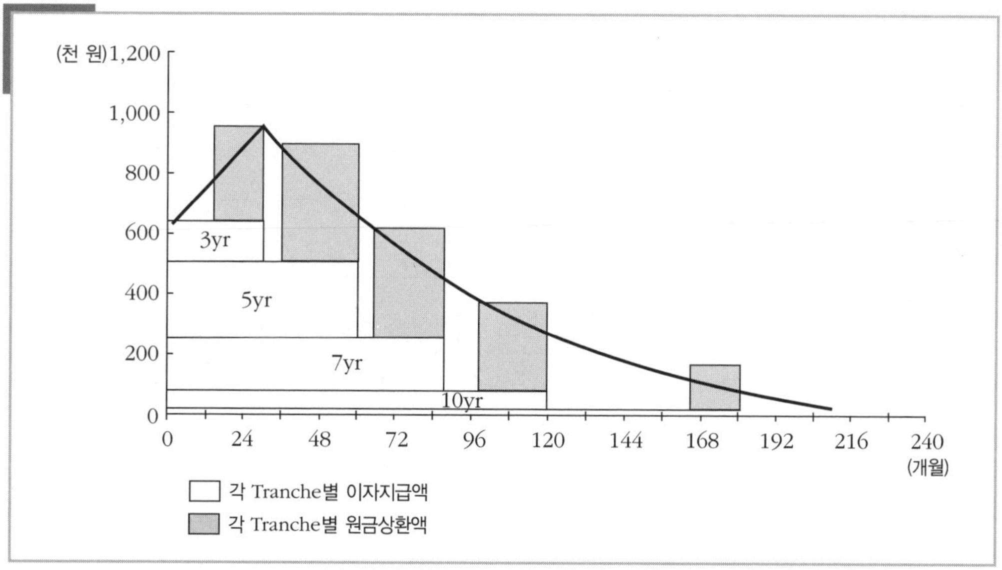

주 : 앞의 예시에서 150% PSA 가정.

림으로 표현한 것이다.

만기가 짧은 증권과 중간인 증권, 그리고 중장기 및 장기 증권 등으로 트랜치를 구별하여 발행하면, 조기상환이 특별히 늘어나지 않는 한 각 트랜치별로 이자를 지급하고, 만기가 짧은 증권 순서로 원금상환이 이루어진다. 만약 조기상환이 예상보다 많이 늘어나서 현금흐름이 늘어날 경우, 각 증권에 붙어 있는 콜옵션(call option)을 행사하여 증권발행자가 만기가 짧은 증권 순으로 원금을 조기상환하게 된다.

MBS의 가치 평가

MBS의 가치는 모기지 풀로부터 나오는 현금흐름을 예측하고, 이를 현재가치로 환산하여 구해진다. 그러나 실제 MBS의 가치 평가는 상당히 복잡한 과정을 거쳐야 한다.

먼저 현금흐름은 조기상환 스케줄을 알아야 한다. 앞에서 이야기한 바와 같이 100% PSA 조기상환율을 기준으로 조기상환 스케줄을 정하는데, 문제는 시장이자율의 변화에 따라 조기상환율이 달라진다는 것이다. 따라서 미래에 시장이자율이 어떻게 변화할 것인지(결국은 주택대출금리가 어떻게 변화할 것인지)를 알아야 한다.

현금흐름을 예측하였다고 하더라도 문제는 계속 남는다. 현금흐름을 현재가치로 할인하기 위해서는 할인율이 필요한데, 미래의 할인율을 알기 위해서는 국고채금리의 예상경로를 파악해야 한다.

그래서 보통은 몬테카를로 시뮬레이션 등의 방법으로 국고채금리의 예상경로를 파악하고, 이것에 기초하여 할인율과 주택저당대출금리의 예상경로를 파악한다. 그리고 주택저당대출금리의 예상경로를 이용하여 조기상환율이 미래에 어떻게 변할 것인가를 예측한다. 이런 예측하에 모기지 풀의 현금흐름을 예측한다. 이 현금흐름을 할인율로 할인하여 MBS의 가치를 구한다.

그림 12 MBS의 가치 평가 과정

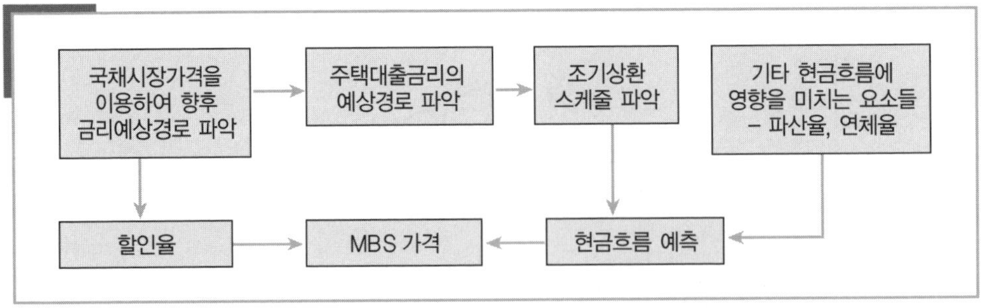

4 한국의 MBS 시장

1) 주택저당채권의 유동화

우리나라에서는 한국주택금융공사가 주로 주택저당채권을 유동화하고 있다. 한국주택금융공사는 2003년 12월에 제정된 한국주택금융공사법에 의해 설립된 공기업이다. 한국주택금융공사는 이 법에 의해 2004년 3월에 설립되었다.

한국주택금융공사가 설립되기 이전에는 KoMoCo(한국주택저당채권유동화주식회사)라는 회사가 유동화기관 역할을 해 왔었다. KoMoCo는 자본금이 1001억 원밖에 안 되었고 정부가 45.04%의 지분을 갖고 있는 정부투자기관에 불과하였다. KoMoCo는 주택저당채권을 담보로 한 MBS에 대해 원리금지급보증을 해 주었지만, 정부기관이 아니다 보니 시장은 KoMoCo의 지급보증을 그다지 신뢰하지 않았다. 그러다 보니 MBS의 조달금리가 올라가고 시장에서 MBS의 유통도 잘 이루어지지 않았다.

반면에 한국주택금융공사는 설립 당시 수권 자본금이 2조 원(2016년 3월 이후는 5조 원이다. 실제 납입자본금은 2009년에 1조 원, 2015년에 1.5조 원, 2022년에 2.3조 원이다.)에 이르렀고, 공기업으로서 정부가 뒤에서 신용을 보장하였다. 그래서 한국주택금융공사가 원리금 지급보증을 해 준 MBS는 국고채에 준하는 증권으로 인정받아 시장에서 유통될 수 있었다. 한국주택금융공사는 KoMoCo를 인수 · 합병하여 오늘날 우리나라에서는 유일하게 주택저당채권을 유동화하는 기관으로 남아 있다.

물론 일반 금융기관들이 직접 특수목적회사(SPC)를 설립하여 주택저당채권을 유동화할 수는 있다. 그러나 금융기관이 직접 유동화하는 것보다 한국주택금융공사에 주택저당채권을 매각하는 것이 더 유리하기 때문에 특수한 경우를 제외하고는 금융기관들이 직접 주택저당채권을 유동화하지는 않는다.

2) 한국주택금융공사가 유동화하는 주택저당채권의 종류

한국주택금융공사는 두 가지 종류의 주택저당채권을 유동화하고 있다. 하나는 자체 자금으로 주택저당대출을 해 주고, 해당 채권을 유동화하는 것이다.

한국주택금융공사가 자체 자금으로 대출해 주는 주택저당대출을 '보금자리론' 이라고 부르고 있다. '보금자리론' 과 유사하기는 하나 저소득계층에게 보다 저렴하게 대출을 해 주는 '디딤돌대출' 이라는 상품도 있다. '디딤돌대출' 은 주택도시기금이 조달한 자금과 한국주택금융공사가 조달한 자금을 이용하여 '보금자리론' 보다 낮은 금리로 대출을 해 준다.

또 다른 하나는 금융기관들이 대출해 준 주택저당대출 중에서 일정한 조건을 갖춘 대출채권을 매입하여 유동화하는 것이다. 이런 대출을 '적격대출' 이라고 부르고 있다. '적격대출' 은 한국주택금융공사가 제시한 조건에 적합한 대출이라는 뜻이다.

보금자리론과 디딤돌대출

보금자리론의 경우, 초기에는 금융기관에 위탁판매하는 형식을 취하였다. 한국주택금융공사는 자체적으로 대출을 실행할 조직이 없었기 때문에 시중 은행들을 통해 위탁판매를 하였던 것이다.[11] 이 경우 한국주택금융공사에서는 시중 은행들에게 위탁판매 수수료를 지급한다. 그런데 시중 은행들은 종종 한국주택금융공사와 경쟁관계에 놓이기도 하기 때문에 한국주택금융공사의 보금자리론을 판매하기보다는 자기 은행의 대출상품을 판매하려고 하는 경향이 있었다.

그러는 가운데 인터넷을 통한 대출상담이나 대출신청 등이 가능해지면서, 한국주택금융공사에는 2010년부터 'u-보금자리론' 이라는 상품을 출시하였다. 'u-보금자리론' 은 보금자리론을 받고자 하는 사람이 인터넷으로 대출신청을 하면, 전화상담 후 서류를 제출하도록 하고, 최종적으로 대출이 결정되면 차입자가 거래하는 금융기관을 통해 대출금을 수령할 수 있도록 하고 있다. 물론 이 경우에도 최종적으로는 금융기관에서 대출 관련 서류를 작성하고 근저당권을 설정하는 등의 절차를 받는다. 즉, 금융기관은 여전히 최종적인 단계에서 서류 작성 등을 대행하는 역할을 하는 것이다.

---

11) 금융시장에서는 대출 프로그램들을 일종의 '상품' 으로 보고, '대출을 해 준다.' 는 말 대신 '상품을 판매한다.' 고 이야기한다.

표 2 한국주택금융공사의 보금자리론과 대딤돌대출 조건(2023년 6월 말 기준)

구분	보금자리론	디딤돌대출
대상자	민법상 성년, 무주택자 또는 1주택자	– 세대원 전원이 무주택인 세대의 세대주(단독세대주는 30세 이상) – 부부합산소득 연 6천만 원 이하(생애최초주택구입자 및 신혼, 다자녀 가구는 연 7천만 원 이하) – 소득 5분위 중 4분위 가구의 순자산 규모 이하
대상 주택	9억 원 이하 주택	5억 원 이하(신혼, 다자녀 가구는 6억 원) 주택, 전용 85m² 이하(수도권이나 도시지역이 아닌 경우는 100m² 이하)
대출만기	10년, 15년, 20년, 30년, 40년, 50년	10년, 15년, 20년, 30년
상환방식	원리금균등분할, 체감식 및 체증식 분할상환 거치기간 최대 1년	원(리)금균등분할상환, 체증식 상환 거치기간 최대 1년
자금용도	주택 구입용도, 보전용도, 상환용도	주택 구입용도
대출한도	5억 원 이하, DTI 60% 이내, LTV 70%(아파트) 또는 65%(기타 주택), 생애최초주택구입자는 LTV 80%, 규제지역에서는 실수요자가 아닐 경우 DTI 및 LTV 비율이 10%p 낮음.	2.5억 원 이하(생애최초주택구입자 3억 원, 신혼 및 다자녀 가구 4억 원), DTI 60% 이하, LTV 70% 이하(생애최초주택구입자는 LTV 80%)
대출금리	고정금리	고정금리 또는 5년 변동금리
조기상환수수료	3년 이내 조기상환 시, 1.2% 한도 내에서 경과일수에 따라 수수료 차등 부과	3년 이내 조기상환 시, 1.2% 한도 내에서 경과일수에 따라 수수료 차등 부과
저당권 설정	1순위, 대출원금의 110% 이상 설정	1순위, 대출원금의 120% 이상 설정
대출방법	– 보금자리론 취급 금융기관에서 직접 대출신청하고 대출 프로세스를 밟을 수 있음. – 인터넷으로 대출신청하고 대출 프로세스를 밟을 수 있음.	– 디딤돌대출 취급 금융기관에서 직접 대출신청하고 대출 프로세스를 밟을 수 있음. – 인터넷으로 대출신청하고 대출 프로세스를 밟을 수 있음.

자료 : 한국주택금융공사 홈페이지 내용을 정리.

디딤돌대출의 경우, 차입을 희망하는 사람이 직접 금융기관을 방문하여 대출상담을 한 후 대출을 받는 방법이 있고, 위의 'u-보금자리론' 처럼 인터넷으로 대출신청을 하여 대출 프로세스를 진행하는 방법이 있다. 전자의 경우 주택도시기금대출을 취급하는 전담은행에서만 취급을 하고 있다.

보금자리론과 디딤돌대출의 기본적인 대출조건 등은 앞의 표와 같다. 시기에 따라 대출조건 등이 달라지기 때문에 여기서 제시된 조건은 바뀔 수도 있다.

적격대출

적격대출제도는 2012년에 도입된 제도로, 금융기관이 대출한 채권 중에서 한국주택금융공사가 제시한 일정한 조건을 갖춘 채권에 대해 한국주택금융공사가 매입해 주는 제도이다. 일정한 조건은 시기에 따라 다소 차이가 있는데, 대체로 대출 조건(원리금균등분할상환대출 등), 채무자조건(일정한 신용등급 이상), 자금용도 조건(구입, 보전, 상환 용도), 주택 조건(일정 가격 이하), 근저당 조건(1순위 저당권 등) 등을 갖추어야 한다.

표 3 한국주택금융공사 적격대출의 양수 조건(2023년 6월 말 기준)

구분	내용
대출 조건	원(리)금균등분할상환 조건, 거치기간 1년 이내, 만기 10년 이상 50년 이내, 대출금액 5억 원 이하, 고정금리, LTV 70% 이내(생애최초주택구입자 80% 이내), DTI 60% 이내, 규제지역에서는 실수요자가 아닐 경우 DTI 및 LTV 비율이 10%p 낮음
채무자 조건	신용등급 NICE 271점 이상, 담보주택 외 무주택 또는 1주택, 민법상 성년, 연체나 부도, 체납 등의 정보가 없을 것 등
자금용도 조건	주택 구입용도, 주택 보전용도, 주택저당대출 상환용도
담보주택 조건	9억 원 이하 주택
저당권 조건	1순위 저당권, 대출금액의 110% 이상 설정, 제한물권 없을 것 등

자료 : 한국주택금융공사 홈페이지 내용을 정리.

3) 한국주택금융공사의 주택저당채권 유동화

두 가지 유동화방식 : MBS와 MBB

한국주택금융공사는 자체적으로 대출해 준 주택저당채권과 금융기관들로부터 매입한 적격대출을 유동화하고 있는데, 여기에는 두 가지 방법을 사용하고 있다.

첫 번째 방법은 주택저당채권을 자기신탁한 후, 신탁계정 명의로 수익증권을 발행하는 방법이다. 이 방법을 주택저당증권(MBS: mortgage-backed securities)방식이라고 부른다. 이 방법으로 유동화증권을 발행할 때에는 한국주택금융공사가 원리금지급보증을 해 준다. MBS를 발행하기 위해서는 먼저 금융위원회에 주택저당채권의 유동화계획을 신고하고, 주택저당채권을 신탁계정에 신탁할 때 신탁등록을 해야 한다.

MBS 방법의 경우, 주택저당채권 풀은 한국주택금융공사의 대차대조표에서 제외된다(off-balance sheet financing). 그러나 MBS에 대한 보증채무는 남게 된다.

그림 13 한국주택금융공사(HF)의 MBS 발행구조

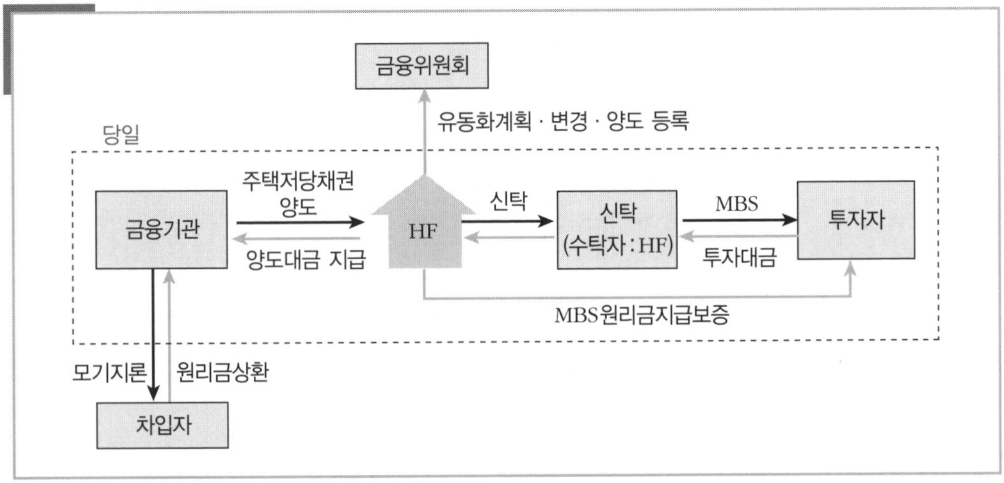

자료 : 한국주택금융공사.

두 번째 방법은 주택저당채권을 별도의 계정에 집어넣고, 이를 담보로 한 공사채를 발행하는 방법이다. 이 방법을 주택저당채권 담보부채권(MBB: mortgage-backed bond) 방식이라고 부른다. 이 방법을 사용할 때에는 한국주택금융공사가 직접 채권을 발행하는 것이라서 별도의 원리금지급보증이 필요하지 않다. MBB 방법으로 주택저당채권을 유동화할 때에도 금융위원회에 담보자산을 등록해야 한다.

MBB 방법으로 주택저당채권을 유동화할 경우, MBB 발행액은 한국주택금융공사의 대차대조표에 부채로 기록된다(on-balance sheet financing).

그림 14 한국주택금융공사의 MBB 발행구조

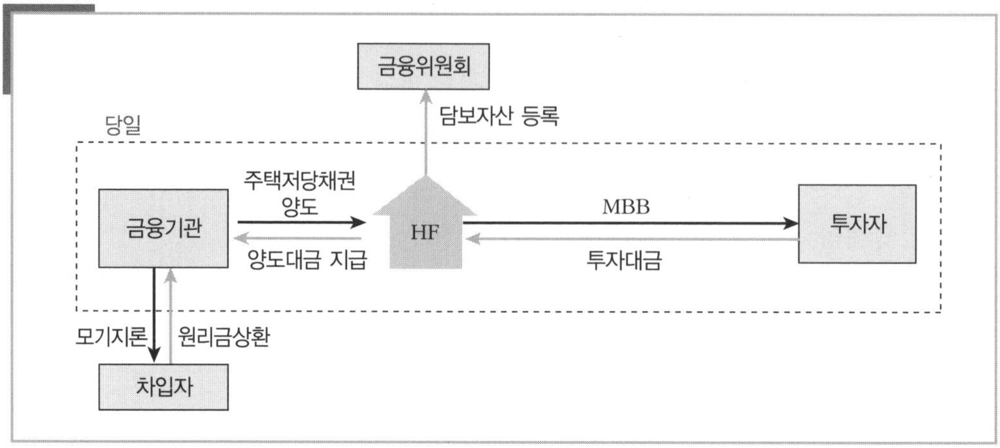

자료 : 한국주택금융공사.

한국주택금융공사는 자본금의 50배까지 MBS에 대한 원리금지급보증이나 MBB를 발행할 수 있다. 한국주택금융공사는 원화 베이스로 유동화증권을 발행할 때에는 주로 MBS 방법을 사용하고 있다. 그러나 외화 베이스로 유동화증권을 발행할 때에는 국제금융시장에서 아직 한국의 MBS에 대한 믿음이 적기 때문에 주로 MBB 방법으로 유동화한다. MBB는 앞에서 이야기한 커버드 본드의 일종이기 때문에 해외에서도 비교적 저렴한 비용으로 자금을 조달할 수 있기 때문이다.

한국주택금융공사의 주택저당채권 유동화 사례

한국주택금융공사에는 MBS를 발행할 때, 조기상환위험을 회피하기 위해 만기가 다양한 증권을 결합하여 매각하고 있다(CMO 방식).

일반적으로는 각 트랜치별로 콜옵션 조건을 달아, 주택저당대출에서 조기상환이 많이 이루어지면 MBS도 조기상환하는 방식을 취하고 있다. 아예 pass-through 방식으로 만기가 짧은 트랜치부터 순차적으로 조기상환을 하는 방식으로 MBS를 발행하기도 한다. 한국주택금융공사에서는 전자를 일반 MBS라고 부르고, 후자를 pass-through MBS라고 부르고 있다. 일반 MBS 중에는 콜옵션이 없는 MBS도 있는데, 이를 straight MBS라고 부르기도 한다.[12] pass-through MBS는 2016년 11월부터 발행되기 시작하

12) 김동규(2023.6.), pp.34–49 참조.

였고, straight MBS는 2021년 9월부터 발행되기 시작하였다.

다음의 〈표 4〉는 실제 한국주택금융공사에서 발행한 일반 MBS의 사례를 보여준다(2023년 12차 MBS). 표에서 보다시피 일반 MBS는 먼저 선순위 MBS와 후순위 MBS로 나누어 선순위 MBS의 위험을 줄인 후, 선순위 MBS는 만기를 다양하게 하여 발행한다. 만기가 5년 이상인 증권은 콜옵션이 붙어 있어서 모기지 풀에 현금이 남아 있을 경우 발행 후 3개월부터 순차적으로 조기상환할 수 있다.

선순위 MBS는 정부 공기업인 한국주택금융공사가 원리금지급을 보증하기 때문에 신용등급이 모두 AAA로, 국고채에 버금가는 신용도를 갖고 있다. 그럼에도 불구하고 선순위 MBS의 발행금리를 보면, 콜옵션이 붙은 증권일수록 금리 스프레드(=발행금리-국고채금리)가 높은데, 이는 콜옵션이 붙은 데 따른 프리미엄 때문이다.

표 4 한국주택금융공사의 일반 MBS 발행 사례(MBS 2023-12)

구분	만기(년)	금액(억 원)	금리	스프레드	이자지급	원급지급	신용등급	콜옵션
선순위	1	931	3.59%	25bp	3개월 이표	만기상환	AAA	–
	2	1,100	3.68%	32bp	3개월 이표	만기상환	AAA	–
	3	1,500	3.63%	36bp	3개월 이표	만기상환	AAA	–
	5	3,000	3.96%	70bp	3개월 이표	만기상환	AAA	3개월 이후
	7	1,900	4.17%	83bp	3개월 이표	만기상환	AAA	2년 이후
	10	1,800	4.37%	105bp	3개월 이표	만기상환	AAA	3년 이후
	15	1,300	4.48%	115bp	3개월 이표	만기상환	AAA	4년 이후
	20	500	4.45%	109bp	3개월 이표	만기상환	AAA	5년 이후
	30	300	4.42%	106bp	3개월 이표	만기상환	AAA	6년 이후
후순위	31	20	12.29%		만기일시	만기상환	BB	선순위 상환 이후

주 : 1) 스프레드는 발행금리와 국고채의 기간별 금리 간의 격차를 말한다. 단, 30년물의 스프레드는 국고채 20년 만기 금리와의 격차이다.
2) 콜옵션은 이전 만기물의 상환 완료 후에 행사 가능하다.

자료 : 한국주택금융공사, KMBS 홈페이지(https://kmbs.hf.go.kr) 및 김동규(2023).

다음의 〈표 5〉는 pass-through MBS의 사례를 보여준다(2023년 13차 MBS). 이 표에서 보다시피, pass-through MBS는 먼저 선순위와 후순위 구조를 이용하여 선순위 MBS의 위험을 낮춘 후, 선순위 MBS는 2년물, 5년물, 10년물, 20년물 등으로 나누어

증권을 발행한다. 각 기간별 증권은 조기상환이 가능하기 때문에 모기지 풀(mortgage pool)로부터 현금이 많이 유입되면, 2년물부터 순차적으로 조기상환이 이루어진다.

선순위 증권에 대해서는 한국주택금융공사가 원리금지급을 보증하기 때문에 신용등급은 모두 AAA이다. 그러나 증권 투자자는 조기상환위험을 안기 때문에 금리 스프레드가 높은 편이다. 예를 들어 일반 MBS에서 콜옵션이 없는 2년물의 금리 스프레드와 pass-through MBS에서 조기상환위험이 있는 2년물의 금리 스프레드를 비교해 보면, 후자가 더 높다.

표 5 한국주택금융공사의 pass-through MBS 발행 사례(MBS 2023-13)

구분	만기(년)	금액(억 원)	금리	스프레드	이자지급	원급지급	신용등급	조기상환
선순위	2	1,088	3.88%	55bp	3개월 이표	만기상환	AAA	3개월 이후
	5	2,400	3.91%	69bp	3개월 이표	만기상환	AAA	2년물 상환 후
	10	2,100	4.31%	101bp	3개월 이표	만기상환	AAA	5년물 상환 후
	20	1,200	4.48%	114bp	3개월 이표	만기상환	AAA	10년물 상환 후
후순위	21	46	15.63%		만기일시	만기상환	BB	선순위 상환 후

주 : 스프레드는 발행금리와 국고채의 기간별 금리 간의 격차를 말한다.
자료 : 한국주택금융공사, KMBS 홈페이지(https://kmbs.hf.go.kr) 및 김동규(2023).

한편 straight MBS는 각 트랜치별 증권에 콜옵션이 붙지 않아 원리금지급액이 확정되어 있다. 그러다 보니 증권 투자자는 조기상환위험을 지지 않기 때문에 금리 스프레드가 상대적으로 낮다(〈표 6〉 참조). Straight MBS는 저렴한 비용으로 자금을 조달할 수 있고, 위험을 기피하는 투자자에게 채권 성격의 상품을 제공해 줄 수 있다는 장점이 있다. 그 대신 한국주택금융공사는 조기상환위험을 안게 되고, 만기 도래 후 모기지 풀에 남아 있는 모기지(mortgage)들을 담보로 하여 다시 MBS를 발행해야 하는 문제를 안게 된다.

표 6 한국주택금융공사의 straight MBS 발행 사례(MBS 2023-8)

구분	만기(년)	금액(억 원)	금리	스프레드	이자지급	원급지급	신용등급	콜옵션
선순위	1	347	3.60%	30bp	3개월 이표	만기상환	AAA	–
	2	400	3.56%	27bp	3개월 이표	만기상환	AAA	–
	3	500	3.51%	30bp	3개월 이표	만기상환	AAA	–
	5	3,300	3.70%	50bp	3개월 이표	만기상환	AAA	–
후순위	6	18	15.63%		만기일시	만기상환	BB	선순위 상환 후

주 : 스프레드는 발행금리와 국고채의 기간별 금리 간의 격차를 말한다.
자료 : 한국주택금융공사, KMBS 홈페이지(https://kmbs.hf.go.kr) 및 김동규(2023).

이 장의 주요 내용

- 금융기관들은 단기로 자금을 조달하여 장기로 대출을 해 주기 때문에 주택저당채권을 담보로 하여 MBS(mortgage-backed securities)라고 하는 표준적인 증권을 발행하여 주택저당채권을 현금화한다. 이를 보고 주택저당채권의 증권화(유동화) 또는 MBS 제도라 한다.

- MBS의 종류에는 주택저당채권 자동이체증권(MPTS)과 주택저당채권 담보부채권(MBB), 그리고 주택저당채권 원리금이체채권(MPTB)이 있다. 어떤 방법으로 주택저당채권을 유동화하느냐에 따라 현금흐름의 배분과 MBS 소유자의 위험 크기가 달라질 수 있다.

- MBS의 가치는 주택저당채권의 가치에 의해 좌우되는데, 주택저당채권의 가치는 조기상환가능채권의 가치와 비슷하게 결정된다. 미래에 조기상환 가능성이 존재하기 때문에 MBS의 가치는 일반적인 채권(조기상환이 불가능한 채권)보다 낮게 형성된다.

- 우리나라에서는 한국주택금융공사가 주택저당채권을 유동화하고 있다. 한국주택금융공사는 자체 자금으로 대출해 준 '보금자리론'을 유동화하기도 하고, 시중 은행들의 주택저당대출 중 일정한 조건을 갖춘 '적격대출'을 매입하여 이를 유동화하기도 한다. 한국주택금융공사는 두 가지 방식으로 주택저당채권을 유동화하고 있다. 신탁계정 명의로 발행되는 주택저당증권방식과 한국주택금융공사 명의로 발행되는 주택저당채권 담보부채권(MBB)방식이 있다.

연 | 습 | 문 | 제

01 | 주택저당채권 자동이체증권(MPTS)과 주택저당채권 담보부채권(MBB), 그리고 주택저당채권 원리금이체채권(MPTB)의 차이를 설명하라.

02 | 커버드 본드(covered bond)의 특징과 발행방식에 대해 설명하라.

03 | 조기상환가능채권의 경우, 조기상환불가능채권에 비해 가치가 항상 낮다. 왜 그런지 설명하라.

04 | 한국주택금융공사가 판매하는 보금자리론과 디딤돌대출은 어떻게 다른지 설명하라.

05 | 한국주택금융공사가 주택저당채권을 유동화하는 두 가지 방식에 대해 설명하라.

Part 3

상업용 부동산금융의 이론과 실제

제 1 장

상업용 부동산금융의 기초적 개념

수익을 내기 위한 목적으로 부동산을 취득, 개발, 건설, 투자하는 데 필요한 자금을 조달하거나 제공하는 것을 상업용 부동산금융이라고 부른다. 이때 필요한 자금은 지분방식이나 부채방식, 자산방식 또는 이들을 혼합한 혼합방식으로 조달한다. 본 장에서는 이와 관련된 기초적인 개념을 설명하고, 상업용 부동산대출과 상업용 부동산지분투자와 관련된 개념을 더 자세하게 설명한다. 우리나라는 상업용 부동산금융이 발달되지 않은 상태라서 여기서는 상업용 부동산금융이 발달된 미국을 중심으로 살펴본다. 상업용 부동산금융은 자금조달 목적 자체가 투자를 통한 수익창출이고, 자금제공자 역시 투자 목적으로 자금을 제공하기 때문에 투자이론에 대한 기초적인 지식이 필요하다. 그래서 부록에서 투자이론의 기초인 레버리지 효과와 최적 자본구조에 대해 살펴본다.

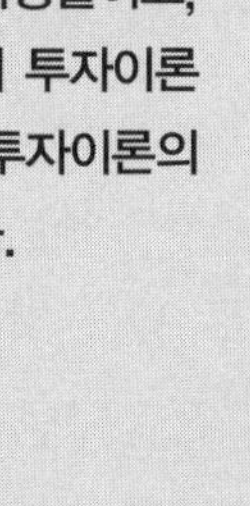

1 상업용 부동산금융의 개요

상업용 부동산금융이란?

상업용 부동산금융(Commercial Real Estate Financing)이란 상업용 부동산의 취득, 개발, 건설, 투자 목적에 필요한 자금을 조달/제공하는 것을 말한다.[1] 주택을 개발, 건설하는 데 필요한 자금을 조달/제공하는 것도 상업용 부동산금융으로 취급한다. 또 임대사업(투자)을 목적으로 기업이 주택단지 등을 취득할 때 필요한 자금을 조달/제공하는 것도 상업용 부동산금융으로 본다.

이런 점에서 상업용 부동산금융이란 기업이 상업적 목적(수익을 목적)으로 부동산을 취득, 개발, 건설, 투자하는 데 필요한 자금을 조달/제공하는 것을 말한다고 볼 수 있다.

자금조달은 지분방식(equity financing)과 부채방식(debt financing), 자산방식(asset financing), 그리고 이들을 결합한 혼합방식이 모두 가능하다. 또한 사모(private offering)와 공모(public offering) 형태 역시 모두 가능하다.

지분방식은 사업주의 자기자본과 투자자의 지분투자 형태로 자금을 조달하는 방식이다. 지분투자에는 기관투자자의 지분투자도 있지만, REITs(부동산투자회사)나 REF(부동산펀드)를 통한 지분투자방식으로 자금을 조달하기도 한다.[2] 부채방식은 은행 등 금융기관이 주로 자금을 공급하며, 대출이나 기업이 발행한 채권을 인수하는 방식으로 자금을 조달하게 된다. 자산방식은 직접 자산을 매각하여 자금을 조달하기도 하지만, 자산을 양도한 후 이를 담보로 ABS나 ABCP 등의 증권을 발행하는 방식으로 자금을 조달하기도 한다.[3] 혼합방식은 여러 종류의 채권이나 주식 등을 결합하여 자금을 조달하는

---

1) 부동산의 취득(acquisition), 개발(development), 건설(construction)을 'ADC' 라고 부른다.

2) REITs나 REF는 투자자들로부터 투자자금을 모집하여 부동산 등에 투자하는 투자기구를 일컫는다. 우리나라에서는 투자기구의 형태가 투자회사인 것을 리츠(REITs)라고 부르며, 투자펀드형태인 것을 부동산펀드(REF)라고 부른다. 이에 대해 자세한 것은 제3부의 제4장에서 다루도록 한다.

3) ABS(asset-backed securities)는 자산담보부증권이라고 부르며, ABCP(asset-backed commercial paper)는 자산담보부기업어음이라고 부른다. ABS는 자산을 담보로 한 증권을 발행하여 자금을 조달하며, ABCP는 자산을 담보로 한 기업어음을 발행하여 자금을 조달한다. 이런 방식으로 자금을 조달하는 것

구조화 금융(structured financing)이나, 우선주(preferred equity), 전환사채(CB), 신주인수권부사채(BW) 등과 같은 메자닌 금융(mezzanine financing) 형태로 자금을 조달하는 것을 말한다.

메자닌 금융과 구조화 금융

메자닌 금융

메자닌(mezzanine)은 사전적으로는 1층과 2층 사이의 공간을 의미한다. 메자닌 금융은 부채방식과 지분방식의 특징을 모두 갖고 있는 차금조달방법이다. 메자닌 금융상품의 대표적인 예로 전환사채, 신주인수권부 사채, 상환전환우선주(redeemable preferred equity) 등이 있다. CDO, CBO 등과 같은 채권담보부 유동화증권(이에 대해서는 제3부 제3장 참조)에서 중순위 트랜치(tranche)도 메자닌 금융에 속한다. 또한 프로젝트 추진에 필요한 자금을 조달하면서 자기자본과 타인자본으로도 자금이 부족할 경우 후순위로 대출받는데, 이런 방식도 메자닌 금융에 속한다.

부채와 지분 중 어디까지를 메자닌 금융으로 볼 것이냐 하는 것은 금융기관이나 학자에 따라 다소 차이가 있다. 예를 들어 후순위 부채(subordinate debt) 중에서도 지분 성격을 갖고 있는 부채(이자율이 이윤에 따라 올라가는 set up rate 방식, 주식이나 현물을 이자조로 주는 pay-in-kind 방식, 이윤을 나누어 갖는 profit sharing 방식, 신주인수권을 갖는 warrants 방식 등)와 전환사채, 그리고 우선주를 메자닌 금융으로 보는 학자도 있다(Nijs, 2013).

메자닌 금융은 대개 부채형식을 띠고 있어서 메자닌 부채(mezzanine debt)라고 부르기도 한다. 기업들이 지분방식보다는 메자닌 부채방식으로 자금을 조달하는 이유는 이자지급액이 비용으로 인정되어 법인세가 절감되기 때문이다(배당금은 대개 비용으로 인정되지 않는다.). 반대로 투자자가 메자닌 부채방식으로 투자하는 이유는 상대적으로 높은 수익을 얻으면서 일정한 기일 뒤에 투자금 회수가 가능하기 때문이다(Nijs, 2013).

메자닌 금융상품 중 전환사채의 경우, 투자자는 주식가격이 오르면 채권을 주식으로 전환하여(전환권 행사) 수익을 얻을 수 있고, 그렇지 않으면 만기까지 채권으로 보유하여 원금과 이자를 수취하거나 만기 이전에 매각하여(풋옵션 행사) 원금과 소정의 이자를 수취할 수 있다. 주식가격이 지속적으로 하락하면 전환권 행사가격을 계약조건에 따라 조정할 수도 있다(refixing). 전환사채를 발행한 기업 입장에서 보면, 전환사채는 최초 발행시점에는 부채로

을 보고 자산유동화라고 부르기도 한다. ABS나 ABCP는 자산을 특수목적기구에 매각하고, 특수목적기구가 증권을 발행하거나 기업어음을 발행하여 자금을 조달하는 형식을 취한다. 그래서 ABS나 ABCP는 형식적으로는 자산매각을 통한 자금조달방식이다. 이에 대해서는 제3부의 제3장에서 보다 자세하게 설명하도록 한다.

인식되지만, 나중에 주식으로 전환되면 자본으로 변경되어 재무상태가 개선되는 효과가 있다(유재필 · 신현준, 2021).

메자닌 금융상품 중 지분 성격을 갖고 있는 후순위 부채는 계약종료 전 (n−1)기까지는 원금에 대한 고정이자를 수취하고 계약종료일 n기에 성공보수를 받거나, 만기에 일시에 원금과 누적이자를 받기도 한다. 이는 하나의 예이고, 메자닌 금융의 수익구조는 매우 다양하다(이삼수 · 최종석, 2015).

메자닌 금융상품의 발행자는 현금 유보와 영업이익이 적고 투자등급 이하인 경우가 많다. 투자자들은 그 대신에 성장성을 보고서 메자닌 금융상품에 투자하게 된다. 최근 중소기업이 메자닌 상품을 발행해 자금을 조달하는 사례가 늘고 있다(유재필 · 신현준, 2021).

미국 등 자본시장이 발달한 국가에서 메자닌 금융은 부동산 개발사업에서 중요한 자금조달기법으로 사용되고 있다. 부동산금융에서 메자닌 대출은 부동산 보유자가 출자한 지분을 담보로 한 대출을 의미한다. 부동산보유자는 운영경비와 선순위저당대출의 이자를 먼저 지급한 다음에 메자닌 대출의 이자를 지급하게 되는데, 이는 부동산 보유자에게 지급되는 배당금을 재원으로 메자닌 대출의 이자가 지급되는 것과 같다. 메자닌 대출의 대주는 저당권이 없거나 후순위 저당권을 갖고 있다. 이 때문에 부동산을 경매하는 경우 메자닌 대출의 대주는 선순위 저당대출에 대한 변제가 완료된 후 잔액에 대해서만 청구권을 갖는다. 이처럼 부동산금융에서 메자닌 금융은 선순위 저당권자의 회수율 저하를 방지하기 위한 수단으로 활용되기도 한다(조병준, 2015).

구조화 금융

구조화 금융은 어떤 사업(부동산 개발사업, 자원 개발사업 등)에 필요한 자금을 부채금융과 지분금융, 그리고 메자닌 금융을 섞어서 조달하는 것을 말한다. 전형적인 형태의 구조화 금융은 프로젝트나 기초자산에서 나오는 현금흐름에 기초하여 선순위 채권, 후순위 채권(메자닌 금융), 지분증권 등을 발행하여 자금을 조달하는데, 투자자들의 투자성향에 맞추어 다양한 증권을 발행하여 자금을 조달한다(Drees, 2005). 그러나 협의로는 여러 자산들을 묶어서(asset pooling) 이로부터 나오는 현금흐름을 재구조화한 뒤에 이를 담보로 하여 선순위 채권, 후순위 채권 등을 발행하여 자금을 조달하는 것을 말한다. CDO(부채담보부 유동화증권)나 CLO(대출채권담보부 유동화증권) 등이 여기에 속한다(BIS, 2005).

이처럼 구조화 금융의 정의는 다양하지만, 공통적으로는 부채방식이나 지분방식으로 자금을 조달하는 것이 아니라 이들을 섞어서 자금을 조달한다는 특징을 갖고 있다. 그러다 보니 구조화 금융방식으로 자금을 조달할 때에는 부채방식이나 지분방식의 중간단계인 메자닌 금융이 포함되는 것이 일반적이다.

부동산 개발, 운용 및 관리 단계의 금융

상업용 부동산은 크게 부동산을 개발하는 단계와 부동산을 운용 · 관리하는 단계로 나누어 볼 수 있다. 부동산을 개발하는 과정에서는 토지를 취득하고 건설을 하는 데 필요한 자금을 조달해야 한다. 이는 부동산개발프로젝트단계라고 부를 수 있다. 부동산을 운용 · 관리하는 단계에서는 부동산개발프로젝트단계에서 차입한 단기자금을 장기자금으로 바꾸어야 한다.

각 단계별로 부채방식(주로 대출방식)의 자금조달이나 지분방식의 자금조달이 모두 가능하다. 그리고 자산방식의 자금조달도 가능하다.

부동산개발프로젝트에 대한 대출은, 건설기간 중의 건설대출과 이후 안정적인 점유상태의 장기저당대출로 넘어가는 과정에 이를 잇는 브릿지론(bridge loan)으로 분류할 수 있다.[4] 장기저당대출은 정상적으로 운영되는 상업용 부동산에 대한 상업용부동산모기지대출(CRE mortgage loan)을 말한다. 건설대출과 브릿지론은 개발회사의 신용을 기반으로 한 신용대출이라고 한다면, 장기대출은 해당 부동산을 담보로 하는 담보대출이다. 한편, 부동산 프로젝트의 현금흐름에 기초한 프로젝트 금융(PF: project finance)도 부동산개발프로젝트 과정에서 많이 활용된다.[5] 프로젝트 금융의 경우 지분과 대출 그리고 자산유동화를 통한 자금조달이 섞여 있다.

자기자본이나 투자자의 지분투자방식은 부동산개발프로젝트과정이나 부동산운용 · 관리 과정에서 모두 사용가능한 자금조달방법이다. 투자자의 지분투자방식은 부동산개발프로젝트과정에 투자하는 자금과 부동산을 운용 · 관리하는 과정에 투자하는 자금의 성격이 다소 다르다. 부동산개발프로젝트과정에 투자하는 자금은 고위험 고수익(high risk, high return)을 추구하고 단기에 투자자금을 회수하고자 한다. 반면 부동산을 운용 · 관리하는 과정에 투자하는 자금은 장기적으로 일정한 운영소득을 획득할 목적으로 투자를 한다.

4) 국내에서는 부동산개발사업에서 시행사가 사업시행과 관련된 각종 인·허가를 종료하고 본격적으로 건축공사가 시작되기 전까지를 '브릿지론 PF', 그 이후를 '본 PF'로 용어를 구분하여 사용하고 있다.

5) 프로젝트 금융이란 사업시행자로부터 독립된 프로젝트회사가 프로젝트의 현금흐름에 기초하여 자금을 조달하는 것을 말하는데, 이때 자금조달은 부채방식(차입이나 회사채 발행)이나 지분방식(사업시행자와 투자자의 지분투자), 자산유동화에 의한 자금조달방식 등이 모두 사용될 수 있다. 이에 대해서는 제3부의 제2장에서 자세하게 설명하도록 한다.

자산유동화방식으로 자금을 조달하는 경우는, 형식적으로는 가지고 있는 자산을 양도하는 방식으로 자금을 조달한다. 그러나 실제로는 자산을 담보로 한 증권을 발행하여 자금을 조달하게 된다. 상업용부동산대출채권을 기초자산으로 발행한 증권을 상업용부동산모기지 담보부증권(CMBS: commercial mortgage-backed securities)이라고 한다. 부동산개발프로젝트과정의 부채나 자본, 미래 수익 등을 담보로 하여 자금을 조달하기도 하는데, 이를 PF ABS, PF ABCP라고 한다. 부동산을 운용·관리하는 과정에서도 자산을 유동화하는 방법으로 자금을 조달하기도 하는데, ABS, ABCP, CMBS 등이 여기에 해당한다.

이상의 부동산 개발 및 운영 단계별 자금조달수단들을 정리하면 다음과 같다. 자금은 타인자본(대출)과 자기자본으로 조달하며(중간형태로 메자닌 부채와 우선주 등이 있다.), 대출은 부동산의 수명주기에 따라 토지매입자금대출, 건설대출, 브릿지론, 장기대출 등으로 그 성격이 달라진다. 대출의 성격에 따라 신용대출, 담보대출, 프로젝트 금융으로 구분되기도 한다. 자산유동화 방안으로 ABS, ABCP, CMBS 등을 발행하여 자금을 조달하기도 한다.

표 1 상업용 부동산금융의 개요

구 분	부동산개발프로젝트	부동산운영·관리
부채형태	기업금융 : 토지매입자금대출, 건설대출, 브릿지론 Project Finance(PF) 대출	담보대출 : 장기대출
혼합형태	메자닌 부채, 우선주 등	메자닌 부채, 우선주 등
지분형태	자기자본, 지분투자(REITs, REF 등)	자기자본, 지분투자(REITs, REF 등)
자산형태	PF ABS, PF ABCP	ABS, ABCP, CMBS

NPL 시장과 상업용 부동산금융

한편, 여기에서 NPL 시장에 대해 간략하게 언급할 필요가 있다.[6] NPL 시장은 부실채권을 매매 또는 유동화하는 과정에서 부동산을 거래하고 가격을 결정하는 부동산금

6) NPL(non-performing loan)이란 부실채권을 말한다.

융의 출구 역할을 수행하기 때문이다. 구조조정 리츠나 경·공매형 펀드 등도 NPL 시장에 참여한다. NPL 시장은 1998년 IMF 외환위기 이후 2000년대 초반까지 기업구조조정과정에서 성장하기 시작했다. 2008년 글로벌 금융위기 이후 국제회계기준(IFRS) 도입으로 진정매각요건이 강화되면서 NPL의 외부매각이 시작되었다. NPL 시장에는 유암코와 대신 F&I 등 NPL 투자만을 전문적으로 수행하는 전문투자자와 여신전문회사, 저축은행, 증권사 등 주된 업무 이외에 대체투자를 하는 대체투자자로 구분된다.

이하에서는 우선 대출형태의 상업용 부동산금융과 지분형태의 상업용 부동산금융에 대해 살펴보고, 다음 장부터는 부동산개발금융, 특수금융으로서 자산유동화나 리츠, 부동산펀드 등을 통한 자금조달의 특징 등을 살펴보도록 하겠다.

2 상업용 부동산대출

상업용 부동산은 오피스, 소매용 매장, 호텔, 임대주택 등 사업 목적으로 사용하는 수익성 부동산을 말한다. 일반적으로 상업용 부동산의 취득, 개발, 건축 등에 필요한 자금을 조달하는 상업용 부동산금융은 상업용 부동산대출을 통해 이루어진다. 대개는 상업용 부동산을 담보하는 저당대출이 주된 금융수단이다.

상업용 부동산대출은 국내에서는 그다지 발달되어 있지 않다. 기업금융의 한 형태로 대출이 이루어지지만, 주로 기업의 신용 등을 고려하여 대출이 이루어질 뿐 상업용 부동산의 특징을 크게 고려하지 않는다.

이런 점 때문에 여기서는 국제적으로 상업용 부동산금융의 기준이 되고 있는 미국의 상업용 부동산대출 기준을 중심으로 상업용 부동산대출의 특징과 위험, 인수 조건 등을 살펴보도록 한다.

1) 상업용 부동산대출의 특징

주택저당대출과 마찬가지로 은행 및 독립적인 대출기관이 상업용 부동산대출시장을 주도하고 있다. 보험회사, 연기금, 개인투자가와 기타 자본공급원이 상업용 부동산시장에 자금을 공급한다.

상업용 부동산대출이 주택담보대출과 다른 점이 무엇인가를, 그 특성과 대출기관이 대출 시 고려하는 점을 중심으로 살펴보자.

① 개인(individuals)과 법인(entities)

주거용 부동산담보대출, 즉 주택저당대출은 주로 개인차입자에게 대출이 이루어지는 반면 상업용 부동산대출은 사업을 영위하는 법인에게 주로 대출이 이루어진다. 법인에는 주식회사, 개발업자, 파트너십, 펀드와 신탁 등이 포함된다. 종종 상업용 부동산을 소유하기 위한 특수한 목적으로 법인을 설립하기도 한다.

법인은 재무실적이나 신용실적을 보유하지 못하는 경우가 있을 수 있는데, 이때 대출기관은 법인의 소유주나 주요 주주에게 대출에 대한 보증을 요구하기도 한다. 이러한 대출보증을 통해 대출기관은 신용실적이나 재무실적을 보유한 개인 또는 개인의 집단을 확보함으로써 대출이 지급불능상태에 빠졌을 때 보증인에게서 대출금을 회수할 수 있게 된다. 경우에 따라서는 보증회사가 이런 보증 역할을 할 수도 있다. 이러한 형태의 보증을 대출기관이 차입자에게 요구하지 않는다면 대출기관은 대출이 지급불능상태에 빠졌을 때 부동산이 대출금 회수를 위한 유일한 수단이 된다. 이러한 대출을 비소구대출(non-recourse loan)이라고 하는데, 이는 대출기관이 부동산 이외의 다른 사람에게나 다른 물건에 대해 대출금상환을 요구할 수 없다는 것을 의미한다.

② 대출상환일정(loan repayment schedules)

주거용 부동산담보대출은 시간이 흐르면서 일정한 금액을 정기적으로 지불함으로써 부채를 모두 상환하는 형태를 띤다. 대체로 주거용 부동산담보대출 상품은 30년 만기 고정금리대출이 일반적이다. 물론 주택매수자는 25년 만기나 15년 만기 등 다른 옵션을 선택할 수 있다. 만기가 길수록 매월 지불액은 적어지며 만기까지 지불해야 할 전체 이자비용은 커진다. 반면에 만기가 짧을수록 매월 지불액은 커지고 전체 이자비용은 작아진다. 주택저당대출은 대출만기까지 일정한 금액을 지불하면 만기에 대출액이 완전히 상환되도록 설계된다. 예를 들어 2억 원을 30년 만기 5% 고정금리로 차입할 경우 360개월 동안 매월 1,073,640원을 지불하면, 대출금이 완전히 상환된다.

주거용 부동산담보대출과는 달리 상업용 부동산대출의 만기는 전형적으로 5년에서 20년까지이며, 종종 상환기간은 대출만기보다 더 길기도 하다. 예를 들어 차입자는 30년 만기 상환 조건으로 7년 만기의 상업용 부동산대출을 차입하기도 한다. 이 경우 투자자는 30년 만기 상환 조건으로 계산한 지불액을 매월 7년간 지불하고, 7년 만기 시점에 대출잔금 전액을 일시에 상환한다. 예를 들어 투자자가 10억 원을 7% 고정금리로 위와 같은 조건으로 차입할 경우 7년간 매월 6,653,020원을 지불하고 7년 만기 시점에 대출잔금 918,127,640원 전액을 일시상환한다. 국내 금융기관의 비주택에 대한 담보대출은 전액분할상환, 일부 분할상환, 만기일시상환 등의 방식으로 원리금을 상환한다.

대출만기와 상환기간에 따라 대출기관이 부과하는 이자율은 달라진다. 투자자의 신용 상황에 따라 대출 조건은 협상의 여지가 있다. 일반적으로 대출상환 일정이 길수록 이자율도 높아진다.

③ 대출비율(LTV: loan-to-value ratios)

상업용 부동산대출과 주거용 부동산담보대출의 차이점 중 하나가 대출비율이다. 대출비율은 부동산 가치에 대한 대출액 비율로 측정한다. 대출기관은 대출액을 차입자의 부동산 평가가격 또는 매입가격으로 나누어 계산한다. 예를 들어 부동산 가치 1억 원, 대출액 9천만 원일 경우 대출비율은 90%가 된다(90,000÷100,000).

상업용 부동산대출과 주거용 부동산대출은 모두 대출비율이 낮을수록 일반적으로 더 낮은 이자율로 대출이 가능하다. 차입자는 대출비율이 낮을수록 부동산에 대한 지분을 더 많이 보유하게 되므로 대출기관은 위험이 더 낮은 것으로 인식하기 때문이다.

주거용 부동산담보대출은 대출비율이 높아도 대출이 가능하다. 심지어는 미국의 VA(Veterans Administration)가 보증하는 대출의 경우 100%의 대출비율 모기지도 가능하며, 연방주택청(Federal Housing Administration)이 보증하는 대출은 96.5%의 대출비율 모기지도 가능하다. 민간 모기지보험이 들어 있는, Fannie Mae나 Freddie Mac이 매입하는 전통적인 대출도 95%의 대출비율 모기지가 가능하다. 이러한 보증이나 보험이 없는 전통적인 대출은 80% 대출비율이 전형적이다.

이와는 대조적으로 상업용 부동산을 담보로 한 대출의 대출비율은 65%에서 80% 범위가 일반적이다. 대출에 따라서는 대출비율이 높은 경우도 있지만 이는 매우 드물다.

대출의 유형에 따라 대출비율이 달라지기도 한다. 예를 들어 개발대상토지(raw land)는 최대 65%의 대출비율이 적용되나, 다가구주택 건설사업(multi-family construction)에는 80%까지 대출이 이루어지기도 한다. 상업용 대출에는 VA나 FHA 보증대출과 같은 프로그램이 없으며 민간 모기지보험상품도 없다.[7] 따라서 대출기관은 차입자의 지급불능을 커버할 보험가입이 불가능하기 때문에 안전장치로서 부동산에만 의존해야 한다.

④ 부채감당률(DSCR: debt-service coverage ratio)

상업용 부동산대출기관은 부채감당률을 검토하기도 한다. 여기서 부채감당률이란, 부동산의 연간 순영업소득(NOI: net operating income)과 원금상환액 및 이자지급액을 모두 포함한 연간 부채서비스액(DS: debt services)을 비교한 것으로, 부동산으로부터 나오는 수익이 부채상환을 감당할 수 있는가를 측정하는 지표다. 예를 들어 NOI가 1억 4천만 원이고, DS가 1억 원이라면 부채감당률은 1.40(140,000÷100,000)이 된다. 부채감당률은 부동산이 창출하는 현금흐름에 기초하여 최대 대출규모를 결정하는 데 참고하는 지표 역할을 한다.

부채감당률이 1보다 작다는 것은 부(−)의 현금흐름을 의미한다. 예를 들어 부채감당률이 0.92라고 하면, 이는 NOI가 연간 DS의 92%밖에 되지 않음을 의미한다. 일반적으로 상업용 부동산대출기관은 부채감당률이 적어도 1.25는 되어야 적정한 현금흐름을 확보할 수 있다고 여긴다. 상환기간이 짧은 대출이거나 또는 현금흐름이 안정적인 부동산을 담보로 한 대출이라면 부채감당률이 낮은 대출도 가능할 수 있다. 다른 유형의 부동산에 비해서 장기 임차인이 적은 호텔과 같이 현금흐름의 변동성이 큰 부동산에 대해서는 더 높은 부채감당률을 요구한다.

⑤ 이자율과 대출수수료(interest rates and fees)

상업용 부동산대출에 대한 이자율은 일반적으로 주거용 부동산담보대출보다 높게 형성된다. 또한 상업용 부동산담보대출에는 평가, 법률, 대출신청, 대출실행, 각종 조사 등에 대한 수수료가 부과된다. 일부 비용은 대출이 승인 또는 거절되기 전에 지불해야

7) 민간 모기지보험(PMI: private mortgage insurance)은 지급불능과 경매처분의 위험에서 대출기관을 보호하는 보험상품이다. 적정한 이자율로 모기지대출을 얻기 위한 충분한 down payment를 낼 수 없는 차입자가 이 보험에 가입할 수 있다. 차입자가 20% 미만의 down payment를 내고 주거용 부동산을 매입하고자 한다면 대출기관은 지급불능위험을 최소화하기 위해 차입자에게 민간 모기지보험회사의 보험에 가입하도록 요구한다.

하나, 다른 비용은 매년 부과되기도 한다. 예를 들어 대출실행수수료는 대출액의 1%가 대출완료 시점에 1회 부과되며, 대출이 완전상환되기까지 매 분기마다 0.25%의 수수료가 부과되기도 한다. 이런 경우, 대출액이 10억 원이라면 대출실행수수료 1천만 원을 대출실행 시점에 내고, 매 분기마다 이자 외에 수수료로 2,500,000원을 내야 한다.

⑥ 조기상환(prepayment)

상업용 부동산대출에는 조기상환에 대한 제한이 부과되기도 한다. 조기상환에 대한 제한은 대출에 대한 대출기관의 예상수익률을 유지하기 위한 목적으로 설계된다. 투자자가 대출만기일 이전에 부채를 상환하려면 투자자는 조기상환수수료(prepayment penalties)를 부담해야 한다. 만기 전에 대출을 상환하기 위해서는 4가지 유형의 수수료를 부담해야 한다.

첫째는 위에서 설명한 조기상환수수료를 내야 한다. 조기상환수수료는 가장 기본적인 조기상환비용으로 조기상환 시점의 대출잔액에 조기상환수수료율을 곱해 계산한다.

둘째는 보증이자(interest guarantee)로, 대출기관은 대출이 조기상환되더라도 사전에 특정한 이자를 받을 수 있다. 예를 들면 60개월 동안 10% 이자율, 60개월 이후에는 5% 이자율을 받기로 보증한 대출이 있을 수 있다.

셋째, 조기상환 금지기간조항(lockout)이다. 5년간 조기상환 금지조건과 같이 특정한 기간 동안에는 조기상환이 금지되는 조건이 대출조건에 부과될 수 있다.

넷째, 담보물의 대체를 통한 계약해제조항(defeasance)이 있다. 차입자가 대출기관에게 현금을 지불하는 대신 원래의 대출담보물을 새로운 담보물(대체로 국고채 등 금융채권)로 교환할 수 있는 조항이다. 이러한 대출해소방법에는 매우 높은 벌과금이 부과될 수도 있다.

조기상환 조건은 대출계약서에서 확인할 수 있으며 다른 대출조건과 함께 협상의 대상이 될 수 있다. 대출을 조기상환하기 전에 미리 옵션에 대해 이해하고 적절히 평가해야 한다.

요약하자면, 투자자는 상업용 부동산을 매입하여 부동산 공간을 임대하고 임차인에게서 임대료를 수취하게 된다. 상업용 부동산에 대한 투자는 수익창출 목적으로 이루어진다. 대출기관은 상업용 부동산대출을 심사할 때 대출의 담보물, 3년 내지 5년간 재무보고서와 소득세 신고실적을 포함한 차입자의 신용, 그리고 대출비율과 부채감당률과 같은 재무비율을 고려한다.

2) 상업용 부동산대출의 위험

금융감독기관은 예상되거나 예상되지 않거나에 관계없이 은행의 이익, 자본 또는 기업가치에 부정적인 영향을 미칠 잠재적인 사건을 위험으로 인식한다. 우리나라의 경우 금융감독기관인 금융감독원이 은행법감독규정 등에 의해 금융기관으로 하여금 리스크 관리를 하도록 한다. 은행법감독규정에 따르면 금융기관은 자산의 신용위험, 시장위험, 운영위험, 유동성위험, 금리위험, 신용편중위험을 평가하고 관리하도록 되어 있다.

미국의 금융감독기관인 OCC(Office of the Comptroller of the Currency)는 은행감독 목적으로 상업용 부동산대출에 따른 위험을 8가지로 나누어 설명하고 있다. 각 위험은 상호 의존적이며 정(positive) 또는 부(negative)의 상관관계가 있다. OCC는 각 은행이 효과적인 위험관리시스템을 통해 위험을 확인, 측정, 감시, 통제하기를 기대한다.

① 신용위험

상업용 부동산대출에 따른 원리금의 회수가능성에 영향을 미칠 수 있는 요인을 말하는 것으로 건설요인(주어진 예산과 기한 내에 계획한 프로젝트를 성공적으로 완수할 수 있는 차주의 능력과 관련된 위험), 시장조건(경기침체나 공급과잉으로 인한 가격이나 임대료의 하락 또는 연체 등의 위험), 규제의 변경(조세, 지역지구제, 환경규제 또는 이와 유사한 외부조건의 영향), 이자율(변동금리대출 시 금리상승), 환경채무(부동산오염에 의한 가치 하락 및 오염 치유비용 부담) 등에 의해 발생한다.

② 이자율위험

은행의 상업용 부동산대출에 따른 이자율위험 수준은 대출포트폴리오의 구성과 대출의 구조에 따라 달라진다. 은행이 제공하는 상업용 부동산대출은 대부분 변동금리부 대출인데, 이는 대출기관들이 이자율 변동에 민감하게 대응한다는 것을 의미한다. 고정금리부 장기대출은 금융기관이 단기예금으로 조달한 자금에 기반할 경우 이자율위험에 노출된다.

③ 유동성위험

상업용 부동산대출은 본래 비유동적이다. 상업용 부동산대출은 다른 대출기관에서 받은 대출을 차환하거나, 투자자에게 대출채권을 매각하거나, 차주에 의해 정상적으로 상환되거나, 대출채권을 담보로 제공하는 등의 방법으로 현금을 확보할 수 있다.

그러나 상업용 부동산대출채권의 매각은 동질성의 부족으로 용이하지 않다. 소비자 금융과 달리 자산실사과정에 시간이 많이 걸릴 수 있으며 부동산 유형, 입지, 임차인의 질과 임대료 특성, 대출인수, 대출구조, 관련 서류의 다양성 때문에 예상구매자에게 많은 비용이 들기도 한다. 상업용 부동산대출은 시장스트레스 시기(대출기관이 부동산에 자금을 더 적게 할당함에 따라 잠재적인 자금원이 감소하는 시기)에 더욱 유동성이 악화된다. 이는 시장집중(특정 부동산 유형이나 지역 등에 대출이 쏠리는 현상)을 관리하기 위한 전략으로, 대출채권 매각 또는 다른 금융기관에 의한 대출차환을 어렵게 만든다. ADC(부동산 취득, 개발, 건설) 대출은 프로젝트가 완성되어 안정적인 점유 수준을 달성하기 전까지 또는 매각이 가능해지기 전까지는 완전한 담보가치가 실현되지 않기 때문에 특히 더 비유동적이다.

증권화를 통해 유동성을 제공할 수 있지만 증권화를 위해서는 시장참여자가 설정한 기준에 적합한 인수, 구조, 문서작업이 필요하다. 은행포트폴리오에 포함되어 있는 대출은 대개 시장 기준에 적합하지 못하여 자산의 증권화가 비효율적이며 장부가치보다도 상당히 할인되어 계상될 가능성이 높다.

④ 운영위험

운영위험은 모든 상품과 서비스에 존재한다. 상업용 부동산대출, 특히 ADC 대출은 다른 대출보다 운영위험이 훨씬 크다. 은행은 부동산 성과, 건설과정을 감시하고 대출자금의 집행과 상환을 통제할 수 있는 효과적인 시스템을 필요로 한다. 은행은 부동산 세금, 보험료, 노무비와 자재비의 지급을 보장하는 한편 담보를 통해 자신의 이익을 보호할 수 있는 시스템을 보유하고 있어야 한다. 비효율적인 시스템은 상당한 운영위험을 초래할 수 있다.

⑤ 규정준수위험(compliance risk)

은행의 상업용 부동산대출은 금융감독 당국의 규정과 기준에 의해 규율된다. 은행의 규정위반은 은행의 이익과 자본에 심각한 위험을 초래할 수 있다. 소비자 거래와 달리 상업용 부동산금융 거래에는 차주에 대한 규정이 많지 않다. 그러나 담보부동산은 건축법규, 지역지구제, 화재보험 등 기타 정부규제에 적합해야 한다.

환경오염으로 대출상환이 위협을 받을 수 있다. 환경법규와 규정에 위반될 경우 담보가치를 초과하는 상당한 채무가 발생할 수 있다. 은행은 차주의 채무불이행으로 담보부동산을 소유할 수도 있는데, 이때 해당 부동산이 환경법규와 규정을 위반하고 있으면 규정준수위험이 명확하게 드러난다.

⑥ 전략적 위험

건전한 상업용 부동산대출 프로그램에는 부동산 고유의 위험을 확인, 측정, 감시, 통제할 수 있는 지식과 경험을 지닌 전문가를 갖추고 있어야 한다. 상업용 부동산대출 활동을 효과적으로 관리하지 못할 경우 은행의 전략적 위험이 증대될 수 있다. 이는 신용위험이나 평판위험과 같은 상호 의존적인 위험에도 영향을 미친다.

⑦ 평판위험

지역사회의 요구에 부응하지 못하거나 비효율적인 대출시스템, 대출기관의 채무 소송은 은행의 평판에 훼손을 가져오는 요인이 된다. 상업용 부동산대출에서 신중하지 못한 위험 수용으로 은행은 과도한 손실, 자산의 강제매각을 겪게 되어 시장에서 부동산금융 업무를 지속할 수 없게 될 수도 있다.

3) 상업용 부동산대출의 유형

상업용 부동산대출에는 크게 건설대출(construction loan)과 장기대출(permanent loan)이라고 하는 두 가지 영역이 있다. 건설대출은 건설프로젝트 수행에 필요한 자금을 융통하기 위한 목적의 대출을 말한다. 건물이 완성되면 건설대출은 상환된다. 완공되어 정상적으로 운영되고 있는 수익성 부동산에 대해서는 장기대출이 이루어진다.

두 대출은 차이가 크다. 건설대출은 상대적으로 만기가 짧아 1년에서 3년 정도이나, 장기대출은 5년에서 10년으로 만기가 긴 편이다. 건설대출은 건설공정에 따라 점증적으로 대출이 이루어지며, 건설공사 완공 시까지 대출원금은 물론 발생이자의 상환이 제한되거나 이루어지지 않는다. 장기대출은 대출실행 시 일시에 대출액 전액이 차입자에게 이체되며 만기에 이르는 동안 원금과 이자가 동시에 상환된다.[8)]

건설대출은 지급불능위험이 매우 큰 반면 이자율위험은 거의 없다. 건설대출은 만기가 짧기 때문에 이자율위험에 대한 보호 목적으로 변동금리대출이 주로 이루어진다. 반면 장기대출은 지급불능위험은 낮지만 고정금리대출의 경우에는 대출기관의 이자율위험이 매우 크다. 이러한 차이로 건설대출은 상업은행과 저축기관이, 장기대출은 생명보험회사나 연기금 등이 주로 참여한다.

상업용 부동산대출시장에서 건설대출기관과 장기대출기관이 한 팀으로 기능하기도 한다. 건설대출기관은 프로젝트 완성 후에 장기대출을 해 주겠다는 장기대출기관의 확약이 없으면 건설대출을 해 주려고 하지 않는다. 부동산의 운영기간까지 대출이 연장될 가능성을 고려한 건설대출을 미니장기대출(mini-perm loan)이라고 한다. 이러한 대출을 브릿지론(bridge loan)이라고도 하는데, 완성된 건물에 임차할 것을 사전에 확약한 임차인이 적은 경우와 같이 투기적 성격의 개발사업에 필요한 대출유형이다.

금융위기 이전에는 장기대출만 증권화되었다. 그러나 2006년에 일부 건설대출이 새로운 CDO(collateralized debt obligation) 방식으로 증권화되기 시작했다.[9] 건설대출은 장기대출에 비해 경기침체에 취약하기 때문에 CDO는 2008년 금융위기 시기에 상당한 타격을 받았다.

4) 상업용 부동산대출의 인수 기준

(1) 대출인수의 의의

대출인수(underwriting)란 상업용 부동산대출기관이 차입자의 대출신청을 심사하여 실행하는 과정을 말한다. 이 과정은 전형적인 주택저당대출보다 상업용 부동산대출에서 더 복잡하다. 상업용 부동산대출조건은 종종 협상의 대상이 된다. 차입자, 대출기관, 담보부동산의 특이한 상황을 반영하기 때문이다.

대출인수과정은 규범적으로는 설명할 수는 있으나 모든 대출에서 동일한 것은 아니

8) 미국에서 2000년대 들어 만기 이전에는 이자만 상환하다 만기에 원금을 일시 상환하는 만기일시상환대출(interest-only loan)이 크게 늘어났다.

9) CDO란 다양한 대출채권이나 회사채들을 담보로 하여 발행되는 자산담보부증권을 말한다.

다. 즉 여기서 말하는 대출인수과정은 일반적인 경우를 상정한 것임을 명심할 필요가 있다.

대출인수의 목적은 가능한 한 지급불능상태를 방지하기 위함에 있다. 적어도 지급불능확률을 예측하여 전체적인 대출에서 예측한 손실 이상으로 더 큰 손실이 발생하는 것을 방지할 필요가 있다. 대출기관은 대출이 이루어지는 시점에 기대하는 수익률을 얻을 수 있다고 확신할 수 있어야 한다. 대출인수 기준을 엄격하게 설정하여 지급불능위험을 제거하기를 원하면 실제 대출이 실행되는 경우가 적어질 것이고, 따라서 대출수익률도 무위험수익률 수준으로 떨어질 것이다. 반대로 대출인수 기준을 완화하면 위험한 대출실행으로 기대수익률은 오르겠지만 지급불능의 증가로 사후적인 실현수익률은 기대보다 낮아질 수 있다.

대출기관이 대출신청을 심사할 때, 대출신청인과 담보부동산이 심사의 핵심 대상이 된다. 대개 비소구대출인 상업용 부동산대출은 원리금상환을 부동산의 수익에만 의존해야 하기 때문에 부동산의 현금흐름 창출능력이 중요한 심사대상이다. 그러나 대출신청인 역시 주요한 심사대상이 되어야 한다. 해당 부동산시장에서는 아무런 문제가 없으나 일반 경기가 침체될 경우 부동산에서 발생하는 현금흐름으로 다른 손실을 보전하거나, 이것도 어려워지면 파산을 신청할 수도 있기 때문이다. 경기가 호전되면 현재 차입자는 잠재적인 고객이 될 수 있다. 사업이 성공하면 새로운 사업을 위해 대출을 신청할 것이고 고객과 관계를 바람직하게 유지할수록 대출기관의 수익성에도 긍정적인 영향을 미칠 수 있다.

(2) 금융감독기관의 대출기준

미국의 금융감독기관인 OCC는 부동산대출에 대한 통일된 규정을 마련하고 있다(national banks에 대해서는 12 CFR 34의 subpart D Real Estate Lending and Appraisal, Federal Savings Associations에 대해서는 12 CFR 160.101 Real Estate Lending Standards). 부동산대출에 관한 규정은 안전하고 건전한 금융실무와 일치하는 부동산대출정책을 문서로 마련할 것을 요구한다. 이 규정은 부동산 관련 권익에 의해 담보되는 대출에도 적용된다. 여기에는 부동산에 의해 담보가 되든지 되지 않든지 관계없이 건물 또는 다른 개량물의 건축에 필요한 금융 목적에 소요되는 대출도 포함된다. 부동산대출정책은 은행의 규모와 은행운영의 성격과 범위에 적절해야 하며 이사회에서 수용가능한 위험 수준을 반영해야 한다. 이사회는 적어도 1년에 1회 은행의 부동산대출정책을 검토하고 승인해야 한다. 특히 이 규정은 은행에게 대출포트폴리오 분산투자 기준, LTV와 같은 건전한 대출인수 기준, 부동산 포트폴리오에 대한 대출관리 절차, 은행의 부동산대출정책 준수 여부를 감시할 문서, 승인, 보고에 대한 요구사항, 대출정책이 지속적으로 현행 시장조건에 적절한지 확인할 수 있는 부동산대출시장 조건의 감시 등을 요구하고 있다.

또한 이 규정은 은행의 부동산대출정책이 "부동산대출정책에 대한 금융기관 내부지침"(Interagency Guidelines for Real Estate Lending Policies)을 고려하여 반영할 것을 요구한다.[10] 이 지침은 대출포트폴리오 관리에 필요한 사항, 대출인수 기준, 대출관리, LTV 상한, 일반 대출정책의 예외사항 등 부동산대출정책의 주요 요소에 대해 설명하고 있다.

우리나라의 경우, 금융감독당국인 금융감독원은 은행업감독규정 등에 의해 은행 등이 여신의 건전성을 확보할 수 있도록 노력할 것을 요구하고 있다. 은행업감독규정에 있는 여신운용 원칙을 보면, 은행은 차주의 신용리스크 평가, 차주의 차입목적, 수요자금규모 등에 대한 종합적 분석 및 심사, 용도 외 유용을 방지하기 위한 사후관리, 차주의 신용상태 및 채무상환능력 변화에 대한 모니터링, 여신편중 방지를 위해 노력해야 한다.

그리고 은행업감독규정에 의한 주택 관련 담보대출 등에 대한 리스크관리기준(이하 '리스크관리기준')을 통해 비주거용 부동산 담보대출에 대해 감독하고 있다. 또한 바젤Ⅲ에 의한 위험자산 대비 자기자본비율을 설정할 때, 상업용 부동산대출에 대한 위험가중치를 달리 정하도록 하고 있다(은행업감독규정 별표 "신용 · 운영리스크 위험가중자산에 대한 자기자본비율 산출 기준–바젤Ⅲ 기준"). 예를 들어 나대지, 비농지, 비주거용 부동산 등을 담보로 한 대출은 위험가중치가 100%이다. 수익창출 부동산금융의 위험가중치도 100%이고, 고변동성 상업용 부동산금융의 위험가중치는 150%이다.

10) 이 지침은 Title 12 CFR Chapter 1 Part 34 subpart D의 부록 A(national banks)와 Title 12 CFR Chapter 1 Part 160의 101 부록(federal savings associations)에 포함되어 있다. CFR은 미국의 연방 규제 코드(Code of Federal Regulation)의 약자이며, Title 12는 금융에 대한 규제를 담고 있는 파트이다.

(3) 기본적인 부동산대출 인수기준

차입자에 대한 정보가 대출인수과정에서 중요한 요소이지만, 대출심사과정에서 가장 중요한 요소는 담보부동산의 가치와 현금흐름 창출능력이다. 부동산의 가치는 자연스럽게 대출가치와 관련이 있고, 현금흐름은 대출상환액과 관련이 있다.

① 대출시점의 대출비율(ILTV: initial loan-to-value)

ILTV는 고전적인 자산가치 기반 인수 기준이다. ILTV는 초기 대출액을 대출 당시 부동산의 시장가치로 나눈 값으로 정의한다.

$$ILTV = Loan/Value$$

ILTV 비율은 매우 중요한 대출인수 기준이다. 상업용 부동산의 가치는 변동성이 크다. 이는 시간이 흐르면서 부동산가치가 상승하기도 하지만 하락하기도 한다는 것을 의미한다. ILTV가 낮을수록 어떤 시점에 부동산가치가 대출잔액보다 낮아질 확률을 줄여준다. 비록 부동산가치가 대출잔액보다 낮아지더라도 곧바로 지급불능이 발생하지 않겠지만 부동산가치가 충분히 하락하면 지급불능이 차입자의 합리적인 선택이 될 수 있다.[11)] 부동산가치의 변동성이 클수록 ILTV 비율은 사전적인 지급불능확률에 따라 더 낮아질 것이다. 미국의 전형적인 상업용 모기지 인수 기준은 75% 미만이다. 이는 주식시장과 비교할 때 매우 높은 부채비율이다. 그럼에도 부동산시장이 활성화될 경우 이 인수 기준이 완화되어 공격적인 대출이 이루어지기도 한다.[12)]

대출기관은 부동산의 시장가치를 추정하기 위해 일반적으로 독립적인 평가를 요구한다. 부동산매입을 위한 대출일 경우 부동산 평가가치와 실제 매입가격 중 낮은 가격을 기준으로 ILTV 비율을 계산한다. 실무에서는 독립적인 평가가 이루어지기 전에 대출기관이 비공식적으로 평가가치를 추정하여 대출 의사결정을 하고 대출조건에 대해 합의한다. 어느 경우든 부동산가치는 직접환원법과 할인현금흐름법을 적용하여 추정한

11) 이러한 경우에 차입자의 지급불능 선택행위를 전략적 지급불능(strategic default)이라고 한다. 비소구대출일 때 차입자는 대출잔금보다 가치가 낮은 부동산을 포기함으로써 부의 극대화를 추구할 수 있기 때문이다.

12) 장기대출인 경우 보유기간 말 부동산을 재매각할 때 대출잔금을 회수하므로 재매각가격에서 대출잔금을 충분히 회수할 수 있는 수준에 팔 수 있어야 한다. 따라서 보유기간 말 대출비율(TLTV: terminal LTV)도 중요한 인수기준이 될 수 있다.

다. 대체로 대출기관은 보수적인 입장에서 두 방법에 의한 추정가치 중 낮은 것을 사용한다.

우리나라는 주택에 대해서는 LTV 규제가 강하다. 다주택자의 주택 투기를 막기 위한 규제다. 그렇지만 비주거용 부동산에 대해서는 명문화된 기준이 없었다. 금융기관이 비주거용 부동산에 대해서 자체적으로 대출심사에서 LTV 비율을 70% 수준에서 적용하고 있었다. 2021년 금융당국은 리스크관리기준 개정을 통해 비주택에 대한 담보대출비율을 70% 이내로 적용할 것을 규정했다. 다만, 토지거래허가구역에서는 40% 이내로 한다.

주택임대사업자와 주택매매사업자에 대해서도 LTV 규제를 하고 있다. 이들에 대한 대출은 담보대출비율이 60%로 제한된다. 규제지역에서는 담보대출비율이 30%로 제한된다.

② 부채감당률

LTV가 기본적인 자산가치 기반 인수 기준이라면 DCR은 소득 기반 인수 기준이다. DCR은 부동산의 연간 NOI를 DS(원금상환액+이자)로 나눈 값으로 정의한다.

$$DCR = NOI / DS$$

이 비율이 인수 기준인 이유는 명백하다. 부동산이 창출하는 NOI가 대출에 대한 원리금지급액을 지불할 수 있는 현금의 주요 원천이기 때문이다.

현금흐름이 경색될 위험을 경감하기 위해 대출기관은 DCR 100%를 초과하는 여유 있는 현금흐름을 요구한다. DCR에 대한 전형적인 기준은 120% 이상이다. 더 위험한 부동산유형 또는 대출기관이 더 위험회피적 경향을 보이는 시기에는 이 기준이 상향될 수 있다. 반대로 급격하게 인플레이션이 일어나거나 대출시장이 경쟁적일 때에는 이 기준이 낮아질 수 있다. 만약 대출기간 동안 대부분 기간에서 충분한 DCR을 유지할 수 있다면 1년 정도의 DCR 기준 위반은 용인될 수 있다. LTV와 DCR 기준은 대출인수 기준으로 가장 널리 사용되고 있다.

우리나라도 2021년부터 비주거용 부동산 담보대출에 차주별 DSR(총부채원리금상환비율)을 적용한다. 비주거용 부동산 담보대출의 상환방식이 전액분할상환 외 일부 분할상환 또는 만기일시상환도 존재한다. 금융당국은 전액분할상환은 분할상환 개시 후 실제 상환액을 반영한다. 일부 분할상환 대출은 실제 원리금상환액을 반영하되, 거치기간이 1년 초과할 경우 만기일시상환방식을 적용한다. 만기일시상환 대출은 대출만기 8년을 가정하고 대출총액을 8년으로 나눈 금액을 반영한다(2023년 4월 현재 금융위원회 시행세칙).

③ 손익분기비율(BER: break-even ratio)

BER은 DCR 대신에 보충적으로 사용하는 소득 기반 인수 기준이다. BER은 연간 부채서비스액과 영업경비를 잠재총소득(PGI: potential gross income)으로 나눈 값으로 정의할 수 있다.

$$BER = (DS + OE) / PGI$$

BER은 NOI로 DS를 감당할 수 있는 하한선이 되는 건물점유율을 의미한다. 만약 BER이 100%보다 크다면 차입자에게 귀속하는 순현금흐름이 부(−)가 된다는 것을 의미한다. 이러한 상황은 대출기관에게는 명백하게 위험한 상황이 된다. 따라서 인수 기준으로 BER이 100% 이하일 것이 요구된다. 전형적인 BER은 85% 이하다. 경우에 따라서는 시장의 평균적인 점유율 수준으로 결정하기도 하며, 약간의 여유를 두고 시장평균 수준보다 다소 낮게 설정하기도 한다.

④ 세전 현금흐름(BTCF: before-tax cash flow)

세금을 공제하기 전 지분투자자에게 귀속하는 세전 현금흐름(BTCF)은 NOI에서 DS와 자본적 지출액(CI: capital improvement expenditure)을 제한 금액을 말한다.

$$BTCF = NOI - DS - CI$$

이 값이 대출기간 동안 부(−)의 값을 나타내면 대출을 받기가 어렵다는 것을 의미한다. BTCF는 원론적으로는 DCR보다 지급능력을 더 잘 나타내지만 대출기관이 CI를 추정하고 예측하는 것이 쉽지 않기 때문에 DCR 기준을 더 널리 사용하고 있다. BTCF는 자본적 지출이 필요하거나 주요 임차인 개량물에 대한 지출이 필요한 장기임대차계약을 체결하는 경우에 유용한 인수기준이다.

⑤ 대출수익률(loan yield)

2008년 금융위기 이후 대출기관과 CMBS 신용평가기관에서 '대출수익률(loan yield 또는 loan cap rate)' 이라고 알려진 인수 기준 지표를 고려하기 시작했다. 대출수익률은 부동산의 현재 NOI를 대출액 또는 대출잔액으로 나눈 값으로 정의한다. 이 비율은 차입자가 지급불능상태가 되어 대출기관이 부동산을 소유하게 될 때(real estate owned: REO) 부동산평가의 한 요소인 NOI와 대출잔액의 관계를 보기 위한 지표다.

예를 들어 어떤 부동산의 cap rate(NOI/Value)가 8%, 대출비율이 75%라고 할 때, 대출수익률은 NOI/Loan = (NOI/Value) / (Loan/Value) = 8%/75% = 10.67%가 된다. 이 비율은 대출기관이 차입자의 지급불능으로 부동산을 소유하게 될 경우 cap rate 10.67% 이하로 해당 부동산을 매각할 수 있다면 대출액을 회복할 수 있음을 의미한다. 대출기관은 시장평균 cap rate가 8%에서 10.67% 사이라면 대출금을 회수할 수 있다. 그러나 이 비율은 사실상 LTV 이상을 의미하지는 않는다. 1/0.1067은 1/0.08의 75%에 해당한다. 즉 NOI/cap rate로 평가한 부동산가치가 25% 하락해도 여전히 대출금을 회수할 수 있다는 것으로, 이는 LTV 75%와 동일한 수치다. 그럼에도 대출수익률이 유용한 이유는 시장에서 부동산평가를 cap rate를 중심으로 측정하고 있어서 NOI가 변하지 않는다고 가정할 때 시장에 직관적인 측정치를 제공하기 때문이다.

⑥ 다기간 예상 현금흐름(multi-year pro-forma projection)

대출기관이 LTV, DCR, BER, loan yield 등을 고려한다고 하더라도 이들 기준은 대출실행 시점에만 유의미한 지표다. 따라서 대출기관은 부동산의 대출만기까지 기간을 확장하여 여러 기간에 걸친 현금흐름을 검토할 필요가 있다. 일반적으로 차입자는 예상현금흐름표를 대출기관에 제시하지만 대출기관은 현금흐름 예상의 가정을 면밀히 살펴보고 점검해야 한다.

용어해설

- PGI(가능총소득): 상업용 부동산에서 일정 기간 동안(통상적으로 1년) 창출할 것으로 기대하는 잠재적인 총수입(공실 0%, 임대료 미납 0% 가정)
- EGI(유효총소득): PGI에서 평균적인 공실과 임대료 손실을 감안한 실제 부동산이 창출할 것으로 기대하는 총수입
- OE(영업경비): 상업용 부동산을 운영하는 데 소요되는 비용(재산세나 화재보험료 같은 고정경비와 유틸리티 비용 같은 변동경비. 냉방기기 같은 건물의 수명보다는 짧지만 비교적 장기에 걸쳐 사용하는 품목의 대체충당금이나 건물의 감가상각비는 실제 현금유출이 아니므로 제외)

- NOI(순영업소득): EGI에서 OE를 차감한 순소득으로 해당 부동산이 벌어들인 순소득
- DS(부채서비스액 또는 원리금상환액): 부채 사용에 대한 원리금상환액
- BTCF(세전 현금흐름): NOI에서 DS를 차감한 것으로 지분투자자에게 돌아가는 법인세를 공제하기 전 현금 수입

(4) 대출조건

상업용 부동산대출에는 협상할 수 있는 대출조건과 변수가 아주 많다. 대표적인 것만 소개하면 다음과 같다.

- 대출액
- 만기
- 계약이자율
- 원금상환율
- 대출수수료와 포인트
- 조기상환옵션과 조기상환수수료
- 소구대출 vs. 비소구대출
- 담보
- 대출기관의 부동산지분에의 참여[13)]

이러한 항목은 대출의 위험과 기대수익률에 영향을 미칠 수 있다. 대출협상과정에서 이들 항목의 수가 달라질 수 있다. 대부분 항목은 차입자와 대출기관의 위험과 기대수익에 반대 방향으로 영향을 미친다. 따라서 두 당사자의 선호를 극대화할 수 있는 조합을 찾는 것이 대출거래의 성공 여부를 좌우한다.

13) 주로 신디케이션 대출시장에서 상업은행이 아닌 금융기관이 특정 시점 현재 채권자이면서 주주인 경우를 이중보유권자(dual holder)라고 한다. 이중보유권자는 처음에는 채권자였으나 나중에 주주가 되는 경우와 처음부터 채권자이면서 주주가 되는 경우가 있다. Jiang, Li, and Shao(2010), pp.3595-3637.

3 지분형태의 상업용 부동산금융

1) 지분투자의 특징과 형식

(1) 지분투자의 특징

지분투자자는 선순위 청구권자에 대한 보상을 전부 지불한 다음에 최종적으로 나머지 소득을 청구할 수 있는 잔여청구권을 보유하기 때문에 잔여위험을 떠안는다. 따라서 잔여소득이 0보다 커야 지분투자자에게 배당을 지급할 수 있다. 잔여소득이 0보다 작다면 지분투자자에게는 아무것도 돌아가지 않는다. 일반적으로 지분투자자는 투자의 운영 및 처분과 관련한 중요한 의사결정에 참여할 수 있는 권리를 갖는다. 부동산수익은 경제상황에 크게 의존하게 되는데, 지분투자자는 이러한 경제적 위험을 모두 부담해야 한다. 결국 지분투자에는 정해진 현금흐름이 존재하지 않는다.

또한 부채와 달리 지분에는 만기가 없다. 일부 기한을 정해 놓고 투자하는 폐쇄형 투자회사나 펀드가 존재하지만 대부분 지분에는 만기가 없어서 자본회수시점의 불확실성을 안게 된다. 출구전략도 매우 제한적이다. 사모투자는 부동산을 직접 매각하는 수밖에 없다. 공모투자는 2차 시장에서 지분을 매각함으로써 투자지분을 회수할 수 있다.

(2) 지분투자형식

지분투자는 회사의 지분을 인수하는 방식으로 이루어질 수도 있고, 개인소유 기업에 출자하는 방식으로 이루어질 수도 있다. 또 펀드나 리츠(REITs)와 같은 투자기구의 지분증권을 매입함으로써 이루어질 수도 있다. 어떤 방식으로 투자하느냐에 따라 투자자의 위험과 수익률의 특징이 달라진다. 여기서는 몇 가지 지분투자형식에 대해서 보도록 한다.

① 비법인 개인소유기업(proprietorship)

가장 단순한 조직형태로, 이러한 기업은 한 개인이 직접 사업체를 소유하는 형태다.

소유주는 모든 이윤을 수취하며 기업의 모든 법적, 재무적 의무에 대해 책임을 진다. 개인기업의 행위에 대한 소유주의 책임은 제한이 없으며 사업체 외에 소유주의 자산에까지 미친다. 사업의 이윤은 모두 소유주의 소득이며 소득세 신고 대상이 된다.

② 합명회사

파트너십은 한 회사의 소유권을 공유하고자 하는 사람들의 집단 사이의 협약을 말한다(이를 정관이라고 한다.). 사원이 모두 평등한 파트너십을 합명회사(general partnership)라 하는데, 각 사원은 회사의 모든 법적, 재무적 의무에 대해 무한책임을 진다.[14] 각 개별 무한책임사원은 부채 전체에 대해 개별적으로 책임을 부담한다. 한 사원이라도 의무를 다하지 못하는 경우 나머지 다른 사원들이 그 부족분을 전보(塡補)하도록 요구받을 수 있다(이를 capital call이라고 한다.).[15] 재무적 의무 외에도 사원은 또한 상호 선관의무를 진다. 선관의무는 사원에게 상호 신뢰를 갖고 행동하고 회사의 이익을 위해 행동하도록 요구한다.

우리나라의 경우, 합명회사는 조합의 성격을 갖고 있지만 법인격을 갖고 있는 회사이기 때문에 회사단계에서 법인세가 부과된다. 그러나 2009년부터 동업기업 과세특례제도가 생겨, 회사에서 세무당국에 동업기업 과세특례 신청을 하면 회사단계에는 법인세를 부과하지 않고, 각 사원별로 배분된 소득에 대해 과세가 이루어진다.[16] 조세특례제한법 제100조의 14부터 제100조의 26에 따르면, 동업기업 과세특례 대상이 되면 이익뿐만 아니라 손실까지도 각 사원에게 배분된다. 다만, 손실의 경우 각 사원(동업자)의 지분가액까지만 배분이 되고, 이를 초과하는 손실에 대해서는 15년에 걸쳐 이월하여 배분된다.

미국의 파트너십에서는 개인회사의 소유주와 마찬가지로 무한책임사원마다 자신의 손익계정과 자본계정을 갖고 있다. 파트너십 정관에는 회사의 구조와 사원 간 관계 등을 담고 있다. 사원은 회사의 이윤, 손실, 회사의 청산가치에 대한 차별적 지분을 보유할 수 있다. 사원의 지분은 회사에 기여한 자본액과 비례하지 않을 수도 있다. 세무보고를 위해 회사의 이익이나 손실은 사원에게 배분되어야 하며, 이익이나 손실이 배분된

14) 이러한 사원을 무한책임사원이라고 한다.

15) 기존 사원이 자본보전요구에 응하지 못할 경우 이 투자자를 대신하여 외부의 새로운 투자자에게 회사에 투자할 권리를 부여할 수 있는 조항이 협정에 포함되어 있을 수 있다. 이를 'cram down provision'이라고 한다.

16) 이윤미(2008), pp.80-101; 서윤식(2015), pp.73-101 참조.

해의 개인소득세에 영향을 미친다.

파트너십은 사원의 소득세 납부에 필요한 현금배당에 대해서는 책임을 지지 않는다. 세금 납부를 위해서 사원이 자신의 주머니를 털어야 하는 경우도 발생할 수 있다. 이로써 회사는 추가투자를 위한 현금을 보유할 수 있다.

③ 상법상의 합자조합

상법상 합자조합은 조합의 채무에 대해 무한책임을 지는 무한책임조합원과 출자가액을 한도로 유한책임을 지는 유한책임조합원이 상호 출자하여 공동사업을 경영하는 공동기업형태를 말한다. 내부적으로는 조합의 실질을 갖추고 대외적으로는 조합원의 유한책임을 확보할 수 있다. 결국 합자조합은 회사의 소유권을 공유하기 위한 업무집행조합원(무한책임조합원)과 유한책임조합원 사이의 협약을 말한다. 미국에서는 이러한 형태를 유한파트너십(LP: limited partnership)이라고 한다. 업무집행조합원은 조합 채무에 대해 출자가액과 그 이행 여부에 관계없이 무한책임을 부담한다. 업무집행조합원이 합자조합의 업무를 집행하는 것이 원칙이다.

회사운영에 관한 전문성보다는 회사운영에 필요한 자금을 공여하는 유한책임조합원은 출자가액에서 이행부분을 뺀 가액을 한도로 유한책임을 진다. 유한책임조합원은 업무집행조합원의 업무집행에 대해 감시권을 갖는다. 조합계약에서 손익분배비율을 정하지 않은 경우에는 출자가액에 비례하여 손익을 분배한다. 이익 또는 손실의 분배비율을 정한 때에는 이익과 손실에 공통된 것으로 추정한다.

우리나라의 경우, 상법상의 합자조합도 동업기업 과세특례 대상이 된다. 합자조합에서 세무당국에 동업기업 과세특례를 신청하면, 조합의 소득과 손실을 각 조합원에게 배분할 수 있으며, 이 경우 과세는 조합원 단위에서 이루어진다.

미국의 LP에서도 유한책임조합원(limited partner)은 출자한도에서만 책임을 지며, 회사가 추가운영자금이 필요하거나 채무에 대한 지급불능의 경우에도 회사에 대해 추가출자를 강요받지 않는다. 그러나 정관에서 회사의 경제적 편익을 위해 추가출자가 필요한 경우에 추가로 출자한 사원에게 유리한 분배를 하도록 정할 수 있다.[17] LP에서 경제적 편익의 분배는 워터폴(waterfall) 구조로 알려져 있다. 출자액 비율과는 다르게 무한책임조합원(general partner)에게 유리한 분배구조다. 이러한 불균등 분배비율은 다양한 형태를 띨 수 있으며 위험의 추가흡수는 물론 사업계획의 모색과 수행을 위해서 무

17) 이를 'cram down' 이라고 한다.

한책임조합원에게 보상하기 위한 의도를 지닌다. 무한책임조합원의 추가권익을 'carried or promoted interest' 라고 부른다. 미국의 경우, 회사의 과세대상이익은 회사 수준이 아닌 조합원의 개인소득세로 납부하게 된다. 그러나 무한책임조합원에게 손실의 배분은 세법에 의해 제한되기도 한다.[18)]

④ 유한책임회사(LLC: limited liability company)

유한책임회사는 유한회사나 주식회사와 마찬가지로 출자금액 범위에서만 대외적인 책임을 지는 유한책임자로만 구성된 회사다. 그러나 유한회사나 주식회사와 달리 주주총회, 사원총회, 이사, 감사 제도가 없다. 유한책임회사는 유한책임자들 간 개별적인 합의에 의해 업무집행자를 정하여 회사를 운영한다. 업무집행자로 유한책임자나 제3자 또는 법인도 가능하다. 업무집행자는 정관 변경 등 몇 가지 특수한 업무를 제외한 업무에서 총회나 이사회 등 각종 결의 절차 없이 신속하게 집행할 수 있다. 사모투자펀드나 벤처기업 등에 적합한 회사형태라고 할 수 있다. 그러나 유한책임회사는 동업기업 과세특례 대상이 아니기 때문에 회사 단위에서 과세가 이루어지고, 배당된 소득에 대해서는 별도의 소득세를 내야 한다.

미국의 경우, LLC는 주식회사의 개인적 책임에 대한 제한과 파트너십의 도관적 세금 특성(회사의 이익이나 손실이 개별 사원에게 배분되는 것을 말한다.)을 갖는 회사를 말한다. 그래서 미국에서는 LLC의 경우, 회사 단위에서 과세가 이루어지지 않고, 이익이나 손실을 배분받은 파트너 단위에서 과세가 이루어진다. LLC 소유주를 'member' 라고 부른다. member 중 1인을 관리자(managing member)로 선출한다.

⑤ 합자회사

합자회사는 유한책임사원(투자자)과 무한책임사원(영업자)이 혼합되어 있는 회사다. 무한책임사원은 회사채권자에 대해 직접, 연대하여 무한책임을 진다. 유한책임사원은 회사에 대해 일정 출자의무를 지며, 출자가액에서 이미 이행한 가액을 공제한 가액을 한도로 책임을 진다. 무한책임사원은 정관에 다른 규정이 없는 때에는 각자가 회사의 업무를 집행할 권리와 의무를 갖는다. 유한책임사원은 대표권한이나 업무집행권은 없지만 회사의 업무와 재산상태를 감시할 권한을 갖는다. 우리나라의 자본시장과 금융투자업에 관한 법률에서 사모투자펀드를 합자회사 형태로 하고 있다.

---

18) 미국 법에서는 합명회사와 합자회사의 법인격을 인정하지 않기 때문이다.

우리나라에서 합자회사는 동업기업 과세특례의 대상이 된다. 합자회사는 법률상 법인격을 갖는 회사이기 때문에 회사 단위에서 과세가 이루어지지만, 세무당국에 동업기업 과세특례 신청을 하면, 과세는 회사 단위에서 이루어지지 않고 사원 단위에서 이루어진다.

⑥ 유한회사

사원의 지위는 지분형식을 취한다. 모든 사원은 출자금액을 한도로 유한의 출자의무를 부담한다. 회사채권자에 대해 어떠한 직접 책임도 부담하지 않는다. 다만, 예외적으로 자본충실의 책임을 지는 경우는 있다. 사원의 권리는 자익권과 공익권으로 나뉜다. 자익권은 이익배당청구권, 신출자인수권, 잔여재산분배청구권 등이 있다. 공익권에는 의결권, 사원총회 결의취소와 무효 또는 변경의 소를 제기할 수 있는 권리 등 단독사원권과 사원총회의 소집청구권과 소집권, 이사의 해임의 소를 제기할 수 있는 권리 등의 소수사원권이 있다.

유한회사의 경우, 과세는 회사 단위에서 이루어진다. 사원에게 배당금을 지급할 경우, 배당을 받은 사원 단위에서 또다시 과세가 이루어진다.

⑦ 주식회사(corporation)

주식회사는 사업을 수행하기 위한 목적으로 주식보유자가 소유하는 법인을 말한다. 주주는 회사를 지배할 이사회의 이사로 선출될 권한을 지니며 사업을 운영하기 위한 관리자를 선출할 수 있는 권한을 갖는다. 주식회사는 소유주와 분리된 법인으로 무한히 존속할 수 있다. 주식회사는 이사회가 해산을 요구하고 주주가 이에 동의하지 않는 한 해산되지 않는다. 주식회사는 별도의 법인격이 인정되므로 법인세를 납부해야 한다. 세금을 납부한 다음 회사의 운영에 필요하지 않은 이윤은 장래 성장을 위해 사내에 유보하거나, 부채상환 또는 주주에게 배당형태로 돌려줄 수 있다. 파트너십과 달리 주식회사의 경우, 주주가 배당을 받거나 청산금을 받으면 주주에게 과세가 이루어진다.

⑧ 합작회사(JV: joint venture)

합작회사는 회사들이 특정 기한까지 특수한 목적을 달성하기 위해 합의하여 설립한 회사를 말한다. 부동산에서 합작회사는 개발프로젝트나 특정 부동산의 소유에 초점이 맞춰지기도 한다. 합작회사는 전형적으로 개별 기관이 회사의 의사결정에 대한 한 개의 투표권을 갖는 파트너십으로 설립한다. 주요 의사결정은 지분비율에 따른 투표보다는 협상에 의해 이루어진다. 합작회사는 부동산 운영회사가 부동산을 취득하기 위한 자본을 투자하는 금융기관을 많이 활용하는 구조다. 투자자는 부동산회사의 운영기술에서 창출되는 편익을 수취한다. 운영사원은 금융기관의 자본투자에 의해 가능해진 규모의 경제와 포트폴리오 분산투자의 편익을 수취한다.

2) 투자구조에 대한 이슈

사업을 운영하는 데 자산관리자와 투자자의 관계에 관한 구조는 지속적으로 진화해 왔다. 사업참여자 사이의 구조와 쟁점은 조직형태와 무관하게 사업에 영향을 미치지만 사업의 유형에 따라 달라진다.

(1) 이윤의 배분

모든 사업에서 참여자 사이에 이윤의 배분에 관한 협상이 필요하다. 이윤의 배분에 대한 협상을 할 때에는 다음과 같은 사항들을 고려해야 한다.

① 목표수익률

목표수익률은 재무적 참여자가 기대하는 투자수익률 수준을 말한다. 목표수익률은 운영현금흐름에서 발생하는 투자액 대비 연간 수익(매년 투자자에게 분배되는 현금)의 비율인 '연간 cash on cash return(BTCF/Cash Equity)'으로 표현할 수도 있다. 목표수익률은 또한 투자의 보유기간에 걸쳐 계산할 수도 있다. 투자수명 동안의 목표수익률은 연간 현금분배액과 자산의 매각대금을 모두 포함한 것이다.

② 우선배당수익률

파트너십에 재무적 파트너의 참여를 위한 인센티브로 운영파트너가 재무파트너에게 우선배당수익률을 제시할 수 있다. 우선배당수익률은 목표수익률을 달성할 때까지 이윤에 대한 우선적인 청구권을 부여하는 것이다. 이러한 우선배당은 개인적으로 매년 적용할 수도 있는데, 당해 연도 목표수익률이 달성될 때까지 우선주투자자에게 모든 분배가능현금을 지급한다. 우선배당수익률이 달성되고 나면 나머지 파트너는 투자에 대한 그들의 목표수익률을 달성할 때까지 나머지 분배가능현금을 분배한다. 그리고 남은 잔여현금이 있다면 다시 우선배당투자자와 보통배당투자자에게 동일한 방식으로 분배한다.

③ 내부수익률(IRR: internal rate of return)

내부수익률(IRR)은 투자기간 전체에 걸친 투자성과를 평가하는 지표다. 내부수익률과 함께 많이 사용하는 지표가 NPV(순현가, net present value)인데, NPV는 투자에서 발생하는 현금흐름을 할인한 값에서 초기 투자액을 차감한 값이다. NPV를 계산하기 위해서는 적절한 할인율을 선택해야 한다. 만약 NPV가 0보다 크면 투자안이 할인율보다 높은 초과수익 실현이 가능하다는 것을 의미한다.

IRR은 NPV가 0이 되는 할인율을 의미한다. IRR이 투자자의 요구수익률보다 높다면 투자에서 투자자의 기대 이상의 수익을 올릴 수 있다는 것을 의미한다. IRR이 요구수익률보다 낮다면 다른 투자대안을 고려해야 한다.

NPV와 IRR의 장점은 부채를 고려할 수도 있고, 고려하지 않을 수도 있다는 점이다. 부채를 고려하기 전 지표라면 자산 전체의 수익성을 감안하여 취득과 관리 여부를 결정하는 데 적용하고, 부채를 고려한 지표라면 투자자의 자본시장에의 접근성을 고려한 지표가 된다.

④ 무한책임사원의 추가권익(promoted & carried interests)

투자관리자의 서비스에 대한 보상으로 운영 또는 무한책임사원은 출자비율과 다른 비율의 파트너십 이윤을 수취할 수 있다. 이러한 추가보상권익의 가장 전형적인 형태는, 재무적 파트너에게 사전에 정한 수익률을 제공한 이후에 운영파트너에게 출자비율과 다른 이윤을 수취할 권한을 부여하는 것이다. 좀 더 복잡한 구조로는 무한책임사원의 배분비율을 파트너십이 달성한 연속적인 전체 수익률의 수준에 따라 증가시키는 것이다.

⑤ 결손과 이익환수

재무파트너에 대한 인센티브로서 운영파트너는 사전에 결정한 수익률이 달성되지 못할 경우에도 일정 수준의 수익분배비율이 달성될 때까지 운영파트너의 이익배분을 포기할 수 있다. 이러한 정관 조항을 '이익환수조항(clawback provision)'이라고 한다. 운영파트너가 포기하는 이익은 재무파트너가 이미 수취한 수익에 합산할 때 IRR을 사전에 정한 목표수익률에 더하여 증가시킨 금액이 된다.

우선배당투자자의 목표수익이 특정한 해에 충족되지 못할 경우에는 수많은 해법이 있을 수 있다. 대개는 부족한 금액과 이에 대한 이자를 장래 수익에 합산해 준다. 이러한 우선배당투자지분을 '누적적 우선지분권' 이라고 한다. 또 다른 방법으로는 가계정에 부족금액을 계상하고 투자안을 차환하거나 매각할 때까지 목표수익률로 적립해 두고 최종적으로 이를 지불하는 방법이다.

우선지분은 매년 이익의 분배 외에도 투자안의 차환 또는 매각 시점에 보통지분에 우선하여 자본수익에도 참여할 수 있다. 이를 '청산 우선지분권' 이라고 한다.

(2) 통제

사업체에 대한 통제권이 한 개인에게 집중될 수도 있고, 다수의 지분투자자에게 분할될 수도 있다. 사업체의 통제와 관련한 의사결정으로 다음과 같은 것들이 있다.

① 운영 의사결정

운영 의사결정은 사업에 대한 일상적 관리를 말한다. 대부분 주식회사에서 지분보유자는 이러한 운영에 직접 참여하지 않는다. 주식회사의 경영은 이사회가 감독한다. 파트너십에서는 관리파트너가 운영 의사결정을 수행한다. 유한책임회사에서는 무한책임사원이 관리파트너 역할을 수행한다.

② 주요 의사결정

자산의 취득과 매각에 관한 의사결정 등 사업체의 미래에 관한 전략적 의사결정은 주요 의사결정이다. 주식회사나 파트너십 모두 주요 의사결정은 지분보유자 전체 회의에서 결정해야 한다.

③ 부채자본조달

부동산을 소유하기 위한 자금조달에서 부채의 규모에 대한 결정은 부동산투자와 관련된 의사결정 중 가장 중요한 의사결정이라고 할 수 있다. 부채비율이 증가하면 그만큼 수익이 증가할 수 있지만 위험도 커지기 때문이다. 파트너마다 위험수용 수준이 각기 다르다. 투자자 중에는 부채비율을 늘리는 것을 투자자에게 배당되는 현금을 증대시키는 기회로 이용하기도 한다. 유동성에 제한이 있는 투자자는 추가자금을 조달하기 위한 수단으로 차입을 선호할 수도 있다. 반대로 보수적인 투자자는 레버리지 사용을 꺼리기도 한다. 파트너십 정관에 목표 레버리지 수준을 포함하기도 하며 무한책임사원에게 부채를 사용할 때 승인을 받도록 요구하기도 한다. 목표 레버리지 수준 변경을 유한책임사원의 투표가 필요한 중요한 의사결정으로 정할 수도 있다.

④ 세무 의사결정

파트너십에서는 한 파트너에게 세무에 대한 재량권을 부여하는 것이 일반적이다. 이 파트너를 '세무파트너' 라고 한다. 다른 파트너는 세법상 다른 지위를 가질 수 있다. 예를 들어 한 파트너는 납세자가 되고 다른 파트너는 세금면제자가 될 수 있다. 세무 의사결정은 다른 파트너에게는 아무런 영향을 미치지 않으면서 특정 파트너에게 재무적으로 중요한 영향을 미칠 수 있다. 주식회사에서는 세무 의사결정을 담당 임원이 관리하고 이사회의 감독을 받는다.

(3) 출구전략

파트너십 자산의 매각 또는 회사 청산에 대해 파트너마다 다른 입장을 취할 수 있다. 표준적인 정관에는 이러한 상황발생에 대비하여 이 과정에 대해 통제할 수 있도록 정하고 있다.

① 우선청약권(right to first offer)

우선청약권이 있으면, 퇴사파트너가 자산매각을 요구할 때 잔존파트너가 해당 자산을 일반에게 매각하기 전에 매수할 수 있는 권리를 보유한다. 이러한 권리를 '우선협상권(first look)' 이라고 한다. 퇴사파트너는 목표 매각가격을 정한다. 매수의도가 있는 파트너가 매수하지 않으면 같은 가격에 일반에게 매각할 것을 요구할 수 있다. 이 가격에 일반에게 매각될 수 있으나, 만약 이보다 낮은 가격에 매각되어야 하는 경우 매각파트너가 이에 응하면 일반 매각 전에 다시 이 가격으로 잔존파트너에게 매입을 타진해야 한다.

이러한 접근법은 잔존파트너가 항상 자산을 통제할 수 있는 기회를 갖도록 하기 위한 것이다. 잔존파트너가 자산매입을 원하지 않은 경우, 이는 사실상 추정가치를 초과하는 가격으로 자산을 매각하는 것에 동의하는 것이다. 자산을 이 가격에 매각하면 모든 파트너는 그 결과에 만족한다. 공개매각에서 매수자는 매도자가 목표가격에 합의해야 매각을 종료할 수 있는 권한을 지니고 있음을 알고 있기 때문에 투자를 긍정적으로 고려하게 된다.

② 우선매수권(right to first refusal)

잔존파트너에게 우선매수권은 우선청약권보다 유리하지 않다. 우선매수권이 있는 상황에서 퇴사파트너는 잔존파트너에게 제3자와 합의한 가격에 자산을 매입할 수 있는 권리를 부여해야 한다. 이러한 기회를 '최종협상권(last look)'이라고 한다. 이러한 상황에서 매수희망자는 잔존파트너가 자산을 매입할 수 있는 입찰을 준비할 수 있는 충분한 시간을 소비할 수 있음에 유의해야 한다. 이러한 자산 매각-매수 조항은 매각과정에 매수자가 참여할 수 있는 권리가 제한된다.

③ 평가에 의한 매각

퇴사파트너와 잔존파트너 사이에 가격을 결정하는 또 다른 일반적인 방법은 평가에 의해 가격을 정하는 것이다. 이러한 구조에서는 시장에 자산을 내놓지 않아도 가격을 결정할 수 있다. 각 파트너는 평가회사에 그 가치를 결정해 달라고 의뢰하면 된다. 각 평가사가 동일한 가치에 도달하면 그 가치가 매각가격이 된다. 만약 각 평가사가 동일한 가치에 합의하지 못하는 경우 제3의 평가사를 선택해야 한다.

(4) 수수료 수입

대부분 부동산회사는 부동산투자자에게 여러 서비스를 제공하고 수수료를 수취한다. 회사에 참여하지 않은 기관에 대해 독립적인 서비스를 제공하는 것을 '제3자에 의한 관리'라고 한다. 소극적 또는 운영에 참여하지 않는 부동산투자자는 제3의 관리자가 부과하는, 다음과 같은 수수료를 부담해야 한다.

- 취득수수료
- 처분수수료
- 금융수수료
- 자산관리수수료
- 부동산관리수수료
- 개발수수료
- 건설관리수수료
- 합작회사 관리수수료

(5) 자금조달방법

부동산과 관련한 자금을 조달하는 과정은 부동산회사와 상업은행, 투자은행의 다양한 전문가가 관여하는 매우 규제가 심한 과정이다. 따라서 변호사나 회계사와 같은 여러 전문가의 서비스가 필요하다.

① 신디케이션(syndication)

신디케이트는 투자자에게 증권을 발행해 주기 위해 결합한 은행집단을 말한다. 이를 '증권모집'이라고 한다. 신디케이트는 부채모집과 주식모집 모두를 위해 형성할 수 있다. 지분신디케이트는 간사 역할을 하는 회사(bookrunning manager)가 운영할 수도 있다. 부채신디케이트는 간사은행(agent bank)이 운영한다.

부동산에서도 금융신디케이트는 부동산투자에서 공동으로 지분조달을 위해 결합한 일단의 투자자를 지칭할 수 있다. 이러한 신디케이트는 전형적으로 유한책임회사로 구조화된다. 이러한 투자형태에 전문화된 회사를 신디케이터라고 한다.

② 인수

주식모집에 있어 인수자는 투자자 관점에서 투자적정성을 검토한다. 인수자가 거래를 승인하면, 인수자는 주식이 사전에 합의한 가격으로 매각될 수 있도록 시장을 조성해야 할 의무를 지게 된다. 최근에는 인수자가 증권을 투자자에게 배정한 다음 인수하기로 한 계약에 서명하기만 한다. 이러한 인수는 실제 증권매각과 동시에 일어나기 때문에 인수자는 시장위험을 거의 부담하지 않게 된다. 리츠주식의 공개모집은 대부분 이러한 인수절차에 의해 이루어진다.

증권모집에 공개모집과 사적모집이 있다. 공개모집의 방법도 'fully marketed offering',[19] 'overnight offering',[20] 'bought deal',[21] 'at the money(ATM)'[22] 등이 있다.

19) 공모기업이 시장에서 잘 알려져 있지 않은 경우에 많이 사용한다. 일명 'road show'라고도 하는데, 공모 이전에 많은 잠재투자자와 협상을 하는 방법이다.

20) 시장에 잘 알려져 있는 기업의 경우, 영업일 마지막에 공개시장 거래종료 이후 증권이 거래된다.

21) 투자수요가 강한 시장에 잘 알려져 있는 기업의 경우, 인수자가 사전에 정한 가격으로 인수하고 나중에 시장에 재공모하는 방법이다.

22) 지속적인 자본주입이 필요한 기업의 경우, 인수자가 정기적으로 새로운 지분을 투자자에게 계속 매각하는 방식이다.

③ 모집주선(best efforts offering)

이 방식은 인수할 총액은 정하되 이에 대해 보증하지 않는다. 총액인수(underwritten offering)와 달리 인수과정이 길어질 수 있으며 마케팅과 매각을 위한 상당한 노력이 필요할 수 있다. 부동산 파트너십, 펀드, 사모 리츠는 대부분 이 방식으로 이루어진다.

3) 지분투자자

(1) 공모시장

지분투자자는 공모를 통해 모집할 수도 있고, 사모를 통해 모집할 수도 있다. 공모를 통해 지분투자자를 모집하는 경우, 부동산투자회사(REITs)나 부동산운영회사, MLP(master limited partnerships) 등을 통해 지분투자자를 모집한다.

① 부동산투자회사(REITs: real estate investment trusts)

리츠(REITs)는 주된 업무가 부동산의 부채나 지분에 대한 권리를 소유하는 회사다. 주로 주식회사형태이며, 부동산투자에 한정하여 투자활동을 하고 세법에서 용인하는 범위에서만 수익을 처분할 수 있다. 리츠는 미국에서 유래했으나 이와 유사한 구조가 많은 나라에 도입되어 있다. 미국에서 리츠는 주로 부동산의 지분권이나 저당권에 투자해야 한다. 이윤의 대부분을 주주에게 배당하는 한 리츠에 대한 법인세는 면제되나 주주는 배당에 대한 소득세를 납부해야 한다. 미국의 대부분 리츠주식은 공개주식시장에서 거래된다. 우리나라에서는 리츠 외에 부동산펀드도 이 분류에 포함해야 한다.

② 부동산운영회사(REOCs: real estate operating companies)

REOC는 주로 부동산의 지분권을 소유하고 부동산산업에 서비스를 제공하는 주식회사다. 이 회사는 이윤을 재투자할 수 있으며 매년 이윤을 분배하지 않아도 된다. 대부분 세금부담 경감을 위해 감가상각으로 인한 세금감면효과를 충분히 누리고 있다. 공개회사와 비공개회사가 모두 존재하며 세계적으로 운영되는 회사도 있다.

③ MLPs(master limited partnerships)

MLP는 공개시장에서 거래되는 상장증권인 구좌(unit)라는 권리를 발행하는 파트너십이다. MLP는 주로 부동산과 천연자원에 투자한다. MLP 구좌보유자는 유한파트너십에 제공되는 단일과세의 편익을 누리는 대신 전통적인 주식회사의 지배구조에 참여할 수 있는 편익을 포기해야 한다. 전 세계에 걸쳐 700백만 달러 이상의 부동산, 사회간접자본, 재생에너지 부문의 자산을 관리하고 있는 Brookfield Asset Management가 대표적인 MLPs 형태의 회사다.

(2) 사모시장

사모의 경우, 직접투자자나 간접투자자가 지분에 투자할 수 있다. 부동산에 직접 투자하며 자산에 대한 권익을 소유하는 투자자를 직접투자자라 한다. 자산을 소유하는 법인의 지분을 매수하는 투자자를 간접투자자라고 한다.

① entrepreneurial limited partnership

이들은 외부의 소수의 투자자에게 유한파트너십의 지분을 매각하여 자본을 조달한다. 파트너십 투자는 유동성 제약이 있고 현금흐름이 불확실하기 때문에 투자자는 가치를 창출할 수 있는 기업가적 시도를 하는 한편 유동성은 기꺼이 포기해야 한다.

최근에는 유한파트너십을 통해 자본을 조달하는 취득개발부동산으로 부동산회사를 시작하는 경우가 늘고 있다. 이러한 파트너십이 소유한 자산은 투자자에게 유동성을 제공하는 REIT umbrella 파트너십에 흡수될 수도 있다.

② 연금기금과 보험회사

장기투자를 모색하는 금융기관은 종종 직접 또는 합작으로 부동산에 투자함으로써 사적 자본을 제공한다. 이들 기관은 전통적으로 주요 시장에서 대규모의 입지가 양호한 자산에 집중적으로 투자했다. 대체로 금융기관은 주요 부동산회사와 파트너로 참여하여 랜드마크 부동산과 포트폴리오를 개발하고 소유하는 역할을 한다.

③ 사적지분(private equity)

고액자산 개인과 기회추구형(opportunistic) 자본을[23] 조달하는 투자회사를 사적지분이라고 한다. 이들 사적지분회사는 부동산에 직접 또는 부동산회사와 합작으로 투자한다. 연금기금과 기관투자가와 달리 사적지분회사는 고수익을 위해 더 큰 위험을 감수

23) 기회추구형 자본이란 고위험 고수익을 추구하는 부동산 투자가들을 말한다.

하기도 한다.

④ 사모 리츠(REITs)

공개시장이나 처분을 통한 출구전략을 모색하기 전에 상당한 자본이득을 얻기 위한 목적으로 부동산에 투자하는 사모 리츠가 많다. 사모 리츠는 주식회사의 이점을 누릴 수 있기 때문에 리츠구조를 선택한 것이다. 리츠주식을 사적 네트워크를 이용해 다른 개인투자자에게 매각하기도 한다.

금융기관도 부동산투자에 필요한 자본을 모집하기 위한 수단으로 사모 리츠를 이용하기도 한다. 사모 리츠는 공개시장에서 거래되지 않기 때문에 주식이 평가되지 않는다. 이들 기관이 이 주식을 공개한다면 재무제표에 이 주식의 거래가치대로 기재해야 하는데, 가치가 변동하면 이익이나 손실이 발생하게 된다.

⑤ TIC(tenancy in common)

TIC는 투자자가 각기 투자부동산의 부분권익을 소유하는 집단으로 구성된 소유구조를 말한다. 일종의 지분소유라고 할 수 있다. 이 구조의 편익은 개별투자자가 직접 부동산의 권익을 소유한다는 점이다. 미국 세법에 따르면 세무문제 없이 지분거래가 가능하다. 또한 양도나 상속이 가능하다. TIC 투자를 주관하는 TIC 스폰서가 투자할 상업용 부동산을 정하고 은행대출까지 받은 후에 투자자를 모집한다. 투자자는 대규모 쇼핑몰이나 임대용 공동주택에 소액투자를 할 수 있다. 국내의 분양형 호텔 등이 TIC와 유사하다고 할 수 있다.

4 기타 다양한 자금조달방법

여기서는 부동산투자에 필요한 자금을 조달하는 방법으로 전통적인 지분과 부채 방식 이외의 방법에 대해 알아본다. 전통적인 대출과 보통주로서 지분투자방식 외에도 다양한 자금조달방식이 존재한다. 다양한 방식은 투자자의 위험-수익률 프로파일의 다양성(이질성)과 자본시장의 역동성을 보여주는 사례라고 할 수 있다.

① 다계층모기지(multiple-note mortgage)

일반적으로 모기지는 단일의 동일한 증서로 이루어진다.[24] 여전히 이 단일증서가 많이 이용되지만 21세기 들어 다중증서로 구성된 모기지가 발행되고 있다. 선순위증서가 가장 큰 비중을 차지하지만 모기지를 수직적 또는 수평적으로 여러 증서로 나눈다. 수평적 분할은 우선순위나 이자가 동일한 증서로 나누고 일부는 증권화하고 다른 일부는 증권화하지 않거나, 또는 전체 모기지규모가 너무 클 경우 각기 다른 CMBS 풀에 넣어 증권화하기도 한다. 수직적 분할은 우선순위를 달리하는 방법이다. 사실상 선순위모기지와 후순위모기지를 발행하는 것과 같다.

② 메자닌 부채(mezzanine debt)

메자닌 부채는 정의하기 어려운 유형이다. 대출상품으로 지분보다는 선순위이나 다른 부채에는 후순위인 구조를 띤다. 직접 부동산에 의해 담보되기도 하여 저당권(lien)이 포함되기도 하나 다른 선순위투자수단에는 후순위인 경우도 있다. 이 경우 메자닌 부채는 사실상 후순위모기지로 볼 수 있다. 2000년대 초 메자닌 부채는 부동산자산에 의해 직접 담보되지는 않아도 투자실체에 대해서는 담보되는 대출형태를 띠었다. 이 경우 투자자는 선순위채권자에 대해 완전한 보상이 이루어지기 전까지는 투자수익을 수취할 권리가 없다. 그러나 투자가 일시에 이루어지지 않는 경우 메자닌 자본은 선순위 부채 전에 위치한다. 이 경우 메자닌 부채방식의 투자는 선순위부채투자자를 보호하는 버퍼 역할을 한다. 특히 대규모의 복잡한 거래에는 메자닌 부채가 게재된다. 메자닌 부채는 1순위 모기지보다 훨씬 높은 이자율을 요구하며 대체로 이자는 발생시점마다 지급되지 않고 복리로 축적된다.

③ 참가대출(participating loan)

대출기관은 낮은 금리를 받는 대신 부동산에서 발생하는 소득 또는 현금흐름에 대한 청구권을 갖는 대출을 말한다. 참가대출은 잠재총소득, NOI, 금융비용 공제 후 현금흐름에 참가할 수 있다. 또한 부동산매각에 따른 매각대금이나 자본이득에 참가할 수도 있다. 신축 부동산은 어느 정도 점유가 안정된 이후 참가하며, 기존 부동산은 손익분기점을 넘어서야 참가한다. 대출기관은 계약금리 외에 부동산의 운영수익 또는 매각수익

24) 일반 모기지대출에는 원금과 이자 상환방식에 따라 다양한 유형이 존재한다. 상업용 부동산금융에서는 일정 기간 동안 이자만 지불하고 원금은 상환하지 않는 원금거치대출과 일정 기간 동안 부의 상환이 이루어지는 복리대출(이자를 지급하지 않고 원금에 가산하는 대출) 등이 있다.

에 참가하여 더 큰 수익을 올릴 수 있는 기회를 가질 수 있으나, 부동산수익에 참가하여 추가로 획득할 수 있는 수익에 대한 불확실성을 부담해야 한다. 참여대출은 부동산에서 손실이 발생한 경우에는 참가하지 않는다.[25)]

④ 전환대출(convertible loan)

전환대출은 대출기관이 대출 이후 일정 기간 경과 후 부동산에 대한 전부 또는 일부 지분을 매입할 수 있는 옵션을 갖는 대출이다. 즉, 대출에 콜옵션이 결합된 대출이다. 예를 들면 70% LTV의 전환대출을 해 준 금융기관에게 5년 뒤 부동산지분의 65%를 매입할 수 있는 권리를 부여한 대출을 생각할 수 있다.

⑤ 우선주, 보통주(preferred equity, common equity)

우선주(preferred equity)는 보통주(common equity)에 비해 더 높은 목표수익률로 발행되며 매년 운영소득이나 청산소득에도 참가하거나 적자 시 미지급된 배당을 나중에 복리이자로 배당받을 수 있는 권리가 부여된다. 합작회사와 유한책임파트너십에서도 운영사원과 출자사원 사이에 상이한 분배구조로 구성되기도 한다.

⑥ 토지의 매각 후 임차(land sales lease-back)

이 방식은 건물만을 담보로 차입하고 토지에 대해서는 별도로 차입하거나 리스하는 방식이다. 토지는 리스하고 건물은 소유한 뒤에, 이 건물을 담보로 차입하는 경우가 이에 해당한다. 또는 토지를 이미 소유하고 있는 투자자가 토지를 다른 투자자에게 매각하고 재임차하는 방안도 있을 수 있다. 결국 토지매각대금을 융통하고 그에 대한 임차료를 이자 대신 지급하는 방식이다. 토지와 건물 전체에 대해서도 같은 방식을 적용할 수 있다. 토지와 건물 소유자는 해당 부동산 전체를 매각하고 재임차함으로써 매각대금을 융통하고 임차료를 지급한다.

이와 유사하게 장기토지임차(ground lease)도 개발업자의 자본조달수단으로 볼 수 있다. 토지의 장기임차란 토지소유자가 장기계약을 통해 토지임차인에게 토지 위에 건물을 건축할 수 있도록 허용하는 계약을 말한다. 개발업자로서는 토지취득에 필요한 자금을 조달할 필요가 없다.

---

25) 수익공유형 모기지와 유사한 형태다. 수익과 손실에 모두 참여하는 모기지를 책임공유모기지(responsible shared mortgage)라고도 하고 손익공유형 모기지라고도 한다.

⑦ 부분권익의 매각(sale of partial interests)

공중권,[26] 광업권,[27] 원유 가스 채굴권[28] 등 토지에 속한 부분권익을 토지소유권에서 분리하여 매각함으로써 자산을 매수하거나 투자수익률을 개선하는 데 필요한 자금을 조달할 수 있다. 이 전략의 위험은 이러한 권익의 가치가 명확하지 않을 수 있다는 것이다. 일단의 택지개발사업에서 입지가 양호한 특정 택지만 따로 떼어서 상업용으로 매각하는 것도 이러한 전략에 속한다고 할 수 있다. 상가용 토지에 쇼핑시설이 입지하면 주택매수자에게 쾌적성과 편의성을 증진시켜 택지매각에 긍정적인 영향을 미칠 수 있기 때문에 개발업자에게 개발사업 초기에 자금을 조달하는 데 도움을 줄 수 있다.

26) 부동산소유자가 주로 수직적으로 기존 건물 위의 추가공간을 개발할 수 있는 권리.

27) 부동산이 입지하고 있는 토지에 매장되어 있는 광물을 채굴할 수 있는 부동산소유자의 권리.

28) 원유나 가스와 같은 천연자원을 탐사, 시굴, 채굴할 수 있는 부동산소유자의 권리.

부록 레버리지와 자본구조

상업용 부동산금융에서는 상업용 부동산에 투자할 목적으로 자금을 조달하는 경우가 많다. 자금을 제공해 주는 쪽에서도 투자목적으로 자금을 제공하기도 한다. 따라서 상업용 부동산금융에서는 투자에 대한 판단이 필요하다. 이런 이유에서 여기서는 레버리지효과와 최적 자본구조에 대해 알아보도록 한다.

자산시장에는 다양한 선호도를 가진 투자자가 존재한다. 따라서 다양한 위험-수익률 프로파일을 갖는 자산이 존재한다. 상업용 부동산 역시 그러한 투자대상자산 중 하나이다. 부동산에 투자할 경우 대개 지분 외에 부채를 활용하는데, 부채의 존재로 부동산은 다양한 위험-수익률 특성을 갖는 투자상품이 될 수 있다. 부채를 활용하여 부동산에 투자하면 부동산가치가 증대하고, 자본이 더 효율적으로 할당되는 경향을 보일 수 있다.

1) 레버리지의 의의와 작동원리

레버리지효과(지렛대효과, leverage effect)는 물리학에서 출발한 개념이다. 지레는 받침점을 중심으로 힘점과 작용점에 작용하는 힘을 이용하는 도구이다. 물리학에서 제1종 지레는 받침점이 가운데 있고 힘점에 가하는 힘의 방향과 작용점에 가해지는 힘의 방향이 반대방향이며, 힘점이 받침점에서 멀어질수록 작용점에 가해지는 힘이 커진다.

재무레버리지는 부동산에 투자된 부채가 받침점 역할을 하고 부동산수익률을 힘점으로 하여 지분수익률이라는 작용점에 힘을 가하는 것으로 설명할 수 있다. 지레의 원리를 이용하여 설명한다면 부채를 많이 활용할수록 부동산수익률이 지분수익률에 미치는 영향이 커진다. 지분투자자는 부채와 지분으로 자금을 조달하여 투자한 부동산에서 발생한 전체 순수익(NOI)에서 우선청구권을 갖는 부채에 대한 원리금(DS)을 먼저 상환한다. 그러면 잔여청구권인 지분은 NOI에서 DS를 공제하고 남은 잔여수익을 갖게 되는데, 고정적인 수익을 수취하는 부채가 지레 역할을 하게 된다. 그러나 부채사용이 과도하여 NOI에서 DS의 몫이 커지게 되면 자칫 공실이나 대손 등의 발생으로 NOI가 축소될 때 DS를 감당하기 어려울 수 있다. 그래서 부채사용은 지분수익률에 대한 지레 역할만 하는 것이 아니라 지분에 대한 손실을 발생시키기도 한다.

레버리지비율(LR: leverage ratio)은 부동산가치를 지분가치로 나눈 값으로 정의한다.[29] 일반 기업재무에서와 마찬가지로 부동산투자에서도 부채사용은 지배구조와 인센티브에 영향을 미친다. 부채사용으로 지분은 기초자산의 전체 가치를 지배할 수 있다. 그리고 잔여청구권으로 인해 부동산가치의 증대는 지분가치의 증대로 이어질 수 있다. 지분투자자가 부동산을 잘 관리하면 그 편익을 얻을 수 있지만, 제대로 관리하지 못하면 손실을 입을 수도 있다. 지분투자자에게 주요 관리 권한을 부여함으로써 기초자산의 가치를 극대화할 수 있으며, 이를 통해 물리적 자본의 생산성을 극대화할 수 있다.

2) 레버리지의 위험과 지분수익률

이제 레버리지의 효과를 계량적으로 살펴보자. 지분투자자의 관점에서 레버리지가 투자의 위험과 기대수익률에 미치는 영향을 살펴보자. 부동산가치 10억 원, NOI 1억 원, 이자율 8%라고 가정하고, 대출비율이 0%에서 90%까지로 변할 때(LR이 1에서 10까지 변할 때) 지분투자자의 위험과 기대수익률의 변화를 살펴보자. 여기에서는 기간 말 부동산가치의 변화는 무시한다.[30] 각 LR 가정마다 보통, 낙관, 비관 세 가지 시나리오를 상정한다. NOI 1억 원이 보통인 상황이고, 낙관은 보통의 1.1배, 비관은 보통의 0.9배로 가정한다.

여기에서 다음 두 가지 사실을 이야기할 수 있다. 첫째, LR이 높아질수록 지분투자자의 기대수익률은 점점 증가한다. LR이 1, 즉 부채를 전혀 사용하지 않을 경우 지분수익률은 부동산수익률과 같은 10%지만, LR이 높아질수록 부동산수익률 10%에 비해 지분수익률은 점점 증가하며 그 증가폭이 점점 커진다. 부채를 많이 사용할수록 지분투자액은 적어지며 BTCF도 적어지나 지분수익률은 점점 커진다.

둘째, LR이 높아질수록 경기변동에 따른 영향도 커진다. 투자는 현재 소비를 희생한 대가로 미래 소비를 늘리기 위한 것이므로 현재 시점과 미래 시점 사이의 거래라고 할

29) LR = V / E = 1/(1 − L/V) = 1/(1 − LTV) 이므로 LTV = 1 − (1/LR)이 된다. 즉 LTV가 높을수록 LR도 높아지나 선형관계는 아니다. 여기서 V는 부동산가치, E는 지분가치, L은 부채를 의미한다.

30) 아래에서 보는 것과 같이 보통, 낙관, 비관 시나리오를 상정할 경우 기간 말 부동산가치도 달라질 것이므로 소득이득과 자본이득을 모두 고려한 지분수익률(equity yield rate)에 미치는 영향은 더 커질 것이다.

그림 1 레버리지비율과 지분수익률의 관계

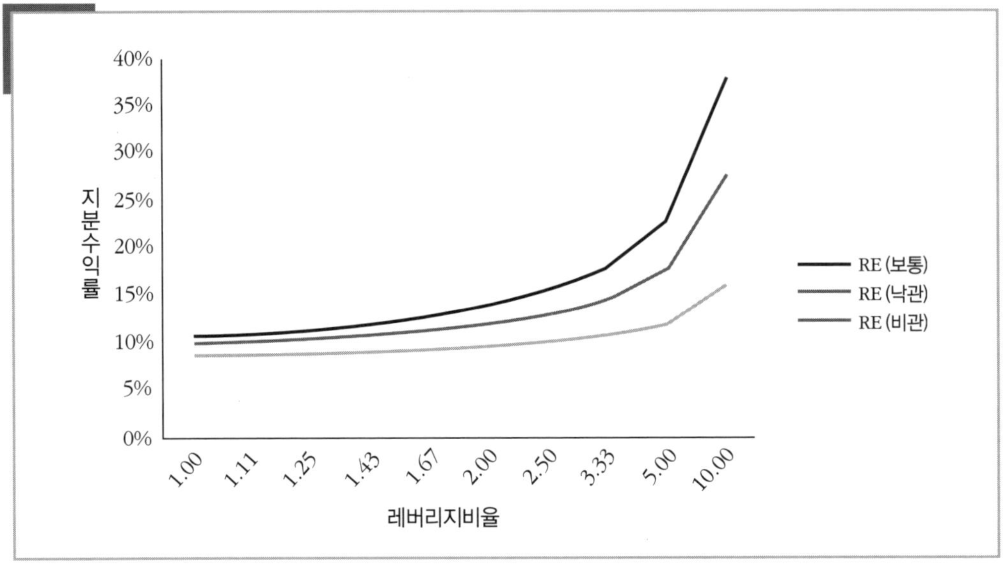

수 있다. 따라서 현재 시점과 미래 시점 사이에 불확실성이 존재한다. 앞으로 상황이 예상한 것과 달리 낙관 또는 비관 시나리오처럼 될 경우 예상했던 기대수익률이 실현되지 않을 가능성도 커진다. 즉 위험이 그만큼 커진다는 것을 의미한다.

3) 가중평균자본비용

레버리지가 위험과 기대수익률에 미치는 영향을 살펴보는 데에는 가중평균자본비용(WACC: weighted average cost of capital) 개념이 매우 유용하다. WACC는 다음과 같이 계산한다.[31)]

$$WACC = r_P = (LTV)\, r_D + (1 - LTV)\, r_E$$

여기서 r_P는 부동산 전체의 수익률, r_D는 부채의 수익률, r_E는 레버리지를 활용하는

31) 일반 기업재무에서는 WACC를 $(LTV)\, r_D(1 - T_C) + (1 - LTV)\, r_E$로 정의한다($T_C$는 기업의 한계법인세율). 일반적으로 상업용 부동산에서는 세율을 고려하지 않는데, 그 이유는 대부분 상업용 부동산투자가 파트너십 등 비과세 법인에 의해 직접 투자되거나, 부동산투자회사와 같이 비과세 법인에 의해 간접 투자되는 미국의 부동산 투자환경 때문이다.

지분의 수익률을 의미한다. WACC는 직관적으로 이해하기 쉽다. 부동산가치를 재무적으로 구성하는 부채와 지분이 부동산수익에 대해 청구권을 갖는 것은 당연한 논리적 귀결이다. 부채와 지분에 대한 수익률을 각각의 부동산가치에 대한 구성비율로 단순가중평균한 값이 WACC다.

주식시장에서 주식이 거래되는 경우 지분수익률을 쉽게 파악할 수 있다. 부동산에서는 리츠가 그러한 경우에 해당한다. 외부에서 지분수익률과 부채수익률을 비교적 쉽게 관찰할 수 있기 때문에 리츠에 대해 WACC를 적용하는 것은 매우 쉽다. 만약 리츠 A와 리츠 B가 동일한 지분수익률 20%를 보이지만, A는 5%(LTV 40%), B는 8%(LTV 70%) 이자율로 부채를 사용하고 있다면, WACC는 다음과 같이 달라진다.

$$WACC_A = (0.4)\,5\% + (0.6)\,20\% = 14.0\%$$

$$WACC_B = (0.7)\,8\% + (0.3)\,20\% = 11.6\%$$

A보다 B의 WACC가 낮다. WACC가 낮다는 것은 그만큼 낮은 요구수익률을 보이므로 투자타당성 심사에서 통과될 가능성이 높다. 이는 B가 A보다 덜 위험한 프로젝트라는 것을 의미한다. 그러나 A보다 B가 부채를 더 많이 사용하므로 지급불능위험이 더 높다. B의 대출기관은 이러한 위험에 대한 보상으로 더 높은 이자율을 요구한 것이다.

직접투자시장에서는 지분수익률을 관찰하기 어렵다. 그러나 다른 요소, 즉 부동산수익률, 부채수익률, LTV는 비교적 관찰이 용이하므로 이들 요소를 이용해 지분수익률을 계산할 수 있다.[32)]

$$r_E = (r_P - LTV \times r_D)/(\,1 - LTV)$$

예를 들어 LTV 60%, 부동산수익률 10%, 부채수익률 5%일 때, 지분수익률은 17.5%가 된다.

4) 정의 레버리지와 부의 레버리지

레버리지는 부채사용이 지분수익률에 미치는 영향을 의미하는데, 부채사용으로 지

32) 이 공식을 yield rate에 적용하면 $y_E = (y_P - LTV \times y_D)/(1 - LTV)$가 되는데, 이 y_E를 투자에 대한 cash-on-cash return이라고 부른다.

분수익률이 부동산수익률보다 커지는 경우가 일반적이겠지만 반대로 부동산수익률보다 지분수익률이 작아지는 경우도 있을 수 있다. 전자의 경우를 정(正)의 레버리지(positive leverage), 후자를 부(負)의 레버리지(negative leverage)라고 한다. 부채수익률보다 부동산수익률이 높으면 언제나 정의 레버리지가 실현된다. 반대로 부동산수익률이 부채수익률보다 낮을 때 부의 레버리지가 나타난다. 부동산수익률과 부채수익률이 동일한 경우를 중립적 레버리지(neutral leverage)라고 한다. 이 경우에는 부채사용이 지분수익률에 아무런 영향을 미치지 못한다.

WACC를 LTV 대신 LR을 이용하여 다시 쓰면 다음과 같다.

$$r_E = r_D + LR(r_P - r_D)$$

즉 지분수익률은 부채수익률에다가 '부동산수익률과 부채수익률의 차이'에 레버리지비율을 곱한 값을 더한 것과 같다. 결국 부동산수익률과 부채수익률의 차이가 0보다 크면 레버리지비율이 높을수록 지분수익률은 커지게 된다. 반대로 이 차이가 0보다 작다면 반대의 현상이 벌어진다.[33)]

5) 최적 자본구조

부채사용에 따른 레버리지효과로 정의 레버리지 상황이라면 부채를 많이 사용할수록 지분수익률은 높아지니, 미래의 시장상황에 따라 기대수익률이 실현되지 않을 가능성도 커지는 위험이 따른다. 기업의 자본구조란 지분과 부채의 구성비율을 의미한다. 기업가치를 극대화시키는 자본구조를 최적 자본구조라 한다.[34)]

Modigliani & Miller(1958, 1963, 1969)에 따르면, 기업의 법인세를 고려하지 않은 완전자본시장을 가정할 때 기업가치는 자본구조와 무관하므로 최적 자본구조는 존재하

33) 현실적으로는 LR이 높아질수록 이자율도 높아질 것이므로 정의 레버리지효과는 축소될 것이다.

34) 최적 자본구조에 관한 이론은 크게 세 가지로 구분할 수 있다. 첫째, 상충이론(trade-off theory)은 최적 자본구조를 부채와 지분의 다양한 비용과 편익의 균형이라고 설명한다. 둘째, 자본조달순서이론(pecking order theory)은 최적 자본구조를 경영자와 투자자 사이의 정보비대칭으로 인한 역선택비용에 의해 결정된다고 설명한다. 셋째, 시장적시성이론(market timing theory)은 주식시장의 주가변동에 따라 주식의 상대적 자본비용이 수시로 등락하기 때문에 기업은 주가가 높은 시점에서 주식을 발행하고 주가가 낮은 시점에는 주식을 재매입한다고 본다. 시장상황에 따라 최적 자본구조가 달라진다고 보는 것이다.

지 않는다.[35)]그러나 기업의 법인세를 고려한 완전자본시장을 가정할 경우 법인세 감세 효과로 최적 자본구조는 100% 부채를 이용할 때 달성된다. 그러나 현실의 자본시장은 불완전하여 파산비용과 대리인 비용 등이 존재할 경우 부채를 이용할수록 기업가치가 감소하게 된다. 따라서 부채이용에 따른 한계이득과 한계손실이 존재하므로 LTV 100% 이전에 최적 자본구조가 존재한다는 주장이 설득력을 얻고 있다.

여기서 파산비용이란 부채를 과다하게 이용할 경우 부채의 원리금을 상환하지 못해 파산상태에 달하게 될 때 부담하게 되는 제반비용을 의미한다. 여기에는 변호사비용, 회계사비용, 소송비용 등의 직접 파산비용과 직원의 이직, 기업가치의 할인매각, 과도하게 높은 금융비용, 매출액감소 등의 간접파산비용이 포함된다.

부동산투자에서 지분과 부채를 모두 사용하는 경우에는 주주와 채권자 사이의 대리인 문제로 발생하는 대리인 비용을 최소화하는 점에서 최적 자본구조가 결정될 수 있다. 대리인 비용에는 주인이 대리인의 행위를 감시하는 비용, 대리인이 주인에게 대리인의 행동을 확증하기 위한 비용, 감시와 확증에도 불구하고 발생할 수 있는 잔여손실이 포함된다. 파산비용과 대리인 비용을 재무적 곤경에 따른 비용(COFD: cost of financial distress)이라고도 부른다. 부동산투자의 경우 일반 기업과 달리 부동산을 담보로 부채를 빌려주기 때문에 COFD 역시 작을 것으로 추정된다. 그렇기 때문에 일반 기업금융보다 부동산금융에서 부채비율이 높게 나타날 수 있다.

35) MM이론이 성립하기 위해서는 완전자본시장이 존재해야 하고, 기업을 동질적인 위험집단으로 분류할 수 있어야 하며, 투자자는 동질적인 기대를 갖고 있고, 무위험부채와 위험한 지분만 존재한다고 가정해야 한다. 그리고 무위험이자율로 차입과 대출이 가능하다는 가정이 필요하다.

이 장의 주요 내용

- 상업용 부동산금융은 '상업용 부동산의 취득, 개발, 건설, 투자 목적에 필요한 자금을 조달/제공하는 것'을 말한다. 자금조달은 지분방식과 부채방식, 자산방식, 그리고 이들을 혼합한 구조화방식이 모두 가능하다. 사모와 공모 형태 역시 모두 가능하다.

- 대출 인수 기준 중 상업용 부동산금융에서 가장 중요한 지표는 부채감당률이다. 부채감당률은 상업용 부동산에서 벌어들일 것으로 예상하는 순영업소득으로 대출에 따른 원리금상환을 감당할 수 있는지 알 수 있는 지표다.

- 상업용 부동산대출에는 건설프로젝트에 필요한 자금을 융통하는 건설대출과 준공 이후 운영 부동산에 대한 장기대출, 그리고 건설단계에서 운영단계까지 고려한 미니장기대출 또는 브릿지론으로 나눌 수 있다.

- 지분투자자는 공모시장(REITs, REOCs, MLPs), 사모시장(유한파트너, 연기금과 보험회사, 민간지분, 사모 REITs, TIC)을 통해 상업용 부동산에 투자하며, 최근에는 다계층모기지, 메자닌 부채, 참가대출, 전환대출, 우선주와 보통주, 토지의 매각 후 임차, 부분권익의 매각 등 다양한 방법을 활용하고 있다.

연 | 습 | 문 | 제

01 | 상업용 부동산금융의 특징에 대해 설명하라.

02 | 상업용 부동산금융의 위험에 대해 설명하라.

03 | 상업용 부동산대출의 유형에 대해 설명하라.

04 | 상업용 부동산대출에서 적용하는 인수기준에 대해 설명하라.

05 | 상업용 부동산금융의 출구전략에 대해 설명하라.

06 | 다계층모기지, 메자닌 부채에 대해 설명하라.

제 2 장

부동산개발금융

부동산개발은 토지를 취득하고 인·허가를 받아야 하며, 건설과정을 거쳐, 최종적으로 부동산을 임대운영하고 추후 처분하는 과정을 거치게 된다. 이 과정에서 여러 종류의 자금이 필요하다. 본 장에서는 이런 부동산개발과정과 금융전략을 살펴보고, 소위 ADC금융이라고 부르는 토지취득과 개발, 그리고 건설금융에 대해 살펴본다. 그리고 독립적인 프로젝트 회사를 통해 부동산개발에 필요한 자금을 모으는 프로젝트금융에 대해 살펴보도록 한다. 부록에서는 실물옵션에 대해 살펴보도록 한다. 실물옵션은 부동산개발사업의 가치를 평가할 때 유용하게 사용할 수 있는 이론으로, 부동산개발사업의 가치를 제대로 평가해야 개발에 필요한 자금을 조달할 수 있기 때문에 부록으로 이에 대해 살펴본다.

1. 부동산개발과정과 자금조달
2. 토지취득과 건설을 위한 금융
3. 프로젝트금융

부록 실물옵션

1 부동산개발과정과 자금조달

1) 부동산개발과정

개발 의사결정

개발 개념 도출부터 완공 후 안정적인 점유(임대) 달성까지 새로운 부동산의 개발과정은 부동산사업에서 가장 창의적이고 복잡한 과정이다. 부동산개발과정에는 각 단계별로 상호 관련된 과업을 수행하는 다양한 전문가가 개입한다.

개발 의사결정의 상황은 특정 부지에 대한 용도 탐색과정과 특정 용도에 적합한 부지 탐색과정으로 나눌 수 있다. 전자는 개발업자가 이미 토지를 보유하고 있으므로 부지에 대한 최고최선의 용도를 연구하면 된다. 그러나 후자는 개발업자가 특정한 용도를 정한 다음 그 용도에 적합한 부지를 찾는 것이므로, 개발비용과 해당 용도에 대한 수요, 특정 입지에 대한 경쟁의 정도가 의사결정에서 중요한 문제가 된다. 대부분 개발사업은 이 후자의 유형에 속한다. 개발분석의 과정에서 시장 및 경쟁 분석, 물리적 분석 및 설계 분석, 정치적 및 법률적 분석, 그리고 재무적 분석을 반복적으로 수행한다.

개발과정

개발하고자 하는 부동산의 유형에 관계없이 개발과정의 각 단계는 매우 유사하다. 개발과정을 몇 단계로 나누느냐는 일치된 견해는 없으나, Geltner, Miller, Clayton & Eichholtz(이하 GMCE라 함, 2014)는 사전준비단계(preliminary phase), 건설단계(construction phase), 임대단계(lease up & tenant finishes phase), 안정운영단계(stabilized operation phase)의 4단계로 구분하여 설명하고 있다. 다른 학자들이나 개발업자들도 대개 이와 같은 4단계 구분을 사용하고 있으므로, 여기서는 GMCE의 부동산개발 4단계를 중심으로 개발과정을 설명한다.

① 사전준비단계

첫째 단계인 사전준비단계에서는 부지를 선택하고 필요하면 분필 또는 합필을 한다.

그리고 필요한 인·허가를 득하고 개발프로젝트를 설계한다. 이러한 과업은 토지의 병합과 인·허가 신청이 진행되면서 동시에 최고최선의 용도분석이 반복적으로 진행된다. 사전준비단계 중 어느 과업은 수개월 또는 수십 년이 소요되기도 하고 결국에는 실패하는 프로젝트도 많다. 이런 경우 개발업자는 노력과 시간, 비용을 낭비하게 된다. 그렇기 때문에 사전준비단계는 개발과정에서 가장 실패가능성이 높은 단계다. 그렇지만 준비단계에서 실제 투자되는 자본규모는 상대적으로 많지 않다. 이 단계에서 소요되는 자원은 대부분 정상적인 운영경비와 시간으로, 개발회사의 투자자본이라기보다는 일상적인 경비에 해당한다. 이러한 경비는 실제 개발단계에 들어가면 개발업자에게 수수료로 지급된다.

이 단계에서 토지가치의 증가를 통해 이윤이 발생할 수 있다. 토지를 다른 개발업자에게 매각할 경우 준비단계의 마지막에 투자된 자본을 회수할 수 있다. 이처럼 토지를 다른 개발업자에 매각하게 되면, 개발업자는 부동산 프로젝트에 투자했다기보다는 토지에 투자한 것으로 보여지기도 한다.[1)]

준비단계의 마지막에 토지매입옵션의 행사나 토지매입대금의 지급과 같은 방법으로 토지를 완전하게 취득하게 되는데, 이로써 개발업자는 건축을 진행할 수 있는 권리를 갖게 된다. 실제 토지를 언제 어떻게 매입하느냐와 관계없이 건축이 시작되는 시점부터 토지가치에 대한 기회비용이 발생한다고 보아야 한다. 보통 이 시점이 토지를 매입하여 건축을 시작하는 시점이다.

② 건설단계

부동산개발에 대한 투자는 실제 건설단계로 토지의 기회비용발생과 함께 시작된다. 건설단계 동안 건설에 필요한 비용을 지불하기 위해 재무적 지출이 이루어진다. 건설단계는 사전준비단계만큼 크지는 않지만 여전히 상당한 위험을 내포하고 있다. 프로젝트가 특정 용도를 전제로 한 프로젝트라면 점유가 어느 시기에 어느 정도의 임대료 수준으로 어느 정도 점유가 이루어질지 파악하기가 어렵다. 이는 근본적으로 시장위험으로, 개발프로젝트의 관점에서 특정 용도의 개발사업은 임대위험(lease-up risk)에 노출된다고 할 수 있다.

---

1) 토지투자는 매우 위험하기 때문에 실물옵션이론을 이용하여 설명할 수 있다. 실물옵션이론에 대한 설명은 부록에 간단하게 정리해 놓았다.

또한 부동산개발투자는 본질적으로 운영레버리지(operational leverage)[2)]가 높기 때문에 위험하다. 재무레버리지가 없다고 하더라도 개발프로젝트는 잠재적인 수입에 비해 고정비용이 매우 높다는 점에서 운영레버리지를 안게 된다. 개발프로젝트가 건축완공 시점에 어떤 가치를 지니든 간에, 개발업자는 토지를 매입하여 건축을 시작하는 시점부터 토지의 기회비용을 부담해야 하며, 건설단계의 마지막에는 건축비를 완납해야 한다.

③ 임대단계

세 번째 단계는 임대단계로 건물이 준공된 이후 건물의 공간을 임대하여 사용자가 점유하는 단계다. 상업용 개발사업에는 장기임대차계약이 이루어지는데, 이에 따라 해당 공간을 사용하게 될 임차인의 요구에 부합하는 공사가 필요하다. 이러한 지출 중 일부는 임차인이 지불하기도 하나 개발업자가 부담하는 지출도 적지 않다. 이 단계에서는 건설단계보다 자본이 크게 소요되지 않고 위험도 적다.

물론 임대가 아닌 분양프로젝트일 때에는 임대단계 대신 분양단계가 들어가겠지만, 상업용 부동산은 기본적으로 누가 소유하든 간에 누군가가 공간을 점유하여 이용하게 되어 있다. 이 단계가 바로 임대단계인 것이다.

건설단계와 임대단계는 개발프로젝트의 핵심이라고 할 수 있다.

④ 운영단계

개발프로젝트의 마지막 단계는 운영이 안정되는 단계다. 프로젝트는 임대가 어느 정도 완료되면 수익성이 장기적으로 안정된다. 이 시점이 바로 개발완료 시점이다. 이 시점에 오면 위험이 가장 낮은 수준에 이르기 때문에 다른 유형의 투자자(장기적으로 안정적인 투자를 원하는 투자자)가 이 시장에 들어오게 된다. 이에 따라 해당 부동산의 가치가 다시 설정된다. 이때부터는 부동산개발투자가 아닌 부동산운영투자의 성격을 지니게 된다. 만약 건설대출을 받아 건설을 진행했다면 건설대출은 지분 투자 또는 해당 부동산을 담보로 하는 장기대출로 전환된다.

---

2) 운영레버리지(operational leverage)란 고정비용이 많고 적음에 따른 수익률의 변동을 말한다. 고정비용이 큰 산업일수록 운영레버리지가 높다고 말한다. 고정비용은 매출액에 관계없이 지불해야 하는 비용이다. 그렇기 때문에 고정비용이 큰 산업에서는 매출액이 적으면 고정비용을 감당하지 못해 수익률이 마이너스로 떨어질 수 있다. 그러나 매출액이 많아지면, 고정비용은 추가적으로 늘어나지 않기 때문에 수익률은 빠르게 상승하게 된다.

그림 1 개발프로젝트의 과정 : 투자자본과 투자위험

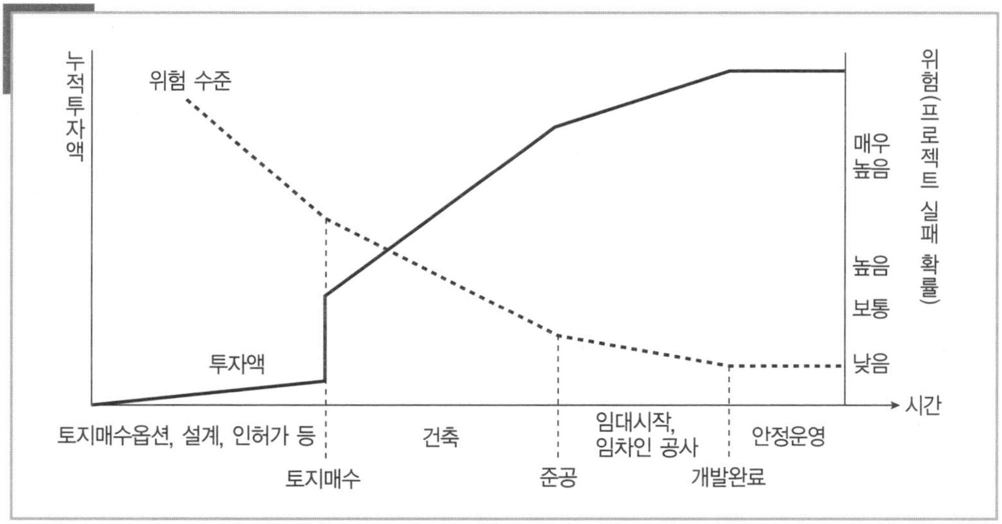

출처 : Geltner, Miller, Clayton & Eichholtz(2014), p.734.

2) 개발에 필요한 자금의 원천

개발단계별 자금 원천

개발프로젝트의 진행단계에 따라 세 가지 주요 자금원천이 있다. 사전준비단계에서 개발업자는 종잣돈(seed capital) 역할의 지분투자를 하거나, 아니면 그런 역할을 할 투자자를 찾는다. 이는 주로 사전준비단계에서 투자되며, 이후의 투자규모에 비해 가장 적은 규모의 금액이다.

다음 단계의 자금은 외부의 지분투자로, 주로 토지매입에 사용된다. 이때의 외부 지분투자는 첫 단계의 지분투자에 비해 훨씬 큰 금액을 필요로 하는데, 연기금이나 생명보험회사 등 금융기관, 외국인 투자자, 부유한 개인, 리츠(REITs)나 펀드와 같은 간접투자기구 등 다양한 원천에서 공급된다. 이러한 외부 투자지분에는 하나 이상의 투자자 유형이 포함되는 다소간 복잡한 파트너십 구조로 투자가 이루어지는 경우도 적지 않다. 부채방식으로 자금이 조달되기도 하는데, 후순위부채인 메자닌 부채가 포함되는 경우도 종종 있다.

마지막으로 건설에 필요한 자금은 대개 차입형태로 조달된다. 건설대출은 전형적으로 상업은행이나 신디케이션(syndication)으로 공급된다. 전형적인 건설대출은 건물의 물리적 완성에 소요되는 비용만 커버한다. 임대단계부터 안정단계까지 운전자본이 필요한 경우에는 브릿지론(bridge loan)이 필요할 수도 있다. 또는 건설비용과 운전자본까지 커버하는 미니장기(mini-perm)건설대출이 대안적으로 이용되기도 한다.

투자자금에 대한 원리금지급이나 배당금지급의 우선순위는 투자자금이 개발사업에 들어온 순서의 반대로 이루어지는 것이 일반적이지만, 투자자금의 규모에 따라 우선순위가 이루어지기도 한다. 대개는 투자위험 크기의 역순으로, 위험한 투자일수록 후순위로 자금을 회수하는 것이 일반적이다.

임대가 시작되어 안정운영단계에 들어가면, 건설대출은 장기금융(permanent loan)으로 대체된다. 즉, 장기금융을 조달하여 건설대출을 상환한다. 장기금융은 지분투자(equity) 또는 장기 상업용 모기지대출의 형태로 조달된다. 경우에 따라서는 수익참여대출(equity participation loan)형태로 자금을 조달하기도 한다. 지분형태이든 부채형태이든 안정자산에 대한 장기투자자금은 대개 연기금, 생명보험회사, 외국인 투자자, 부유한 개인 등 상대적으로 보수적인 기관에서 공급한다.

표 1 부동산개발 단계별 자금원천

<table>
<tr><th></th><th>사전준비단계</th><th>건설단계</th><th>임대단계</th><th>안정운영단계</th></tr>
<tr><td>사업내용</td><td>토지매입계약, 설계, 인·허가, 최종 토지매입</td><td>건축물 건설 착공, 준공</td><td>임대시작,
임차인 공사,
임대 완료</td><td>임대운영</td></tr>
<tr><td rowspan="2">자금원천</td><td rowspan="2">- 개발업자의 seed money
- 외부 지분투자 및 대출</td><td>- 건설대출 (construction loan)</td><td>- 브릿지론 (bridge loan)</td><td rowspan="2">- 장기대출 (permanent loan)
- 지분투자(직접, 간접투자)</td></tr>
<tr><td colspan="2">미니장기대출(mini-perm loan)</td></tr>
</table>

지분투자자의 투자전략

지분투자자들은 투자전략에 따라 투자하는 단계가 달라진다. 고위험-고수익을 추구하는 투자전략을 기회추구 투자전략(opportunistic investment strategy)이라고 부르는데, 이런 전략을 추구하는 투자자는 주로 사전준비단계에 지분투자를 한다. 반면, 저위험-저수익을 추구하는 투자전략을 핵심추구 투자전략(core investment strategy)이라고 하는

데, 이런 전략을 추구하는 투자자는 주로 안정운영단계에 지분투자를 한다.

그 사이에 중저위험과 중저수익을 추구하는 투자전략인 core-plus 투자전략(core-plus investment strategy)과 중고위험과 중고수익을 추구하는 가치추가 투자전략(value-add investment strategy)이 있다. core-plus 투자전략은 완공된 상업용 부동산에 투자를 하되, 운영전략의 수정이나 시설개선 등을 통해 추가적인 수익을 얻고자 하는 투자전략을 말한다. 그리고 가치추가 투자전략은 완공된 상업용 부동산에 투자하되, 리모델링이나 증·개축, 용도변경 등을 통해 좀 더 큰 수익을 추구하는 투자전략을 말한다.

2 토지취득과 건설을 위한 금융

1) 토지취득을 위한 자금조달

토지취득의 어려움

토지취득과 개발, 그리고 건설을 위한 금융을 ADC금융(ADC financing: Acquisition, Development and Construction financing)이라고 부른다. 여기서는 우선 토지취득과 관련한 금융에 대해 살펴본다.

부동산을 개발하려고 하면 개발부지를 확보하여야 한다. 개발부지를 확보하는 가장 간단한 방법은 해당 토지를 매입하는 것이다. 또 다른 방법은 해당 토지의 소유자가 개발프로젝트에 참여하는 것이다. 지주공동사업처럼 토지소유자와 부동산개발업자가 공동으로 사업을 하는 것이다.

그러나 실제 개발부지를 확보하는 것은 매우 어렵고 시간이 많이 걸리며, 구입자금 확보도 쉽지가 않다. 개발부지가 하나의 필지로 되어 있으면 그나마 해당 필지의 소유자와 협상을 통해 매입을 하면 되지만, 개발부지가 여러 개의 필지로 되어 있으면 해당 필지 모두를 매입하여야 사업을 진행할 수 있기 때문에 선불리 한두 필지를 매입할 수가 없다. 매입 못한 필지가 있으면 사업을 중도에 그만두어야 하기 때문이다. 설령 모든 필지를 다 매입하였다 하더라도 인·허가를 받지 못하면 사업을 중단해야 한다.

그래서 대개는 각각의 지주와 매매의향서를 작성하여 모든 지주가 매각에 다 동의하고, 관청으로부터 인·허가를 받을 수 있는 것으로 확인이 될 때, 비로소 매매를 체결하게 된다. 매매를 체결할 때에는 보통은 개발업자가 조달한 자기자본으로 계약금을 지불하고, 나머지 잔금은 외부투자자의 지분투자나 금융기관의 대출로 조달하게 된다. 그러나 이 과정에서 일부 지주가 마음을 바꾸어 토지를 매각하지 않을 수도 있고, 또 매각하더라도 가격을 더 높여달라고 요구할 수도 있다. 심지어 계약금을 받고 나서도 계약을 파기하고자 하는 경우도 있다.

토지매입옵션

그래서 지주에게 일정한 금액을 지불하고 토지매입옵션(land purchase option)계약을 체결하는 것이 좀 더 확실한 방법이다. 이 옵션계약은 "해당 토지를 일정한 가격으로 일정한 기간까지 매입할 수 있는 권리"를 개발업자가 갖는 계약이다.

만약 개발업자가 모든 필지를 확보하지 못하거나 관청으로부터 인·허가를 받는 것이 어렵다고 판단될 때에는 매입권리를 포기하면 된다. 만약 토지소유주가 계약을 파기할 경우, 소송을 통해 토지를 확보할 수도 있고 그렇지 않을 경우 계약 미이행에 따른 손실보상을 요구할 수도 있다. 보다 확실하게 토지매입옵션계약을 이행하게 하는 방법은 신탁회사에 토지를 신탁하는 것이다. 개발업자가 매입옵션을 실행하면 신탁회사가 토지의 소유권을 개발업자에게 넘겨주고, 개발업자가 매입옵션을 포기하면 신탁회사가 토지의 소유권을 원소유자에게 되돌려 주는 것이다. 물론 이에 따른 비용은 개발업자가 내야 한다.

토지매입옵션계약에서 옵션비용은 옵션기간이 길수록 비싸지고, 토지가격의 변동성이 클수록 비싸진다. 특히 토지가격이 오를 것으로 예상되는 경우, 지주는 더 많은 옵션비용을 지불할 것을 요구하거나 아예 옵션계약 체결 자체를 거부할 수도 있다. 이 경우, 옵션행사가격(토지매입가격)이 시세에 따라 변동하도록 해 줄 경우 옵션계약이 비교적 손쉽게 이루어질 수 있다.

토지소유자의 자금제공

토지소유자가 토지취득자금을 제공해 줄 수도 있다. 토지소유자가 토지로 현물출자를 하고 개발업자의 지분을 받는 방법도 일종의 토지소유자가 제공하는 토지취득자금이라고 볼 수 있다. 또는 토지대금의 일부를 현금으로 받고, 일부는 지분형태로 받을 수가 있다. 이는 개발사업에 따른 수익의 일부를 토지소유자와 나누어 갖는 방법이다.

토지소유자가 향후 토지가격의 상승을 고려하여 토지를 매각하지 않으려고 할 때에도 이런 방법을 사용할 수가 있다. 토지소유자에게 현재의 시세대로 토지를 매입하되, 토지소유자에게 개발사업에 따른 수익의 일부를 나누어 주는 방식으로 매입할 수 있는 것이다.

물론 이런 조건부계약으로 토지를 취득할 때에는 법적 분쟁을 염두에 두고, 각자의 권리와 의무를 분명하게 할 필요가 있다. 구체적인 계약구조는 각국의 법률 체계에 따라 달라진다. 일반적으로는 신탁을 이용하여 토지소유자에게 우선 수익권을 주어서, 토지소유자가 우선적으로 토지대금을 찾아가고 그 다음 개발업자가 나머지를 찾아가도록 하는 방법을 사용한다.

2) 건설금융

(1) 건설금융의 특징과 유형

건설금융의 특징

개발업자는 토지를 취득한 후 건설에 필요한 자금을 조달하여야 하는데, 대개는 차입형태로 조달을 하게 된다. 이를 건설대출(construction loan)이라고 하는데, 건설기간 동안 자금을 빌려 사용하고 건설이 완료되거나 안정점유를 달성하면 상환하는 경우가 일반적이다. 그래서 이를 중간 대출, 또는 잠정대출(interim loan)이라고 부르기도 한다. 건설대출자금의 용도는 직접 건설비만 커버하는 경우가 많지만 간접비까지 커버하는 경우도 있다.

개발업자가 대출 없이 지분으로 토지를 취득한 경우 토지를 담보로 자금을 조달할 수도 있다. 토지취득자금을 대출받아 토지를 취득하였을 때에는 이미 토지에 저당권이 설정되어 있기 때문에 개발업자의 신용에 의해 건설대출을 받게 된다. 이 경우 개발업자가 법인격으로서 상환의무를 진다. 그래서 건물이 완공되면 장기대출을 해 주겠다는 금융기관의 대출확약서를 전제로 하거나, 건물이 완공되면 후취담보를 제공하겠다는 조건을 부가하기도 한다.

건설대출의 네 가지 유형

건설금융에서 사용하는 대출은 부동산개발업자의 사업방식에 따라 다음의 네 가지 유형으로 나누어 볼 수 있다.

첫째는 부동산개발을 완성한 후 부동산투자자에게 부동산을 매각하기로 약정되어 있을 때의[3] 건설대출이다. 이 경우에 개발업자는 건설에 필요한 단기적인 자금조달만 원한다. 건물이 완공되고 나면 투자자가 해당 부동산을 매입하기 때문이다. 이때 건설대출을 해 주는 금융기관은 부동산투자자의 매입확약서 등을 보고 대출을 해 주게 된다.

둘째는 준공 즉시 부동산을 매각하고 건설대출을 상환하는 유형이다. 단기건설대출과 준공 이후 매각준비과정 또는 안정점유 이전까지 브릿지론(bridge loan)을 확보하여야 한다.[4] 그렇지 않으면 처음부터 미니장기대출(mini-perm loan)을 확보하여 사업을 진행할 수도 있다. 이 유형이 첫 번째 유형과 차이나는 것은, 첫 번째 유형은 개발 전에 부동산매입자가 확보되어 있는 데 반해, 두 번째 유형은 사전에 매입자가 확보되어 있지 않은 상태에서 부동산을 매각하겠다는 계획을 갖고 있는 것이다. 사전에 매입자가 확보되어 있지 않은 상태이기 때문에 건설대출을 해 주는 쪽에서는 위험을 고려하여 대출이자율을 올리게 된다. 또 준공 이후 후취담보형태로 담보를 확보하려고 한다.

셋째는 개발업자가 직접 부동산을 소유하면서 운영할 계획하에, 장기대출 금융기관으로부터 장기대출 약정을 받아 두는 것이다. 장기대출을 확약해 주는 금융기관은 임대의 안정성을 보고 장기대출을 해 줄 것인지 여부를 판단하게 된다. 건설자금을 대출해 주는 기관은 개발업자가 장기대출 확약서를 받아 두었기 때문에 상환불능에 대한 우려를 하지 않게 된다. 그래서 건설대출을 받는 것도 용이하고 대출이자율도 비교적 저렴

3) 부동산투자자가 핵심추구 또는 core-plus 투자전략(core or core-pluse investment strategy)을 사용할 경우, 직접 개발사업에 나서기를 원하지 않는다. 이런 투자자는 개발사업이 완료되면 이를 인수하여 운영하기를 원한다.

4) 이 경우 금리위험에 노출되니 금리스왑 등 헤지(hedge) 수단을 강구할 필요가 있다.

하다.

넷째는 개발업자가 직접 부동산을 소유하면서 운영할 계획이기는 하지만 장기대출에 대한 확약을 받지 못한 경우이다. 이 유형이 세 번째 유형과 다른 것은, 장기대출 확약을 받지 못했다는 점이다. 개발업자는 건설이 끝난 후, 건설대출을 장기대출로 전환하여야 하는데, 장기대출을 받지 못할 경우 건설대출을 상환하지 못할 수 있다. 따라서 건설대출을 해 주는 금융기관 입장에서 보면, 상환불능의 가능성이 있기 때문에 건설대출을 해 주는 데에도 신중할 수밖에 없고, 대출이자율도 높을 수밖에 없다.

(2) 건설대출을 받는 과정

전형적인 건설대출은 다음과 같은 과정을 통해 대출이 이루어지고, 건설이 완공되면 장기대출이 이루어지면서 건설대출에 대한 원리금상환이 이루어진다.

① 대출신청 정보

대출을 원하는 개발업자는 대출기관에게 대출을 신청할 때 일반적인 요건(프로젝트 정보, 시장 및 재무 정보), 건설대출계약에 필요한 추가 정보(장기대출 확약서와 대출조건, 상세 건축계획, 상세 건축비용), 건설대출 실행요건(사업정보, 시장과 재무 정보, 정부규제 정보, 시공계약, 장기대출 확약서), 장기대출 실행요건(준공 후의 시장 및 재무 정보, 사업 정보, 규제 정보, 건설대출상환 관련 내용 등) 등의 정보가 필요하다.

② 장기대출 확약

건설대출은 프로젝트 완성 후 안정적인 점유가 유지될 경우 개발업자가 장기대출을 받아야 대출금을 회수할 수 있으므로 장기대출 확약서를 요구한다. 장기대출 확약서는 대출신청 후 대출이 승인되었을 경우를 가정한 것으로 장기대출에 필요한 조건이 붙는다. 이 조건이 충족되면 장기대출자가 대출을 집행하여 건설대출이 상환된다. 이 조건에는 건설대출 확보 유효기간, 프로젝트 준공기일, 최소 임대실적, 최소 임대실적 부족분 보완 조항,[5] 확약서 유효기간 및 연장 조항, 장기대출자에 의한 설계변경 및 원자재 교체 승인권 등이 포함된다.

5) 임대율이 목표보다 낮아 장기대출의 일부 집행으로 건설대출상환이 부족할 경우를 대비하여 제3의 대출기관에서 대기충당금융(standby gap financing) 확약을 요구할 수 있다.

③ 건설대출 실행

건설대출기관은 장기대출 확약서를 확보한 이후에 건설대출을 실행한다.[6] 또는 개발업자와 건설대출기관, 그리고 장기대출기관이 3자간 공식계약(건축완공 이후 확약서대로 조건이 충족되면 건설대출기관이 직접 장기대출기관에게서 장기대출을 인수하는 계약)을 체결할 수도 있다.[7] 개발업자가 건설대출과 장기대출을 위한 협상을 하는 대신, 건설단계부터 임대단계 이후 1~2년까지 필요한 자금을 건설대출기관에서 미니장기대출(mini-perm loan)로 받는 경우도 있다.[8]

건설대출은 월별로 기성고에 따라 집행한다.[9] 공사진행과 자금집행에 따라 대출금이 증가한다. 일반적으로 건설대출의 금리는 변동금리가 적용된다.[10] 건축기간 중에는 부동산에서 아무런 수입이 발생하지 않으므로 건축비용은 물론 건축기간 중에 발생하는 이자지급에 필요한 금액도 건설대출액에 포함되어야 한다.

④ 장기대출로의 전환

건축과 임대기간이 끝나고 장기대출 확약서의 조건이 충족되면 장기대출이 실행되어 건설대출기관은 건설대출을 회수하게 된다. 장기대출이 실행된 이후부터 장기대출기관은 부동산수익에서 매월 원리금을 지급받는다. 장기대출은 대체로 비소구대출(non-recourse loan)이다. 비소구대출이란 대출금을 담보부동산의 운영소득과 매각대금으로만 회수할 수 있다는 것을 의미한다. 따라서 장기대출심사에서 부동산의 수익과 가격 등 현금흐름 창출능력에 집중하게 된다.

---

6) 건설대출기관과 장기대출기관은 직접적인 계약관계가 아니므로 건설대출기관이 프로젝트 준공 이후 장기대출기관에게서 장기대출을 직접 수령할 수 없다. 그러나 건설대출기관이 개발업자에게서 장기대출 확약서를 지명양도 받을 경우에는 직접 수령할 수 있다.

7) 프로젝트가 완성된 이후 프로젝트 자체를 제3자에게 매도할 것을 약정한 매도예약(pre-sale)도 장기대출 확약과 동일한 효과를 갖는다.

8) 1980년대 오피스 개발 붐 시기에 대출자 간 경쟁에 의해 출현한 유형이다.

9) 이를 '지급유예(holdback)' 라고 한다. 건설대출의 일부를 특정 단계에 이르기 전까지 집행하지 않은 금액을 말한다.

10) 변동금리부 건설대출의 금리위험을 헤지할 필요가 있는 경우에는 금리스왑, 금리선물 등 파생상품을 활용할 수 있다.

3) 토지개발금융

토지개발금융의 특징

토지개발사업은 개발업자가 토지를 매입하여 토지 위에 기반시설을 설치하고 부지를 정리하여 완성된 토지를 부동산개발업자에게 매각하는 사업을 말한다. 앞서 살펴본 부동산개발사업은 이렇게 토지개발업자에게서 매입한 토지에 건축물을 건설하는 것을 말한다. 경우에 따라서는 토지개발과 부동산개발을 한 개발업자가 수행하기도 한다.

토지개발사업은 최종적으로 부동산개발업자에게 조성한 토지를 매각해야 하기 때문에 해당 토지의 용도에 대한 시장수요를 예측해야 한다. 최종 건축물에 대한 수요는 개발토지에 대한 수요로 이어진다. 택지와 상업용지, 산업용지 등 최종 개발토지의 용도에 따라 최종 수요에 대한 분석 자료와 기법도 달라진다. 토지개발업자는 관공서로부터 인·허가를 받거나 용도지역을 변경하는 업무를 수행하고, 최종적으로 개발토지를 건축업자나 개발업자 등 최종 토지수요자에게 판매하는 업무를 담당한다. 부지조성에 필요한 개발계획, 토목, 조경, 도로공사 등의 업무는 토지개발업자와의 계약에 의해 용역업체나 하청업자가 수행한다.

토지소유자가 토지개발업자를 먼저 접촉하는 경우도 있고, 토지개발업자가 토지소유자에게 먼저 접촉을 시도하는 경우도 있다. 이후 토지개발업자와 지주의 이해가 맞아떨어질 경우 토지개발업자와 지주는 토지매입옵션계약을 추진한다. 토지개발업자는 장래에 사전에 정한 가격으로 토지를 매입할 수 있는 권리를 지주에게서 매입한다. 옵션가격은 장래 실제 토지를 매입할 때 매매대금의 일부가 된다. 토지개발업자가 토지를 매입하지 않으면 옵션가격은 지주가 그대로 갖게 되고 토지개발업자는 이를 돌려받지 못한다.

토지개발금융에서 자금조달방법

토지개발업자는 토지취득과 부지조성공사를 하는 과정에 필요한 자금을 조달해야 하는데, 대개 다음의 세 가지 방안 중 하나의 방안으로 자금을 조달한다.

첫째, 토지개발업자가 토지를 현금으로 매입하고, 부지조성비용과 이자지급에 필요한 자금만 대출받는 방안이 있다.

둘째, 토지개발업자가 토지매입에 필요한 계약금만 내고, 나머지 대금은 토지를 담보로 저당대출을 받아 지급한다. 그리고 토지개발업자는 부지공사비와 이자부담액에 필요한 자금을 별도로 대출받는 방안이 있다.

셋째, 토지개발업자는 계약금을 내고 토지를 취득하며, 나머지 잔금과 부지조성비는 대출을 받아 조달한다. 이 대출금으로 토지잔금과 부지조성비에 사용한다.

위에서 살펴본 어느 방안에서든지 대출기관은 부지조성비를 대출해 준다. 대출금은 기성고에 따라 집행되며, 대출에 대한 담보로 토지에 저당권을 설정한다. 완성된 토지가 판매되면 이를 토지매입 및 공사비 대출상환에 사용하고, 매각된 토지에 대해 저당권을 해지한다.

대출기관의 요구사항

토지개발사업에 필요한 자금을 대출받기 위해 필요한 정보로 대출신청서 요건, 대출실행에 필요한 일반적 조건, 대출실행 이후 최종 약정 및 부수적인 조건으로 나누어 볼 수 있다. 여기에는 시공사 등 제3자의 역할 수행능력, 개발사업에 대한 개발밀도 등 행정규제 사항, 개발사업에서 예측 불가능한 위험에 대한 개발사업 참여자 간 부담 증명서 등이 필요하다.

특히 토지개발업자는 부지조성공사에 대한 상세계획과 세부비용을 추정하여 제출해야 한다. 대출기관은 공사계획과 설계대로 부지를 조성할 경우 필요한 비용내역을 확인하여 공사가 진행되는 기성고에 따라 자금을 집행한다. 이때 대출기관은 월별로 상세한 자금집행내역을 요구한다.

또한 대출기관은 인건비 및 원자재 지급보증서 및 공사이행보증서를 요구한다. 지급보증서는 시공업자가 부도가 날 경우 보증기관이 인건비와 자재비를 지급한다는 보증이며, 공사이행보증서는 공사기간 중 시공사가 부도날 경우 보증사가 공사완공에 필요한 자금을 제공한다는 보증이다. 또한 개발업자는 하청업자가 모든 의무를 완수하기 전에 대금을 지급받는 것을 방지하기 위하여 지불을 유예할 수 있다. 만약 개발사업이 지연되거나 토지판매가 부진할 경우 대출이 적기에 상환되지 않을 수 있으므로 이에 대비하여 대출계약 연장조항을 대출계약에 포함하기도 한다.

3 프로젝트금융

1) 프로젝트금융의 개념과 구조

프로젝트금융이란?

프로젝트금융(PF: project financing)이란 프로젝트의 자산과 현금흐름에 기초하여 자금을 조달하고, 해당 프로젝트로부터 나오는 수익으로 원리금을 상환하거나 수익을 배당하는 방식의 자금조달기법을 말한다. 여기서 프로젝트란 대규모 부동산개발이나 자원개발, 도로나 항만 건설 같은 사업을 의미한다.

전형적인 형태의 프로젝트금융은, 독립적인 프로젝트 회사(project company)가 자신의 명의로 자금을 조달하는 형태를 취한다. 앞에서 본 토지취득, 개발, 건설 금융(ADC 금융)은 프로젝트 사업주(개발업자, 시행사)가 토지 등을 담보로 하여 자금을 조달하거나 자기신용에 의해 자금을 조달하는 데 반해, 프로젝트금융은 프로젝트 그 자체의 수익성을 기초로 하여 자금을 조달한다.

자금조달은 투자자에게서 투자를 받는 지분방식으로 조달할 수도 있고, 차입을 하거나 회사채를 발행하는 부채방식으로 조달할 수도 있다. 또 자산이나 미래의 현금흐름을 담보로 한 자산유동화(ABS)방식으로 자금을 조달할 수도 있다. 대개는 지분방식과 부채방식 등을 혼합한 구조화방식으로 자금을 조달한다.

부동산개발사업의 경우, 자금이 일시에 들어가는 것이 아니라 순차적으로 필요하게 된다.[11] 지분투자나 차입 등을 한꺼번에 받을 경우, 프로젝트 회사 내부에 자금이 사용되지 않은 채 남아 있게 된다.[12] 그래서 대개는 일시에 투자자금이나 차입금 등을 받는 것이 아니라 순차적으로 자금을 받는 계약을 투자자나 금융기관들과 맺게 된다.

11) 예를 들어 공사비의 경우, 기성(공사가 진행된 정도)에 따라 공사비가 지급된다.

12) 사업에 사용되지 않고 남아 있는 자금을 '유휴자금(idle money)' 이라고 부른다. '유휴자금' 이 많아지면 프로젝트의 수익률이 낮아지게 된다.

프로젝트금융의 구조

전형적인 형태의 프로젝트금융은 다음의 그림과 같은 구조로 되어 있다. 프로젝트금융은 크게 프로젝트 사업주(sponsor), 프로젝트 회사(project company), 투자자(investor), 대출 금융기관(bank), 시공사(construction company)로 구성되어 있다.

① 프로젝트 사업주

프로젝트 사업주는 프로젝트를 실질적으로 수행하는 사업 주체로, 프로젝트 회사를 설립하여 자신이 갖고 있는 프로젝트의 사업권을 프로젝트 회사에 양도를 한다.[13] 사업주는 프로젝트 사업권을 프로젝트 회사에 양도한 대가로 회사의 지분을 확보하지만, 경우에 따라서는 일부만 지분으로 받고 나머지는 현금으로 받기도 한다. 또 필요하다면, 현금으로 추가출자를 하기도 한다.

프로젝트 사업주는 일반적으로 기업이지만, 개인일 수도 있고 기타 법인격을 가진 법적 주체(entity)일 수도 있다. 또는 이런 기업들의 연합체(컨소시엄)일 수도 있다.

② 프로젝트 회사

프로젝트 회사는 사업주와 독립적인 회사로, 명목상 사업을 수행하는 주체다. 프로젝트 회사를 실질적으로 운영하는 주체는 프로젝트 사업주다. 프로젝트 회사는 주식회사나 유한회사 형태가 일반적이나 반드시 회사일 필요는 없다. 경우에 따라서는 합자조합(limited partnership)[14] 등의 형태도 가능하다.

---

13) 프로젝트 사업권이란 프로젝트를 수행하는 데 필요한 제반 권리를 말한다. 토지소유권이나 토지매입옵션권리, 인·허가권리 등을 포함한 일체의 권리를 사업권이라고 부른다.

14) 합자조합(limited partnership)이란 무한책임 파트너(general partner)와 유한책임 파트너(limited partner)로 구성된 조합을 말한다. 무한책임 파트너는 조합을 실제로 운영하지만 조합의 채무에 대해서는 무한정으로 책임을 지는 조합원이며, 유한책임 파트너는 조합의 운영에는 참여하지 않지만 조합의 채무에 대해서는 자신이 출자하는 지분까지만 책임을 지는 조합원을 말한다. 우리나라에서는 이와 유사한 합자회사와 합자조합이 있다. 합자회사는 법인격을 갖는 회사형태를 취하는 반면, 합자조합은 법인격을 갖고 있지 않다.

그림 2 전형적인 형태의 프로젝트금융 구조

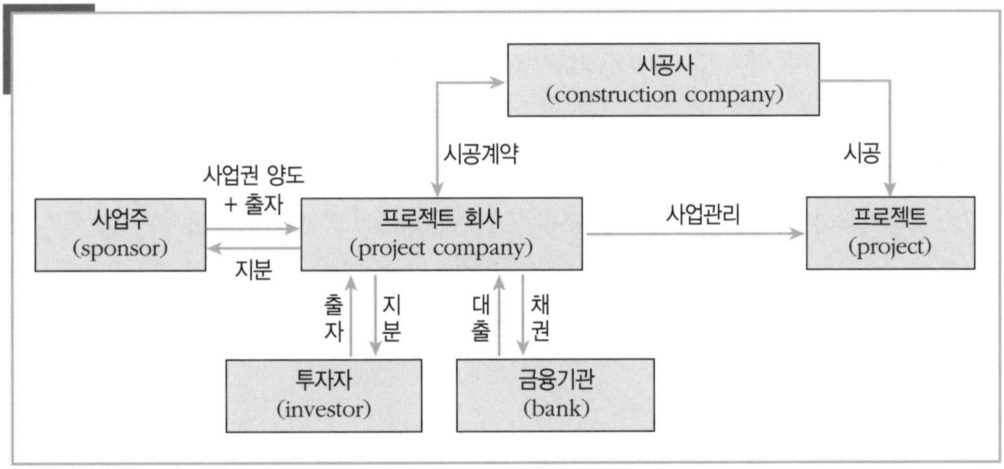

③ 투자자와 금융기관

프로젝트 회사는 투자자로부터 지분투자를 받거나, 금융기관으로부터 차입을 하거나, (주식회사일 경우) 회사채를 발행하는 방법으로 자금을 조달한다.

투자자의 지분투자를 받아 자금을 조달할 경우, 사업주는 다수지분을 확보하여 사업의 주도권을 확보하거나, 또는 투자자의 지분은 우선주로 하고 자신의 지분은 보통주로 함으로써 사업의 주도권을 확보한다. 투자자로부터 투자를 받는 것은 반드시 현금일 필요가 없다. 현물출자도 가능하다. 경우에 따라서는 토지를 소유하고 있는 사람이 투자자로 참여할 수도 있다. 토지를 소유하고 있는 사람이 토지를 현물로 출자하면서 지분을 확보하거나, 토지를 양도하는 대가로 '현금+지분'을 받을 수도 있다.

프로젝트 회사는 금융기관으로부터 차입을 하거나, 회사채를 발행하여 자금을 조달하기도 한다. 이때 선순위채무(선순위차입, 선순위채권)와 후순위채무(후순위차입, 후순위채권)로 나누어 자금을 조달할 수도 있다.

결론적으로 말하자면, 프로젝트 회사는 위험의 크기에 따라 선순위채무, 후순위채무, 그리고 (주식회사의 경우) 우선주와 보통주 등으로 나누어 자금을 조달하는데, 프로젝트 사업주는 프로젝트의 최종적인 위험을 부담하는 방향으로 프로젝트 회사의 지분을 소유하게 된다.

프로젝트 회사에 참여하는 투자자와 금융기관들은 참여 목적에 따라 재무적 투자자

(FI: financial investors), 건설투자자(CI: construction investors), 전략적 투자자(SI: strategic investors) 등으로 분류한다.

재무적 투자자는 적절한 수익을 얻기 위해 지분투자나 대출, 또는 회사채 인수에 참여하는 투자자를 말한다. 주로 금융기관들이 재무적 투자자로 참여한다. 건설투자자는 프로젝트의 시공권을 따기 위해 프로젝트 회사에 지분투자 등을 하는 투자자를 말한다. 주로 건설회사가 건설투자자로 참여한다. 전략적 투자자는 프로젝트와 관련된 사업권을 확보하기 위해 프로젝트에 참여하는 투자자를 말한다. 자산운영회사가 프로젝트 운영권을 확보하기 위해, 또는 주요 임차인(key tenant)들이 임차공간을 확보하기 위해 프로젝트에 참여하기도 한다.

④ 시공사

부동산개발 프로젝트에는 공사를 해 주는 건설회사가 필요하다. 프로젝트 회사는 건설회사와 공사계약을 하게 되고, 건설회사는 계약에 따라 시공하게 된다. 이런 회사를 시공사라고 부른다.

물론 건설회사가 프로젝트 사업주일수도 있으며, 투자자일 수도 있다. 프로젝트 사업주가 건설회사일 경우, 자신이 프로젝트를 만들어 투자자나 금융기관 등으로부터 자금을 조달받아, 자신이 시공을 하게 된다. 또 투자자의 일원으로 참여할 수도 있는데, 이때 건설회사는 시공권을 얻기 위해 건설투자자(CI)의 일원으로 프로젝트 회사에 투자하게 된다.

2) 프로젝트금융의 특징

(1) 프로젝트 회사의 역할

프로젝트 사업주는 왜 자신이 직접 자금을 조달하여 자신의 이름으로 사업을 수행하지 않고, 프로젝트 회사를 통해 자금을 조달하고 프로젝트 회사 이름으로 사업을 수행하는가? 여기에는 크게 세 가지 이유가 있다.

첫째는 사업주 고유의 위험과 프로젝트의 위험을 분리할 필요성 때문이다. 프로젝트에 자금을 제공할 의사가 있는 투자자나 금융기관들은 사업주가 갖고 있는 고유의 위험으로 인해 프로젝트가 사업 진행 중에 망가지는 것을 싫어할 수가 있다. 해당 프로젝트는 양호하게 진행되고 있는데, 사업주가 갖고 있는 다른 사업이 잘못되어 해당 프로젝트까지 망가질 수가 있는 것이다. 이런 위험을 피하려고 투자자나 금융기관은 사업주로부터 독립적인 프로젝트 회사가 프로젝트를 수행하기를 원할 수 있는 것이다.

사업주 입장에서도 자신의 고유사업과 프로젝트를 분리해야 할 필요가 있을 수 있다. 예를 들어 프로젝트의 위험이 너무 클 경우, 프로젝트가 잘못되면 자신의 다른 사업까지 잘못될 수가 있다. 이런 위험을 피하려고 사업주는 자신과 독립적인 프로젝트 회사가 프로젝트를 수행하기를 원할 수 있다. 프로젝트가 잘못되더라도 자신의 다른 사업은 안전할 수 있는 것이다.

둘째는 사업참여자들의 위험선호도에 따라 위험을 배분하기 위해 사업주와 프로젝트를 분리할 필요가 있다. 사업주가 직접 자금을 조달할 경우, 기존의 채권자와 지분소유자들 때문에 선순위채무, 후순위채무, 우선주 등의 방식으로 자금을 조달하기가 쉽지 않다. 예를 들어 선순위채권을 발행할 경우, 기존 채권자는 후순위로 밀리기 때문에 기존 채권자의 권리가 침해를 받게 된다.

그러나 사업주로부터 독립된 별도의 프로젝트 회사가 만들어지면, 기존 채권자나 지분투자자가 없는 상태이기 때문에 자유롭게 보통주, 우선주, 후순위채무, 선순위채무 등을 통해 사업참여자에게 위험을 배분할 수 있는 것이다.

셋째는 사업주가 자신의 대차대조표에 부채가 드러나지 않도록 하기 위해서 자신과 독립적인 프로젝트 회사 이름으로 부채를 일으킬 수 있다. 사업주가 직접 부채(차입을 하거나 회사채를 발행)를 일으키면 사업주의 대차대조표에 부채가 표시되고, 그 결과 부채비율(=부채/자본)이 올라가게 된다.

그러나 사업주와 독립적인 프로젝트 회사가 부채를 일으키면 프로젝트 회사의 부채비율은 올라가겠지만, 사업주의 대차대조표에는 부채가 표시되지 않아서 사업주의 부채비율은 변하지 않는다. 흔히 이런 방식으로 자금을 조달하는 것을 보고 부외금융(簿外金融, off-balance sheet financing)이라고 부른다.

(2) 프로젝트금융의 특징

프로젝트금융은 신용분리(credit remote), 비소구(non-recourse) 또는 제한적 소구(limited recourse)금융, 부외금융(off-balance sheet financing), 이해당사자 간 위험배분(risk allocation)이라는 특징을 갖고 있다. 이런 특징은 위에서 언급한 '프로젝트 회사를 내세우는 이유'와 관련이 있다.

① 신용분리(credit remote)

프로젝트금융은 프로젝트 사업주로부터 독립된 프로젝트 회사가 자금을 조달하고 사업을 수행하기 때문에 프로젝트 회사의 신용과 프로젝트 사업주의 신용은 분리되어 있다. 프로젝트 회사의 신용은 기본적으로 프로젝트의 사업성에 의해 결정된다.

따라서 프로젝트 사업주가 부도상황에 빠지더라도 프로젝트 회사는 이로부터 영향을 받지 않으며, 반대로 프로젝트 회사가 파산 위기에 처하더라도 프로젝트 사업주는 이로부터 영향을 받지 않는다.

다만, 프로젝트 사업주와 프로젝트 회사가 완전히 분리되지 않는 경우도 있다. 예를 들어, 프로젝트 사업주가 프로젝트 회사에 보증을 해 주거나 담보를 제공하는 경우이다. 이 경우, 프로젝트 회사의 신용은 부분적으로 프로젝트 사업주 신용의 영향을 받게 된다.

신용분리 특징은 뒤에 나오는 비소구 또는 제한적 소구금융, 부외금융, 이해당사자 간 위험배분이라는 나머지 특징들을 갖게 하는, 프로젝트금융의 가장 기본적인 특징이다.

② 비소구 또는 제한적 소구금융(non-recourse or limited recourse financing)

프로젝트 회사가 부채방식으로 자금을 조달할 경우, 부채에 대한 책임은 전적으로 프로젝트 회사가 지게 된다. 프로젝트 사업주는 프로젝트 회사가 조달한 부채에 대해 책임을 지지 않는다. 왜냐하면 프로젝트 회사는 프로젝트 사업주로부터 독립된 회사이기 때문이다.

따라서 프로젝트 회사가 파산을 하거나 청산을 할 경우, 채권자들은 프로젝트 회사에 대해서만 원리금상환을 청구할 수 있고, 프로젝트 사업주에 대해서는 원리금상환을 청구할 수 없다(비소구금융).

그러나 프로젝트 사업주의 도덕적 해이(moral hazard)를 막기 위해,[15] 금융기관은 프로젝트 사업주가 채무에 대해 지급보증을 하거나 추가담보를 제공할 것을 요구하기도 한다. 이런 경우 프로젝트 사업주는 프로젝트 회사의 채무에 대해 부분적으로 책임을 져야 한다(제한적 소구금융).

③ 부외금융(off-balance sheet financing)

프로젝트금융에서 부채방식으로 자금을 조달할 경우, 해당 부채의 조달 주체는 프로젝트 회사이기 때문에 프로젝트 회사의 대차대조표에 부채가 표시된다. 프로젝트를 사실상 수행하는 프로젝트 사업주의 대차대조표에는 부채가 드러나지 않는다.

다만, 국제회계기준(IFRS)이 적용되는 나라에서는 프로젝트 회사의 대차대조표를 프로젝트 사업주의 대차대조표와 연결하여 표시하여야 한다. 이 경우에는 부외금융이 성립하지 않는다.

④ 이해당사자 간 위험배분(risk allocation)

대부분의 프로젝트는 위험이 크기 때문에 프로젝트 사업주 혼자서 이 위험을 모두 감당하기가 어렵다. 프로젝트 금융에 참여하는 투자자들이나 금융기관들은 위험회피도가 서로 다르기 때문에 자신들의 투자성향에 따라 위험을 적절하게 배분받고, 그런 위험인수에 따른 적절한 수익을 받기 원한다.

'고위험, 고수익(high risk, high return)'을 추구하는 투자자들은 주로 지분투자를 하고, '저위험, 저수익(low risk, low return)'을 추구하는 금융기관들은 주로 선순위채권이나 선순위대출에 자금을 제공한다. 중간 정도의 위험과 중간 정도의 수익을 추구하는 투자자 내지 금융기관들은 주로 후순위채권이나 후순위대출에 자금을 제공하거나, 우선주 등에 투자를 한다.

프로젝트 회사는 기존의 채권자나 지분투자자가 없기 때문에 백지와 같은 상태에서 참여자들의 위험회피성향에 따라 위험을 배분하고, 그 대신 수익에 대한 선·후순위 청구권을 갖도록 만들 수 있다. 이것이 바로 '이해당사자 간 위험배분'이라는 프로젝트금

---

15) 프로젝트 회사는 프로젝트 사업주로부터 독립되어 있지만, 프로젝트 회사를 실질적으로 지배하면서 프로젝트를 수행하는 사람(기업)은 프로젝트 사업주이다. 그러다 보니, 프로젝트 사업주는 조달한 자금을 프로젝트 수행에 사용하는 것이 아니라, 자신이 갖고 있는 다른 사업에 사용할 수도 있다. 이런 도덕적 해이 행동을 방지하기 위해 투자자들이나 금융기관들은 다양한 형태로 프로젝트 사업주의 책임을 추가시키려고 한다.

융의 특성이다.

(3) 프로젝트금융의 자금조달과 상환방법

프로젝트금융의 자금조달방법

프로젝트 회사는 다양한 방법으로 프로젝트 개발에 필요한 자금을 조달한다. 가장 대표적인 것이 지분투자를 받거나, 차입 또는 회사채발행을 통해 자금을 조달하는 것이다. 경우에 따라서는 프로젝트 회사가 갖고 있는 자산이나 미래에 나올 수익을 담보로 하는 자산유동화방식으로 자금을 조달할 수도 있다.

여기서는 지분방식인 지분투자와 부채방식인 차입 또는 회사채발행을 통한 자금조달방법을 살펴보도록 한다.

① 지분방식

지분투자자는 프로젝트 회사의 신주를 인수함으로써 프로젝트에 자금을 제공한다. 지분투자자는 위험의 최종 부담자인데, 우선주와 보통주 등에 의해 위험부담의 크기를 투자자에게 배분할 수 있다. 지분투자자는 수익을 배당받는 형태로 투자원금을 회수하고 수익을 얻는다. 우선주투자자는 일정 수준의 수익을 먼저 배당받을 권리가 있으나, 회사의 의사결정과정에 참여하지 못할 수가 있다. 보통주투자자는 우선주투자자에게 일정 수준의 수익을 먼저 배당하고 난 후, 남은 수익을 배당받게 된다.

지분투자자는 현금으로 출자할 수도 있지만, 현물로 출자할 수도 있다. 현물로 출자하는 경우는 대부분 부동산개발에 필요한 토지를 출자한다.

② 부채방식

금융기관으로부터 차입을 하거나, 회사채를 발행하여 자금을 조달하는 경우, 일반적으로 선순위채무와 후순위채무로 나누어서 자금을 조달한다.

선순위채무(senior debt)는 다른 채무에 우선하여 원리금을 지급해야 하는 채무다. 따라서 위험이 가장 낮다. 위험이 낮다 보니, 보통은 정상적인 이자와 원금만 수취하게 된다. 선순위채무는 담보에 1순위 저당권을 설정하는 방법으로 채권자의 우선권을 보장하기도 하고, 특약에 의해 채권자의 우선권을 보장하기도 한다. 프로젝트 회사의 경우, 이전 채권자가 없기 때문에 특약에 의해 채권자의 우선권을 보장하는 방식을 취할 수 있다.

후순위채무(subordinated debt)는 메자닌 부채(mezzanine debt)라고도 부르는데, 선순위채무가 완전히 상환된 뒤에야 상환을 하는 채무다. 보통은 정상적인 이자 외에 추가이자를 주거나 초과수익의 일부를 받을 수 있는 권리를 준다.

프로젝트금융의 상환방식

프로젝트금융으로 조달한 자금에 대한 원리금상환이나 배당금지급방식에는 현금상환방식과 생산물상환방식, 그리고 운영권 부여방식이 있다.

① 현금상환

프로젝트금융으로 조달한 자금에 대한 상환은 현금상환방식이 일반적이다. 프로젝트를 완료한 후, 해당 프로젝트로부터 나오는 수익으로 부채의 원리금을 갚고, 지분투자자에게는 남은 수익을 현금으로 배당하는 것이다.

② 생산물상환

프로젝트의 생산물로 상환(product payment)하는 방식도 있다. 이 방식은 천연자원개발 프로젝트에서 많이 사용한다. 원유개발 프로젝트가 대표적인 예인데, 지분투자자들은 원유 확보를 목적으로 원유개발 프로젝트에 참여한다. 유정개발에 성공하면 지분투자자들은 산출된 원유로 배당을 받는다.

③ 운영권 부여

지분투자자들이 운영권을 획득하여, 일정기간 동안 프로젝트 결과물을 운영하여 투자수익을 얻는 방식도 있다. 도로, 철도, 항만, 공항 등과 같은 사회간접자본시설(SOC)을 확충하고자 할 때 이 방식을 주로 사용한다. 지분투자자들이 일정기간 사회간접자본시설을 운영하여 나오는 수익으로 차입금의 원리금을 갚고, 남은 수익으로 지분투자자들에게 배당을 하는 것이다.

사회간접자본시설의 운영권을 획득하는 대표적인 방법으로 BOT(build-operate-transfer) 방식과 BTO(build-transfer-operate) 방식, 그리고 BTL(build-transfer-lease) 방식이 있다.

BOT 방식은 사회간접자본시설 완공 후 프로젝트 회사가 일정기간(대개 20년 내지 30년) 동안 사회간접자본시설을 운영하여 부채의 원리금을 상환하고 지분투자자들에게 투자원금과 투자수익을 배당한다. 운영기간이 완료되고 나면 사회간접자본시설의 소유권을 프로젝트 사업주(정부)에게 넘기게 된다.

BTO 방식은 사회간접자본시설 완공 후 프로젝트 회사가 사회간접자본시설의 소유권을 프로젝트 사업주(정부)에 넘긴다. 프로젝트 사업주(정부)는 사회간접자본시설의 소유권을 넘겨받는 대가로 프로젝트 회사에 일정기간 동안 사회간접자본시설을 운영할 수 있는 권리를 준다. 그러면 프로젝트 회사는 일정기간 동안 사회간접자본시설을 운영하여 부채의 원리금을 상환하고, 지분투자자들에게 남은 수익을 배분해 준다.[16)]

BOT나 BTO 방식에서 프로젝트 회사는 사회간접자본시설의 이용료 수입(예를 들어 도로의 경우, 도로이용료 수입)으로 제반 비용과 차입금의 원리금지급 등을 하고, 남은 수입으로 지분투자자에게 배당을 하게 된다. 이때 사회간접자본시설의 이용자가 너무 적거나, 정부의 통제로 인해 사회간접자본시설의 이용료가 너무 낮을 경우 수익이 예상만큼 나오지 않을 수 있다. 그래서 지분투자자들은 정부가 최소한의 수입을 보장해 줄 것을 요구하는 경우도 있다. 이를 '최소운영수입보장(MRG: minimum revenue guarantee)'이라고 부른다. 최소운영수입보장 조건이 있으면, 프로젝트 금융의 지분투자자들은 좀 더 안심을 하고 투자에 나설 수 있다.

BTL(build-transfer-lease) 방식은 BTO 방식에서 정부가 프로젝트 회사로부터 사회기반시설의 운영권을 임차하는 방식이다. 이렇게 되면 실제로는 정부가 사회기반시설을 운영하고, 그 대신 정부가 프로젝트 회사에 일정한 수익(임차료 지급)을 보장하는 셈이 된다.

(4) 프로젝트금융에서 이중과세 문제

프로젝트 사업주 입장에서 보면, 프로젝트금융 방식으로 프로젝트를 수행하게 되면 프로젝트 완료 후 들어오는 수익에 대해 두 번의 소득세 또는 법인세를 내는 상황이 발생한다. 프로젝트 사업주가 직접 자신의 이름으로 자금을 조달하고 사업을 수행하였다

16) BTO 방식의 변형으로 수익공유형 BTO(BTO_a)와 위험공유형 BTO(BTO_rs)가 있다. 수익공유형 BTO는 수익의 일부를 정부와 공유하는 것이고, 위험공유형 BTO는 손실위험을 정부와 공유하는 것이다.

면, 프로젝트 수익에 대해 한 번만 세금을 내면 된다. 그런데 프로젝트 회사가 사업을 수행하는 형식을 취하게 되면, 프로젝트 수익에 대해 프로젝트 회사가 먼저 법인세를 내고, 세후 소득으로 배당을 받은 프로젝트 사업주가 다시 한 번 배당소득세를 내게 된다. 이런 문제를 '이중과세 문제' 라고 부른다.

이중과세 문제가 존재하게 되면, 프로젝트 사업주는 프로젝트금융 방식으로 자금을 조달하고 프로젝트를 수행할 동인이 떨어지게 된다. 그래서 나라에 따라 다르기는 하지만, 여러 가지 방법으로 프로젝트 회사단계에서는 법인세가 면제되도록 하고 있다.

예를 들어 미국의 경우, 법인이 사업소득을 출자자에게 넘겨주는 도관체(導管体, pass-through, conduit) 역할을 할 경우 법인세를 면제해 주고 있다. 좀 더 정확하게 이야기하자면, 배당금을 비용으로 인정하여 실질적인 과세가 이루어지지 않도록 하고 있다. 따라서 프로젝트 회사가 모든 소득을 출자자(지분투자자와 프로젝트 사업주)에게 배당하게 되면, 해당 회사는 도관체로 인정받아 법인세를 면제받게 된다.

반면, 우리나라는 도관체 개념을 부정하고, 법인을 출자자로부터 독립적인 실체로 보고 있다. 그래서 우리나라에서는 모든 법인들은 사업소득에 대해 법인세를 내야 한다. 이런 상황하에서는 프로젝트 사업주가 프로젝트금융 구조로 프로젝트를 수행할 동인이 없게 된다. 그래서 우리나라에서는 특별법(예를 들어 '사회간접자본시설에 대한 민간투자법' 과 같은 특별법)에 의해 설립된 법인이나 법인세법상의 특별한 조건을 갖춘 회사에 한해 배당금을 비용으로 인정함으로써 법인세가 면제되도록 하고 있다.

법인 실체설과 법인 대리인설—법인세는 정당한 것인가?

어느 나라이든 간에 법인의 소득에 대해서는 법인세를, 개인의 소득에 대해서는 소득세를 부과하는 것이 일반적이다.

어떤 사업주가 법인을 통해 사업을 영위하고 배당금 형태로 사업소득을 취득할 경우, 해당 사업주는 법인단계에서 법인세를 내고, 배당금에 대해 다시 한 번 소득세(사업주가 법인일 경우 법인세)를 내야 한다. 이렇게 되면, 동일한 소득에 대해 이중으로 세금을 내는 셈이 된다.

이런 이중과세의 정당성에 대해 법률적인 논란이 있는데, 이중과세가 정당하다고 보는 이론을 법인 실체설(entity concept)이라고 부르며, 이중과세가 부당하다고 보는 이론을 법인 대리인설(conduit concept)이라고 부른다(민태욱 · 이용만, 2002).

법인 실체설은 법인을 출자자로부터 독립된 독자적인 실체로 보고, 독립된 실체에 대해 세금을 부과하는 것은 타당하다고 본다. 법인 실체설에 따르면, 대규모 법인은 출자자라 하더라도 회사에 대해 지배력을 갖고 있지 못하며, 소득을 배당하지 않고 내부유보하는 방식으로 영속적으로 성장할 수 있다. 이런 상황에서 법인에 대해 과세를 하지 않으면, 법인은 배당 없이 내부유보방법으로 과세를 피해 나갈 것이므로, 법인에 대해서도 과세를 하는 것이 타당하다고 보는 것이 바로 법인 실체설이다.

반면, 법인 대리인설은 법인을 독립적인 실체가 아닌 출자자의 단순한 대리인으로 보고, 출자자를 대리하는 법인에 대해 과세를 하는 것은 타당하지 않다고 본다. 법인 대리인설에 따르면, 법인은 출자자의 의사에 의해 지배되고 있으며, 출자자는 법인의 이익에 대해 지배권을 갖고 있다고 본다. 그래서 법인은 사업소득을 출자자에게 넘겨주는 하나의 통관체 내지 도관체 역할만 한다는 것이다. 이 경우, 법인에 대해 법인세를 부과하고, 출자자에게 배당 소득세를 부과하는 것은 부당하다고 보는 것이다.

미국은 법인이 소득의 도관체(소득이 흘러가는 통로) 역할을 할 경우, 법인 대리인설을 적용하여 배당금을 비용으로 인정한다. 배당금을 비용으로 인정하게 되면, 법인단계에서는 과세할 소득이 없기 때문에 법인세가 부과되지 않는다.

우리나라의 경우, 법인 대리인설을 인정하지 않으나, 이중과세의 문제를 인식하여 배당금에 대해서는 일정 부분 세액공제를 해 주어 소득세 부담을 낮추어 주고 있다. 또 특별법에 의해 특별한 목적으로 설립된 법인이나 법인세법상의 일정한 조건을 만족하는 기업에 대해 배당금을 비용으로 인정하고 있다.

3) 우리나라의 프로젝트금융

(1) 프로젝트금융 관련 제도

전형적인 형태의 프로젝트금융 구조(프로젝트 사업주와 독립된 프로젝트 회사가 프로젝트를 수행하는 방법)로 프로젝트를 수행할 경우, 이중과세 문제에 직면한다. 우리나라에서는 이중과세 문제를 피하면서 프로젝트금융 방식으로 프로젝트를 수행할 수 있는 방법이 매우 제한적이다. 우리나라에서 이중과세 문제를 피하면서 프로젝트금융 구조로 사업을 수행할 수 있는 방법으로, '사회간접자본시설에 대한 민간투자법' 에 의한 프로젝트 수행방법과 부동산신탁의 토지신탁을 통한 프로젝트 수행방법, 그리고 프로젝트금융투자회사 설립에 의한 프로젝트 수행방법이 있다.

① '사회간접자본시설에 대한 민간투자법'에 의한 프로젝트 수행

'사회간접자본시설에 대한 민간투자법'(이를 약칭으로 '민투법'이라고 부르기도 한다.)에 의해 프로젝트 회사를 설립할 수 있다. 프로젝트 회사에 대해서는 각종 조세상의 혜택이나 개발 인·허가 등에 혜택이 주어진다.

다만, '민투법'에 의한 프로젝트 수행은 사회간접자본시설을 설치할 때에만 허용된다. 도로, 항만, 철도, 공항 등과 같은 사회간접자본시설을 개발하거나 대학 기숙사를 신축할 때 이 법을 이용하여 프로젝트 회사를 설립할 수 있다. 민간의 영리를 위한 사업에는 이 법을 이용할 수가 없다.

② 부동산신탁의 토지신탁에 의한 프로젝트 수행

우리나라에서는 신탁법에 의해 신탁회사들이 토지를 신탁받아 개발사업을 수행할 수 있다. 이를 흔히 토지신탁 또는 개발신탁이라고 부른다.

개발사업에 필요한 자금은 신탁회사가 조달한다. 따라서 조달된 개발자금의 최종적인 상환 책임은 신탁회사가 지게 된다. 지분투자는 이루어지기가 어렵다. 이런 점에서 이해당사자 간의 위험배분에 따른 다양한 방식의 자금조달이 어렵다. 또 프로젝트 사업주(토지소유자)가 프로젝트를 수행하는 것이 아니라 신탁회사가 프로젝트를 수행한다. 그러다 보니 신탁수수료(신탁회사가 토지를 신탁받아 개발사업을 수행하는 데 따른 수수료)가 발생한다.

신탁회사의 입장에서 보면, 신탁회사는 프로젝트 수행에 필요한 자금을 자신의 이름으로 조달해야 하기 때문에 신탁회사의 부채비율이 올라가고, 프로젝트의 위험을 전적으로 책임져야 한다. 그래서 신탁회사는 프로젝트의 성공에 대한 확신이 있기 전에는 개발신탁을 좀처럼 하지 않으려고 한다. 그리고 차입보다는 신탁회사 자체의 자본금으로 자금을 조달한다.

개발신탁 중에는 신탁회사가 공사비를 조달하지 않고 토지소유자나 시공사가 공사비를 조달하는 방식도 있다. 이런 경우 신탁회사는 사업비조달의 부담을 덜 수 있다. 흔히 이를 관리형 토지신탁(관리형 개발신탁)이라고 부른다. 그리고 전자를 차입형 토지신탁(차입형 개발신탁)이라고 부른다.

그러나 어떤 방법이든 간에 위험배분을 통한 다양한 형태의 자금조달은 어렵다. 이 방식의 경우, 토지소유자가 프로젝트를 수행할 능력이 없고 독자적으로 자금을 조달할 능력도 안 될 때 주로 사용된다.

③ 프로젝트금융투자회사를 통한 프로젝트 수행

우리나라는 법인세법에 의해(법인세법 51조의 2와 시행령 86조의 3), 유동화전문회사 등 내국법인이 배당가능이익의 90% 이상을 배당한 경우 해당 배당금을 해당 사업연도의 소득금액에서 공제한다. 여기에는 자본시장과 금융투자업에 관한 법률에 따른 투자회사, 부동산투자회사법에 따른 기업구조조정투자회사 및 위탁관리 부동산투자회사, 민간임대주택에 관한 특별법 또는 공공주택특별법에 따른 특수목적법인, 그리고 선박투자회사, 해외자원개발투자회사, 문화산업전문회사가 그 대상이다. 이런 회사들은 각자 특별한 목적을 갖고 있는 투자회사들이라서 부동산개발사업에 적용하는 데 제한이 따른다.

그런데 조세특례제한법 제104조의 31에 의하면, 설비투자, 사회간접자본 시설투자, 자원개발, 그 밖에 상당한 기간과 자금이 소요되는 특정 사업에 운용하고 그 수익을 주주에게 배분하는 회사는 배당가능이익의 90% 이상을 배당하면, 배당금을 비용으로 인정받아 이중과세 문제를 회피할 수 있다. 이런 조건을 갖춘 회사를 보고 프로젝트금융투자회사 또는 PFV(project financing vehicle)라고 부른다.

PFV 방식으로 프로젝트를 수행하면, 프로젝트 사업주가 사업을 주도할 수 있고, 다양한 방식으로 자금을 조달할 수 있으며, 프로젝트 수익에 대한 이중과세 문제도 피할 수 있다. 다만, 이 방법으로 프로젝트를 수행하기 위해서는 금융기관이 5% 이상 지분투자를 해야 하는데, 해당 프로젝트 사업을 잘 모르는 금융기관은 지분투자를 주저하기 때문에 지분투자를 해 줄 금융기관을 찾아야만 하는 문제가 있다. 그리고 부동산개발사업이 "상당한 기간과 자금이 소요되는 특정 사업"에 해당하는지에 대한 해석상의 문제가 있다. 조세당국이 인정하지 않으면, 조세혜택을 받지 못할 수가 있다.

(2) 사적 계약에 의한 부동산 프로젝트금융

사적 계약에 의한 PF의 발전 과정

우리나라는 이중과세 문제 때문에 프로젝트 회사를 통한 프로젝트 수행이 어렵다 보니, 이해당사자들 간 사적 계약에 의해 위험을 배분하는 방식으로 부동산개발사업을 많이 수행해 왔다. 특히 우리나라는 주택 선분양제도가 있고, 집합건물의 경우 구분등기되는 개별 상가들을 선분양하기도 하기 때문에, 토지구입자금만 금융기관에서 차입을 통해 조달하고, 건설자금은 선분양자금으로 조달하는 경우가 많았다.

1997년 외환위기 이전에는 건설사가 부동산개발사업에서 시행사와 시공사 역할을 모두 수행하며, 금융기관에서 기업대출을 받아 자금을 조달했다. 금융기관은 부동산개발 프로젝트의 수익성을 보고 대출을 해 주는 것이 아니라, 기업의 신용을 보고 대출을 해 주었다.

이 시기에 건설사들은 부동산개발사업의 모든 위험을 다 안고 있었기 때문에 외환위기로 부동산시장이 극도로 침체되자, 상당수의 건설사들이 파산을 하였다.

이런 과정을 겪으면서 외환위기 이후에는 시행사와 시공사의 역할이 분리되기 시작하였다. 이때부터 시행사의 부동산개발사업에 대한 PF 대출이 일어나기 시작하였지만, 시행사가 영세하였고 부동산개발사업의 리스크가 컸기 때문에 금융기관은 시공사의 보증을 요구하였다. 또 PF 자금이 다른 곳으로 유용되지 않도록 자금관리를 신탁사가 하도록 하였다. 이러한 상황에서 나온 것이 '사적 계약에 의한 부동산 프로젝트금융'이다.

그러나 이 방식은 시공사가 PF 대출에 대해 보증을 해 주는 방식이기 때문에 시행위험과 시공위험이 완전히 분리된 것은 아니었다. 2008년 글로벌 금융위기를 겪으면서 부동산시장이 침체를 겪자 PF 대출 보증을 해 주었던 시공사들이 또다시 대거 파산을 하였다.

이런 과정을 겪으면서 글로벌 금융위기 이후에는 시공사가 PF 대출에 대한 보증을

그림 3 우리나라 부동산개발 프로젝트금융의 발전 과정

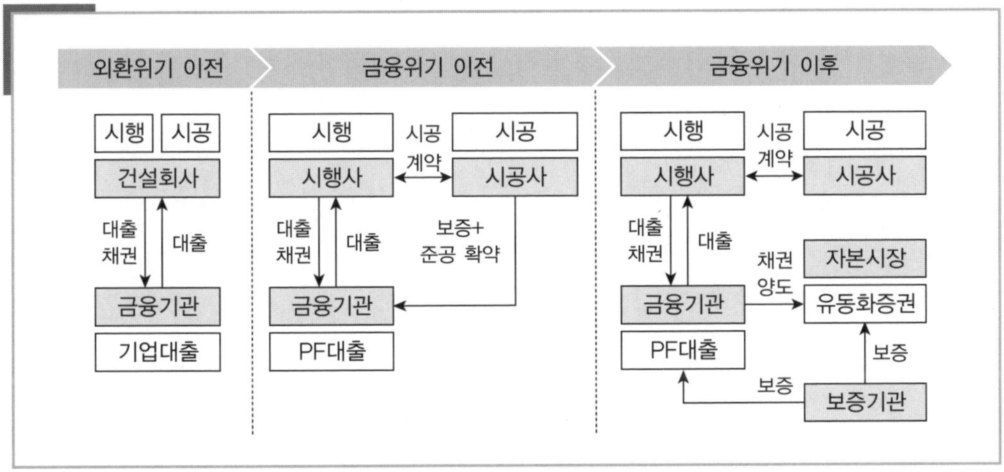

자료 : 이현석 외(2011); 장근혁 외(2023). 일부 내용을 수정하였음.

꺼려 하였다. 이때부터 금융권도 위험을 분담하기 시작했다. 보증기관이 PF 대출에 대한 보증을 해 주기 시작하였고, 금융기관은 PF 대출채권을 유동화하는 방식으로 위험을 분산하기 시작하였다. 보증기관이나 증권사 등은 PF 유동화증권에 대한 보증을 제공하기도 하였다.

사적 계약에 의한 PF의 구조

외환위기 이후 일반화된 '사적 계약에 의한 PF 구조'를 살펴보면, 먼저 시행사는 사업부지의 토지소유자와 계약하여 토지를 매입할 수 있는 권리를 확보한다. 그리고 금융기관으로부터 토지매입에 필요한 자금을 조달하여 토지소유권을 확보한다. 시행사는 대출원리금상환에 대한 일차적인 책임을 갖는다. 토지를 매입한 후 인·허가를 받아 부동산개발사업을 시행한다.

시행사에게 토지매입자금을 빌려준 금융기관은 토지에 대해 1순위 저당권을 설정하거나 담보신탁을 통해 담보물을 확보해 놓는다. 담보신탁을 통해 담보물을 확보할 경우, 1순위 수익권증서를 받아서 우선적으로 원리금을 회수할 수 있도록 한다. 경우에 따라서 금융기관은 토지매입자금뿐만 아니라 사업시행에 필요한 초기자금까지 대출을 해 준다. 이런 대출은 흔히 '부동산 PF 대출'이라고 부른다. 금융기관은 이런 담보확보에도 불구하고, 부동산개발사업이 실패할 시 이해관계자들의 갈등으로 인해 원리금 회수에 어려움을 겪을 것을 염려하여 신용이 있는 금융기관의 보증, 자금력을 갖춘 시공사의 책임준공 약속이나 책임분양 약속과 채무인수 약정 등을 요구한다.[17] 또 금융기관은 시공사가 부도위기에 직면할 때, 금융기관의 요구에 의해 시공권을 포기하겠다는 각서를 시공사로부터 받기도 한다.

시공사는 시행사와의 공사도급계약에 따라 부동산개발에 따른 공사를 해 준다. 금융기관의 요구에 따라 책임준공 약속이나 책임분양 약속을 시행사에게 해 준다. 그리고 시행사가 채무를 불이행할 경우 시행사의 채무를 인수하겠다는 채무인수 확약을 금융기관에 해 준다. 또 특정 조건(시공사가 파산위기에 처하는 경우)이 닥치면 시공권을 포기

17) 여기서 책임준공 약속이란 '시행사가 공사비를 지급하지 못하더라도 공사를 완공하겠다.'는 약속을 말한다. 책임분양 약속이란 '일정 수준까지의 분양률을 시공사가 책임진다.'는 약속을 말한다. 예를 들어 책임분양률이 70%인데, 실제 분양률이 50%이면, 시공사가 나머지 20%에 해당하는 분양물량을 책임지게 된다. 채무인수 약정은 시행사가 파산위기에 처할 때, 금융기관의 요구에 의해 시행사가 갖고 있는 시행권과 채무를 모두 인수하겠다는 약속을 말한다.

그림 4 사적 계약에 의한 부동산 프로젝트금융 구조

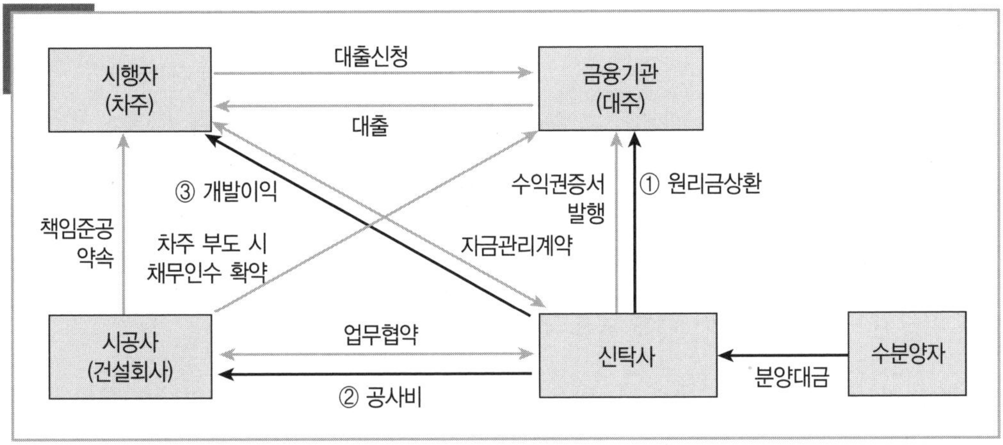

하겠다는 각서를 금융기관에 제시한다. 시공사는 이와 같은 위험을 부담하는 대가로 공사비를 상당히 비싸게 받는다. 그리고 시행사가 채무를 불이행할 경우, 시행사로부터 시행과 관련한 모든 권리를 인수하면서 채무도 같이 인수하게 된다.

신탁회사는 담보신탁계약에 의해 사업부지 전체의 소유권을 관리하고, 자금관리계약에 의해 시행사의 자금을 관리한다. 자금관리계약에는 자금의 지출순위가 정해져 있는데, 이 순위에 따라 자금을 집행하는 역할을 하게 된다.

일반적으로 자금인출순위는 금융기관의 원리금상환이 1순위, 시공사에 대한 공사비 지출이 2순위다. 원리금상환과 공사비지급이 끝나고 나면, 그 다음 시행사가 남은 자금을 개발이익으로 회수하게 된다. 선분양에 의한 분양대금이 들어오면, 위의 순서에 따라 신탁회사가 자금을 인출하여 원리금이나 시공비 등을 지급한다.

사적 계약에 의한 PF의 한계

분양이 뜻대로 되지 않으면, 대출기관에 원리금을 지급하지 못하게 된다. 그러면 대출기관은 시행사에게 원리금상환을 요구하고, 시행사가 원리금상환을 하지 못하면 시공사에게 채무상환을 요구하게 된다. 채무상환 요구를 받은 시공사는 시행사의 모든 권리를 인수하면서 동시에 채무도 인수한다. 그리고 자기자금으로 금융기관에 원리금을 상환하게 된다. 만약 시공사마저 채무를 이행하지 못할 경우, 시공사는 파산을 하게 되고, 금융기관은 담보신탁계약에 따라 개발 중에 있는 부동산을 매각하여 원리금을 회수하게 된다.

시행사는 자신이 직접 이런 구조로 사업을 시행할 경우, 부동산개발사업이 예상대로 진행되지 않을 때 자신의 다른 사업까지 위험에 빠질 수 있다. 그래서 대개는 1개의 사업에 1개의 기업을 세워 사업을 진행한다. 즉, 서류상 회사를 만들어 서류상 회사 이름으로 사업을 시행하는 것이다. 따라서 이 경우에는 이중과세 문제가 불가피하게 존재한다.

보증기관의 PF 보증과 PF 대출 유동화

2008년 글로벌 금융위기 이전, 많은 건설회사들이 '사적 계약에 의한 부동산 프로젝트금융'에 시공사로 참여했다. 건설회사들은 공사비를 비싸게 받는 대신, 책임준공 약속과 채무인수 확약을 해 주었다. 그러다가 국제금융위기가 발생하면서 국내 부동산 시장은 큰 침체를 맞이했다. 분양이 제대로 되지 않자, 많은 시행사들이 채무불이행 상태에 빠졌고, 그 결과 시공사들도 채무불이행 위기에 몰렸다. 경우에 따라서 시공사들마저 채무불이행 상태에 빠지면서 대출기관조차 파산에 이르기도 했다.

이런 극단적인 실패를 경험한 후, 시공사들은 책임준공 확약은 해 주되 "시행사 부도 시 채무를 인수하겠다."는 약정은 해 주지 않으려고 한다. 그래서 일부 공공금융기관들이 주택분양사업의 '부동산 PF 대출'에 대한 보증을 해 주기 시작했는데, 그런 보증이 바로 주택도시보증공사나 한국주택금융공사 등에서 제공하는 'PF 대출보증'이다.

주택도시보증의 PF 보증에는 표준 PF 보증과 유동화보증이 있다. 표준 PF 보증은 금리 등 PF 대출조건을 표준화한 상품이며, 유동화보증은 입주자 모집공고 승인 전(PF 유동화)과 입주자 모집공고 승인 후(분양대금 유동화)로 나뉜다. PF 유동화보증은 주택건설사업의 미래 현금수입 및 사업성을 담보로 토지비 등 사업비를 유동화구조로 조달하는 경우 유동화대출금의 원리금상환을 책임진다. 분양대금 유동화보증은 이미 분양된 분양대금채권을 상환재원으로 하여 조달한 유동화대출금의 원리금상환을 책임진다.

최근 들어 사적 계약에 의한 부동산 PF 대신 우량 프로젝트 사업을 대상으로 시행이익담보대출이라는 자산유동화대출을 실행하고 있다. 시행이익담보대출이란 시행사가 토지매입비용 충당을 위해 분양이 완료된 사업장의 준공 후 받게 될 분양대금을 담보로 자금을 조달하는 대출이다. 분양대금으로 대출금을 상환하므로 사실상 시행사에 대한 신용대출에 해당한다. 가장 우려되는 위험은 수분양자의 분양취소 가능성이다. 그러나 중도금대출을 일부라도 상환하거나, 중도금을 1회 이상 납입한 경우 임의로 분양계약을 취소하기 어렵다는 점에서 위험이 크지 않다고 볼 수도 있다.

(3) 부동산신탁을 활용한 부동산개발금융

'신탁' 이란 "신탁을 설정하는 자(위탁자)와 신탁을 인수하는 자(수탁자) 간의 신임관계에 의하여 위탁자가 수탁자에게 특정의 재산(영업이나 저작재산권의 일부를 포함한다.)을 이전하거나 담보권의 설정 또는 그 밖의 처분을 하고, 수탁자로 하여금 일정한 자(수익자)의 이익 또는 특정의 목적을 위하여 그 재산의 관리, 처분, 운용, 개발, 그 밖에 신탁 목적의 달성을 위하여 필요한 행위를 하게 하는 법률관계"를 말한다(신탁법 제2조).

위 정의에 따르면 '부동산신탁' 이란 "위탁자와 수탁자 간의 신임관계에 의하여 위탁자가 수탁자에게 특정의 부동산을 이전하거나 담보권의 설정 또는 그 밖의 처분을 하고, 수탁자로 하여금 수익자의 이익 또는 특정의 목적을 위하여 그 부동산의 관리, 처분, 운용, 개발, 그 밖에 신탁 목적의 달성을 위하여 필요한 행위를 하게 하는 법률관계"를 말한다고 정의할 수 있다.

부동산신탁은 개발신탁과 비개발신탁으로 나눌 수 있다. 개발신탁은 차입형과 관리형으로, 비개발신탁은 담보신탁, 관리신탁, 그리고 분양형 관리신탁으로 나누어진다.

부동산담보신탁

부동산담보신탁은 법적으로 명확한 개념은 아니나,[18] 대체로 담보 목적으로 채무자가 채권자를 수익자로 하여 수탁자에게 부동산 소유권을 이전하고, 채무자가 채무를 불이행하면 수탁자가 신탁 부동산을 처분하여 그 매각대금으로 채권자에게 채무를 상환하는 것을 내용으로 한다. 담보신탁은 새로운 유형의 담보방식으로 PF 대출 등에 자주 활용되고 있다.

담보의 목적으로 저당권을 설정할 경우, 담보물에 후순위권리가 설정될 수 있고, 후순위권리자에 의해 담보물의 처분이 강제집행될 위험이 있다. 그러나 신탁재산에 대해서는 신탁 전의 원인으로 발생한 권리 또는 신탁사무의 처리상 발생한 권리에 의한 경

18) 1990년대부터 거래실무에서 활용되기 시작한 담보신탁은 2001년부터 대법원이 일관되게 긍정하고 있는 도산절연효과로 인해 채권자 측에서 사용하는 예가 늘고 있다(윤진수 · 최효종, 2023).

우를 제외하고는 강제집행이나 담보권 실행 등을 위한 경매 및 보전처분 또는 국세 등 체납처분 등을 할 수 없다. 또한 신탁재산은 위탁자나 수탁자의 도산으로부터 절연되어 독립적인 재산으로 취급된다.

또한 저당권은 피담보채권이 존재해야 성립하며, 피담보채권과 분리해 타인에게 양도하거나 다른 채권의 담보로 제공할 수 없고, 등기의 공신력이 인정되지 않는다. 그러다 보니 저당권을 유통하는 것이 쉽지 않다. 그러나 담보신탁은 수익자의 우선수익권과 신탁에서 발행한 수익권의 유통이 가능하다. 신탁재산을 매각할 사유가 발생할 경우 공개경쟁을 통한 임의매각이 가능하며, PF 대출을 이용하는 부동산개발사업에서 수익권의 우선순위 설정이 가능하다.

부동산개발신탁

① 차입형 개발신탁

차입형 개발신탁(토지신탁이라고 부르기도 한다.)은 신탁회사가 자기책임하에 개발자금을 조달하여 부동산개발사업을 수행하는 방식이다. 신탁회사는 부동산개발사업을 수행한 후, 그 수익을 위탁자(토지소유자) 또는 위탁자가 지정한 수익자에게 반환한다.

그림 5 차입형 개발신탁 구조도

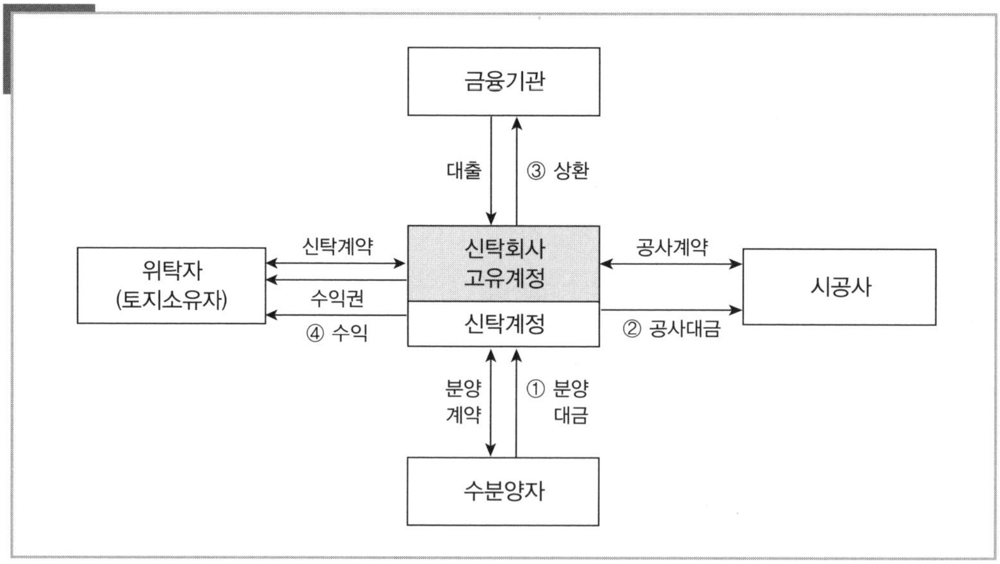

신탁회사는 개발에 필요한 자금을 고유계정으로 조달하여, 신탁계정에 대여한다. 외부에서 차입한 자금은 신탁회사가 자신의 이름으로 빌린 것이기 때문에 개발사업의 성패에 관계없이 신탁회사가 상환해야 한다. 따라서 개발사업이 실패하면 신탁회사는 신탁수수료를 받지 못하는 것은 물론이고 대여해 준 자금을 돌려받지 못하여 큰 손실을 보게 된다. 반면에 개발사업에 성공하면, 수탁고 대비 높은 신탁수수료를 받는 것은 물론이고, 대여해 준 자금에 대한 이자수익도 얻게 된다.

신탁회사는 분양대금이 들어오면 기성고에 따라 공사비를 지급하여 공사를 완료하고, 그 뒤에 대여해 준 자금을 회수하여 차입금을 상환한다. 마지막에 신탁수수료를 회수한 후, 수익자에게 수익을 배분해 준다. 만약 분양대금이 예상보다 적게 들어올 경우, 신탁계정에 계속 자금을 대여하여 공사를 완공해야 한다. 일반적으로 수분양자는 분양대금 중 잔금은 입주 시 납부하므로 분양대금 흐름과 공사비 흐름이 일치하지 않는 문제가 발생할 수 있다(이석 · 오지현, 2018).

② 관리형 개발신탁

관리형 개발신탁은 신탁회사가 사업시행자가 되어 개발사업을 진행하는 점에서는 차입형 개발신탁과 동일하다. 다만, 위탁자가 자금조달을 책임진다는 점에서 차입형 개

그림 6 관리형 개발신탁 구조도

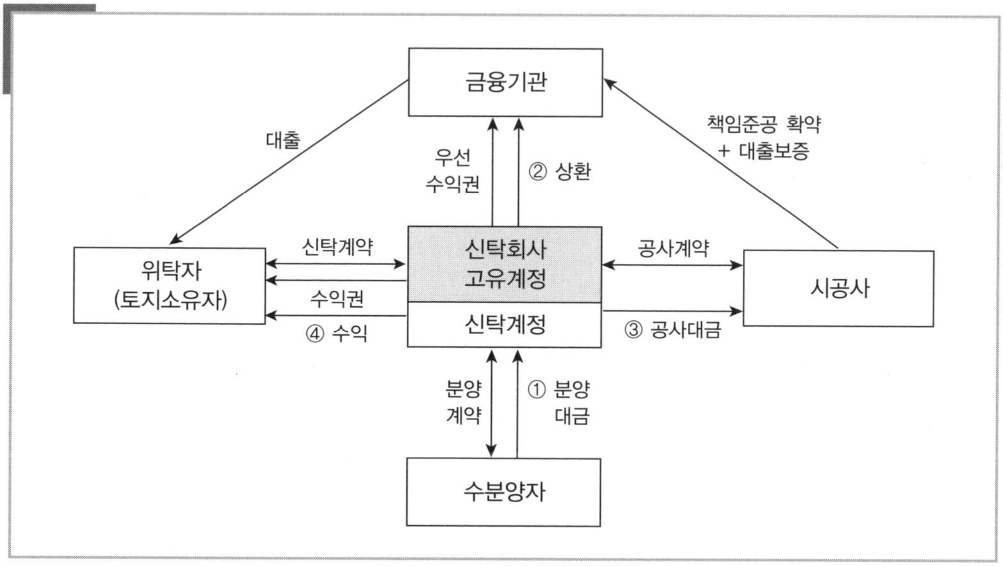

발신탁과 다르다. 신탁회사는 자금관리와 사업관리만 하기 때문에 개발사업의 위험을 거의 짊어지지 않는다. 이런 점 때문에 신탁수수료도 차입형 개발신탁보다 상당히 낮다.

위탁자에게 대출을 해 준 금융기관은 신탁회사에게 자금을 관리하도록 하고, 시공사에게는 책임준공 확약과 대출보증을 서도록 요구한다. 신탁회사는 대주(금융기관)에게 1순위 수익권을 부여하고 위탁자에게는 후순위 수익권을 부여한다. 신탁회사는 분양대금이 들어오면 대출금을 우선적으로 상환하고, 그 다음 공사대금을 지급한다. 그 다음에 남은 이익이 있으면 위탁자에게 지급한다(이석 · 오지현, 2018).

분양이 예상대로 되지 않으면, 시공사에게 공사대금을 지급하지 못할 수 있다. 그렇다 하더라도 시공사는 책임준공 확약에 따라 공사를 완공시켜야 한다. 최악의 경우, 분양 부진으로 금융기관에 대출금을 상환하지 못할 수도 있는데, 이 경우 시공사가 위탁자의 채무를 떠안아야 한다. 그 대신 위탁자의 모든 권리는 시공사로 넘어가게 된다.

③ 책임준공형 개발신탁

책임준공형 개발신탁은 관리형 개발신탁에 신탁회사의 책임준공 확약을 부가한 상품으로, 기본적으로는 관리형 개발신탁에 책임준공 의무를 더한 구조다.

금융위기 당시 부동산시장의 침체로 인해 책임준공 확약을 해 주었던 시공사들이 대

그림 7 책임준공형 개발신탁 구조도

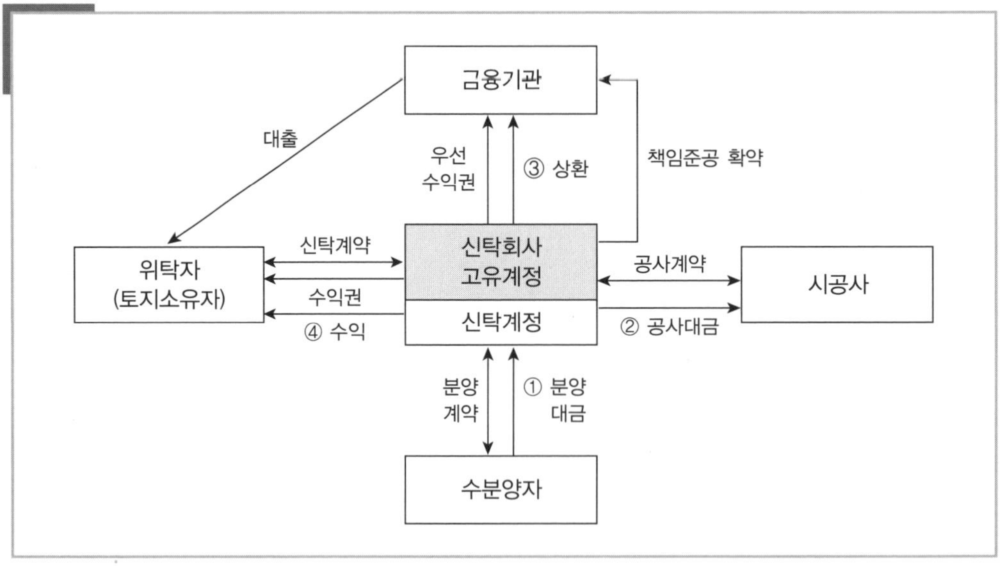

거 부실에 빠지자, 시공사들은 책임준공 확약을 기피하기 시작하였다. 여기에다가 중소 규모의 개발사업에서는 대형 건설사가 시공에 참여하지 않아 도급순위나 신용도가 낮은 건설사가 시공에 참여할 수밖에 없다. 그러나 대주들은 신용도가 낮은 건설사의 책임준공 확약이나 대출보증을 믿지 않아 PF 대출이 어려웠다. 그래서 신탁회사가 대주에게 책임준공 확약을 하고, 시공사는 단순시공만 하는 것으로 바뀌었다. 이것이 책임준공형 개발신탁이 나오게 된 배경이다.

신탁회사는 분양대금이 예상대로 들어오지 않더라도 공사를 완공해야 하기 때문에 자체적으로 자금을 조달하여 공사비를 지급해야 한다. 이런 점에서 신탁회사는 차입형 개발신탁만큼은 아니더라도 개발사업의 위험을 일정 부분 떠안는다. 그 대신 신탁수수료는 관리형 개발신탁보다는 높은 수준에서 결정된다.

부동산 PF 대출을 해 주는 금융기관은 시행사뿐만 아니라 시공사와 책임준공 확약을 한 신탁사의 부실 가능성을 고려해야 한다. 특히 도급순위나 신용도가 낮은 건설사는 수요가 적은 지역에서 개발사업을 시행하는 경우가 많아 부동산 경기에 민감하게 반응하고 부동산 경기 하강 시 시행사와 시공사, 신탁사의 부실에 따른 대출부실 문제가 현실화될 수 있다(윤서준 · 고성수, 2022; 조성근, 2019).

국내 부동산 그림자금융

그림자금융은 은행과 유사한 경제적 기능을 수행하나 은행보다 규제 수준이 낮은 비은행 금융기관 또는 이들 비은행 금융기관이 제공하는 금융투자상품을 뜻한다. 따라서 부동산 그림자금융은 부동산을 매개로 자금중개나 신용창출 기능을 수행하는 PF(Project Financing) 대출 · 보증, PF 유동화증권, 부동산신탁(은행이 제공하는 부동산담보신탁은 제외), 부동산 펀드 및 특별자산펀드를 부동산 그림자금융으로 정의할 수 있다(이효섭, 2023).

국내 대체투자펀드(부동산펀드 및 특별자산펀드), 부동산신탁, 비은행 PF 대출 및 관련 보증과 유동화증권 등 비은행 고위험-레버리지 투자상품을 부동산 그림자금융으로 정의하기도 한다(신용상, 2022).

부동산 그림자금융은 자금중개의 경로가 길고 복잡하며, 채권시장 및 단기자금시장 등과 밀접히 연계되어 있으며 레버리지가 크다는 특징을 갖고 있다. 부동산 그림자금융은 부동산 경기변동에 따른 리스크 민감도가 주택금융보다 크다. 부동산 그림자금융이 부실화되면 금융기관이 연쇄 손실을 기록할 뿐만 아니라 금융시장의 변동성을 키우고 실물경제의 침체를 초래할 수 있다.

그림 8 유형별 부동산 그림자금융 규모 추이

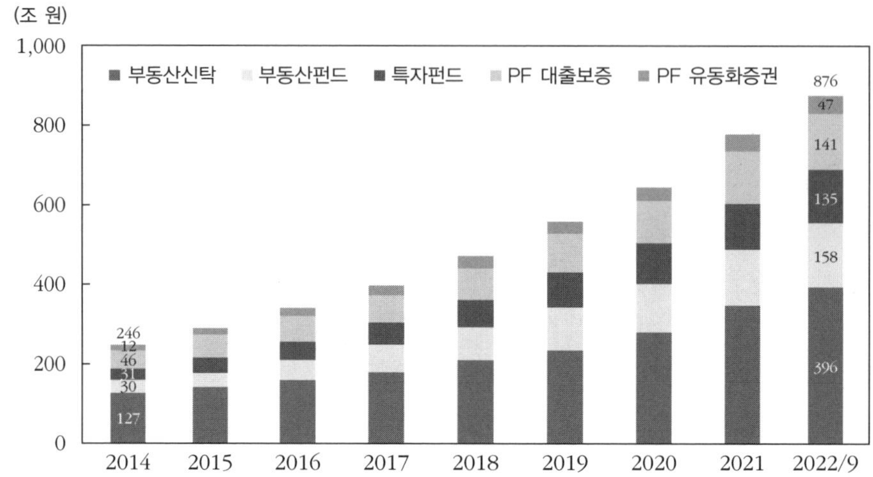

자료 : 이효섭(2023).

부록 실물옵션

큰 규모의 개발프로젝트는 일련의 소규모 프로젝트로 나누어 볼 수 있다. 선행사업의 성공은 후행사업에 대한 의사결정에 좋은 정보가 된다. 예를 들어 10동을 건축할 수 있는 토지에 아파트 개발사업을 고려하고 있는 경우, 개발업자는 일단 5동을 먼저 개발하고 나서 사업의 계속 여부를 결정하기 전에 이 사업에 대한 시장의 반응을 관찰할 수 있다.

프로젝트를 계속하기 위해 토지를 매입하게 되면, 개발업자는 실물옵션(real option)으로 알려진 프로젝트의 추진과 관련한 옵션을 보유하게 된다.

1) 실물옵션의 기본 개념

재무이론에서 옵션은 일정한 자산을 일정한 가격으로 사거나 팔 수 있는 권리를 말한다. 이런 권리를 가진 자를 옵션보유자라고 한다. 옵션을 행사하여 사거나 팔 수 있는 자산을 기초자산이라고 하며, 기초자산을 사거나 팔 수 있는 가격을 옵션의 행사가격이라고 한다. 옵션에는 기초자산을 살 수 있는 콜옵션(call option)과 팔 수 있는 풋옵션(put option)이 있다. 이 옵션은 어느 일정한 시점까지만 행사하거나 행사하지 않을 권리를 갖는데, 그 기한을 만기라고 한다. 만기 시점까지 언제라도 옵션을 행사할 수 있는 옵션을 아메리칸 옵션이라고 하며, 만기일에만 행사할 수 있는 것을 유러피언 옵션이라고 한다.

옵션은 증권시장에서 발달한 금융상품이다. 예를 들어 보통주에 대한 콜옵션보유자는 특정 회사의 보통주에 대해 사전에 정한 주당 가격으로 만기 이전 어느 때라도 살 수 있는 권리를 갖는다.

실물옵션은 기초자산이 주식과 같은 금융자산이 아닌 실물자산이거나, 또는 어떤 권리가 옵션의 특성을 갖는 것을 말한다. 예를 들어 주택저당대출에서 차입자가 채무불이행을 하는 것은, 주택저당대출의 가치가 담보물 가치보다 높을 때 차입자가 주택을 대출기관에게 주고 주택저당대출을 사들이는 것과 같다. 일종의 콜옵션과 같은 것이다.

Kodukula and Papudesu(2006)은 실물옵션을 연기옵션(option to defer), 확장옵션(option to expand), 축소옵션(option to contract), 포기옵션(option to abandon), 선택옵션(option to choose), 평행합성옵션(parallel compound options), 순차적 합성옵션(sequential compound option) 등으로 구분하고 있다.

연기옵션은 당장은 사업성이 낮으나 시장의 변동성과 가격추세로 볼 때 향후 사업성이 좋아질 것으로 예상되는 경우 수익성이 좋아질 때까지 사업을 연기할 수 있는 것을 말한다. 확장옵션은 시장조건과 부동산가격이 처음 예상했던 것보다 양호해지면 추가투자를 통해 부동산개발규모를 확장할 수 있는 것을 말한다. 산업용 부동산의 경우 장래 공장확장을 예상하여 미리 공장부지를 확보하는 경우가 이에 해당한다.

축소옵션은 대규모 개발사업에서 일정 규모까지는 수요가 확실하지만 그 이상 규모에 대해서는 수요가 불확실한 경우 중도에 사업을 축소할 수 있는 것을 말한다. 투자가 단계별로 이루어질 때 발생하는 옵션이다. 포기옵션은 투자가 장기간에 걸쳐 이루어지고 그 성과가 불확실한 부동산개발사업, 신약개발사업, 원유시추사업 등에서 일정한 기간 내 어느 시점에서라도 개발과정을 검토하여 개발사업을 중단할 수 있는 것을 말한다.

선택옵션은 대규모 제조회사가 전략적 옵션을 이용하여 미래의 위험을 헤지할 수 있는 경우를 말한다. 전략의 선택에는 예를 들어 향후 5년간 어느 시점에서라도 사업의 확장, 축소, 포기 전략을 추진하거나 현상을 유지하는 전략을 선택할 수 있다.

평행합성옵션에서 옵션가치는 다른 옵션가치에 따라 달라진다. FDA 승인과정에 있는 제약회사가 인간실험을 해야 하는 단계에서 FDA 승인은 신약출시에 대한 옵션이 되며, 인간실험 성공은 승인신청을 위한 옵션이 된다. 두 옵션은 동시에 실행되기 때문에 이를 평행합성옵션이라고 한다. 순차적 합성옵션은 어떤 프로젝트를 완성하기 위해 순차적으로 사전에 이루어져야 다음 단계로 넘어갈 수 있는 몇 단계로 구분될 경우에 성립하는 옵션이다. 다음 단계의 옵션가치는 앞 단계의 옵션가치에 의존한다.

2) 토지가치의 콜옵션모형

실물옵션이론을 부동산에 적용한 것이 토지가치의 콜옵션모형이라고 할 수 있다.[19)]

19) GMCE(2014), p.707.

이 모형에서는 토지소유자에게 토지 위에 개량물을 개발할 수 있는 옵션을 부여함으로써 토지가치가 결정된다고 본다. 토지소유자는 개량물개발에 필요한 건축비용을 지불하는 한편 가치 있는 수익성 자산을 획득할 수 있다. 즉 토지소유자의 옵션에는 토지 위의 기존 개량물을 철거하고 재건축할 수 있는 옵션이 포함된다. 그렇지만 기존 건물이 매우 낡았거나 소규모가 아닌 이상 또는 해당 토지의 최고최선의 용도에 부합하지 않은 경우가 아니라면 재개발 옵션가치는 그리 크지 않다. 옵션의 행사는 복원되지 않는다. 옵션이 행사되면 옵션이 사라진다. 따라서 토지가치에 대한 콜옵션모형은 공지 또는 거의 공지상태이거나 토지의 최고최선의 용도가 변하고 있는 용도지역 변경지역의 토지에 적합한 모형이다.

토지가치에 대한 콜옵션모형을 직관적으로 이해할 수 있는 사례를 들어 설명해 보자.[20] 현재 88.24억 원의 비용을 들여 공지를 개발하면 100억 원의 가치를 갖는다고 하자. 이 경우 이윤은 11.76억 원이 된다. 그런데 현재 개발옵션을 행사하지 않으면 나중에 이를 사용할 수 있다. 예를 들어 내년까지 기다렸다가 건축하면 총가치가 113.22억 원이 될 확률이 70%, 78.62억 원이 될 확률이 30%로 예측된다고 하자. 어느 경우라도 건축비도 2% 상승하여 내년에는 90억 원이 된다고 한다. 만약 현재 건축을 하지 않고 내년까지 기다렸다가 개발가치가 하락할 경우 건축을 하지 않으면 아무런 비용도 이익도 발생하지 않으므로 1년 후 개발옵션의 가치는 0.3×0 + 0.7×(113.22억 원 − 90억 원) = 16.25억 원이 되며 할인율 20%일 때 현재가치는 16.25억 원/1.2 = 13.54억 원이 된다. 그런데 현재 개발을 할 경우 토지가치는 100억 원 − 88.24억 원 = 11.76억 원이다. 따라서 개발옵션이 지니는 옵션프리미엄은 13.54 − 11.76 = 1.78억 원이 된다.[21]

만기일에 콜옵션의 가치(C)는 다음 두 값 중 최댓값이 된다. ① 0, ② 만기일에 기초자산을 살 때의 가치(S)와 만기일의 행사가격(X)의 차이. 즉 $C = Max[0, S - X]$이다. 반대로 풋옵션의 가치(P)는 ① 0, ② 만기일의 행사가격(X)과 만기일에 기초자산을 팔 때의 가치(S)의 차이, 즉 $P = Max[0, X - S]$가 된다.

콜옵션은 $S - X > 0$일 때 '내가격(in the money)', $S - X = 0$이면 '등가격(at the money)', $S - X < 0$이면 '외가격(out of the money)'이라고 한다. 같은 논리로 풋옵션은 $S - X < 0$일 때 '내가격(in the money)', $S - X = 0$이면 '등가격(at the money)',

20) GMCE(2014), pp.708-710.

21) 옵션프리미엄은 옵션을 얻기 위해 지불해야 하는 가격을 말하며, 토지소유자가 옵션을 언제 행사할 것인지 선택할 수 있기 때문에 토지의 옵션가치를 반영한다.

$S-X>0$이면 '외가격(out of the money)'이라고 한다.

3) 옵션의 평가 : 이항평가모형

옵션을 매매할 때 거래가격을 옵션가격(또는 옵션프리미엄)이라고 하는데, 옵션가격도 시장에서 수요와 공급에 의해 결정된다. 그러나 옵션의 가치는 콜옵션의 경우 기초자산의 현재가격, 행사가격, 만기까지 기간(T), 기초자산 수익률의 분산(σ^2), 무위험이자율(r_f)에 의해 결정된다. 이항옵션평가모형은 기초자산의 가격이 이항분포를 따른다고 가정한 옵션평가모형이다. 이 모형은 공식 도출이 쉽고 Black and Sholes(1973)의 연속형 모형으로 쉽게 확장할 수 있는 장점이 있다. 먼저 1기간 모형부터 시작하자. 콜옵션의 가치를 계산하기 위해 콜옵션의 기초자산을 1단위 사고 이에 대한 콜옵션을 m개 매각하는 포트폴리오를 구성하면($S-mC$) 기초자산가격의 변화에 따라 포트폴리오의 성과가 달라진다. 포트폴리오 구성 이후 1기간 동안 기초자산가격이 상승할 확률은 q, 하락할 확률은 $1-q$로 예상된다. 기초자산가격의 상승계수를 u, 하락계수를 d라 하면 기초자산가격이 상승할 때 콜옵션의 가치는 C_u, C_d로 표현할 수 있다. 기초자산가격이 상승할 때와 하락할 때의 포트폴리오 성과는 각각 $uS-mC_u$, $dS-mC_d$가 된다. 이 포트폴리오가 기초자산가격의 변동에 상관없이 일정한 이득을 볼 수 있는 헤지포트폴리오가 되려면 헤지비율(m)은 다음과 같아야 한다.

$$m=\frac{S(u-d)}{C_u-C_d}$$

이 헤지비율은 기초자산가격의 상승확률 q와 무관하다. 헤지포트폴리오의 수익률은 무위험이자율과 같아야 하므로 $t=1$의 이득은 $t=0$의 투자 $S-mC$에 무위험이자율을 적용한 수익과 같아야 한다.

$$(S-mC)(1+r_f)=uS-mC_u=dS-mC_d$$

$1+r_f=r$로 놓고 위 식을 C에 대해 풀고 m대신 헤지비율을 대입하면

$$C=\frac{S(r-u)+mC_u}{mr}=\frac{C_u\left[\frac{(r-d)}{(u-d)}\right]+C_d\left[\frac{(u-r)}{(u-d)}\right]}{r}$$

이 식은 만기까지 1기간 남아 있는 콜옵션의 가치를 나타내는 공식이다. 여기서 $(r-d)/(u-d)=p$로 정의하면 위 식은 다음과 같이 간단한 공식이 된다.

$$C = \frac{C_u p + C_u(1-p)}{r}$$

이때 p를 헤지확률(hedge probability)이라고 하는데, 실제 확률 개념이 아니라 $0<p<1$의 값을 갖기 때문에 붙여진 명칭이며, 실제 기초자산가격 상승확률 q와 다름에 유의해야 한다.

이상의 1기간 이항옵션평가모형은 쉽게 다기간 모형으로 확장될 수 있다. 또한 다기간 모형을 이용하여 기초자산가격이 위너과정(Wiener process)을 따른다고 가정하고 편미분방정식을 이용하면 다음과 같은 Black and Sholes(1973)의 연속형 모형으로 확장된다.

$$C = SN(d_1) - e^{-r_f T} SN(d_2)$$

$$d_1 = \frac{\ln(S/X) + (r_f + \sigma^2/2)T}{\sigma\sqrt{(r)}}$$

$$d_2 = \frac{\ln(S/X) + (r_f - \sigma^2/2)T}{\sigma\sqrt{(r)}}$$

이 장의 주요 내용

- 부동산개발과정은 사전준비, 건설, 임대, 운영 단계로 나눌 수 있으며, 개발에 필요한 자금은 사전준비단계에서 종잣돈 역할의 지분투자, 토지매입단계에서 외부의 지분투자, 마지막으로 건설에 필요한 차입금 형태의 원천이 있다. 토지취득과 개발, 건설 금융을 ADC 금융이라고 한다.

- 프로젝트금융이란 프로젝트 자산과 현금흐름에 기초하여 자금을 조달하고 해당 프로젝트에서 발생하는 수익으로 원리금을 상환하거나 배당하는 방식을 말한다. 프로젝트금융의 특징은 신용분리, 비소구 또는 제한적 소구금융, 부외금융, 이해당사자 간 위험배분의 특징을 지닌다. 프로젝트금융의 자금조달방법에는 지분방식과 부채방식이 있으며, 조달한 자금에 대해 현금이나 생산물로 상환하거나 운영권을 부여하는 방식이 있다.

- 우리나라의 프로젝트금융 관련 제도로는 사회간접자본시설에 대한 민간투자법에 의한 프로젝트, 부동산신탁의 토지신탁에 의한 프로젝트, 프로젝트금융투자회사를 통한 프로젝트의 수행이 가능하며, 사적 계약에 의해 부동산 PF 대출을 활용하기도 한다. 이때 한국주택금융공사나 주택도시보증공사가 PF 대출보증을 제공하기도 한다.

연 | 습 | 문 | 제

01 | 부동산개발 4단계를 설명하라.

02 | 부동산개발 단계별 자금의 원천에 대해 설명하라.

03 | 건설대출의 네 가지 유형에 대해 설명하라.

04 | 토지개발금융에서 자금조달방법에 대해 설명하라.

05 | 프로젝트금융의 주요 플레이어에 대해 설명하라.

06 | 우리나라에서 부동산신탁을 활용한 부동산개발금융 상품에 대해 설명하라.

07 | 토지가치를 실물옵션의 개념을 이용하여 설명하라.

제 3 장

자산유동화

자산유동화란 자산을 담보로 하여 증권을 발행하여 자금을 조달하는 방법을 말한다. 이 방법은 형식적으로 보면 자산방식의 자금조달방식(asset financing)으로, 재무구조를 악화시키지 않으면서 자금을 조달할 수 있는 방법 중 하나다. 이 장에서는 자산유동화의 기본 구조와 개념을 설명하고, 이 방법을 이용한 다양한 자금조달기법을 설명한다. 그리고 우리나라에서는 자산유동화제도가 어떤 구조로 되어 있고 어떻게 사용되고 있는지, 특히 부동산과 관련하여 자산유동화제도가 어떻게 활용되고 있는지 살펴본다.

1. 자산유동화의 기초적 개념
2. 자산유동화제도의 활용
3. 우리나라의 자산유동화제도와 부동산유동화

1 자산유동화의 기초적 개념

1) 자산유동화의 개념과 구조

자산유동화란?

자산유동화란 자산을 담보(기초)로 하여 증권을 발행한 후, 이를 투자자에게 매각하여 현금을 확보하는 것을 말한다. 흔히 자산증권화(securitization)라고도 부른다.[1] 다시 말하자면, 자산의 유동화 또는 자산의 증권화란 유동성이 떨어지는 자산을 유동성이 높은 증권으로 바꾸는 과정이라고 할 수 있다.

자산을 담보(기초)로 하여 발행된 증권을 자산담보부증권(ABS: asset-backed securities)이라고 부른다. 이 때문에 자산유동화 또는 자산증권화를 ABS 제도라고 부르기도 한다. 우리가 제2부에서 본 MBS(mortgage-backed securities)는 모기지라는 자산을 담보로 한 증권이라는 점에서, 넓은 의미에서 ABS의 한 종류라고 할 수 있다.

자산유동화의 기본구조

자산유동화는 자산보유자(originator)가 자산을 유동화중개기관에 양도(매각)하고, 유동화중개기관은 양도받은 자산을 담보(기초)로 한 증권(ABS)을 발행하여 자금을 조달하는 구조로 되어 있다. 따라서 자산유동화를 통해 자금을 조달하는 것은, 형식적으로는 자산보유자가 자산을 유동화중개기관에 매각하여 자금을 조달하는 것이 된다. 즉, 자산금융(asset financing)에 해당된다.

유동화중개기관은 자산보유자가 설립할 수도 있고, 자산보유자가 아닌 제3자가 설립할 수도 있다. 유동화중개기관은 자산을 유동화하기 위해 설립된 기관으로, 이와 같은 특수한 목적에서 설립된 기관을 특수목적기관(SPV: special purpose vehicles)이라고 부른다.

1) 엄밀하게 말하자면, 자산유동화는 자산증권화의 상위 개념이라고 할 수 있다. 자산을 유동화하는 방법 중의 하나가 자산증권화이다. 자산증권화가 자산유동화의 가장 대표적인 방법이고, 현재 대부분 자산증권화를 통해 자산을 유동화하기 때문에 자산유동화를 자산증권화와 같은 개념으로 보고 있다.

유동화중개기관은 자산보유자로부터 완전히 독립된 기관이다. ABS의 원리금은 유동화중개기관이 보유하고 있는 자산으로부터 나오는 현금흐름으로 상환한다. 유동화중개기관은 자산을 양도받고, 양도받은 자산을 담보로 ABS를 발행하며, 자산으로부터 나오는 현금흐름으로 ABS의 원리금을 지급하는 일만 한다.

유동화중개기관은 회사 형태를 취할 수도 있고, 신탁이나 조합, 파트너십 등의 형태를 취할 수도 있다. 회사 형태를 취할 경우, 이를 특수목적회사(SPC: special purpose company)라고 부른다. 회사 형태로 유동화중개기관을 설립할 경우, 대개는 서류상 회사(paper company)로 설립한다. 서류상으로만 회사이기 때문에 직원도 없고 사무실도 없다. 이 경우 유동화중개기관의 업무를 도와주는 여러 기관이 유동화과정에 참여한다.

자산관리자(asset management)는 양도자산을 관리하는 역할을 한다. 일반적으로는 자산보유자가 그 역할을 수행하지만, 경우에 따라서는 전문적인 자산관리회사가 그 역할을 수행하기도 한다.

수탁사(trustee)는 증권발행이나 발행된 증권에 대한 원리금상환 등과 같은 회사업무를 대행해 주는 기관으로, 은행 등 공신력 있는 기관이 이 역할을 한다. ABS를 매입한 투자자들을 보호해 주는 역할도 한다.

신용보완기관(credit enhancer)은 ABS의 신용등급을 높이기 위해 ABS의 원리금지급을 보증해 주거나, 유동화중개기관에 신용을 제공해 주는 기관이다. 신용보증기관이나 공신력을 갖고 있는 금융기관 등이 신용을 보완해 준다.

신용평가기관(credit rating agency)은 ABS의 신용등급을 평가해 주는 기관이다. 사모로 ABS를 발행할 경우 신용등급 평가를 받지 않아도 되지만, 공모로 ABS를 발행할

그림 1 자산유동화 구조

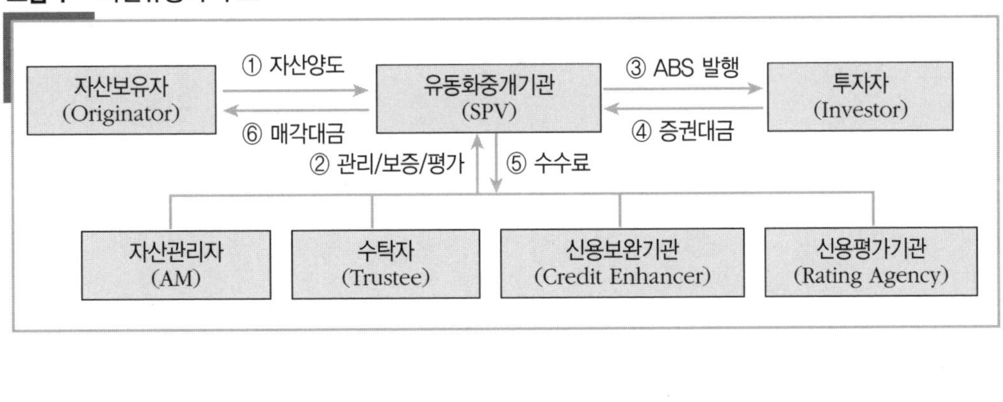

경우 신용등급을 평가받아야 한다. 국제적으로는 S&P, Moody's, Fitch Ratings 등의 신용평가기관들이 ABS의 신용등급을 평가한다. 국내에는 한국신용평가, 한국기업평가, NICE신용평가 등에서 ABS의 신용등급을 평가한다.

이중과세 문제

유동화중개기관은 담보자산에서 나오는 수익으로 자산담보부증권의 원리금을 지급한다. 자산담보부증권의 원리금을 지급하고도 수익이 남게 되면, 유동화중개기관은 법인세나 소득세를 내야 한다. 만약 자산보유자가 유동화중개기관을 지배하고 있다면, 남는 수익은 자산보유자에게 배당형식으로 지급된다. 이렇게 되면 자산보유자는 배당받은 소득에 대해 소득세를 내야 한다.

만약 자산보유자가 직접 자산담보부증권을 발행한다면, 보유자산으로부터 나오는 수익에 대해서는 한 번만 법인세를 내면 된다. 그런데 자산유동화방법으로 자산담보부증권을 발행하게 되면, 이중과세 문제에 직면하는 것이다.

이중과세 문제가 해결되지 않으면, 기업들은 자산유동화제도를 이용하여 자금을 조달할 동인이 줄어들게 된다. 미국은 도관체 이론이 적용되는 기업에 대해서는 배당금을 비용으로 인정하여 법인세가 부과되지 않도록 하고 있다. 유동화중개기관은 유동화와 관련된 업무만 하고, 자산으로부터 나오는 수익은 모두 ABS의 원리금지급 등으로만 사용된다. 따라서 미국에서 유동화중개기관은 도관체로 인정되어 이중과세 문제에서 자유롭다.

우리나라에서는 "자산유동화에 관한 법률"에 의해 설립된 유동화중개기관은 배당금을 비용으로 인정하고 있다. 이에 따라 우리나라에서도 "자산유동화에 관한 법률"에 의해 설립된 유동화중개기관(우리나라 법에서는 이를 '유동화전문회사'라고 부른다.)은 이중과세 문제에서 자유롭다. 단, 법에 의해 정한 조건(유한회사로서 서류상 회사일 것, 유동화업무만 할 것, 배당가능소득의 90% 이상을 배당할 것 등)을 만족해야 한다.

2) 유동화중개기관의 역할과 자산유동화의 특징

유동화중개기관의 역할

자산보유자는 직접 자산을 담보로 한 증권(ABS)을 발행할 수도 있는데, 왜 굳이 자산을 유동화중개기관에 매각하고 유동화중개기관이 자산담보부증권(ABS)을 발행하는 방식으로 자산을 유동화할까? 거래과정이 여러 단계를 거치게 되면, 거래비용이 증가하게 된다. 그럼에도 불구하고 유동화중개기관을 거쳐 자산담보부증권을 발행하는 이유는 어디에 있는가?

자산보유자가 직접 자산을 담보로 증권을 발행할 경우 기초자산(담보자산, underlying asset)이 자산보유자의 파산재단에 포함된다. 만약 자산보유자가 파산을 하게 되면, 기초자산이 파산재단에 포함됨으로써 ABS의 원리금지급에 문제가 생기게 된다. 자산보유자의 파산위험으로부터 담보자산을 보호하기 위한 기구가 필요한데, 유동화중개기관이 바로 그런 역할을 한다.

유동화중개기관은 자산보유자로부터 독립된 기구이기 때문에 유동화중개기관이 보유하고 있는 자산은 자산보유자가 파산을 하더라도 안전하게 보전된다. 그래서 흔히 유동화중개기관은 방화벽(firewall) 역할을 한다고 한다. 자산보유자 쪽에서 파산이라고 하는 불이 나더라도, 담보자산은 안전하게 보관되어 ABS의 원리금지급에 사용될 수 있다는 것이다.

유동화중개기관이 방화벽 역할을 하기 위해서는 자산보유자로부터 완전하게 절연되어야 한다. 유동화중개기관이 자산보유자와 완전히 절연되기 위해서는 자산의 양도가 '진정한 매각(true sale)' 형태가 되어야 한다. 자산보유자가 단순하게 담보를 제공하는 것이라든가, 자산보유자의 파산위험이 담보자산의 가치에 영향을 미칠 수 있는 형태로 거래가 된 것이라면 '진정한 매각' 이 되지 않는다. '진정한 매각' 이 안 되면, 유동화중개기관은 담보자산을 안전하게 보호하는 방화벽 역할을 하지 못하게 된다.

또 하나, 자산보유자가 아닌 유동화중개기관이 자산담보부증권을 발행하게 되면, 증권투자자들의 위험회피 성향을 반영하여 다양한 형태의 증권(신주발행, 후순위 및 선순위 채권 발행 등)을 발행할 수 있다. 자산보유자가 직접 자산담보부증권을 발행할 경우, 기존 채권자와 주주들과의 이해상충 문제가 생길 수 있다. 그러나 유동화중개기관이 자산담보부증권을 발행하면, 이런 문제가 발생하지 않는다.

이런 이유들 때문에 자산보유자가 직접 자산담보부증권을 발행하지 않고, 유동화중개기관이 자신의 이름으로 자산담보부증권을 발행하는 것이다.

자산유동화의 특징

자산유동화는 신용분리(credit remote), 비소구(non-recourse)금융, 부외금융(off-balance sheet financing), 이해당사자 간 위험배분(risk allocation)이라는 특징을 갖고 있다. 이런 특징은 위에서 언급한 자산유동화중개기관의 역할과 관련이 있다. 이는 부동산개발금융에서 프로젝트 회사를 활용하는 이유와 같은 이유라고 할 수 있다.

① 신용분리

유동화중개기관의 신용은 자산보유자의 신용과 독립적으로 결정된다. 유동화중개기관의 신용은 보유하고 있는 자산의 신용에 의해 결정된다. 유동화중개기관은 자산보유자로부터 독립되어 있기 때문에 자산보유자가 파산을 하더라도 담보자산은 안전하게 보호된다.

② 비소구금융

유동화중개기관은 자산보유자로부터 독립되어 있고, 자산담보부증권의 발행자다. 그렇기 때문에 자산담보부증권의 원리금상환 책임은 유동화중개기관이 지게 된다. 만약 유동화중개기관이 파산을 하여 ABS의 원리금을 지급하지 못하더라도 ABS 투자자는 자산보유자에게 원리금의 지급을 요구할 수 없다.

③ 부외금융

ABS 발행 주체는 자산유동화중개기관이기 때문에 ABS 발행을 통한 자금조달은 자산보유자의 대차대조표에 나타나지 않는다. 다만 자산보유자가 실질적으로 유동화중개기관을 지배할 경우, 국제회계기준(IFRS)이 적용되는 나라에서는 유동화중개기관의 대차대조표를 자산보유자의 대차대조표와 연결하여 표시해야 한다. 이 경우에는 부외금융이 성립하지 않는다.

④ 이해당사자 간 위험배분

자산유동화중개기관은 ABS 투자자들의 투자 성향에 따라 발행하는 증권의 종류를 다르게 만듦으로써, 투자자들의 성향에 맞추어 위험을 적절하게 배분할 수가 있다. '고

위험, 고수익(high risk, high return)'을 추구하는 투자자들에게는 주로 지분을 매각하고, '저위험, 저수익(low risk, low return)'을 추구하는 금융기관들에게는 주로 선순위채권을 매각한다. 중간 정도의 위험과 중간 정도의 수익을 추구하는 투자자들에게는 주로 후순위채권을 매각한다.

3) 유동화자산의 종류와 유동화증권의 종류

유동화자산의 종류

유동화 대상이 되는 자산을 유동화자산 또는 대상자산(underlying asset)이라고 부른다. 현재와 미래에 현금흐름이 있는 자산은 모두 유동화 대상이 될 수 있다.

대표적인 예가 채권(債權, receivables)이다. 주택저당채권, 부동산담보부 대출채권, 할부금융채권, 신용카드채권, 리스채권, 외상채권 등이 채권의 대표적인 예이다. 그리고 금융자산과 부동산자산 등도 유동화 대상이 되는 자산의 하나이다.

채권에는 상환확정형 채권과 상환미확정형 채권이 있다. 상환확정형 채권은 상환금액이 이미 확정되어 있는 채권을 말한다. 위에서 본 대출채권이나 리스채권, 할부금융채권, 외상채권 등이 대표적인 상환확정형 채권이다.[2)]

상환미확정형 채권은 상환금액이 아직 확정되어 있지 않은 채권을 말한다. 상환금액은 미래에 가서야 비로소 확정이 된다. 그래서 상환미확정형 채권을 흔히 미래채권(future flow)이라고 부른다. 미래 매출채권(미래에 발행한 매출채권), 미래 전화료 수입, 미래 전기료 수입, 미래 입장수입 등이 대표적인 상환미확정형 채권이다.

상환미확정형 채권이 유동화 대상이 되기 위해서는 특정가능성과 발생가능성이 존재해야 한다. 특정가능성이란 미래에 채권을 확정할 수 있어야 한다는 의미이며, 발생가능성이란 미래에 현금흐름이 발생할 수 있어야 한다는 의미이다.

유동화증권의 종류

유동화중개기관이 발행하는 증권의 종류에는 회사채와 기업어음(CP: commercial

2) 물론 상환금액이 확정되어 있다고 하여 미래에 그만큼의 현금흐름이 발생하는 것은 아니다. 차입자가 채무불이행을 하거나 조기상환을 하면 현금흐름이 달라질 수 있다.

paper), 주식과 출자증권, 수익증권 등 다양하게 있을 수 있다.

유동화중개기관이 회사일 경우, 회사채를 발행하거나 CP를 발행할 수 있다. 자산을 담보로 한 회사채를 ABS라고 부르고,[3] 자산을 담보로 한 CP를 보고 ABCP라고 부른다. 회사채의 경우 선순위채권과 후순위채권으로 나누어 발행할 수도 있다.

또 유동화중개기관이 주식회사일 경우, 신주를 발행할 수도 있다. 신주의 경우 우선주와 보통주로 나누어 발행할 수도 있다.

유동화중개기관이 신탁사일 경우 수익증권을 발행한다. 수익증권은 신탁사가 수익자에게 발행하는 수익의 수취권을 나타내는 증권이다. 수익증권도 수익수취권의 우선순위를 정하여 발행할 수 있다.

유동화중개기관이 조합이거나 파트너십, 주식회사 이외의 회사일 경우, 출자증권을 발행한다. 출자증권은 지분을 나타내는 증권이다.

4) 자산유동화의 신용보완방법

자산유동화에서 ABS의 신용을 보완하는 방법으로 크게 외부 신용보완(external credit enhancement)방법과 내부 신용보완(internal credit enhancement)방법이 있다. 내부 신용보완방법으로는 선·후순위 구조(senior and subordinate structure)방법과 초과담보(over collateralization)방법, 그리고 스프레드 계정(spread account)방법이 있다.

외부 신용보완방법

외부 신용보완방법은 외부의 금융기관이나 보증보험회사가 ABS의 원리금지급을 보증하는 방법이다. 신용도가 높은 기업이 ABS의 원리금지급을 보증할 수도 있다. 또 금융기관이 유동화중개기관에 신용장(letter of credit)이나 크레딧 라인(credit line)을 제공하는 방법으로 신용을 보완하기도 한다. 여기서 금융기관의 신용장은, 유동화중개기관이 요청할 때 대출을 해 주겠다는 확약서를 말한다. 크레딧 라인은 차입자가 원할 때 자금을 인출할 수 있는 대출을 말한다.

3) 자산을 담보로 한 증권을 ABS라고 부르는데, 자산을 담보로 한 채권도 ABS라고 부른다. 전자는 광의의 ABS라 할 수 있고, 후자는 협의의 ABS라고 할 수 있다.

외부에서 신용을 보완할 경우, ABS의 신용등급은 신용을 보완해 주는 기관의 신용등급을 따라가게 된다. 즉, 외부 신용보완기관의 신용등급이 AA이면, ABS의 신용등급도 AA가 된다. 만약 외부 신용보완기관의 신용등급이 떨어질 경우, ABS의 신용등급도 떨어지게 된다.

내부 신용보완방법–선·후순위 구조

내부 신용보완방법이란 ABS 발행 시 선·후순위를 정하거나, 초과담보를 제공하는 방법 등으로 ABS의 신용등급을 높이는 방법을 말한다. 그중에서도 ABS의 선·후순위 구조를 통한 신용보완방법이 가장 일반적으로 널리 사용되고 있다.

ABS의 선·후순위 구조란 자산담보부증권을 발행할 때 선순위채권(선순위 ABS, senior ABS)과 후순위채권(후순위 ABS, subordinate ABS, junior ABS)을 발행함으로써 선순위채권의 위험을 낮추는 방법을 말한다.

선순위채권은 다른 채권에 앞서서 채무를 변제받을 권리를 갖는다. 따라서 유동화중개기관이 파산을 하거나 청산을 할 때, 선순위채권은 우선적으로 채무를 변제받기 때문에 원리금을 상환받지 못할 가능성이 낮다.

반면에 후순위채권은 선순위채권에 대한 변제가 끝난 후에 채무를 변제받을 수 있기 때문에 원리금을 변제받지 못할 가능성이 선순위채권보다 높다. 따라서 후순위채권은 선순위채권에 비해 위험이 높다. 후순위채권은 선순위채권에 비해 위험이 큰 만큼 이자율도 높다.

선순위채권의 위험 정도는 선순위채권과 후순위채권의 배분비율에 의해 좌우된다. 전체 ABS 발행액 중에서 후순위 ABS의 발행비율이 높으면 높을수록 선순위 ABS의 안정성은 높아진다. 반대로 후순위 ABS의 발행비율이 낮아지면, 선순위 ABS의 안정성은 떨어지게 된다.

예를 들어, 기초자산의 가치가 1,000억 원이라고 해 보자. 이때 선순위채권 700억 원과 후순위채권 300억 원을 발행하면, 자산의 가치가 30% 이상 하락하지 않는 한 선순위채권은 안전하게 상환받을 수 있다. 그러나 만약 선순위채권 950억 원과 후순위채권 50억 원을 발행하였다면, 자산의 가치가 10%만 하락하여도 선순위채권은 다 상환받지 못한다. 물론 기초자산의 가치가 안정적이라면, 선순위채권의 비중이 높더라도 선순위채권은 안전할 수 있다.

ABS의 선·후순위 구조는 단순히 선순위채권과 후순위채권으로만 나누어 발행하는 것으로 한정되지 않는다. 선순위채권, 중순위채권, 후순위채권으로 나누어 발행할 수도 있고, 선순위채권, 후순위채권, 주식(출자증권)의 순으로 나누어 발행할 수도 있다. 전자의 경우 후순위채권에 위험이 몰리고, 후자의 경우 주식(출자증권)에 위험이 몰린다.

ABS를 선·후순위 구조로 발행할 경우, 일반적으로 자산보유자가 후순위채권을 인수한다. 기초자산에 내재되어 있는 위험의 상당부분을 자산보유자가 인수함으로써 선순위채권의 위험을 낮추는 것이다.

기타 내부 신용보완방법

내부 신용보완방법으로 선·후순위 구조 외에 초과담보방법이나 준비기금, 스프레드 계정 등의 방법이 있다.

초과담보(over collateralization)는 ABS 발행규모보다 유동화자산의 가치를 크게 유지하는 방법이다. 이 초과담보액만큼 ABS 투자자는 지급불능위험에 대해 보호를 받게 된다. 초과담보액이 크면 클수록 ABS의 위험은 작아지게 된다. 물론 기초자산 가치의 변동성이 크다면 초과담보액이 커야만 한다. 반대로 기초자산 가치의 변동성이 작다면 초과담보액이 작아도 ABS의 위험은 크지 않다.

준비기금(reserve fund)은 일정 금액의 현금을 은행의 별도 계정에 예치하고 담보로 설정하거나 유동화증권 발행금액의 일부를 내부에 유보함으로써 신용을 보강하는 방법이다. 기초자산으로부터 나오는 현금흐름으로 ABS의 원리금지급이 부족할 때 기금에 예치되어 있는 현금으로 부족분을 보전하는 방법이다. 이 경우, 준비기금의 규모에 따라 ABS의 지급불능위험이 좌우된다. 기금의 규모가 클수록 지급불능위험은 감소한다.

스프레드 계정(spread account)방법은 ABS 원리금지급액이 기초자산으로부터 나오는 현금흐름보다 작도록 만들어서, 그 차액을 별도의 계정에 적립하고, 현금흐름이 줄어들어 ABS 원리금지급이 부족할 때 스프레드 계정에 적립되어 있는 현금으로 부족분을 메우도록 하는 방법이다.[4] 스프레드(spread)의 차이가 크면 클수록 스프레드 계정에

4) 스프레드는 기초자산의 수익률(기초자산이 대출채권일 때에는 대출이자율)과 ABS 이자율의 차이를 말

쌓이는 현금이 많아지기 때문에 ABS의 신용등급은 올라간다.

준비기금이나 스프레드 계정의 경우, 현금을 쌓아 두고 있어야 하기 때문에 '유휴자금(idle money)' 으로 인해 ABS로 자금을 조달하는 데 따른 비용이 커지는 문제가 있다.

이 외에도 원리금상환에 문제가 발생할 경우 ABS 투자자가 자산보유자에게 ABS를 매입하도록 요구할 수 있는 환매요청권(put-back option)을 부여하는 방법, 특정 사건이 발생하는 경우 조기상환을 요구할 수 있는 권리를 부여하는 방법 등이 있다. 자산보유자에게 환매요청할 수 있도록 할 경우, 자산보유자의 신용이 ABS의 신용에 영향을 미친다. 그리고 이 경우, '진정한 매각(true sale)' 으로 인정받지 못할 수가 있다.

2 자산유동화제도의 활용

1) 자산유동화로 자금을 조달하는 이유

기업들이 자산유동화제도를 이용하여 자금을 조달하고자 하는 데에는 여러 가지 이유가 있다. 자금조달비용을 줄이기 위해 자산유동화제도를 이용할 수도 있고(자금조달비용 관점), 재무구조를 개선할 목적에서 자산유동화제도를 이용할 수도 있다(재무적 관점). 또는 이익을 조기에 실현하거나 시장점유율을 확대하기 위한 목적에서 자산유동화제도를 이용하거나(이익 및 사업유연화 관점), 규제를 회피 내지 권리분리 수단으로 자산유동화제도를 이용할 수도 있다(규제회피 및 권리분리 관점).

① 자금조달비용 절감 수단

신용도가 낮은 기업이 신용도가 높은 자산을 보유하고 있을 경우, 신용도가 높은 자산을 담보로 하여 ABS를 발행하면 자금조달비용을 절감할 수 있다. 예를 들어, 국가신용도가 낮아 국내기업이 해외에서 자금을 차입하기 어려울 때, (신용도가 높은 국가의 외화채권을 갖고 있다면) 외화채권을 담보로 하여 ABS를 발행하면 국가신용도에 관계없이

한다.

자금을 조달하는 것이 가능하다.

그러나 기업의 신용도가 보유하고 있는 자산의 신용도보다 높을 경우, 자산유동화제도를 통해 자금을 조달하게 되면 오히려 자금조달비용이 커지게 된다.

금융기관으로부터 직접 차입을 하거나 신주를 발행하여 자금을 조달할 경우, 기업을 지배하고 있는 대주주는 금융기관의 경영간섭이나 자신의 지분율 하락을 우려할 수 있다. 이와 같은 보이지 않는 비용(이를 대리인 비용이라고 한다.)을 우려할 때에도 기업은 자산을 담보로 한 ABS 발행으로 자금을 조달하고자 할 수도 있다. 기업의 신용도가 비록 높더라도 위와 같은 대리인 비용이 크다면 기업은 자산유동화를 통해 자금을 조달하려고 할 수 있다.

금융기관 입장에서 보면, 기업에 대출을 해 주고자 할 때에는 기업이 원리금상환능력을 갖고 있는지 검토해야 한다. 해당 기업이 영위하고 있는 사업이 다양하게 존재할 때에는 이들 사업 모두에 대해 평가하기가 어렵다. 반면 자산유동화제도로 발행된 ABS를 사주려고 할 때에는 담보자산의 현금흐름이 안정적으로 원리금지급을 할 수 있는가만 보면 된다.

기업의 신용도와 담보자산의 신용도가 동일하다고 하더라도, 금융기관 입장에서는 기업의 사업능력을 평가하는 것보다 담보자산의 가치나 현금흐름을 파악하는 것이 용이할 수 있다. 이런 경우 금융기관은 기업이 차입하고자 하는 것에 대해서는 좀 더 비싼 금리를 적용하고, 자산유동화제도를 통해 자금을 조달하고자 하는 것에 대해서는 좀 더 싼 금리를 적용할 수 있다. 이럴 때에는 정보의 비대칭 문제가 크지 않아 조달비용이 절감되기 때문에 기업은 자산유동화제도를 통해 자금을 조달하고자 할 것이다.

② 재무구조 개선 수단

자산유동화제도를 통해 자금을 조달하는 것은, 형식적으로는 자산매각방식에 의한 자금조달이다. 자산을 매각하여 확보한 자금으로 부채를 상환할 경우, 부채비율을 낮출 수 있다. 신규사업을 위한 자금을 조달하고자 할 경우, 부채비율의 상승 없이 자금을 조달할 수 있다.

자산매각으로 확보한 자금을 부채상환에 사용할 경우, 부채비율이 하락할 뿐만 아니라 자산규모도 줄기 때문에 자산수익률(ROA: return on asset)이 올라갈 수 있다.[5] 자

5) 단, 자산매각에도 불구하고 영업활동은 변함이 없다는 전제가 필요하다.

산매각과정에서 자본이득이 발생하면, 영업외 수익이 발생하면서 자기자본수익률(ROE: return on equity)과 자산수익률이 같이 올라갈 수 있다. 다만, 반대로 자산매각과정에서 자본손실이 발생하면 자기자본수익률과 자산수익률이 하락한다.

부채비율의 감소나 자산수익률 향상 등은 기업의 신용위험을 낮추어 준다. 다만, 국제회계기준(IFRS)을 적용하는 나라에서는 위와 같은 재무구조 개선 효과가 나타나지 않을 수 있다. 국제회계기준에서는 자산보유자가 실질적으로 유동화중개기관을 지배하고 있는 것으로 판단될 경우, 자산보유자는 유동화중개기관의 재무제표를 연결하여 재무제표를 작성해야 하기 때문이다.

유동성이 부족할 때, 자산유동화를 통해 현금을 확보할 수 있다. 자산유동화를 통해 유동성이 떨어지는 자산을 유동성이 높은 자산으로 바꿀 수 있으므로, 유동성 위기 때 유동성을 확보하는 수단으로 활용할 수 있다. 실제 ABS 발행이 발달되어 있는 미국도 1980년대 후반 신용경색기 때 ABS 시장이 발달하였다.

금융기관은 재무건전성을 BIS의 자기자본비율로 평가한다.[6] BIS의 자기자본비율은 위험가중자산 대비 자기자본비율(=자기자본/위험가중자산)을 말한다. BIS 자기자본비율이 일정 비율 이하로 떨어지면 금융감독기관은 해당 금융기관에 구조조정을 요구하거나 금융기관 간 합병이나 폐쇄 등을 명령하게 된다. 위험가중자산을 계산할 때, 대출채권은 위험가중치가 높고 현금이나 국고채는 위험가중치가 낮다. BIS 자기자본비율이 낮은 금융기관은 위험가중치가 높은 자산을 유동화하여 현금이나 국고채 등으로 바꾸게 되면 BIS 자기자본비율을 높일 수 있다.

금융기관은 부실채권(NPL: non-performing loan)을 많이 보유하고 있으면, BIS 자기자본비율뿐만 아니라 여러 자산건전성 지표가 악화된다. 그뿐만 아니라 부실채권을 많이 보유하고 있다는 사실 자체만으로도 금융기관은 부실금융기관이라는 평판을 얻을 수 있다. 그래서 금융기관들은 부실채권이 발생하면 이를 빨리 매각하고자 하는데, 자산유동화제도가 부실채권을 매각하는 수단으로 사용되기도 한다.

미국에서는 정리신탁공사(RTC: Resolution Trust Corporation)가, 우리나라에서는 자

6) BIS(bank for international settlement)는 국제결제은행의 약자로, 각국의 중앙은행 간 거래를 원활하게 하기 위해 만들어진 국제기구이다. BIS에서 금융기관들의 재무건전성을 평가하는 지표를 만들었는데, 그 지표가 바로 BIS 자기자본비율이다.

산관리공사가 금융기관의 부실채권들을 정리하는 데 자산유동화제도를 활용했다. 이들 기관은 금융기관의 부실채권을 매입한 후, 이를 유동화중개기관에 양도한다. 유동화중개기관에는 다양한 부실채권으로 구성된 자산집합(pool)이 형성된다. 자산집합의 위험은 개별 부실채권의 위험의 합계보다 낮아진다(risk pooling effect). 유동화중개기관은 선순위 ABS와 후순위 ABS로 나누어 자산담보부채권을 발행하는데, 이 과정에서 자산집합의 위험은 후순위 ABS에 집중되기 때문에 선순위 ABS는 안전한 채권이 된다(risk allocation effect). 이렇게 되면, 선순위 ABS는 부실채권집합을 담보로 한 채권임에도 불구하고 비교적 신용등급이 좋아 기관투자자들도 투자할 수 있는 채권이 된다. 후순위 ABS는 헤지펀드처럼 '고위험 고수익'을 추구하는 투기자본이 매입할 수도 있고,[7] 자산보유자인 공사가 인수할 수도 있다.

그림 2 정리신탁공사에 의한 부실채권의 유동화과정

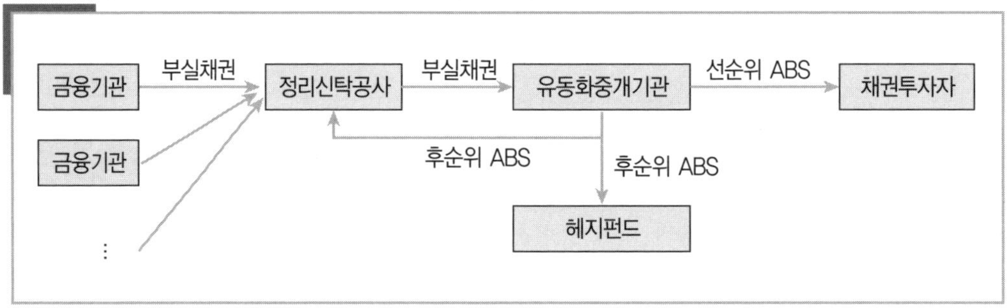

③ 이익 및 사업유연화 수단

보유하고 있는 자산을 매각하면, 자산매각차익이나 자산에 내재되어 있던 이익을 현실화할 수 있다. 예를 들어, 부동산의 장부가격이 100억 원으로 기록되어 있는데, 실제 매각을 150억 원에 할 수 있다면, 자산유동화를 통해 50억 원의 차익이 현실화되는 것이다.

미래채권(future flow)을 유동화하면, 미래에 발생할 현금흐름을 미리 할인하여 받는

7) 2007년 세계 금융위기 이전에는 헤지펀드들이 후순위 ABS들을 사 모은 뒤(risk pooling), 이를 담보로 하여 다시 한 번 선순위 ABS와 후순위 ABS를 발행하여 매각하기도 하였다(risk allocation). 이러다 보니 최초의 담보자산이 갖고 있는 위험들이 어디에 어느 정도 들어가 있는지 알기가 어려운 상황이 되었다. 이것이 세계 금융위기를 확산하는 데 일조를 하였다.

효과가 있다. 미래채권은 미래에 가서야 현금흐름이 확정되고, 현금흐름이 확정되어야 이익도 확정될 수 있다. 이를 유동화하면, 미래에 들어올 현금흐름을 현재가치로 할인하여 미리 수입으로 확정하고, 미래에 발생할 이익도 현실화되는 것이다.

금융기관이 대출채권을 유동화하거나, 기업이 매출채권을 유동화하면, 시장점유율을 확대하거나 새로운 사업기회를 찾아 나설 수 있다. 예를 들어, 주택저당대출을 주로 하는 금융기관은 가계에 주택저당대출을 하고, 주택저당대출채권을 유동화하여 자금을 회수한 후, 다시 주택저당대출을 하면, 주택저당대출시장에서 시장점유율을 확대해 나갈 수 있다. 기업의 경우 할부채권이나 매출채권 등을 매각한 후, 확보된 자금으로 새로운 사업을 찾아 나설 수도 있고, 기존 사업의 확장을 꾀할 수도 있다.

④ 규제회피 및 권리나 위험 분리 수단

자산유동화제도는 종종 규제회피 수단으로 사용되기도 한다. 예를 들어, 금융기관은 종종 금융감독기관으로부터 부동산 담보대출을 억제하라는 요구를 받기도 한다. 부동산시장이 과열되면 금융감독기관에서 이런 요구를 하는 것이다. 이럴 경우, 금융기관은 부동산을 담보로 하는 ABS를 매입하면 규제를 피하면서 원하는 부분에 자금을 공급할 수가 있다.

또 다른 예로, 공공기관은 종종 자산을 할인매각하지 못하는 규제를 받기도 한다. 대리인 문제 때문에 공공기관이 자산을 헐값으로 매각할지 모른다는 우려가 있기 때문이다. 이런 경우에도, 해당 자산을 유동화중개기관에 장부가격으로 매각하고, 유동화중개기관은 선·후순위 ABS를 발행하여 선순위 ABS는 투자자가 인수하게 하고, 후순위 ABS는 원래의 자산보유자가 인수하게 하면, 규제를 피해 나갈 수 있다.[8]

자산유동화제도는 종종 분리가 어려운 옵션을 분리하는 수단으로 사용되기도 하고, 자산 속에 내재되어 있는 위험을 분리하는 수단으로 사용되기도 한다.

대표적인 예가 자산유동화제도를 이용하여 교환사채(EB : exchangeable bond)를 교환권과 사채권으로 분리하는 것이다. 교환사채는 일정 기일 뒤 일정한 가격으로 일정한 주식과 교환할 수 있는 권리가 첨부된 회사채다. 그런데 교환사채는 교환권과 사채권(원금과 이자를 받을 권리)이 분리되지 않는다.

8) 물론 규제당국은 규제를 피해가고자 하는 이런 시도를 막기 위해 규제의 범위를 ABS로까지 확대할 수도 있다. 그렇게 되면 자산유동화를 통한 규제 회피가 어려워질 수 있다.

그래서 교환사채보유자는 교환권과 사채권을 분리하기 위해 종종 자산유동화제도를 이용한다. 교환사채를 보유하고 있는 자산보유자는 해당 교환사채를 신탁회사에 맡기고, 신탁회사로부터 사채권 수익권증서(일정한 이자와 원금을 우선적으로 받을 수 있는 권리를 나타내는 증서)와 교환권 수익권증서(일정한 가격으로 일정한 주식을 살 수 있는 권리를 나타내는 증서)의 두 종류 수익권증서를 교부받는다.

자산보유자는 이 중 사채권 수익권증서는 유동화중개기관에 매각하고, 유동화중개기관은 이를 기초로 하여 ABS를 발행하여 매각한다. ABS 투자자는 사채권 수익권증서에서 나오는 일정한 이자와 원금을 받게 된다. 그리고 자산보유자는 교환권 수익권증서를 주식투자자에게 매각을 한다.

교환권 수익권증서를 보유하고 있는 주식투자자가 교환권 행사시기에 교환권에 기록되어 있는 교환 대상 주식을 일정한 가격으로 매입하게 되면, 사채권의 원금에 해당하는 자금이 일시에 들어온다. 이 자금은 신탁회사를 통해 유동화중개기관에 전달된다. 이렇게 되면 유동화중개기관은 회사채의 원금을 일시에 돌려받기 때문에 ABS의 만기와 불일치하는 문제가 발생한다. 이 문제를 해결하기 위해서는 ABS에 조기상환옵션을 부가해야 한다. 교환권이 행사되면 유동화중개기관은 조기상환옵션을 행사하여 ABS 투자자에게 원금을 조기에 상환하는 것이다.

그림 3 교환사채의 교환권과 사채권 분리

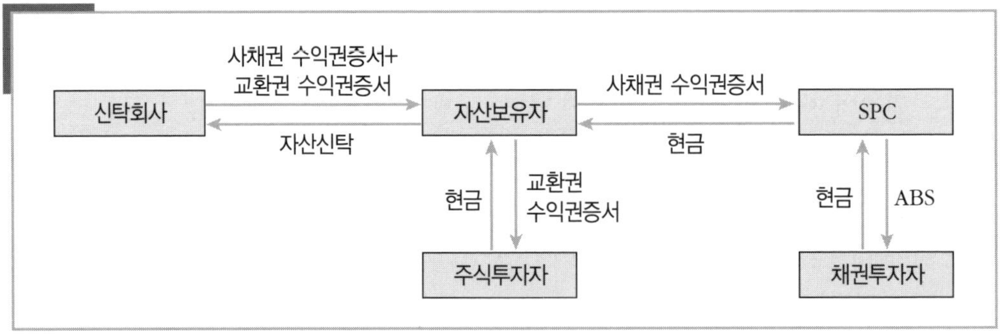

교환사채뿐만 아니라 전환사채(CB: convertible bond)도 마찬가지로 자산유동화제도를 이용하여 전환권과 사채권을 분리할 수 있다. 이와 같이 자산에 첨부되어 있는 옵션을 자산과 분리하는 것을 보고 '재포장(repackaging)' 이라고 부른다.

자산유동화제도는 이와 같이 옵션을 자산과 분리할 때 사용할 수 있을 뿐만 아니라,

자산에 내재된 위험을 분리할 때에도 활용할 수 있다. 앞에서 본 선·후순위 구조의 ABS 발행은 전형적인 위험분리방법이다. 선순위 ABS에는 위험을 적게 배치하고, 후순위 ABS에는 위험이 많이 포함되도록 함으로써 자산에 내재된 위험이 선·후순위 ABS에 배분되는 것이다.

2) 다양한 자산유동화 사례

(1) 기초자산에 따른 ABS의 종류

자산을 담보로 하여 발행되는 ABS는 기초자산이 무엇이냐에 따라 다양한 유형의 ABS가 존재한다. 부동산저당대출을 담보로 하여 발행되는 MBS(mortgage-backed securities)가 있고, 일반적인 채권(receivables)이나 자산들을 담보로 하여 발행되는 협의의 ABS가 있다.[9] 그리고 여러 종류의 대출채권이나 채권(bond)들을 집합시켜서 이를 담보로 하여 발행되는 CDO가 있다.

그림 4 기초자산에 따른 ABS의 종류

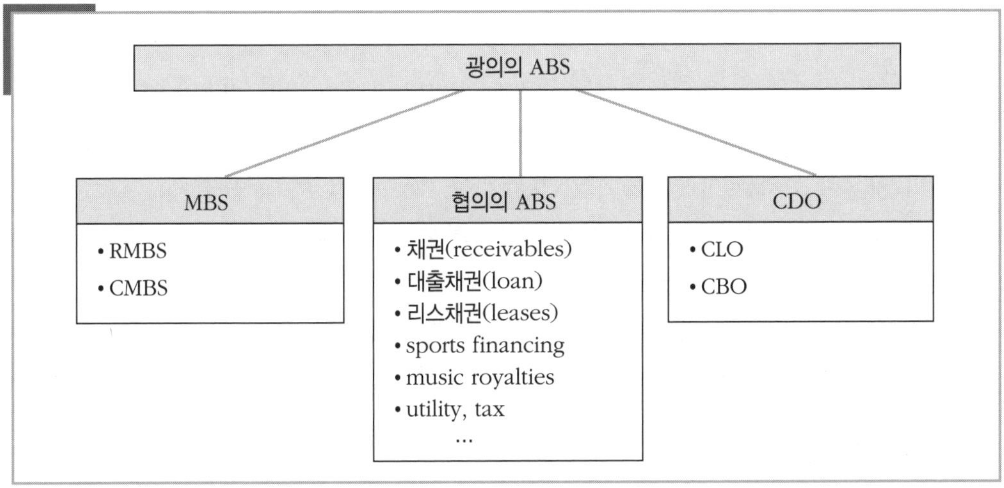

9) ABS라는 용어는 여러 수준에서 사용되고 있다. MBS와 협의의 ABS, 그리고 CDO를 포괄하여 광의의 ABS라고 부르기도 한다.

MBS는 다시 주택저당대출을 담보로 하는 RMBS(residential MBS)와 상업용 부동산 저당대출을 담보로 하는 CMBS(commercial MBS)로 나눌 수 있다.[10] 그리고 CDO (collateralized debt obligation)는 다시 CLO(collateralized loan obligation)와 CBO (collateralized bond obligation)로 나눌 수 있다.

(2) 미래채권(future flow)을 담보로 한 ABS

최근에는 미래채권(future flow)을 담보로 한 ABS가 많이 발행되고 있다. 대표적인 예로, 미래의 공공요금을 담보로 하는 ABS(utility ABS)와 미래의 교통요금이나 세금 등을 담보로 하는 ABS(tariff ABS, tax ABS), 미래의 지적 재산권 수입을 담보로 하는 ABS(intellectual property ABS), 스포츠 선수들의 연봉이나 구장의 미래 입장수입을 담보로 하는 ABS(sports ABS) 등이 있다.

아래에서 이에 대해 좀 더 살펴보도록 한다.

① 미래 공공요금 ABS(utility ABS)

미래 공공요금 ABS는 미래에 들어올 공공요금을 담보로 한 ABS를 발행하여 자금을 조달하는 것을 말한다. 미래의 전기요금, 미래의 전화요금, 미래의 가스요금, 미래의 수도요금 등을 담보로 하여 ABS를 발행할 수 있다.

예를 들어 미국에 있는 전력회사인 Puget Sound Power and Light Corporation은 1995년에 미래의 전기요금을 담보로 한 ABS를 발행하여 2억 달러의 자금을 조달한 바 있다. 이 회사의 전기를 사용하는 각 가정에서는 매달 전기요금을 내는데, 이들 가정이 일정기간 동안 내는 전기요금의 수취권을 유동화중개기관에 넘기고, 유동화중개기관은 이를 담보로 하여 ABS를 발행했던 것이다.[11]

이 밖에 Unicom Corporation(미국의 전력회사), Telmex(멕시코 전화회사) 등이 미래의 전기요금이나 전화요금을 담보로 하여 ABS를 발행한 바 있다. 우리나라에서도 이동통신회사들이 전화요금을 담보로 하여 ABS를 발행한 바 있다.

---

10) RMBS는 CMBS와 구별할 때 주로 사용된다. 일반적으로 MBS라고 하면 RMBS를 말한다.

11) 나라에 따라서는 미래채권을 유동화하는 데 제약이 있을 수 있다. 미래채권을 유동화하는 데 제약이 따를 경우, 대개는 신탁회사에 공공요금을 수납하는 계좌를 신탁한 후 수익권증서를 받아서 이를 유동화하는 방법을 사용한다.

② 미래 세금 또는 교통요금 ABS(tax ABS, tariff ABS)

해외에서는 지방자치단체가 향후 징수할 세금을 담보로 하는 ABS를 발행하기도 한다. 이것 역시 미래채권이라서, 특정 기간 동안 특정 세목의 세금을 징수하는 권리를 유동화중개기관에 이양하고, 이를 담보로 ABS를 발행하는 것이다. 물론 법적으로 세금 징수 권리를 이양하기가 어려울 경우, 세금이 입금되는 계좌를 신탁하고, 그 대가로 받은 수익권증서를 유동화중개기관에 양도하여 ABS를 발행하기도 한다. 지방자치단체는 미래 세금을 담보로 하여 자금을 조달하면, 이 자금으로 지방공공재를 확충하는 데 주로 사용한다. 이 경우, 재산세가 주된 유동화 대상이 된다. 이 방식은 조세담보금융(TIF: tax increment financing)의 한 수단으로 사용되기도 한다.[12)]

지방자치단체는 세금뿐만 아니라 미래의 교통범칙금을 담보로 하여 ABS를 발행하기도 한다. 이 밖에 미래에 발생할 고속도로 톨게이트 요금 등을 담보로 하는 ABS도 있다. 한국도로공사가 고속도로 통행료 수입을 담보로 5천억 원 규모의 ABS를 발행한 바 있다.

③ 미래 지적 재산권 수입 ABS(intellectual property ABS)

지적 재산권을 소유하고 있으면, 미래에 수입이 발생한다. 이 수입을 담보로 하는 ABS를 발행하여 자금을 조달할 수 있다. 음악 판권(music royalty)이나 음악 저작권, 영화 판권, 도서 저작권 등이 대표적인 지적 재산권에 해당한다.

영국의 록 가수인 David Bowie는 자신의 앨범 25장의 판매수익을 담보로 한 ABS를 발행하여 자금을 조달한 바 있다. 영화제작사인 Dream Works는 향후 제작될 14편의 영화 판권과 이미 제작되어 있는 영화 판권을 결합하여, 이를 담보로 한 ABS를 발행하여 14편의 영화 제작비용을 조달한 바 있다.

이런 미래채권을 유동화하는 것은 자산보유자(지적 재산권 소유자)의 명성과 대중성에 많이 의존한다.

④ 미래 연봉/미래 구장수입 ABS(sports ABS)

스포츠 선수의 연봉이나 구장(야구장, 축구장, 테니스장 등)의 입장권 수입을 담보로 한 ABS도 가능하다. 스페인의 명문축구 구단인 레알 마드리드나 FC 바르셀로나는 자신이 소유하고 있는 축구 구장의 입장권 수입을 담보로 하여 ABS를 발행한 바 있다.

12) TIF는 향후 발생할 세금증가분을 담보로 하여 발행하는 지방채로 자금을 조달하는 것을 말한다.

심지어 건립 예정인 구장의 향후 입장권 수입을 담보로 한 ABS 발행도 있었다. 미국 프로농구팀인 Nuggets와 프로하키팀인 Avalanche는 신규로 건설될 체육관의 입장권 수입을 담보로 하여 ABS를 발행한 바 있다. 이렇게 조달된 자금으로 신규 체육관을 건설하였다. 이 방법은 앞 장에서 본 프로젝트금융 기법을 대체하는 방법이기도 하다. 미국에서는 야구 구장이나 테니스 구장 등을 건설하는 데에도 이 방법이 사용되었다.

3 우리나라의 자산유동화제도와 부동산유동화

1) 자산유동화제도의 법적 구조

우리나라는 1997년 외환위기 직후 금융기관들의 부실채권 처리와 기업들의 유동성 확보 문제 때문에 자산유동화제도의 필요성이 매우 컸었다. 그러나 우리나라에는 도관체 개념(conduit concept)이 적용되지 않아, 유동화중개기관에 법인세 면제 등의 혜택을 부여하기 위한 법적 근거가 필요했다. 또 자산을 유동화중개기관에 매각하는 데 따른 비용을 최소화하고 매각에 따른 절차를 원활하게 하기 위해서는 여러 가지 법적 절차를 정비할 필요가 있었다.

이런 필요에 따라 1998년 9월에 "자산유동화에 관한 법률"이 제정되었고, 같은 해 11월에 금융감독위원회(현 금융감독원)의 감독규정이 마련됨에 따라 유동화증권(자산담보부증권) 시장이 열리게 되었다.

우리나라에서는 유동화중개기관을 유동화전문회사라고 부른다. 유동화전문회사는 유한회사 형태로만 설립할 수 있다. 그리고 자산담보부증권의 기초가 되는 자산을 유동화자산이라고 부른다.

유동화전문회사나 신탁업자는 유동화자산을 담보(기초)로 한 증권을 발행할 수 있다. 유동화자산을 담보(기초)로 하는 증권을 유동화증권이라고 부른다. 우리나라에서는 자산을 보유하고 있는 기업이나 사람이라고 하여 누구나 자산을 유동화할 수 있는 것은 아니다. 일정한 조건을 갖춘 기업이나 금융기관만이 보유자산을 유동화할 수 있다.

우리나라에서 자산유동화제도의 법적 구조는 다음과 같다.

① 자산유동화의 정의

"자산유동화에 관한 법률"(이하 법) 제2조에서는 자산유동화를 네 가지로 정의하고 있다.

첫째, 유동화전문회사가 자산보유자로부터 유동화자산을 양도받아 이를 기초로 유동화증권을 발행하는 것.

둘째, 신탁업자가 자산보유자로부터 유동화자산을 신탁받아 이를 기초로 유동화증권을 발행하는 것.

셋째, 신탁업자가 유동화증권을 발행하여 금전을 신탁받은 뒤, 신탁받은 금전으로 유동화자산을 양도받는 것.

넷째, 유동화전문회사나 신탁업자가 유동화증권을 양도 또는 신탁 받은 뒤, 이를 기초로 유동화증권을 발행하는 것.

첫 번째와 두 번째 정의는 우리가 앞에서 본 전형적인 형태의 자산유동화구조와 동일하다. 세 번째 정의는 신탁업자가 먼저 유동화증권을 발행하여 자금을 모은 뒤, 유동화자산을 양도받는 방식을 의미한다. 네 번째 정의는 뒤에서 볼 다단계 양도방식을 말한다.

② 자산보유자의 자격

법 제2조와 시행령 제2조에서는 자산보유자의 자격을 제한하고 있다. 법에 따르면, 공신력을 갖고 있는 금융기관이나 공공기관들이 주로 자산보유자 자격을 갖고 있다. 그리고 신용도가 우량한 법인으로 금융위원회가 인정하는 법인도 자산보유자 자격을 갖는다.

우리나라에서는 법이나 시행령에 의해 자격이 주어진 기관만이 자산보유자의 역할을 할 수 있다. 그렇지 않은 기관은 자산유동화를 할 수 없다.

③ 유동화자산의 양도방식

법 제13조에는 양도의 방식이 정해져 있다. 다음과 같은 방식으로 유동화증권이 양도되어야 '진정한 거래(true sale)'로 인정한다.

첫째는 매매 또는 교환에 의할 것.

둘째는 유동화자산에 대한 수익권 및 처분권은 양수인(유동화전문회사)이 가질 것. 단, 양도인(자산보유자)이 유동화증권에 대한 우선매수청구권을 가지는 것은 허용.

셋째는 양도인(자산보유자)이 유동화자산에 대한 반환청구권을 가지지 아니할 것. 그리고 양수인(유동화전문회사)이 유동화자산에 대한 대가의 반환청구권을 가지지 아니할 것.

넷째는 양수인(유동화전문회사)이 양도된 자산에 관한 위험을 인수할 것. 다만, 양도인(자산보유자)이 일정기간 그 위험을 부담하거나 하자담보책임을 지는 경우는 허용.

④ 자산유동화계획과 자산양도의 등록

법 제3조에 따르면, 유동화전문회사나 신탁업자는 자산유동화계획을 금융위원회에 등록해야 한다. 자산유동화계획에는 유동화자산의 범위, 유동화증권의 종류, 유동화자산의 관리방법 등이 들어 있어야 한다. 하나의 유동화전문회사나 신탁은 하나의 자산유동화계획만 등록할 수 있다.

그리고 법 제6조에 따라 자산보유자나 유동화전문회사 또는 신탁업자는 자산유동화계획에 따라 유동화자산을 양도하거나 신탁할 때, 또는 유동화자산을 반환하거나 유동화자산에 대한 질권 또는 저당권을 설정할 때에도 금융위원회에 등록해야 한다.

⑤ 저당권 등의 취득에 대한 특례

법 제8조에 따르면, 자산유동화계획에 따라 양도 또는 신탁한 채권이 질권이나 저당권에 의해 담보되어 있을 경우, 금융위원회에 유동화자산을 양도 또는 신탁한 사실을 등록하게 되면 질권 또는 저당권을 취득한 것으로 본다. 이는 질권이나 저당권의 권리자를 변경하는 데 따른 법적 절차를 간소화하고 비용을 절감하기 위한 특례조치이다.

⑥ 채권양도의 대항요건에 대한 특례

법 제7조에는 채권양도의 대항요건에 관한 특례가 제시되어 있다. 일반적으로는 채권을 양도하거나 신탁하고자 할 경우, 채무자에게 이를 통지하여야 하고 채무자가 승낙하지 아니하면 채무자에게 대항하지 못한다. 그러나 법 제7조에서는 특례규정을 두고 있는데, 채무자에게 2회 이상 내용증명우편으로 채권양도(채권 신탁)의 통지를 발송했으나 소재불명 등으로 반송된 때에는 채무자의 주소지를 주된 보급지역으로 하는 2개 이상의 일간신문에 채권양도사실을 공고함으로써 그 공고일에 채무자에 대한 채권양도의 통지를 한 것으로 본다.

그리고 채권의 양도 · 신탁에 관하여 금융위원회에 등록을 한 때에는 당해 채권의 채무자 외의 제3자에 대하여는 대항요건을 갖춘 것으로 본다.

이런 채권양도의 대항요건에 대한 특례는 채권의 양도 또는 신탁에 따른 법적 절차를 신속하게 하기 위한 것이다.

⑦ 자산유동화에 대한 조세 특례

법인세법 제51조의 2에 의해, 유동화전문회사가 배당가능이익의 90% 이상을 배당하면, 배당금을 모두 비용으로 처리하여 사실상 법인세를 면제하도록 되어 있다.

그리고 자산유동화에 관한 법률 제36조의 2에 의하면, 자산유동화계획에 따라 유동화자산을 양도 또는 신탁하거나, 유동화자산에 저당권을 설정할 경우 국민주택채권 매입의무가 면제된다.

유동화에 관한 법률을 제정할 때에는 부동산 취득세와 등록세(법 제정 당시에는 취득세와 등록세로 구분하여 과세했었으나, 2011년 취득세로 통합해 과세하고 있다.)를 비과세했다. 그러다가 50% 감면했고, 지금은 감면조항이 삭제되었다.

ABS 발행 사례[13)]

국내 최초의 부동산 ABS 발행 사례인 뉴밀레니엄코람의 발행구조에 대해 살펴보자. S보험이 업무용으로 사용하거나 제3자에게 임대하고 있던 부동산 중 유동화 대상은 2000년 당시 장부가액 기준 약 1,000억 원에 달했다. 토지와 건물, 임대용 빌딩이 포함되어 있었다. 자산보유자 S보험은 유동화 대상 자산을 뉴밀레니엄코람 유동화전문 유한회사(SPC)에 매각하고, SPC는 투자자에게 ABS를 발행한다. SPC는 형식적인 주체이므로 S보험이 자산관리자가 되고 일상적인 업무대행 수탁기관은 당시 한미은행이 맡았다.

ABS 발행규모는 유동화 대상 부동산평가액과 동일하게 67,267백만 원으로 결정했다. 부동산 평가액은 향후 10년간 연도별 현금흐름과 10년 말 잔존자산 매각 추정액을 합한 현금흐름을 위험조정할인율로 할인하여 추정했다. 이 발행금액을 투자자가 안정적인 권리를 확보할 수 있도록 52,000백만 원은 선순위채로 나머지 15,267백만 원은 후순위채로 발행했다. 선순위채는 만기를 달리하여 Tranch 1과 Tranche 2로 발행했으며, 후순위채는 전액 S보험이 인수했다.

상기 ABS는 당시 자산유동화에 관한 법률에 의해 발행한 사례다. 자본금은 1좌당 액면가 10,000원으로 하여 10,000천 원으로 설립되었다. ABS는 포괄임대차계약에 의한 임대료 수입(S보험은 sale and leaseback 방식으로 매각하고 포괄임대차계약을 체결한 다음 기존 임차인과 개별 임대차계약을 체결했다.)과 만기 시 부동산 매각대금 등을 통해 상환할 계획이

13) 안희준 · 정남준 · 최종범(2009)을 참조하여 기술했다.

었으며, 상환금 부족 시 업무수탁자가 선순위발행액 한도에서 SPC에 일시적으로 신용공여를 하는 조건으로 신용보강을 했다. 당시 한국기업평가(주)와 한국신용평가(주)에서 이 ABS에 대해 AA+ 등급으로 신용평가를 했다.

표 1 뉴밀레니엄코람 발행 내역

종류	순위	발행일	만기일	발행금액(백만 원)	이자율 등	발행방법
사채	선순위	2000.11.08.	2003.11.08.	26,000	8.61% 매 3개월 후급	공모
		2000.11.08.	2005.11.08.	26,000	9.16% 매 3개월 후급	공모
		소계(77%)		52,000		
	후순위	2000.11.08.	2006.11.08.	15,267	16.0% 연 단리, 만기 일시 지급	사모
		소계(22%)		15,267		
합계				67,267		

출처 : 안희준 · 정남준 · 최종범(2009).

2) 자산유동화의 다양한 구조

자산유동화제도가 도입된 이래 다양한 자산을 유동화하기 시작했고, 그 과정에서 자산유동화구조가 다양하게 변형되어 왔었다. 여기서는 그 대표적인 예로, CDO(또는 CLO, CBO), 다단계 양도에 의한 자산유동화와 ABCP 발행구조에 대하여 살펴보고자 한다.

(1) CLO, CBO, CDO

CLO, CBO, CDO의 개념

유동화증권은 기초자산의 종류에 따라 구별되기도 한다. 그런 유동화증권의 종류 중 하나가 CLO, CBO, CDO이다. CLO는 여러 가지 대출채권을 담보로 하여 발행하는

ABS를 말한다. CBO는 여러 가지 회사채들을 담보로 하여 발행하는 ABS를 말한다. CDO는 CLO와 CBO를 통칭하기도 하고, 여러 가지 대출채권과 회사채들을 담보로 하여 발행하는 ABS를 말하기도 한다.

이 중에서도 특히 CBO를 많이 사용하는데, CBO는 발행 CBO(primary CBO)와 유통 CBO(secondary CBO)로 구별된다. 발행 CBO는 신규로 발행된 회사채를 담보로 하여 발행한 ABS를 말한다. 그리고 유통 CBO는 시중에 유통 중인 회사채를 담보로 하여 발행한 ABS를 말한다.

발행 CBO 사례

CBO는 대개 다양한 기업의 회사채를 집합하고 이를 선·후순위 ABS로 나누어 발행하는 방법을 사용한다. 다양한 기업의 회사채를 집합함으로써 위험을 감소시키고, 회사채 집합의 위험을 후순위 ABS에 집중시킴으로써 선순위 ABS의 신용등급을 올리는 구조로 되어 있다.

대표적인 예로, 중소기업진흥공단의 발행 CBO(P-CBO)가 있다. 중소기업진흥공단에서 자금조달에 어려움을 겪는 중소기업들의 발행 회사채를 사들인 후, 이를 유동화전문회사에 양도를 하고, 유동화전문회사는 회사채 집합을 기초로 하여 선순위 ABS와 후순위 ABS를 발행한다. 선순위 ABS는 일반 채권투자자에게 매각하고, 후순위 ABS는 정부가 매입함으로써 정부는 적은 돈으로 중소기업에게 자금을 제공할 수 있었다. 2000년에 중소기업을 위한 '발행 CBO'가 발행된 이후, 신용경색이 있을 때마다 종종 이 방법이나 이와 유사한 방법으로 중소기업에게 유동성을 공급하고 있다.

그림 5 중소기업진흥공단의 발행 CBO 사례

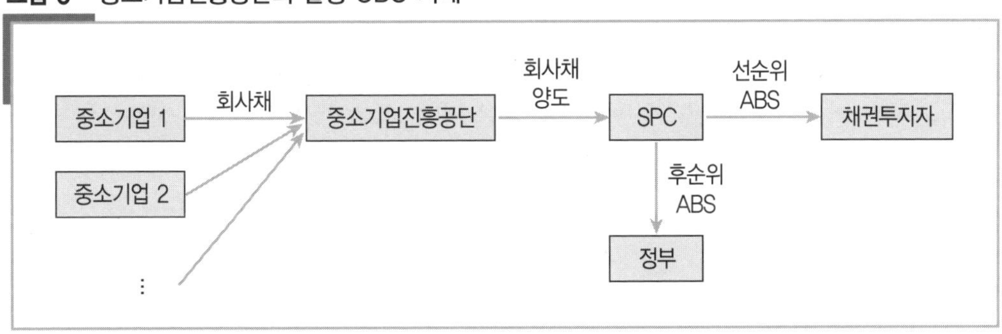

건설사가 유동성 위기를 겪을 때마다 P-CBO 발행제도를 도입하여 유동성을 공급하기도 했다. 2010년 건설업을 포함한 여러 업종의 회사채를 기초자산으로 유동화증권을 발행하고, 이를 신용보증기금이 신용을 보강한 다음 시장에 매각하는 구조였다. 2010년에 3조 원 규모의 P-CBO를 발행했고, 2012년에는 4.3조 원으로 확대했었다.

유통 CBO와 CDO 발행 사례

유통 CBO는 금융기관이 보유하고 있는 투기등급 채권 등을 모아서 SPC에 매각하면, SPC는 선순위와 후순위 CBO를 발행하여 신용을 보강하고 선순위 CBO를 투자자에게 매각하고, 후순위 CBO는 자산보유자가 되가져 간다. 대우 사태 이후 투신사가 대우그룹과 현대그룹의 회사채를 담보로 자금을 조달하기 위해 많이 발행했었다.

2023년 상반기에 경색된 부동산 PF 시장에 유동성을 제공하기 위해 KB금융그룹이 5천억 원 규모의 CDO를 발행한 적이 있다. 대형건설사가 시공사로 참여하고 있는 부동산 사업장이 보유하고 있는 만기 3~6개월의 브릿지론을 1년 만기의 브릿지론으로 차환하는 자금으로 사용되었다. 1년 만기의 시장금리 수준을 반영하여 고금리 부담을 완화해 주는 효과도 있다.

(2) 다단계 양도에 의한 자산유동화

다단계 양도를 하는 이유

다단계 양도는 자산보유자가 직접 유동화전문회사를 통해 ABS를 발행하기 곤란할 때 사용하는 유동화방법이다. 자산보유자가 직접 유동화전문회사를 통해 ABS를 발행하기 곤란한 경우는 다음과 같은 두 가지가 있다.

첫째, 유동화하기 어려운 자산을 유동화하고자 할 때, 다단계 양도방식을 취한다. '유동화하기 어려운 자산'을 '유동화하기 좋은 자산'으로 바꾼 뒤 유동화하는 것이다.

둘째, 자산보유자가 유동화 자격을 갖고 있지 않은 경우에 다단계 양도방식을 취한다. 유동화자산을 유동화 자격이 있는 쪽으로 이전시킨 뒤 유동화하는 것이다.

다단계 양도에 의한 ABS 발행 사례

[그림 6]의 사례 1은 유동화하기 어려운 자산을 유동화자산으로 바꾸는 사례다. 자산보유자가 신탁사에 자산을 신탁하고 받은 수익권증서를[14] SPC에 양도하고, SPC가 이를 담보로 하여 ABS를 발행하는 것이다.

한국토지주택공사(LH)가 2010~11년에 추진한 임대주택 ABS는 1단계에서 임대주택관련채권(10년 임대주택 임대료와 분양전환대금, 국민임대주택 임대료)을 신탁사에 금전채권 신탁하고 1종(선순위), 2종(후순위) 수익증권을 받았다. 2단계에서는 1종 수익증권을 SPC에 양도하고, 2종은 LH가 인수했다. SPC는 1종 수익증권을 기초로 ABS를 발행했다.

그림 6 다단계 양도에 의한 ABS 발행 사례 1

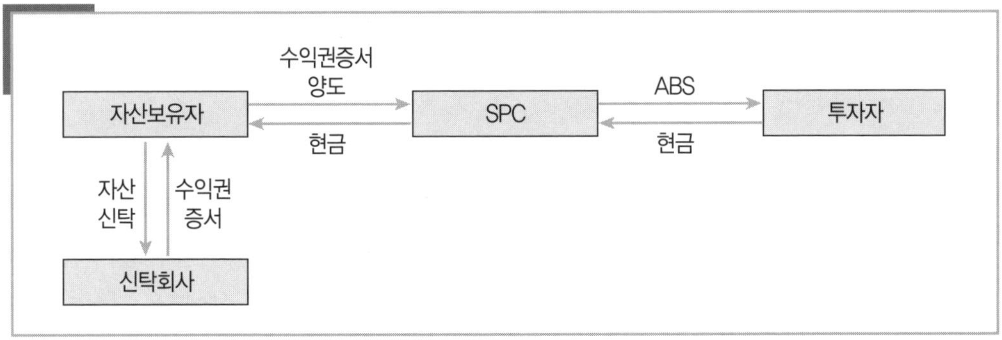

그 다음 사례는 자산보유자가 자산유동화 자격을 갖고 있지 않을 때, 유동화 자격을 갖고 있는 기관을 통해 자산을 유동화하는 사례다. [그림 7]의 사례 2에서, 자산보유자는 금융기관에 자산을 담보로 잡히고 대출을 받고, 금융기관은 자산담보부 대출채권을 SPC에 양도하며, SPC는 이를 담보로 ABS를 발행하는 것이다.

자산보유자가 자산유동화 자격을 갖고 있지 않을 뿐만 아니라, 유동화 대상 자산이 유동화하기 어려운 자산일 때에는 더 많은 단계를 거쳐 ABS를 발행하게 된다. [그림 8]의 사례 3에서, 자산보유자는 자산을 신탁회사에 신탁하고 받은 수익권증서를 담보로

14) 자산을 신탁회사에 신탁을 하고 받는 증서가 수익권증서다. 이것은 수익을 받을 수 있는 권리를 표시한 증서일 뿐, 증권(securities)은 아니다. 신탁회사는 신탁계정에서 수익증권을 발행할 수도 있는데, 수익증권은 증권의 일종이다.

그림 7 다단계 양도에 의한 ABS 발행 사례 2

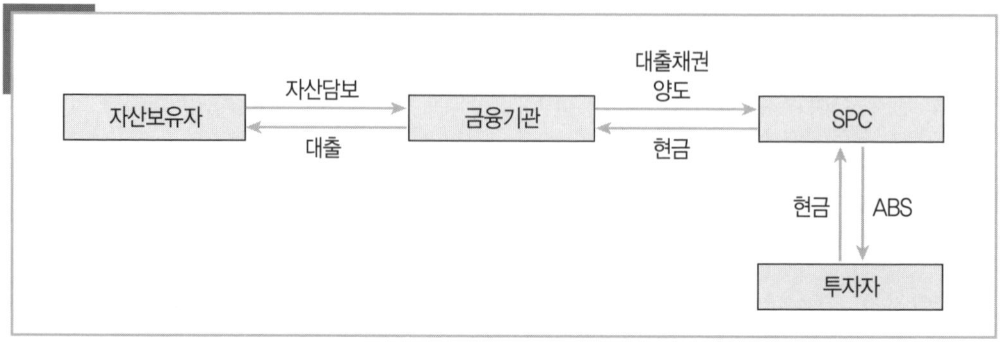

그림 8 다단계 양도에 의한 ABS 발행 사례 3

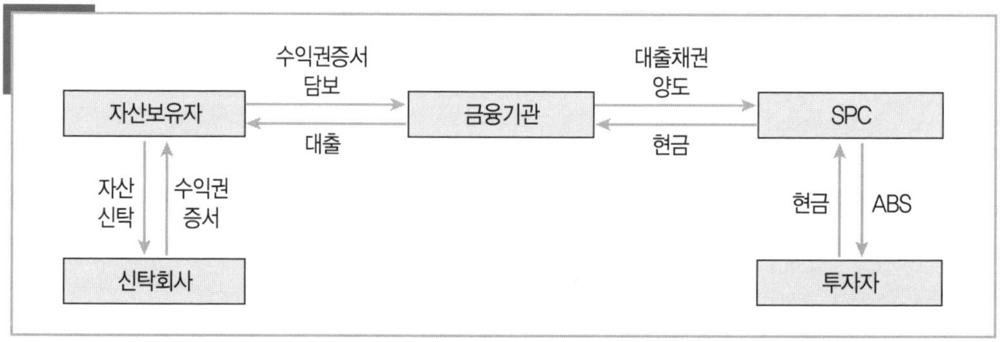

하여 금융기관에서 대출을 받는다. 금융기관은 수익권증서담보부 대출채권을 SPC에 양도하고, SPC는 양도받은 대출채권을 담보로 ABS를 발행한다.

발행된 ABS를 담보로 하여 다시 한번 ABS를 발행하는 사례도 있다. 앞에서 본 "자산유동화에 관한 법률"의 자산유동화 정의 중 네 번째 정의에 해당하는 사례다. 대개는 앞서 발행된 ABS의 신용등급이 낮아 ABS의 집합을 통해 위험을 추가로 낮추고, 이를 담보로 선순위 ABS와 후순위 ABS로 나눔으로써 위험을 배분할 목적으로 다단계 ABS를 발행하게 된다.

대표적인 예가 IFC(International Finance Corporation)[15)]의 CBO다. IFC는 각 국가들 내에서 발행된 ABS를 사들인 후, 이를 SPC에 양도를 하고, SPC는 이를 담보로 달러 표

15) IFC는 세계은행 산하 기관으로, 회원국들의 민간기업들이 자금조달에 어려움을 겪을 때 자금을 제공하는 역할을 한다. 특히 저개발국이나 개발도상국에 대한 지원을 중점사업으로 하고 있다.

그림 9 다단계 양도에 의한 ABS 발행 사례 4

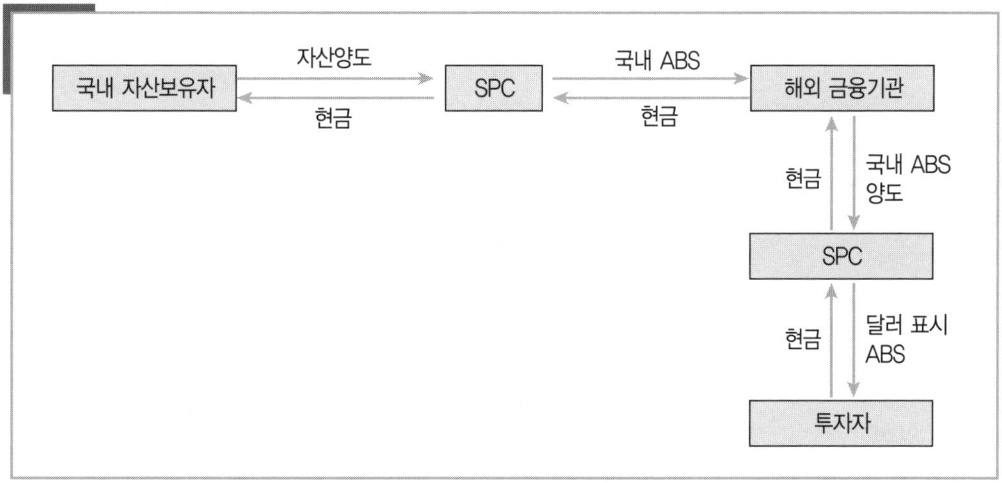

시 선순위 ABS와 달러 표시 후순위 ABS를 발행한다. 선순위 ABS는 투자자들에게 매각하고, 후순위 ABS는 IFC가 인수하는 방식으로 저개발국이나 개발도상국 기업들에게 자금을 제공한다.

(3) ABCP에 의한 자산유동화

ABCP의 개념

자산담보부증권을 발행할 때 회사채가 아닌 CP(기업어음, commercial paper)[16] 형태로 발행하는 것을 ABCP(asset-backed CP)라고 부른다. 최근에는 CP를 대체하기 위해 나온 전자단기사채(STB: short-term bond)[17] 형태로 자산담보부증권을 발행하기도 하는데, 이를 보고 ABSTB(asset-backed STB)라고 한다.

CP는 만기가 대개 3개월(91일)이기 때문에 ABCP로 자금을 조달하면, CP 만기 때마

16) CP(기업어음)란 기업이 상거래와 관계없이 단기자금을 조달할 목적으로 자기신용에 입각하여 발행하는 만기 1년 이내의 융통어음을 말한다. 어음이다 보니까 액면이자율이 없이 할인되어 거래된다. 대개 3개월만기로 발행된다.

17) 전자단기사채(STB)란 CP를 대체하기 위해 2013년부터 도입된 금융상품으로, 만기가 1년 이내이고 원리금을 만기에 지급하며 실물(종이어음) 없이 전자적으로 거래되는 단기사채다.

그림 10 ABCP 발행 구조

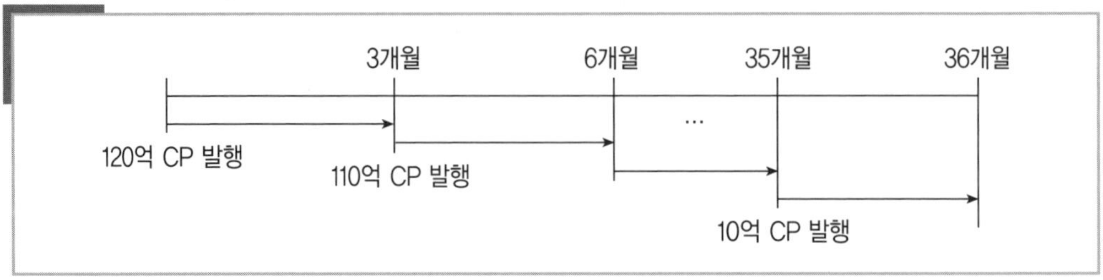

다 새로운 CP를 발행하여 기존 CP의 원금을 상환하는 방식(이를 흔히 '차환발행'이라고 부른다.)으로 만기를 연장해 나가야 한다. CP가 만기에 도달했을 때 기초자산으로부터 현금유입이 있으면, 해당 금액으로 CP의 일부를 상환하고, 나머지 CP는 차환발행하는 방식으로 만기를 연장해 나가게 된다.

예를 들어, 기초자산으로부터 매 3개월마다 10억 원씩의 현금이 유입된다고 하자. 모두 120억 원의 ABCP(만기 3개월)를 발행했다면, 3개월 뒤 ABCP 만기가 도래했을 때 10억 원은 현금으로 상환하고 나머지 110억 원은 ABCP를 재발행하여 상환한다. 6개월 뒤에는 다시 10억 원의 CP를 현금으로 상환하고, 나머지는 100억 원의 ABCP를 재발행하여 상환한다. 이런 과정을 12번 반복하면 3년 뒤 ABCP를 모두 상환할 수 있게 된다.

CP는 회사채의 신용등급이 우량한 기업만 발행할 수 있다. 유동화전문회사는 우선 회사채 형식의 ABS를 발행하면서 신용평가기관의 신용등급을 평가받고, 이를 기초로 ABCP를 발행할 수밖에 없다. 그래서 대개는 1년 만기의 ABS(회사채 형태)를 발행하여 신용등급을 평가받아 놓고, 1년 뒤에 가서 ABCP를 발행하는 형식을 취하고 있다.

ABCP의 장단점

ABCP로 자금을 조달하는 데에는 두 가지 장점이 있다.

첫째, 장기금리가 단기금리보다 높을 때, ABCP로 자금을 조달하면 자금조달비용을 절감할 수 있다. 왜냐하면, 장고단저의 이자율 기간구조하에서는 3년 만기 고정금리로 ABS를 발행할 때의 이자율보다 3개월 만기로 ABCP를 발행할 때의 이자율이 더 낮기 때문이다.

둘째, 유휴자금의 운용손실을 최소화할 수 있다. 유동화전문회사는 자산을 유동화하는 업무만 할 수 있기 때문에 유휴자금이 생기면 이를 적극적으로 운용하지를 못하고 대개 은행에 예치를 하거나 국고채에 투자하는 정도로밖에 자금을 운용하지 못한다. 이 때의 수익률은 ABS의 이자율보다 낮은 것이 일반적이라, 결국 손실이 발생할 수밖에 없다(이를 재투자위험이라고 부른다.). 그러나 ABCP로 자금을 조달할 경우, 유휴자금을 CP 상환에 사용하기 때문에 재투자위험을 줄일 수 있는 것이다.[18)]

ABCP로 자금을 조달하게 되면, 단점도 존재하게 된다. 먼저 유동화전문회사는 유동성위험에 노출된다. ABCP의 만기가 도래하면, ABCP를 차환발행해야 하는데 단기자금시장(money market)이 경색될 경우 차환발행에 성공하지 못할 수 있다. 그렇게 되면 만기가 도래한 ABCP를 상환하지 못함으로 인해 유동화전문회사가 파산할 수가 있다.

그래서 이런 위험에 대비하기 위해 대부분 주간사 금융기관이나 신용보완 금융기관으로부터 ABCP의 총액인수 약정이나 신용제공 약정을 맺어 놓는다. 총액인수 약정을 맺게 되면, 약정 금융기관은 시장이 경색되더라도 차환 ABCP를 무조건 인수하기 때문에 유동화전문회사는 유동성위험을 회피할 수 있다. 신용제공 약정을 맺게 되면, ABCP를 차환발행하지 못할 때 약정 금융기관이 자금을 제공해 주어 ABCP를 상환할 수 있게 해 준다. 물론 유동화전문회사는 이런 약정에 따른 수수료를 약정 금융기관에 지급해야 한다.

ABCP 자금조달의 또 다른 단점은 유동화전문회사가 금리위험을 안게 된다는 점이다. ABCP의 만기가 도래하면, ABCP를 차환발행해야 한다. ABCP를 차환발행할 때마다 새롭게 ABCP의 이자율(채권수익률)이 결정되기 때문에 ABCP로 자금을 조달한다는 것은 사실상 변동금리로 대출받는 것과 같다. 차환발행할 때 시장금리가 올라가게 되면 유동화전문회사는 높은 금리로 ABCP를 차환발행할 수밖에 없다.

ABCP로 자금을 조달할 때 차주(SPC)가 안게 되는 금리위험은 대개 금리스왑(interest rate swap)이나 금리 캡(interest rate cap)과 같은 금리위험 회피 수단을 이용하여 회피할 수 있다. 물론 금리스왑이나 금리 캡을 이용할 때에는 금리위험을 상대방에게 이전시키는 대가로 일정한 프리미엄과 수수료를 지급해야 한다.

---

18) ABS 발행으로 자금을 조달하더라도 ABS에 조기상환권리를 첨부하면 유휴자금이 생길 때 원금을 조기상환하면 된다. 그러나 이 경우, 차주(유동화전문회사)에게 조기상환권리가 주어지는 것이라서 ABS의 이자율이 올라가게 된다.

금리스왑과 금리 캡을 이용한 ABCP의 금리위험 회피 전략

금리스왑(interest rate swap)이란 고정금리에 의한 이자와 변동금리에 의한 이자를 스왑 거래자 간에 정기적으로 교환하는 거래를 말한다. ABCP 발행 때 금리스왑계약을 체결하게 되면, 유동화전문회사(SPC)는 스왑 상대방에게 정기적으로(예를 들어 3개월 간격으로) 고정금리이자를 넘기고, 스왑 상대방은 변동금리이자를 정기적으로 SPC에 넘기게 된다(실제로는 고정금리이자와 변동금리이자의 차액을 주고받는다). 만약 ABCP를 차환발행할 때 시장금리가 올라가게 되면, SPC는 스왑 상대방으로부터 차액을 넘겨받는다. 그래서 SPC는 시장금리가 올라가더라도 추가적인 부담을 하지 않게 된다. 즉, SPC는 금리위험을 피할 수 있는 것이다.

그림 11 금리스왑을 이용한 ABCP의 금리위험 회피

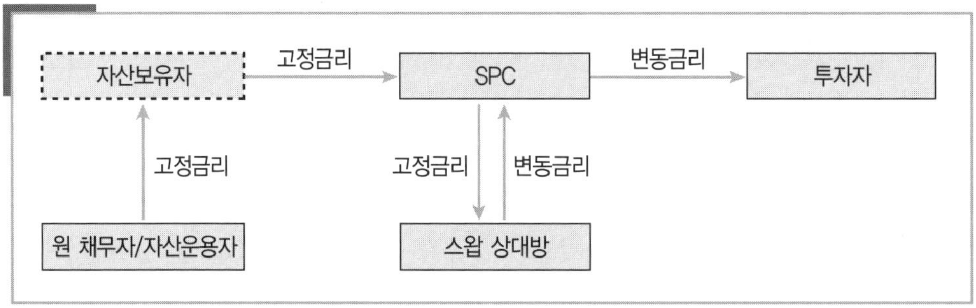

금리 캡(interest cap)은 ‘변동금리>고정금리’ 일 때 금리 캡 제공자가 그 차액을 제공하는 계약이다. ABCP 발행 때 금리 캡 계약을 체결하게 되면, 유동화전문회사(SPC)는 ‘변동금리>고정금리’ 일 때 금리 캡 제공자로부터 그 차액을 받는다. 이런 금리 캡 계약을 체결해 놓으면, 시장금리가 아무리 상승하더라도 SPC는 고정금리 이상으로 이자를 지불하지 않아도 된다.

그림 12 금리 캡을 이용한 ABCP의 금리위험 회피

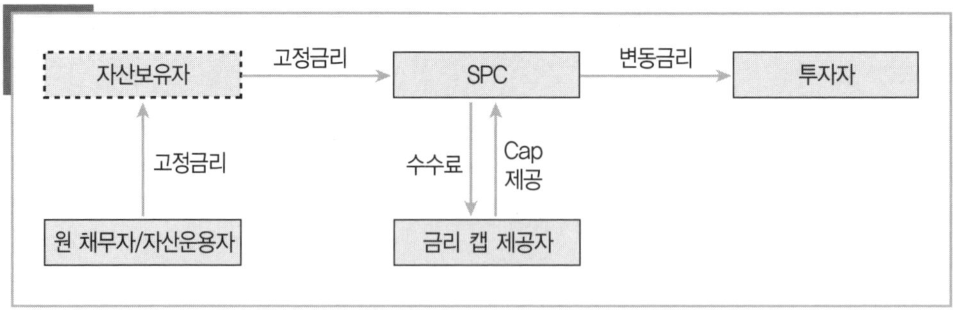

3) 자산유동화제도를 이용한 부동산의 유동화

부동산은 유동성이 낮은 자산이다. 부동산은 빠르게 매각하는 것이 어렵고, 부분적으로 매각하는 것도 어렵다. 또 거래에 따른 비용도 크다. 자산유동화제도를 이용하면, 부동산을 비교적 빠르게 현금화할 수 있고, 부분적으로도 현금화할 수 있다. 또 제도에 따라 다소 차이가 있기는 하지만 거래비용도 직접 매각하는 것보다 싸다.

부동산을 유동화하는 대표적인 사례가 부동산을 담보로 하는 대출채권을 유동화하는 것이다. 이를 흔히 저당채권이라고 부르기도 한다. 주택을 담보로 하는 저당채권을 유동화한 것이 바로 RMBS(대개 MBS라고 부른다.)이고, 상업용 부동산을 담보로 하는 저당채권을 유동화한 것이 CMBS이다.

또 하나의 대표적인 사례는, 상업용 부동산(오피스 빌딩, 상가 몰, 공장, 물류창고 등) 자체를 유동화하는 것이다. 상업용 부동산의 소유권을 유동화전문회사에 양도하고, 유동화전문회사가 이를 기초로 하여 ABS를 발행하는 것이다.

이 밖에 부동산 소유수단으로 자산유동화제도를 이용하는 경우도 있고, 전세권이나 임차보증금을 유동화하는 사례도 있다. 또 임대주택소유자가 임대채권을 유동화하는 사례도 있다. 부동산을 개발하는 과정에 다양한 채권(債權, receivables)이 발생하는데, 이런 채권들을 유동화하기도 한다. 그리고 부동산과 관련된 미래채권(future flow)을 유동화하는 사례도 있다.

여기서는 몇 가지 특수한 부동산 유동화 사례를 조금 더 자세하게 살펴보도록 한다.

① 부동산 소유수단으로서의 자산유동화

자산유동화제도를 부동산 소유수단으로 삼을 수도 있다. 이 경우, 부동산을 매입하고자 하는 자가 유동화전문회사를 설립하고, 유동화전문회사가 부동산 매도자에게서 부동산을 양도받아 이를 소유하는 것이다. 유동화전문회사는 부동산을 기초로 선순위채권, 후순위채권, 출자증권을 발행하는데, 선순위채권은 금융기관이 인수하고, 후순위채권과 출자증권은 부동산을 매입하고자 하는 자가 인수하는 형태를 취하게 된다.

이렇게 하면, 부동산의 형식적인 소유자는 유동화전문회사이지만, 실질적인 소유자는 유동화전문회사를 지배하고 있는 사람(출자증권을 인수한 사람)이다. 금융기관은 부동산을 담보로 하는 선순위채권을 매입했기 때문에 채권투자자이지만, 실질적으로는 부동산담보대출을 해 준 것과 동일하다.

이런 방법으로 부동산을 소유하는 것의 가장 큰 이점은 부동산 취득세를 절감할 수 있었다는 것인데, 지금은 이런 이점이 없다.[19]

지금은 취득세 절감의 이점이 없기는 하지만, 이런 방법으로 부동산을 소유하면 금융기관으로부터 자금조달이 용이할 수도 있다. 금융기관은 금융감독기관이나 내부의 위험관리 규정에 따라 부동산을 담보로 하는 대출에 제한을 받는 경우가 종종 있다. 이런 규제 때문에 금융기관은 부동산담보대출보다는 회사채매입을 선호할 수도 있다.

부동산에 투자하고자 하는 사람 입장에서는 이런 방식으로 부동산을 소유하는 것이 투자철수(exit)에 유리할 수 있다. 특히 투자펀드와 같은 간접투자기구가 부동산에 투자할 때, 직접 부동산을 소유하는 것보다 출자증권 형태로 부동산을 소유하는 것이 투자철수를 할 때 유리하다. 출자증권을 다른 투자자에게 넘기고 빠져나가면 되기 때문이다.

② 임대차 관련 채권의 유동화

부동산을 전세로 임차한 임차인은 전세권을 확보하게 된다. 전세권을 유동화전문회사에 양도하고, 유동화전문회사는 이를 기초로 ABS를 발행하면 임차인은 전세금을 현금화할 수 있다.

다만, 이 과정에서 임대차계약에 변화가 생기게 된다. 임대인은 원래의 임차인과의 전세계약을 해지하고, 유동화전문회사와 새롭게 전세계약을 맺어야 한다. 그리고 유동화전문회사와 원래의 임차인 간에 전대차(轉貸借, sublease)계약을 맺어야 한다.[20] 전대차계약은 월세계약 형태로 이루어진다. 물론 유동화전문회사는 임대인에게 전대차계약에 대한 동의를 받아야 한다.

이런 계약에 따라 원래의 임차인은 유동화전문회사로부터 전세금에 해당하는 현금을 받고, 그 대신 유동화전문회사에게 매달 일정한 임차료(월세)를 지급해야 한다. 유동화전문회사는 원래의 임차인으로부터 받은 월 임대료로 ABS 투자자에게 원리금을 지급하게 된다.

과거에는 상가나 오피스 등의 임대차에도 전세계약이 많았다. 상가나 오피스 등이 중심상업지역에 있을 경우, 전세금의 규모가 매우 컸다. 특히 패스트푸드 지점이나 커

19) "자산유동화에 관한 법률"이 처음 도입되었을 때에는 부동산 취득세가 비과세되었다. 그 뒤 부동산 취득세를 50% 감면하는 것으로 바뀌었다가 현재는 감면 혜택이 없어졌다.

20) 전대차계약이란 임대차계약을 맺고서 부동산을 빌린 임차인이 임차공간의 일부나 전부를 재임대하는 계약을 말한다. 전자의 임대차를 마스터 리스(master lease)라고 부르고, 후자의 임대차를 서브 리스(sub lease)라고 부르기도 한다.

그림 13 전세권의 유동화 사례

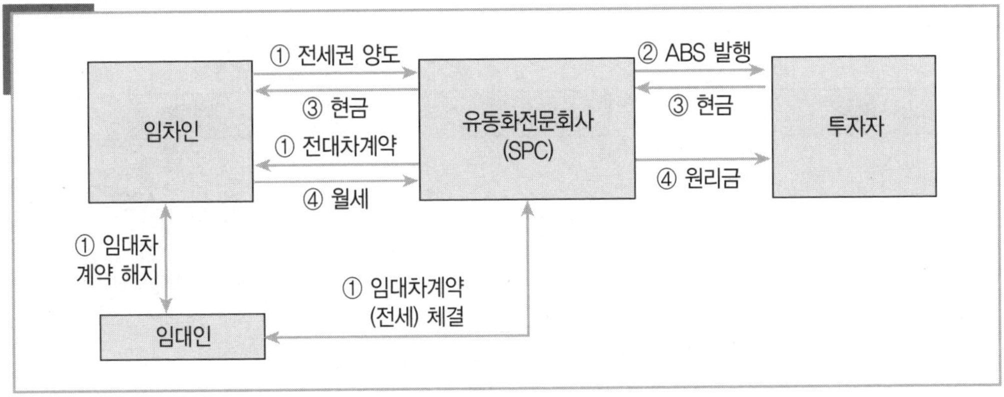

피숍 지점, 은행 지점 등과 같이 전국에 지점을 갖고 있는 기업의 경우, 전세금으로 묶여 있는 자금의 규모가 상당히 크다. 기업이 유동성위험에 빠졌을 때 전세금으로 묶여 있는 자금을 현금화하기 위해 자산유동화제도를 이용한 사례가 있다.

최근에는 상업용 부동산에서는 전세계약이 많이 퇴조하고, 월세가 일반화되고 있다. 그러나 상업용 부동산의 경우, 월세계약이라고 하더라도 보증금(deposit)의 규모가 상당히 크기 때문에 보증금을 위와 같은 구조로 유동화하기도 한다.

③ 부동산개발과 관련한 채권의 유동화

부동산개발과정에 다양한 채권(債權, receivables)이 발생한다. 예를 들어 시행사는 토지를 구입할 때 금융기관으로부터 이른바 PF 대출이라고 하는 토지구입자금대출을 받는다. 이때 금융기관은 토지담보부 대출채권을 갖게 된다.

시공사는 건설공사를 해 주면서 기성고에 따라 공사비를 받는다. 시행사가 공사비 지급을 지연하거나 공사완공 후 일괄지불하는 조건으로 공사를 맡길 경우, 시공사는 공사대금채권을 갖게 된다.

부동산개발사업이 도심개발사업이거나 재개발, 재건축 사업일 경우, 시행사는 원주민들에게 이주비를 대여해 주기도 한다. 이때 시행사는 이주비대여금에 대한 반환채권을 갖게 된다. 또 시행사는 개발사업이 끝난 후 개발이익을 향유할 수 있는 권리를 갖고 있다.

이와 같이 부동산개발과정에서 생긴 각종 채권을 유동화하여 자금을 조달하기도 한다. 대표적인 예가 금융기관이 시행사에게 PF 대출을 해 주고, PF 대출채권을 유동화하는 것이다. PF ABS나 PF ABCP 또는 PF ABSTB가 PF 대출채권을 유동화한 상품이다.

그림 14 PF 대출의 유동화

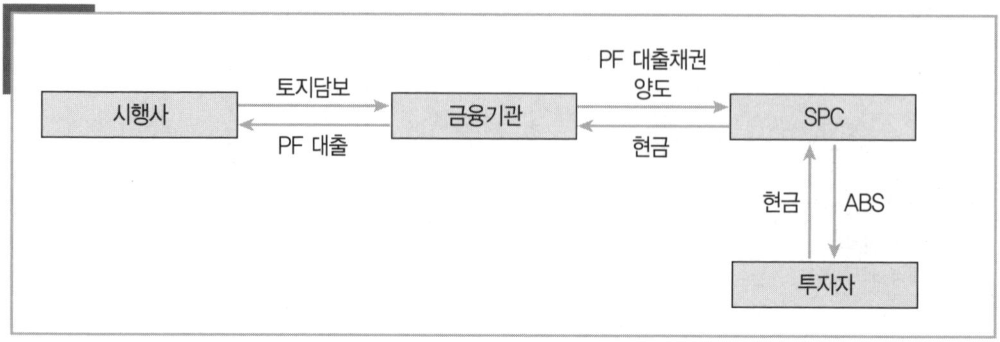

다른 예로, 시행사가 향후 발생할 개발이익을 미리 유동화해 개발이익을 조기에 실현하기도 한다. 이는 뒤에서 볼 미래채권(future flow)의 유동화에 해당한다.

우리나라에서 초기의 PF 대출채권 유동화는 시공사가 PF 대출채권에 대한 연대보증 또는 채무인수 등의 신용보강을 제공했으며, 은행은 단기의 유동화증권 차환발행에 유동성과 신용공여를 제공했다. 2008년 글로벌 금융위기 이후 건설업계에 불어닥친 구조조정 여파로 시공사와 은행이 신용보강에 나서는 것을 꺼리게 되었다. 2012년 금융투자업 규정과 시행세칙의 개정으로 증권사가 PF 대출채권 유동화시장에 진출했다. 시공사는 연대보증, 채무인수, 자금보충 미이행 시 채무인수 등의 방식을 활용한 반면, 증권사는 사모사채 인수, 자금보충, 기초자산 매입 등의 방식을 활용했다.

④ 부동산과 관련된 미래채권의 유동화

미래채권은 미래에 가서야 채권액이 확정되는 채권을 말한다. 미래채권은 자산보유자의 영업능력에 많이 의존하다.

부동산과 관련된 미래채권으로, 복합 쇼핑몰과 같은 상가에서 발생하는 미래의 매출채권을 유동화하여 자금을 조달하는 것도 일종의 미래채권 유동화라고 할 수 있다. 그리고 부동산개발사업에서 최종적으로 시행사에게 돌아올 개발이익을 유동화하여 자금을 조달하는 것도 일종의 미래채권 유동화라고 할 수 있다.

대개의 경우, 매출금액이 입금되는 계좌를 신탁하고, 그 대가로 받은 수익권증서를 유동화하는 절차를 거친다.

구 대한주택공사(현 한국토지주택공사)가 1999년에 공공임대아파트의 임대료와 분양대금을 담보로 ABS를 발행한 사례가 있다. 앞서 살펴봤던 한국토지주택공사 역시 2010

년 이후 국민임대주택 임대료 채권을 기초로 2단계를 거쳐 ABS를 발행했다. 이 ABS는 당시의 국민주택기금(현 주택도시기금) 융자금의 후순위 전환과 정부의 손실보전 등의 신용보강방법을 동원했다.

⑤ NPL ABS

NPL(Non Performing Loan)은 채무자가 상환기일에 원리금을 상환하지 못한 대출채권이다. 보통 부실채권 또는 무수익채권이라고도 한다. NPL은 무담보 NPL과 담보부 NPL로 나눌 수 있다. 담보부 NPL 중에서 담보 처분이 법원의 임의경매 절차를 통해 이루어지는 것을 일반담보부 NPL이라고 한다.

금융기관이 NPL을 매각하는 방식에는 유동화방식과 직접매각방식이 있다. 유동화방식은 NPL 보유자인 금융기관이 선순위 및 후순위 ABS를 발행하고 선순위는 외부투자자에게 매각하고, 후순위는 보유하는 방식이다. 직접매각방식은 금융기관이 NPL을 외부기관에게 매각하는 방식이다. IFRS 도입 이후 진정한 매각이 요구되면서 직접매각방식만 실행되고 있다. 직접매각방식도 금융기관의 NPL을 매수한 외부투자자가 NPL을 담보로 한 ABS를 발행하기도 한다.

NPL의 유동화 사례를 살펴보면, 기업은행은 기은 SPC(기은제삼차유동화전문회사)를 설립하고 보유 NPL을 기은 SPC에 매각했다. 기업은행은 기은 SPC와 자산관리계약을 체결하고 자산관리자가 되었으며, 업무수탁자는 한국산업은행이 업무수탁계약을 체결하여 맡았다. 기은 SPC는 선순위 ABS 1,950억 원, 후순위 ABS 1,050억 원을 발행하여 기업은행에 NPL 매매대금을 지급했다. 이때 기은 SPC가 ABS 상환자금이 부족할 경우 한국산업은행이 기은 SPC에게 부족자금을 대영하는 신용공여약정을 체결했다.

직접매각 사례로는 국민은행이 공개입찰을 통해 유암코에게 자산양수양도계약을 통해 NPL을 매각한 사례를 들 수 있다. 계약체결단계에서는 계약금만 지급하고 일정기간 경과 후 잔금을 지급하기로 약정했다. 유암코는 이후 유케이 SPC를 설립하고 자산양도양수계약상 매수인 지위를 SPC에 양도했다. 유케이 SPC는 총액인수방식으로 유동화증권을 발행하여 전액 인수하고 매매대금을 국민은행에 지급했다. 국민은행이 자산보유자가 되고 유암코는 ABS 투자자이자 자산관리자, 업무위탁자의 지위를 갖게 되었고, 자금관리자는 우리은행이 수행했다.

이 장의 주요 내용

- 자산유동화란 자산을 기초로 발행한 증권을 투자자에게 매각하여 현금을 확보하는 것을 말한다. 자산의 증권화라고도 한다. 이 증권을 자산담보부증권(ABS)이라고 한다. 자산유동화는 자산보유자가 SPV로 설립된 유동화중개기관에 양도하고, 유동화중개기관은 이를 담보로 ABS를 발행하는 구조로 이루어진다.

- 유동화자산으로는 채권이 대표적이며 금융자산과 부동산자산도 가능하다. 현재와 미래에 현금흐름이 있는 자산이면 모두 유동화 대상이 될 수 있다. 유동화증권은 회사채와 기업어음, 주식과 출자증권, 수익증권 등 다양한 형태로 발행할 수 있다. 유동화중개기관이 회사일 경우 회사채(ABS)나 기업어음(ABCP)으로 발행할 수 있으며 선순위나 후순위로도 발행할 수 있다.

- 자산유동화에서 ABS의 신용보완기법으로 외부 보완과 내부 보완으로 나누어 볼 수 있으며, 외부 보완은 금융기관이 신용장이나 크레딧 라인을 유동화중개기관에 제공하는 방법을 말한다. 내부 보완은 주로 선순위, 후순위 구조로서 선순위채권의 위험을 낮추는 방법을 사용한다. 초과담보를 제공하거나 준비기금이나 스프레드 계정의 설정도 내부 보완방법이다.

- 자산유동화에는 CLO, CBO 등 다양한 구조가 활용된다. CLO는 여러 대출채권을 담보로 발행하는 ABS를 말하며, CBO는 여러 회사채를 담보로 발행하는 ABS를 가리킨다. 우리나라에서는 PF 대출채권을 ABS나 ABCP 형태로 유동화하기도 한다. 이를 PF ABS, PF ABCP라고 부른다.

연 | 습 | 문 | 제

01 | 유동화중개기관의 이중과세 문제란 무엇인지 설명하라.

02 | 자산유동화에서 진정한 매각이란 무엇인가?

03 | 자산유동화로 자금을 조달하는 이유에 대해 설명하라.

04 | 자산유동화의 다양한 사례에 대해 설명하라.

05 | 우리나라의 자산유동화에 관한 법률에서 규정하고 있는 진정한 거래에 대해 설명하라.

06 | ABCP의 장단점에 대해 설명하라.

제 4 장

상업용 부동산의 특수한 금융

상업용 부동산금융에서는 전형적인 형태의 대출방식 이외에 자산유동화, 지분투자, 이들의 결합에 의한 구조화금융 등 다양한 방식으로 자금의 조달이 이루어진다. 본 장에서 이런 특수한 형식의 자금조달방법들 중에서 상업용 부동산담보대출을 유동화하는 CMBS에 대해서 살펴본다. CMBS는 1990년대 미국에서 출현한 금융상품으로, 우리나라에서는 아직 일반화되어 있지 않은 상품이다. 그래서 주로 미국의 CMBS를 중심으로 설명하도록 한다. 그리고 자산방식의 금융 중 하나인 Sale and Lease-back과 이의 활용에 대해 알아보고, 리츠(REITs)나 부동산펀드(REF)와 같은 간접투자기구를 이용한 자금조달방식에 대해 살펴본다.

1. CMBS
2. 매각 후 임차
3. REITs와 부동산펀드를 통한 자금조달

1 CMBS

1) CMBS의 개요와 역사

부동산금융에서 가장 중요하고 극적인 발전은 1990년대에 미국에서, 2000년대 초 유럽과 아시아에서 나타난 상업용 모기지에 대한 2차시장(유통시장, secondary market)의 출현이라고 할 수 있다. 상업용 모기지담보증권(commercial mortgage-backed securities: CMBS)은 상업용 모기지를 한곳에 모아 발행된 증권을 말한다. 우리나라에서도 CMBS가 일부 발행되고 있으나, 아직은 초기 단계라서 여기서는 Geltner *et al.*(2014)의 설명을 기초로 하여 미국의 사례를 중심으로 CMBS를 설명하도록 하겠다.

1990년대에 나타난 CMBS

CMBS 투자자는 대부분 채권시장에서 활동하는데, 이들은 자신의 자금을 부동산에 투자한다고 여기지 않고 상대적으로 안전하고 예측가능한 소득을 창출하는 금융상품에 투자한다고 여긴다.

미국에서 CMBS는 1990년대 초에 나타나기 시작했다. 1989년 미 의회는 정리신탁공사(RTC: Resolution Trust Corporation)를 설립했다. RTC는 1980년대 말 상업용 부동산대출에 실패한 저축기관과 은행의 대출포트폴리오를 청산하기 위해 설립되었다. RTC는 대부분 비수익채권(NPL: non-performing loan)인 엄청난 규모의 상업용 모기지를 신속하게 매각해야 했다. 상업용 부동산대출에 대한 전통적인 민간투자자금은 당시 효과적으로 이용할 수 있는 상황이 아니었다. 상업은행, 생명보험회사, 연기금과 같은 전통적인 기관은 시장 붕괴로 재원이 소진된 상태였다.

한편 월가에서는 대규모 주택모기지 풀을 증권화하는 데 필요한 다양한 절차를 개발해 왔다. 공모 자본시장에서 1990년대 초 투자기관들은 상업용 부동산시장이 과열되었고 머지않아 붕괴될 것을 예상하고 있었다. 또한 RTC가 자산을 신속하게 매각해야 한다는 정치적 압력을 받고 있음도 알고 있었다. 이러한 상황이 RTC가 CMBS라는 새로운 산업을 여는 데 큰 역할을 했다.

채권평가의 어려움과 채권평가기관의 역할

신시장의 개척에 핵심적인 역할을 수행한 것은 CMBS 트랜치(tranche)의 지급불능위험을 평가할 수 있는 신용평가기관이었다. 트랜칭(tranching)기법은 CMBS에서 혁신을 이룬 기술이다. 당시 RMBS는 대체로 신용위험을 제거해 주기 위해 모기지보험을 제공하는 GSE의 후원에 기초하고 있었다. 채권평가기관은 이전에는 구조화 금융상품은 평가하지 않았다. CMBS라는 구조화 금융상품은 서로 상이한 대출자산의 풀(상이한 신용등급을 가진 개별 차입자와 물리적으로 상이한 담보자산)에 의해 담보되어 있는 선순위트랜치와 차순위트랜치로 구성되어 있는데, 선순위트랜치는 다른 모든 트랜치의 위험 수준에 영향을 미친다.

채권평가기관은 이와 같이 신용위험구조가 복잡한 유형은 평가하지 않았기 때문에 부동산시장에서는 CMBS의 트랜치에 대한 투자 경험이 거의 없었다. 채권평가기관이 신용평가방법에 대한 신뢰성을 확신하고 신용평가의 타당성을 인정하기까지는 시간이 걸렸다. 처음에는 높은 등급을 받은 CMBS에 대한 신용평가 기준이 매우 보수적이었기 때문에 CMBS 채권가격은 다소간 할인되어 유사한 등급의 회사채에 비해 투자자에게 추가수익을 안겨주었다.

성공적인 신용평가과정이 CMBS 산업에 매우 중요했다. 채권투자자들은 매우 소극적이어서 개별 모기지나 모기지 풀의 위험 평가나 관리에 필요한 시간, 자원, 전문성이 부족했다. CMBS 트랜치가 채권평가기관으로부터 신용등급을 받자 상업용 부동산에 대해 거의 모르는 투자자들도 트랜치의 지급불능위험이 동일한 등급의 다른 채권의 지급불능위험과 유사하다고 느끼게 되었다. 이렇게 하여 잠재적인 투자자 풀이 확대되자 상업용 부동산에 간접투자가 가능해져서 CMBS 공모시장이 활발해지게 되었다.

2008년까지만 하더라도 CMBS는 부채방식의 부동산금융에 새롭고 효율적인 자금원천 역할을 수행해 왔었다. CMBS의 발행구조는 점점 복잡하게 진화해 왔으나 2008~09년 금융위기로 큰 충격을 받았다. 그러다가 2010~12년 이후 CMBS 시장은 다시 회복세를 보이고 있다.

2) CMBS 구조

트랜칭(tranching) 기법

CMBS는 기본적으로 앞에서 본 RMBS(즉 주택저당채권을 담보로 한 MBS)와 동일한 구조로 작동된다. CMBS는 기본적으로 원리금자동이체증권(pass-through securities)이다. 상업용 부동산을 담보로 한 대출채권의 풀(pool)에서 나오는 현금흐름, 즉 대출에 대한 원리금상환액이 그대로 투자자에게 전달되는 것이다.

투자자의 성향에 따라 만기가 짧고 위험이 적은 채권을 선호하는 투자자가 있는가 하면, 상대적으로 만기가 길고 위험이 크더라도 보다 높은 수익률을 추구하는 투자자도 있다. 또 장기적으로 안정적인 현금흐름을 선호하는 투자자도 있다. 이런 투자자의 성향에 따라 모기지 풀에서 나오는 현금흐름을 증권별로 재배분한 것을 보고 트랜칭이라고 부른다.

트랜칭을 다른 말로 설명하자면, 모기지 풀에 기초하여 '원리금지급순위가 다른 증권'을 발행하는 것이라고 할 수 있다. 이때 발행된 증권을 트랜치 A, 트랜치 B, 트랜치 C 등으로 부른다. 모기지 풀에서 원금상환이 일어나면, 앞선 트랜치부터 원금을 상환해 주기 때문에 손실이 발생되면 가장 마지막 후순위트랜치부터 그 손실을 부담하게 된다. 이런 방식의 채권발행을 보고 CMO(다계층증권, collateralized mortgage obligation)라고 부르기도 한다.

각 트랜치의 현금흐름 배분순위는 신용손실과 만기에 영향을 미친다. 만기는 증권의 듀레이션, 이자율위험과 관련이 있다. 대부분 상업용 모기지에는 조기상환을 금지하거나 상당한 수준의 조기상환수수료를 부과하고 있다. 그래서 CMBS에서 조기상환위험이 낮다. 또한 CMBS는 종종 모기지 이자와 원금 부분이 분리되는 경우도 많아 특수한 투자자의 선호에 부응하는 특징을 갖고 있기도 하다.

트랜칭 사례

가상적인 예를 들어 트랜칭의 작동원리를 설명해 보자. 조기상환이 금지된 비소구대출인 상업용 모기지가 10건이 있다고 하자. 이 중 5건은 만기가 1년이며, 나머지 5건은 만기가 2년이다. 각 대출은 액면가 10억 원이며, 표면금리는 10%로 매년 말 연간 이자를 지급하는 만기일시상환방식의 대출이다. 총 대출액은 100억 원이며, 가중평균만기(WAM: weighted average maturity)는 (1년×5+2년×5)÷10 = 1.5년, 가중평균자본비용은 10%다. 개별 담보부동산의 가치의 총합은 142.857억 원으로 LTV는 70%라고 해 보자.

CMBS 증권을 세 개의 트랜치로 분리하여 채권시장에서 매각한다고 하자. 두 개의 트랜치는 이자와 원금을 모두 지급하는 트랜치이고, 한 개의 트랜치는 이자만 지급하는 트랜치다. 첫 번째 트랜치 A는 최우선순위로 액면가가 75억 원이며, 액면이자율은 8%라고 해 보자. 트랜치 B는 트랜치 A의 원금이 다 상환되고 나면 원금을 상환받을 수 있는 트랜치로 액면가가 25억 원이며, 액면이자율은 10%라고 해 보자.

마지막 트랜치는 트랜치 X로, 'IO(interest only) strip'으로 불리는데 특정한 투자자가 선호하는 트랜치다. 이 트랜치 X는 모기지 액면가에 일정 이자율로 이자만 지급받는다. 트랜치 X는 모기지 풀의 잔여수명 2년 동안 표면금리로 이자만 받는데, 처음 1년간은 액면가 100억 원에 대해 1.5%의 이자(1.5억 원)를, 다음 1년간은 액면가 50억 원에 대해 1.0%의 이자를 지급받는다(0.5억 원)고 하자. 이 이자청구권은 트랜치 A와 우선순위가 동일하다.

트랜치 A의 발행액은 총 발행액의 75%에 해당한다. 따라서 트랜치 A는 25%의 후순위트랜치에 의해 보호된다. 이는 모기지 풀에 포함된 어떤 대출이 지급불능이 되어 가치의 손실이 발생하더라도 해당 손실이 모기지 풀 전체 액면가의 25%를 넘지 않는 한 트랜치 A는 손실을 입지 않는다는 것을 의미한다. 트랜치 A는 모기지 풀에 들어 있는 부동산의 가치가 52.5%(= 0.7×(1−0.25)) 이하로 내려가지 않는 한, 손실을 보지 않는다. 트랜치 A는 LTV 52.5%인 모기지의 지급불능위험과 유사하다.

모기지 풀 안의 모기지가 만기가 되어 원금이 상환될 때마다 트랜치 A는 원금을 먼저 상환받는다. 트랜치 A가 가장 먼저 원금을 상환받으므로 만기가 가장 짧고 이자율도 가장 낮다.[1)] 이 구조는 시간이 흐르면서 A 트랜치의 원금이 감소하기 때문에 후순위채권에 의한 보호는 더 커진다. 1년이 지나 만기 1년짜리 대출의 원금 50억 원이 모두 상환되면 트랜치 A는 이를 모두 상환받기 때문에 트랜치 A의 원금은 25억 원만 남는다. 선순위트랜치 A의 원금 25억 원은 후순위트랜치의 원금 25억 원에 의해 보호된다. 즉 기초자산이 상환되는 경우에도 선순위트랜치는 LTV의 감소와 후순위트랜치 비중의 증

1) 이러한 상환구조를 'waterfall sequence'라고 한다.

가로 안전성이 높아진다.

트랜치 B는 모기지 풀의 지급불능으로 손실이 발생할 때 가장 먼저 손실을 입기 때문에 '1차 손실(first-loss)' 트랜치로도 불린다.[2)] 손실이 발생하여 트랜치 B의 액면가가 상각되면 이자청구액도 감소한다. 손실로 트랜치 B의 액면가가 완전히 상각되면 선순위인 트랜치 A에도 손실이 배분된다. 트랜치 B는 손실이 발생할 경우 가장 먼저 그 손실이 배분될 뿐만 아니라 가장 늦게 원금을 회수한다. 따라서 트랜치 B는 지급불능위험이 가장 높으면서 만기가 가장 긴 증권이 된다. 따라서 이자율도 가장 높다.

현금흐름의 할당

다음 〈표 1〉은 지급불능 없이 현금흐름이 발생할 경우 각 트랜치가 수취할 현금흐름을 보여준다. 1차연도에는 만기가 1년인 5개의 모기지에서 원금 50억 원과 이자 5억 원이 들어오고, 만기가 2년인 또 다른 5개의 모기지에서 이자 5억 원이 들어온다. 이 중 원금상환액인 50억 원은 모두 트랜치 A의 원금상환에 사용된다. 그리고 트랜치 A에 이자 6억 원(75억 원×0.08)이 지급된다. 트랜치 A의 원금이 아직 남아 있기 때문에 트랜치 B에는 원금상환 없이 이자만 2.5억 원(25억 원×0.1) 지급된다. 그리고 트랜치 X에는 이자만 1.5억 원(100억 원×0.015) 지급된다.

2차연도에는 만기가 2년인 5개의 모기지에서 원금 50억 원과 이자 5억 원이 들어온다. 트랜치 A에는 원금 25억 원과 이자 2억 원(25억 원×0.08)이 지급된다. 트랜치 B에는 원금 25억 원과 이자 2.5억 원(25억 원×0.1)이 지급된다. 그리고 트랜치 X에는 이자

표 1 CMBS 각 트랜치의 예상 현금흐름

트랜치 (액면가, 이자율)	1차연도 (원금 + 이자 = 총액)	2차연도 (원금 + 이자 = 총액)
A(75억 원, 8%)	50 + 6 = 56	25 + 2 = 27
B(25억 원, 10%)	0 + 2.5 = 2.5	25 + 2.5 = 27.5
X(100억 원, 1.5%, 1.0%)	0 + 1.5 = 1.5	0 + 0.5 = 0.5
풀 전체(100억 원, 10%)	50 + 10 = 60	50 + 5 = 55

출처 : Geltner *et al.*(2014), p.492.

2) 트랜치 B와 같은 증권을 'levered debt'라고 부르기도 한다.

0.5억 원(50억 원×0.01)이 지급된다.

그런데 모기지의 일부가 지급불능으로 인해 손실이 발생할 경우에는 현금흐름이 달라지고 현금흐름의 할당도 달라진다. 이를 보기 위해, 2차연도에 5개의 대출 중 하나가 지급불능상태가 되어 1억 원의 이자손실이 발생했고, 담보부동산을 매각하여 5억 원을 회수했다고 가정하자. 따라서 현금흐름에 총 6억 원의 부족액이 발생했다고 가정하는 것이다.

다음 〈표 2〉는 각 트랜치에 현금흐름이 어떻게 할당되는지를 보여준다. 1차연도 현금흐름은 지급불능이 없기 때문에 위의 현금흐름과 동일하다. 그런데 2차연도에는 1개의 대출이 지급불능이 되어 이자수입은 4억 원, 원금회수는 45억 원에 그쳤다. 이 중에서 트랜치 A에는 먼저 원금 25억 원과 이자 2억 원이 지급된다. 그리고 트랜치 X에도 이자 0.5억 원(50억 원×0.01)이 지급된다. 트랜치 B에는 손실 6억 원이 배분되어 원금은 19억 원(25억 원-6억 원)만 상환되고, 이자 2.5억 원(25억 원×0.1)이 지급된다.

트랜치 A와 X는 모기지의 지급불능에도 아무런 손실을 보지 않았으며, 트랜치 B가 그 손실을 모두 감당했다.

표 2 CMBS 각 트랜치의 실제 현금흐름(2차연도에 이자 1억 원, 원금 5억 원 손실발생 가정)

트랜치 (액면가, 이자율)	1차연도 (원금 + 이자 = 총액)	2차연도 (원금 + 이자 = 총액)
A(75억 원, 8%)	50 + 6 = 56	25 + 2 = 27
B(25억 원, 10%)	0 + 2.5 = 2.5	19 + 2.5 = 21.5
X(100억 원, 1.5%, 1.0%)	0 + 1.5 = 1.5	0 + 0.5 = 0.5
풀 전체(100억 원, 10%)	50 + 10 = 60	44 + 5 = 49

출처 : Geltner *et al.*(2014), p.492.

3) CMBS의 특징

CMBS는 RMBS와 마찬가지로 부동산저당대출채권을 유동화한 것이라는 점에서 매우 유사한 상품이다. 그러나 두 상품은 담보자산의 특성, 참여하는 금융기관의 관행 등 여러 측면에서 큰 차이를 보인다.

① 원리금상환 재원과 원금상환위험

RMBS는 소유자가 거주하고 있는 주택에 대한 담보채권을 기초로 한 증권이므로 원리금상환은 주택소유자 개인의 소득과 신용에 기반한다. 그러나 CMBS는 주로 비소구 대출로서 소득을 창출하는 상업용 부동산에 대한 담보채권을 기초로 발행한 증권이기 때문에 담보부동산에서 발생하는 임대료에 기초한 현금흐름을 원리금상환 재원으로 이용한다. 대출원금의 상환은 대출기간 동안 완전 분할상환되는 주택저당대출과 달리 상업용 부동산대출은 만기에 일시상환되거나 차환되는 경우가 많기 때문에 원금상환위험이 존재한다.

② 낮은 조기상환위험

상업용 부동산대출은 조기상환 금지조항이나, 시장이자율과 연동되는 조기상환수수료 규정[3] 등으로 조기상환에 대한 통제가 이루어지기 때문에 주택저당대출과 달리 조기상환위험이 낮다.

③ 대출 풀

CMBS 기초자산의 풀에 들어가 있는 모기지의 숫자가 그리 많지 않아 집중도가 높다. 개별 모기지의 대출액규모가 상당히 크기 때문에 풀에 포함된 몇몇 모기지의 성과가 전체 풀의 성과에 큰 영향을 미칠 수 있다. 상업용 부동산은 이질성이 강하며 부동산 유형별로 현금흐름이나 위험의 특성도 다양하다. 따라서 풀에 포함된 개별 자산에 대한 분석이 중요하다.

4) 미국의 사례[4]

(1) 다가구주택 Agency MBS(MFMBS: Multi-family Agency MBS)

정부기관이나 정부의 지원하에 있는 금융공기업(GSE: government-sponsored

3) 조기상환수수료를 부과할 때 '대출이자율-시장이자율'의 차이에 기초하여 조기상환수수료를 부과하는 조건을 말한다. 이런 조건은 조기상환에 따른 이자감면효과가 클수록 조기상환수수료도 크도록 함으로써 조기상환을 억제하게 된다.

4) 미국의 CMBS 발행 사례는 조병준 · 서범진(2013)을 참고했다.

enterprise)이 발행하는 MBS를 Agency MBS라고 한다. 그 반대로 민간기관에서 발행하는 MBS를 Non-agency MBS라고 부른다.

미국의 GSE들(Fannie Mae, Freddie Mac)은 공익적 목표를 달성하기 위해 임대용 다가구주택에 대한 저당채권을 기초로 Agency CMBS를 발행하고 있다. Agency RMBS와 마찬가지로 Agency CMBS에도 GSE들의 보증이 포함되어 왔으나, 최근에는 직접적인 보증규모를 축소하는 방향으로 거래구조가 진화해 나가고 있다.

Agency CMBS

Agency CMBS는 임대용 다가구주택(Multi-family Property)이나 요양시설, 중소기업이 보유한 부동산 등에 대한 저당채권을 기초로 하여 발행되고 있다. Agency RMBS와 마찬가지로 Agency CMBS에도 일반적으로 정부기관 등의 보증이 제공되므로 신용위험이 낮을 뿐 아니라, RMBS와 달리 기초자산(상업용 모기지대출채권)에서 조기상환위험이 통제된다는 장점이 있어 채권투자자에게 매력적인 금융상품으로 자리 잡고 있다.

Agency CMBS는 저소득층을 위한 임대주택이나 노인 또는 장애인을 위한 요양시

표 3 Multi-family Agency CMBS 개요

	Ginnie Mae Project Loan REMICs	Fannie Mae DUS Megas/DUS REMICs		Freddie Mac K-Deals
거래구조	Multi-tranche, 등급별 순차지급	single-tranche, pass-through	Multi-tranche, 등급별 순차지급	Multi-tranche, 등급별 순차지급(신용보강)
평균 거래규모	3.25억 달러	0.77억 달러	5.5억 달러	11억 달러
평균 대출개수	65	25	133	70
대출조건	35~40년만기 고정금리 완전분할상환	30년만기 기준 고정금리 완전분할상환, 10년 일시상환		30년만기 기준 고정금리 완전분할상환, 10년 일시상환
부동산유형	중, 저 소득층 다가구주택, 요양시설 등	표준 다가구주택, 지불가능주택 등		안정점유상태의 다가구주택, 보조금지급주택(한도제한)
보증유형	정부의 완전 적시 원리금지급보증	Fannie Mae의 완전 적시 원리금 지급보증		선순위등급에게 이자 적시 지급보증, A1, A2 등급에게 만기 원금지급보증

출처 : Credit Suisse, Agency Merket Primer(2011), pp.3-5.

설 등의 공급을 활성화시켜 복지정책 실현에 도움을 주고, 중소기업 및 소상공인에게도 사업자금 등 유동성을 제공하여 일자리 창출 및 지역경제 활성화에 일정 부분 역할을 수행하고 있다. 2008년 글로벌 금융위기 직후 민간 CMBS 발행이 위축되며, 저소득층을 위한 상업용 부동산금융시장이 부정적인 영향을 받자, 그 빈자리를 채우기 위해 Agency CMBS 발행액이 급증했다.

Agency CMBS는 각 발행기관별로 기초자산의 담보가 되는 부동산의 물건유형 및 발행기관이 제공하는 보증의 형태가 상이하다. 정부기관인 Ginnie Mae와 준정부기관인 Fannie Mae, Freddie Mac 등 미국의 모기지 관련 기관이 발행하는 CMBS의 경우 임대용 다가구주택을 주요 물건으로 하여 요양시설 및 조립식 주택 등을 담보의 대상으로 하고 있으며, 미국 중소기업청(Small Business Administration)에서 발행하는 CMBS의 경우 중소기업이 소유한 부동산과 기계 등의 시설물을 담보로 한 대출을 기초로 발행된다.

Freddie Mac의 다가구주택 CMBS

Ginnie Mae와 Fannie Mae는 발행기관(정부기관인 Ginnie Mae의 경우 미국 정부)이 CMBS 원리금 전액에 대하여 지급보증을 제공하고 있으나, 가장 최근에 등장한 Freddie Mac의 K-Deals의 경우에는 미국 금융시장에서 통상적으로 발행되는 CMBS 구조를 도입하여, 선순위트랜치 증권의 원리금에만 Freddie Mac이 보증을 제공하고 있다는 점에서 차이가 있다.

K-Deals에서 중·후순위트랜치의 경우에는 Freddie Mac의 신용도가 아닌 CMBS 평가기법을 적용하여 신용등급이 부여되는데, 기초자산인 저당채권 풀의 LTV 분포, 평균 LTV, 담보물건의 지역적 집중도 등이 평가에 있어서 주요 고려 대상이 된다. 이러한 구조는 발행기관이자 보증제공기관이 부담하는 과도한 신용위험을 경감시켜 기관의 부실화를 예방하고, 투자자들은 투자대상의 다양성을 확보할 수 있다는 측면에서 장점을 가진다.

Freddie Mac의 Multi-family 사업은 임대주택의 공급활성화를 위한 금융지원의 역할을 수행하고 있으며, 다가구주택담보대출 제공능력 및 경험, 우량한 재무구조 등의 요건을 충족한 적격대출기관이 보유한 다가구주택담보대출채권을 매입하는 방식으로 다가구주택에 대하여 자금을 지원하고 있다.

Freddie Mac의 K-Deals는 평균적으로 발행액의 약 86%에 해당하는 선순위트랜치

표 4 FRESB 2016-SB14 발행 개요

등급		초기원금	pass-through rate	가중평균만기
보증액	A-5F	$13,676,000	2.00%	4.15년
	A-5H	$110,406,000	2.25	4.14
	A-7F	$10,393,000	2.34	5.59
	A-7H	$18,018,000	2.59	5.59
	A-10F	$108,721,000	2.59	7.35
	A-10H	$17,585,000	2.83	7.23
	X1	$309,777,622	0.89	5.74
	소계	$588,576,622		
무보증액	X2-C	$180,783,175	0.25	5.82
	X2-S	$128,944,447	0.25	5.65
	B	$30,978,622	3.67	5.76
	소계	$340,706,244		
총계		$929,332,866		

출처: http://www.freddiemac.com/multifamily/pdf/mf_securitization_investor-presentation.pdf

에 대해서만 지급보증을 제공하고 있다. K-Deals의 선순위트랜치는 Freddie Mac의 신용등급과 같거나 높은 등급을 보이고 있어서 Freddie Mac의 보증 없이도 상당한 비율의 최고등급 선순위트랜칭이 가능하다.

(2) 단독주택 임대료 채권 유동화[5)]

2013년 미국의 블랙스톤의 자회사 Invitation Homes사가 단독주택의 임대료채권을 담보로 한 유동화증권(SFR 채권: single-family rental bond)을 발행했다. 2008년 서브프라임 사태로 주택가격이 급락하면서 '깡통주택(underwater mortgage)'이 크게 늘자 금융기관과 FHA는 모기지 부실채권 또는 담보주택을 대량할인 매각하면서 기관투자자의 주택투자가 늘게 되었다. 이들 부실채권과 그 담보주택이 대량 저가로 매각되면서 상대적으로 주택가격 대비 임대료가 상승하여 투자수익률이 상승했다. 그러자 2010년 전후로 단독주택에 투자하는 헤지펀드, PEF, REITs 등 기관투자자가 임대수입을 노린

5) 이 내용은 이휘정(2014)을 참고하여 작성했다.

단독주택 투자가 늘었다.

Invitation Homes는 CMBS 방식을 단독주택에 적용했다. SPC에 주택 및 주택임대료채권을 양도하고, SPC는 이를 담보로 대출을 실행하고, 다시 이 대출채권을 신탁방식으로 양도하여 수익권을 기초로 채권을 발행하는 2단계로 임대료채권 담보 유동화증권을 발행했다.

SFR 채권은 일반적인 CMBS와 같이 풀에 편입된 단독주택이 창출하는 수익을 상환재원으로 하며, 전문 관리업체가 주택을 관리한다. 그렇지만 차주가 부도를 내면 차주가 보유하고 있는 담보주택을 강제 매각하여 채권상환을 보장한다는 점에서 기존 RMBS와 유사한 특징도 갖는다.

(3) 단일자산(single asset) CMBS

담보자산이 하나인 CMBS를 단일자산 CMBS라고 부른다. 단일자산 CMBS는 구조적인 측면에서는 간단하다. 그러나 풀링효과가 없어 매우 높은 집중도 위험을 갖는다. 따라서 이런 위험을 상쇄할 수 있을 정도로 우량한 부동산만을 담보로 한다. 그렇기 때문에 차주, 담보물건, 대출구조에 대해서도 매우 깊이 있는 분석이 필요하며, 적절한 Tail Period 설정,[6] 일시적인 유동성 부족에 대한 자산관리자의 신용공여 등의 보완책을 마련하여야 한다.

단일자산 CMBS 발행이 가능한 담보물건은 많지 않으며, 미국에서도 일반적으로 북동부지역 및 캘리포니아지역 등의 우량부동산을 기초로 발행되고 있다.

단일자산 CMBS 사례

얼마 되지 않는 미국 단일자산 CMBS 중 하나인 Citigroup Commercial Mortgage Trust 2013-375P의 사례를 보자.

CMBS의 기초자산은 Citigroup Global Markets Realty Corp 및 German American Capital Corporation(이하 '자산보유자')이 실행한 10년만기 저당대출이다. 2013-375P는 뉴욕시 Seagram 빌딩을 보유하고 있는 375 Park Fee LLC(이하 '차주')에 대한 저당대출 5.7억 달러를 DSCR 및 LTV 수준에 따라 트랜칭하는 방식으로 이루어졌다.

6) Tail Period란 담보자산의 만기보다 ABS나 MBS의 만기를 짧게 만드는 것을 말한다.

차주는 본 부동산의 소유 및 운영만을 목적으로 설립된 SPV이다. 본 부동산은 차주의 Sponsor인 RFR Holdings LLC(이하 'Sponsor')가 2000년도부터 운영해 왔는데, Sponsor는 본 부동산뿐만 아니라 390 Park Avenue, 980 Madison Avenue, 757 Third Avenue, Gramercy Park Hotel 등 뉴욕시내에 다수의 부동산을 보유하고 있는 부동산투자회사다.

저당대출의 담보물건은 뉴욕 맨하탄 도심지구에 위치한 38층 규모의 고급 오피스 빌딩인 Seagram Building으로, 건물 앞에는 파크 애비뉴를 따라 넓은 광장이 위치하고 있으며, 건물 내부 모든 층에서 넓게 트인 전망을 확보하고 있다. 또한 빌딩 지하에는 150대의 주차규모를 가진 주차장이 마련되어 있으며, 근처에 지하철 4개 노선의 환승역이 있고, 10개 블록 떨어진 곳에는 도심 광역철도 및 지하철을 이용할 수 있는 Grand Central Terminal이 위치하고 있어 대중교통에 대한 접근성도 우수하다. 2013년 4월 현재, 동 물건은 유명 음식점인 'Four Seasons Restaurant' 및 'Brasserie'를 포함한 60개 임차인에게 임대되어 있으며, 총 임대율은 90.2%를 기록하고 있다. 동 빌딩이 위치한 맨하탄의 Plaza District는 Fortune 500에 포함되는 기업 중 21개사의 본사가 위치할 정도로 가장 가치가 높은 오피스 · 상업지구 중 한 곳이다. 2013년 1분기 기준 총 1,220여 만 평방피트의 27개 고급 오피스 빌딩이 이 지역에 자리하고 있으며, 평방피트당 평균적으로 제시되는 임대료 수준은 $112.76에 달한다. Wells Fargo Bank, National Association은 본 거래의 주자산관리자이자 특별자산관리자로서, 기초자산에 연체발생 시 CMBS 원리금지급에 필요한 재원뿐 아니라, 담보물건 보호를 위해 필요한 보험료, 제세공과금까지 선급금으로 지급할 의무를 부담함으로써 일시적인 유동성부족위험을 통제하고 있다.

표 5 CGCMT 2013-375P 발행 개요

	Class A	Class B	Class C	Class D	Class E
신용등급	Aaa(sf)	Aa3(sf)	A3(sf)	Baa3(sf)	Ba3(sf)
발행금액	$209,000,000	$121,563,000	$67,837,000	$66,500,000	$108,850,000
UW DSCR	4.82	3.73	3.32	2.99	2.58
UW LTV	26.1%	33.7%	38.0%	42.1%	48.9%

출처 : 조병준 · 서범진(2013), p.47.

이 표에서 알 수 있듯이, 저당대출실행의 기준이 되었던 LTV(UW LTV)는 49%이며, 각 CMBS 트랜치에 대한 LTV 및 DSCR 또한 Aaa 트랜치에 대해 각각 26.1% 및 4.8배에서 Ba3 트랜치에 대해 48.9% 및 2.6배 수준으로 보수적인 가이드라인이 적용되었음을 확인할 수 있다.

5) 우리나라의 사례[7)]

국내에서 CMBS를 발행한 사례는 앞서 자산유동화 사례로 살펴봤던 뉴밀레니엄코람유동화 외에 카이제오차유동화, 센트럴제일차유동화, 자이언트유동화 등 소수에 그친다. 뉴밀레니엄코람유동화 외에 카이제오차유동화는 금융권의 신용공여에 의존한 사례로 담보부동산의 가치에 의존하는 일반적인 CMBS 구조와 다르다.

가장 전형적인 CMBS 사례로 볼 수 있는 센트럴제일차유동화는 한국산업은행이 보유하고 있던 센트럴시티와 센트럴관광개발에 대한 부동산담보부 대출채권(2,800억 원)과 이를 담보하는 수익권 등을 유동화전문회사에 양도하고, 유동화전문회사는 이를 기초로 선순위사채 1종(액면금액 291,000백만 원)을 발행했다. 형식적으로는 대출채권을 유동화했으나, 실질적으로는 담보부동산인 센트럴시티 내 상업시설과 호텔 등의 운영수익으로 차입금 이자를 충당하고, 담보부동산의 자산가치를 원금상환의 재원으로 한 구조다. 채무불이행 위험을 통제하기 위하여 구조조정 제한, 배당 제한, 신규사업 제한 등 센트럴시티와 센트럴관광개발에 대한 경영 통제장치를 마련했으며, 부동산담보신탁을 통해 유동화자산의 채무불이행 발생 시 해당 부동산을 공매 처분하여 대출원리금을 확보하도록 하였다.

2 매각 후 임차

1) 매각 후 임차의 개념과 구조

매각 후 임차(sale and lease-back)란 부동산을 매각한 후, 임차를 통해 해당 부동산을 계속 사용하는 방법을 말한다.[8)] 부동산의 점유자는 변함이 없고, 소유권만 원소유자에서 부동산 매수자에게로 이전되는 형태다.

---

7) 이 내용은 심은수(2005)를 참고하여 작성했다.

8) 매각 후 임차라는 말보다는 sale and lease-back이라는 영어식 용어를 그대로 사용하는 경우가 많다.

매각 후 임차는 일종의 자산방식의 금융(asset financing)이라고 할 수 있다. 자산을 매각하고 현금을 확보하는 방법이기 때문이다. 따라서 자산방식의 금융이 갖고 있는 장점을 대부분 누릴 수 있다.

Sale and Lease-back의 효과

매각 후 임차방식은 유동성을 확보하는 효과가 있다. 매각 후 임차방식으로 자금을 조달하게 되면, 자금조달자의 대차대조표상 자산항목에 유동성이 떨어지는 부동산은 삭제되고, 그 대신 현금이 늘어나게 된다.

매각 후 임차방식은 재무구조를 개선하는 효과가 있다. 해당 현금으로 새로운 사업을 진행할 수 있기 때문에 부채비율의 증가 없이 사업자금을 조달할 수 있다. 만약 해당 현금으로 부채를 상환하게 되면, 자산은 줄고 부채비율은 감소하게 된다. 또한 결과적으로 ROA(return on asset) 비율이 올라갈 수도 있다.

매각 후 임차방식으로 부동산을 매각하게 되면, 실제 매각가격과 장부가격의 차이만큼의 자본이득(자산매각차익)이 현실화된다. 자본이득이 존재하면, 영업외이익을 올려서 ROA와 ROI 비율을 올리게 된다. 단, 이 효과는 단 한 번으로 끝난다.

물론 경우에 따라서는 자본손실(자산매각차손)이 발생할 수도 있다. 자본손실이 매우 클 경우, 자본금이 감소될 수도 있다. 자본손실이 발생할 경우, 매각 후 임차는 오히려 재무구조를 악화시킬 수 있다. 그래서 대개는 대규모 자본손실이 예상될 때에는 매각 후 임차방식을 꺼리게 된다.

매각 후 임차방식으로 자금을 조달하는 데 따른 재무구조의 개선효과는 제외하더라도 매각 후 임차로 조달된 자금으로 부채를 상환하게 되면, 이자지급액이 주는 대신 부동산을 매입한 사람에게 임대료를 지급해야 한다. 또 부동산의 감가상각에 따른 조세상의 혜택을 잃게 된다. 결국, 부동산소유자는 부동산을 소유할 때의 비용(이자비용 – 감가상각에 따른 세금절감액)과 매각 후 임차할 때의 비용(임대료)을 비교하여 부동산을 계속 보유할 것인지 아니면 매각 후 임차를 할 것인지 결정하게 된다.

Sale and Lease-back의 다양한 구조

매각 후 임차는 종종 자산유동화제도와 결합하여 시행되기도 한다. SPC에 부동산을 양도하고, SPC와 임대차계약을 맺는 것이다. 그리고 SPC는 부동산을 담보로 한 ABS를 발행하여 자금을 조달한다. ABS의 원리금은 부동산의 원소유주가 내는 임대료와 향후 해당 부동산을 매각하여 들어오는 매각대금으로 상환하게 된다.

다만, SPC를 통해 매각 후 임차를 할 경우, 해당 SPC가 연결재무제표 대상이 될 수도 있다. 이 경우 부동산소유자 입장에서 보면, 유동성 확보라는 효과는 누릴 수 있지만, 재무구조 개선효과는 나타나지 않는다.

또한 매각 후 임차는 뒤에서 살펴볼 부동산펀드나 REITs 제도와 결합하기도 한다. 부동산펀드나 REITs가 부동산을 매입한 후 원소유주가 이를 임차하는 방식을 택하는 것이다. 이 경우, 원소유주가 내는 임대료로 매기 투자자에게 배당을 하고, 일정 기일 뒤 해당 부동산을 매각하여 최초의 투자금액과 자본이득을 투자자에게 배당하는 것이다.

매각 후 임차는 종종 원소유주가 콜옵션을 보유한 상태에서 매각하기도 한다. 이 경우 원소유자는 일정 기일 뒤 일정한 가격으로 해당 부동산을 다시 매입할 수 있다. 이렇게 콜옵션부 매각을 하고 해당 부동산을 계속 사용하게 되면, 사실상 해당 부동산의 매각가격만큼을 차입한 것과 같은 효과가 나게 된다.

회계처리상, '콜옵션부 매각 후 임차'는 진정한 임차가 아닌 금융리스의 일종으로 처리될 수도 있다.[9] 금융리스로 처리되면, 유동성 확보효과는 있지만 재무구조효과는

그림 1 유동화제도를 이용한 Sale and Lease-back 구조

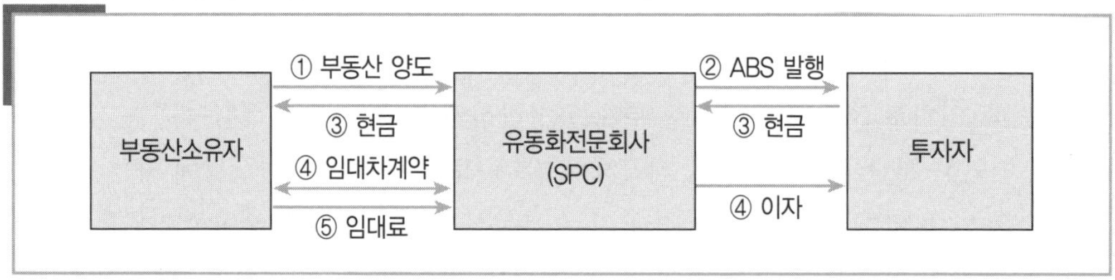

9) 금융리스란 리스자산의 소유에 따른 대부분의 위험과 효익이 리스이용자에게 이전되는 리스를 말한다. 다음 중 하나를 충족시키면 금융리스로 분류된다. ① 리스자산에 대한 소유권이전 약정이 있는 경우 ② 리스이용자에게 행사될 것이 확실시되는 염가구매선택권이 있는 경우 ③ 리스기간이 경제적 내용연수의 상당 부분을 차지하는 경우 ④ 최소 리스료의 현재가치가 리스자산의 공정가치의 대부분을 차지하는 경우. 리스가 금융리스로 인정받으면, 리스자산은 자산항목에 포함되고 향후 지불할 금액의 현재가치가 부채로 표기된다.

나타나지 않는다. 또한 금융리스로 처리되면, 매각 후 임차에 따른 자본이득의 인식 시점도 달라진다. 따라서 '콜옵션부 매각 후 임차'로 자산을 매각할 경우, 해당 거래가 금융리스로 인식되지 않도록 할 필요가 있다.

2) 계속 보유와 매각 후 임차의 의사결정

앞에서 이야기했듯이 유동성 확보나 재무구조 개선 목적이 없더라도, 부동산을 계속 보유한 채로 영업활동을 할 때와 '매각 후 임차' 방식으로 부동산을 점유하면서 영업활동을 할 때에 기업의 현금흐름이 달라진다.

여기서는 하나의 예를 들어 부동산을 계속 보유할 것인지, 아니면 매각 후 임차를 할 것인지의 의사결정과정을 알아보도록 한다.

Sale and Lease-back의 가상적 사례

가상적인 기업의 사례를 들어보도록 하자. 매년 매출액이 150억 원이고 매출원가가 75억 원이며, 영업비용이 20억 원이라고 하자. 현재 부동산을 소유한 채로 영업활동을 하고 있는데, 건물관리비는 연 10억 원이다. 이 부동산을 5년 전에 매입했는데, 부동산 매입가는 180억 원이다. 이 중 토지가격은 12.5%, 건물가격은 87.5%이다. 건물의 감가상각기간은 31.5년으로 균등상각을 한다고 한다. 5년 전 이 부동산을 매입할 때 136.9억 원을 15년 만기 일시상환 조건에 연 이자율 10%로 대출받았다. 이자는 연말에 지급한다. 현재 이 부동산을 매각하면 200억 원에 매각할 수 있다. 그러나 10년 뒤에 매각하면 250억 원에 매각할 수 있다. 매각 후 임차를 하면, 10년간 연 임차료가 20억 원이다. 임차를 하더라도 건물관리비 연 10억 원은 임차인이 낸다고 한다.

계산의 편의를 위해 매출액과 매출원가, 영업비용, 건물관리비, 임대료는 10년간 그대로 유지되며, 부동산매각에 따른 비용은 없다고 가정하자. 그리고 법인세 평균세율은 25%라고 가정하자. 부동산을 계속 보유할 경우 10년 후 매각한다고 한다.

매년 감가상각액은 5억 원이다(건물가치=180억 원×0.875=157.5억 원. 연 감가상각액=157.5억 원/31.5년=5억 원). 현재 부동산의 잔존가치(장부가치)는 155억 원(=매입가격 180억 원-5년간 감가상각누계액 25억 원)이다. 10년 뒤의 잔존가치(장부가치)는 105억 원(=매입가격 180억 원−15년간 감가상각누계액 75억 원)이다.

운영에 따른 현금흐름과 매각에 따른 현금흐름

운영에 따른 현금흐름을 보면, 계속 보유할 때의 순영업이익(NOI)은 45억 원이고, 세후 현금흐름은 24.732억 원이다. Sale and Lease-back을 하였을 때의 순영업이익(NOI)은 25억 원이고, 세후 현금흐름은 18.75억 원이다. 운영에 따른 현금흐름은 계속 보유할 때가 5.982억 원 더 많다.

매각에 따른 현금흐름을 보면, 계속 보유할 때의 세후 지분복귀액이 76.85억 원이다. 단, 이때의 지분복귀액은 10년 뒤에 들어온다. Sale and Lease-back을 하였을 때의 세후 지분복귀액은 51.85억 원이다. 이때의 지분복귀액은 현재 시점에 들어온다.

부동산을 계속 보유(10년 뒤 매각)한다는 것은, Sale and Lease-back을 할 때 얻을 수 있는 현금흐름을 포기하고 계속 보유에 따른 현금흐름을 선택한다는 이야기이다. 즉, 부동산을 계속 보유한다는 것은, Sale and Lease-back에 따라 들어오는 지분복귀액 51.85억 원을 포기하고, 그 대신 운영에 따른 추가 현금흐름 5.982억 원과 10년 뒤 지분복귀액 76.85억 원을 선택했다는 이야기와 같다.

이에 따라 다음의 식을 만족하는 r이 계속 보유의 내부수익률이 된다.

$$\frac{5.982}{(1+r)} + \frac{5.982}{(1+r)^2} + \cdots + \frac{5.982}{(1+r)^{10}} + \frac{76.85}{(1+r)^{10}} = 51.85$$

엑셀의 IRR명령어나 재무계산기를 이용하여 이 식의 해를 구해 보면, r = 0.14가 나온다. 즉, 계속 보유의 내부수익률은 14%가 된다.

이것이 의미하는 것은, Sale and Lease-back에 의해 들어오는 현금으로 14% 이상의 수익률을 올릴 수 있는 사업이 있다면, Sale and Lease-back을 하는 것이 더 좋다는 것이다. 또는 유동성위기로 자금을 급히 조달해야 하는데, 조달비용이 14% 이상이 될 경우 Sale and Lease-back을 통해 자금을 조달하는 것이 더 좋다는 의미도 된다.

이 밖에 자산과 부채를 줄일 필요가 있거나, 자본이득을 빨리 실현할 필요가 있다면 Sale and Lease-back을 할 수도 있을 것이다.

표 6 부동산 계속 보유와 Sale and Lease-back에 따른 현금흐름

A. 운영에 따른 현금흐름

	계속 보유	Sale and Lease-back
매출액	150억 원	150억 원
- 매출원가	-75억 원	-75억 원
매출총이익	75억 원	75억 원
- 영업비용	-20억 원	-20억 원
- 건물관리비	-10억 원	-10억 원
- 건물임차료		-20억 원
순영업이익(NOI)	45억 원	25억 원
- 원리금지급액	-13.69억 원	
세전 현금흐름	31.31억 원	25억 원
- 소득세	-6.578억 원	-6.25억 원
세후 현금흐름	24.732억 원	18.75억 원

법인세(영업소득세) 계산

	계속 보유	Sale and Lease-back
순영업이익(NOI)	45억 원	25억 원
- 이자지급액	-13.69억 원	
- 감가상각액	-5억 원	
과세소득	26.31억 원	25억 원
×세율	×0.25	×0.25
소득세	6.578억 원	6.25억 원

B. 매각에 따른 현금흐름

	계속 보유(10년 뒤 매각)	Sale and Lease-back
매각액	250억 원	200억 원
- 대출잔액	-136.9억 원	-136.9억 원
세전 지분복귀액	113.1억 원	63.1억 원
- 양도소득세	-36.25억 원	-11.25억 원
세후 지분복귀액	76.85억 원	51.85억 원

법인세(양도소득세) 계산

	계속 보유(10년 뒤 매각)	Sale and Lease-back
매각액	250억 원	200억 원
- 장부상 가치	-105억 원	-155억 원
양도차액	145억 원	45억 원
세율	×0.25	×0.25
양도소득세	36.25억 원	11.25억 원

그림 2 계속 보유와 Sale and Lease-back의 현금흐름 비교

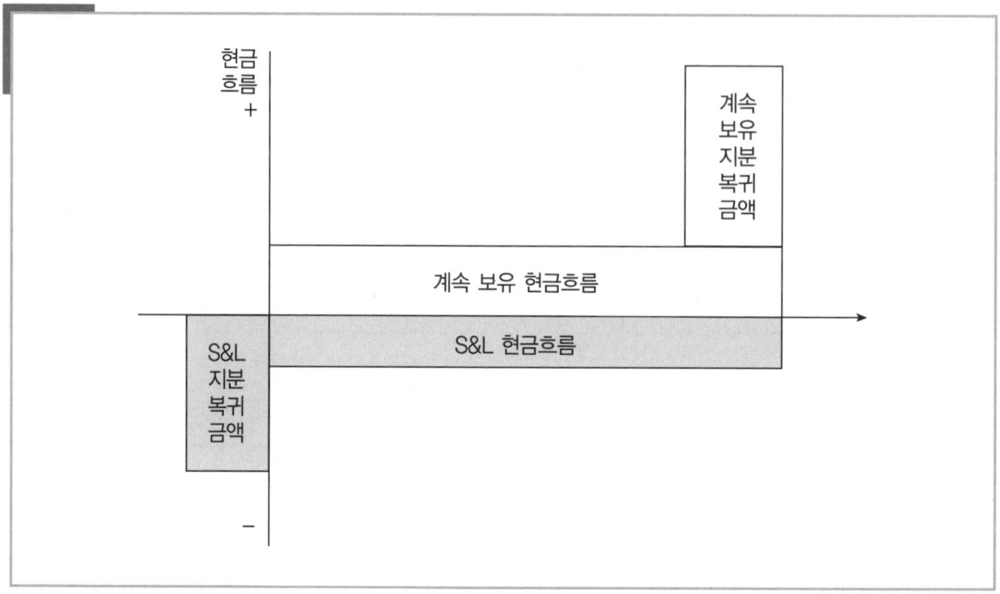

3) 매각 후 임차 사례

① 캠코의 중소기업 구조조정 지원

한국자산관리공사(KAMCO, 이하 캠코라고 표기)는 2015년부터 매각 후 임차방식으로 유동성 위기에 빠진 중소기업을 지원하는 회생프로그램을 운영하고 있다. 중소기업이 보유한 공장이나 사옥 등의 자산을 캠코에 매각하고 중소기업은 해당 자산을 캠코에게서 최대 5년간 재임차하고, 이후 경영이 정상화되면 우선매수권을 통해 재매수할 수 있는 옵션을 갖는다. 이 프로그램에 참여한 중소기업은 자산을 매각한 후에도 계속 사업을 영위할 수 있고, 매각자금으로 금융권 대출을 상환할 수 있다.

② 하우스 푸어 대책

2013년 하우스 푸어 대책의 일환으로 주택매각 희망자가 주택을 리츠에 매각하고 해당 주택에 5년간 임차하여 거주하게 했다. 임차기간이 끝나면 원 소유자에게 다시 매입할 수 있는 우선매수권을 부여했다. 원 소유자가 우선매수를 거부하면 일반에게 분양했다. 이 사업으로 설립된 리츠로 희망임대주택리츠 1, 2, 3호가 있었으며, 현재는 국민

희망임대주택리츠 사업으로 진행하고 있다.

캠코 역시 이와 유사한 매각 후 임차 프로그램을 운영하고 있다. 한계차주는 캠코에 주택을 매각해 채무를 청산하고 살던 주택을 최대 11년간 장기 임차하고, 임차 종료 시점에 주택을 우선매수할 수 있는 권리를 부여받는다.

3 REITs와 부동산펀드를 통한 자금조달

리츠(REITs: Real Estate Investment Trusts)와 부동산펀드(REF: Real Estate Fund)는 투자자에게서 투자자금을 모아 부동산 등의 자산에 투자하여 얻은 투자수익을 투자자에게 배분해 주는 기구를 말한다. 우리나라에서는 이런 투자기구를 보고 집합투자기구라고 부른다.

이런 집합투자기구는 투자용 금융상품이기는 하지만, 최근에는 부동산개발이나 매입 등에 필요한 자금을 공급해 주는 역할을 하기도 하다. 즉, 과거에는 자금여유자의 여유자금이 금융기관이나 증권회사를 통해 자금부족자에게 전달되었으나, 이제는 이런 집합투자기구를 통해서도 자금여유자의 여유자금이 부동산산업으로 흘러들어 가고 있는 것이다.

이런 이유에서 여기서는 리츠와 부동산펀드의 구조를 간단하게 살펴본 뒤, 이런 투자금융상품이 어떻게 부동산산업에 자금을 공급하는지에 대해 간략하게 살펴보도록 한다. 리츠와 부동산펀드는 각국의 법률이나 제도에 따라 투자대상이나 투자방식, 조세상의 혜택 등이 다르기 때문에 여기서는 우리나라의 리츠와 부동산펀드 중심으로 설명을 하도록 한다. 다만, 리츠의 경우 1960년대 미국에서 처음 나온 이래 중요한 부동산투자수단으로 널리 활용되어 왔었고, 2000년대 전후로 아시아, 유럽, 오세아니아 국가들이 이와 유사한 제도들을 도입한 만큼, 미국의 제도도 같이 설명하도록 한다.

1) REITs의 개념과 구조

(1) 미국의 리츠

리츠는 투자자들로부터 투자자금을 모아 부동산 등에 투자하여 수익을 낸 후, 이를 투자자들에게 배분해 주는 투자기구를 말한다. 리츠는 미국에서 1960년대 주요한 부동산투자수단으로 사용되기 시작하였다. 처음에는 신탁 형태만 허용되었는데, 이후 주식회사 형태도 허용되었고 현재는 대부분 주식회사 형태로 설립되고 있다.[10)]

미국의 REITs 요건

미국에서는 일정한 조건을 갖춘 투자기구는 리츠로 인정받고, 리츠로 인정받은 투자기구는 배당금을 비용으로 인정받아 사실상 법인세를 내지 않는다. 즉, 투자도관체(pass-through, conduit)로 인정받으면 이중과세를 하지 않는 것이다. 그 조건은 크게 주주구성요건, 소득요건, 자산요건, 배당요건으로 구성되어 있다.

주주구성요건은 ① 주주가 100명 이상이어야 하고, ② 주주 5명 이하가 전체 주식의 50% 이상 소유하지 않아야 한다는 것이다.

소득요건은 ① 총소득의 75% 이상이 부동산 또는 부동산 관련 자산에서 나와야 하고, ② 총소득의 95% 이상이 부동산 관련 소득과 배당금, 이자, 증권거래차익으로 구성되어 있어야 한다는 것이다.

자산요건은 ① 총자산의 75% 이상이 부동산소유권, 모기지, 다른 리츠 주식, 정부채권, 현금 등으로 구성되어 있어야 하며, ② 다른 회사의 의결권 주식 10% 이상을 소유할 수 없으며, ③ 총자산의 5% 이상을 동일인 증권에 투자할 수 없으며, ④ 총자산의 25%를 초과하여 리츠종속회사(taxable REIT subsidiary)에 투자할 수 없다는 것이다.

그리고 배당요건은 과세 대상 소득의 90% 이상을 배당해야 한다는 것이다.

이 네 가지 요건 중에서 우리가 특히 주의 깊게 봐야 하는 것은 소득요건이다. 소득의 75% 요건과 95% 요건이 말하는 것은, 리츠는 수동적 소득(passive income)을 얻어야만 한다는 것이다. 여기서 수동적 소득이란 임대소득, 이자소득, 배당소득, 자본차익 등

10) 리츠(REITs)의 원래 명칭은 '부동산투자신탁' 인데, 이런 명칭이 나오게 된 이유도 바로 여기에 있다. 즉, 처음에는 신탁 형태로만 투자기구를 설립할 수 있어서 '리츠(REITs)' 라는 이름이 생기게 된 것이다.

과 같은 소득을 의미하다. 적극적인 영업활동의 결과나 노동의 결과로 나오는 소득은 능동적 소득(active income)으로, 리츠는 이런 능동적 소득을 얻어서는 안 된다.

미국의 REITs 유형

미국에서는 리츠의 주된 투자대상이 무엇이냐에 따라 리츠(REITs)를 지분형 리츠(Equity REITs)와 모기지형 리츠(mortgage REITs), 그리고 혼합형 리츠(Hybrid REITs)로 나누기도 한다. 지분형 리츠는 주로 부동산을 매입하여 운영하는 리츠다. 모기지형 리츠는 주로 부동산을 담보로 대출을 해 주거나 CMBS, RMBS 등에 투자하는 리츠다. 리츠는 호텔사업에 모기지대출을 하면서 사전에 정한 이자수입 외에 호텔의 총수입에 기초한 추가이자를 받기도 한다. 그러나 호텔의 순이익이 아닌 총수입에 기초한 추가이자여야 한다.[11] 리츠는 또한 대출의 전부 또는 일부를 동일한 자산의 지분으로 전환할 권리를 가지는 대출을 해 줄 수도 있다.[12] 혼합형 리츠는 지분형 리츠와 모기지형 리츠의 중간 정도 되는 리츠다. 미국에서 투자유형과 관련한 리츠의 성과를 보면, 지분형 리츠가 수익률도 높고 변동성도 낮았다. 그래서 지금은 대부분의 리츠가 지분형 리츠로 나아가고 있다.

또 미국에서 리츠는 자기가 직접 관리하는 자기관리 리츠가 있는가 하면, 외부에 위탁 관리하는 위탁관리 리츠가 있다. 미국의 경험에 따르면 위탁관리 리츠보다 자기관리 리츠의 성과가 높은 것으로 알려져 있다.

리츠는 과세소득의 대부분을 배당해야 하기 때문에 내부 유보를 통한 성장이 불가능하다. 그래서 미국에서는 limited partnership과의 결합을 통해 성장하는 전략을 취하고 있다. limited partnership과 리츠가 결합한 것을 보고 업리츠(UPREITs)라고 부른다.[13] 업리츠와 유사한 다운리츠(DOWNREITs)도 있는데, 다운리츠는 개별 부동산별로 limited partnership을 형성하는 것을 말한다.

---

11) 이러한 대출을 참가대출(participating loan)이라고 한다. 호텔의 순이익을 기초로 추가이자를 받을 경우, 추가이자는 수동적 소득으로 인정받지 못할 수 있다.

12) 이러한 대출을 전환대출(convertible loan)이라고 한다.

13) limited partnership은 유한책임파트너(limited partner)와 무한책임파트너(general partner)로 구성되어 있는 파트너십을 말한다. 무한책임파트너는 파트너십을 운영한다. 업리츠(UPREITs)는 리츠 회사가 무한책임파트너가 되고, 부동산 등을 소유하고 있는 사람들이 유한책임파트너가 되어 사업을 영위하는 방식을 말한다.

리츠(REITs)는 그 자체가 부동산산업에 자금을 제공하는 역할을 하지만, 또 다른 한편으로는 투자자 등으로부터 자금을 조달해야 한다. 자금을 조달받기 위해서는 리츠의 성과가 좋아야 한다.

리츠(REITs)의 성과 지표

리츠회계는 일반적인 기업회계원칙에 의해 이루어지나 리츠의 성과는 현금흐름 위주로 측정한다. 리츠도 일반 회사와 같이 수입과 비용을 계상한다. 수입은 임대수입이 주를 이루며, 비용은 부동산운영에 따르는 경비가 주를 이룬다. 리츠의 성과는 개별 부동산 투자와 금융, 평가에서 말하는 순영업소득(NOI)을 기준으로 평가한다.

미국에서 리츠주식을 단순하게 평가할 때 주당 FFO(fund from operation)를 사용한다. FFO는 NOI에서 일반관리비와 이자비용을 차감하여 계산한다. 일반관리비에는 관리비, 간접비, 주식회사 운영비[14]가 포함된다. 주당 FFO는 FFO에서 우선주 배당액을 차감한 잔액을 발행주식수로 나누어 계산한다. FFO는 주당 현금흐름의 대용치이다. 한편 배당가능현금(FAD: fund available for distribution)은 FFO에서 수익적 자본지출, 임차인충당금, 임대차계약수수료, 자본이자를 차감하고 임대료수정액을 가감하여 계산한다.[15]

리츠의 재무성과를 측정하기 위한 다양한 지표가 있다. 순자산가치(NAV: net asset value), 대출비율(LTV), 시장대출비율(debt-to-market cap), 가능유동성(available liquidity), 이자보상비율(interest coverage), 배당성향(dividend payout ratio), 일반관리비비율(percent G&A ratio) 등이 그것이다.

NAV는 부동산의 추정 시장가치에서 우선주의 장부가치와 장·단기 부채액을 차감한 것이다. NAV를 발행주식수로 나누어 주당 NAV를 계산하여 사용한다. 주당 NAV가 주가보다 높거나 낮은지를 보고 할증된 상태인지 할인된 상태인지 판단한다. 만약 할인되어 거래되고 있다면 리츠를 청산할 경우 채무와 우선주를 상환하고 나면 청산배당가능액이 보통주액면가를 초과한 상태라는 의미를 지닌다. NAV는 리츠의 모든 자산가치의 합계와 같다. NAV를 계산할 때 개별 자산의 가치는 NOI와 시장 cap rate를 이용하여 계산한다. 리츠의 주가가 주당 NAV와 같다면 가중평균 시장 cap rate와 내재 cap rate가 동일하며 리츠주식은 청산가치로 거래된다는 것을 의미한다.

LTV는 자산의 시장가치에 대한 장기부채의 비율인 데 반해, 시장대출비율은 장부가치와 지분의 시장가치에 대한 부채의 장부가치의 비율을 말한다. 이 비율은 자산의 장부상 가치보

14) 재무제표 공개와 주주와의 의사소통을 위한 전문가비용, 중개매물등록비용, 소유권이전수수료, 기타 회사 증권 관련 경비를 말한다.

15) 이를 수정 FFO(adjusted FFO)라고 한다.

다 시장에서 인식한 자산가치에 기초한 레버리지 비율이라고 할 수 있다.

가능유동성은 리츠가 배당을 초과하는 현금을 얼마나 보유하고 있는지 보여주는 지표다. 투자자는 이 지표를 이용하여 리츠가 성장을 위해 투자할 수 있는 여력을 평가한다. 가능유동성은 현금, 시장성 증권, 가능한 신용공여액, FAD의 합계에서 우선주와 보통주에 대한 배당액을 차감하여 계산한다. 가능유동성이 높을수록 리츠의 재무적 유연성이 높다고 판단한다. 자산의 추가 취득, 수익창출 목적의 자본적 지출, 차환능력 등을 보여주는 지표로 활용된다.

이자보상비율은 EBITDA를 이자비용으로 나누어 계산한다. EBITDA는 이자, 세금, 감가상각, 원금상환공제 전 순이익을 가리킨다. DSCR은 리츠의 원리금상환능력을 보여주는 지표로 EBITDA를 부채서비스액으로 나누어 계산한다. 또한 부채수익률(debt yield)은 EBITDA를 부채로 나누어 계산한다.

배당성향은 배당액을 FFO 또는 FAD로 나누어 계산한다. 배당성향이 너무 높으면 현행 배당수준이 지속가능하지 않으며, 배당성향이 너무 낮으면 장래에 배당액이 증가할 것임을 의미한다.

일반관리비비율은 수입 중에서 일반관리비가 차지하는 비율로 리츠의 자산관리의 효율성을 보여준다. 부동산의 유형, 규모, 지리적 위치에 따라 이 비율은 달라진다.

(2) 우리나라의 리츠

우리나라에서는 2001년부터 시행에 들어간 "부동산투자회사법"에 의해 설립된 투자기구를 부동산투자회사라고 부르며, 이를 리츠라고도 부른다. 부동산투자회사는 투자자들로부터 자금을 모아 부동산과 부동산 관련 자산에 투자한 후, 그로부터 나오는 수익을 투자자들에게 배분해 주는 회사를 말한다. 우리나라에서는 주식회사 형태로만 부동산투자회사를 설립할 수 있다.

부동산투자회사의 유형

우리나라 부동산투자회사에는 세 가지 유형의 부동산투자회사가 있다. 자기관리 부동산투자회사와 위탁관리 부동산투자회사, 그리고 기업구조조정 부동산투자회사가 그것이다. 위탁관리 부동산투자회사는 서류상의 회사로, 자산의 운용을 자산관리회사에 위탁하는 부동산투자회사이다. 자기관리 부동산투자회사는 실질적인 회사로, 자산의 운용을 회사가 직접 수행하는 부동산투자회사이다. 위탁관리 부동산투자회사와 자기관리 부동산투자회사는 관리유형에 따른 구분이다.

기업구조조정 부동산투자회사(흔히 CR-REITs라고 부른다.)는 기업구조조정 부동산을 주된 투자대상으로 삼고 있는 부동산투자회사이다. 기업구조조정 부동산투자회사는 서류상 회사로, 자산운용을 외부에 위탁해야 한다.

부동산투자회사 요건

우리나라의 부동산투자회사는 미국의 리츠와 유사하게 주식소유제한 규정, 자산구성 규정, 배당 규정이 있으며, 이 밖에 설립자본금 및 최저자본금 규정, 주식공모 규정, 부동산처분제한 규정, 부동산개발사업제한 규정 등의 제한이 있다.

위탁관리 부동산투자회사와 기업구조조정 부동산투자회사는 위의 제한 규정들을 준수하면 배당금을 비용으로 인정받아 법인세를 사실상 내지 않게 된다. 특히 배당규정에 따라 배당가능소득의 90% 이상을 배당해야 이중과세 문제를 피할 수 있다. 다만 자기관리 부동산투자회사는 50% 이상을 배당해야 하는데, 이렇게 하더라도 배당금을 비용으로 인정받지 못한다. 그래서 자기관리 부동산투자회사는 이중과세 문제를 안게 된다.

부동산투자회사는 부동산개발사업을 할 수가 있고 차입도 가능하다. 다만, 차입을 일정 수준 이상 하거나, 부동산개발사업을 하기 위해서는 주주총회의 특별결의가 필요하다.

자기관리 부동산투자회사나 위탁관리 부동산투자회사는 자본금의 30% 이상을 공모해야 하는 의무가 있다. 다만, 연기금 등이 30% 이상 인수할 경우 공모조항의 적용이 배제된다.[16] 이 때문에 자기관리 부동산투자회사나 위탁관리 부동산투자회사는 연기금 등으로부터 투자를 받아 공모 의무 조항을 적용받지 않으려고 하는데, 이렇게 하여 설립된 부동산투자회사를 사모 부동산투자회사라고 부른다.

2) 부동산펀드의 개념과 구조

펀드는 투자자들로부터 자금을 모아 증권 등에 투자하는데, 전문가가 투자를 해 주

16) 부동산투자회사가 임대주택사업을 할 경우에도 공모 조항의 적용이 배제된다.

고 그로부터 나오는 수익을 투자자에게 배분해 주는 투자기구다. 미국에서는 뮤추얼펀드(mutual fund)라고 한다.

우리나라에서는 "자본시장과 금융투자업에 관한 법률"에 의해 펀드를 설정할 수 있는데, 이를 '집합투자기구'라고 부른다. 펀드는 원래 주식이나 채권과 같은 증권에 투자를 해 왔는데, 투자대상을 늘리면서 나중에는 부동산도 투자대상에 포함되었다.

부동산펀드의 개념

집합투자기구는 주된 투자대상이 무엇이냐에 따라 증권집합투자기구, 부동산집합투자기구, 특별자산집합투자기구, 혼합자산집합투자기구, 단기금융집합투자기구로 구분된다. 여기서 부동산집합투자기구는 부동산이나 부동산 관련 자산에 자산의 50% 이상을 투자하는 집합투자기구로서 이를 보고 부동산펀드라고 부른다.

집합투자기구(펀드)의 형태는 민법과 상법에서 허용하는 조합, 회사, 신탁 모두 사용할 수 있다. 신탁의 경우 투자신탁이라고 하고, 회사의 경우 투자회사(주식회사 형태), 투자유한회사, 투자합자회사, 투자유한책임회사가 있다. 그리고 조합의 경우, 투자합자조합, 투자조합, 투자익명조합의 형태도 가능하다. 다만, 부동산펀드의 경우 부동산투자회사법에 의한 부동산투자회사와의 혼동을 우려해서 투자회사 형태는 허용하고 있지 않다.

부동산펀드의 자산운용

집합투자기구는 기본적으로 집합투자업자(자산운용회사)가 자산을 운용한다. 집합투자업자가 펀드를 설정하고, 투자자로부터 모은 자금으로 운용을 하여 수익을 투자자에게 배분해 주는 것이다. 집합투자업자는 운용수수료를 받는다.

집합투자기구는 공모로 자금을 모집할 수도 있고, 사모로 자금을 모집할 수도 있다. 공모로 자금을 모집한 집합투자기구를 공모펀드라고 하고, 사모로 자금을 모집한 집합투자기구를 사모펀드라고 한다.

부동산집합투자기구(부동산펀드)는 부동산투자회사와 비슷하게 부동산처분제한 규정이 있으며, 금전대여를 제한하는 규정이 있다. 그러나 부동산개발사업을 하는 법인에게는 금전대여를 할 수가 있다.

부동산펀드는 대개 두 가지 방법 중 하나로 부동산에 투자를 한다. 하나는 부동산의 소유권을 확보하여 임대수입을 얻는 방법이다. 이런 투자를 지분투자라고 한다. 또 다른 하나는 부동산개발사업에 대해 대출을 해 주는 것이다. 이를 흔히 PF 대출이라고 한다.

3) 리츠와 부동산펀드를 통한 자금조달

리츠(부동산투자회사)와 부동산펀드(부동산집합투자기구)는 투자금융상품이지만, 이를 통해 부동산개발사업이나 부동산임대사업에 자금을 공급하는 역할을 한다. 대개 다음과 같은 세 가지 방법 중의 하나로 부동산개발사업 등에 자금을 공급하고, 이런 구조를 이용하여 부동산개발업자들은 부동산개발사업 등을 진행하기도 한다.

부동산개발사업에 활용

부동산개발사업을 하고자 하는 개발업자는 리츠를 이용하여 부동산개발에 필요한 자금을 조달하고 개발사업을 시행할 수 있다.

개발업자는 리츠를 설립하여 토지 등을 리츠에 출자하고, 투자자들의 자금을 모아 개발사업을 시행할 수가 있다. 이때 개발업자는 사업을 주도하기 위해 자기관리 부동산투자회사 형태로 사업을 시행하고자 한다. 그러나 이 경우, 이중과세 문제에 직면하게 된다.

위탁관리 부동산투자회사로 부동산개발사업을 시행하는 경우는, 개발업자가 사업을 주도할 능력이 없을 때, 또는 토지소유자가 부동산을 개발하고자 할 때 사용할 수 있다. 이때 자산관리회사가 사업을 주도하게 된다.

부동산개발사업을 목적으로 설립된 부동산투자회사는 투자위험이 높기 때문에 대개는 사모방식으로 자금을 모집한다.

부동산펀드로 부동산개발사업을 할 수는 있으나, 자산운용회사는 부동산개발사업을 수행할 능력을 갖고 있지 않는 것이 일반적이라서 직접 부동산개발사업을 진행하지는 않는다. 다만, 부동산을 리모델링하는 것처럼 적극적인 부동산가치창출사업 등을 할 수는 있다. 부동산펀드가 이처럼 보다 적극적으로 부동산가치창출사업을 할 때에는 일반적으로 사모로 자금을 모아 펀드를 구성하게 된다. 왜냐하면 부동산가치창출사업의 경우 일정기간 동안 현금흐름이 없고, 위험도 상대적으로 크기 때문이다.

2007년 부동산투자회사법을 개정하여 개발리츠를 도입한 바 있다. 도입 당시 개발리츠는 설립자본금 규모가 적고(설립 시 최소 10억 원, 영업인가 이후 6개월 이내 100억 원으로 증자), 금융기관의 출자의무가 없어 설립이 매우 용이했다. 전체 자산을 개발사업에 투자할 수 있으며, 차입도 자기자본의 10배까지 확대했다. 개발리츠는 별도 SPC 설립으로 이중과세를 피할 수 있으며, 설립 시점에 청산방안의 마련이 가능했다. 그러나 2010년대 초반 시행사 성격의 일부 자기개발리츠가 개인자금을 공모해 상장한 뒤 곧바로 상장폐지 절차를 밟는 문제를 일으켰다. 이 때문에 2015년 개발리츠제도는 폐지되었다. 그러나 여전히 리츠 총자산 30% 이내로 개발사업 투자비율을 제한하고, 주주총회 특별결의로 정하게 했으며, 주주의 자기책임으로 개발사업에 대한 투자를 정하도록 하여 리츠를 개발사업에 활용할 수 있는 여지는 남겨 두었다.

한편, 공공임대주택 공급을 늘리려는 정부는 임대사업자가 임대주택을 직접 건설하거나 매입하여 공급하는 목적으로 하는 임대리츠제도를 도입했다. 임대리츠에는 공공임대리츠(공공임대주택을 공급), 공공지원형 민간임대리츠(공공지원형 장기임대주택 공급), 정비사업임대리츠(정비사업의 일반분양분을 매입하여 공공지원형 장기임대주택 공급), 특화형 임대리츠(역세권 등에서 소형 평형 위주로 공공지원형 장기임대주택 공급), 토지임대부 임대리츠, 사회임대주택 임대리츠 등 다양한 유형을 마련하고 있다.

PF 대출에 활용

부동산펀드는 부동산개발사업을 하는 법인에게 대출을 해 줄 수 있다. 이 때문에 부동산펀드는 PF 대출의 핵심적인 역할을 한다.

부동산투자회사의 경우, 부동산의 취득 · 관리 · 개량 및 처분, 부동산개발사업, 부동산의 임대차, 증권의 매매, 금융기관에의 예치, 지상권 · 임차권 등 부동산 사용에 관한 권리의 취득 · 관리 · 처분, 부동산 신탁 수익권의 취득 · 관리 및 처분 등으로만 자산을 운용할 수 있다. 그래서 직접적으로 부동산 대출을 해 주는 데 제한이 있기 때문에 대개는 부동산담보대출채권을 담보로 하여 발행된 ABS나 CMBS 등에 투자함으로써 간접적으로 PF 대출에 자금을 공급해 주기도 한다.

부동산매입을 통한 자금공급

부동산투자회사 투자자들이나 부동산펀드 투자자들은 장기적으로 안정적인 임대수입을 원할 수 있다. 직접 부동산개발사업을 진행하기에는 너무 많은 위험이 존재하기 때문에 부동산개발사업이 완료된 이후 완공된 부동산을 인수하여 임대사업을 진행하기를 원할 수 있다. 이때 부동산개발업자는 부동산투자회사나 부동산펀드가 완공된 부동산을 인수하는 조건으로 부동산개발에 나설 수 있다. 이런 인수조건이 있을 경우, 부동산개발사업자는 보다 용이하게 자금을 조달할 수 있을 것이다.

부동산을 소유하고 있는 기업이 매각 후 임차(Sale and Lease-back)를 하고자 할 때에도 부동산투자회사나 부동산펀드는 이를 좋은 투자처로 생각한다. 부동산을 매입하는 것과 동시에 임대를 할 수 있기 때문에 안정적인 현금흐름을 창출하게 된다. 매각 후 임차를 원하는 기업과 사전에 협의하여 부동산펀드나 부동산투자회사를 설립할 수도 있다. 이런 경우는 대개 사모방식으로 자금을 조달하게 된다.

미분양리츠는 2009년 미분양주택 재고가 크게 늘자 순수 민간 투자상품과 공공이 지원하는 상품으로 펀드와 리츠를 조성해 미분양주택을 매입해 운영하고 운용기간 동안 제3자에게 매각하여 수익을 창출하는 구조다. 펀드 만기 시 매각되지 않은 주택은 한국토지주택공사가 사전에 정한 가격으로 매입할 것을 약정해 투자위험을 축소했다.

리츠를 활용한 부동산금융 사례

㈜에이자기관리부동산투자회사는 대구시 중구 동인동 2가에 위치한 주상복합 부동산개발 프로젝트에 부동산담보신탁 수익권을 담보로 약 529억 원의 브릿지론을 실행했다(2028년 1월 31일 준공 예정). 이 리츠는 개발사업에 대한 대출 외에 임대주택 34세대와 근린생활시설 8호에 투자하여 임대수익을 올리고 있다.

㈜경인자기관리부동산투자회사는 2023년 현재 광주광역시에 충장 고운피라네(도시형 생활주택) 1건, 신안동 모아엘가(아파트, 오피스텔) 1건을 보유하고 있다. 고운피라네의 일부는 매각이 완료되었으며, 나머지 세대는 전세 또는 보증부 월세로 임대 중이다. 모아엘가는 아파트와 오피스텔로 전부 전세로 임대하고 있으며, 주택도시기금 대출 220억 원에 대한 근저당권이 설정되어 있는 상태다.

㈜모두투어자기관리부동산투자회사는 서울시와 경기도에 총 4건의 호텔에 투자하고 있으며, ㈜케이탑자기관리부동산투자회사는 수도권과 부산광역시에 걸쳐 총 8건의 오피스, 주택, 리테일 등 부동산을 보유하고 임대하고 있다.

한편, 대부분 위탁관리리츠는 다른 부동산펀드의 지분증권이나 수익증권, 리츠의 지분증권에 투자하는 방식으로 부동산 부문에 투자자금을 제공하고 있다. 예를 들어 ㈜이지스레지던스위탁관리부동산투자회사의 2023년 6월 투자설명서에 따르면 '더샵 부평 센트럴시티' 공공지원민간임대주택에 대한 지분증권, 홍대와 명동 등지의 임대주택에 대한 수익증권과 다른 투자신탁 수익증권에 투자하는 리츠의 지분증권 등을 보유하고 있다.

부동산펀드를 활용한 부동산금융 사례

신한나인트리부동산투자신탁(BM864)은 서울특별시 중구 초동에 위치한 '나인트리 프리미어 호텔 명동 Ⅱ'에 투자하여 임대수익으로 투자자에게 분배금을 지급하고 추후 부동산을 매각하여 자본이득을 추구하는 투자신탁(펀드)이다. 안정적인 임대수익을 추구하기 위해 건물의 94%에 대해 파르나스호텔(주)와 책임임대차계약을 체결하고 나머지 6%도 5년치 임대료를 선납받는 조건으로 운영할 예정이다.

이 펀드는 전체 필요한 자본 1,428억 원(부동산 감정평가 가액은 1,300억 원) 중 465억 원을 조달하고, 나머지 금액은 선순위담보대출 745억 원, 중순위담보대출 184억 원, 그리고 임대보증금 34억 원으로 조달한다.

이 장의 주요 내용

- CMBS는 상업용 모기지를 모아 이를 기초로 발행한 증권이다. 미국에서 1990년대 초 정리신탁공사에서 비수익 상업용 모기지 채권을 신속하게 매각하기 위해 도입한 기법으로 핵심은 트랜칭 기법에 있다. 대출 자산 풀을 선순위트랜치와 후순위트랜치로 분리하여 신용위험을 완화한 것이다. 이런 채권을 CMO라고 한다. CMBS는 원리금상환 재원으로 기초자산인 상업용 부동산의 임대수입에서 충당해야 하므로 원금상환위험이 존재한다. 상업용 모기지는 조기상환이 금지되거나 조기상환수수료가 시장금리와 연동되므로 조기상환위험이 낮다. 또한 모기지 규모가 크기 때문에 대출 풀에 포함된 소수의 대출이 전체 대출 풀의 성과에 영향을 미친다.

- 매각 후 임차는 부동산을 매각한 다음 매각한 부동산을 임차하여 계속 사용하는 방법을 말한다. 일종의 자산방식의 금융이다. 매각 후 임차는 유동성을 확보하는 효과가 있으며, 재무구조 개선효과가 있다. 자본이득이나 손실이 발생할 수도 있다.

- 리츠나 부동산펀드와 같은 집합투자기구는 투자상품이지만 부동산개발이나 부동산 매입자금을 공급하는 역할을 한다. 리츠는 투자자에게서 투자자금을 모아 부동산에 투자하여 얻은 수익을 투자자에게 배분하는 투자기구를 말한다. 우리나라는 부동산투자회사법에 의해 설립한 리츠를 부동산투자회사라고 부른다. 자기관리 리츠, 위탁관리 리츠, 기업구조조정 리츠로 구분된다.

- 펀드는 투자자에게서 자금을 모아 증권 등에 투자하는 뮤추얼펀드를 말한다. 우리나라는 자본시장과 금융투자업에 관한 법률에 의해 설정한 펀드를 집합투자기구라고 부른다. 이러한 펀드가 부동산이나 부동산 관련 자산에 자산의 50% 이상을 투자하면 부동산집합투자기구라고 분류한다.

연 | 습 | 문 | 제

01 | CMO에 대해 설명하라.

02 | 미국의 CMBS 발행 사례에 대해 설명하라.

03 | 매각 후 임차의 구조에 대해 설명하라.

04 | 미국 리츠의 요건에 대해 설명하라.

05 | 리츠의 성과지표에 대해 설명하라.

06 | 우리나라 리츠의 이중과세 문제에 대해 설명하라.

참고문헌

금융감독원, "은행업감독규정," 2023. 1.

김동규, "한국주택금융공사 주택저당증권(MBS) 발행구조의 이해 및 발전방향 모색," 「주택금융 리서치」, 통권 제30호, 2023.6., pp.34-49.

김문년 · 이용만, "주택담보대출의 연체위험 분석," 「주택연구」, 제23권 제2호, 2015, pp.103-142.

김철중 · 윤평식 공역, 「신용위험관리」, 한국신용분석사회, 2001.

문현주, "자산유동화증권의 발행동기에 관한 연구," 「경영연구」, 제24권 제4호, 2009, pp.287-307.

민태욱 · 이용만, "부동산투자에 있어서 Limited Partnership제도의 도입에 관한 연구," 「부동산학연구」, 제8권 제2호, 2002, pp.55-67.

박정식 · 박종원 · 조재호, 「현대재무관리」, 제7판, 다산출판사, 2006.

박진우, 「파생상품론」, 명경사, 2007.

서윤식, "조합에 대한 과세상 쟁점," 「계간 세무사」, 2015년 봄호, 2015, pp.73-101.

손재영 편, 「부동산금융의 현황과 과제」, 한국개발연구원, 2012.

신용상, "국내 부동산 그림자금융 급증과 관련 금융위험 관리," 「주간금융브리프」, 제31권 제7호, 2022, pp.8-11.

신일수, "국내 부동산 PF, 이제는 "REAL PF"가 해법이다," 한국신용평가 Special Report, 2013.

심은수, "CMBS 사례 분석 : 센트럴제일차유동화," 한국기업평가 Credit Rating Weekly Special Report 2, 2005.

안희준 · 정남준 · 최종범, "부동산유동화증권(ABS) 사례: 뉴밀레니엄 코람 유동화전문 유한회사," 「경영교육연구」, 제54권, 2009, pp.1-23.

유재필 · 신현준, "자료포락분석을 이용한 메자닌 상품의 상환 성능 분석," 「한국산학기술학회 논문지」, 제22권 제10호, 2021, pp.558-566.

윤서준 · 고성수, "부동산 PF 금융기간의 신탁사 의존에 관한 연구 : 책임준공확약형 토지신탁을 중심으로," 「주거환경」, 제20권 제3호, 2022, pp.141-152.

윤진수 · 최효종, "담보신탁의 경제적 분석: 도산절연의 문제를 중심으로," 「법경제학연구」, 제20권 제1호, 2023, pp.35-66.

윤평식, 「고정수익증권론」, 탐진, 2002.

이삼수 · 최종석, "도시재생사업에서 메자닌파이낸싱 활용방안에 관한 연구 : 일본사례를 중심으로," 「대한건축학회연합논문집」, 제17권 제4호, 2015, pp.41-52.

이석 · 오지현, “부동산금융의 최신 동향,” 「BFL」, 제90호, 2018, pp.35-54.

이용만, “지불 가능한 수익 공유형 모기지,” 「CERIK 저널」, 2013년 10월호.

_____, “자산 기반 연금상품 : 주택자산의 연금화에 대한 국제 비교,” FP학회 세미나, 2022. 8.

이용만 외, 「비소구대출 도입 방안에 관한 연구」, 서민주택금융재단, 2015.2.

이윤미, “새로 도입된 파트너십 과세제도의 주요 내용과 문제점,” 「계간 세무사」, 2008년 봄호, 2008, pp.80-101.

이효섭, “부동산 그림자금융의 리스크 진단 및 대응 방향,” 「자본시장포커스」, 2003-04호, 2023, pp.1-5.

이휘정, “미국 SFR(single-family rental) 채권의 발행현황 및 시사점,” 「주택금융월보」, 2014.10.

자산유동화실무연구회, 「금융혁명 ABS」, 한국경제신문사, 1999.

조병준, “해외 상업용부동산 금융구조의 특징 및 시사점,” 한국신용평가 Special Report, 2015.

조병준 · 서범진, “새로운 부동산 금융기법으로써의 CMBS: 국내 환경 분석, 임대주택리츠 CMBS 활성화 가능성 검토를 중심으로,” 한국신용평가 Special Report, 2013.

조성근, “진화중인 부동산신탁, 유형별 위험 어떻게 볼 것인가? : 차입형의 자본완충력, 책임준공형의 위험통제능력 모니터링 계획,” 한국신용평가 Special Report, 2019.

조재호 · 박종원 · 조규성, 「선물 · 옵션 · 스왑」, 다산출판사, 2009.

KB금융지주경영연구소, 「KB연구보고서: 상가담보대출자 분석」, 2013.

_____, 「KB지식비타민: ABCP에 대한 이해와 투자 고려사항」, 2013.

한만희 · 조만, 「부동산투자금융론」, 보성각, 2010.

Bank for International Settlements, *The Role of Rating in Structured Finance: Issues and Implication*, Report submitted by the Committee of the Global Financial System, 2005.

_____, “Mortgage Insurance: Market Structure, Underwriting Cycle and Policy Implication,” Joint Forum of Basel Committee on Banking Supervision, 2013.

Bhattacharya, A. K. and F. J. Fabozzi ed., *Asset-Backed Securities*, Frank J. Fabozzi Associates, 1996.

Brueggeman, W. and J. Fisher, *Real Estate Finance and Investments*, 14th ed., McGraw-Hill Education, 2010.

Caplin, A., N. Cunningham, M. Engler, and F. Pollack, “Facilitating Shared Appreciation Mortgages to Prevent Crashes and Affordability Crises,” The Hamilton Project, Brookings Institution Discussion Paper, 2008.

Cho, Man and Young-Man Lee, “Mortgage Choice of the First-Time Home Buyers in Korea: Empirical Analyses on Fixed-Rate vs. Shared-Appreciation Mortgages,” presented in the 2014 AsRES International Conference, 2014.

Clauretie, T. M. and G. S. Sirmans, *Real Estate Finance : Theory and Practice*, Cengage Learning, 6th ed., 2010.

Consumer Financial Protection Bureau, "Reverse Mortgages : Report to Congress," 2012.

Credit Suisse, "Agency Market Primer," 2011.

Drees, Burkhard, "Structured Finance: Benefits and Potential Risks," *IMF Survey*, Vol.34, No.10, 2005, pp.160-161.

Finnerty, John D., *Project Financing: Asset-Based Financial Engineering*, John Wiley & Sons, 1996.

Foster, Chester and Robert Van Order, "FHA Terminations: A Prelude to Rational Mortgage Pricing," *AREUEA Journal*, Vol.13, No.3, 1985, pp. 273-291.

Geltner, D., N. Miller, J. Clayton, and P. Eichholtz, *Commercial Real Estate: Analysis and Investment*, 3rd ed., Cengage Learning, 2014.

Ghent, Andra, "The Historical Origins of America's Mortgage Laws," Research Institute for Housing America Special Report, 2012.10.

Jackson, Jerry R. and David L. Kaserman, "Default Risk on Home Mortgage Loans: A Test of Competing Hypotheses," *Journal of Risk and Insurance*, Vol.3, 1980, pp.678-690.

Jiang, W., K. Li, and P. Shao, "When Shareholders Are Creditors: Effects of the Simultaneous Holding of Equity and Debt by Non-commercial Banking Institutions," *Review of Financial Studies*, Vol.23, No.10, 2010, pp.3595-3637.

Kahneman, Daniel, *Thinking Fast and Slow*, Farrar, Straus and Giroux, 2011.

Kahneman, Daniel and Amos Tversky, "Prospect Theory: An Analysis of Decision under Risk," *Econometrica*, Vol.47, No.2, 1957, pp.263-291.

Kim, Yoonsu, Youngman Lee, and Man Cho, "Home Equity Monetizing Scheme: An Inter-Country Survey," in Lee Hongmoo *et al*. ed., *International Comparison of Pension Systems: An Investigation from Consumers' Viewpoint*, Springer, 2022.

Kodukkula, P. and C. Padudesu, *Project Valuation Using Real Option*, J. Ross Publishing, Inc., 2006.

Modigliani, Franco and Merton H. Miller, "The Cost of Capital, Corporation Finance and the Theory of Investme*nt*," *American Economic Review*, Vol.48, No.3, 1958, pp. 261-97.

______, "Corporate Income Taxes and the Cost of Capital: A Correction," *American*

Economic Review, Vol.53, No.3, 1963, pp.433-43.

Mun, Johnathan, *Real Options Analysis*, John Wiley & Sons, 2002.

Nijs, Luc, *Mezzanine Financing: Tools, Applications and Total Performance*, Wiley, 2013.

Office of the Comptroller of the Currency, *Comptrollers Handbook: Safety and Soundness-Commercial Real Estate Lending*, Office of the Comptroller of the Currency, 2013.

Quercia, Roberto G. and Michael A. Stegman, "Residential Mortgage Default: A Review of the Literature," *Journal of Housing Research*, Vol.3, No.2, 1992, pp.341-379.

Sanders, A. and C. Slawson, "Shared Appreciation Mortgages: Lessons from the UK," *Journal of Housing Economics*, Vol.14, 2005, pp.178-193.

Saunders, Anthony and Linda Allen, *Credit Risk Measurement in and Out of the Financial Crisis: New Approaches to Value at Risk and Other Paradigms*, 3rd ed., Wiley, 2010.

Shaviro, Daniel N., "Risk and Accrual: The Tax Treatment of Non-Recourse Debt," *Tax Law Review*, Vol.44, 1989.04.

Vandell, Kerry D., "How Ruthless Is Mortgage Default? A Review and Synthesis of the Evidence," *Journal of Housing Research*, Vol.6, No.2, 1995, pp.245-264.

Vandell, Kerry D. and Thomas Thibodeau, "Estimation of Mortgage Defaults Using Disaggregate Loan History Data," *AREUEA Journal*, Vol.13, No.3, 1985, pp.292-317.

연습문제 풀이

Part 1 부동산금융의 기초 이론

[제1장] 부동산과 금융

1. 부동산은 '분할거래의 어려움'과 '생산의 장기성'이라는 특성을 갖고 있는데, 이런 특성으로 인해 부동산의 매입이나 매각, 개발 과정에서 흔히 현금흐름의 불일치가 발생한다. 부동산금융은 이런 현금흐름의 불일치를 메워 주는 역할을 한다.

2. 부채방식으로 자금을 조달하게 되면, 대차대조표의 대변(자본 및 부채 항목)에 있는 부채가 증가하게 된다. 대변의 부채가 증가한 것만큼 차변(자산항목)에 현금이 증가하게 된다. 그 결과, 부채비율(=부채/자본)이 증가하고, 자산도 증가하게 된다.

3. 지분방식으로 자금을 조달하게 되면, 대차대조표의 대변에 있는 자본이 증가하게 된다. 자본이 증가한 만큼 차변의 현금이 증가하게 된다. 그 결과 자산은 증가하지만, 부채비율은 감소하게 된다.

4. 자산방식으로 자금을 조달하게 되면, 대변에 있는 자본이나 부채에는 변화가 없기 때문에 차변의 자산총액에도 변화가 없다. 다만, 자산을 매각한 만큼 차변에 있는 자산의 일부가 줄어들고 그 대신 현금이 늘게 된다. 다만, 자산매각과정에서 자본이득이나 자본손실이 발생할 경우, 자산의 크기와 자본의 크기에 변화가 있을 수 있다.

5. 자금여유자의 자금이 직접적으로 자금부족자에게 흘러 들어가는 것을 보고 직접금융이라고 한다. 그리고 자금여유자의 자금이 금융기관으로 흘러 들어간 뒤, 금융기관의 자금이 자금부족자로 흘러 들어가는 것을 보고 간접금융이라고 한다.

6. 차입이나 채권발행으로 자금을 조달할 경우, 자금조달자는 사전에 약속한 날짜에 맞추어 원금과 이자를 지불해야 한다. 또 차입이나 채권발행과정에서 발생하는 각종 수수료도 자금조달 비용에 포함된다. 주식발행으로 자금을 조달할 경우, 자금조달자는 원금과 이자를 지불할 의무가 없지만 그 대신 기업의 이윤을 나누어야 하며, 회사 청산 시 잔여자산도 배분해 주어야 한다. 주식발행과정에서 발생하는 각종 수수료도 자금조달 비용의 하나이다. 자산매각으로 자금을 조달할 경우, 자금조달자는 원금과 이자를 지불할 의무도 없고, 기업의 이익이나 잔여자산을 배분해 주어야 할 의무도 없다. 하지만 자산매각 방식으로 자금을 조달한 쪽은 해당 자산의 현금흐름(운영에 따른 현금흐름과 매각에 따른 현금흐름)을 포기한 대가로 자금을 조달한 셈이 된다. 물론 자산매각과정에서 여러 수수료가 발생하는데, 이런 수수료도 자금조달 비용 중의 한 항목이라고 할 수 있다.

[제 2 장] 이자율과 화폐의 시간가치

1. 소비자의 시간선호나 생산자의 한계생산성 때문에 이자가 발생하며, 화폐의 구매력 하락에 따른 보상 때문에 이자가 발생한다. 그리고 위험에 대한 보상도 필요하여 이자가 발생한다.

2. 실질이자율은 자금에 대한 수요와 공급에 의해 변화하게 된다. 자금에 대한 수요와 공급은 자금제공자의 시간선호와 실질경제성장률, 그리고 통화공급량 등에 의해 변화하게 된다.

3. 유동성 선호이론은 사람들의 유동성 선호 때문에 채권만기가 길수록 이자율이 높아진다고 본다. 사람들은 유동성이 높은 자산을 선호하는데, 채권만기가 길면 유동성이 떨어지기 때문에 이에 대한 보상으로 이자율이 높아진다는 것이다. 유동성 선호이론은 이자율의 장고단저현상을 설명할 수는 있지만, 장고단저의 역전현상은 설명하지 못한다.

   시장분할이론은 단기자금시장과 장기자금시장이 분리되어 있다고 본다. 이 이론에 따르면 장기이자율은 장기자금시장의 수요·공급에 의해, 그리고 단기이자율은 단기자금시장의 수요·공급에 의해 결정된다. 단기자금시장에서 수요가 몰리면 단기이자율이 상승하면서 장고단저의 역전현상이 일어날 수 있다.

   기대이론은 미래의 이자율에 대한 기대에 의해 장기자금의 이자율이 결정된다고 보는 이론이다. 미래에 이자율이 하락할 것으로 기대되면, 장기채권에 대한 수요가 증가하면서 장기이자율이 하락하게 된다. 이렇게 되면 장기이자율과 단기이자율의 격차가 축소되어 경우에 따라서는 장고단저의 역전현상이 일어날 수 있다.

4. $100 \times (1 + 0.06/4)^{2\times 4} = 100 \times 1.1265 = 112.65$ 이므로, 현재 100만 원의 2년 뒤 가치는 112.65만 원이다.

실효이자율은 $(1+0.06/4)^4-1=0.0614$(6.14%)이다.

5. $100\times\frac{1}{(1+0.06/4)^{2\times4}}=\frac{100}{1.1265}=100\times0.8877=88.77$ 이므로, 2년 뒤 100만 원의 현재가치는 88.77만 원이다.

실효할인율은 $(1+0.06/4)^4-1=0.0614$(6.14%)이다.

6. $100\times\frac{1-\left(\frac{1}{1+0.06/4}\right)^{2\times4}}{0.06/4}$ 이다. 여기서 연금의 현가계수인 $\frac{1-\left(\frac{1}{1+0.06/4}\right)^{2\times4}}{0.06/4}$ 는 7.4859이므로, $100\times7.4859=748.59$ 이다. 즉, 연금의 현재가치는 748.59만 원이다.

[제3장] 채권 수익률과 가치

1. 1) $85=\frac{100}{(1+r)^3}$ 을 만족하는 r을 구하면 된다. $\left(\frac{100}{85}\right)^{1/3}-1=0.0557$ 이므로 채권의 만기수익률은 5.57%이다.

2) 매년 말에 6만 원의 이자(100만 원×0.06)가 발생하고, 3년차 말에는 6만 원의 이자와 함께 100만 원의 원금이 상환된다. 따라서 다음의 식을 만족하는 r을 구하면 된다.

$$95=\frac{6}{(1+r)}+\frac{6}{(1+r)^2}+\frac{106}{(1+r)^3}$$

엑셀의 IRR 명령어를 이용하여 r을 구해 보면, $r=0.0794$ 가 나오므로 채권의 만기수익률은 7.94%이다.

3) 3개월마다 2만 원의 이자(100만 원×0.08/4)가 발생하고, 8분기 말에는 2만 원의 이자와 함께 100만 원의 원금이 상환된다. 따라서 다음의 식을 만족하는 r을 구하면 된다.

$$102=\frac{2}{(1+r/4)}+\frac{2}{(1+r/4)^2}+\frac{2}{(1+r/4)^3}+\cdots+\frac{2}{(1+r/4)^7}+\frac{102}{(1+r/4)^8}$$

엑셀의 IRR 명령어를 이용하여 r/4을 구해 보면, $r/4=0.0173$ 이다. $r=0.0173\times4=0.0692$ 이므로 채권의 만기수익률은 6.92%이다.

2. 1) 3년 뒤에 100만 원의 원금상환이 이루어지므로, 이 채권의 가치는 다음과 같다.

$$\frac{100}{(1+0.05)^3}=86.38$$

즉, 이 채권의 가치는 86.38만 원이다.

2) 매년 말에 6만 원의 이자(100만 원×0.06)가 발생하고, 3년차 말에는 6만 원의 이자와 함께 100만 원의 원금이 상환된다. 따라서 이 채권의 가치는 다음과 같다.

$$\frac{6}{(1+0.05)} + \frac{6}{(1+0.05)^2} + \frac{106}{(1+0.05)^3} = 102.72$$

즉, 이 채권의 가치는 102.72만 원이다.

3) 3개월마다 2만 원의 이자(100만 원×0.08/4)가 발생하고, 8분기 말에는 2만 원의 이자와 함께 100만 원의 원금이 상환된다. 따라서 이 채권의 가치는 다음과 같다.

$$\frac{2}{(1+0.05/4)} + \frac{2}{(1+0.05/4)^2} + \frac{2}{(1+0.05/4)^3} + \cdots + \frac{2}{(1+0.05/4)^7} + \frac{102}{(1+0.05/4)^8} = 105.68$$

즉, 이 채권의 가치는 105.68만 원이다.

3. 매년 말 6만 원씩의 이자가 5년간 발생하고, 5년 말에 원금 100만 원이 상환되므로, 다음과 같은 계산에 의해 이 채권의 가치는 104.33만 원임을 알 수 있다.

$$\frac{6}{(1+0.05)} + \frac{6}{(1+0.05)^2} + \frac{6}{(1+0.05)^3} + \frac{6}{(1+0.05)^4} + \frac{106}{(1+0.05)^5}$$
$$= 5.71 + 5.44 + 5.18 + 4.94 + 83.05 = 104.33$$

이 채권의 듀레이션은 다음과 같다.

$$D = (1 \times 5.71 + 2 \times 5.44 + 3 \times 5.18 + 4 \times 4.94 + 5 \times 83.05) / 104.33 = 4.4777$$

할인율이 5%에서 5.5%로 0.5%p 상승하면, 이 채권의 가치는 다음과 같이 변한다.

$$\frac{dV}{V} \approx -\frac{D}{(1+r)}dr = -\frac{4.4777}{(1+0.05)} \times 0.005 = -0.0213$$

즉, 채권의 가치는 2.13% 하락한다.
채권가치의 이자율 탄력성은 0.213이다. 왜냐하면 이자율이 10% 상승할 때(5%→5.5%), 채권의 가치는 2.13% 하락하기 때문에 채권가치의 이자율 탄력성은 2.13%/10% = 0.213인 것이다. 채권가치의 이자율 탄력성 공식을 이용하더라도 결과는 동일하다.

[제 4 장] 위험과 옵션

1. 1) ① 동전 던지기 게임의 기대효용

앞면이면, $U_A = 10 \times \sqrt{3,000} = 548$

뒷면이면, $U_A = 10 \times \sqrt{0} = 0$

동전던지기 게임의 기대효용 = $548 \times 0.5 + 0 \times 0.5 = 274$

② 주사위 던지기 게임의 기대효용

1이면, $U_A = 10 \times \sqrt{9,000} = 949$

나머지 숫자이면, $U_A = 10 \times \sqrt{0} = 0$

주사위 던지기 게임의 기대효용 = $949 \times (1/6) + 0 \times (5/6) = 158$

동전 던지기 게임의 기대효용이 주사위 던지기 게임의 기대효용보다 크므로, A는 동전 던지기 게임을 선택한다.

2) ① 동전 던지기 게임의 기대효용

앞면이면, $U_B = (3,000/100)^2 = 900$

뒷면이면, $U_B = (0/100)^2 = 0$

동전던지기 게임의 기대효용 = $900 \times 0.5 + 0 \times 0.5 = 450$

② 주사위 던지기 게임의 기대효용

1이면, $U_B = (9,000/100)^2 = 8,100$

나머지 숫자이면, $U_B = (0/100)^2 = 0$

주사위 던지기 게임의 기대효용 = $8,100 \times (1/6) + 0 \times (5/6) = 1,350$

주사위 던지기 게임의 기대효용이 동전 던지기 게임의 기대효용보다 크므로, B는 주사위 던지기 게임을 선택한다.

3) ① 동전 던지기 게임의 기대효용

앞면이면, $U_C = 0.3 \times 3,000 = 900$

뒷면이면, $U_C = 0.3 \times 0 = 0$

동전던지기 게임의 기대효용 = $900 \times 0.5 + 0 \times 0.5 = 450$

② 주사위 던지기 게임의 기대효용

1이면, $U_C = 0.3 \times 9,000 = 2,700$

나머지 숫자이면, $U_C = 0.3 \times 0 = 0$

주사위 던지기 게임의 기대효용 = $2,700 \times (1/6) + 0 \times (5/6) = 450$

동전 던지기 게임의 기대효용과 주사위 던지기 게임의 기대효용이 같으므로, C는 동전 던지기 게임이나 주사위 던지기 게임 모두 무차별하다.

2. 콜옵션의 내재가치 = Max(자산가격 − 행사가격, 0)이므로, 이 콜옵션의 내재가치는 1,500 − 1,000 = 500원이다.

3. 풋옵션의 내재가치 = Max(행사가격 − 자산가격, 0)이므로, 이 풋옵션의 내재가치는 1,000 − 700 = 300원이다.

4. 옵션의 시간가치는 두 가지 사유로 발생한다. 첫째는 현재 기초자산의 가격이 외가격 상태에 있더라도 향후 내가격 상태로 바뀔 가능성이 있기 때문에 시간가치가 존재한다. 둘째는 옵션발행자가 위험을 헤징하기 위해 기초자산을 일부 매입 또는 매도를 해 놓게 되는데 이때 발생하는 비용만큼 보상을 받아야 하기 때문에 시간가치가 존재한다. 전자의 크기는 기초자산의 가격변동성과 기초자산의 가격 수준에 따라 달라지며, 후자의 크기는 이자율과 기초자산의 가격 수준, 그리고 기초자산을 보유하였을 때 얻을 수 있는 수익에 따라 달라진다.

5. 옵션의 시간가치가 음(−)의 값을 갖게 되는 시점이 미국형 옵션의 행사시점이다. 옵션의 시간가치가 음(−)의 값을 갖게 되면, 옵션을 행사하였을 때의 가치(내재가치)가 옵션을 그대로 보유할 때의 가치(내재가치+시간가치)보다 크기 때문에 옵션을 행사하는 것이 유리하다.

Part 2 주택금융의 이론과 실제

[제1장] 주택금융의 기초적 개념들

1. 선분양제도는 주택공급자가 주택건설에 나서기 전에 미리 주택을 분양하고, 수분양자로부터 계약금과 중도금 형태로 분양대금을 미리 받는 제도이다. 주택공급자는 선분양에 따른 계약금과 중도금으로 주택건설에 필요한 자금을 조달한다.

선분양제도하에서 주택공급자가 파산을 하게 되면 수분양자들은 미리 낸 분양대금을 돌려받지 못할 수 있다. 주택분양보증은 주택공급자가 파산으로 인해 주택건설을 완공하지 못할 경우, 보증자인 주택도시보증공사가 주택공급자를 대신하여 주택건설을 완공하거나, 분양대금을 되돌려 줄 것을 약속하는 보증상품이다.

2. 보금자리론은 한국주택금융공사가 자신의 자금으로 대출해 주는 주택저당대출을 말한다. 한국주택금융공사는 자신의 자금으로 대출해 준 보금자리론을 유동화하여 자금을 회수한다. 적격대출은 시중은행의 주택저당대출 중 한국주택금융공사의 매입조건에 맞는 주택저당대출을 말한다. 한국주택금융공사는 시중은행으로부터 적격대출을 매입한 후, 이를 유동화하여 자금을 회수한다.

3. 주택저당대출에서 금리위험이란 금리가 상승함으로써 손실을 입을 가능성을 말한다. 대출자의 입장에서 보면, 금리가 상승하게 되면 대출채권의 가치가 하락하게 된다. 이로 인해 대출채권을 보유하고 있는 기관에서는 대출채권의 가치하락에 따른 손실을 입게 된다.

4. 주택저당대출에서 조기상환위험이란 이자율이 하락할 때 차입자가 대출을 조기상환함으로써 대출자가 손실을 입을 가능성을 말한다. 이자율이 하락할 때 차입자가 대출을 조기상환하게 되면, 대출자는 조기상환받은 자금으로 다시 대출을 해 줄 때 낮은 금리로 대출을 해 줄 수밖에 없다. 이로 인해 대출자는 손실을 입게 되는데, 이런 위험을 조기상환위험이라고 부른다.

5. 만기일시상환방식이란 대출만기까지 이자만 지급하다가 대출만기에 대출원금을 일시에 상환하는 방법을 말한다. 원금균등분할상환방식이란 원금을 매기 일정 금액씩 분할하여 상환하는 방식을 말한다. 원금이 매기 일정 금액씩 상환됨에 따라 대출잔액은 일정하게 감소하고, 대출이자도 일정하게 감소하게 된다. 원리금균등분할상환방식은 매기 지급하는 원리금지급액이 일정한 대출을 말한다. 대출 초기에는 원금상환 부분이 적고 이자지급 부분이 큰 대신, 대출 말기에는 원금상환 부분이 많고 이자지급 부분은 적게 된다.

6. 대출수수료를 징구하는 방법 중 첫 번째 방법은 대출을 실행할 때 수수료를 미리 받는 방법이다. 두 번째 방법은 대출이자율에 가산금리를 덧붙여 여러 기간에 걸쳐 비용을 회수하는 방법이다. 첫 번째 방법은 두 번째 방법에 비해 대출이자율이 낮아 보이는 효과가 있다. 그 대신 차입자는 대출실행 시 수수료를 한 번에 내야 하기 때문에 대출에 대해 부담을 느낄 수 있다.

[제2장] 고정금리 주택저당대출

1. 1) 연금현가계수(6%/12, 30×12) = 166.79

$$\text{월별 원리금지급액} = \frac{10,000}{166.79} = 59.95(\text{만 원})$$

2) 10,000 = 300 + 59.95 × 연금현가계수(r/12, 30×12)를 만족하는 r을 구하면 된다.

9,700 = 59.95 × 연금현가계수(r/12, 30×12)

연금현가계수(r/12, 30×12) = 9,700/59.95 = 161.79

이를 만족시키는 r을 시행착오적으로 구해 보면, r = 0.0629가 된다. 즉, 실질적인 이자율은 6.29%가 된다.

2. 1) 연금현가계수(5%/12, 25×12) = 171.06

월별 원리금지급액 = $\frac{10,000}{171.06}$ = 58.46(만 원)

2) 연금현가계수(5%/12, 20×12) = 151.53

5년 뒤 대출잔액 = 원리금지급액×연금현가계수(5%/12, 20×12)

= 58.46 × 151.53 = 8,858.02 (만 원)

3) 조기상환수수료 = 조기상환액 × 0.02 = 8,858.02 × 0.02 = 177.16(만 원)

다음 식을 만족하는 r이 대출 후 5년 만에 조기상환하면서 조기상환수수료를 낼 때의 실효이자율이다.

10,000 = 300 + 58.46 × 연금현가계수(r/12, 5×12)

+ (8,858.02 + 177.16) × 현가계수(r/12, 5×12)

또는 다음 식을 만족하는 r이 실효이자율이다.

9,700 = 58.46 × 연금현가계수(r/12, 5×12)+(8,858.02+177.16)×현가계수(r/12, 5×12)

시행착오적으로 r을 구해 보면, r = 0.0605 , 즉 6.05%가 된다. 실효이자율은 6.05%이다.

3. 점증상환방식에서 최초의 원리금지급액은 다음과 같다.

$$P_1 = 10,000 \div \left[\frac{1-\left(\frac{1+g/12}{1+r/12}\right)^{n\times 12}}{r/12-g/12}\right]$$

$$= 10,000 \div \left[\frac{1-\left(\frac{1+0.02/12}{1+0.06/12}\right)^{30\times 12}}{0.06/12-0.02/12}\right]$$

= 10,000/209.28 = 47.78 (만 원)

[제3장] 변동금리 주택저당대출과 기타 주택저당대출

1. 변동금리로 대출을 해 주면, 대출자는 금리위험을 피할 수 있지만 그 대신 차입자의 채무불이행 가능성이 올라간다. 변동주기가 짧을수록 대출자의 금리위험은 낮아지지만, 차입자의 채무불이행 가능성은 올라간다. 이를 통제하기 위해 대출자는 금리인상한도를 사전에 정하거나, 최대대출가능 DTI 비율을 낮춤으로써 미래의 금리인상 충격에 대비를 한다.

2. 인플레이션이 심하게 일어나면 대출이자율이 이를 반영하여 올라가게 된다. 그러나 DTI 비율이

나 LTV 비율을 산정할 때에는 인플레이션으로 인한 임금상승이나 주택가격상승을 고려하지 않는다. 그러다 보니 대출해 줄 수 있는 금액이 줄어들게 된다. 인플레이션으로 인해 대출해 줄 수 있는 금액이 줄어드는 현상을 보고 인플레이션에 의한 경사효과라고 한다.

3. 금융기관은 역모기지 형태로 매달 일정 금액을 차입자에게 대출을 해 주는데, 한국주택금융공사가 이에 대해 보증을 제공해 준다. 이 보증을 주택연금이라고 부른다. 주택연금에 가입하기 위해서는 만 60세 이상이어야 하고, 주택소유자로서 주택가격이 9억 원 이하여야 한다. 그리고 해당 주택에 실제 거주하여야 한다. 상품으로는 종신형과 기간확정형이 있으며, 일시 인출한도를 설정할 수 있다. 선취보증료로 주택가격의 1.5%를 내야 하고, 연간 보증료로 대출원리금 총액의 0.75%를 월 분납해야 한다.

4. 1) 매월 원리금지급액 $= \dfrac{10{,}000}{\text{연금현가계수}(1.5\%, 20\text{년})} = \dfrac{10{,}000}{207.2344} = 48.2545$(만 원)

20년 뒤 주택가격 $= 15{,}000 \times (1 + 0.02)^{20} = 22{,}289.21$(만 원)
주택가격 상승분 $= 22{,}289.21 - 15{,}000 = 7{,}289.21$(만 원)
수익공유액 $= 7{,}289.21 \times 0.4 = 2{,}915.68$(만 원)

다음의 식을 만족시키는 r이 수익공유형 모기지의 실질이자율이다.

$$10{,}000 = 48.2545 \times \frac{1 - 1/(1 + r/12)^{240}}{r/12} + 2{,}915.68 \times \frac{1}{(1 + r/12)^{240}}$$

시행착오적으로 r의 값을 구해 본 결과, r = 0.0328 (3.28%)이다.

2) 실질이자율이 연평균 5%에 이르기 위해서는 다음 식을 만족해야 한다.

$$10{,}000 = 48.2545 \times \frac{1 - 1/(1 + 0.05/12)^{240}}{0.05/12} + \text{최대 수익공유액} \times \frac{1}{(1 + 0.05/12)^{240}}$$

이 식에서 최대 수익공유액을 계산해 보면,

$10{,}000 = 48.2545 \times 151.5253 +$ 최대 수익공유액 $\times\, 0.368645$
$2{,}688.22 =$ 최대 수익공유액 $\times\, 0.368645$
최대 수익공유액 $= 2{,}688.22/0.368645 = 7{,}292.16$(만 원)
최대 수익공유액을 얻기 위해 필요한 가격상승분 $= 7{,}292.16/0.4 = 18{,}230.4$(만 원)

20년 뒤 주택가격이 33,230.4만 원이 되어야 가격상승분이 18,230.4만 원이 된다. 20년 뒤 주택가격이 33,230.4만 원이 되기 위해서는, 주택가격은 다음과 같은 식을 만족하는 가격상승률로 매년 상승해야 한다.

$15{,}000 \times (1 + s)^{20} = 33{,}230.4$

위 식을 만족하는 s를 구해 보면, s = 0.0406 (4.06%)이다.

5. 기존 대출의 월 원리금지급액은 57.78만 원이다.

월 원리금지급액 = 10,000/연금현가계수(4%/12, 25 × 12) = 10,000/189.45 = 57.78(만 원)

대출 후 5년이 경과되었으므로, 현재 대출잔액은 8,710.46만 원이다.

대출잔액 = 월 원리금지급액 × 연금현가계수(4%/12, 20 × 12) = 57.78 × 165.02
= 8,710.46(만 원)

대출잔액만큼 신규로 대출받을 때 월 원리금지급액은 62.40만 원이다.

신규대출의 월 원리금지급액 = 8,710.46/연금현가계수(6%/12, 20 × 12)
= 8,710.46/139.58 = 62.40(만 원)

기존 대출을 승계하였을 때 월 원리금절약액은 9.42만 원(= 62.40 − 57.78)이다. 이 절약액이 20년간 지속되므로, 이 절약액의 총 현재가치는 1,342.87만 원이다.

원리금절약액의 총 현재가치 = 9.42 × 연금현가계수(6%/12, 20 × 12)
= 9.42 × 139.58 = 1,342.87 (만 원)

대출승계를 하면 1,342.87만 원을 절약할 수 있으므로, 승계권의 가치는 1,342.87(만 원)이 된다.

6. 기존 대출금의 현재 잔액이 10,000만 원이고, 만기가 20년 남았으므로, 이 대출의 월 원리금지급액은 60.60만 원이다.

기존 대출의 월 원리금지급액 = 10,000/연금현가계수(4%/12, 20 × 12)
= 10,000/165.02 = 60.60 (만 원)

2순위로 4,000만 원을 20년만기로 추가차입할 때, 이 대출의 월 원리금지급액은 33.46만 원이다.

기존 대출의 월 원리금지급액 = 4,000/연금현가계수(8%/12, 20 × 12)
= 4,000/119.55 = 33.46 (만 원)

기존 차입금의 월 원리금지급액과 신규 차입금의 월 원리금지급액을 합치면 94.06만 원(= 60.60 + 33.46)이 된다.
기존 대출을 상환하면서 동시에 1순위 저당으로 14,000만 원을 차입할 경우, 이 대출의 월 원리금지급액은 92.39만 원이다.

신규 대출(14,000만 원)의 월 원리금지급액 = 14,000/연금현가계수(5%/12, 20 × 12)
= 14,000/151.53 = 92.39 (만 원)

따라서 기존 대출을 상환하고, 신규로 1순위 저당권을 설정해 주고 14,000만 원을 차입하면 월 원리금지급액이 1.66만 원(= 94.06 − 92.39) 절약되므로, 은행의 제안대로 기존 대출을 상환하고 신규로 14,000만 원을 차입하는 것이 좋다.

[제 4 장] 주택저당대출의 채무불이행위험과 조기상환위험

1. 채무자가 왜 채무를 불이행하는가에 대해 두 가지 가설적인 이론이 있다. 하나는 지불능력이론(ability-to-pay theory)이고, 다른 하나는 주택지분이론(equity theory)이다.

지불능력이론은 채무자의 지불능력이 없어졌을 때 채무불이행이 발생한다고 보는 이론이다. 채무자의 지불능력 상실은 소득의 감소나 예상외 지출의 발생 또는 원리금지급액의 증가에 의해 일어난다.

주택지분이론은 주택가격이 대출잔액보다 낮을 때 채무불이행이 발생한다고 보는 이론이다. 주택지분이론을 흔히 옵션기반이론(option-based theory)이라고 부르기도 한다. 채무를 불이행한다는 것은 '대출잔액을 행사가격으로 하는 풋옵션'을 실행한 것과 같다고 하여 이렇게 부르고 있다.

2. 우리나라 은행권에서는 정상적으로 원리금지급이 이루어지고 있는 대출을 '정상' 대출이라고 부른다. 정상 대출은 대출잔액의 1% 이상에 해당하는 금액을 대손충당금으로 적립해야 한다. 원리금지급이 1개월 이상, 3개월 미만 연체 중인 대출을 '요주의' 대출이라고 부른다. 요주의 대출은 대출잔액의 10% 이상을 대손충당금으로 적립해야 한다.

원리금지급이 3개월 이상 연체 중인 대출을 '부실채권'이라고 부르는데, 이 중에서 회수예상가액에 해당하는 금액을 '고정'이라고 부른다. 고정채권은 회수예상가액의 20% 이상을 대손충당금으로 쌓아야 한다. 그리고 3개월 이상, 12개월 미만 연체 중인 대출 중에서 회수예상가액을 초과하는 부분을 '회수의문'이라고 부르는데, 회수의문채권은 회수예상가액 초과 부분의 55% 이상을 대손충당금으로 쌓아야 한다. 마지막으로 12개월 이상 연체 중인 대출 중에서 회수예상가액을 초과하는 부분을 '추정손실'이라고 부르는데, 추정손실채권은 회수예상가액 초과 부분의 100%를 대손충당금으로 쌓아야 한다.

3. 미국에서 사용하는 DTI 비율은 전단 DTI(front-end DTI) 비율과 후단 DTI(back-end DTI) 비율로 나누어진다.

$$\text{미국의 front-end DTI ratio} = \frac{\text{월 주택 관련 지출}}{\text{월 소득}} \times 100$$

$$\text{미국의 back-end DTI ratio} = \frac{\text{월 주택 관련 지출} + \text{월 기타 지출}}{\text{월 소득}} \times 100$$

여기서 주택관련 지출에는 주택저당대출의 원리금지급액과 재산세, 주택재해보험료, 모기지보험료 등이 포함된다. 그리고 기타 지출에는 지방정부 관련 세금과 각종 할부금, 신용카드대금, 자녀 양육비, 다른 부채의 원리금지급액 등이 포함된다.

우리나라에서 사용하는 DTI 비율은 연소득 대비 연간 주택담보대출의 원리금지급액 및 기타 부채의 이자지급액의 비율로 계산된다.

$$\text{우리나라의 DTI 비율} = \frac{\text{주택담보대출의 연 원리금지급액} + \text{기타 부채의 연 이자지급액}}{\text{연 소득}} \times 100$$

4. 우리나라 은행권에서 사용하는 LTV 비율은 다음과 같이 계산된다.

$$\text{우리나라의 LTV 비율} = \frac{\text{주택담보대출금액} + \text{선순위채권} + \text{임차보증금 및 소액임차보증금}}{\text{주택가격}} \times 100$$

5. 1) 현재의 대출잔액

기존 대출의 원리금지급액은 월 53.68만 원이다. 대출잔액은 9,182.87만 원이다.

$$\text{원리금지급액} = \frac{\text{대출액}}{\text{연금현가계수}(0.05/12,\ 30 \times 12)} = \frac{10{,}000}{186.28} = 53.68(\text{만 원})$$

$$\text{대출잔액} = \text{원리금지급액} \times \text{연금현가계수}(0.05/12,\ 25 \times 12) = 53.68 \times 171.06$$
$$= 9{,}182.87(\text{만 원})$$

2) 조기상환 시 차입자의 이익

대출잔액을 조기상환하고, 해당 금액만큼 신규 차입 시 원리금지급액은 48.47만 원이다.

$$\text{원리금지급액} = \frac{\text{대출액}}{\text{연금현가계수}(0.04/12,\ 25 \times 12)} = \frac{9{,}182.87}{189.45} = 48.47(\text{만 원})$$

원리금지급액 절약액은 5.21(= 53.68 − 48.47)만 원이다.
이 절약액이 25년간 지속되므로, 이의 현재가치는 987.35만 원이다.

$$\text{원리금 절약액의 현재가치} = \text{원리금 절약액} \times \text{연금현가계수}(0.04/12,\ 25 \times 12)$$
$$= 5.21 \times 189.45 = 987.35(\text{만 원})$$

3) 조기상환에 따른 비용

조기상환 시 조기상환수수료로 275.49만 원과 대출수수료로 183.65만 원의 비용이 발생하므로 조기상환에 따른 총 비용은 459.14만 원이다. 조기상환수수료와 신규대출수수료는 현재시점에 발생하므로 현재가치로 환산할 필요가 없다.

조기상환수수료 = 조기상환액 × 조기상환수수료 = 9,182.87 × 0.03 = 275.49(만 원)

신규대출수수료 = 신규대출액 × 대출수수료 = 9,182.87 × 0.02 = 183.65(만 원)

4) 조기상환 여부 결정

조기상환에 따른 이익의 현재가치가 987.35만 원인 반면, 이에 따른 비용의 현재가치는 459.14만 원이므로 조기상환하는 것이 유리하다.

[제5장] 채권회수과정과 모기지보험

1. 우리나라에서는 원리금지급이 2–3개월 연체되면, 대출기관이 채무자에게 '기한의 이익 상실'을 문서로 통보하면서 법적 절차에 들어간다. 대출기관이 법원에 담보주택의 매각을 신청하면, 법원은 담보주택을 경매로 매각하게 된다. 이런 경매를 '임의경매'라고 부른다. 담보주택 매각으로도 회수하지 못한 채권이 남아 있을 경우, 대출기관은 법원에 대여금반환청구소송을 제기하고 법원의 판결에 의해 채무자의 여타 자산을 경매에 넘기게 된다. 이런 경매를 강제경매라고 부른다.

2. 채무자는 대출만기까지 대출금 전액을 갚지 않아도 되는 이익을 받고 있는데, 이런 이익을 '기한의 이익'이라고 부른다. 대출기관은 일정한 사유가 발생하면 대출만기 이전이라도 채무자에게 대출금 전액의 상환을 요구할 수가 있는데 이를 '기한의 이익 상실'이라고 부른다.

3. '법원판결에 의한 압류처분'이란 법원의 판결을 받아서 담보주택을 경매에 넘기는 방식을 말한다. 이 방식은 미국의 모든 주에서 허용하고 있는 압류처분방식이나, 시간이 많이 걸리고 비용도 많이 들기 때문에 대출기관들은 가급적 다른 방식으로 압류처분을 하려고 한다.

'임의적인 압류처분'은 법원의 판결 없이 대출기관이 담보주택을 경매에 넘기는 방식을 말한다. 미국의 일부 주에서는 임의적인 압류처분방식으로 담보주택을 매각할 경우, 부족금 청구소송을 금지하기도 한다.

4. 숏세일(short-sale)이란 채권자의 동의하에 담보주택을 대출잔액보다 낮은 가격으로 매각하여 대출금을 상환하는 것을 말한다. 숏세일을 하게 되면, 채권변제가 완결되지 않아 부족분이 생기게 되는데, 채권자와 채무자의 협상에 의해 부족분이 면제되기도 하고, 면제되지 않기도 한다.

소유권 양도(deed-in-lieu of foreclosure)는 채권자의 동의하에 담보주택의 소유권을 채권자에게 넘기고 채무를 변제받는 것을 말한다. 이 경우, 담보주택의 가치가 대출잔액에 못 미쳐서 부족분이 생기더라도 면제를 받는다.

5. 비소구대출은 금융소비자(차입자)를 보호하고 금융기관의 책임성을 강화한다는 장점을 갖고 있다. 그러나 비소구대출은 전략적 부도가 발생할 수 있으며, 채무자가 과도하게 대출을 받을 위험을 내포하고 있다. 이런 점이 비소구대출의 단점이라고 할 수 있다.

6. 모기지보험에서 전액보상방식이란 손실액 전액을 보상해 주는 방식을 말한다. 반면 부분보상방식이란 손실액의 일정 금액까지만 보상해 주는 방식을 의미한다. 전액보상방식의 경우, 채권자의 도덕적 해이를 부를 수 있다. 그래서 대부분의 모기지보험회사에서는 채권자의 도덕적 해이를 방지하기 위해 부분보상방식을 선택하고 있다.

[제6장] 주택저당채권의 유동화 : MBS

1. 주택저당채권 자동이체증권(MPTS)은 지분(equity) 성격의 증권으로, 증권은 모기지 풀에 대한 소유권을 나타낸다. MPTS는 주택저당채권으로부터 들어오는 모든 원리금지급액(조기상환액 포함)이 그대로 증권소유자에게 전달된다. 그래서 MBS 소유자는 주택저당채권의 채무불이행위험과 조기상환위험, 그리고 금리위험을 그대로 안게 된다.

주택저당채권 담보부채권(MBB)은 유동화기관이 모기지 풀을 담보로 하여 발행한 채권(bond)을 말한다. 모기지 풀의 소유자는 유동화기관이다. MBB는 채권(bond)이기 때문에 모기지 풀로부터 나오는 현금흐름과 MBB 소유자에게 지급되는 원리금지급액의 흐름이 일치하지 않는다. 이런 점에서 MBB 소유자는 금리위험만 안게 된다.

마지막으로 주택저당채권 원리금이체채권(MPTB)은 유동화기관이 발행하는 채권이라는 점에서 MBB와 유사하지만, 현금흐름은 MPTS와 비슷하다. 모기지 풀로부터 현금흐름이 들어오면, 이 현금흐름은 그대로 MPTB 소유자에게 전달된다. 이런 점에서 MBB 소유자는 조기상환위험과 금리위험을 안게 된다.

2. 커버드 본드(covered bond)란 대출기관이 주택저당채권의 풀을 담보로 하여 발생하는 채권을 말한다. 커버드 본드는 담보로 제공된 모기지 풀로부터 나오는 현금흐름으로 원리금을 지급한다. 만약 모기지 풀의 현금흐름으로 채권의 원리금지급이 안 될 경우, 대출기관이 이를 지불하게 된다. 그래서 커버드 본드를 흔히들 '이중상환청구권' 이라고 부른다.

커버드 본드는 '법정 커버드 본드' 와 '구조화 커버드 본드' 로 나눌 수 있다. 법정 커버드 본드는 커버드 본드를 발행할 수 있는 법적 근거가 있는 경우에 발행되는 채권을 말하며, 구조화 커버드 본드는 커버드 본드의 법적 구조가 없는 경우에 사용할 수 있는 채권발행방식을 말한다.

3. 일반적으로 시장이자율이 하락하면 채권의 가치는 상승한다. 조기상환가능채권도 시장이자율이 하락하면 채권의 가치는 상승한다. 그러나 시장이자율이 액면이자율보다 낮아지면 조기상환이 이루어지기 때문에 채권의 가치는 액면가를 넘지 못한다.

조기상환불가능채권의 경우 시장이자율이 액면이자율과 같을 때 채권가치는 액면가와 동일해진다. 그러나 조기상환가능채권의 경우 미래에 이자율 하락에 의한 조기상환 가능성이 있기 때문에 시장이자율이 액면이자율과 같더라도 채권가치는 액면가보다 낮다.

4. 한국주택금융공사가 자체 자금으로 대출해 주는 주택담보대출을 보금자리론이라고 부른다. 디딤돌대출은 저소득계층에게 보다 저렴한 이자율로 대출을 해 주는 주택담보대출을 말한다. 디딤돌대출은 금리가 싼 대신, 대출을 받을 수 있는 자격요건이 좀 더 까다롭다.

5. 첫 번째 방식은 주택저당증권방식이다. 주택저당채권을 자기신탁한 후, 신탁계정 명의로 수익증권을 발행하여 자금을 조달하는 방식이다. 주택저당증권을 발행할 때, 한국주택금융공사는 원리금지급보증을 해 준다.

두 번째 방식은 주택저당채권 담보부채권방식이다. 이 방식은 주택저당채권을 별도의 계정에 집어넣고, 이를 담보로 하여 공사채를 발행하는 방식이다. 한국주택금융공사가 자신의 이름으로 채권을 발행하기 때문에 별도의 원리금지급보증이 필요하지 않다.

Part 3 상업용 부동산금융의 이론과 실제

[제1장] 상업용 부동산금융의 기초적 개념

1. 상업용 부동산금융은 개인보다는 주로 법인을 대상으로 하며, 주거용 부동산대출에 비해 대출상환일정이 짧다. 대출비율도 상대적으로 낮으며, 부동산에서 직접 창출하는 현금흐름을 기초로 대출규모를 결정한다. 이자율은 대체로 높은 편이며, 조기상환에 대한 제재도 강한 특징을 보인다.

2. 상업용 부동산금융의 위험에는 신용위험, 이자율위험, 유동성위험, 운영위험, 규정준수위험, 전략적 위험, 평판위험이 있다.

3. 상업용 부동산대출의 유형은 건설대출, 장기대출, 브릿지론으로 구분할 수 있다.

4. 상업용 부동산대출의 인수기준은 담보부동산의 가치와 현금흐름 창출능력과 관련된 요소로 나누어 볼 수 있다. 대출시점의 대출비율과 보유기간 말 대출비율, 부채감당률, 손익분기비율, 세전현금흐름과 대출수익률, 다기간 예상 현금흐름과 같은 인수기준이 있다.

5. 상업용 부동산투자자는 대체로 일정한 기간 동안만 보유한다. 따라서 상업용 부동산금융에서는 출구전략이 매우 중요하다. 출구전략으로는 최초 매각의사표시권, 최초 거부권, 평가에 의한 매각 등이 있다.

6. 전통적인 상업용 부동산대출은 채권자의 지위가 선순위, 후순위 등 우선순위가 명확한 독립적인 대출로 이루어진다. 다계층모기지는 단일의 모기지증서를 수직적 또는 수평적 다중증서로 나눈 모기지를 말한다. 메자닌부채는 대출보다는 후순위이나 지분보다는 선순위인 구조의 대출이다. 선순위부채투자자를 보호하기 위한 목적으로 자주 활용된다.

[제2장] 부동산개발금융

1. 부동산개발과정은 그 유형과 무관하게 매우 유사하다. 부동산개발과정은 대체로 사전준비단계, 건설단계, 임대단계, 운영단계로 나누어 볼 수 있다. 누적투자자본은 개발과정이 진행됨에 따라 증가하는 한편, 프로젝트의 위험은 초기에 매우 높다가 개발과정이 진행됨에 따라 점차 낮아지는 특징을 보인다.

2. 사전준비단계에서는 개발업자의 종잣돈과 외부의 지분투자와 대출이 자금의 원천이다. 건설단계에서는 건설대출이, 안정운영단계에서는 건설대출을 상환하고 장기대출이 자금의 원천으로 사용된다. 때로는 임대단계에서 건설단계와 운영단계를 이어주기 위한 브릿지론이 사용되기도 한다. 건설단계와 임대단계까지에 걸친 자금은 미니장기대출이라는 자금원천이 동원되기도 한다.

3. 첫째 유형은 부동산개발 이후 부동산투자자에게 부동산을 매각하기로 약정한 경우의 건설대출이다. 둘째, 준공 즉시 부동산을 매각하고 건설대출을 상환하는 대출로 단기건설대출과 브릿지론, 때로는 미니장기대출이 필요할 수도 있다. 셋째 개발업자가 직접 부동산을 소유, 운영할 계획으

로 장기대출 약정을 받고 건설대출을 받는 유형이 있다. 넷째는 셋째와 동일하지만 장기대출 약정을 받지 못한 경우의 건설대출이다.

4. 토지개발금융에서 자금을 조달하는 방법으로는 첫째, 토지개발업자가 토지를 현금으로 매입하고 부지조성비용과 이자지급에 필요한 자금만 대출받는 유형이 있다. 또한 토지개발업자가 토지매입 계약금만 내고 나머지는 토지를 담보로 대출을 받고 부지조성비와 이자부담액은 별도로 대출받는 유형이다. 셋째는 토지개발업자가 토지매입 계약금만 부담하고 잔금과 부지조성비, 이자지급액까지 대출받는 유형이다.

5. 프로젝트금융에는 일반적으로 프로젝트 사업주, 프로젝트 회사, 투자자, 대출 금융기관, 시공사로 구성된다. 사업주는 프로젝트를 실제 수행하는 사업 주체, 프로젝트 회사는 프로젝트를 실질적으로 운영하는 주체, 투자자와 금융기관은 지분 또는 차입 형태로 투자하는 주체를 말하며, 시공사는 프로젝트 공사를 하는 주체를 말한다.

6. 실물옵션은 재무이론에서 일정한 자산을 일정한 가격으로 사거나 팔 수 있는 권리인 옵션의 성격을 지닌 실물자산을 지칭한다. 토지소유자는 토지 위에 개량물을 개발할 수 있는 옵션을 보유하기 때문에 토지가 가치를 갖는다. 토지소유자의 옵션에는 기존 건물이 해당 토지의 최고최선의 용도에 부합하지 않을 경우 재개발 옵션가치를 지닌다. 따라서 옵션이론에 의한 토지가치 결정모형은 토지가 공지 또는 거의 공지이거나 최고최선의 용도가 변하고 있는 지역의 토지에 적합한 모형이다.

[제3장] 자산유동화

1. 유동화중개기관은 담보자산에서 얻은 수익으로 ABS의 원리금을 상환하고 남은 수익에 대해 법인세나 소득세를 납부하며, 다시 남은 수익은 자산보유자에게 배당하는데, 자산보유자는 이 배당에 대한 소득세를 납부해야 한다. 결국 자산보유자는 법인세와 개인소득세를 부담하게 되는데, 이를 이중과세 문제라고 한다. 이중과세 문제가 해결되지 않으면 자산유동화제도에 대한 유인이 사라지므로 미국은 도관체 이론이 적용되는 기업에 대해서는 법인세 납부 의무를 지지 않도록 하고 있다. 우리나라는 자산유동화에 관한 법률에 의해 설립된 유동화중개기관에 대해 배당금을 비용으로 인정하여 이중과세 문제를 회피하고 있다.

2. 유동화중개기관이 자산보유자와 완전히 절연되기 위해서는 자산의 양도가 진정한 매각 형태이어야 한다. 진정한 매각이 되지 않으면 자산보유자가 계속 자산을 보유하게 되므로 자산보유자의

파산위험이 담보자산 가치에 영향을 미치게 되어 유동화중개기관이 발행한 ABS의 투자자를 보호할 수 없게 된다. 따라서 진정한 매각이 이루어져야 담보자산을 안전하게 보호하고 투자자를 보호할 수 있게 된다.

3. 자산유동화를 이용하면 신용보완을 통해 자금조달비용을 절감할 수 있다. 또한 형식적으로 자산을 매각하는 방식으로 자금을 조달하므로 재무구조도 개선된다. 자산의 취득 이후 자산에 내재되어 있는 이익을 현실화할 수 있으며, 여유자금으로 사업유연화에 충당할 수 있다. 금융기관에 대한 대출 총량규제가 있을 경우 이를 회피할 수 있는 수단으로도 활용된다. 또한 교환권과 사채권이 섞여 있는 교환사채와 같이 자산에 내재하는 여러 위험을 분리하는 수단이 되기도 한다.

4. 자산유동화는 기초자산에 따라 MBS(RMBS, CMBS), 협의의 ABS(채권, 대출채권, 리스채권 등을 기초자산으로 한 ABS), CDO(CLO, CBO)로 구분할 수 있다. 장래의 공공요금이나 세금, 교통요금, 또는 지적 재산권에 의한 미래 수입과 미래의 연봉이나 구장수입 등 미래채권을 담보로 한 ABS도 자주 활용되고 있다.

5. 진정한 거래는 매매 또는 교환에 의할 것, 유동화자산에 대한 수익권 및 처분권은 양수인이 지닐 것, 양도인이 유동화자산에 대한 대가의 반환청구권을 가지지 아니할 것, 그리고 양수인이 양도된 자산에 관한 위험을 인수할 것의 요건을 갖춰야 인정된다.

6. ABCP는 자금조달비용 절감, 유휴자금 운용손실의 최소화라는 장점을 지닌다. 반면에 유동화전문회사는 유동성위험에 노출되며, 금리위험에도 노출되는 단점이 있다. 따라서 유동화전문회사는 총액인수 약정이나 신용제공 약정을 통해 유동성위험을 회피하며, 금리스왑이나 금리 캡을 통해 금리위험을 회피하고자 한다.

[제 4 장] 상업용 부동산의 특수한 금융

1. CMO는 다계층 증권으로 모기지 풀에 기초하여 원리금지급순위가 다른 증권을 발행하는 트랜칭 기법으로 발행한 채권을 말한다. 만약 모기지 풀에서 원금이 상환되면 우선순위에 따라 선순위부터 원금을 상환하기 때문에 가장 후순위부터 손실을 안는 구조로 선순위투자자를 보호해 준다.

2. 미국에서 발행하는 CMBS에는 지니매, 페니매나 프레디맥과 같은 정부기관이 보증하는 기관 CMBS와 민간기관에서 발행하는 비기관 CMBS가 있다. 기관 CMBS는 임대용 다가구주택, 요양시설, 중소기업이 보유하고 있는 부동산에 대한 모기지를 기초로 발행한다. 한편, 자산 풀의 집합

효과 없이 단일자산만을 기초자산으로 하는 단일자산 CMBS도 있다. 예외적으로 일부 우량 부동산을 기초로 발행된다.

3. 매각 후 임차는 자산유동화제도와 결합하여 시행되는 경우가 많다. SPC에 부동산을 양도하는 동시에 SPC와 임대차계약을 맺는다. SPC는 부동산을 담보로 ABS를 발행하며, 이에 대한 원리금은 임대료와 향후 부동산 매각대금으로 상환한다. 매각 후 임차는 리츠나 부동산펀드와 결합하여 이루어지기도 한다. 리츠나 펀드와 매매계약과 임대차계약을 체결하며, 임대료 수입으로 투자자에게 배당하고, 해당 부동산을 매각하여 투자자에게 배당한다. 또한 원소유주가 콜옵션을 보유하기도 한다. 이때 일정 기일 후 일정한 가격으로 해당 부동산을 다시 매입하므로 해당 부동산의 매각가격만큼 차입하는 효과가 있다.

4. 미국 리츠가 이중과세 문제를 회피하려면 투자도관체로 인정받아야 한다. 주주구성요건, 소득요건, 자산요건, 배당요건이 그것이다. 주주구성요건은 주주가 100명 이상, 주주 5명 이하가 전체 주식의 50% 이상 소유하지 않아야 한다는 요건이다. 소득요건은 총소득의 75% 이상이 부동산 관련 자산에서 나와야 하며 총소득의 95% 이상이 부동산 관련 소득과 배당금 등으로 구성되어야 한다는 요건이다. 자산요건은 총자산의 75% 이상이 부동산소유권 등으로 구성되어야 하며, 다른 회사 의결권 주식의 10% 이상을 소유하면 안 되며, 총자산의 5% 이상을 동일 증권에 투자할 수 없고 총자산의 25%를 초과하여 리츠종속회사에 투자할 수 없다는 것이다. 배당요건은 과세 대상 소득의 90% 이상을 배당해야 한다는 것이다.

5. 리츠주식을 단순하게 평가할 때 주당 FFO 또는 FAD를 사용한다. 재무성과는 순자산가치(NAV), 대출비율, 시장대출비율, 가능유동성, 이자보상비율, 배당성향, 일반관리비비율 등을 사용하여 측정한다. 리츠주식의 고평가 또는 저평가 여부는 주당 NAV로 판단한다. NAV는 부동산의 시장가치에서 우선주의 장부가치와 부채액을 차감하여 계산한다.

6. 우리나라 리츠 유형 중 자기관리 리츠는 배당가능소득의 50% 이상을 배당해야 하는데 배당금을 비용으로 인정받지 못하는 실체가 있는 회사로 이중과세 문제를 회피할 수 없다. 위탁관리 리츠와 기업구조조정 리츠는 실체가 없는 회사에 해당하므로 배당가능소득의 90% 이상을 배당하면 배당금을 비용으로 인정받아 법인세를 납부하지 않으므로 이중과세 문제를 회피할 수 있다.

찾아보기

ㅇ

ㅈ

ㅊ

ㅋ

ㅌ

ㅍ

ㅎ

〔저 자 소 개〕

이 용 만(李龍萬)

현재 한성대학교 부동산학과(부동산트랙) 교수로 재직 중이며, 부동산금융, 부동산투자, 부동산경제 관련 과목을 강의하고 있다. 연세대학교 경제학과에서 학사, 석사, 박사 학위를 받은 후, LG경제연구원을 거쳐 2000년부터 현재의 대학교에서 교육과 연구 업무를 수행하고 있다. University of Wisconsin at Milwaukee의 방문학자(visiting scholar)로 있었으며, 한성대학교 부동산대학원 원장, 대학원 원장, 교무처장 등을 역임한 바 있다. 한국주택학회와 한국부동산분석학회의 편집위원장과 부회장, 회장을 역임하였다. 국토교통부의 주택도시기금운영위원회 위원 겸 자산운영위원회 위원, 한국주택금융공사의 주택금융운영위원회 위원, 하나자산신탁 사외이사, 전문건설공제조합 운영위원회 위원 등을 역임하였다. 현재 한국주택금융공사 비상임 이사로 있으며, 주택 및 부동산 관련 정부부처, 공기업, 협회 등에 정책자문, 연구자문, 경영자문 등의 일을 수행하고 있다. 그리고 한국부동산연구원의 학술지 부동산연구의 편집위원장을 맡고 있으며, 한국교직원공제회 자산운영위원회 위원으로 있다. 부동산금융 및 투자, 부동산경제, 주택시장과 주거복지 문제 등에 관심을 갖고 이와 관련된 연구들을 주로 하고 있다.

임 재 만(林栽萬)

현재 세종대학교 산업대학원 부동산 · 자산관리학과 교수로 재직 중이며, 부동산금융, 부동산투자, 부동산경제 관련 과목을 강의하고 있다. 감정평가사 자격을 갖고 있다. 연세대학교 경영학과에서 학사, 석사, 박사 학위를 받은 후, 한국부동산연구원 책임연구원과 대구대학교 교수를 거쳐 2007년부터 세종대학교에서 교육과 연구 업무를 수행하고 있다. 국민연금관리공단 대체투자위원회 위원, 주택도시기금 기금운용심의회 위원, SH공사 보상심의위원회 위원 등을 역임하면서 주택 및 부동산 관련 정부 부처, 협회, 공기업의 정책과 연구업무에 대해 자문 역할을 해 왔다. 현재 한국부동산분석학회 수석부회장을 맡고 있으며, 부동산금융과 투자, 주택경제, 주택시장 문제에 관심을 갖고 연구하고 있다.

[제2판] 부동산금융론-이론과 실제-

2017년 8월 10일 제1판 1쇄 발행
2023년 8월 25일 제2판 1쇄 인쇄
2023년 8월 30일 제2판 1쇄 발행

저자와의 협의에 의해 인지첩부를 생략합니다.

저 자 이 용 만 · 임 재 만
발행인 강 희 일 · 박 은 자
발행처 **다 산 출 판 사**
서울특별시 마포구 대홍로 6길 8
등 록 1979. 6. 5. 제 3-86호(윤)
전 화 717-3661~2
F A X 716-9945

정가 29,000원

파본은 바꾸어 드립니다.

http://www.dasanbooks.co.kr
ISBN 978-89-7110-650-1 93320